AF895638

Wirtschaftlichkeit, Zweckmäßigkeit und Risikomanagement - Der Untersuchungsgrundsatz im Lichte des § 88 AO n.F.

Bochumer Schriften zum Steuerrecht

Herausgegeben von Roman Seer

Band 40

PETER LANG

Emran Sediqi

Wirtschaftlichkeit, Zweckmäßigkeit und Risikomanagement – Der Untersuchungsgrundsatz im Lichte des § 88 AO n.F.

PETER LANG

Bibliografische Information der Deutschen Nationalbibliothek
Die Deutsche Nationalbibliothek verzeichnet diese Publikation in der Deutschen Nationalbibliografie; detaillierte bibliografische Daten sind im Internet über http://dnb.d-nb.de abrufbar.

Zugl. Bochum, Univ., Diss., 2021.

Abbildung auf dem Umschlag: Siegel der Universität Bochum.
Abdruck mit freundlicher Genehmigung der Universität Bochum.

Gedruckt auf alterungsbeständigem, säurefreiem Papier.
Druck und Bindung: CPI books GmbH, Leck

D 294
ISSN 1613-933X
ISBN 978-3-631-85719-9 (Print)
E-ISBN 978-3-631-85952-0 (E-PDF)
E-ISBN 978-3-631-85953-7 (EPUB)
E-ISBN 978-3-631-85954-4 (MOBI)
DOI 10.3726/b18608

© Peter Lang GmbH
Internationaler Verlag der Wissenschaften
Berlin 2021
Alle Rechte vorbehalten.

Peter Lang – Berlin · Bern · Bruxelles · New York ·
Oxford · Warszawa · Wien

Das Werk einschließlich aller seiner Teile ist urheberrechtlich geschützt. Jede Verwertung außerhalb der engen Grenzen des Urheberrechtsgesetzes ist ohne Zustimmung des Verlages unzulässig und strafbar. Das gilt insbesondere für Vervielfältigungen, Übersetzungen, Mikroverfilmungen und die Einspeicherung und Verarbeitung in elektronischen Systemen.

Diese Publikation wurde begutachtet.

www.peterlang.com

Meiner Frau in Liebe
Meinen Eltern in Dankbarkeit

Vorwort

Die vorliegende Arbeit wurde im Wintersemester 2020/21 von der Juristischen Fakultät der Ruhr-Universität Bochum als Dissertation angenommen. Die mündliche Prüfung fand am 20. April 2021 statt.

Ich habe das Manuskript zu der Arbeit im Juni 2020 fertiggestellt. Später veröffentlichte Rechtsprechung, Literatur sowie Verwaltungsauffassungen habe ich zum Teil noch in den Fußnoten berücksichtigen können, soweit mir diese bis zum Ablauf des Mai 2021 bekannt geworden sind.

Mein Dank gebührt zunächst meinem verehrten Doktorvater, Herrn Prof. Dr. Roman Seer, für die überaus unterstützende und wertvolle Betreuung während des Promotionsverfahrens. Neben weiteren Faktoren waren es vor allem seine (fachliche) Begeisterung und Expertise für das Besteuerungsverfahren, die mich zum Thema dieser Arbeit inspiriert haben. Darüber hinaus bedanke ich mich bei ihm für die unvergessliche und prägende Zeit an seinem Lehrstuhl, die ich sowohl als studentischer als auch wissenschaftlicher Mitarbeiter erleben durfte. Zusätzlich zu den selbstverständlichen fachlichen Erfahrungen bleiben mir vordergründig seine stets freundliche und menschliche Art in Erinnerung.

Herrn Prof. Dr. Matthias Loose danke ich für die zügige Erstellung des Zweitgutachtens.

Meiner Frau bin ich zum ganz besonderen Dank verpflichtet. Sie hat die mehrjährigen Einschränkungen, die naturgemäß mit der Abfassung einer Arbeit wie der vorliegenden verbunden sind, mit überaus großem Verständnis hingenommen. Insbesondere in der letzten Phase des Promotionsverfahrens hat sie sich nicht nur die Zeit zum Korrekturlesen des Manuskriptes genommen, sondern war stets auch eine Quelle der Motivation. Dafür danke ich ihr von ganzem Herzen.

Der größte Dank gebührt meinen Eltern, ohne die diese Arbeit niemals zu Stande gekommen wäre. Hätten sie sich nicht dazu entschieden, ihr Heimatland in einer seiner schwierigsten historischen Zeiten zu verlassen, um mir und meinen Geschwistern ein unbeschwertes, von Bildung geprägtes Leben zu ermöglichen, so wäre mir mein Studium und die Abfassung dieser Arbeit nicht möglich gewesen. Meinem Vater möchte ich für seine stetige Geduld, seinen unumkehrbaren Glauben an das Gute im Menschen und seine kompromisslose Vernunft danken, die er mir als Tugenden mit auf meinen

Lebensweg gegeben hat. Meiner Mutter danke ich für die grenzenlose Unterstützung und herzliche Zuneigung. Auf ewig, *Tashakur*.

Oberhausen, im Juni 2021

Emran Sediqi

Inhaltsverzeichnis

Einführung

A. Umfassende Neufassung des § 88 AO durch das Gesetz zur Modernisierung des Besteuerungsverfahrens v. 18.7.2016

Das 21. Jahrhundert hat das digitale Zeitalter eingeläutet. Die Entwicklung hin zu einer digitalen Gesellschaft und zu einem digitalen Staat gehört zu den wichtigsten „gesellschafts- und wirtschaftspolitischen Themen unserer Zeit“.[1] Die Digitalisierung schreitet dabei in zentralen Bereichen des Lebens und der Wirtschaft in einem beispiellosen Tempo voran,[2] was zu neuen Herausforderungen des Staates und seiner Verwaltung führt. So nahm auch die Deutsche Steuerjuristische Gesellschaft e.V. (DStJG) diese Entwicklung zum Anlass, ihre 43. Jahrestagung im Jahr 2018 dem Thema der „Digitalisierung im Steuerrecht“ zu widmen.[3] Der Digitalisierungsprozess stellt auch die Finanzverwaltung vor neue Herausforderungen. Dies hat auch der Gesetzgeber für das Besteuerungsverfahren erkannt und hat am 18. Juli 2016 das Gesetz zur Modernisierung des Besteuerungsverfahrens[4] verabschiedet, das nach Art. 23 des StModG im Wesentlichen mit Wirkung vom 1. Januar 2017 in Kraft getreten ist. Ziel des StModG ist es, den Steuervollzug und insgesamt das Besteuerungsverfahren an das digitale Zeitalter anzupassen sowie der demografischen Entwicklung[5] und den damit einhergehenden Herausforderungen für das Besteuerungsverfahren präventiv entgegenzuwirken.[6] Auch wenn das StModG keine „Fundamentalreform der AO“ darstellt,[7] ist das StModG doch ein notwendiger und wichtiger

---

1 *Maier*, JZ 2017, 614.

2 *Drüen*, DStJG 42 (2019), 1.

3 Die Ergebnisse der Tagung, die am 17. und 18. September 2018 in Köln stattgefunden hat, wurden im 42. Band der DStJG (2019) festgehalten.

4 Im Folgenden wird das Gesetz zur Modernisierung des Besteuerungsverfahrens mit „StModG“ abgekürzt. Der Gesetzesbeschluss des Bundestages erfolgte am 27.5.2016, BR-Drucks. 255/16; die Zustimmung des Bundesrates folgte am 17.6.2016, s. BR-Drucks. 255/16(B). Veröffentlicht ist das StModG in BGBl. I 2016, 1679 – 1709. Vgl. ausführlich zum Gesetzgebungsverfahren unter Teil 4, A. III.

5 Gemeint ist die demografische Entwicklung innerhalb der Finanzverwaltung.

6 BT-Drucks. 18/7457, S. 46 f.; *Ortmann-Babel/Franke*, DB 2016, 1521.

7 *Seer*, StbJb. 2016/17, 539 (540). Im Gegensatz dazu spricht *Schwenker*, DB 2016, 375, von einem „Meilenstein“ der Digitalisierung im Steuerrecht; *Thiemann*, StuW 2018, 304, bezeichnet die Neufassung des § 88 AO als „Automatisierung des Steuervollzugs“;

Schritt hin zu einem modernen Besteuerungsverfahren und stellt jedenfalls „das größte steuerliche Reformprojekt der vergangenen Legislaturperiode“ dar.[8] Während der Gesetzesberatungen habe man sich mit keinem Bereich „so intensiv auseinandergesetzt, wie mit der juristischen Beurteilung des neuen § 88 AO“. Ein „Kernstück“ des Gesetzes sei daher die Reform des § 88 AO.[9] Im § 88 AO ist der verfahrensprägende Nukleus des Besteuerungsverfahrens normativ niedergelegt: Der Untersuchungsgrundsatz. Der Untersuchungsgrundsatz besagt, dass der Sachverhalt hoheitlich von Amts wegen zu ermitteln ist. Es ist damit der Finanzbehörde de lege lata überlassen, die für die Besteuerung relevanten Tatsachen zu erforschen, wodurch eine der materiellen Wahrheit entsprechende Besteuerung sichergestellt werden soll.

Die Verwirklichung des Untersuchungsgrundsatzes durch die Finanzbehörden muss sich im Rahmen der Gesetzmäßigkeit und Gleichmäßigkeit der Besteuerung vollziehen. Diese Fundamentalgrundsätze des Besteuerungsverfahrens ergeben sich auf Ebene der Verfassung aus Art. 20 Abs. 3 GG und Art. 3 Abs. 1 GG und sind auf Ebene des einfachen Gesetzes in § 85 Satz 1 AO geregelt. Dies ist aber in Zeiten des Besteuerungsverfahrens als Massenverfahren eine nicht zu unterschätzende Herausforderung, die sich die Finanzverwaltung jedes Jahr aufs Neue annehmen muss. Mit dem StModG wurde der § 88 AO von Grund auf geändert. Durch die Neuregelung des § 88 AO versucht der Gesetzgeber nunmehr, den Finanzbeamten das nötige Werkzeug zu reichen, um so den hohen Berg des Massenverfahrens zu erklimmen.[10] So hat der Gesetzgeber mit dem StModG den Grundsatz der Wirtschaftlichkeit und der Zweckmäßigkeit sowie das Verhältnismäßigkeitsprinzip in § 88 Abs. 2 Satz 1, 2 AO n.F. in

---

Zaumseil, NJW 2016, 2769, spricht lediglich von einem „Zwischenschritt in Richtung eines vollständig digitalen Besteuerungsverfahrens“; s. auch *Durst*, kösdi 2019, 21202 (21203).

8 *Drüen*, StuW 2018, 300 (301).

9 So die Koalitionsfraktionen bei den Beratungen im federführenden Finanzausschuss, BT-Drucks. 18/8434, S. 98.

10 Zwar listet der Gesetzgeber in BT-Drucks. 18/7457, S. 46 f., lediglich die Umsetzung der Elektronisierung des Besteuerungsverfahrens und die Berücksichtigung der demografischen Entwicklung als ausdrückliche Ziele des StModG auf. Gleichwohl steht – als gewissermaßen „ungeschriebenes“ Ziel – wohl die Entlastung der Finanzverwaltung und damit die Bewältigung des Massenverfahrens im Vordergrund. Auch *Seer*, StbJb. 2016/17, 539 (540), sieht im StModG ein starkes Übergewicht im Interesse der Finanzverwaltung. Die Rechtsposition der Steuerpflichtigen und deren steuerliche Berater blieben auf der Strecke, vgl. *Seer*, DStZ 2016, 605 (606); *ders.*, JBVStB 2016, 55 (56).

Gesetzesform gegossen, mit der Folge, dass die Finanzbehörden ihr Ermessen an diesen Prinzipien ausrichten können und – im Fall des Verhältnismäßigkeitsprinzips – auch müssen. Ausdrücklich heißt es in § 88 Abs. 2 Satz 2 AO n.F. nunmehr: „Bei der Entscheidung über Art und Umfang der Ermittlungen können allgemeine Erfahrungen der Finanzbehörden sowie Wirtschaftlichkeit und Zweckmäßigkeit berücksichtigt werden".[11] Darüber hinaus sieht der neue § 88 AO in seinem fünften Absatz eine erstmalige bundeseinheitliche Regelung für Risikomanagementsysteme vor.

B. Untersuchungsgegenstand und Gang der Untersuchung

Diese Arbeit behandelt den Untersuchungsgrundsatz nach § 88 AO n.F. im Lichte der genannten Neuerungen durch das StModG. Was bedeutet Wirtschaftlichkeit? Welche Bedeutung kommt der Zweckmäßigkeit im Besteuerungsverfahren zu? In welchem Verhältnis stehen diese „neuen" Prinzipien zueinander bzw. zu den Fundamentalgrundsätzen der Gesetzmäßigkeit und Gleichmäßigkeit der Besteuerung? Welche Funktion kommt dem Risikomanagementsystem im Besteuerungsverfahren als Massenverfahren zu und ist ein solches mit den Anforderungen der Verfassung an das Besteuerungsverfahren vereinbar? Hält die konkrete Ausgestaltung im § 88 Abs. 5 AO n.F. einer verfassungsrechtlichen sowie unionsrechtlichen Prüfung stand?

Diese und weitere Fragen versucht diese Arbeit zu beantworten. Dabei soll in Teil 1 dieser Arbeit zunächst auf die Grundlagen des Untersuchungsgrundsatzes und das verfassungsrechtliche Gerüst, auf dem sich der Untersuchungsgrundsatz stützt, eingegangen werden. Besonders behandelt wird dabei die sog. Kooperationsmaxime im Besteuerungsverfahren.

Im Anschluss daran werden im zweiten Teil dieser Arbeit der Inhalt und der Anwendungsbereich des § 88 AO nach der alten Fassung bis zum 31. Dezember 2016 dargestellt. Dadurch soll ein Überblick über den Inhalt und die Reichweite des Untersuchungsgrundsatzes in der Fassung vor dem StModG gegeben und als Konsequenz der Blick für die konkreten Änderungen durch das StModG geschärft werden.

In Teil 3 der Arbeit folgt eine genaue Betrachtung, wie der Untersuchungsgrundsatz im Spannungsverhältnis zur Realität des Massenverfahrens durch die Finanzverwaltung „gelebt" wird. Dabei wird insbesondere für die Einführung

11 BGBl. I 2016, 1679 (1683 f.).

eines Selbstveranlagungsverfahrens auf dem Gebiet der direkten Veranlagungssteuern plädiert.

Teil 4 ist dem eigentlichen Kern dieser Arbeit gewidmet: Der „neue“ Untersuchungsgrundsatz, der seine moderne Ausprägung – hauptsächlich – durch die Kodifikation des Grundsatzes der Wirtschaftlichkeit und der Zweckmäßigkeit und vor allem durch die Einführung einer bundesgesetzlichen Grundlage für ein Risikomanagementsystem erfährt. Dabei soll insbesondere das Risikomanagementsystem der Finanzverwaltung und seine gesetzliche Fixierung in § 88 Abs. 5 AO n.F. umfassend überprüft werden und mit konkreten Verbesserungsvorschlägen erweitert werden.

Die Arbeit schließt mit einer Zusammenfassung der wesentlichen in dieser Arbeit entwickelten Ergebnisse ab. Dieser Teil macht den fünften und zugleich letzten Teil dieser Arbeit aus.

Teil 1: Allgemeines zum Untersuchungsgrundsatz

Der erste Teil der Untersuchung beginnt mit einer Bestimmung des Begriffs „Untersuchungsgrundsatz“ (unter A.). Im Anschluss daran folgt die Darstellung der Rechtshistorie zur Vorschrift zum Untersuchungsgrundsatz in der AO (B.). Danach widmet sich die Arbeit der Frage, inwieweit die Geltung des Untersuchungsgrundsatzes im Besteuerungsverfahren verfassungsrechtlich fundiert ist (C.). Unter dem Gliederungspunkt D. erfolgt eine Abgrenzung des Untersuchungsgrundsatzes zu anderen Verfahrensmaximen. Aufgrund der überragenden Bedeutung der Kooperation des Steuerpflichtigen mit den Finanzbehörden für die Ermöglichung der Besteuerung schließt Teil 1 dieser Arbeit mit der Behandlung der Kooperationsmaxime ab (E.).

A. Begriffsbestimmung

Die Bezeichnung des im § 88 AO n.F. zum Ausdruck kommenden Grundsatzes der hoheitlichen Sachverhaltsermittlung mit dem Begriff „Untersuchungsgrundsatz“ ist nicht zwingend.[12] Mitunter finden sich häufig auch die Begriffe „Amtsermittlungsgrundsatz“[13] und – mit historischen Wurzeln – „Inquisitionsgrundsatz“[14] in der Literatur wieder. Der Begriff „Instruktionsmaxime“ wurde ebenfalls im Zusammenhang mit § 88 AO in Stellung gebracht.[15] Dieser hat sich jedoch nicht durchsetzen können und wird heutzutage auch nicht im Kontext des § 88 AO verwendet.[16] Dies ist auch nicht verwunderlich, ist doch die Bedeutung des Begriffs „Instruktion“ eine andere als eine Sachverhaltsermittlung von

12 Vgl. zu Synonymen auch *Kaufmann*, Untersuchungsgrundsatz, S. 1; *Spilker*, Behördliche Amtsermittlung, S. 11 f.

13 So z.B. bei *Seer*, in: Tipke/Kruse, AO/FGO, § 88 AO Rz. 1 (Stand: Januar 2017); *Rätke*, in: Klein, AO, § 88 Rz. 1; *Söhn*, in: Hübschmann/Hepp/Spitaler, AO/FGO, § 88 AO Rz. 6 (Stand: März 2010); *Loschelder*, AO-StB 2003, 25.

14 *Spilker*, Behördliche Amtsermittlung, S. 11; s. auch *Kobor*, Kooperative Amtsermittlung, S. 63.

15 *Söhn*, in: Hübschmann/Hepp/Spitaler, AO/FGO, § 88 AO Rz. 18 (Stand: März 2010); ebenso im allgemeinen Verwaltungsverfahren, vgl. *Ramsauer*, in: Kopp/Ramsauer, VwVfG, § 24 Rz. 1.

16 *Söhn*, in: Hübschmann/Hepp/Spitaler, AO/FGO, § 88 AO Rz. 18 (Stand: März 2010).

Amts wegen, die eine der materiellen Wahrheit entsprechende Besteuerung sicherstellen soll. Ferner entspricht die Bezeichnung als Untersuchungsgrundsatz auch dem Gedanken der Harmonisierung des allgemeinen Verwaltungsverfahrensrechts[17] mit den entsprechenden Vorschriften der AO.[18] Auch der Begriff der „Feststellunglast", der im Zusammenhang mit dem § 88 AO in Blick genommen wurde, war irreführend, da der Ausdruck herkömmlich im Bereich des Beweisrechts wiederzufinden ist und Fragen der Beweislast betrifft.[19] Entsprechend dem Harmonisierungsgedanken wird im Folgenden für diese Arbeit an dem Begriff „Untersuchungsgrundsatz" festgehalten.

Der Untersuchungsgrundsatz hat seinen Ursprung als Verfahrensmaxime im Prozessrecht. So sind die (meisten) Gerichte im Prozess dazu verpflichtet, von Amts wegen den relevanten Sachverhalt zu ermitteln und auf diesem Wege die materielle Wahrheit zu erforschen. Diese Prozessmaxime ist aufgrund des öffentlichen Interesses[20] an einer richtigen (finanz-)behördlichen Entscheidung auch für das Besteuerungsverfahren als verfahrenszweckadäquat angesehen worden und hat sich daher – zu Recht – durchgesetzt.[21]

„Die Finanzbehörde ermittelt den Sachverhalt vom Amts wegen", so lautet § 88 Abs. 1 Satz 1 AO n.F. auch nach dem StModG[22] und gibt damit den Kern des Untersuchungsgrundsatzes wieder. Der Gesetzgeber hat damit zunächst klargestellt, dass es Sache der Finanzbehörden ist, den Sachverhalt zu erforschen und damit nicht dem Bürger obliegt, Sachverhaltsermittlung zu betreiben.[23] Die Finanzbehörde ist mit anderen Worten „Herrin" des Besteuerungsverfahrens.[24]

---

17 § 24 VwVfG trägt auch die Überschrift „Untersuchungsgrundsatz".

18 Vgl. Bericht des Finanzausschusses, BT-Drucks. 7/4292, S. 1; so auch *Söhn*, in: Hübschmann/Hepp/Spitaler, AO/FGO, § 88 AO Rz. 18 (Stand: März 2010).

19 *Söhn*, in: Hübschmann/Hepp/Spitaler, AO/FGO, § 88 AO Rz. 18 (Stand: März 2010).

20 Zum öffentlichen Interesse an einer richtigen und rechtmäßigen Entscheidung der Finanzbehörden s. unter Teil 1, C. III.

21 Hierzu *Söhn*, in: Hübschmann/Hepp/Spitaler, AO/FGO, § 88 AO Rz. 6 ff. (Stand: März 2010); so auch schon *Ule*, VerwArch. 62 (1971), 114 (126).

22 BGBl. I 2016, 1679 (1683).

23 Der Untersuchungsgrundsatz gilt nicht nur für das behördliche Verfahren der Besteuerung, sondern auch im finanzgerichtlichen Verfahren gemäß § 76 Abs. 1 Satz 1 FGO. Insoweit besteht eine Parallelität der geltenden Maximen im Besteuerungs- und im Gerichtsverfahren.

24 *Seer*, in: Tipke/Kruse, AO/FGO, § 88 AO Rz. 1 (Stand: Januar 2017).

B. Rechtshistorie bis zum § 88 AO n.F. nach dem StModG

I. § 204 RAO v. 13.12.1919

Der Untersuchungsgrundsatz kann aus gesetzeshistorischer Sicht auf § 204 Satz 1 der von Enno Becker begründeten Reichsabgabenordnung (RAO) vom 13. Dezember 1919 zurückgeführt werden.[25] Dort hieß es bereits:

> *„Zweiter Teil*
> *Ermittlungs- und Festsetzungsverfahren*
> *§ 204*
> *Das Finanzamt hat die steuerpflichtigen Fälle zu erforschen und von Amts wegen die tatsächlichen und rechtlichen Verhältnisse zu ermitteln, die für die Steuerpflicht und die Bemessung der Steuer wesentlich sind. Es hat Angaben der Steuerpflichtigen auch zugunsten der Steuerpflichtigen zu prüfen."*[26]

Diese Kernvorschrift des damals erstmals einheitlich geregelten Besteuerungsverfahrens enthält einen Grundgedanken, der noch heute in § 88 AO Abs. 1 Satz 1 AO n.F. zu finden ist: Die Ermittlung des steuerlich relevanten Sachverhalts ist Sache der Finanzbehörde. Schon § 204 Satz 1 RAO besagte also, dass die Finanzbehörde den Sachverhalt von Amts wegen zu ermitteln hat. Dabei hatte die Sachverhaltserforschung schon zur damaligen Zeit den Schutz des Steuerpflichtigen berücksichtigt, denn die Sachverhaltsermittlung durfte nicht einseitig zugunsten des Staates erfolgen, sondern es mussten auch Angaben, die zugunsten des Steuerpflichtigen wirken, überprüft werden, vgl. § 204 Satz 2 RAO. Darin kommt das Neutralitätsgebot für die Finanzbehörden in Form des sog. materiellen Wahrheitsprinzips zum Ausdruck.[27]

II. § 88 AO 1977

Die Abgabenordnung vom 16. März 1976, die gemäß § 415 Abs. 1 AO zum 1. Januar 1977 in Kraft getreten ist, hat den § 88 AO mit der Überschrift „Untersuchungsgrundsatz" eingeführt.[28] Damit hat § 88 AO 1977 erstmalig ausdrücklich den Untersuchungsgrundsatz einfachgesetzlich normiert und den Platz des § 204 RAO in der AO 1977 eingenommen. § 88 AO 1977 sah im Gegensatz zu § 204 RAO zwei Absätze vor. In § 88 Abs. 1 Satz 2 Halbs. 1 AO 1977 wurden

---

25 Reichsabgabenordnung, RGBl. 1919, 1993 ff.; s. auch *Seer*, in: FS für den BFH, S. 1717 (1719 f.).

26 RGBl. 1919, 1993 (2042).

27 S. zum materiellen Wahrheitsprinzip unter Teil 2, C. III.

28 BGBl. I 1976, 613 ff.

„Art und Umfang der Ermittlungen“ der Finanzbehörde überlassen. Dadurch wurde der Finanzbehörde ein sog. Verfahrensermessen eingeräumt.[29] Nach § 88 Abs. 1 Satz 3 AO 1977 richtete sich der Umfang der Ermittlungspflichten nach den Umständen des Einzelfalls. Hierin kommt bereits der Gedanke der Zumutbarkeit als Grenze der Sachermittlungspflicht der Finanzbehörden zum Vorschein.[30] Dem materiellen Wahrheitsprinzip wurde ein eigener Absatz im § 88 Abs. 2 AO 1977 gewidmet. Die Regelung in einem eigenen Absatz stellt die besondere Bedeutung des materiellen Wahrheitsprinzips für das Besteuerungsverfahren nochmals deutlich heraus.

III. § 88 AO nach dem Steuerbürokratieabbaugesetz v. 20.12.2008

Mit dem Gesetz zur Modernisierung und Entbürokratisierung des Steuerverfahrens (kurz: Steuerbürokratieabbaugesetz) vom 20. Dezember 2008 wurde der § 88 AO 1977 um einen weiteren Abs. 3 erweitert, der wie folgt lautete:[31]

> *„(3) [1]Zur Sicherstellung einer gleichmäßigen und gesetzmäßigen Festsetzung und Erhebung der Steuern kann das Bundesministerium der Finanzen durch Rechtsverordnung mit Zustimmung des Bundesrates Anforderungen an Art und Umfang der Ermittlungen bei Einsatz automatischer Einrichtungen bestimmen. [2]Einer Zustimmung des Bundesrates bedarf es nicht, soweit Verbrauchsteuern mit Ausnahme der Biersteuer betroffen sind.“*

Der Gesetzentwurf der Bundesregierung vom 2. September 2008 sah diesen Abs. 3 zum § 88 AO noch nicht vor.[32] Der § 88 Abs. 3 AO wurde erst spät im Gesetzgebungsverfahren nach Empfehlung des Finanzausschusses eingebracht.[33] Mit dieser Erweiterung des § 88 AO hat der Gesetzgeber die rechtliche Möglichkeit geschaffen, die Art und den Umfang von Sachverhaltsermittlungen durch ein automationsgestütztes Risikomanagementsystem zu bestimmen.[34] Gleichzeitig wurden Steuerpflichtige mit Gewinneinkünften dazu verpflichtet, Steuererklärungen, Einnahmenüberschussrechnungen, Bilanzen und Gewinn- und Verlustrechnungen ab 2011 den Finanzbehörden elektronisch zu übermitteln.[35] Der Gebrauch von Risikomanagementsystemen durch die Finanzverwaltung

29 S. dazu unter Teil 2, C.
30 S. zur (Un-)Zumutbarkeit als Grenze der Sachaufklärung Teil 2, E. II.
31 BGBl. I 2008, 2850 (2856).
32 BT-Drucks. 16/10188, S. 11.
33 BT-Drucks. 16/10910, S. 18.
34 *Melchior*, DStR 2008, 2441 (2443).
35 S. *Baldauf*, DStR 2016, 833.

sollte dadurch ausgedehnt werden.[36] Eine Rechtsverordnung i.S. des § 88 Abs. 3 AO hat das Bundesministerium der Finanzen[37] jedoch nie erlassen.[38]

IV. § 88 AO n.F. durch das StModG

Die Reform des § 88 AO zum Untersuchungsgrundsatz gehört zu den Kernstücken des StModG.[39] Die Vorschrift wurde erheblich erweitert[40] und besteht nunmehr aus insgesamt fünf Absätzen. Es ist nicht von der Hand zu weisen, dass der § 88 AO n.F. mit dem StModG sehr viel länger gefasst wurde als seine Vorgängervorschrift(en). An dieser Stelle soll vorerst die Nennung der ausdrücklichen Normierung des Wirtschaftlichkeits- und des Zweckmäßigkeitsprinzips in § 88 Abs. 2 Satz 2 AO n.F. sowie des Verhältnismäßigkeitsgrundsatzes und schließlich der bundeseinheitlichen Regelung eines Risikomanagementsystems in § 88 Abs. 5 AO n.F. ausreichen. Die Vorschrift des § 88 AO n.F. wird einer ausführlichen Untersuchung in Teil 4 dieser Arbeit unterworfen.

C. Verfassungsdogmatische Fundierung des Untersuchungsgrundsatzes im Besteuerungsverfahren

Der Untersuchungsgrundsatz findet seine Rechtfertigung als Sachaufklärungsmaxime für das Besteuerungsverfahren nicht allein in seiner einfachgesetzlichen Regelung im § 88 Abs. 1 Satz 1 AO. Er ist vielmehr aus verfassungsrechtlicher Sicht geboten. Um aber zu dieser Erkenntnis zu gelangen, müssen die verfassungsrechtlichen Grundlagen dieser Erkenntnis näher beleuchtet werden. Diese sind vor allem die Fundamentalgrundsätze der Gesetzmäßigkeit

---

36 BT-Drucks. 16/10940, S. 9 f.

37 Im Folgenden „BMF“.

38 *Roth*, SteuK 2016, 78 f. Das BMF hat lediglich einen Referentenentwurf v. 5.8.2011 zu einer „Steuer-Ermittlungs-Verordnung“ vorgelegt, der jedoch – nicht zuletzt aufgrund der erheblichen Kritik an dem Entwurf – fruchtlos blieb, vgl. dazu *Drüen*, DStJG 42 (2019), 193 (194); *Baldauf*, DStR 2016, 833 (835); *Münch*, DStR 2013, 212 f.; zur Steuer-Ermittlungs-Verordnung vgl. *Modlinger*, Stbg 2011, 515 f. Das Steuerbürokratieabbaugesetz sah eine Vielzahl von Neuerungen auf dem Gebiet des elektronischen Besteuerungsverfahrens vor und kann insoweit als Vorläufer des StModG gesehen werden. Zum Steuerbürokratieabbaugesetz im Einzelnen s. *Balmes/Ambroziak*, StB 2009, 145; *Krain*, AO-StB 2009, 75; *Merker*, StuB 2008, 599; *ders.*, StuB 2008, 944; *Melchior*, DStR 2008, 2441.

39 *V. Wedelstädt*, AO-StB 2016, 196 f.

40 *Gehm*, StuB 2016, 580 f.; *Marx*, Ubg 2016, 358 (359 f.).

und Gleichmäßigkeit der Besteuerung. Daneben führen aber auch weitere (Verfahrens-)Verfassungsgrundsätze zur verfassungsrechtlichen Gebotenheit des Untersuchungsgrundsatzes im Besteuerungsverfahren, die sich auch einem aufmerksamen Beobachter nicht auf den ersten Blick ohne Weiteres erschließen.

I. Gesetzmäßigkeit der Besteuerung, Art. 20 Abs. 3 GG (§ 85 Satz 1 Alt. 1 AO)

Die Finanzbehörden gehören dem administrativen[41] Zweig der Exekutive an und sind dementsprechend gemäß Art. 20 Abs. 3 GG an Recht und Gesetz gebunden. Dieses Gesetzmäßigkeitsprinzip ist einfachgesetzlich in § 85 Satz 1 Alt. 1 AO niedergelegt.[42] In seiner konkreten Ausprägung lässt sich dem Grundsatz der Gesetzmäßigkeit zweierlei entnehmen: Ein Abweichungsverbot und korrespondierend dazu ein Anwendungsgebot.[43] Während das Abweichungsverbot besagt, dass die Finanzbehörden nicht von geschaffenen Steuertatbeständen abweichen dürfen (*negative Wirkung der Gesetzmäßigkeit*), lässt sich dem Anwendungsgebot entnehmen, dass die Finanzbehörden dazu verpflichtet sind, die Steuergesetze bei Erfüllen der Steuertatbestände auch konkret anzuwenden (*positive Wirkung der Gesetzmäßigkeit*).[44] Dieses Anwendungsgebot führt dazu, dass die Finanzbehörden nicht frei entscheiden können, ob sie eine Steuer erheben oder nicht. Vielmehr besteht aufgrund des Gesetzmäßigkeitsprinzips eine Verpflichtung der Finanzbehörde, Steuern festzusetzen und beim jeweiligen Steuerpflichtigen zu erheben.[45] Die Gesetzmäßigkeit der Besteuerung bedeutet also weit mehr als bloß „keine Steuer ohne Gesetz".[46]

---

41 Innerhalb der ausführenden Gewalt (Exekutive) wird zwischen dem gubernativen Bereich (Regierung) und dem administrativen Bereich (Verwaltung) der Exekutive differenziert, s. dazu *Gröpl*, Staatsrecht I, § 17 Rz. 1363.

42 So heißt es in § 85 Satz 1 AO „nach Maßgabe der Gesetze".

43 Vgl. *Hey*, in: Tipke/Lang, Steuerrecht, § 3 Rz. 238; *Seer*, DStJG 31 (2008), 7 (10); *ders.*, FR 1997, 553 (554); *Ossenbühl*, in: Handbuch des Staatsrechts, Bd. V, § 101 Rz. 4 f.; *Seer*, Verständigungen in Steuerverfahren, S. 175.

44 *Isensee*, in: FS Flume, S. 129 (133); *Birk*, StuW 1989, 212 (213); *Seer*, DStJG 31 (2008), 7 (10).

45 Vgl. *Hey*, in: Tipke/Lang, a.a.O. *Birk*, StuW 1989, 212 (213), formuliert hierzu zutreffend: „Besteuerung ist nicht nur zulässig, sofern und soweit sie durch das Gesetz angeordnet ist (Vorbehalt des Gesetzes), sie muß auch durchgeführt werden, wenn die Tatbestandsvoraussetzungen erfüllt sind (Gleichbehandlungsgebot). Verfassungswidrig ist nicht nur die Besteuerung außerhalb des Gesetzes, sondern auch die Nichtbesteuerung trotz gesetzlicher Anordnung".

46 *Birk*, StuW 1989, 212 (213).

II. Gleichmäßigkeit der Besteuerung, Art. 3 Abs. 1 GG (§ 85 Satz 1 Alt. 2 AO)

Neben dem Grundsatz der Gesetzmäßigkeit der Besteuerung nennt der § 85 Satz 1 Alt. 2 AO im selben Atemzug auch den Grundsatz der Gleichmäßigkeit der Besteuerung.[47] Seinen verfassungsrechtlichen Niederschlag findet dieser Grundsatz in Art. 3 Abs. 1 GG.[48] Nach Art. 3 Abs. 1 GG sind alle Menschen vor dem Gesetz gleich. Das BVerfG hat die Bedeutung des Gleichheitssatzes für das Steuerrecht in seinem sog. Zinsurteil plastisch auf den Punkt gebracht: „Der Gleichheitssatz verlangt für das Steuerrecht, dass die Steuerpflichtigen durch ein Steuergesetz rechtlich und tatsächlich gleich belastet werden".[49] Das bedeutet, dass die Gesetze unabhängig von der Person Anwendung finden, wenn der Tatbestand erfüllt ist und ebenso gerade nicht zur Anwendung kommen, wenn die jeweilige Person den Tatbestand nicht verwirklicht hat. Damit bezieht sich der Art. 3 Abs. 1 GG nicht nur auf die sog. Rechtssetzungsgleichheit durch den Gesetzgeber,[50] sondern unmittelbar auch auf die Anwendung des Rechts und statuiert daneben eine sog. Rechtsanwendungsgleichheit.[51] Dabei stehen die Steuerrechtsnormen und der Steuervollzug ebendieser Normen in einem besonderen Verhältnis zueinander: Die Verfahrensvorschriften für das Besteuerungsverfahren dürfen ihrem Inhalt nach eine formelle Durchsetzung von materiellen Steuernormen nicht verhindern.[52]

---

47 Nach dem Wortlaut des § 85 Satz 1 AO haben die Finanzbehörden die Steuern „gleichmäßig" festzusetzen und zu erheben; zur Gleichmäßigkeit der Besteuerung mit Blick auf Art. 134 der Weimarer Reichsverfassung s. *Paulick*, in: FS Bühler, S. 121 (141 ff.).

48 Zum Grundsatz der Gleichmäßigkeit im Steuerrecht ausführlich und instruktiv *Tipke*, Die Steuerrechtsordnung I, S. 282 ff.; s. auch *ders.*, in: Perspektiven der Finanzverwaltung, S. 95 ff.

49 BVerfG (Zinsurteil) v. 27.6.1991 – 2 BvR 1493/89, BVerfGE 84, 239 = BStBl. II 1991, 654, 1. Leitsatz.

50 *Hey*, in: Tipke/Lang, Steuerrecht, § 3 Rz. 110.

51 S. dazu umfassend die Habilitationsschrift von *Eckhoff*, Rechtsanwendungsgleichheit; s. auch *Schmidt/Schmitt*, in: FS Spindler, S. 529 (531); *Seer*, DStJG 31 (2008), 7 (10 f.); *Birk*, StuW 2004, 277; *Hey*, in: Tipke/Lang, Steuerrecht, § 3 Rz. 110; *Rätke*, in: Klein, AO, § 85 Rz. 1 ff.

52 Um diesem besonderen Verhältnis zwischen dem materiellen Steuerrecht und dem formellen Steuervollzug einen Namen zu geben, spricht das Bundesverfassungsgericht von einem „strukturellen Vollzugsdefizit", BVerfG v. 27.6.1991 – 2 BvR 1493/89, BVerfGE 84, 239 (271). *Seer*, DStJG 31 (2008), 7, spricht in diesem Zusammenhang anschaulich von der „Reziprozität zwischen Norm und Vollzug".

III. Einfluss von Gesetz- und Gleichmäßigkeit der Besteuerung auf die verfassungsrechtliche Gebotenheit des Untersuchungsgrundsatzes im Besteuerungsverfahren

Vor diesem Hintergrund der Gesetzmäßigkeit und Gleichmäßigkeit der Besteuerung kann das Besteuerungsverfahren nicht von der Willkür der am Verfahren Beteiligten abhängen. Diese hätten es sonst in der Hand, die (Besteuerungs-) Grundlagen zu bestimmen und damit letztlich auch die Entscheidung der Finanzbehörde zu prädestinieren. Anders als im Zivilrecht, wo die Durchsetzung der Ansprüche unter Privaten im Vordergrund steht und damit allein private Interessen verfolgt werden, besteht an der Erhebung des korrekten Steuerbetrages ein öffentliches Interesse.[53] Um diesem öffentlichen Interesse zu genügen, muss die Finanzbehörde die Grundlagen für ihre Entscheidung ermitteln, ohne dass die Beteiligten darauf einwirken können. Der Untersuchungsgrundsatz dient demnach also den verfassungsrechtlich vorgesehenen Fundamentalgrundsätzen der Gesetz-[54] und Gleichmäßigkeit der Besteuerung.[55] Würde man nämlich einen dem Zivilverfahren entsprechenden Verhandlungsgrundsatz zulassen, so würde dies bezüglich der Gesetzmäßigkeit der Besteuerung das Abweichungsverbot unterlaufen, indem von bestehenden Steuertatbeständen abgewichen werden würde, obwohl diese erfüllt wären.[56] Hinzukommen würde außerdem eine ungleiche Anwendung der Steuergesetze auf den jeweiligen Steuerpflichtigen gemessen an seinem Vortrag und unabhängig davon, ob Steuertatbestände tatsächlich erfüllt sind oder nicht. Dadurch würde der aus der Gleichmäßigkeit der Besteuerung abgeleitete Grundsatz der Rechtsanwendungsgleichheit ad absurdum geführt. Mithin ist der Untersuchungsgrundsatz verfassungsdogmatisch durch die Grundsätze von Gesetz- und Gleichmäßigkeit der Besteuerung

53 *Ahrendt*, NJW 2017, 537; *Richter*, in: HFSt 4 (2016), S. 261 (265); *Martin*, BB 1986, 1021 (1023); *Seer*, in: Tipke/Kruse, AO/FGO, § 88 AO Rz. 1 (Stand: Januar 2017).

54 *Jansen*, Das Steuerverfahren im Spannungsfeld von Europa- und Verfassungsrecht, S. 32, 35, sieht den Untersuchungsrundsatz als „einfachgesetzliches Subprinzip" des Grundsatzes der Gesetzmäßigkeit der Besteuerung an.

55 I. Erg. so auch *Seer*, in: Tipke/Kruse, AO/FGO, § 88 AO Rz. 1 (Stand: Januar 2017); *Söhn*, in: Hübschmann/Hepp/Spitaler, AO/FGO, § 88 AO Rz. 8 (Stand: März 2010); *Englisch*, IStR 2009, 37 (38); *Wittmann*, StuW 1987, 35 (36).

56 So stellt auch *Ahrendt*, NJW 2017, 537, fest: „Der Untersuchungsgrundsatz folgt aus der Gesetzesbindung der Verwaltung".

fundiert und dient der Verwirklichung ebendieser Besteuerungsgrundsätze im Besteuerungsverfahren.[57]

IV. Recht auf ein faires Verfahren

Neben den Fundamentalgrundsätzen der Gesetz- und Gleichmäßigkeit der Besteuerung lässt sich die verfassungsrechtliche Gebotenheit des Untersuchungsgrundsatzes auch aus dem verfassungsrechtlich verankerten Recht auf ein faires Verwaltungsverfahren ableiten.[58] Zwar wird das Recht auf ein faires Verfahren bzw. der „fair-trial-Grundsatz" vornehmlich mit dem gerichtlichen Verfahren assoziiert. Gleichwohl hat das Bundesverfassungsgericht festgestellt, dass dieses Recht auch im Verwaltungsverfahren gelten muss.[59] Grundrechtsschutz muss also nicht nur im Verfahren gewährt werden, sondern gerade auch durch das Verfahren gewährleistet sein.[60] Dieser Grundsatz ist – auf nationaler Ebene[61] – ein Ausfluss des Rechtsstaatsprinzips aus Art. 20 Abs. 3 GG i. V. mit dem allgemeinen Freiheitsgrundrecht aus Art. 2 Abs. 1 GG.[62] Das Recht auf ein

---

57 Vgl zur verfassungsrechtlichen Fundierung auch *Spilker*, Behördliche Amtsermittlung, S. 58 ff.

58 S. dazu ausführlich *Desens*, Bindung der Finanzverwaltung an die Rechtsprechung, S. 421 ff.

59 BVerfG v. 20.12.1979 – 1 BvR 385/77, BVerfGE 53, 30 (65): „[...] Grundrechtsschutz weitgehend auch durch die Gestaltung von Verfahren zu bewirken ist [...]"; v. 13.11.1979 – 1 BvR 1022/78, BVerfGE 52, 380 (389 f.); v. 15.12.1976 – 2 BvR 841/73, BVerfGE 43, 154 (166); vgl. zum allgemeinen Verwaltungsverfahren BVerwG v. 22.10.1993 – 6 C 10/92, NVwZ 1994, 575 (577); s. dazu auch *Eckhoff*, Rechtsanwendungsgleichheit, S. 252.

60 Vgl. *Seer*, in: FS Kirchhof, S. 1765 (1767); *Eckhoff*, Rechtsanwendungsgleichheit, S. 247 ff.; s. auch *Bethge*, NJW 1982, 1; *Laubinger*, VerwArch. 73 (1982), 60 (61 ff.); *Dolde*, NVwZ 1982, 65; *Lorenz*, NJW 1977, 865; s. auch *Kobor*, Kooperative Amtsermittlung, S. 60.

61 Auf europäischer Ebene ergibt sich das Recht auf ein faires Verfahren aus Art. 6 Abs. 1 Satz 1 EMRK, auf EU-Ebene aus Art. 47 und Art. 48 der EU-Grundrechtecharta. Letztere gehört nach Art. 6 Abs. 1 a.E. EUV zum Primärrecht der EU. Diese Vorschriften dürften jedoch ausschließlich für den gerichtlichen Prozess gelten, wobei Art. 6 Abs. 1 Satz 1 EMRK nach dem EGMR (Große Kammer) Urteil v. 12.7.2001 – 44759/98, NJW 2002, 3453 (3454), für Steuerrechtsstreitigkeiten nicht gilt (mit abweichender Meinung des Richters *Lorenzen*, dem sich auch die Richter *Rozakis*, *Benello*, *Straznicka*, *Birsan* und *Fischbach* angeschlossen haben, vgl. NJW 2002, 3453 [3455 f.]).

62 BVerfG v. 8.10.1974 – 2 BvR 747/73, BVerfGE 38, 105 (111); BVerfG v. 5.11.2003 – 2 BvR 1506/03, BVerfGE 109, 38 (60); *Di Fabio*, in: Maunz/Dürig, GG-Kommentar, Art. 2 Rz. 72 ff.

faires (Verwaltungs-)Verfahren gibt jedem Bürger das Recht, in einem staatlich veranlassten Verfahren dem Staat „auf Augenhöhe" gegenüber zu treten. Das bedeutet für das Besteuerungsverfahren, dass die Finanzbehörde ihre Sachverhaltsermittlung nicht allein darauf ausrichten darf, einen Wissensvorsprung zum Steuerpflichtigen aufzubauen, um dadurch ein möglichst hohes Steueraufkommen zu generieren.[63] Vielmehr muss dem Steuerpflichtigen die Möglichkeit eingeräumt werden, der Finanzbehörde mit „gleich geladenen Waffen" zu begegnen. Daher muss zwischen der Finanzbehörde und dem Steuerpflichtigen „Waffengleichheit" bestehen.[64] Die „Waffe" des Steuerpflichtigen ist sein Mitwirkungsrecht am Besteuerungsverfahren als Ausfluss des Rechts auf Gehör.[65] Auch wenn Art. 103 Abs. 1 GG dieses Recht seinem Wortlaut nach allein vor Gericht gewährt, wirkt dieses Recht auch schon im zeitlich vorangehenden (Steuer-)Verwaltungsverfahren.[66] Denn das Recht auf Gehör ist ein allgemeiner Grundsatz, der neben Art. 103 Abs. 1 GG auch aus dem Rechtstaatsprinzip aus Art. 20 Abs. 3 GG zu entnehmen ist.[67] Dies hat der BFH ausdrücklich für das Recht auf Gehör im außergerichtlichen Einspruchsverfahren festgestellt.[68] Die wohl wichtigste Ausprägung des Rechts auf Gehör im Besteuerungsverfahren ist das Recht auf Anhörung, das für das Besteuerungsverfahren in § 91 AO vorgesehen ist.[69]

Mit Blick auf den Untersuchungsgrundsatz spiegelt sich das Recht auf ein faires Besteuerungsverfahren vor allem im § 88 Abs. 1 Satz 2 Halbs. 2 AO n.F. wieder. Danach muss die Finanzbehörde auch die für die Beteiligten – d.h. für den Steuerpflichtigen – günstigen Umstände berücksichtigen. Die Finanzbehörde ist

---

63 Damit ist das sog. wirtschaftliche Maximalprinzip angesprochen. Dieses wird an späterer Stelle noch ausführlich behandelt, Teil 4, C. III. 3. a).

64 Für das gerichtliche Verfahren vom BVerfG stets als notwendiger Bestandteil eines fairen rechtsstaatlichen Verfahrens betont, vgl. BVerfG v. 25.7.1979 – 2 BvR 878/74, BVerfGE 52, 131 (143 ff.); für das Besteuerungsverfahren *Seer*, in: Tipke/Kruse, AO/FGO, § 89 AO Rz. 1 (Stand: Februar 2018); s. auch *Isensee*, Die typisierende Verwaltung, S. 132. Kritisch gegenüber einer Waffengleichheit (auch) im Besteuerungsverfahren als Verwaltungsverfahren, *Eckhoff*, Rechtsanwendungsgleichheit, S. 267 f.

65 *Seer*, in: Tipke/Kruse, AO/FGO, § 91 AO Rz. 1 (Stand: August 2018).

66 So auch *Seer*, in: Tipke/Kruse, AO/FGO, § 91 AO Rz. 1 (Stand: August 2018); ebenso *Rätke*, in: Klein, AO, § 91 Rz. 1.

67 *Roser*, in: Beermann/Gosch, AO/FGO, § 91 AO Rz. 1 (Stand: Juni 2010).

68 BFH v. 6.12.1978 – VII R 98/77, BStBl. II 1979, 170 (172 f.).

69 *Roser*, in: Beermann/Gosch, AO/FGO, § 91 AO Rz. 1 (Stand: Juni 2010); zum Inhalt des Anhörungsrechts nach § 91 AO ausführlich *Seer*, in: Tipke/Kruse, AO/FGO, § 91 AO Rz. 8 ff. (Stand: August 2018).

damit von Gesetzes wegen zur Neutralität bei der Ermittlung des steuerrelevanten Sachverhalts verpflichtet. Die Finanzbehörde ist als staatliche Behörde zwar „auf Seiten des Staates", sie darf dabei aber nicht einseitig-fiskalisch handeln. Sie darf sich gleichzeitig auch nicht allein auf die Seite des Steuerpflichtigen bei der Ermittlung des Sachverhalts stellen. Dadurch wird von vornherein von Gesetzes wegen sichergestellt, dass die Ermittlung des Sachverhalts durch die Finanzbehörde nicht monokausal zugunsten des Fiskus ausfallen darf. Diese Sicherheit vermittelt der Untersuchungsgrundsatz, indem er durch eine Sachverhaltsermittlung ex officio eine objektive bzw. neutrale Ermittlung des Sachverhalts gewährleistet, die zudem auch Umstände, die zugunsten des Steuerpflichtigen sprechen, berücksichtigen muss und zum anderen die Mitwirkung des Steuerpflichtigen zulässt.[70] Der Untersuchungsgrundsatz dient somit ebenfalls einem fairen Besteuerungsverfahren und ist verfassungsrechtlich auch aufgrund des Rechts auf ein faires Verfahren geboten.

V. Rechtsschutzgarantie, Art. 19 Abs. 4 GG

Die Geltung des Untersuchungsgrundsatzes sowohl für das Verwaltungsgerichtsverfahren[71] als auch für das Finanzgerichtsverfahren[72] lässt sich unter anderem auf Art. 19 Abs. 4 GG zurückführen.[73] Jedoch stellt die Rechtsschutzgarantie auch für den Untersuchungsgrundsatz im Besteuerungsverfahren eine verfassungsrechtliche Stütze dar.[74] Dies lässt sich insbesondere damit begründen, dass der Steuerpflichtige sein rechtliches Vorgehen gegen die Finanzbehörde auf die von derselben ermittelten Tatsachen stützen und planen können muss. So muss sich aus dem Besteuerungsverfahren heraus die vollständige Grundlage für den Rechtsschutz des Steuerpflichtigen ergeben. Dies wird allein durch eine Sachverhaltsermittlung ex officio gewährleistet, die auch die für den Steuerpflichtigen günstigen Umstände ermittelt und bei der Verwaltungsentscheidung

70 Vgl. insoweit auch BVerfG v. 9.3.2004 – 2 BvL 17/02, juris, Rz. 88; für das Verwaltungsverfahren im Zusammenhang mit § 24 VwVfG vgl. allein *Ramsauer*, in: Kopp/Ramsauer, VwVfG, § 24 Rz. 3.

71 § 86 Abs. 1 VwGO.

72 § 76 Abs. 1 Satz 1 FGO; vgl. *Krumm*, in: Tipke/Kruse, AO/FGO, § 76 FGO Rz. 4 (Stand: Februar 2018); s. auch *Herbert*, in: Gräber, FGO, Vor § 76 Rz. 7 f.

73 *Addicks*, NWVBl. 2005, 293 (295); *Geiger*, BayVBl. 1999, 321 (322); *Stelkens*, NVwZ 1982, 81 (83).

74 Zum „Hineinwirken" in das behördliche Verfahren vgl. *Jarass*, in: Jarass/Pieroth, GG, Art. 19 Rz. 75.

berücksichtigt. Daher entfaltet der Art. 19 Abs. 4 GG und damit der Grundsatz des effektiven Rechtsschutzes nicht allein seine Wirkungen im Gerichtsverfahren,[75] sondern vielmehr bereits auch schon im Verwaltungsverfahren.[76] Insoweit strahlt der Art. 19 Abs. 4 GG auf das Verwaltungsverfahren, das dem Gerichtsverfahren vorgeht, aus.[77] Dieser Wertung steht – entgegen *Spilker*[78] – auch nicht der Wortlaut des Art. 19 Abs. 4 GG entgegen. Zwar stellt der Wortlaut des Art. 19 Abs. 4 GG allein auf den „Rechtsweg“ ab, woraus man eine alleinige Geltung des Art. 19 Abs. 4 GG für das Gerichtsverfahren ablesen könnte. Gleichwohl verkennt ein einseitiger Blick auf den Begriff des Rechtsweges,[79] dass ein effektiver Rechtsschutz im unmittelbaren Zusammenhang zu dem das Gerichtsverfahren zeitlich und systematisch vorgehendem Verwaltungsverfahren steht[80] und entscheidend von der Ausgestaltung dieses Vorverfahrens abhängt. So kann der Sinn und Zweck des Art. 19 Abs. 4 GG, der einen effektiven Rechtsschutz gewährleisten soll, eine Vorwirkung in das behördliche Vorverfahren gebieten. Auch die Verfassung ist dem allgemein anerkannten Auslegungskanon zugänglich, so dass nicht bereits an dem Wortlaut eines Verfassungsartikels die Interpretation ihr Ende findet.[81] Vielmehr ist auch der Sinn und Zweck eines Verfassungsartikels heranzuziehen. Anforderungen an die konkrete Ausgestaltung des Verwaltungsverfahrens können sich demzufolge auch aus einer Vorwirkung des Art. 19

75 *Wedel*, Rechtsschutz bei überlangen steuerprozessualen Verfahren, S. 53.

76 Auch das BVerfG erkennt ein solches Hineinwirken des Art.19 Abs. 4 GG in das behördliche Verfahren an, „wenn eine solche Vorwirkung für die Inanspruchnahme gerichtlichen Rechtsschutzes faktisch erforderlich ist“, vgl. BVerfG v. 13.6.2007 – 1 BvR 1550/03 u.a., BVerfGE 118, 168 (207); v. 3.3.2004 – 1 BvR 2378/98 u.a., BVerfGE 109, 279 (364); v. 27.10.1999 – 1 BvR 385/90, BVerfGE 101, 106 (123); v. 14.7.1999 – 1 BvR 2226/94 u.a., BVerfGE 100, 313 (364).

77 Vgl. hierzu auch *Schromek*, Die Mitwirkungspflichten der am Verwaltungsverfahren Beteiligten, S. 71, 82 ff., der insoweit von einer „Vorwirkung“ des Art. 19 Abs. 4 GG auf das Verwaltungsverfahren spricht; ebenso *Wedel*, Rechtsschutz bei überlangen steuerprozessualen Verfahren, S. 53 f.; s. auch *Lorenz*, Der Rechtsschutz des Bürgers und die Rechtsweggarantie, S. 179 ff.

78 *Spilker*, Behördliche Amtsermittlung, S. 62 f.

79 Zudem erinnert das strikte Abstellen auf den Begriff „Rechtsweg“ an eine reine – mittlerweile schon seit längerer Zeit überholte – Begriffsjurisprudenz, vgl. dazu *Krawietz*, Theorie und Technik der Begriffsjurisprudenz; *Larenz*, Methodenlehre, S. 19 ff.

80 *Wedel*, Rechtsschutz bei überlangen steuerprozessualen Verfahren, S. 53.

81 So auch anschaulich *Larenz*, Methodenlehre, S. 363.

Abs. 4 GG ergeben.[82] So wäre es etwa dem Steuerpflichtigen nicht zumutbar, wenn die Finanzbehörden allein die für sie günstigen Umstände ermitteln würden mit dem nüchternen Verweis dem Steuerpflichtigen zugewendet, diesem stehe ohnehin der Rechtsweg frei.[83] Denn Sinn und Zweck des Rechtsschutzverfahrens ist es, dem Steuerpflichtigen einen Rechtsschutz zu gewähren, nicht aber die Finanzämter zu entlasten.[84] Ein dem Grundrecht auf effektiven Rechtsschutz genügendes (Verwaltungs-)Verfahren muss die Sachverhaltserforschung auf den gesamten Sachverhalt erstrecken. Eine unvollständige Sachverhaltsermittlung hat einen unvollständigen und dadurch uneffektiven Rechtsschutz zur Folge.[85] Folgerichtig dient der Untersuchungsgrundsatz der Verwirklichung des Art. 19 Abs. 4 GG bereits im Stadium des Besteuerungsverfahrens und ist durch ebendiesen verfassungsrechtlich geboten.

VI. Sozialstaatsprinzip, Art. 20 Abs. 1 GG

Schließlich wird auch das Sozialtstaatsprinzip bei der Frage nach den verfassungsrechtlichen Wurzeln des Untersuchungsgrundsatzes herangezogen.[86] Dieses Prinzip basiert verfassungsrechtlich auf Art. 20 Abs. 1 GG. Der konkrete Inhalt des Sozialstaatsprinzips lässt sich nicht unmittelbar aus der Verfassung entnehmen.[87] Jedoch ist zu konstatieren, dass aus dem Sozialstaatsprinzip lediglich eine allgemeine Fürsorgepflicht des Staates entspringt, die zur Chancengleichheit eines jeden Staatsbürgers beitragen soll.[88] Aus dem Sozialstaatsprinzip lässt sich daher keine zwingende verfassungsrechtliche Gebotenheit des Untersuchungsgrundsatzes im Besteuerungsverfahren entnehmen. Zwar kann im Einzelnen im Besteuerungsverfahren die Sachverhaltsermittlung auch der Herstellung einer gewissen Chancengleichheit dienen. Dies ist vor allem dann der Fall, wenn von den Finanzbehörden etwa bürgergünstige Umstände ermittelt werden. Dennoch lässt sich der Untersuchungsgrundsatz nach richtiger Ansicht

---

82 Ebenso *Schmidt-Aßmann*, in: Isensee/Kirchhof, Handbuch des Staatsrechts, Bd. I, § 24 Rz. 76 a.E.

83 Eine solche Vorgehensweise kommt durchaus in der Praxis vor, s. *Roser*, in: Beermann/Gosch, AO/FGO, § 88 AO Rz. 6.1 (Stand: Juni 2018).

84 So auch *Friauf*, StbJb. 1977/78, 39 (61).

85 In diesem Sinne auch *Lorenz*, Der Rechtsschutz des Bürgers und die Rechtsweggarantie, S. 179 ff.

86 Jüngst von *Spilker*, Behördliche Amtsermittlung, S. 60 ff.

87 *Grzeszick*, in: Maunz/Dürig, GG-Kommentar, Art. 20 Rz. 2 ff. (Stand: Dezember 2014).

88 *Jarass*, in: Jarass/Pieroth, GG, Art. 20 Rz. 112 ff.

nicht verfassungsrechtlich zwingend auf dem Sozialstaatsprinzip stützen.[89] Nur im Verwaltungsverfahren im Sozialrecht dient der Untersuchungsgrundsatz auch unmittelbar der sozialen Gerechtigkeit gegenüber den besonders hilfsbedürftigen Bürgern.[90]

VII. Zwischenergebnis

Der Untersuchungsgrundsatz ist im Besteuerungsverfahren verfassungsdogmatisch zwingend geboten. In erster Linie dient der Untersuchungsgrundsatz der Verwirklichung der Gleichmäßigkeit und Gesetzmäßigkeit der Besteuerung im Besteuerungsverfahren. Die Tatsache, dass i.R. des Untersuchungsgrundsatzes auch die für den Steuerpflichtigen vorteilhaften Umstände ex officio zu ermitteln sind, führt dazu, dass das Recht auf ein faires Verfahren auch zur Gebotenheit des Untersuchungsgrundsatzes von Verfassungs wegen angeführt werden muss. Darüber hinaus legt die hoheitliche Sachverhaltsermittlung im Besteuerungsverfahren auch den Boden für ein daran anschließendes gerichtliches Rechtsschutzverfahren, so dass der Untersuchungsgrundsatz auch wegen dem Grundsatz des effektiven Rechtsschutzes gemäß Art. 19 Abs. 4 GG aus Sicht der Verfassung zwingend im Besteuerungsverfahren geboten ist. Insoweit strahlt Art. 19 Abs. 4 GG bereits auf das Besteuerungsverfahren aus. Das Sozialstaatsprinzip kann hingegen nicht als Grundlage für die Frage nach der verfassungsrechtlichen Fundierung des Untersuchungsgrundsatzes im Besteuerungsverfahren herangezogen werden. Zu Recht wird daher der Untersuchungsgrundsatz als „fundamentales Prinzip des Besteuerungsverfahrens" angesehen.[91]

---

89 Ebenso *Kobor*, Kooperative Amtsermittlung, S. 63, der auf den „programmatischen Charakter" des Sozialstaatsprinzips verweist; a.A. *Spilker*, Behördliche Amtsermittlung, S. 60 ff., der – nur soweit die Ausführungen den Untersuchungsgrundsatz im § 20 SGB X betreffen – zuzustimmen ist; s. auch *Lang*, VerwArch. 52 (1961), S. 60 (75, 78); *Pfeifer*, Der Untersuchungsgrundsatz und die Offizialmaxime im Verwaltungsverfahren, S. 74, 90.

90 S. auch für das sozialgerichtliche Verfahren SG München v. 27.4.2015 – S 38 KA 5034/12, juris, Rz. 3, wonach „der Amtsermittlungsgrundsatz Ausfluss des Sozialstaatsprinzips (Art. 20 Abs. 1 GG)" ist.

91 *Thiemann*, StuW 2018, 304.

D. Abgrenzung zu anderen Sachaufklärungs- und Verfahrensmaximen

Neben dem Untersuchungsgrundsatz, der vornehmlich im Bereich des öffentlichen Rechts anzutreffen ist,[92] bestehen noch weitere Sachaufklärungs- und Verfahrensmaximen, die von dem Untersuchungsgrundsatz zu unterscheiden sind. Diese weiteren Sachaufklärungs- und Verfahrensmaximen werden im Folgenden vom Untersuchungsgrundsatz abgegrenzt.

I. Verhandlungsgrundsatz (Beibringungsgrundsatz)

Der Verhandlungsgrundsatz ist das Gegenstück zum Untersuchungsgrundsatz und gilt im Zivilverfahren.[93] Anders als beim Untersuchungsgrundsatz im Besteuerungsverfahren – wegen § 88 Abs. 2 Satz 1 a.E. AO n.F. – ist es den Parteien hierbei überlassen, die Tatsachen in den Prozess einzuführen.[94] Daher sind auch – anders als im Besteuerungsverfahren – die Parteien im Zivilprozess Herren des Verfahrens.[95] Der Verhandlungsgrundsatz kann im Besteuerungsverfahren wegen eines Verstoßes gegen Gesetzmäßigkeit und Gleichmäßigkeit der Besteuerung nicht gelten.[96] Denn bei der Geltung des Verhandlungsgrundsatzes würde die Anwendung des tatsächlich erfüllten Steuertatbestandes davon abhängen, ob der Beteiligte – und damit der Steuerpflichtige – den zum Steuertatbestand gehörigen Lebenssachverhalt adäquat und zutreffend darstellt. Dies wird ein um Steuerersparnis bemühter Steuerpflichtiger jedoch nur bei solchen Steuertatbeständen tun, die zu seinen Gunsten die Steuerlast mindern. Dies wäre ein eindeutiger Verstoß gegen das aus dem Prinzip der Gesetzmäßigkeit abgeleitete Anwendungsgebot und damit eine Verletzung des Fundamentalprinzips der Gesetzmäßigkeit der Besteuerung. Folgerichtig kann auch nicht *Weber* gefolgt werden, der den Verhandlungsgrundsatz als „verfahrenszweckadäquat" für das Besteuerungsverfahren ansieht.[97] Ferner würde eine vom Parteienvortrag abhängende Anwendung der Steuergesetze dazu führen, dass die Steuergesetze

---

92 So gilt der Untersuchungsgrundsatz als Verfahrensmaxime auch im allgemeinen Verwaltungsverfahren (§ 24 VwVfG) sowie im Sozialrecht (§ 20 SGB X).

93 Zu den einzelnen im Zivilrecht geltenden Maximen s. den instruktiven Beitrag von *Möller*, JA 2010, 47.

94 *Musielak*, in: Musielak/Voit, ZPO, Einleitung Rz. 37.

95 *Musielak*, in: Musielak/Voit, ZPO, Einleitung Rz. 38.

96 S. dazu *Seer*, Verständigungen in Steuerverfahren, S. 175 f.

97 Vgl. *Weber*, Mitwirkungspflichten nach der AO, S. 96.

nicht mehr gleichmäßig angewendet würden. Mit der Anerkennung des Verhandlungsgrundsatzes im Besteuerungsverfahren ginge daher auch ein Verstoß gegen die Rechtsanwendungsgleichheit Hand in Hand. Schließlich kommt hinzu, dass das Besteuerungsverfahren der Durchsetzung öffentlicher Interessen dient, wohingegen im Zivilprozess private Interessen verfolgt werden.[98]

II. Legalitätsprinzip

Das Legalitätsprinz[99] weist eine gewisse Nähe zum Untersuchungsgrundsatz auf, ist jedoch eine von ihr zu unterscheidende Verfahrensmaxime. Durch das Legalitätsprinzip wird die Finanzbehörde verpflichtet, Sachverhaltsermittlungen zu betreiben,[100] wohingegen der Untersuchungsgrundsatz das Mittel zur Verwirklichung der Sachverhaltsermittlung darstellt.[101] Das Legalitätsprinzip ist daher auch wesentliches Prinzip des Besteuerungsverfahrens.[102] Sie lässt sich normativ dem § 85 Satz 1 und 2 AO zuordnen.[103] Zusammen mit dem Untersuchungsgrundsatz dient das Legalitätsprinzip der Verwirklichung der Gesetz- und Gleichmäßigkeit der Besteuerung und ist daher als ergänzendes Prinzip zum Untersuchungsgrundsatz anzusehen.[104]

III. Offizialmaxime

Auf den ersten Blick erscheint der Begriff des Untersuchungsgrundsatzes deckungsgleich mit der Offizialmaxime zu sein. Das ist jedoch nicht der Fall. Es handelt sich wiederum um eine von dem Untersuchungsgrundsatz zu unterscheidende Verfahrensmaxime.[105] Die Offizialmaxime betrifft die

---

98 *Brühl*, JA 1992, 193 (196), für das allgemeine Verwaltungsverfahren.

99 Zum Legalitätsprinzip im steuerdogmatischen Sinn vgl. *Hey*, in: Tipke/Lang, Steuerrecht, § 3 Rz. 232 ff.

100 S. hierzu auch AEAO zu § 88 Nr. 1 (AEAO 2014 zu § 88 i.d. Fassung vom 12.1.2017, juris).

101 *Söhn*, in: Hübschmann/Hepp/Spitaler, AO/FGO, § 88 AO Rz. 11 (Stand: März 2010).

102 A.A. nur *Hoffmann-Riem*, StuW 1972, 127 (131), der jedoch verkennt, dass allein der Umstand, dass nicht jeder einzelne Steuerfall von der Finanzbehörde ermittelt werden kann, was dem Besteuerungsverfahren als Massenverfahren gerade immanent ist, nicht dazu führt, dass die Finanzbehörden nicht mehr von Gesetzes (und Verfassungs) wegen dazu verpflichtet sind, den steuerrelevanten Sachverhalt zu ermitteln.

103 *Krumm*, Steuervollzug und formelle Insolvenz, S. 19.

104 *Haunhorst*, DStR 2010, 2105 (2106); *Wittmann*, StuW 1987, 35 (36).

105 *Foerster*, VR 1989, 226 (229); aus schweizerischer Sicht zum allgemeinen Verwaltungsverfahren *Pfeifer*, Untersuchungsgrundsatz und Offizialmaxime.

Verfahrenseinleitung sowie den Ablauf des Verfahrens, wobei der Untersuchungsgrundsatz jeweils für diese Bereich durchweg gilt. Für das Besteuerungsverfahren gilt grundsätzlich die Offizialmaxime.[106] Ausnahmsweise gilt die Offizialmaxime jedoch nicht, wenn es sich um ein Antragsverfahren handelt.[107]

IV. Opportunitätsprinzip

Das Opportunitätsprinzip schließlich stellt das Gegenteil zum Legalitätsprinzip dar. Hierbei liegt die Entscheidung über die Verfahrenseinleitung im pflichtgemäßen Ermessen der Behörde.[108] Betrachtet man allein den Wortlaut des § 86 Satz 1 AO, so legt die Vorschrift ein Opportunitätsprinzip für die Finanzbehörde im Besteuerungsverfahren nahe. Namentlich das Entschließungsermessen wird nach dem Wortlaut dieser Vorschrift den Finanzbehörden eingeräumt.[109] Dies hätte zur Folge, dass die Finanzbehörden – in den Grenzen der Ermessensfehlerlehre[110] – in jedem Einzelfall entscheiden könnten, ob sie nun eine Besteuerung im Einzelfall vornehmen oder eben nicht. Jedoch wäre eine solche opportunistische Vorgehensweise der Finanzbehörden nicht mit den Grundsätzen der Gesetz- und Gleichmäßigkeit der Besteuerung vereinbar.[111] Insbesondere würde dies dem bereits angesprochenen öffentlichen Interesse an der Besteuerung widersprechen.[112] Folgerichtig ist daher das Legalitätsprinzip für das Besteuerungsverfahren kennzeichnend. Es existieren gleichwohl Ausnahmefälle, in denen das Opportunitätsprinzip gilt, und zwar u.a. im Haftungsverfahren.[113]

---

106 *Schmitz*, in: Schwarz/Pahlke, AO/FGO, § 85 AO Rz. 11 (Stand: Juni 2013).

107 *Seer*, in: Tipke/Kruse, AO/FGO, § 88 AO Rz. 1 (Stand: Januar 2017); *Söhn*, in: Hübschmann/Hepp/Spitaler, AO/FGO, § 88 AO Rz. 16 (Stand: März 2010). In diesem Fall gilt die Dispositionsmaxime, vgl. *Söhn*, in: Hübschmann/Hepp/Spitaler, AO/FGO, § 86 AO Rz. 13 ff., 20 ff. (Stand: Oktober 2015).

108 *Söhn*, in: Hübschmann/Hepp/Spitaler, AO/FGO, § 86 AO Rz. 35 (Stand: Oktober 2015).

109 Allgemein zum Ermessen als Entscheidungsspielraum der Exekutive *Kment/Vorwalter*, JuS 2015, 193.

110 Vgl. dazu *Seer*, Verständigungen in Steuerverfahren, S. 217 ff.

111 *Seer*, in: Tipke/Kruse, AO/FGO, § 86 AO Rz. 1 (Stand: Januar 2017).

112 Für eine Geltung des Opportunitätsprinzips im Besteuerungsverfahren in Parallele zum Polizeirecht vgl. *Hoffmann-Riem*, StuW 1972, 127 (131).

113 *Seer*, in: Tipke/Kruse, AO/FGO, § 86 AO Rz. 3 (Stand: Januar 2017); a.A. *Wagner*, in: Kühn/v. Wedelstädt, AO/FGO, § 86 AO Rz. 3.

E. Der Untersuchungsgrundsatz und das Verhältnis zur Kooperationsmaxime

I. Die Kooperationsmaxime als verfahrensimmanentes (Grund-) Prinzip des Besteuerungsverfahrens

„Der Aufklärungspflicht des Finanzamts […] steht die Pflicht des Steuerpflichtigen […] gegenüber, auch seinerseits alles zur Aufklärung des Sachverhalts Erforderliche zu tun".[114] Diese Feststellung des BFH aus dem Jahr 1955 enthält eines der wichtigsten Maximen – wenn nicht sogar die Wichtigste – des Besteuerungsverfahrens: Die sog. Kooperationsmaxime. Mit der Kooperationsmaxime ist eine besondere Maxime angesprochen, die für das deutsche Besteuerungsverfahren nicht mehr hinwegzudenken ist. Die Kooperationsmaxime beschreibt das Erfordernis der Mitwirkung des Steuerpflichtigen für die Sicherstellung einer gesetz- und gleichmäßigen Besteuerung durch das Besteuerungsverfahren.

Der RFH ging noch von dem Steuerpflichtigen als „Untertan des Staates"[115] aus.[116] Dieses Bild vom Untertanenverhältnis des Steuerpflichtigen kann heute vor dem Hintergrund der Kooperationsmaxime, die den Steuerpflichtigen nunmehr zur Zentralfigur des Besteuerungsverfahrens erhebt,[117] nicht mehr glaubwürdig vertreten werden.[118] Damit der moderne Steuerstaat eine gleichmäßige und gesetzmäßige Besteuerung vornehmen kann, ist er bei der Ermittlung des Sachverhalts auf die Mitwirkung des Steuerpflichtigen angewiesen.[119] Die Mitwirkung des Steuerpflichtigen ist für eine verfassungsgemäße Besteuerung unersetzlich. Eine der materiellen Wahrheit entsprechende Besteuerung ohne die

---

114 BFH v. 25.3.1955 – III 81/54 U, BStBl. III 1955, 133.

115 Ebenso sah auch schon *Otto Mayer*, der „Vater" des deutschen Verwaltungsakts und Verwaltungsrechts, den Bürger als „Unterthan" des Staates an, vgl. *Mayer*, Deutsches Verwaltungsrecht, Bd. 1, S. 92 ff.

116 Von einem solchen Verständnis ausgehend RFH v. 24.4.1936 – IV A 17/36, RFHE 39, 228; v. 24.8.1938 – VI 437/38, RFHE 44, 345 (349).

117 So zutreffend von *Seer*, Verständigungen in Steuerverfahren, S. 178, bezeichnet; *ders.*, StuW 2003, 40 (42). Vgl. auch *Durst*, kösdi 2019, 21202: „Die wichtigste und wesentliche Erkenntnisquelle für die Ermittlung steuerrelevanter Sachverhalte ist der Stpfl. selbst".

118 Das Bild vom Untertanenverhältnis hat der BFH bereits im Jahre 1968 verworfen, s. BFH v. 13.2.1968 – GrS 5/67, BStBl. II 1968, 365 (386 f.).

119 Vgl. insoweit auch *Kirchhof*, DStR 2018, 497 (501): „Das Steuerermittlungsverfahren […] ist grundsätzlich auf Kooperation zwischen Finanzbehörden und Steuerpflichtigen angelegt […]".

Mitwirkung des Steuerpflichtigen ist realiter schlichtweg nicht möglich. Die Mitwirkungspflichten des Steuerpflichtigen verfolgen demnach keinen Selbstzweck. Dieses wechselseitige Verhältnis zwischen der Ermittlung durch die Finanzbehörde auf der einen Seite und der Mitwirkung des Steuerpflichtigen auf der anderen Seite wird als Kooperationsmaxime bezeichnet.[120] Seinen normativen Niederschlag findet die Kooperationsmaxime in der „Mutternorm" zu den Mitwirkungspflichten aus § 90 AO.[121] Weitere einfachgesetzliche Ausprägungen der Kooperationsmaxime lassen sich zudem aus den §§ 91 ff., 200, 211 AO entnehmen.[122] Ohne eine solche Kooperation des Steuerpflichtigen kann die Finanzbehörde ihrem Besteuerungsauftrag aus § 85 AO[123] nicht nachkommen. Daher ist die Kooperationsmaxime elementar für eine funktionierende und ermittlungsfähige Finanzverwaltung.[124]

Die Kooperationsmaxime ist damit im selben Atemzug mit dem Untersuchungsgrundsatz zu nennen. Dennoch wird ihre Geltung im Besteuerungsverfahren (noch immer) angezweifelt. Mittlerweile darf jedoch kein Zweifel mehr daran bestehen, dass die Kooperationsmaxime ein „unentbehrliches Mittel zur Verwirklichung des gesetzlichen Auftrags der Sachverhaltsaufklärung" ist.[125]

---

120 Der Begriff für das deutsche Besteuerungsverfahren stammt von *Seer*, Verständigungen in Steuerverfahren, S. 179; *ders.*, DStJG 31 (2008), 7 (15); *ders.*, SteuerStud 2010, 369 (371); s. auch *Drüen*, FR 2011, 101 (104 f.).

121 Hierzu ausführlich *Jansen*, Das Steuerverfahren im Spannungsfeld von Europa- und Verfassungsrecht, S. 37 ff.

122 S. *Heinemann*, DStJG 42 (2019), 223 (225 f.). Eine nicht abschließende – und durch neu eingefügte Vorschriften zu ergänzende – Aufzählung der Mitwirkungspflichten in der AO ist bei *Wittmann*, StuW 1987, 35 (40), zu finden. Zu den speziellen Mitwirkungspflichten im Einzelnen s. *Seer*, in: Tipke/Lang, § 21 Rz. 192; vgl. auch *Spilker*, Behördliche Amtsermittlung, S. 269 ff. Zu beachten ist im Kontext des StModG insbesondere die Einfügung des neuen § 93c AO für die Datenübermittlung durch Dritte, vgl. BGBl. I 2016, 1679 (1685 f.).

123 S. hierzu auch Teil 3, A.

124 Hierzu umfassend *Drüen*, FR 2011, 101 (103 ff.); *Keller*, Das Finanzamt als Partner des Steuerpflichtigen, S. 28 ff., spricht von einer Kooperations*beziehung*.

125 *Seer*, in: Tipke/Kruse, AO/FGO, § 90 Rz. 1 (Stand: Oktober 2017), zur Bedeutung der Mitwirkungspflicht des Steuerpflichtigen; s. auch *Wittmann*, StuW 1987, 35 (44 f.).

II. Anerkennung als Grundprinzip des Besteuerungsverfahrens

1. Steuerhistorische Grundlagen

Aus steuerhistorischer Sicht lässt sich die Kooperationsmaxime – und in diesem Zuge auch die allgemeine Entwicklung weg vom konfrontativen hin zum kooperativen Steuerstaat[126] – auf das letzte Jahrzehnt vor der Jahrtausendwende zurückführen. Vorreiter für eine Anerkennung der Kooperationsmaxime in Deutschland war *Seer*.[127] So hat *Seer* in seiner Habilitationsschrift nach schweizerischem Vorbild[128] die Kooperationsmaxime für das deutsche Besteuerungsverfahren postuliert und seither[129] in Stellung gebracht. Seitdem haben weitere Stimmen in der Literatur dieselbe Stellung eingenommen.[130] Mittlerweile hat sich die Kooperationsmaxime als Verfahrensmaxime des Besteuerungsverfahrens etabliert. Dies scheint nunmehr auch das Bundesverfassungsgericht für das Besteuerungsverfahren anzuerkennen: „Das faktische und rechtliche Gewicht, das der Mitwirkung des Steuerpflichtigen zukommt, kann vielmehr als Konsequenz einer fairen, zumutbaren und effektiven Ausgestaltung des Verfahrens der Amtsermittlung beschrieben werden, das auf den *Dialog* mit den Mitwirkungspflichtigen angewiesen und deshalb dialogisch strukturiert ist".[131] Der Dialog mit dem Steuerpflichtigen kommt erst zustande, wenn der Steuerpflichtige auch aktiv am Besteuerungsverfahren mitwirkt, indem er die für die Besteuerung

---

126 So auch der Titel des Beitrags von *Eckhoff*, StuW 1996, 107.

127 *Seer*, Verständigungen in Steuerverfahren, S. 179. Der Gedanke einer Kooperation zwischen der Finanzbehörde und dem Steuerpflichtigen lässt sich jedoch noch weiter zurückfahren auf das Jahr 1962, denn schon damals behauptete *Spitaler*: „Das Veranlagungsverfahren ist kein Streitverfahren, sondern es fußt auf der vertrauensvollen *Zusammenarbeit* zwischen den Behörden der Fin.Verw. und dem Stpfl.", *Spitaler*, StbJb. 1961/62, 461 (462, 472 f.).

128 Den Gedanken der Kooperationsmaxime hat *Seer* für das deutsche Besteuerungsverfahren aus der Habilitationsschrift von *Zweifel*, Die Sachverhaltsermittlung im Steuerveranlagungsverfahren, S. 12 ff., 45 ff., übernommen, der die Kooperationsmaxime für das schweizerische Besteuerungsverfahren bereits Ende der 1980er Jahre entwickelte; vgl. auch *Zweifel*, in: FS Höhn, S. 501.

129 Vgl. *Seer*, DStJG 31 (2008), 7 (15); *ders.*, SteuerStud 2010, 369 (371); *ders.*, Selbstveranlagung – Wegfall des Amtsermittlungsgrundsatzes?, DWS-Symposium 2014, S. 7 (12).

130 Allen voran *Eckhoff*, StuW 1996, 107 (110 ff.); vgl. auch *Loschelder*, AO-StB 2003, 25 (26); *Drüen*, FR 2011, 101 (104 f.); jüngst auch *Spilker*, Behördliche Amtsermittlung, S. 15 f.

131 BVerfG v. 9.3.2004 – 2 BvL 17/02, BVerfGE 110, 94 (121).

relevanten Informationen an die Finanzbehörde weitergibt. Ansonsten bleibt es bei einem Monolog der Finanzbehörde.

2. *Ablehnende Stimmen in der Literatur*

Die Kooperationsmaxime wird mittlerweile ganz überwiegend anerkannt für das deutsche Besteuerungsverfahren. Im Schrifttum ist es jedoch vor allem *Müller-Franken*, der die Kooperationsmaxime als grundlegendes Prinzip des Besteuerungsverfahrens nicht anerkennen möchte. Das Besteuerungsverfahren sei nach *Müller-Franken* gekennzeichnet durch ein „mitwirkungsoffenes Verwalten". Ein Grundsatz der Kooperation sei ihr jedoch fremd. Man solle den Begriff der Kooperationsmaxime sogar „komplett vermeiden".[132]

Auch *Söhn* möchte die Kooperationsmaxime nicht offiziell als Maxime des Besteuerungsverfahrens ansehen, sondern spricht lediglich von einem „Kooperationsverhältnis".[133] Jedenfalls mittelbar nimmt damit aber auch *Söhn* ein auf Kooperation basiertes Besteuerungsverfahren an.[134]

3. *Eigene Auffassung*

Die Kooperationsmaxime ist ein fundamentales Prinzip des Besteuerungsverfahrens. In der Kooperationsmaxime kommt die Tatsache zum Ausdruck, dass eine Besteuerung nach den Fundamentalgrundsätzen der Gesetzmäßigkeit und Gleichmäßigkeit nicht ohne die Mitwirkung bzw. Kooperation des Steuerpflichtigen durchgeführt werden kann. Auch dem allgemeinen Verwaltungsverfahren ist der Gedanke eines kooperativen Staates nicht fremd.[135]

Die eine Kooperationsmaxime im Besteuerungsverfahren nicht anerkennende (einzige) Stimme in der Literatur verkennt bereits, dass die AO selbst an mehreren Stellen auf eine Kooperation der Finanzbehörde mit dem Steuerpflichtigen angelegt ist. So ist § 149 Abs. 1 Satz 1 AO i.V. mit den Einzelsteuergesetzen,[136] die jeweils die Abgabe einer Steuererklärung vorsehen, ja gerade die einfachgesetzliche Verkörperung eines Kooperationsverhältnisses zwischen der

---

132 *Müller-Franken*, Maßvolles Verwalten, S. 236.

133 *Söhn*, in: Hübschmann/Hepp/Spitaler, AO/FGO, § 88 AO Rz. 94 (Stand: März 2010).

134 Vgl. insoweit auch *Keller*, Das Finanzamt als Partner des Steuerpflichtigen, S. 28 ff.: „Kooperationsbeziehung".

135 Vgl. etwa *Jaeschke*, NVwZ 2003, 563; *Weiß*, DVBl. 2002, 1167; *Di Fabio*, NVwZ 1999, 1153; *Ramsauer*, in: Kopp/Ramsauer, VwVfG, § 24 Rz. 10a.

136 S. z.B. § 25 Abs. 3 EStG, § 31 KStG und § 14a Satz 1 GewStG.

Finanzbehörde und dem Steuerbürger.[137] Weiterhin sind sowohl der § 90 AO als auch die §§ 91 ff., 200, 211 AO anzuführen, die ebenso auf eine Kooperation der Finanzverwaltung mit dem Steuerpflichtigen angelegt sind und im Vergleich zum allgemeinen Verwaltungsverfahren weit ausgeprägte Mitwirkungspflichten statuieren.[138] Dementsprechend ist der Kooperationsgedanke bereits in der AO angelegt. Für *Müller-Franken* könnte auf den ersten Blick zwar der Wortlaut des § 88 AO anzuführen sein, denn immerhin ist dort davon die Rede, dass die Finanzbehörde den Sachverhalt von Amts wegen ermittelt. Jedoch steht auch der Wortlaut des § 88 AO einer Kooperationsmaxime nicht entgegen: Der Steuerpflichtige, der mit der Finanzverwaltung kooperiert, betreibt selbst keine Sachverhaltsermittlung, sondern ermöglicht bzw. erleichtert diese erst für die Finanzbehörden. Insoweit wird der Untersuchungsgrundsatz durch die Kooperationsmaxime ergänzt,[139] und gerade nicht ersetzt[140] bzw. eingeschränkt,[141] denn der Untersuchungsgrundsatz kann ohne die Kooperationsmaxime nicht erfüllt werden. Auch bei Anerkennung der Kooperationsmaxime im Besteuerungsverfahren bleibt es also bei dem von § 88 AO angeordneten Grundsatz, dass die Sachverhaltsermittlung ex officio erfolgt. Der Wortlaut des § 88 AO stellt folglich keine Hürde für die Anerkennung der Kooperationsmaxime im Besteuerungsverfahren dar. Die Folge einer Ablehnung einer Kooperationsmaxime im Besteuerungsverfahren wäre, dass die beteiligten Parteien, also die Finanzbehörde und der Steuerpflichtige, die jeweils für sich günstigen Umstände ermitteln würden.[142] Eine solche Vorgehensweise der Finanzbehörde würde jedoch eindeutig gegen § 88 AO verstoßen, namentlich gegen das Prinzip der materiellen Wahrheit.[143] Die Mitwirkung des Steuerpflichtigen als elementarer Bestandteil des Besteuerungsverfahrens sollte man in Form der Anerkennung als Kooperationsmaxime damit nicht „komplett vermeiden“, sondern ganz im Gegenteil „komplett anerkennen“.

---

137 *Frizen*, Das Deklarationsprinzip im Einkommensteuerrecht, S. 176.

138 So auch *Drüen*, in: Zukunftsfragen des deutschen Steuerrechts, S. 1 (8).

139 *Seer*, Verständigungen in Steuerverfahren, S. 180; *Zaumseil*, StBW 2010, 420 (422). Von einer Begrenzung des Untersuchungsgrundsatzes geht die Finanzverwaltung bei Verletzung der Mitwirkungspflichten aus, AEAO zu § 88 Nr. 2 (AEAO 2014 zu § 88 i.d. Fassung vom 12.1.2017, juris). Zu den Folgen einer Verletzung der Mitwirkungspflichten sogleich.

140 So auch *Nierhaus*, Beweismaß und Beweislast, S. 278, für den Verwaltungsprozess.

141 *Osterloh*, Gesetzesbindung und Typisierungsspielräume, S. 287 f.

142 So richtigerweise *Spilker*, Behördliche Amtsermittlung, S. 15.

143 S. dazu unter Teil 2, C. III.

Letztlich muss konstatiert werden, dass erst durch die Kooperationsmaxime die Finanzbehörde in die Lage versetzt wird, ihrer Untersuchungspflicht im ausreichenden Maße nachzukommen. Erst die Kooperationsmaxime zwingt den Steuerpflichtigen, in einen Dialog mit der Finanzverwaltung zu treten.[144] In der Folge muss aus dem Vorgesagten die Kooperationsmaxime als Strukturprinzip des Steuerverfahrens anerkannt werden.[145]

III. Verfahrensbestimmende Folgen der Kooperationsmaxime

1. *Mitverantwortung des Steuerpflichtigen an der Sachaufklärung*

Mit der Anerkennung der Kooperationsmaxime als verfahrensimmanentes Prinzip des Besteuerungsverfahrens, geht die – mittlerweile schon klassische – Frage einher, ob damit auch eine Mitverantwortung des Steuerpflichtigen an der Sachverhaltsermittlung verbunden ist. Bis heute konnte sich kein Konsens zu dieser Frage im Schrifttum bilden.[146] Die Stimmen im Schrifttum lassen sich in drei Lager aufteilen. Das erste Lager lehnt eine Verantwortung des Steuerpflichtigen ab und nimmt eine Alleinverantwortung der Finanzbehörde für die Sachverhaltsermittlung an.[147] Im mittleren Feld befindet sich das Lager, das

---

144 *Eckhoff*, Rechtsanwendungsgleichheit, S. 276.

145 Klarsichtig insoweit auch *Drüen*, in: Zukunftsfragen des deutschen Steuerrechts, S. 1 (18).

146 Eine geteilte Ansicht zur Frage der Mitverantwortung findet sich auch im allgemeinen Verwaltungsrecht wieder: Für eine Mitverantwortung etwa *Schwab*, NVwZ 1997, 428 (431); *Schmidt-Assmann*, in: FS Doehring, S. 889 (897); dagegen *Weber/Hellmann*, NJW 1990, 1625 (1629); *Ramsauer*, in: Kopp/Ramsauer, VwVfG, § 24 Rz. 10a.

147 Jüngst *Seiler*, in: FS für den BFH, S. 1761 (1763); *Spilker*, Behördliche Amtsermittlung, S. 293; s. auch *Müller-Franken*, Maßvolles Verwalten, S. 166 ff., 173, 236, der die Kooperation zwischen der Finanzbehörde und dem Steuerpflichtigen auf die Mitwirkung beschränkt, ohne von einer Mitverantwortung zu sprechen, sondern vielmehr ein „mitwirkungsoffenes Verwalten" annimmt; so auch schon *Kirchhof*, DStJG 18 (1995), 17 (26); auch *Söhn*, in: Hübschmann/Hepp/Spitaler, AO/FGO, § 88 AO Rz. 94 (Stand: März 2010), sieht den Steuerpflichtigen lediglich als „Ermittlungsgehilfen" an bei rechtlich ungeteilter Verantwortung der Finanzbehörden; ähnlich *Nierhaus*, Beweismaß und Beweislast, S. 278 f., der im Kontext des Verwaltungsprozesses vom „Erforschungsgehilfen" spricht; s. ferner schon *Wittmann*, StuW 1987, 35 (44); *Pestalozza*, in: FS zum 50-jährigen Bestehen des Richard Boorberg Verlages, S. 185 (191 ff.). Auch *Kobor*, Kooperative Amtsermittlung, S. 126 f., hält eine Mitverantwortung des Beteiligten im Verwaltungsverfahren für unhaltbar. Schließlich geht zwar auch *Drüen*, FR 2011, 101 (102, 105), von einer Kooperation zwischen dem Steuerpflichtigen und

dem Steuerpflichtigen zwar eine Mitverantwortung zuweist, die sich an seiner Sphäre orientiert, gleichzeitig aber der Finanzbehörde die Letztverantwortung für die Sachverhaltsaufklärung überlässt.[148] Das dritte Lager geht noch weiter und belässt es nicht bei einer Mitverantwortung des Steuerpflichtigen bei gleichzeitiger Letztverantwortung der Finanzbehörde, sondern geht von einer Ermittlungspartnerschaft aus, mit einer hälftigen Verantwortung jeweils des Steuerpflichtigen und der Finanzbehörde.[149] Das Lager im Mittelfeld, das eine sphärenorientierte Mitverantwortung des Steuerpflichtigen annimmt und die Letztverantwortung bei den Finanzbehörden sieht, überzeugt. Ohne eine Letztverantwortung bei den Finanzbehörden würde sich eine Mitverantwortung des Steuerpflichtigen in der Praxis faktisch zu einer Alleinverantwortung des Steuerpflichtigen umwandeln, da der Steuerpflichtige als Zentralfigur des Besteuerungsverfahrens zumeist die gesamten Informationen beherrscht, die für eine gleichmäßige und gesetzmäßige Besteuerung relevant sind.[150] Zudem gebietet auch der Wortlaut von § 88 AO (n.F.) eine Letztverantwortung der Finanzbehörde, wonach die Finanzbehörde den Sachverhalt von Amts wegen zu ermitteln hat. Daneben ist zu beachten, dass die Letztentscheidung im Besteuerungsverfahren einseitig bei der Finanzbehörde liegt,[151] so dass es dem Gebot der Folgerichtigkeit entspricht, der Finanzbehörde auch die Letztverantwortung zuzusprechen. Eine Letztverantwortung der Finanzbehörde schließt eine Mitverantwortung des Steuerpflichtigen nicht aus.[152] Zudem kann die in der AO niedergelegte Kooperationsmaxime in Form von Mitwirkungspflichten des Steuerpflichtigen

---

der Finanzbehörde als Treuhänderin der Gesellschaft aus. Er lässt diese aber nicht in eine Letzt-, sondern in eine Alleinverantwortung der Finanzbehörde münden.

148 So vor allem *Seer*, Verständigungen in Steuerverfahren, S. 179 ff., 388 (sog. „sphärenorientierte Mitverantwortung“); danach *ders.*, StuW 2003, 40 (42); *ders.*, DStJG 31 (2008), 7 (15); *ders.*, StuW 2015, 315 (317); ebenso *Eckhoff*, Rechtsanwendungsgleichheit, S. 319 ff., 450 ff.; *ders.*, StuW 1996, 107 (113); so auch *Roser*, in: Beermann/Gosch, AO/FGO, § 90 AO Rz. 4 (Stand: August 2017).

149 In diese Richtung gehen *Haunhorst*, DStR 2010, 2105 (2106); *Zaumseil*, StBW 2010, 420 (421 f.) und *Wenzig*, DStZ 1986, 375.

150 Beachte insoweit auch *Hildebrandt*, StBp 1991, 108, der 80-90% der Verantwortung beim Steuerpflichtigen sieht; s. außerdem *Frizen*, Das Deklarationsprinzip im Einkommensteuerrecht, S. 170, 174, die auch von einer Mitverantwortung des Steuerpflichtigen auszugehen scheint und den Verantwortungsgrad davon abhängig macht, wie viele steuerrelevante Tatsachen in der Sphäre des Steuerpflichtigen liegen.

151 *Krumm*, Steuervollzug und formelle Insolvenz, S. 22.

152 So aber wohl *Spilker*, Behördliche Amtsermittlung, S. 293.

nur dann ernsthaft vom Steuerpflichtigen wahrgenommen werden, wenn sie mit einer Mitverantwortung des Steuerpflichtigen verknüpft wird. Legt man eine sphärenorientierte Betrachtungsweise zugrunde, so erscheint die Ansicht, die eine Mitverantwortung des Steuerpflichtigen bei gleichzeitiger Letztverantwortung der Finanzbehörde favorisiert, sachgerecht.

2. *Auswirkungen von Mitwirkungspflichtverletzungen auf den Untersuchungsgrundsatz*

Keine Einigkeit besteht ferner hinsichtlich der Frage, welche Auswirkungen die Verletzung einer Mitwirkungspflicht durch den Steuerpflichtigen auf die Sachaufklärung durch die Finanzbehörde hat.[153] Der BFH[154] sowie Teile der Literatur[155] lassen mit der Verletzung der Mitwirkungspflichten durch den Steuerpflichtigen auch die Begrenzung der Ermittlungspflichten der Finanzbehörde zu. Dem kann jedoch nicht gefolgt werden. Gerade für den Fall, dass der Steuerpflichtige seine Mitwirkungspflichten nicht nachkommt, muss der Untersuchungsgrundsatz konsequent durchgesetzt werden.[156] Die Verletzung von Mitwirkungspflichten darf keinen Einfluss auf die strikte Einhaltung des Untersuchungsgrundsatzes haben.[157] Die Finanzbehörde bleibt verpflichtet, den Steuerfall bei Ermittlungsbedürftigkeit zu ermitteln. Der von der Rechtsprechung wiederholte Grundsatz, dass die Sachaufklärungspflicht dort ende, wo die Mitwirkungspflichtverweigerung des Steuerpflichtigen beginne, ist „im Grunde inhaltlich nichtssagend".[158] Die Mitwirkungspflichtverletzung kann aber Einfluss auf das erforderliche Beweismaß zu Lasten des Steuerpflichtigen nehmen,

---

153 Dazu ausführlich *Osterloh*, Gesetzesbindung und Typisierungsspielräume, S. 286 ff.

154 So etwa BFH v. 15.2.1989 – X R 16/86, BStBl. II 1989, 462 (464); v. 28.8.1992 – I B 48/92, juris, Rz. 21, der daneben auch niedrigere Anforderungen an den erforderlichen Beweismaß annimmt, vgl. dazu näher unter Teil 2, D. III.

155 *Martens*, StuW 1981, 322 (323); ebenso für das allgemeine Verwaltungsverfahren *Ramsauer*, in: Kopp/Ramsauer, VwVfG, § 24 Rz. 23.

156 *Seer*, Verständigungen in Steuerverfahren, S. 177 ff.

157 *Jansen*, Das Steuerverfahren im Spannungsfeld von Europa- und Verfassungsrecht, S. 48 f.; *Nierhaus*, Beweismaß und Beweislast, S. 337; *Seer*, Verständigungen in Steuerverfahren, S. 177; *Sommerfeld*, Die Sachverhaltsermittlung im Besteuerungsverfahren, S. 62 f.; zustimmend auch *Zaumseil*, StBW 2012, 507 (509); *ders.*, StBW 2010, 420 (422).

158 *Nierhaus*, Beweismaß und Beweislast, S. 336; ebenso *Spilker*, Behördliche Amtsermittlung, S. 292; *Redeker*, DVBl. 1981, 84; a.A. *Krüger*, DStZ 2017, 761 (762).

ohne dass dies zu einer Umkehr der Beweislast führt.[159] Solche für den Steuerpflichtigen negative Folgen aus der Mitwirkungsverweigerung sind jedoch nur dann zulässig, wenn kein Fall der objektiven oder subjektiven Unmöglichkeit vorliegt, also nur bei bewusster Mitwirkungsverweigerung trotz möglicher und zumutbarer Mitwirkung des Steuerpflichtigen.[160] Die Abhängigkeit der Finanzbehörden von der Kooperation des Steuerpflichtigen führt dabei nicht zu einer vollständigen Abhängigkeit der Finanzverwaltung vom Steuerpflichtigen. Auch wenn aufgrund der Sachverhaltskonzentration beim Steuerpflichtigen eine „faktische Abhängigkeit der Sachverhaltsermittlung“ anzunehmen ist,[161] wird diese aus rechtlicher Sicht aufgrund der Schätzungsmöglichkeit der Finanzbehörden nach § 162 Abs. 2 AO wesentlich relativiert.

IV. Zwischenergebnis

Eine Besteuerung, die Gesetz- und Gleichmäßigkeit anstrebt, ist zwingend auf die Mitwirkung des Steuerpflichtigen angewiesen. Die Kooperation des Steuerpflichtigen ist elementarer Bestandteil des nationalen Besteuerungsverfahrens. Daher ist die Kooperationsmaxime als grundlegendes Prinzip des Besteuerungsverfahrens anzuerkennen. Die Mitwirkung des Steuerpflichtigen erschöpft sich jedoch nicht allein in einer Mitwirkungspflicht, sondern umfasst darüber hinaus auch eine Mitverantwortung. Der Steuerpflichtige und das Finanzamt bilden die beiden Mitspieler eines Teams zur Sachverhaltsvermittlung. Wegen der Grundaussage des § 88 AO, dass die Ermittlung des Sachverhalts den Finanzbehörden obliegt, muss die Letztverantwortung jedoch bei der Finanzbehörde verbleiben.

---

159 S. *Kempermann*, FR 1990, 437 (441).

160 Vgl. auch *Seer*, Verständigungen in Steuerverfahren, S. 177 f.

161 *Osterloh*, Gesetzesbindung und Typisierungsspielräume, S. 288.

Teil 2: Der Untersuchungsgrundsatz nach § 88 AO a.F.

Im zweiten Teil dieser Arbeit soll die Vorschrift des § 88 AO in der Fassung bis zum 31. Dezember 2016 dargestellt werden.[162] Dadurch soll im Hinblick auf die ausführliche Untersuchung des § 88 AO in der Fassung nach dem StModG in Teil 4 dieser Arbeit eine bessere Vergleichbarkeit der alten Fassung mit der neuen Fassung des § 88 AO sichergestellt werden. Zu beachten ist, dass die folgenden Ausführungen nicht etwa durch die Änderung des § 88 AO durch das StModG obsolet geworden sind, sondern vielmehr weiter fortgelten. Hierzu erfolgt zunächst eine inhaltliche Darstellung der Vorschrift (unter A.) woran eine Beschreibung des Untersuchungsgrundsatzes als negatives Prinzip anknüpft (unter B.). Danach folgt eine Untersuchung des Inhalts des Verfahrensermessens der Finanzbehörde bei der Sachverhaltsermittlung (unter C.). Im Anschluss daran werden Grundzüge des Beweisrechts im Besteuerungsverfahren behandelt (unter D.). Schließlich werden die Grenzen der Sachaufklärung durch die Finanzbehörde aufgezeigt (unter E.).

A. Inhalt

„Die Finanzbehörde ermittelt den Sachverhalt von Amts wegen", so umschreibt auch schon der § 88 Abs. 1 Satz 1 AO a.F. den Untersuchungsgrundsatz. Damit liegt die (Letzt-)Verantwortung für die Sachaufklärung ipso iure bei der Finanzbehörde. Mit anderen Worten: Sie ist Herrin der Sachaufklärung.[163] Die Finanzbehörde bestimmt dabei Art und Umfang der Ermittlungen und ist an das Vorbringen und an die Beweisanträge der Beteiligten nicht gebunden, § 88 Abs. 1 Satz 2 AO a.F. Der Finanzbehörde steht ein Ermessensspielraum zu, innerhalb dessen sie einen weiten Gestaltungsspielraum genießt.[164] Dabei richtet sich gemäß § 88 Abs. 1 Satz 3 AO a.F. der Umfang ebendieser Pflichten aus § 88 Abs. 1 Satz 1 und 2 AO a.F. nach den Umständen des Einzelfalles. Der § 88 Abs. 2 AO a.F. ordnet an, dass nicht nur die für die Finanzverwaltung günstigen Umstände Berücksichtigung finden, sondern in gleicher Weise auch die für die Beteiligten,

---

162 Im Folgenden „§ 88 AO a.F.".

163 *Seer*, in: Tipke/Kruse, AO/FGO, § 88 AO Rz. 1 (Stand: Januar 2017).

164 S. dazu *Seer*, DStJG 31 (2008), 7 (12).

also insbesondere für den Steuerpflichtigen, günstigen Umstände. Darin kommt das sog. materielle Wahrheitsprinzip zum Ausdruck.[165] Schließlich enthält der § 88 Abs. 3 AO a.F. eine Verordnungsermächtigung[166] zur Regelung von elektronischen Risikomanagementsystemen. Der Untersuchungsgrundsatz gilt für alle Arten des Besteuerungsverfahrens[167] und strahlt auf jede Stufe des Besteuerungsverfahrens aus: Von der Ermittlung und Festsetzung bis zur Erhebung und Vollstreckung.[168] Hervorzuheben ist die Unterscheidung des § 88 AO a.F. als reine Aufgabenzuweisungsnorm[169] von gesetzlichen Befugnisnormen, wie z.B. §§ 93, 97, 100 AO, die Auskunfts- und Vorlagepflichten des Steuerpflichtigen betreffen.[170] Diese Unterscheidung ist von besonderer Bedeutung, da nur letztere als Rechtsgrundlage nach dem Grundsatz des Vorbehalts des Gesetzes, welcher aus dem Rechtsstaatsprinzip des Art. 20 Abs. 3 GG hergeleitet wird, für Eingriffe i. R. der Sachaufklärung geeignet sind.[171]

B. Untersuchungsgrundsatz als negatives Prinzip

Gemäß § 88 Abs. 1 Satz 2 AO a.F. bestimmt die Finanzbehörde Art und Umfang der Ermittlungen.[172] Nach § 88 Abs. 1 Satz 2 Halbs. 2 AO a.F. ist sie bei ihren Ermittlungen an das Vorbringen und die Beweisanträge der Beteiligten nicht

---

165 *Söhn*, in: Hübschmann/Hepp/Spitaler, AO/FGO, § 88 AO Rz. 73 ff. (Stand: März 2010); *Seer*, in: Tipke/Lang, Steuerrecht, § 21 Rz. 3; s. dazu unter Teil 2, C. III.

166 Zum Erlass von Rechtsverordnungen ist ein Ermächtigungsgesetz erforderlich, Art. 80 Abs. 1 Satz 1 GG.

167 Als Beispiel sei die Geltung des Untersuchungsgrundsatzes im Verfahren der Außenprüfung genannt, vgl. *Seer*, in: Tipke/Kruse, AO/FGO, § 88 AO Rz. 7 (Stand: Januar 2017); s. auch *Rätke*, in: Klein, AO, § 88 Rz. 10 ff.

168 *Volquardsen*, in: Schwarz/Pahlke, AO, § 88 Rz. 4 (Stand: März 2017); *Wagner*, in: Kühn/v. Wedelstädt, AO/FGO, § 88 AO Rz. 1. Eine Ausnahme gilt lediglich für die verbindliche Auskunft nach § 89 AO. Da der Steuerpflichtige den Sachverhalt erschöpfend darstellen muss, entfällt die Ermittlungspflicht der Finanzbehörde, *Rätke*, in: Klein, AO, § 88 Rz. 6.

169 Ebenso wie § 85 AO, vgl. *Wittmann*, StuW 1987, 35 (36); *Schmitz*, in: Schwarz/Pahlke, AO, § 85 Rz. 4 (Stand: Juni 2013).

170 *Rätke*, in: Klein, AO, § 88 Rz. 2.

171 *Söhn*, in: Hübschmann/Hepp/Spitaler, AO/FGO, § 88 AO Rz. 83 (Stand: März 2010); *Rätke*, in: Klein, AO, § 88 Rz. 2; *Volquardsen*, in: Schwarz/Pahlke, AO, § 88 Rz. 4a (Stand: März 2017).

172 S. hierzu näheres unter Teil 2, C.

gebunden.[173] Der § 88 AO a.F. sagt der Finanzbehörde damit zwar positiv, dass ihr die Sachverhaltsermittlung obliegt ohne dabei an das Vorbringen der Beteiligten – also vor allem des Steuerpflichtigen – gebunden zu sein. Gleichwohl unterlässt es der § 88 AO a.F. aber gleichzeitig, der Finanzbehörde konkret zu benennen, *wie* die Sachverhaltsermittlung konkret zu erfolgen hat bzw. im Einzelfall erfolgen kann. Die Finanzbehörde hat daher in jedem ermittlungsbedürftigen Einzelfall selbst zu entscheiden, wie sie die Sachverhaltserforschung konkret verwirklicht. Durch das Schweigen des § 88 AO a.F. über das „wie" der konkreten Sachverhaltsermittlung ist der Untersuchungsgrundsatz insoweit als *negatives Prinzip* des Besteuerungsverfahrens zu verstehen.[174]

C. Verfahrensermessen der Finanzbehörde

Der Umfang der Ermittlungen wird durch § 88 Abs. 1 Satz 2 AO a.F. in das Ermessen der Finanzbehörde gestellt. Der Finanzbehörde wird damit grundsätzlich ein umfassendes Ermessen in Bezug auf das „Ob" und das „Wie" der Sachverhaltserforschung eingeräumt. Gleichwohl ist zu beachten, dass – auch wenn der Wortlaut des § 86 Satz 1 AO dies nahe legt – der Finanzbehörde in Bezug auf das „Ob" der Durchführung eines Besteuerungsverfahrens kein Ermessen zusteht, sondern vielmehr das Legalitätsprinzip die Behörde dazu verpflichtet, einen ermittlungsbedürftigen Steuersachverhalt zu erforschen.[175] Dieses verfahrensbezogene Ermessen der Finanzbehörden wird – zurückgehend auf *Badura* und *Hill*[176] – „Verfahrensermessen" genannt.[177]

173 Dies hindert den Steuerpflichtigen natürlich nicht daran, von sich aus den Beweis anzutreten.

174 Dazu *Seer*, DStJG 31 (2008), 7 (12); *ders.*, in: Tipke/Kruse, AO/FGO, § 88 AO Rz. 8 (Stand: Januar 2017); *Jansen*, Das Steuerverfahren im Spannungsfeld von Europa- und Verfassungsrecht, S. 29; s. auch schon *Wittmann*, StuW 1987, 35 (36); für das Verwaltungsverfahren ebenso *Pestalozza*, in: FS zum 50-jährigen Bestehen des Richard Boorberg Verlages, S. 185 (193).

175 S. bereits unter Teil 1, D. II.

176 *Badura*, VVDStRL 34 (1976), 293 (294); *Hill*, NVwZ 1985, 449 (453), jeweils zum allgemeinen Verwaltungsverfahren.

177 So jüngst *Drüen*, DStJG 42 (2019), 193 (197, 200); vgl. auch *Seer*, DStJG 31 (2008), 7 (12).

I. Erheblicher Gestaltungsspielraum

Wie bereits erwähnt, liegt es im pflichtgemäßen Ermessen der Behörde[178] wie genau sie den jeweiligen Steuerfall ermittelt. Dabei umfasst das Verfahrensermessen der Finanzbehörde sowohl Art als auch Umfang der Sachverhaltsermittlung.[179] Dieses „doppelte" Verfahrensermessen der Finanzbehörden gewährleistet einen umfassenden Gestaltungsspielraum bei der Sachverhaltsermittlung.[180] In Bezug auf den Umfang der Ermittlungen muss die Finanzbehörde jedoch den Grundsatz der Verhältnismäßigkeit beachten.[181] Das bedeutet vor allen Dingen, dass die Finanzbehörde solche Ermittlungsmaßnahmen auswählen soll – und zur Einhaltung des Verhältnismäßigkeitsprinzips auch muss –, die den mildesten Eingriff in die Rechtssphäre des jeweils betroffenen Steuerpflichtigen oder Dritten mit sich ziehen.[182]

Zudem könne die Finanzbehörde auch Zweckmäßigkeitserwägungen in ihr Ermessen einfließen lassen.[183] Eine Abwägung „zwischen dem Aufklärungsaufwand für das FA und den zu erwartenden steuerlichen Mehreinnahmen" soll i.R. der Ermessensausübung durch die Finanzbehörde eine zulässige Zweckmäßigkeitserwägung sein.[184] Eine Ausrichtung des Verfahrensermessens der Finanzbehörden an steuerliche Mehreinnahmen führt jedoch dazu, dass der Untersuchungsgrundsatz zu einem Instrument der maximalen Steuereintreibung mutiert. Dies ist im Hinblick auf den Zweck des Besteuerungsverfahrens, eine an den Grundsätzen der Gesetzmäßigkeit und Gleichmäßigkeit orientierte Besteuerung zu gewährleisten, nicht haltbar. Die Fundamentalprinzipien der Gesetz- und Gleichmäßigkeit der Besteuerung sollen die Finanzbehörden dazu anhalten, rechtswidrige Steuerfestsetzungen zu vermeiden. Diese Prinzipen des Besteuerungsverfahrens sollen gerade nicht dazu führen, möglichst viele Steuern

---

178 Vgl. § 5 AO.

179 *Seer*, DStJG 31 (2008), 7 (12).

180 *Seer*, DStJG 31 (2008), 7 (12); s. auch BFH v. 28.10.2009 – VIII R 78/05, BStBl. II 2010, 455 (456 f.); zu den Grenzen s. Teil 2, E.

181 Hierzu ausführlich unter Teil 2, E. I.

182 So auch der neue AEAO zu § 88 Nr. 2. Satz 2 (AEAO 2014 zu § 88 i.d. Fassung vom 12.1.2017, juris).

183 *Rätke*, in: Klein, AO, § 88 Rz. 12; auch die höchstrichterliche Rechtsprechung hält eine solche Ermessensüberlegung für zulässig im Besteuerungsverfahren, vgl. BFH v. 5.3.2007 – IX B 29/06, juris, Rz. 3: „Dabei darf der Aufklärungsaufwand aufgrund der Begrenzung von Personal und Mitteln im angemessenen Verhältnis zum angestrebten Erfolg stehen". Zum Grundsatz der Zweckmäßigkeit i.R. von § 88 AO n.F. vgl. Teil 4, D.

184 BFH v. 5.3.2007 – IX B 29/06, juris, Rz. 3; *Rätke*, in: Klein, AO, § 88 Rz. 12.

einzunehmen.[185] Zwar liegt es auf der Hand, dass die Intention des Staates darin besteht, Steuereinnahmen zu erzielen (sog. Fiskalzweck).[186] Gleichwohl ist dieser Fiskalzweck nicht der entscheidende Maßstab für das Besteuerungsverfahren.[187] Er kann es auch gar nicht sein, denn er ist letztlich „maßlos".[188] Konsequenterweise darf die Finanzbehörde i.R. ihres Ermessens nicht möglicherweise eintretende Steuermehreinnahmen berücksichtigen. Vielmehr ist allein eine Abwägung zwischen dem zu erwartenden Ermittlungsaufwand und dem Kontrollbedürfnis bzw. der Ermittlungsbedürftigkeit des einzelnen Steuerfalls zulässig.[189] Ferner hätte eine solche ertragsorientierte Ausübung des Verfahrens eine ungleiche Rechtsanwendung der Steuergesetze zur Folge: Die Steuerpflichtigen, bei denen mit Steuermehreinnahmen bei entsprechend erhöhtem Ermittlungsaufwand zu rechnen wäre, müssten mit mehr Ermittlungsmaßnahmen und damit auch mehr Eingriffen in ihre Rechtssphäre rechnen, als bei anderen Steuerpflichtigen. Dementsprechend ist ein Abstellen auf den „steuerlichen Erfolg" auch aus Gesichtspunkten der Gleichmäßigkeit der Besteuerung kritisch zu betrachten.[190]

II. Hinreichender Anlass für den Ermittlungsbeginn

Der § 86 AO trägt die Überschrift „Beginn des Verfahrens". Gleichwohl ist die Vorschrift nicht besonders aussagekräftig und trifft keine klare Aussage darüber, wann genau das Verfahren von der Finanzbehörde aufgenommen werden darf.[191] Dieser Zeitpunkt ist jedoch für den Steuerpflichtigen von großer Bedeutung, da ab diesem Zeitpunkt die Finanzbehörde auch nach außen tätig wird.[192]

---

185 Ein solches wirtschaftliches Maximalprinzip darf nicht Ziel des Besteuerungsverfahrens sein, vgl. *Seer*, in: Tipke/Kruse, AO/FGO, § 88 AO Rz. 14 (Stand: Januar 2017); hierzu ausführlich unter Teil 4, C. III. 3. a).

186 *Seer*, in: Tipke/Kruse, AO/FGO, § 88 AO Rz. 14 (Stand: Januar 2017).

187 *Drüen*, in: FS Kruse, S. 191 (204); *Vogel*, in: FS Döllerer, S. 677 (687).

188 Pragmatisch *Waldhoff*, in: Zukunftsfragen des deutschen Steuerrechts, S. 125 (133).

189 *Müller-Franken*, StuW 2018, 113 (118); *Seer*, in: Tipke/Kruse, AO/FGO, § 88 AO Rz. 14 (Stand: Januar 2017); *Tipke*, Die Steuerrechtsordnung III, S. 1460 f.; zur Abschaffung des Begriffs der Zweckmäßigkeit im § 88 Abs. 2 Satz 2 AO n.F. s. Teil 4, D. III.

190 So auch *Tipke*, Die Steuerrechtsordnung III, S. 1455 f.

191 Ähnlich *Söhn*, in: Hübschmann/Hepp/Spitaler, AO/FGO, § 86 AO Rz. 44 (Stand: Oktober 2015).

192 Vgl. *Martens*, JuS 1978, 99.

§ 86 AO enthält lediglich einen missverständlichen Hinweis auf das Ermessen der Finanzbehörde in Bezug auf den Beginn des Verfahrens.[193]

Die Finanzbehörde darf ihre Ermittlungen nicht nach Belieben in Gang setzen. Sogenannte Ermittlungen „ins Blaue hinein“, also Ermittlungsmaßnahmen, die nicht tatsachen- oder erfahrungsgestützt erfolgen, sind unzulässig.[194] *Söhn* bringt diese Einsicht nochmal deutlich auf den Punkt: „(...) Eine mit der Verfahrenseinleitung verbundene Inpflichtnahme des Beteiligten oder Dritter „ins Blaue hinein“ ist jedenfalls a priori unverhältnismäßig, weil ein angemessenes Verhältnis zwischen Anlass und Zweck des finanzbehördlichen Handelns fehlt und für den betroffenen Beteiligten immer unzumutbar ist“.[195] Das bedeutet, dass der Anlass einer jeden Sachverhaltsermittlung entweder auf konkrete Tatsachen oder Erfahrungssätze der Finanzverwaltung gestützt sein muss.[196] Nicht erforderlich ist, dass die Finanzbehörde objektiv von einer Steuerverkürzung ausgeht. Vielmehr ist es ausreichend (aber auch erforderlich), dass nach den allgemeinen Erfahrungen der Finanzbehörde Anhaltspunkte dafür vorliegen, dass ein Steuertatbestand verwirklicht worden sein könnte oder steuermindernde Umstände vorliegen könnten.[197] So hat der BFH allgemeine Erfahrungen der Finanzbehörde dahin abgelehnt, dass Kapitalgesellschaften in besonderem Maße Geschäfte mit ausländischen Versicherern abschließen und dabei ihre steuerlichen Pflichten versäumen würden und hat damit konkrete Anhaltspunkte für den Beginn der Sachverhaltsermittlung abgelehnt.[198] Ferner sei die Tatsache, dass Gesetze im Allgemeinen und Steuergesetze im Besonderen nicht immer beachtet werden, keine allgemeine Erfahrung.[199] Dem muss zugestimmt werden, möchte man die Verfahrenseinleitung durch die Finanzbehörde nicht in jedem beliebigen Steuerfall voraussetzungslos ermöglichen. Dieses Erfordernis für den Beginn der Sachverhaltsermittlung ist auch sachgerecht bei einer

---

193 S. zur Geltung des Legalitätsprinzips im Gegensatz zum missverständlichen Wortlaut des § 86 AO bereits bei Teil 1, D. IV.

194 *Volquardsen*, in: Schwarz/Pahlke, AO, § 88 Rz. 5d (Stand: März 2017); *Mußgnug*, JuS 1993, 48 (50); übereinstimmend mit der Rspr. vgl. etwa BFH v. 24.10.1989 – VII R 1/87, BStBl. II 1990, 198: Ermittlungen „ins Blaue hinein“ sind unzulässig.

195 *Söhn*, in: Hübschmann/Hepp/Spitaler, AO/FGO, § 86 AO Rz. 45 (Stand: Oktober 2015).

196 Vgl. *Söhn*, in: Hübschmann/Hepp/Spitaler, AO/FGO, § 86 AO Rz. 44-47 (Stand: Oktober 2015).

197 BFH v. 11.10.1989 – I R 101/87, BStBl. II 1990, 280; s. auch *Müller*, AO-StB 2007, 19 (22); *Seer*, in: Tipke/Kruse, AO/FGO, § 86 AO Rz. 5 (Stand: Januar 2017).

198 BFH v. 11.10.1989, a.a.O.

199 BFH v. 11.10.1989, a.a.O.

Sachverhaltsermittlung ex officio. Die Finanzbehörde muss bei einer Untersuchung von Amts wegen daher zunächst Tatsachen abwarten oder auf allgemeine Erfahrungen zurückgreifen können, um die Ermittlung des steuerrelevanten Sachverhalts zu beginnen.[200]

III. Das materielle Wahrheitsprinzip

Bereits eine aufmerksame Lektüre des § 88 Abs. 1 Satz 1 AO a.F. (sowie n.F.) macht deutlich, dass die Finanzbehörde den gesamten Sachverhalt und damit auch Umstände, die für den Steuerpflichtigen von Vorteil sind, ermitteln muss. So heißt es ausdrücklich in § 88 AO a.F.: „Die Finanzbehörde ermittelt *den* Sachverhalt von Amts wegen". Unter Sachverhalt in diesem Sinne „sind die zur Subsumtion unter die angewendete Norm erforderlichen, nach der Überzeugung des Normanwenders vorliegenden Tatsachen" zu verstehen.[201] Durch das Wort *den* wird für den Leser klar, dass damit der gesamte steuerrelevante Sachverhalt gemeint sein muss. Der Gesetzgeber macht durch seine Wortwahl deutlich, dass eine Sachverhaltsermittlung allein zugunsten des Fiskus nicht gewünscht ist. Ausdrücklich wird dieser Grundsatz einer materiell wahren Sachverhaltsermittlung in § 88 Abs. 2 AO a.F. geregelt.[202] Danach muss die Finanzbehörde alle für den einzelnen Steuerfall bedeutsamen und damit auch die für den Beteiligten günstigen Umstände ermitteln und berücksichtigen. Dieses Prinzip der Sachverhaltsermittlung im Besteuerungsverfahren wird allgemein als „materielles Wahrheitsprinzip" bezeichnet.[203]

Das materielle Wahrheitsprinzip ist wesentlicher Bestandteil des Untersuchungsgrundsatzes.[204] Erst durch dieses Prinzip wird die Finanzbehörde in die Lage versetzt, den Untersuchungsgrundsatz nicht lediglich dazu auszunutzen, um einen Wissensvorsprung zum Steuerpflichtigen aufzubauen mit dem Ziel möglichst hoher Steuereinnahmen. Einen „in dubio pro fisco"-Grundsatz gibt es daher im Besteuerungsverfahren nicht.[205] Das materielle Wahrheitsprinzip dient

---

200 Eine Ausnahme hierzu bildet freilich die Möglichkeit des Beginns des Verfahrens nach einem Antrag durch einen Steuerpflichtigen gemäß § 86 Satz 2 Nr. 1 Alt. 2 AO, z.B. beim Kindergeld, vgl. *Rätke*, in: Klein, AO, § 86.

201 So *Peters*, JuS 1991, 54, für das Verwaltungsverfahren; s. auch *Pestalozza*, in: FS zum 50-jährigen Bestehen des Richard Boorberg Verlages, S. 185 (187).

202 Wortgleich auch im § 88 Abs. 1 Satz 2 AO n.F.

203 Das materielle Wahrheitsprinzip ist zudem verfassungsrechtlich zwingend, vgl. allein *Nierhaus*, Beweismaß und Beweislast, S. 261 f.

204 *Seer*, StuW 2015, 315 (317).

205 *Roser*, in: Beermann/Gosch, AO/FGO, § 88 AO Rz. 6.1 (Stand: Juni 2018).

auch der Gesetzmäßigkeit der Besteuerung. Denn erst, wenn die Finanzbehörde neben den ungünstigen Umständen auch die für den Steuerpflichtigen günstigen Umstände für die endgültige Veranlagung berücksichtigt, werden die Steuergesetze so angewendet, dass die gesetzlich tatsächlich geschuldete Steuer beim Steuerpflichtigen veranlagt wird. Beim Untersuchungsgrundsatz im Besteuerungsverfahren ist das materielle Wahrheitsprinzip nicht hinwegzudenken.

IV. Verletzung der Amtsermittlungspflicht und ihre Folgen

1. Allgemeines zur Amtsermittlungspflichtverletzung

a) Anforderungen an die Verletzung der Amtsermittlungspflicht

Der Schatten einer jeden rechtlichen Verpflichtung ist die Gefahr der Verletzung ebendieser Pflicht. So ist es auch durchaus denkbar, dass das Finanzamt seiner Amtspflicht nicht rechtmäßig nachkommt und diese verletzt. Nach der allgemein anerkannten Formel in der steuerrechtlichen Rechtsprechung verletzt das Finanzamt seine Amtsermittlungspflicht erst dann, wenn es ersichtlichen Unklarheiten oder Zweifelsfragen, die sich bei einer Prüfung der Steuererklärung sowie der eingereichten Unterlagen ohne Weiteres aufdrängen mussten, nicht nachgeht.[206] Die Anforderungen an die Annahme einer Amtspflichtverletzung sind für den aufmerksamen Rechtsanwender damit recht hoch. Zum einen muss es sich um *ersichtliche* Unklarheiten oder Zweifelsfragen handeln. Daneben muss sich die Prüfungsbedürftigkeit *ohne Weiteres aufdrängen*. Das bedeutet, dass nach der Rechtsprechung den Finanzbehörden nur dann ein aus rechtlicher Sicht relevanter Vorwurf gemacht werden kann, wenn der steuerlich relevante „Fehler" dem Finanzbeamten unmittelbar aus der Steuererklärung

---

206 St. Rspr. (sog. „Sich-Aufdrängen"-Formel), so bereits BFH v. 16.1.1964 – V 94/61 U, BStBl. III 1964, 149 (150); v. 28.1.1970 – I R 123/67, BStBl. II 1970, 296 (297); v. 13.11.1985 – II R 208/82, BStBl. II 1986, 241 (242); v. 23.6.1993 – I R 14/93, BStBl. II 1993, 806 (808); v. 14.12.1994 – XI R 80/92, BStBl. II 1995, 293 m.w.N.; jüngst auch BFH v. 29.11.2017 – II R 52/15, BStBl. II 2018, 419 (421); FG Hamburg v. 4.10.2018 – 3 K 69/18, juris, Rz. 50; FG Rheinland-Pfalz v. 12.9.2018 – 2 K 2164/16, juris, Rz. 29; FG Baden-Württemberg v. 19.12.2017 – 11 K 3860/16, juris, Rz. 45; FG Mecklenburg-Vorpommern v. 13.12.2017 – 1 K 191/14, juris, Rz. 25; FG München v. 20.11.2017 – 7 K 2023/16, juris, Rz. 28; FG Münster v. 18.8.2015 – 10 K 3410/13 K, G, juris, Rz. 61; FG Nürnberg v. 30.7.2015 – 4 K 638/14, EFG 2015, 1897 (1899); FG Hamburg v. 12.3.2013 – 6 K 1700/10, EFG 2013, 1297 (1300); ebenso die Finanzverwaltung, vgl. AEAO zu § 88 Nr. 6 Satz 3 (AEAO 2014 zu § 88 i.d. Fassung vom 12.1.2017, juris).

oder anderen Unterlagen ersichtlich wird. Mit anderen Worten muss der Fehler der Steuererklärung oder den anderen Unterlagen „auf der Stirn stehen".[207]

Im Umkehrschluss bedeutet dies für die Finanzbehörde, dass an die Erfüllung der ihr obliegenden Sachermittlungspflicht niedrige Anforderungen gestellt werden. Die Folge daraus ist ein Konflikt mit dem bereits angesprochenen materiellen Wahrheitsprinzip,[208] da dies die Finanzbehörden im Bewusstsein dieser steuerverwaltungsfreundlichen Rechtsprechung bei der Annahme einer Amtspflichtverletzung dazu einlädt, die Amtsermittlungspflicht – und damit insbesondere auch Ermittlungen zugunsten des Steuerpflichtigen – in vielen Fällen nicht ernst zu nehmen.

a) Zweistufigkeit der finanzbehördlichen Prüfungstätigkeit

Dieser Konflikt mit dem materiellen Wahrheitsprinzip ist kritisch zu sehen. Die großzügige Rechtsprechung wird aber vor dem Hintergrund des Besteuerungsverfahrens als Massenverfahren zumindest nachvollziehbar. Die Finanzverwaltung muss jedes Jahr mehrere Millionen Steuerfälle bearbeiten.[209] Es leuchtet ein, dass die Finanzverwaltung nicht in der Lage ist, in jedem einzelnen Steuerfall vollumfänglich zu ermitteln und dadurch eine materielle Wahrheit in jedem Steuerfall herzustellen. Die Finanzverwaltung vollzieht ihre Prüfungstätigkeit daher in der Praxis strukturell in zwei Stufen: Auf der ersten Stufe muss die Finanzverwaltung eine Fallauswahl der Steuerfälle vornehmen. Maßgeblich ist dabei allein die Kontrollbedürftigkeit des jeweiligen Steuerfalls. Diese Fallauswahl findet durch das Risikomanagementsystem der Finanzverwaltung anhand von vorprogrammierten Risikoparametern statt.[210] Wird eine Kontrollbedürftigkeit bei einem Steuerfall festgestellt, so prüft die Finanzbehörde diesen Steuerfall im konkreten Einzelfall und ermittelt den dazugehörigen steuerrelevanten Sachverhalt. Die konkrete Prüfung des Steuerfalls stellt die zweite Stufe der Prüfungstätigkeit der Finanzverwaltung dar. Auf der ersten Stufe kann die Finanzverwaltung lediglich eine „formelle" Wahrheit gewährleisten, da mangels

---

207 Diese Formulierung stammt aus dem allgemeinen Verwaltungsverfahrensrecht und wird regelmäßig als Floskel im Zusammenhang mit § 44 VwVfG und der erforderlichen Offensichtlichkeit eines besonders schwerwiegenden Fehlers i.S. von § 44 Abs. 1 VwVfG für die Nichtigkeit eines Verwaltungsakts genutzt, vgl. allein *Ramsauer*, in: Kopp/Ramsauer, VwVfG, § 44 Rz. 12.

208 S. Teil 2, C. III.

209 S. hierzu ausführlich unter Teil 3, A.

210 Zum Risikomanagementsystem der Finanzverwaltung ausführlich unter Teil 4, E.

Kontrollbedürftigkeit des Steuerfalls die von dem Steuerpflichtigen deklarierten Angaben und die der Finanzbehörde übermittelten Daten Dritter der Besteuerung des jeweiligen Steuerpflichtigen zugrunde gelegt werden. Diese Angaben und Daten sind dann die (formelle) Wahrheit des jeweiligen Steuerfalls. Erst auf der zweiten Stufe können die Finanzbehörden die materielle Wahrheitspflicht im konkreten Einzelfall einhalten. Im Besteuerungsverfahren als Massenverfahren kann keine materielle Wahrheit in jedem Steuerfall gefordert werden. Vielmehr ist die Finanzbehörde zur größtmöglichen Entfaltung des materiellen Wahrheitsprinzips in der Gesamtheit aller Steuerfälle angehalten.[211] Ein Massenverfahren wie das Besteuerungsverfahren muss es aushalten können, dass die materielle Wahrheit nicht in jedem Steuerfall gewährleistet werden kann.[212]

2. *Einzelfälle aus der Rechtsprechung*

Eine Verletzung der Amtsermittlungspflicht hat der BFH in einem Fall angenommen, in dem ein Gesellschafter (= Kläger) einer GmbH nach einer doppelten Erbfolge die Bruchteile seiner anteiligen Beteiligung an der GmbH mit 3/8 und 5/16 erklärte, wohingegen die Gesellschaft selbst eine Beteiligung desselben Gesellschafters in Höhe von 1/3 angab. Das Finanzamt habe durch diese widersprüchlichen Angaben genügenden Anlass gehabt, den Gesellschafter zur Aufklärung dieses Widerspruchs aufzufordern. Da das Finanzamt dies jedoch unterließ, sei ihr eine Änderung der erlassenen Steuerbescheide nach § 173 Abs. 1 Nr. 1 AO verwehrt.[213]

Ferner sah das FG Berlin-Brandenburg aufgrund von eindeutigen Erklärungen der Klägerin – eine von insgesamt 20 Grundstücksgemeinschaften, die wegen einer Grundstückverpachtung an eine GmbH eine Betriebsaufspaltung erklärt hatten – einen genügenden Anlass darin, der Frage nachzugehen, ob tatsächlich die Voraussetzungen für eine Betriebsaufspaltung gegeben seien.

---

211 Zu einem ähnlichen Gedanken näher unter Teil 3, B.

212 Zudem ist zu beachten, dass dem ohnehin schon unter Zeitdruck stehenden Finanzbeamten in vielen Fällen nicht zugemutet werden kann, eine Prüfung über ersichtliche Unsicherheiten bzw. aufkommenden Zweifelsfragen hinaus vorzunehmen, vgl. *Peters*, JuS 1991, 54 (55). In diesem Zusammenhang wird oft behauptet, dass einem Finanzbeamten durchschnittlich nur ca. 20 Minuten für die Bearbeitung eines Steuerfalls im Bereich der Arbeitnehmerveranlagung zur Verfügung stehen, vgl. *Haunhorst*, DStR 2010, 2105 (2108). Maßstab muss dabei aber stets die Sorgfalt eines durchschnittlichen Beamten in der konkreten Prüfungssituation sein.

213 BFH v. 13.11.1985 – II R 208/82, BStBl. II 1986, 241 (242).

Dies sei umso mehr angezeigt gewesen, da die Klägerin in den Streitjahren hohe negative Einkünfte aus Gewerbebetrieb erklärt habe. Die Änderung der Feststellungs- und Gewerbeverlustfeststellungsbescheide nach § 173 Abs. 1 Nr. 1 AO sei der Finanzbehörde daher verwehrt und rechtswidrig.[214]

In einem weiteren Fall lehnte der BFH die Verletzung der Amtsermittlungspflicht hingegen mit der Begründung ab, dass bei einer GmbH, die neben der hauptsächlichen Verlagstätigkeit auch Nebengeschäfte, wie die Durchführung von Werbemaßnahmen, Verkaufsförderung und Information übernimmt, die Zuwendung von Reisen an Geschäftspartner als „Tatsache" i.S. des § 173 AO nicht bereits aus dem Umstand zu erkennen gewesen sei, dass die GmbH „Marketingkosten" i.H. von DM 46.289 in ihrer Steuererklärung angegeben hat. Dies kam erst durch eine Betriebsprüfung der GmbH ans Licht und sei der Finanzbehörde erst durch ebendiese bekannt geworden.[215]

Ferner werde die Finanzbehörde allein durch die Aussage eines Ehepartners über die Vermietung eines Mehrfamilienhauses ohne weitere Anhaltspunkte für eine weitere Prüfung nicht zu weiteren Ermittlungen veranlasst, wenn tatsächlich ein Vertrag mit einem „Zwischenmieter" bestand, der möglicherweise gar keine steuerpflichtige Vermietung beinhalte oder als rechtsmissbräuchlich zu beurteilen sei.[216]

Die Einzelfälle sind bei weitem nicht abschließend. Neben den geschilderten Fällen bestehen noch weitere Fälle, die Gegenstand der Rechtsprechung der Finanzgerichte und des BFH waren und eine Vielzahl an Entscheidungen liefern, die eine Verletzung der Ermittlungspflicht annehmen oder ablehnen.[217]

---

214 FG Berlin-Brandenburg v. 13.12.2011 – 5 K 5118/08, juris, Rz. 21 f.

215 BFH v. 23.6.1993 – I R 14/93, BStBl. II 1993, 806.

216 BFH v. 18.3.1988 – V R 206/83, juris, Rz. 22.

217 Vgl. hierzu BFH v. 9.3.2016 – X R 9/13, BStBl. II 2016, 815; v. 18.5.2010 – X R 49/08, juris, Rz. 25 ff.; v. 30.6.2003 – IX B 121/02, juris, Rz. 4; FG München v. 20.11.2017 – 7 K 2023/16, juris, Rz. 24 ff.; v. 22.8.2017 – 12 K 560/15, juris, Rz. 28 ff.; FG Köln v. 16.2.2017 – 15 K 2664/11, juris, Rz. 48 ff.; FG Nürnberg v. 30.7.2015 – 4 K 638/14, EFG 2015, 1897; FG Düsseldorf v. 8.8.2013 – 11 K 3681/12 E, EFG 2014, 845; FG Köln 24.10.2012 – 15 K 883/10, EFG 2013, 1731; FG Niedersachsen v. 24.7.2009 – 11 K 199/09, EFG 2009, 1715.

3. Rechtsfolgen einer Amtsermittlungspflichtverletzung

a) Rechtswidrigkeit des Verwaltungsakts

Erfüllt die Finanzbehörde ihre Ermittlungspflicht nicht oder jedenfalls nicht vollständig, mit der Folge, dass der Sachverhalt nicht vollständig aufgeklärt ist, ist der auf diesem unzureichend aufgeklärten Sachverhalt beruhende Verwaltungsakt rechtswidrig.[218] Der Steuerpflichtige kann gegen einen solchen Verwaltungsakt erfolgreich Einspruch erheben, mit der Begründung, dass die Finanzbehörde ihrer Ermittlungspflicht nicht hinreichend nachgekommen sei. In Bezug auf Ermessensentscheidungen der Finanzbehörde[219] hat eine Verletzung der Ermittlungspflicht stets die Rechtswidrigkeit des Verwaltungsakts zur Folge.[220]

b) Verfahrensrechtliche Folgen

aa) Ausschluss der Änderungsmöglichkeit nach § 173 Abs. 1 Nr. 1 AO

Eine für die Finanzbehörden überaus weitreichende verfahrensrechtliche Folge einer solchen Verletzung der Amtsermittlungspflicht ist ferner eine Änderungssperre i.R. des § 173 Abs. 1 Nr. 1 AO. Nach § 173 Abs. 1 Nr. 1 AO können Steuerbescheide aufgehoben oder geändert werden, soweit Tatsachen oder Beweismittel nachträglich bekanntwerden, die zu einer höheren Steuer führen. Das Erfordernis der Nichtverletzung der Amtsermittlungspflicht lässt sich zwar nicht unmittelbar aus dem Wortlaut des § 173 Abs. 1 Nr. 1 AO ablesen. Gleichwohl ist es in der Rechtsprechung der Finanzgerichte und des Bundesfinanzhofs anerkannt, dass § 173 Abs. 1 Nr. 1 AO ein ungeschriebenes negatives Tatbestandsmerkmal hat. Über die positiven Voraussetzungen hinaus darf es sich nicht um Tatsachen oder Beweismittel handeln, die bei ordnungsgemäßer Ermittlungstätigkeit der Finanzbehörden bereits vor der ersten Steuerfestsetzung hätten festgestellt werden können (bzw. müssen).[221] Die Finanzbehörde

---

218 *Rätke*, in: Klein, AO, § 88 Rz. 64. Durch die Verletzung der Ermittlungspflicht liegt jedoch kein Fall der „offenbaren Unrichtigkeit" i.S. des § 129 AO vor, vgl. allein BFH v. 26.10.2015 – X B 43/15, juris, Rz. 16 ff.

219 Etwa bei Erlass eines Haftungs- oder Duldungsbescheids nach § 191 Abs. 1 Satz 1 AO.

220 Vgl. hierzu allein BFH v. 22.4.1988 – III R 269/84, juris, Rz. 21.

221 BFH v. 29.11.2017 – II R 52/15, BStBl. II 2018, 419 (421); v. 25.1.2017 – I R 70/15, BStBl. II 2017, 780 (782); v. 18.6.2015 – VI R 84/13, juris (die objektive Beweislast für die Verletzung der Ermittlungspflicht trägt der Steuerpflichtige); v. 30.5.1996 – V R 134/93, juris; v. 12.10.1994 – XI R 75/93, BStBl. II 1995, 289; v. 23.6.1993 – I R 14/93, BStBl. II 1993, 806; v. 13.11.1985 – II R 208/82, BStBl. II 1986, 241; jüngst auch

verstößt bei der Berücksichtigung solcher Tatsachen gegen den Grundsatz von Treu und Glauben.[222] Diese Ansicht wurde bereits zur Vorgängervorschrift des § 173 Abs. 1 Nr. 1 AO, namentlich § 222 Abs. 1 Nr. 1 RAO, vertreten.[223] Dies hat zur Folge, dass die Finanzbehörde eine Änderung des Steuerbescheids nicht auf die Korrekturvorschrift des § 173 Abs. 1 Nr. 1 AO stützen darf, sofern sie ihre Amtsermittlungspflicht in Bezug auf die die Korrekturbedürftigkeit auslösende Tatsachen oder Beweismittel verletzt hat.

bb) Auswirkungen auf § 129 AO

Im Zusammenhang mit einer Berichtigung nach § 129 AO ist zu beachten, dass die Verletzung der Amtsermittlungspflicht durch die Finanzbehörde keine „offenbare Unrichtigkeit" i.S. des § 129 AO darstellt.[224] Vielmehr ist eine Berichtigung nach § 129 AO sogar nur zulässig, wenn eine unvollständige

---

FG Baden-Württemberg v. 19.2.2019 – 11 K 1800/16, juris, Rz. 28 f.; FG München v. 14.5.2018 – 7 K 1099/17, juris, Rz. 26; FG Mecklenburg-Vorpommern v. 13.12.2017 – 1 K 191/14, juris, Rz. 23; FG München v. 20.11.2017 – 7 K 2023/16, juris, Rz. 28; v. 22.8.2017 – 12 K 560/15, juris, Rz. 29; FG Köln v. 18.5.2017 – 11 K 2501/15, EFG 2018, 88 (89); v. 26.8.2015 – 4 K 4035/10, EFG 2016, 13 (14); FG Nürnberg v. 30.7.2015 – 4 K 638/14, EFG 2015, 1897 (1899); FG Rheinland-Pfalz v. 16.6.2015 – 5 K 1154/13, juris, Rz. 22; FG Köln v. 20.5.2015 – 3 K 1146/13, juris, Rz. 20 f.; FG München v. 19.5.2015 – 2 K 2799/12, juris, Rz. 85. Den Entscheidungen der Gerichte ist gemeinsam, dass eine Verletzung der Amtsermittlungspflicht nur dann einer Änderung nach § 173 Abs. 1 Nr. 1 AO entgegensteht, sofern der Steuerpflichtige seinen Mitwirkungspflichten nachkommt. Für den Fall, dass sowohl die Finanzbehörde ihre Amtsermittlungspflicht und der Steuerpflichtige seine Mitwirkungspflichten verletzt, kommt eine Änderungssperre nach den Grundsätzen von Treu und Glauben nur dann in Betracht, wenn der Verstoß der Finanzbehörde die Pflichtverletzung des Steuerpflichtigen deutlich überwiegt, vgl. allein BFH v. 21.2.2017 – VIII R 46/13, BStBl. II 2017, 745 (750). In der Regel trägt jedoch der Steuerpflichtige bei beidseitigem Versäumen die Verantwortung, mit der Folge, dass der Steuerbescheid in den meisten Fällen geändert werden kann, s. hierzu allein BFH v. 9.3.2016 – X R 9/13, BStBl. II 2016, 815 (817).

222 BFH v. 29.11.2017 – II R 52/15, BStBl. II 2018, 419 (421); v. 12.10.1994 – XI R 75/93, BStBl. II 1995, 289. Die Finanzbehörde würde sich dadurch zu ihrem eigenen Verhalten in Widerspruch setzen und damit gegen den auf dem Grundsatz von Treu und Glauben basierenden Grundsatz „venire contra factum proprium" verstoßen. Mitunter werden solche Tatsachen auch als nicht „neu" i.S. des § 173 AO angesehen, vgl. allein FG Köln v. 18.5.2017 – 11 K 2501/15, EFG 2018, 88 (89).

223 BFH v. 13.11.1985 – II R 208/82, BStBl. II 1986, 241.

224 So der BFH v. 26.10.2015 – X B 43/15, juris, Rz. 22 m.w.N.

Sachverhaltsaufklärung ausgeschlossen werden kann.[225] Eine nur „oberflächliche“ Bearbeitung des Steuerfalls kann den § 129 AO jedoch auch ausschließen.[226] Somit steht auch der § 129 AO in einer besonderen Wechselbeziehung zum § 88 AO und der Verletzung der daraus resultierenden Amtsermittlungspflicht.

c) Prozessrechtliche Folgen

Zudem zieht eine Amtspflichtverletzung auch Folgen für das finanzgerichtliche Verfahren mit sich. So kann das Finanzgericht nach § 100 Abs. 3 Satz 1 FGO den Verwaltungsakt (und die Entscheidung der Finanzbehörde über den Einspruch) ohne Sachentscheidung aufheben und die Sache an die Finanzbehörde zurückweisen mit der Aufforderung weiterer Aufklärung des Sachverhalts.[227] Eine zeitliche Einschränkung dieser Befugnis sieht § 100 Abs. 3 Satz 5 FGO vor, wonach eine solche Entscheidung nur binnen sechs Monaten seit Eingang der Steuerakten zulässig ist. Die Entscheidung nach § 100 Abs. 3 Satz 1 FGO ist nur bei gebundenen Entscheidungen zulässig und damit auch bei Steuerbescheiden (§ 155 Abs. 1 Satz 1 AO).[228]

---

225 FG Berlin-Brandenburg v. 13.10.2016 – 10 K 10320/15, juris, Rz. 20; FG Münster v. 21.7.2016 – 9 K 2342/15 E, EFG 2016, 1848 (1849).

226 A.A. FG Düsseldorf v. 16.2.2017 – 14 K 3554/14 E, EFG 2017, 1315, wonach ein Fehler bei der elektronischen Erfassung der eingereichten Steuererklärung, der durch eine falsche Interpretation der ausgegebenen Prüf- und Risikohinweise durch den Sachbearbeiter und seinem Sachgebietsleiter perpetuiert wird, einer Berichtigung nach § 129 AO nicht entgegensteht. Nach ausdrücklicher Zulassung der Revision durch das FG Düsseldorf zur Fortbildung des Rechts nach § 115 Abs. 2 Nr. 2 FGO, hat der Steuerpflichtige Revision eingelegt und der BFH v. 14.1.2020 – VIII R 4/17, BStBl. II 2020, 433, hat entschieden, dass § 129 AO in diesem Fall nicht zur Anwendung komme, da ein Fehler in der Sachverhaltsermittlung vorliege, der ein mechanisches Versehen ausschließe bzw. „überlagere“. Bei dem Sachbearbeiter hätten sich Zweifel an der Richtigkeit seiner Eingabe aufdrängen müssen. Der BFH hat damit die interessante Rechtsfrage geklärt, ob der Annahme einer ähnlichen offenbaren Unrichtigkeit die Bearbeitung eines Steuerfalls allein durch das Risikomanagementsystem entgegensteht, obwohl sich der Fehler durch das Zusammenspiel der Risikohinwiese dem Sachbearbeiter hätte aufdrängen müssen (zu Recht kritisch dazu, ob der dem Urteil des FG Düsseldorf zugrundeliegende Sachverhalt überhaupt diese Rechtsfrage aufwirft *Bleschick*, EFG 2017, 1318 f.). S. zum Risikomanagementsystem ausführlich unter Teil 4, E.; vgl. insoweit auch FG Berlin-Brandenburg v. 13.10.2016 – 10 K 10320/15, juris, Rz. 28 m.w.N.

227 Hierzu FG Sachsen v. 9.3.2017 – 6 K 1201/16, juris, Rz. 34; *Volquardsen*, in: Schwarz/Pahlke, AO, § 88 Rz. 8 (Stand: März 2017).

228 *Rätke*, in: Klein, AO, § 88 Rz. 65 f.

d) *Amtshaftungsanspruch des Steuerpflichtigen*

Wenig Beachtung in der Literatur[229] findet die mögliche Rechtsfolge eines Amtshaftungsanspruchs nach § 839 Abs. 1 Satz 1 BGB i.V. mit Art. 34 GG bei einer Amtspflichtverletzung durch Verletzung der Sachaufklärungspflicht durch einen Finanzbeamten.[230] Zwar dient die Sachverhaltsermittlung durch den jeweiligen Finanzbeamten der Durchsetzung einer gesetz- und gleichmäßigen Besteuerung und stellt ein Handeln im öffentlichen Interesse dar.[231] Das schließt jedoch nicht aus, dass im konkreten Einzelfall bei einem Handeln, das primär dem öffentlichen Interesse dient, dem Betroffenen gegenüber Amtspflichten i.S. des § 839 BGB bestehen bzw. entstehen können.[232] Der Steuerpflichtige ist jedenfalls dann „Dritter" i.S. des § 839 Abs. 1 Satz 1 BGB, wenn die hoheitliche Maßnahme – hier wohl der Erlass eines Steuerbescheides, der eine zu hohe Steuer aufgrund mangelhafter Sachverhaltsermittlung ausweist – darauf abzielt, den Steuerpflichtigen zu einem Eingriff in seine Rechtsstellung zu veranlassen.[233] Weiterhin ist im Kontext des Besteuerungsverfahrens zu beachten, dass der erforderliche kausale Schaden im Rahmen der haftungsausfüllenden Kausalität erst dann eintreten kann und wird, wenn der Steuerpflichtige aufgrund eines nur unzureichend

---

229 Dieser Feststellung zuwider etwa die ausführliche Darstellung bei *Drüen*, in: Tipke/Kruse, AO/FGO, § 32 AO Rz. 14 ff. (Stand: Oktober 2018).

230 Vgl. LG Hannover v. 24.1.1991 – 19 O 414/90, DStR 1992, 234 (Amtspflichtverletzung eines Finanzbeamten durch Abweichen von einem Anwendungserlass); zu weitgehend OLG Koblenz v. 17.7.2002 – 1 U 1588/01, NVwZ-RR 2003, 168 (Amtspflichtverletzung bzw. Organisationsverschulden bei Nichtkenntnis bzw. beim nicht zur Verfügung Stellen von BFH-Entscheidungen); interessant in diesem Zusammenhang auch BVerfG v. 21.11.2012 – 1 BvR 1711/09, juris, zur Amtspflichtverletzung eines Jugendamtes bei Verletzung des Untersuchungsgrundsatzes nach § 20 SGB X durch einfache Übernahme eines Sachverständigengutachtens ohne Auseinandersetzung mit einem bekannten abweichenden Gutachten; s. auch *Brühl*, JA 1992, 193 (196). Zu den Voraussetzungen im Einzelnen s. *Hermes*, DStZ 1996, 9; *Nacke*, DStZ 1996, 20.

231 Zum öffentlichen Interesse s. unter Teil 1, C. III.

232 BGH v. 21.12.1964 – III ZR 165/63, juris, Rz. 35. Vgl. insoweit auch BGH v. 19.5.1988 – III ZR 32/87, BGH NJW 1989, 99: „Jeder Amtsträger hat die Pflicht, vor einer hoheitlichen Maßnahme, die geeignet ist, einen anderen in seinen Rechten zu beeinträchtigen, den Sachverhalt im Rahmen des Zumutbaren so umfassend zu erforschen, daß die Beurteilungs- und Entscheidungsgrundlage nicht in wesentlichen Punkten zum Nachteil des Betroffenen unvollständig bleibt".

233 BGH v. 19.5.1988 – III ZR 32/87, BGH NJW 1989, 99; vgl. zur Drittbetroffenheit des Steuerpflichtigen *Rüsken*, in: Klein, AO, § 32 Rz. 7.

ausermittelten Sachverhalts eine zu hohe Steuer entrichtet hat.[234] Der Anspruch wird jedoch wohl in den meisten Fällen am Nachweis des Verschuldens des Finanzbeamten scheitern.[235] Das bedeutet gleichwohl nicht, dass dem Amtshaftungsanspruch überhaupt keine Bedeutung bei der Verletzung der Ermittlungspflicht zukommt.[236]

D. Der Beweis im Besteuerungsverfahren

Seit jeher wird das Thema der Beweislast, des Beweismaßes und der Beweiswürdigung im Besteuerungsverfahren eher stiefmütterlich behandelt.[237] Das ist verwunderlich, kommt es doch im Rahmen der Ermittlung eines Sachverhalts, die der materiellen Wahrheit entsprechen soll, entscheidend darauf an, den tatsächlichen Sachverhalt auch beweisen zu können. Dies gilt sowohl auf Seiten der Finanzbehörde als auch auf Seiten des Steuerpflichtigen. Der Beweis ist ein wichtiger Bestandteil des Besteuerungsverfahrens, genauer des Ermittlungsverfahrens.[238] Daher nimmt sich die Arbeit im Folgenden der Darstellung der Grundzüge des Beweises im Besteuerungsverfahren an.

I. Die Beweismittel der AO

Die AO stattet die Finanzbehörde mit unterschiedlichen Beweismitteln aus, um die steuerrelevanten Tatsachen auch einem Beweis zugänglich zu machen. Eine – nicht abschließende[239] – Aufzählung der relevantesten Beweismittel enthält § 92 Satz 2 AO, der im Wesentlichen seinem verwaltungsverfahrensrechtlichen Spiegelbild in § 26 Abs. 1 Satz 2 VwVfG entspricht. Nach § 92 Satz 2 AO kommen als Beweismittel insbesondere (1) die Einholung von Auskünften jeder Art von den Beteiligten und anderen Personen, (2) das Zuziehen von Sachverständigen, (3) das Beiziehen von Urkunden und Akten und (4) das Einnehmen

---

234 Zum Schaden eingehend *Hermes*, DStZ 1996, 9 (18 f.).

235 *Rüsken*, in: Klein, AO, § 32 Rz. 8 m.w.N.

236 *Zaumseil*, VR 2012, 325; s. auch *Weber*, BB 2010, 2538 (2542 f.), im Zusammenhang mit Ermittlungspflichten nach § 88 AO und Umsatzsteuer-Karusselle. Zum allgemeinen Verwaltungsverfahren vgl. *Ramsauer*, in: Kopp/Ramsauer, VwVfG, § 24 Rz. 38.

237 Zu dieser Erkenntnis gelangte auch schon *Ruppel*, BB 1995, 750.

238 *Jansen*, Das Steuerverfahren im Spannungsfeld von Europa- und Verfassungsrecht, S. 28.

239 *Roser*, in: Beermann/Gosch, AO/FGO, § 92 AO Rz. 1 (Stand: Juni 2010).

des Augenscheins in Betracht. Welche Beweismittel die Finanzbehörde im konkreten Einzelfall wählt, steht in ihrem Ermessen.[240]

Auf ein in § 92 AO nicht ausdrückliches – und damit ein unbenanntes[241] – Beweismittel soll an dieser Stelle besonders hingewiesen werden: Auskünfte ausländischer Behörden im Rahmen des Informationsaustauschs in Steuersachen. Der Informationsaustusch hat im letzten Jahrzehnt im beispiellosen Tempo erheblich an Bedeutung gewonnen.[242] Diese Entwicklung lässt sich insbesondere auch an das materielle Ertragsteuerrecht anknüpfen, das bei Bestehen einer unbeschränkten Steuerpflicht sowohl nach § 1 Abs. 1 Satz 1 EStG als auch nach § 1 Abs. 1 KStG das Welteinkommensprinzip gelten lässt.[243] Damit sind für eine gesetz- und gleichmäßige Besteuerung in Zeiten der steigernden Mobilität des Steuerpflichtigen und dem unaufhaltsamen Globalisierungsprozess Auskünfte ausländischer Behörden als Beweismittel nicht hinwegzudenken.[244]

II. Die Beweislast im Besteuerungsverfahren

1. *Erforderlichkeit einer Beweislastentscheidung im Besteuerungsverfahren*

Das Steuerrecht ist klassisches Eingriffsrecht.[245] Liegen die Voraussetzungen eines Steuergesetzes vor, muss der Finanzbeamte das jeweilige Steuergesetz auf den konkreten Steuerfall anwenden. Dies ist Ausfluss der positiven Dimension der Gesetzmäßigkeit der Besteuerung, namentlich des Anwendungsgebots.[246] Vor dem Hintergrund des Eingriffscharakters steuerlicher Entscheidungen gegenüber dem Steuerpflichtigen, muss eine Entscheidung der Beweislast derart

240 So der § 92 Satz 1 AO expressis verbis. Insoweit besteht sowohl ein Entschließungs- als auch ein Auswahlermessen der Finanzbehörde, vgl. *Roser*, in: Beermann/Gosch, AO/FGO, § 92 AO Rz. 6 (Stand: Juni 2010).

241 Dieses Beweismittel ist unbenannt, weil es gerade nicht ausdrücklich in § 92 AO aufgezählt wird, vgl. dazu auch *Hendricks*, StuW 2018, 346 (347 f.).

242 *Seer*, in: FS für den BFH, S. 1717 (1739).

243 *Seer*, in: Tipke/Lang, Steuerrecht, § 1 Rz. 88.

244 *Hendricks*, Internationale Informationshilfe im Steuerverfahren, S. 52 ff, 88 ff.; *Seer/Gabert*, StuW 2010, 3 (4 ff.). Ausführlich zur internationalen Informationshilfe als Beweismittel deutscher Finanzbehörden *Glaser*, Die datenschutzrechtlichen Grenzen bei der Informationshilfe innerhalb der EU, S. 7 ff.

245 *Ahrendt*, NJW 2017, 537 (538); *Schmidt/Schmitt*, in: FS Spindler, S. 529 (530); *Birk/Desens/Tappe*, Steuerrecht, § 4 Rz. 361.

246 S. unter Teil 1, C. I.

getroffen werden, dass (auch) die Interessen des Steuerpflichtigen hinreichend berücksichtigt werden. Das bedeutet, dass die Finanzbehörde bzw. der jeweils konkret zuständige Finanzbeamte einen gewissen Grad an Wahrscheinlichkeit erreicht haben muss, bevor sie oder er eine Entscheidung trifft. Kommt die Finanzbehörde jedoch trotz Erfüllung ihrer Ermittlungspflicht und nach Ausschöpfung aller zumutbaren Maßnahmen zu dem Ergebnis, dass der Sachverhalt nicht weiter aufgeklärt werden kann, stellt sich zwangsläufig die entscheidende Frage, wer die Lasten der Unaufklärbarkeit des Sachverhalts trägt. Der Finanzbeamte darf die Unaufklärbarkeit nicht einfach akzeptieren und eine Entscheidung im konkreten Steuerfall unterlassen. Die Finanzbehörde muss vielmehr aufgrund der Gesetzmäßigkeit der Besteuerung eine Entscheidung treffen.[247] Dies hat zur Folge, dass auch im Besteuerungsverfahren eine Beweislastentscheidung zwingend erfolgen muss.[248]

2. *Objektive Beweislast im Besteuerungsverfahren*

In der AO sind keine Regeln zur Beweislast für das Besteuerungsverfahren zu finden.[249] Insbesondere § 88 AO enthält keinerlei Aussagen über die Beweislast. Hierin wird wiederum die Qualifikation als negatives Prinzip deutlich.[250] Dies ist jedoch nicht verwunderlich, ist die Frage des Beweises doch eine der Ermittlung des Sachverhalts nachgelagerte Frage.[251] Insoweit hat die Norm des § 88 AO[252] bzw. der Untersuchungsgrundsatz lediglich verfahrensrechtlichen Charakter.[253]

---

247 *Söhn*, in: Hübschmann/Hepp/Spitaler, AO/FGO, § 88 AO Rz. 342 (Stand: März 2010), bringt dies präzise auf den Punkt: „Denn ein non liquet in der Tatfrage darf nicht auch zu einem non liquet in der Rechtsfrage führen [...]".

248 So auch der BFH v. 24.6.1976 – IV R 101/75, BStBl. II 1976, 562 (563); allgemein zur Relevanz von Beweislastentscheidungen *Nierhaus*, Beweismaß und Beweislast, S. 354; a.A. *Martens*, Verwaltungsvorschriften zur Beschränkung der Sachverhaltsermittlung, S. 94 ff.; *ders.*, StuW 1981, 322 (326 ff.), der jedoch nicht überzeugen kann.

249 Für das allgemeine Verwaltungsverfahren und dem VwVfG gilt dies ebenfalls, vgl. *Foerster*, VR 1989, 226 (229).

250 S. unter Teil 2, B.

251 *Jansen*, Das Steuerverfahren im Spannungsfeld von Europa- und Verfassungsrecht, S. 31 f.

252 *Müller-Franken*, Maßvolles Verwalten, S. 245, nennt § 88 AO eine „Norm des formellen Rechts". Damit ist wohl gemeint, dass es sich beim Untersuchungsgrundsatz um eine Norm des (formellen) Verfahrensrechts handelt.

253 So zutreffend *Jansen*, Das Steuerverfahren im Spannungsfeld von Europa- und Verfassungsrecht, S. 31.

Wegen der Geltung des Untersuchungsgrundsatzes ist dem Besteuerungsverfahren eine subjektive Beweislast fremd.[254] Die subjektive Beweislast meint ein Parteiverhalten, zu dem die Partei zwar nicht mit Zwangsmitteln gezwungen werden kann, jedoch bei Ausbleiben negative Folgen für die Partei drohen.[255] Die subjektive Beweislast gilt nur in Verfahren, in denen die Sammlung des Streitstoffes den Parteien obliegt, mit anderen Worten also der Verhandlungsgrundsatz[256] gilt.[257] Vielmehr treten die Regeln der objektiven Beweislast erst dann ein, sofern der Sachverhalt nicht weiter aufklärbar ist.[258] Die objektive Beweislast regelt damit nicht unmittelbar den Beweis selbst, sondern vielmehr die „Folgen der Beweislosigkeit entscheidungsrelevanter Tatsachen".[259] Nach den Regeln der objektiven Beweislast trägt die Finanzbehörde die Beweislast für das Vorliegen der Tatsachen, die zur Geltendmachung des Steueranspruchs erforderlich sind.[260] Spiegelbildlich dazu trägt der Steuerpflichtige die objektive Beweislast für das Vorliegen solcher Tatsachen, die Steuerbefreiungen und

---

254 *Weber*, Stbg 2013, 49; *Loschelder*, AO-StB 2003, 25; *Volquardsen*, in: Schwarz/Pahlke, AO, § 88 Rz. 29 ff. (Stand: März 2017); *Richter*, in: HFSt 4 (2016), S. 261; *Seer*, in: Tipke/Kruse, AO/FGO, § 88 AO Rz. 44 (Stand: Januar 2017). Wenn der BFH im Urteil v. 7.12.1955 – V z 183/54 S, BStBl. III 1956, 75, davon spricht, dass der Steuerprozess keine Beweislast kenne, ist damit lediglich die subjektive Beweislast gemeint, wie BFH v. 12.7.1962 – IV 124/58 U, BStBl. III 1962, 522, richtigerweise klarstellt. A.A. *Martens*, StuW 1981, 322 (329 ff.); *Martin*, BB 1986, 1021 (1028 ff.); *Weber*, Mitwirkungspflichten nach der AO, S. 73 ff., 163 f., die von einer subjektiven Beweisführungspflicht bzw. subjektiven Beweislast des Steuerpflichtigen für das Besteuerungsverfahren ausgehen. Eine subjektive Beweisführungspflicht möchte auch *Seer*, Verständigungen in Steuerverfahren, S. 179, nicht ausschließen.

255 *Seer*, in: Tipke/Kruse, AO/FGO, § 96 FGO Rz. 78 (Stand: August 2018).

256 S. unter Teil 1, D. I.

257 *Söhn*, in: Hübschmann/Hepp/Spitaler, AO/FGO, § 88 AO Rz. 345 (Stand: März 2010).

258 *Söhn*, in: Hübschmann/Hepp/Spitaler, AO/FGO, § 88 AO Rz. 356 (Stand: März 2010); s. auch *Jansen*, Das Steuerverfahren im Spannungsfeld von Europa- und Verfassungsrecht, S. 32; s. auch *Tenbrock*, Die Verteilung der objektiven Beweislast im Steuerrecht, S. 21 ff.

259 *Söhn*, in: Hübschmann/Hepp/Spitaler, AO/FGO, § 88 AO Rz. 346 (Stand: März 2010).

260 Vgl. die Grundsatzentscheidung zur objektiven Beweislast BFH v. 5.11.1970 – V R 71/67, BStBl. II 1971, 220 (224), der sog. Rosenbergschen Normentheorie folgend (*Rosenberg*, Die Beweislast, S. 98 ff.) für Zwecke des finanzgerichtlichen Verfahrens, was entsprechend für die Beweislast im Steuerverfahren gilt. Zum Gleichlauf des Beweismaßes im Steuerprozess und im Steuerverfahren vgl. *Seer*, Verständigungen in Steuerverfahren, S. 188 f.; *ders.*, Der Einsatz von Prüfungsbeamten, S. 49 ff.; vgl. insoweit auch BFH v. 25.7.2000 – IX R 93/97, BStBl. II 2001, 9.

Steuerermäßigungen begründen oder einen Steueranspruch aufheben oder einschränken.[261]

Ausnahmsweise schreibt das Gesetz in wenigen Fällen eine subjektive Beweislast vor, z.B. bei dem Nachweis von Bewirtungskosten nach § 4 Abs. 5 Satz 1 Nr. 2 Sätze 2 und 3 EStG. Die subjektive Beweislast – als Ausnahme im Besteuerungsverfahren – muss sich dabei eindeutig aus dem jeweiligen Steuergesetz ergeben.[262]

3. *Subjektive Beweisführung durch den Steuerpflichtigen*

Mit dem Vorgesagten sollte also feststehen, dass die Beweislast nach den objektiven Beweislastregeln auf die Finanzbehörde und den Steuerpflichtigen zu verteilen ist und in der Praxis so gelebt werden müsste. Doch wie sie oft liegen auch in diesem Fall Theorie und Praxis weit auseinander. Hierbei muss betont werden, dass letztlich der Steuerpflichtige derjenige ist, der – wegen der Kooperationsmaxime[263] – und der ihm ausschließlich zur Verfügung stehenden Informationen zumeist aus seiner Sphäre den Großteil der Beweise „gegen sich selbst" vorbringt. Natürlich ist dabei nicht zu verkennen, dass der Steuerpflichtige auch Beweise zu seinen Gunsten liefert und damit eine gewisse Gestaltungsmöglichkeit und Selbstbestimmung des Steuerpflichtigen besteht.[264] Damit wird die Beweislast de facto in den meisten Fällen beim Steuerpflichtigen liegen. Durch diese faktische Rechtslage für den Steuerpflichtigen kommt es zu einer Divergenz zu den objektiven Beweislastregeln im Besteuerungsverfahren, wonach die Finanzbehörde die zur Geltendmachung des Steueranspruchs relevanten Tatsachen beweisen muss. Gleichwohl ist der Steuerpflichtige als Zentralfigur des Besteuerungsverfahrens[265] zumeist alleiniger Träger des gesamten relevanten Wissens. Der Steuerpflichtige wird also sowohl den Tatsachenstoff zugunsten des Fiskus als auch zu seinen Gunsten liefern (müssen). Die Regeln der objektiven Beweislast sind für das Besteuerungsverfahren daher lediglich theoretischer Natur. In praxi ist von einer subjektiven Beweisführungslast des Steuerpflichtigen auszugehen. Bei

261 Vgl. BFH v. 6.2.2014 – VI R 61/12, BStBl. II 2014, 458; v. 25.7.2000 – IX R 93/97, BStBl. II 2001, 9; v. 7.7.1983 – VII R 43/80, BStBl. II 1983, 760; v. 5.11.1970 – V R 71/67, BStBl. II 1971, 220.

262 Vgl. *Söhn*, in: Hübschmann/Hepp/Spitaler, AO/FGO, § 88 AO Rz. 352 f. (Stand: März 2010).

263 S. unter Teil 1, E.

264 *Seer*, Verständigungen in Steuerverfahren, S. 179 f.

265 *Seer*, Verständigungen in Steuerverfahren, S. 165 f.

dieser Erkenntnis stellt sich zwangsläufig die Frage, ob solch eine tatsächliche Rechtslage für den Steuerpflichtigen (noch) dem Untersuchungsgrundsatz entsprechen kann. Ein Widerspruch zum Untersuchungsgrundsatz ist darin jedoch richtigerweise nicht zu erkennen. Denn es ist nicht von der Hand zu weisen, dass die erforderlichen Informationen für eine gesetz- und gleichmäßige Besteuerung in der Sphäre des Steuerpflichtigen liegen.[266] Der Steuerpflichtige weist dadurch i.d. Regel die größte Beweisnähe zu den steuerrelevanten Tatsachen auf.[267] Eine Beweisführung (hauptsächlich) durch den Steuerpflichtigen entspricht ja gerade auch dem öffentlichen Interesse an einer gesetz- und gleichmäßigen Besteuerung, indem eine möglichst ausschöpfende Sachverhaltsaufklärung ermöglicht wird.[268]

III. Die Überzeugungsbildung im Besteuerungsverfahren (Beweismaß)

Der zuständige Finanzbeamte sucht in der AO zudem vergeblich nach einer Vorschrift als Wegweiser für das erforderliche Maß an Überzeugung, um im konkreten Steuerfall eine Entscheidung zu treffen. Angesprochen ist damit das Beweismaß. Unter Beweismaß ist der erforderliche Gewissheitsgrad des Finanzbeamten i.R. der Sachaufklärung zu verstehen.[269] Auch insoweit ist § 88 AO a.F. also als negatives Prinzip zu verstehen, da dort keine Angaben zum Grad der Gewissheit bzw. der Wahrscheinlichkeit gemacht werden.[270] Das Beweismaß ist stets subjektiv geprägt, kommt es doch für die Überzeugungsbildung als inneren Vorgang stets auch auf die jeweilige Person des Finanzbeamten an.[271] Vor dem Hintergrund, dass das Besteuerungsverfahren ein Massenverfahren darstellt, kann eine vollständige Überzeugung des jeweiligen konkret zuständigen Finanzbeamten im Sinne einer zweifelsfreien Gewissheit jedoch nicht gefordert und realiter im Besteuerungsverfahren als Massenverfahren auch nicht verwirklicht werden.[272] *Müller-*

---

266 *Krüger*, DStZ 2017, 761 (762).

267 *Roser*, in: Beermann/Gosch, AO/FGO, § 90 AO Rz. 4 (Stand: August 2017); *Krüger* DStZ 2017, 761 (762).

268 Zutreffend *Seer*, Verständigungen in Steuerverfahren, S. 179 f.

269 S. dazu *Krüger*, DStZ 2017, 761 (767).

270 *Osterloh*, Gesetzesbindung und Typisierungsspielräume, S. 221, 224 f.; so auch *Seer*, FR 1997, 553 (555).

271 *Peters*, JuS 1991, 54 (56).

272 *Seer*, Verständigungen in Steuerverfahren, S. 185 ff.; *ders.*, FR 1997, 553 (555 f.); *Volquardsen*, in: Schwarz/Pahlke, AO, § 88 Rz. 15 ff. (Stand: März 2017).

Franken[273] und andere,[274] die auch für das Besteuerungsverfahren das Regelbeweismaß einer vollen Wahrheitsüberzeugung im Sinne einer an Sicherheit grenzender Wahrscheinlichkeit für das Vorliegen einer steuerrelevanten Tatsache fordern, kann insoweit nicht zugestimmt werden. Denn diese Ansichten verkennen allesamt die Realität des Massenverfahrens.[275] Die Folge der Forderung nach einer vollen Wahrheitsüberzeugung würde für das Besteuerungsverfahren als Massenverfahren bedeuten, dass fast keine Entscheidungen mehr bzw. viel weniger Entscheidungen getroffen werden könnten, da der Finanzbeamte ohne volle Überzeugung von der Wahrheit an der Anwendung des Gesetzes gehindert wäre.[276] Dieses Ergebnis wäre jedoch noch weiter von Gesetz- und Gleichmäßigkeit der Besteuerung entfernt als eine unter die vollständige Wahrheitsüberzeugung liegende Wahrscheinlichkeitsstufe zur Überzeugungsbildung ausreichen zu lassen.[277] Selbst wenn *Müller-Franken* dabei niedrigere Anforderungen an eine volle Wahrheitsüberzeugung setzt, indem er etwa das Vorlegen von Belegen und Erklärungen des Steuerpflichtigen für eine vollständige Überzeugung ausreichen lässt,[278] können selbst diese im Massenverfahren nicht in jedem einzelnen Steuerfall geprüft werden.[279] Zudem ist zu betonen, dass der Finanzbeamte wegen der Masse an Steuerfällen unter einem erheblichen Zeitdruck steht. Dieser Aspekt ist in praxi nicht zu vernachlässigen.[280]

---

273 *Müller-Franken*, Maßvolles Verwalten, S. 279 ff., 305 ff.

274 *Lambrecht*, DStJG 12 (1989), 79 (81); *Nierhaus*, Beweismaß und Beweislast, S. 61 ff. (zum Verwaltungsprozess).

275 So auch *Seer*, Verständigungen in Steuerverfahren, S. 186 f.

276 Daran ändert auch die Möglichkeit der Schätzung nach § 162 AO nichts, da die Schätzung nach § 162 Abs. 1 AO nur für den Fall zulässig ist, dass die Finanzbehörde den Sachverhalt nicht ermitteln oder berechnen kann und gerade nicht für den Fall gilt, dass der zuständige Finanzbeamte nicht zur vollständigen Überzeugung gelangt. Eine vollständige Sachverhaltsermittlung hat nicht automatisch eine vollständige Überzeugung des Finanzbeamten zur Folge, vgl. insoweit auch *Seer*, FR 1997, 553 (556).

277 *Jansen*, Das Steuerverfahren im Spannungsfeld von Europa- und Verfassungsrecht, S. 262.

278 *Müller-Franken*, Maßvolles Verwalten, S. 297. Mit *Osterloh*, Gesetzesbindung und Typisierungsspielräume, S. 303 f., 309 f., ist überdies davon auszugehen, dass allein das Vorlegen von Erklärungen und Belegen noch nicht dazu ausreicht, zu einer vollen Wahrheitsüberzeugung i.S. des Regelbeweismaßes zu gelangen.

279 Ebenso *Jansen*, Das Steuerverfahren im Spannungsfeld von Europa- und Verfassungsrecht, S. 263 f.; *Seer*, Verständigungen in Steuerverfahren, S. 186; *Osterloh*, Gesetzesbindung und Typisierungsspielräume, S. 309 ff.; a.A. wohl *Nierhaus*, Beweismaß und Beweislast, S. 61 ff., 115 f.

280 *Peters*, JuS 1991, 54 (55).

Damit steht also fest, dass als Grundsatz nicht das Regelbeweismaß der vollen Wahrheitsüberzeugung im Besteuerungsverfahren gelten kann. Es muss eine Wahrscheinlichkeitsstufe unterhalb dieses Regelbeweismaßes ausreichen. Dies bedeutet jedoch nicht, dass unter mehreren möglichen Sachverhaltsalternativen diejenige zu wählen ist, die am ehesten wahrscheinlich erscheint. Diese Lehre von der sog. annähernden materiellen Wahrheit[281] hat sich zu Recht nicht durchgesetzt,[282] da diese Sichtweise einer reinen Verdachtsbesteuerung sehr nahe kommt. Vielmehr ist in Anbetracht des Vorwurfs einer reinen Verdachtsbesteuerung eine *hohe Wahrscheinlichkeit*, also mehr als eine einfache und eine überwiegende Wahrscheinlichkeit,[283] zu fordern.[284] Dies hat zur Folge, dass der Finanzbeamte nicht vollständig von der Wahrheit überzeugt sein muss, sondern vielmehr allein das Vorliegen eines bestimmten Sachverhalts aufgrund der ermittelten Umstände des konkreten Steuerfalls für höchstwahrscheinlich halten muss. *Seer* nimmt zudem überzeugend – in Übereinstimmung mit einer sphärenorientierten Mitverantwortung[285] – einen flexiblen sphärenorientierten Beweismaßstab mit Blick auf die Beweisrisikoverteilung an: Ist der Steuerpflichtige seinen Mitwirkungspflichten im vollen Umfang nachgekommen, dürfe eine Beweismaßreduzierung zu seinen Lasten nicht stattfinden. Das verbleibende Risiko liege dann allein bei der Finanzbehörde, die in diesem Fall zu einer Beweislastentscheidung zugunsten des Steuerpflichtigen verpflichtet sei.[286] Dies ist auch sachgerecht und entspricht dem Gedanken einer sphärenorientierten Mitverantwortung.[287] Hat nämlich der Steuerpflichtige seine Mitwirkungspflichten erfüllt, wäre eine Beweismaßreduzierung zugunsten der Finanzbehörde bei ungeklärten Sachverhaltsteilen ein nicht hinzunehmender, für den Steuerpflichtigen unverhältnismäßiger Eingriff in seine Freiheitsgrundrechte.[288] Wer die Verantwortung für die Sachverhaltsaufklärung (mit-)trägt, muss die in Frage

---

281 *Brockmann*, Lebenserfahrungssätze, Sachverhaltsvermutungen und Sachverhaltsfiktionen im Steuerrecht, S. 31, 46 ff.

282 Ebenso *Seer*, Verständigungen in Steuerverfahren, S. 191.

283 Eine Aufzählung der verschiedenen Wahrscheinlichkeitsstufen zwischen Möglichkeit und Gewissheit ist bei *Ruppel*, BB 1995, 750, zu finden.

284 *Seer*, Verständigungen in Steuerverfahren, S. 187, kommt zu dem Schluss, dass von der (Finanz-)Verwaltung ein „fundiertes Wahrscheinlichkeitsurteil" gefordert werden könne und verweist dazu auf *Isensee*, Die typisierende Verwaltung, S. 114.

285 S. dazu unter Teil 1, E. III. 1.

286 *Seer*, Verständigungen in Steuerverfahren, S. 192 ff.

287 S. unter Teil 1, E. III. 1.

288 S. zum Grundsatz der Verhältnismäßigkeit Teil 2, E. I.

stehenden Sachverhaltselemente auch beweisen. Dieser Beweisrisikoallokation hat sich auch der BFH angeschlossen.[289] Kommt es hingegen zu einer konkreten Einzelprüfung eines Steuerfalls, dann gilt auch im Besteuerungsverfahren das prozessuale Beweismaß der vollen Wahrheitsüberzeugung.[290] Hierin kommt wiederum die bereits angesprochene Zweistufigkeit der Prüfungstätigkeit der Finanzverwaltung klar zum Vorschein:[291] Ist ein konkreter Steuerfall vom Risikomanagementsystem als kontrollbedürftig erkannt worden, so kann im konkreten Einzelfall das Beweismaß der vollen Wahrheitsüberzeugung gefordert und auch tatsächlich angewandt werden. Auf der ersten Stufe aber, auf der es allein um die Feststellung der Kontrollbedürftigkeit eines Steuerfalls geht und auf der nach der Prüfung durch das Risikomanagementsystem nur solche Steuerfälle verbleiben, die gerade nicht kontrollbedürftig sind, muss im Massenverfahren eine hohe Wahrscheinlichkeit ausreichen.

Die Fälle eines abgesenkten Beweismaßes sind bekannt. Kommt der Steuerpflichtige seinen Mitwirkungspflichten nicht nach, führt dies dazu, dass die Finanzbehörde niedrigere Anforderungen an das erforderliche Maß an Gewissheit stellen kann.[292] Ein weiterer (gesetzlicher) Fall der Beweismaßreduzierung ist in der Schätzungsmöglichkeit nach § 162 AO zu sehen.[293] Zudem sieht die AO in einigen Fällen einen minderen Beweismaß de iure als ausreichend an, namentlich etwa in § 110 Abs. 2 Satz 2 AO oder § 161 Satz 1 AO. In diesen Vorschriften ist von „glaubhaft machen" die Rede. Glaubhaft machen erfordert

---

289 Vgl. BFH v. 12.6.2018 – VIII R 38/14, BFH/NV 2018, 1141; v. 23.3.2011 – X R 44/09, BStBl. II 2011, 884 (885) m.w.N.; bereits angedeutet in der Entscheidung v. 15.2.21989 – X R 16/86, BStBl. II 1989, 462 (464 f.).

290 *Jansen*, Das Steuerverfahren im Spannungsfeld von Europa- und Verfassungsrecht, S. 266.

291 S. zur Zweistufigkeit bereits unter Teil 2, C. IV. 1. b).

292 S. bereits unter Teil 1, E. III. 2.; so auch *Zaumseil*, VR 2012, 325 (326), allgemein für das Verwaltungsverfahren. Kommt der Steuerpflichtige seinen Mitwirkungspflichten nicht nach, führt dies in vielen Fällen dazu, dass der Sachverhalt nicht weiter aufgeklärt werden kann. In dieser non-liquet-Situation müsste die Finanzbehörde grundsätzlich eine Beweislastentscheidung nach den Regeln der objektiven Beweislast treffen. Der Beweislastentscheidung zieht die Rspr. jedoch regelmäßig eine Modifikation dieser Beweislastgrundregel vor, da allein die Beweislastgrundregel in Fällen, in denen das non liquet auf die fehlende Mitwirkung des Steuerpflichtigen zurückzuführen ist, nicht zu sachgerechten Ergebnissen führt, vgl. hierzu *Seer*, in: Tipke/Kruse, AO/FGO, § 96 FGO Rz. 87 ff. m.w.N. (Stand: August 2018).

293 Vgl. hierzu FG Nürnberg v. 4.10.2018 – 2 K 1723/16, juris, Rz. 27; s. auch *Seer*, Verständigungen in Steuerverfahren, S. 185.

lediglich eine überwiegende Wahrscheinlichkeit[294] und damit weniger als eine hohe Wahrscheinlichkeit, die in dieser Arbeit als Grundmaßstab für die Überzeugungsbildung im Besteuerungsverfahren gefordert wird.[295]

IV. Grundsatz der freien Beweiswürdigung

Mit der Geltung des Untersuchungsgrundsatzes steht gleichzeitig fest, dass die Finanzbehörden in der Entscheidung über das Vorliegen oder Nichtvorliegen eines Sachverhalts frei entscheiden können.[296] Im Besteuerungsverfahren gilt also der Grundsatz der freien Beweiswürdigung, es sei denn, die AO schreibt ausdrücklich eine andere Beweisregel vor.[297] Frei meint in diesem Zusammenhang jedoch nicht, dass die Finanzbeamten sich einer gewissenhaften Abwägung der für die Beurteilung des Sachverhalts relevanten Tatsachen willkürlich entziehen dürfen. Die Finanzbeamten werden nicht von der Bindung an Recht und Gesetz befreit, sondern allein die Würdigung der im Rahmen des Verwaltungsverfahrens gewonnenen Erkenntnisse ist frei.[298] Das bedeutet vor allen Dingen, dass die jeweiligen Beweismittel, die zur Feststellung des steuerrelevanten Sachverhalts herangezogen wurden, frei gewürdigt werden können.[299] Geboten – und auch erforderlich – ist eine Gesamtwürdigung aller feststellungsrelevanten Beweistatsachen.[300]

---

294 So die st. Rspr., vgl. BFH v. 10.7.1974 – I R 223/70, BStBl. II 1974, 736: „Eine Tatsache ist glaubhaft gemacht, wenn aufgrund des oder der bezeichneten Beweismittel ein nicht nur geringes Maß an Wahrscheinlichkeit für die Richtigkeit der Tatsachenbehauptung besteht; an Gewißheit grenzende Wahrscheinlichkeit ist nicht erforderlich"; v. 11.12.1986 – IV R 184/84, BStBl. II 1987, 303; v. 18.9.2001 – XI B 65, 66/00, BFH/NV 2001, 356; v. 12.9.2012 – I R 29/12, BFH/NV 2013, 58.

295 S. unter Teil 2, D. III.

296 *Söhn*, in: Hübschmann/Hepp/Spitaler, AO/FGO, § 88 AO Rz. 210 (Stand: März 2010).

297 *Söhn*, in: Hübschmann/Hepp/Spitaler, AO/FGO, § 88 AO Rz. 210 (Stand: März 2010).

298 *Söhn*, in: Hübschmann/Hepp/Spitaler, AO/FGO, § 88 AO Rz. 211 f. (Stand: März 2010); *Krüger*, DStZ 2017, 761 (765).

299 In diesem Sinne bereits RFH v. 21.8.1940 – VI 235/40, RStBl. 1940, 865 (866); jüngst auch BFH v. 6.9.2018 – IV R 26/16, BFH/NV 2018, 1260.

300 BFH v. 19.8.2015 – X R 30/12, BFH/NV 2016, 203.

E. Grenzen der Sachaufklärung

I. Übermaß- und Untermaßverbot

Wie bereits an anderer Stelle erwähnt, ist das Steuerrecht als klassisches Eingriffsrecht zu qualifizieren.[301] Die Ermittlungen im Besteuerungsverfahren sind naturgemäß mit einer Vielzahl von Maßnahmen verbunden, die den Bereich der Freiheitsgrundrechte des Steuerpflichtigen betreffen. Unabhängig davon, dass bei der Durchführung konkreter Ermittlungsmaßnahmen stets Zurückhaltung geboten erscheint, ist die jeweilige Finanzbehörde dazu angehalten, den Ausgleich zwischen Gesetzmäßigkeit, Gleichmäßigkeit und den Freiheitsgrundrechten des Steuerpflichtigen herzustellen und im Anschluss zu wahren.[302] Durch die Bindung des Besteuerungsverfahrens an die Gesetzmäßigkeit[303] müssen die betroffenen Grundrechte hinreichend geschützt werden. Dies geschieht durch die Begrenzung der Sachaufklärung mit dem Übermaßverbot, woraus der Grundsatz der Verhältnismäßigkeit hoheitlichen Handelns abgeleitet wird.[304] Demzufolge muss die Besteuerung stets den Erfordernissen der Geeignetheit, Erforderlichkeit und Angemessenheit genügen.[305] Die Exekutive muss also im konkreten Einzelfall einen Ausgleich zwischen dem Interesse des Fiskus an der (rechtmäßigen) Besteuerung und den Grundrechten des Betroffenen finden.[306] Mit Blick auf den Grundsatz der Verhältnismäßigkeit, der mit der Neufassung nun ausdrücklich mit in den Gesetzeswortlaut von § 88 AO n.F., namentlich in § 88 AO Abs. 2 Satz 1 AO n.F.,[307] aufgenommen wurde, kann folgende Grundregel aufgestellt werden: Je gewichtiger die Entscheidung der Finanzbehörde und je stärker die Auswirkungen für den Steuerpflichtigen, um so höher sind die Anforderungen an das vertretbare Maß an Ermittlungsaufwand.[308]

---

301 S. unter Teil 2, D. II. 1.

302 *Seer*, Verständigungen in Steuerverfahren, S. 296, zeichnet in diesem Kontext das Bild eines „verfassungsrechtlichen Dreiecks“ zwischen Gesetzmäßigkeit, Gleichmäßigkeit bzw. Rechtsanwendungsgleichheit und der Freiheitssphäre des Betroffenen.

303 Vgl. Teil 1, C. I.

304 *Lerche*, Übermaß und Verfassungsrecht, S. 21; zum Verhältnismäßigkeitsprinzip als Grenze der Sachaufklärung vgl. auch *Seer*, FR 1997, 553 (557 f.); *Mußgnug*, JuS 1993, 48 (49); für das allgemeine Verwaltungsverfahren *Zaumseil*, VR 2012, 325 (326).

305 *Dechsling*, Das Verhältnismässigkeitsgebot, S. 5 ff.

306 So stand bereits *Lerche*, Übermaß und Verfassungsrecht, S. 153, für einen „schonenden Ausgleich“ der beiden Pole ein.

307 Diese Entscheidung des Gesetzgebers ist zu begrüßen, so auch *Zaumseil*, NJW 2016, 2769 (2771); *Seer*, JBVStB 2016, 55 (58); *ders.*, StuW 2015, 315 (318).

308 In diesem Sinne auch *Foerster*, VR 1989, 226 (229).

Gewissermaßen spiegelbildlich zu dem Übermaßverbot darf die Zurückhaltung der Finanzbehörden im Rahmen des Steuervollzugs nicht derart sein, dass die Finanzverwaltung das Mindestmaß an notwendiger Sachaufklärung unterschreitet.[309] Diese Grenze bildet das Untermaßverbot.[310] Das Untermaßverbot begrenzt den erheblichen Gestaltungsspielraum[311] der Finanzbehörde bei der Erfüllung ihrer Amtsermittlungspflicht.[312] Wann die Finanzbehörden hinter diesem Untermaß hoheitlicher Tätigkeit zurückbleiben, bestimmt die Judikatur anhand der bereits erwähnten sog. „Sich-Aufdrängen"-Formel.[313] Nach dieser Formel bleibt die Finanzbehörde hinter ihren Ermittlungspflichten zurück, wenn sie Tatsachen oder Beweismittel außer Acht lässt und Zweifelsfragen nicht nachgeht, die sich ihr aus den Umständen ohne Weiteres hätten aufdrängen müssen.[314] Damit haben Ober- und Untergrenze der Sachverhaltsermittlungspflicht der Finanzverwaltung klare Konturen.[315]

II. (Un-)Zumutbarkeit

Von der Finanzbehörde kann nicht verlangt werden, einen steuerrelevanten Sachverhalt zu ermitteln, wenn die Ermittlung unzumutbar ist.[316] Dies ist ein allgemeiner Grundsatz, der auch im Verwaltungsverfahren anerkannt ist.[317] Die Finanzbehörden können – und müssen – demnach ihre Ermittlungstätigkeiten

---

309 *Seer*, JBVStB 2016, 55 (58).

310 *Seer*, DStJG 31 (2008), 7 (14 f.); *ders.*, SteuerStud 2010, 369 (371).

311 Zum erheblichen Gestaltungsspielraum vgl. bereits unter Teil 2, C. I.

312 Allgemein zur Begrenzung des weiten Einschätzungs-, Wertungs- und Gestaltungsspielraums des Gesetzgebers im Rahmen von Schutzpflichten des Staates allein durch das verfassungsrechtliche Untermaßverbot s. BVerfG v. 28.5.1993 – 2BvF 2/90 u.a., BVerfGE 88, 203 (262 f.).

313 *Seer*, SteuerStud 2010, 369 (373); vgl. auch Teil 2, C. IV. 1. a) (Fn. 206).

314 St. Rspr., so bereits BFH v. 16.1.1964 – V 94/61 U, BStBl. III 1964, 149 (150); v. 28.1.1970 – I R 123/67, BStBl. II 1970, 296 (297); v. 13.11.1985 – II R 208/82, BStBl. II 1986, 241 (242); v. 23.6.1993 – I R 14/93, BStBl. II 1993, 806 (808); jüngst auch FG Hamburg v. 12.3.2013 – 6 K 1700/10, EFG 2013, 1297 (1300); FG Nürnberg v. 30.7.2015 – 4 K 638/14, EFG 2015, 1897 (1899); s. hierzu auch umfassend Fn. 206.

315 Zur Markierung der Ermittlungsgrenzen durch das Über- und Untermaßverbot vgl. auch *Seer*, Verständigungen in Steuerverfahren, S. 388.

316 BFH v. 12.7.1972 – III R 116/72, BStBl. II. 1975, 25 (27); *Wittmann*, StuW 1987, 35 (39); *Söhn*, in: Hübschmann/Hepp/Spitaler, AO/FGO, § 88 AO Rz. 151 (Stand: März 2010); *Wagner*, in: Kühn/v. Wedelstädt, AO/FGO, § 88 AO Rz. 7.

317 Vgl. allein *Pautsch*, in: Pautsch/Hoffmann, VwVfG, § 24 Rz. 5.

darauf begrenzen, dass die Ermittlung keine Unzumutbarkeit darstellt.[318] Ab welchem Zeitpunkt eine Unzumutbarkeit vorliegt, kann nicht abstrakt festgelegt werden. Vielmehr sind die Umstände des Einzelfalls unter Berücksichtigung der Grundsätze von Treu und Glauben maßgeblich.[319] So hat der BFH beispielsweise entschieden, dass der Prüfer es zu Recht abgelehnt habe, die Warenbelege in einem „unzumutbaren Zeitaufwand" von Wochen daraufhin zu prüfen, ob ein enger Zusammenhang zwischen Warenimporten und Kreditgewährungen festgestellt werden könne.[320] Ein unverhältnismäßiger Zeitaufwand führt also zur Unzumutbarkeit von weiteren Sachverhaltsermittlungen. Auch wenn die fehlende Mitwirkung des Steuerpflichtigen nach der in dieser Arbeit vertretenen Auffassung allein noch nicht dazu führt, dass der Untersuchungsgrundsatz nicht mehr eingehalten werden muss, [321] so ist zu erkennen, dass eine fehlende Mitwirkung des Steuerpflichtigen die Zumutbarkeit von Ermittlungen der Finanzbehörde doch beeinflussen kann. Der Steuerpflichtige, der seinen Mitwirkungspflichten nicht nachkommt, d.h. vor allem die in seiner Sphäre befindlichen steuerrelevanten Informationen nicht offenbart, erleichtert die Bejahung der Unzumutbarkeit weiterer Ermittlungen für die Finanzbehörden. Hat der Steuerpflichtige etwa steuerlich relevante Einkünfte im Ausland und legt die zur Prüfung durch die zuständige Finanzbehörde erforderlichen Unterlagen nicht vor, kann die Finanzbehörde die Zumutbarkeit weiterer Ermittlungen damit ablehnen, dass der Steuerpflichtige seinen Mitwirkungspflichten nicht nachgekommen ist.

Zaumseil stellt als maßgeblichen Faktor für die Bestimmung der zumutbaren Ermittlungsmaßnahmen einer Finanzbehörde darauf ab, welche Kosten mit den jeweiligen Ermittlungsmaßnahmen verbunden wären. Danach sei eine Ermittlungsmaßnahme dann unzumutbar, wenn die Finanzbehörde mehr als den gesetzlich vorgesehenen Ermittlungsaufwand betreiben müsste und dadurch zusätzliche Kosten der Sachverhaltsermittlung entstünden, die sie gesetzlich nicht zu tragen verpflichtet ist.[322] Was der „gesetzlich vorgesehene Ermittlungsaufwand" in diesem Zusammenhang bedeuten soll, stellt *Zaumseil* hingegen

---

318 Die Zumutbarkeit ist also immanente Schranke des Untersuchungsgrundsatzes, vgl. *Zaumseil*, StBW 2010, 420 (424).

319 S. dazu allein BFH v. 12.7.1962 – IV 124/58 U, BStBl. III 1962, 522 (523).

320 BFH v. 23.2.1967 – IV 344/65, BStBl. III 1967, 322 (323).

321 Vgl. Teil 1, E. III. 2.; *Zaumseil*, StBW 2012, 507 (509); a.A. *Wagner*, in: Kühn/v. Wedelstädt, AO/FGO, § 88 AO Rz. 7, der ohne weitere Begründung lediglich auf den AEAO zu § 88 Nr. 2 verweist.

322 *Zaumseil*, StBW 2010, 420 (424).

nicht klar. Darüber hinaus muss das Abstellen allein auf die Kosten als Grenze für die Geltung des Untersuchungsgrundsatzes bereits dem Grunde nach kritisch gesehen werden. Die Kosten sind zwar grundsätzlich im Rahmen der Ermessenserwägungen zur Bestimmung des Umfangs von Sachverhaltsermittlungen der Finanzbehörden zu berücksichtigen. Jedoch dürfen die Kosten im Rahmen eines Motivbündels nicht das entscheidende Motiv für das (Verfahrens-)Ermessen der Finanzbehörden darstellen. Vielmehr muss sich die Finanzbehörde allein daran orientieren, ob die jeweilige Maßnahme noch zumutbar ist oder die Grenze zur Unzumutbarkeit überschreitet. Eine Ausnahme gilt lediglich für den Fall, dass die im Zusammenhang mit den Ermittlungsmaßnahmen entstehenden Kosten in einem krassen Missverhältnis zu dem jeweiligen Ermittlungsaufwand stehen. Erst wenn ein solches Missverhältnis vorliegt, dürfen die Kosten allein darüber entscheiden, ob die Finanzbehörde weitere Ermittlungen vornimmt.

III. Grenze der Sachaufklärung an der Staatsgrenze?

1. Völkerrechtliches Prinzip der formellen Territorialität

Es gibt keinen Staat ohne eigenes Gebiet.[323] Nach völkerrechtlichem Verständnis steht jedem Staat als Völkerrechtssubjekt die Kompetenz zu, auf dem eigenen Hoheitsgebiet hoheitliche Maßnahmen durchzuführen.[324] Im Umkehrschluss bedeutet dies, dass Maßnahmen auf fremden Hoheitsgebiet nicht zulässig sind.[325] Die deutsche Staatsgewalt – dementsprechend auch die Finanzverwaltung – trifft damit an der Staatsgrenze auf seine territorialen Grenzen.[326] Dieser allgemein anerkannte Grundsatz des Verbots von Maßnahmen auf fremdem Hoheitsgebiet wird als Grundsatz der formellen Territorialität bezeichnet.[327] Besonders betont wird dieser Grundsatz im Zusammenhang mit Zwangsvollstreckungsmaßnahmen.[328] So sind jedwede Vollstreckungsmaßnahmen, die auf

---

323 *Dahm/Delbrück/Wolfrum*, Völkerrecht, Bd. I/1, S. 316.

324 Diese Kompetenz eines Staates wird herkömmlich als Gebietshoheit bezeichnet, vgl. *Schaumburg*, in: Schaumburg, Internationales Steuerrecht, S. 1231; *Epping*, in: Ipsen, Völkerrecht, § 7 Rz. 59.

325 *Epping*, in: Ipsen, Völkerrecht, § 7 Rz. 60 f.

326 *Söhn*, in: Hübschmann/Hepp/Spitaler, AO/FGO, § 88 AO Rz. 21 (Stand: März 2010); s. auch *Schlagheck*, Sachverhaltsermittlung bei internationalen Besteuerungssachverhalten, S. 7 ff.

327 *Seer*, in: FS Schaumburg, S. 151.

328 Vgl. *Seer*, in: Holoubek/Lang, Verfahren der Zusammenarbeit von Verwaltungsbehörden in Europa, S. 85 (87 f.); *Hendricks*, IStR 2009, 846.

fremdem Hoheitsgebiet durchgeführt werden, ebenfalls völkerrechtlich unzulässig.[329] Diesem Grundsatz steht das materiell-rechtlich begründete Prinzip der sog. materiellen Universalität gegenüber,[330] wonach im Ertragsteuerrecht an das Welteinkommen eines unbeschränkt Steuerpflichtigen für Besteuerungszwecke angeknüpft wird.[331] Es besteht daher eine Divergenz zwischen den materiellrechtlichen Vorgaben der (Ertrag-)Steuergesetze und den formellen Ermittlungsmöglichkeiten des Staates.[332]

2. *Auswirkungen auf den Untersuchungsgrundsatz*

Mit dieser Feststellung stellt sich zwangsläufig die Frage, ob auch die Geltung des Untersuchungsgrundsatzes nach § 88 AO a.F. (und n.F.) seine Grenzen an der Staatsgrenze zugestehen muss. Die Verpflichtung der Finanzbehörden zur Aufklärung des Sachverhalts nach § 88 AO a.F. (und n.F.) endet jedoch richtigerweise nicht an der Staatsgrenze, denn die Finanzbehörde bleibt auch bei der Ermittlung eines steuerlich relevanten Sachverhalts mit Bezug zum Ausland dazu verpflichtet, den (aufklärungsbedürftigen) Steuerfall aufzuklären,[333] um eine gesetzmäßige und gleichmäßige Besteuerung zu gewährleisten.[334] Eine materielle Begrenzung des Untersuchungsgrundsatzes durch den Grundsatz der formellen Territorialität ist also gerade nicht anzunehmen.[335] Diese Sichtweise stimmt überdies mit der Aussage des Gründervaters der Reichsabgabenordnung, *Enno Becker*, überein, nach dem der Untersuchungsgrundsatz bewirke, dass „nicht weniger, aber auch nicht mehr“ als die nach den Steuergesetzen bestehende Steuerschuld geschuldet werde.[336] Der Untersuchungsgrundsatz muss bei einer unbeschränkten Steuerpflicht des jeweiligen Steuerpflichtigen demzufolge auch eingehalten und durchgeführt werden, wenn der steuerrelevante Sachverhalt Bezüge zum Ausland aufweist. Dies wird einfachgesetzlich

---

329 *Hendricks*, IStR 2009, 846.

330 Dieses prominente Zitat stammt von *Hendricks*, vgl. *Hendricks*, in: Beermann/Gosch, AO/FGO, § 117 AO Rz. 5 (Stand: Februar 2015); *ders.*, StuW 2018, 346 (347).

331 Vgl. § 1 Abs. 1 Satz 1 EStG und § 1 Abs. 1 KStG. Instruktiv zum Steuervollzug über die Grenze *Staringer*, DStJG 31 (2008), 135 ff.

332 *Seer*, in: FS Schaumburg, S. 151; vgl. auch *Seer/Gabert*, StuW 2010, 3 (4).

333 Dies hat *Koch*, DStZ 1979, 4 (5 f.), i. Erg. bereits richtig erkannt.

334 Zutreffend *Eisgruber/Oertel*, in: FS für den BFH, S. 1113 (1115).

335 *Bichler*, ISR 2019, 224; *Hendricks*, StuW 2018, 346 (347); *Meickmann*, IStR 2014, 591; *Eimler*, StbJb. 2015/16, 533 (535).

336 *Becker*, Die Reichsabgabenordnung, § 204 Rz. 1.

durch die Existenz der erweiterten Mitwirkungspflichten des Steuerpflichtigen nach § 90 Abs. 2 AO bei Auslandsbezug des Steuerfalls deutlich. Ebendiese Vorschrift wäre redundant, wenn der Untersuchungsgrundsatz nicht bei grenzüberschreitenden Sachverhalten einzuhalten wäre.[337]

Die Verwirklichung des Untersuchungsgrundsatzes trotz der territorialen Grenzen erfolgt in der Praxis durch die Inanspruchnahme von zwischenstaatlicher Rechts- und Amtshilfe.[338] Das FG Köln geht noch einen Schritt weiter und geht mit Recht davon aus, dass die Finanzbehörde die Amtshilfe bei grenzüberschreitenden Sachverhalten in Anspruch nehmen müsse, damit sie dem Untersuchungsgrundsatz aus § 88 AO entsprechen kann.[339]

IV. Privat- und Intimsphäre des Steuerpflichtigen

Die Pflicht zur Abgabe von Steuern ist eine Pflicht gegenüber der Gemeinschaft[340] und ist damit grundsätzlich dem Bereich der Sozialsphäre zuzuordnen.[341] Gleichwohl sind die Finanzbehörden in vielen Fällen gezwungen, in den persönlichen – gemeint ist familiären oder intimen – Bereich des Beteiligten durchzudringen, um so den Sachverhalt aufklären zu können. Dazu ist ein hinreichender Anlass erforderlich.[342] Dabei steigen die Anforderungen an ebendiesen Anlass, umso näher die Maßnahme dem Nukleus der Privat- oder Intimsphäre kommt.[343] *Tipke* geht hingegen von der gegenteiligen Prämisse aus: „Die Bestimmung des gerechten Steueranteils hat mit der Privatsphäre nichts zu tun".[344] *Tipke* nimmt also eine Unterscheidung zwischen dem verfassungsrechtlichen Privatsphärenbegriff und dem steuerrechtlichen Privatsphärenbegriff vor. Für eine unterschiedliche Auslegung der Privatsphäre im steuerlichen Kontext im

---

337 *Hendricks*, StuW 2018, 346 (347).

338 *Seer*, in: FS Schaumburg, S. 151 ff.; *ders.*, in: Tipke/Kruse, AO/FGO, § 88 AO Rz. 6 (Stand: Januar 2017).

339 FG Köln v. 23.2.2018 – 2 V 814/17, juris; v. 20.10.2017 – 2 V 1055/17, EFG 2018, 351; zustimmend *Schreiber/Schäffkes/Fechner*, DB 2018, 1624 (1629).

340 *Seer*, in: Tipke/Kruse, AO/FGO, § 88 AO Rz. 25 (Stand: Januar 2017).

341 *Tipke*, Die Steuerrechtsordnung I, S. 428. Zu den einzelnen Sphären und den Anforderungen an die Rechtfertigung eines Eingriffs in das Allgemeine Persönlichkeitsrecht aus Art. 2 Abs. 1 i.V. mit Art. 1 Abs. 1 GG s. *Di Fabio*, in: Maunz/Dürig, GG, Art. 2 Rz. 158 ff.; BVerfG v. 24.6.1993 – 1 BvR 689/92, BVerfGE 89, 69 (82 f.); v. 15.1.1970 – 1 BvR 13/68, BVerfGE 24, 344 (351).

342 Vgl. bereits unter Teil 2, C. II: Keine Ermittlungen „ins Blaue hinein".

343 *Seer*, in: Tipke/Kruse, AO/FGO, § 88 AO Rz. 25 (Stand: Januar 2017).

344 *Tipke*, Die Steuerrechtsordnung I, S. 428.

Vergleich zum verfassungsrechtlichen Verständnis der Privatsphäre ist jedoch keine rechtfertigende Grundlage zu erkennen und kann daher nicht überzeugen. So muss auch – insbesondere mit Blick auf den Grundsatz der Verhältnismäßigkeit – im Besteuerungsverfahren die Privat- und Intimsphäre eines Steuerpflichtigen bei jeder Ermittlungsmaßnahme der Finanzbehörde Berücksichtigung finden.[345]

F. Zwischenergebnis

Nach der Grundkonzeption des § 88 AO a.F. liegt die Verfahrensherrschaft bei der Finanzbehörde. Die Finanzbehörde hat den Sachverhalt zu ermitteln. Mit welchen Mitteln, in welchem Umfang und mit welchem Beweismaß die Finanzbehörde dem Untersuchungsgrundsatz nachgehen muss, sagt § 88 AO a.F. nicht. Insoweit ist der Untersuchungsgrundsatz als negatives Prinzip zu verstehen. Ausdrücklich postuliert § 88 AO a.F., dass die Finanzbehörde auch zugunsten des Steuerpflichtigen ermitteln muss und damit der materiellen Wahrheit verpflichtet ist. Unter Berücksichtigung des Besteuerungsverfahrens als Massenverfahren muss eine hohe Wahrscheinlichkeit als Überzeugungsmaßstab des jeweiligen Finanzbeamten ausreichen. Bei der Ermittlung des Sachverhalts muss die Finanzbehörde jedoch auch Grenzen einhalten. Dazu gehören insbesondere der Grundsatz der Verhältnismäßigkeit sowie der (ungeschriebene) Grundsatz der (Un-)Zumutbarkeit. Auch die betroffenen Persönlichkeitssphären des Steuerpflichtigen sind als Grenzen der Sachverhaltsermittlung nicht zu vernachlässigen.

345 Mit konkreten Einzelfällen und Beispielen aus der Rechtsprechung so auch *Seer*, in: Tipke/Kruse, AO/FGO, § 88 AO Rz. 25 (Stand: Januar 2017).

Teil 3: Verwirklichung des Untersuchungsgrundsatzes im Besteuerungsverfahren als Massenverfahren – ein stetiges Spannungsverhältnis

In diesem Teil der Arbeit soll verdeutlicht werden, wie der Untersuchungsgrundsatz in einem Massenverfahren zur Geltung kommen und tatsächlich gelebt werden kann. So werden zunächst die einzelnen Spannungsursachen für das Spannungsverhältnis zwischen dem Untersuchungsgrundsatz und der Realität des Massenverfahrens dargestellt (A.). Danach folgt die Erläuterung zu der Erkenntnis, dass sich der Untersuchungsgrundsatz am sog. Gesamtvollzug orientieren muss, um eine verfassungsgemäße Besteuerung im Kontext einer Massenverwaltung gewährleisten zu können (B.). Welche Instrumente der Finanzverwaltung zur Verfügung stehen und in der Praxis genutzt werden, wird unter C. behandelt. Unter D. wird ein rechtlicher Systemwechsel zur Selbstveranlagung im Zusammenspiel mit weiteren Instrumenten zur Bewältigung des Besteuerungsverfahrens als Massenverfahren vorgeschlagen.

A. Realität der Finanzverwaltung als Spannungsursache

Das Phänomen des Besteuerungsverfahrens als Massenverfahren ist kein Novum. So stand bereits seit der Geburtsstunde des Besteuerungsverfahrens mit der RAO fest, dass die Finanzverwaltung ein Massenverfahren bewältigen muss.[346] Diese Erkenntnis wurde über die Jahre mehrmals aufs Neue festgestellt und bestätigt.[347] Auch der Präsident des Bundesrechnungshofes (BRH) hat in

---

346 *Seer*, in: FS für den BFH, S. 1717 (1722), mit dem folgenden Zitat von *Franz Meisel* aus dem Jahr 1911: „Wir stehen vor den schwierigsten Problemen, die an die moderne Staatsverwaltung bisher gestellt wurden. Es ist eine fast übermenschliche Aufgabe bei unserer Rechts- und Wirtschaftsordnung, das mehr oder weniger unbekannte Einkommen von mehreren Millionen Menschen eines Staates nach vorhandener Leistungsfähigkeit mit den beschränkten staatlichen Mitteln gerecht und richtig festzustellen".

347 Vgl. etwa *Müller-Franken*, StuW 2018, 113 (114), der von dem „Dilemma der Steuerverwaltung" spricht, wohl in Anlehnung an *Tipke*, StWa. 1994, 221; *Mellinghoff*, Stbg 2007, 549 (550), geht von einer „Ohnmacht der Finanzverwaltung" aus; s. auch *Karl*,

seiner Eigenschaft als Bundesbeauftragter für die Wirtschaftlichkeit in der Verwaltung Ende 2006 den Vollzugsnotstand im Besteuerungsverfahren als Massenverfahren beklagt.[348] Bis zur heutigen Zeit sieht sich die Finanzverwaltung einer jährlichen Flut an Steuererklärungen ausgesetzt. Es liegt auf der Hand, dass die Finanzverwaltung aufgrund der Knappheit von personellen[349] und sachlichen Ressourcen jedes Jahr aufs Neue überfordert ist:[350] Die Finanzbehörden müssen jährlich rund 41 Mio. Steuererklärungen verarbeiten[351] und erlassen ca.

DStZ 2002, 598 (600); *Seer*, FR 1997, 553; *Egge*, StuW 1994, 272 ff.; *Neckels*, StWa. 1993, 61; *Jenetzky*, StuW 1982, 273 (275 ff.); *Eckhoff*, Rechtsanwendungsgleichheit, S. 377 ff.; *Isensee*, Die typisierende Verwaltung, S. 155 ff., räumt der Verwaltung eine „Notkompetenz" für Typisierungen und Pauschalierungen ein, um einen gleichmäßigen Gesetzesvollzug sicherzustellen; kritisch zur ausgerufenen Notkompetenz von *Isensee* etwa *Lambrecht*, DStJG 12 (1989), 79 (104 ff.); s. auch BFH v. 17.10.1989 – VII R 58/87, BStBl. II 1990, 249 (251); v. 27.6.1973 – II R 179/71, BStBl. II 1973, 807 (810), exemplarisch für den Bereich der Kraftfahrzeugsteuer. Zur „Krise des Steuerstaats" s. *Weber-Grellet*, DB 2007, 1717.

348 *Der Präsident des Bundesrechnungshofes*, Probleme beim Vollzug der Steuergesetze, S. 12 ff., 14.

349 In der Finanzverwaltung sind in den letzten Jahren stetig Stellen abgebaut worden. Nach Einschätzung der Deutschen Steuergewerkschaft sind zwischen 2002 und 2015 insgesamt 3409 Stellen (12,3%) in Nordrhein-Westfalen ersatzlos gestrichen worden, vgl. Stellungnahme der DStG v. 13.10.2014, Landtag NRW Stellungnahme 16/2324, S. 3. In Zukunft wird der Trend wohl weiter in Richtung Stellenabbau gehen durch die fortschreitende Digitalisierung der Finanzverwaltung sowie der demografischen Entwicklung innerhalb der Finanzverwaltung und der damit einhergehenden Schwierigkeit, neue junge Anwärter für die Finanzverwaltung zu gewinnen, vgl. Stellungnahme der DStG v. 13.10.2014, Landtag NRW Stellungnahme 16/2324, S. 5; vgl. auch *Deckers/Fiethen*, FR 2015, 913 (921). Zudem ist zu beachten, dass zwischen den Jahren 2000 und 2007 die Personalausstattung der Finanzämter nach den Feststellungen des BMF um 10% reduziert wurde, ohne dass feststellbar ist, dass gleichzeitig auch die Aufgaben im gleichen Umfang zurückgegangen sind, vgl. *Schleicher*, DStJG 31 (2008), 59 (62). Schließlich stellt auch *Günther*, FR 2017, 333 (334), fest, dass die Neueinstellungen nicht ausreichen werden, um die pensionsbedingten Abgänge in der Finanzverwaltung wieder auszugleichen.

350 Plastisch aus Sicht der Finanzverwaltung am Beispiel des Ermittlungsaufwands bei den Werbungskosten *Breuer*, FR 2017, 89 ff.

351 Zahlen nach: BMF, Die Steuerverwaltung in Deutschland (2018), S. 18 (abrufbar unter: https://www.bundesfinanzministerium.de/Content/DE/Downloads/Broschueren_Bestellservice/2018-03-16-die-steuerverwaltung-in-deutschland.html, zuletzt abgerufen am 12.12.2019); *Ahrendt*, NJW 2017, 537; *Marx*, Ubg 2016, 358 (360); BRH, Bericht nach § 99 BHO v. 17.1.2012, S. 8, 11 (über 38 Mio.); s. auch *Seer*, in: FS für

120 Mio. Steuerbescheide im Jahr.[352] Von der Finanzbehörde zu verlangen, jede einzelne dieser Steuererklärungen ausführlich zu bearbeiten ist unmöglich[353] und erfordert ein Heer von Finanzbeamten mit entsprechenden Eingriffsbefugnissen.[354] So formuliert auch *Tipke* den zutreffenden Grundsatz „impossibilium nulla obligatio",[355] denn richtigerweise kann etwas Unmögliches nicht verpflichten. Den § 88 AO (n.F.) in jedem einzelnen Steuerfall konsequent zu erfüllen wird dadurch zur „mission impossible".[356] Der dadurch geschaffene Zwiespalt in der Realität der Finanzverwaltung in Gestalt des Massenverfahrens auf der einen Seite und der (stark) eingeschränkten personellen und sachlichen Ressourcen der Finanzverwaltung auf der anderen Seite führen zu der Frage, wie die Verpflichtung aus dem Untersuchungsgrundsatz nach § 88 AO (n.F.) im Massenverfahren in verfassungskonformer Weise erfüllt werden kann. Dabei sollte klar sein, dass das Ziel nicht darin besteht, „dass hinter jedem Steuerpflichtigen ein Finanzbeamter steht".[357]

B. Maßvoller Gesamtvollzug als verfassungsmäßiger Auftrag

I. Verfassungsrechtliche Gebotenheit eines maßvollen Gesamtvollzugs

Diese Frage soll im Folgenden beantwortet werden. Nach § 85 AO haben die Finanzbehörden die Steuern gesetz- und gleichmäßig festzusetzen und zu erheben.[358] Bei realitätsferner Lesart könnte der Leser dieser Vorschrift meinen, dass

---

den BFH, S. 1717 (1723). Für das Jahr 2013 stand ein Personalkörper von ca. 108.000 Amtswaltern zur Verfügung, vgl. BMF, Die Steuerverwaltung in Deutschland (2014), S. 13 ff.; *Ahrendt*, NJW 2017, 537. Im Jahr 2016 waren es nur noch knapp 106.000, s. BMF, Die Steuerverwaltung in Deutschland (2018), S. 15.

352 *Rheindorf*, DVP 2016, 509 (511).

353 *Tipke*, in: 4. Deutscher Finanzgerichtstag 2007, S. 21 (37 f.).

354 So auch *Seer*, StbJb. 2016/17, 539 (543); *ders.*, JBVStB 2016, 55 (57), der dies bereits aus kompetenzrechtlichen Gründen ablehnt.

355 *Tipke*, Die Steuerrechtsordnung III, S. 1416.

356 *Breuer*, FR 2017, 89 (92).

357 So *Pezzer*, in: 4. Deutscher Finanzgerichtstag 2007, S. 67 (77).

358 Gesetzmäßigkeit und Gleichmäßigkeit der Besteuerung stehen dabei gleichrangig nebeneinander, vgl. *Seer*, Verständigungen in Steuerverfahren, S. 233, der zu Recht die Ansicht von *Arndt*, Praktikabilität und Effizienz, S. 85 f., ablehnt, welcher die Gesetzmäßigkeit hinter der Gleichmäßigkeit zurücktreten lässt.

diese eine umfassende Prüfung der Finanzbehörden in jedem einzelnen Steuerfall postuliere. Eine solche missverständliche Auslegung des § 85 AO kann jedoch bei dem Bewusstsein, dass es sich bei dem Besteuerungsverfahren um ein Massenverfahren handelt, nicht ernsthaft angenommen werden.[359] Auch das BVerfG hat dies erkannt und ausdrücklich judiziert, dass bei der Verwirklichung des Steueranspruchs die Grenzen der dem Staat verfügbaren personellen und sachlichen Mittel zu berücksichtigen sind.[360] Der Blick der Finanzverwaltung muss sich vom konkreten Einzelfall lösen und sie muss die Gesamtheit des Vollzugs von materiellen Steueransprüchen in den Blick nehmen. Damit auch in einem Massenverfahren die verfassungsrechtlich begründeten Fundamentalgrundsätze der Gesetzmäßigkeit und Gleichmäßigkeit der Besteuerung gewährleistet werden bzw. ihre größtmögliche Geltung erlangen können,[361] ist ein Gesamtvollzug[362] der materiellen Steueransprüche entscheidend.[363] Auf den Punkt gebracht: Eine generelle Gleichmäßigkeit hat Vorrang vor der individuellen Gerechtigkeit, wenn die individuelle Lösung nicht durchführbar ist.[364] Gesamtvollzug meint in diesem Zusammenhang die (jährliche) Bewältigung der Summe aller Einzelsteuerfälle.[365] Nur wenn die Finanzverwaltung den Gesamtvollzug als Maßstab annimmt, ist sie dazu in der Lage, die Besteuerungsgrundsätze im Massenverfahren einzuhalten. Legt die Finanzverwaltung demgegenüber den Vollzug in jedem einzelnen Steuerfall als Maßstab fest, so hätte dies zur Folge, dass in wenigen einzelnen Fällen die Gesetz- und Gleichmäßigkeit der Besteuerung vollumfänglich eingehalten werden könnte, indem diese Steuerfälle umfassend geprüft würden. Dies würde aber gleichzeitig bedeuten, dass in der weit überwiegenden Mehrzahl der Steuerfälle gar keine Gesetz- und Gleichmäßigkeit der

---

359 So aber noch *Isensee*, Die typisierende Verwaltung, S. 101 ff., 156 ff.; *ders.*, StuW 1973, 199 (205), in Anlehnung an die Ermittlung einer Straftat im Strafprozess. Mit klarem Blick aber *Schmitt*, DStJG 31 (2008), 99 (130).

360 BVerfG v. 9.3.2004 – 2 BvL 17/02, BVerfGE 110, 94 (115).

361 *Seer*, FR 1997, 553 (557).

362 Begriff bei *Seer*, FR 1997, 553 ff.; *ders.*, DStJG 31 (2008), 9 ff.; *ders.*, in: Tipke/Kruse, AO/FGO, § 85 AO Rz. 24 ff. (Stand: Januar 2017); aber auch schon bei *Arndt*, Praktikabilität und Effizienz, S. 93 f.; s. auch *Stolterfoht*, DStJG 21 (1998), 233 (242 f.).

363 Auch *Ahrens*, Der Vollzug von Steuergesetzen durch den niederländischen Belastingdienst, S. 223, hat bereits vor 15 Jahren klarsichtig erkannt, dass „allenfalls ein gleichmäßiger Gesamtvollzug" in der Vollzugsrealität der Finanzverwaltung sichergestellt werden kann.

364 So im Ergebnis auch BFH v. 20.10.1972 – III R 7/72, BStBl. II 1973, 98 (99).

365 *Seer*, FR 1997, 553.

Besteuerung gewährleistet werden könnte mangels Prüfung der Steuerfälle.[366] Die Grundsätze der Gesetzmäßigkeit und Gleichmäßigkeit sind in der Folge auf alle Steuerfälle gleich zu verteilen und nicht auf einzelne Fälle zu konzentrieren.[367] Denn „die Verwaltung schuldet den praktischen Erfolg und nicht die juristische Bemühung".[368] Bei der Auslegung der verfassungsrechtlich fundierten Prinzipien der Gesetzmäßigkeit und Gleichmäßigkeit der Besteuerung muss demzufolge die Tatsache des Besteuerungsverfahrens als Massenverfahren Berücksichtigung finden. Eine solche Auslegung hat zur Folge, dass die Besteuerungsgrundsätze in einem Massenverfahren nur dann effektiv gewährleistet werden können, wenn ein *„maßvoller" Gesamtvollzug* durch die Finanzbehörden stattfindet. Auch die Finanzverwaltung der Länder hat bereits vor über 40 Jahren mit den sog. GNOFÄ 1976 einsehen müssen, dass der Gesamtvollzug maßgeblich sein muss, indem die Bearbeitungsintensität von der „steuerlichen Bedeutung"[369] des jeweiligen Falls abhängig gemacht wurde.[370]

II. Verständnis vom „maßvollen" Gesamtvollzug

1. Stimmen im Schrifttum

Was aus rechtlicher Sicht unter einem *maßvollen* Gesamtvollzug bzw. Gesetzesvollzug[371] zu verstehen ist, ist jedoch bis heute nicht abschließend geklärt. *Spitaler* hat sich zwar schon vor rund 60 Jahren mit dem Begriff des maßvollen Gesetzesvollzugs auseinandergesetzt und diesen auf den Billigkeitsgedanken gestützt. Jedoch hat er die Bedeutung des Begriffs offen gelassen.[372] *Tipke* steht dem Begriff des maßvollen Gesetzesvollzugs kritisch gegenüber und meint, dass

366 Vgl. hierzu *Seer*, DStJG 31 (2008), 7 (10).

367 Ähnlich bereits *Rittler*, DB 1987, 2331 (2332); s. auch schon *Seer*, in: 4. Deutscher Finanzgerichtstag 2007, S. 99 (101).

368 So zutreffend *Isensee*, StuW 1994, 3 (12).

369 Unter „steuerliche Bedeutung" ist dabei eine finanzielle Größe zu verstehen, die steuerliche Mehr- oder Mindereinnahmen abbildet und durch eine mehr oder weniger intensive Fallbearbeitung erzielt werden kann, vgl. *Frizen*, Das Deklarationsprinzip im Einkommensteuerrecht, S. 243; *Hoffmann*, DStR 1997, 1189 (1192).

370 Grundsätze zur Neuorganisation der Finanzämter und zur Neuordnung des Besteuerungsverfahrens (GNOFÄ 1976), Gleichlautende Erlasse der obersten Finanzbehörden der Länder v. 16.2.1976, BStBl. I 1976, 88 (89). Kritisch zur GNOFÄ unter dem Gesichtspunkt des Rechtsschutzes *Schmid*, DB 1978, 174.

371 *Seer*, FR 1997, 553.

372 *Spitaler*, StbJb. 1961/62, 461 ff., ging davon aus, dass die Bedeutung offensichtlich sei.

es sich dabei um nichts anderes als eine „schlagwortartige Verniedlichung“ und „rechtsstaatliche Verbrämung“ eines gleichheitswidrigen Vollzugsdefizits handele.[373] Demgegenüber sieht *Buciek* den maßvollen Gesetzesvollzug als „ökonomischen“ Gesetzesvollzug an, wonach die Finanzbehörde von der Prüfung im Einzelfall absehen könne, sofern sie zuvor jedenfalls eine Schlüssigkeitsprüfung vorgenommen habe. Dabei soll nicht jeder Steuerfall gleichermaßen oberflächlich behandelt werden, sondern bei offensichtlicher Prüfungsbedürftigkeit auch eine intensivere Prüfung mit den vorhandenen Verwaltungskapazitäten stattfinden. [374] *Eckhoff* setzt im Gegensatz zu *Buciek* den maßvollen und den ökonomischen Vollzug nicht gleich, sondern unterscheidet zwischen diesen beiden Begriffen.[375] Nach *Eckhoff* betrifft der maßvolle Gesetzesvollzug bzw. Gesamtvollzug den Steuerpflichtigen, dessen Grundrechte im Besteuerungsverfahren stärker zu beachten seien. Danach sei ein (Gesamt- oder Gesetzes-)Vollzug maßvoll, wenn eine gesetzmäßige Besteuerung stets die Belastung[376] für den Steuerpflichtigen beachtet.[377] *Pelka* zufolge rechtfertige der maßvolle Gesetzesvollzug eine Ausnahme von der Tatbestandsmäßigkeit der Besteuerung, um dadurch eine verhältnismäßige Anwendung der Steuergesetze zu erreichen.[378] *Seer* sieht nach ausführlicher Untersuchung in dem Gesamtvollzug den äußeren Rahmen, innerhalb dessen im konkreten Einzelvollzug die Besteuerungsgrundsätze größtmöglich zu verwirklich sind. Danach bedeutet maßvoller Gesamtvollzug die größtmögliche Verwirklichung (= maßvoll) der Gesetzmäßigkeit und Gleichmäßigkeit der Besteuerung innerhalb aller Steuerfälle (= Gesamtvollzug).[379]

2. *Eigene Auffassung*

Auch wenn rechtlich noch nicht geklärt ist, was unter einem maßvollen Gesamtvollzug zu verstehen ist, dürfte mit der Realität des Massenverfahrens jedenfalls

---

373 Vgl. *Tipke*, StWa. 1994, 221 (222 f.).

374 *Buciek*, DStZ 1995, 513 (514 ff.).

375 Zum „ökonomischen“ Vollzug s. *Eckhoff*, StuW 1996, 107 (115 f.), der diesen Begriff mit dem Gesamtvollzug gleichsetzt. *Karl*, DStZ 2002, 598 (601 f., ähnlich auch 598 f.), versteht die Ausrichtung der Sachverhaltsaufklärung am steuerlichen Erfolg als eine Form des ökonomischen Gesetzesvollzugs.

376 Gemeint ist damit nicht die steuerliche Belastung der Höhe nach, sondern die Belastung durch die jeweiligen Ermittlungsmaßnahmen der Finanzbehörde.

377 *Eckhoff*, StuW 1996, 107 (113).

378 *Pelka*, DB 1996, 699 (700).

379 *Seer*, FR 1997, 553 (554 ff.).

de facto feststehen, was gemeint sein soll. Ein *maßvoller* Gesamtvollzug hat letztlich – in Übereinstimmung mit *Eckhoff*[380] und *Seer*[381] – zwei Dimensionen: (1) Nach dem Duden bedeutet „maßvoll" das rechte Maß einhaltend bzw. das normale Maß nicht übersteigend. [382] Demzufolge sind auch Maßnahmen „maßvoll", wenn sie das normale Maß nicht übersteigen bzw. das rechte Maß einhalten. Übertragen auf die Rechtsposition des Steuerpflichtigen im Besteuerungsverfahren bedeutet dies, dass die Finanzbehörde keine unverhältnismäßigen Ermittlungsmaßnahmen durchführen darf.[383] Die Freiheitsrechte des Steuerpflichtigen sind daher zu wahren.[384] Darüber hinaus soll der Begriff „maßvoll" deutlich machen, dass (2) die Besteuerungsgrundsätze innerhalb des Gesamtvollzugs (lediglich) größtmöglich verwirklicht werden müssen (und können).[385] Jede andere Forderung ist schlichtweg utopisch.[386] Besser wäre es in diesem Zusammenhang jedoch von einem „strukturellen" statt von einem maßvollen Gesamtvollzug zu sprechen. Die Prüfung der Steuerfälle durch die Finanzverwaltung erfolgt letztlich zweistufig. In einer ersten Stufe werden die Steuerfälle anhand von vorbestimmten Risikoparametern auf ihre Kontrollbedürftigkeit überprüft. Nachdem die Kontrollbedürftigkeit eines Steuerfalls festgestellt wurde, erfolgt eine konkrete Prüfung des Steuerfalls, innerhalb derer die Gesetzmäßigkeit und Gleichmäßigkeit der Besteuerung umfassend durchgesetzt werden. Diese strukturelle Vorgehensweise der Finanzverwaltung führt zu einer größtmöglichen Einhaltung von Gesetzmäßigkeit und Gleichmäßigkeit im Besteuerungsverfahren als Massenverfahren.

---

380 S. Fn. 375, 377.

381 S. Fn 379.

382 Duden, Die deutsche Rechtschreibung, 28. Aufl. 2020.

383 Bei einer solchen Interpretation des Begriffs „maßvoll" bestehen auch nach *Weber-Grellet*, StuW 1999, 311 (316), keine Bedenken.

384 Dies stimmt auch mit dem Gedanken des Abwägungsdreiecks überein, wonach sich die Finanzbehörde bei der Sachverhaltsermittlung stets zwischen der Gesetzmäßigkeit, der Gleichmäßigkeit und den Freiheitsgrundrechten des Steuerpflichtigen bewegt, vgl. *Seer*, Verständigungen in Steuerverfahren, S. 296 (s. auch schon Fn. 302).

385 *Seer*, in: 4. Deutscher Finanzgerichtstag 2007, S. 99 (101).

386 *Seer*, FR 1997, 553. Insgesamt kritisch zum Begriff des maßvollen Gesetzesvollzugs *Karl*, DStZ 2002, 598 (603 ff.).

III. Vollziehungsauftrag der Finanzbehörde als sog. Optimierungsauftrag

Der (Vollziehungs-)Auftrag[387] der Finanzverwaltung aus § 85 Satz 1 AO ist als Folge nicht im Sinne eines imperativen uneingeschränkten Maximierungsauftrags zu verstehen,[388] jeden einzelnen Steuerfall bis ins letzte Detail auszuermitteln. Vielmehr kann – und muss – es sich vor dem Hintergrund des Besteuerungsverfahrens als Massenverfahren nur um einen Optimierungsauftrag handeln,[389] und zwar in dem Sinne, die Gewährleistung von Gesetzmäßigkeit und Gleichmäßigkeit der Besteuerung im Massenverfahren zu optimieren. Ein maßvoller Gesamtvollzug im unter dem Gliederungspunkt 2. beschriebenen Sinn lässt die Gesetz- und Gleichmäßigkeit der Besteuerung im Massenverfahren optimal zur Geltung kommen.

IV. Zwischenergebnis

Die Finanzbehörden sind nicht dazu in der Lage, jeden einzelnen der millionenfachen jährlichen Steuerfälle zu ermitteln. Die verfassungsrechtlichen Besteuerungsgrundsätze, die durch § 85 Satz 1 AO auch einfachgesetzlich Eingang in das Besteuerungsverfahren gefunden haben, können der Finanzverwaltung nichts Unmögliches abverlangen. Im Massenverfahren muss die Finanzverwaltung demnach den Gesamtvollzug bewältigen, innerhalb dessen die Besteuerungsgrundsätze größtmöglich zu verwirklichen sind. Diese Ausrichtung am maßvollen Gesamtvollzug im Besteuerungsverfahren als Massenverfahren ist verfassungsmäßig geboten.

C. Instrumente der Finanzverwaltung zur Bewältigung des Massenverfahrens

In der alltäglichen Praxis der Finanzverwaltung kommen unterschiedliche Instrumente zum Einsatz, die es der Finanzverwaltung ermöglichen sollen, die Masse an zu bearbeitenden Steuerfällen zu bewältigen. Ohne diese Instrumente

---

387 S. hierzu *Söhn*, in: Hübschmann/Hepp/Spitaler, AO/FGO, § 85 AO Rz. 12 (Stand: August 2016).

388 So aber *Thiemann*, StuW 2018, 304 (308).

389 *Drüen*, DStJG 42 (2019), 193 (196); *Seer*, in: FS für den BFH, S. 1717 (1723) m.w.N. Verwirrungsstiftend spricht *Thiemann*, StuW 2018, 304 (311), im Zusammenhang mit dem finanzgerichtlichen Verfahren dann doch von einem Optimierungsauftrag im Steuervollzug (s. aber noch Fn. 388).

könnte die Finanzverwaltung das Massenverfahren wohl bereits im Ansatz nicht bearbeiten. Diese Instrumente werden im Folgenden dargestellt.

I. Von der 100%-Doktrin bis zur strukturellen Verifikationsmaxime

1. *Massenverfahren als Ursache für eine strukturelle Verifikation*

Ausgehend von den Besteuerungsgrundsätzen der Gesetzmäßigkeit und Gleichmäßigkeit könnte man auf den ersten Blick zu der Schlussfolgerung kommen, dass jeder einzelne Steuerfall von der Finanzverwaltung untersucht werden und auf die Wahrheit der Angaben überprüft werden muss.[390] Eine solche Sichtweise wird in der Literatur als sog. 100%-Doktrin bezeichnet.[391] Dies ist jedoch – wie bereits festgestellt wurde[392] – aufgrund nur begrenzt bestehender Verwaltungsressourcen eine Utopie, die unter den Bedingungen einer Massenverwaltung realitätsgetreu nicht möglich ist.[393] Das Ziel einer „Egalität durch Legalität" ist ebenso utopisch.[394] Außerdem hätte dies unter Berücksichtigung des Besteuerungsverfahrens als Massenverfahren zur Folge, dass nur wenige Fälle von den Finanzbehörden untersucht werden können, während die Mehrheit von

390 Nach *Thiemann*, StuW 2018, 304 (307), sei dies sogar das verfassungsrechtliche Leitbild.

391 S. dazu *Seer*, DStJG 31 (2008), 7 (11); vertreten von *Müller-Franken*, Maßvolles Verwalten, S. 238 ff., 279 ff., 305 ff.; *Lambrecht*, DStJG 12 (1989), 79 (81); *Wittmann*, StuW 1987, 35 (36); jedenfalls in der Theorie auch *Mußgnug*, JuS 1993, 48 (49); *Jansen*, Das Steuerverfahren im Spannungsfeld von Europa- und Verfassungsrecht, S. 30; für das allgemeine Verwaltungsverfahren vgl. *Pestalozza*, in: FS zum 50-jährigen Bestehen des Richard Boorberg Verlages, S. 185 (193). Der Begriff der 100%-Doktrin geht zurück auf *Ahrens*, Der Vollzug von Steuergesetzen durch den niederländischen Belastingdienst, S. 92 f., die von der „100%-Strategie" spricht.

392 Vgl. Teil 3, B. I.

393 Jüngst treffend *Drüen*, DStJG 42 (2019), 193 (198); s. auch *Spindler*, FR 2011, 122 (123). Auch *Müller-Franken* scheint sich mittlerweile von dem Gedanken einer 100%igen Kontrolle zu distanzieren, vgl. *Müller-Franken*, StuW 2018, 113 (114); vgl. insoweit auch das VG Berlin v. 13.10.2016 – 2 K 507.15, juris, Rz. 26, wonach es „nicht nur zulässig, sondern sogar geboten [ist], stichprobenartig vorzugehen [...]". A.A. wohl im Ausgangspunkt *Roser*, in: Beermann/Gosch, AO/FGO, § 88 AO Rz. 1 (Stand: Juni 2018), für die Zeit bis zum StModG; in dieselbe Richtung für die Zeit bis zum 31.12.2016 wohl auch FG Düsseldorf v. 16.2.2017 – 14 K 3554/14 E, EFG 2017, 1315 (1317); ebenso FG Münster v. 21.7.2016 – 9 K 2342/15 E, EFG 2016, 1848 (1849).

394 *Nagel/Waza*, DStZ 2008, 321 (322).

Steuerfällen überhaupt gar nicht überprüft würden.[395] Dies kann nicht Sinn und Zweck der Gesetzmäßigkeit und Gleichmäßigkeit der Besteuerung sein. Ebenso wenig erfordert der Untersuchungsgrundsatz eine solche Vorgehensweise: Von der Verwaltung würde man im Ergebnis etwas Unmögliches verlangen.[396] Um die Fundamentalgrundsätze der Gesetz- und Gleichmäßigkeit der Besteuerung auch in einem Massenverfahren wirksam durchsetzen zu können, muss der Blick vom Einzelfall abgewendet und dem Gesamtvollzug zugewendet werden.[397] Mit anderen Worten muss sich Gesetz- und Gleichmäßigkeit der Besteuerung an der realistischen Bewältigung des Gesamtvollzugs ausrichten.[398]

Das bedeutet jedoch nicht, dass die Finanzbehörden den Angaben des Steuerpflichtigen „blind" vertrauen sollen. Solch ein Verhaltensmuster durch die Finanzbehörden würde die Steuer zu einer reinen Spende des Bürgers an den Staat umqualifizieren.[399] Aus diesem Grunde bedarf es einer Verifikation[400] durch die Finanzverwaltung, die sich strukturell den Bedürfnissen einer Massenverwaltung anpasst und sich am Kontrollbedürfnis des Steuerfalls orientiert. Dieses Verständnis vom Untersuchungsgrundsatz wird als sog. strukturelle Verifikationsmaxime bezeichnet.[401]

2. *Konkrete Durchführung der strukturellen Verifikation durch Finanzbehörden*

Auch diese Maxime muss jedoch im Einklang mit den Grundsätzen der Gesetzmäßigkeit und Gleichmäßigkeit der Besteuerung ausgestaltet sein. In concreto

---

395 *Schmidt/Schmitt*, in: FS Spindler, S. 529 (532); *Seer*, DStJG 31 (2008), 7 (10); *ders.*, in: 4. Deutscher Finanzgerichtstag 2007, S. 99 (101).

396 S. *Seer*, Verständigungen in Steuerverfahren, S. 184 ff.; ebenso *Drüen*, in: Zukunftsfragen des deutschen Steuerrechts, S. 1 (13).

397 Dementsprechend muss auch der Vollzugssicherstellungsauftrag aus § 85 Satz 2 AO im Lichte des Gesamtvollzugs ausgelegt werden, so auch *Seer*, DStJG 31 (2008), 7 (12).

398 Im Einzelnen dazu bereits *Seer*, FR 1997, 553 (554 ff.); *ders.*, StbJb. 2004/05, 53 ff.; *Arndt*, Praktikabilität und Effizienz, S. 83. Für das allgemeine Verwaltungsverfahren vgl. *Schwarze*, DÖV 1980, 581 (593); *Lohmann*, AöR 100 (1975), 415 (426 f.); vgl. hierzu auch Teil 3, B. I. und II.

399 Zutreffend *Seer*, DStJG 31 (2008), 7 (16).

400 Das Deklarationsprinzip (Steuerpflichtiger) muss durch das Verifikationsprinzip (Finanzbehörde) ergänzt werden, so das BVerfG (Zinsurteil) v. 27.6.1991 – 2 BvR 1493/89, BVerfGE 84, 239 (273) = BStBl. II 1991, 654 (666).

401 Jüngst *Seer*, in: FS für den BFH, S. 1717 (1723 f.); *ders.*, FR 2012, 1000 (1002); *ders.*, SteuerStud 2010, 369 (373).

steht am Beginn jeder Verifikation eine sog. Plausibilitätskontrolle.[402] Danach ist eine Einzelfallprüfung nur dann erforderlich, wenn die Angaben unschlüssig oder unvollständig sind oder den Erfahrungssätzen der Finanzverwaltung widersprechen.[403] Eine reine Prüfung bezüglich der Plausibilität der vom Steuerpflichtigen gemachten Angaben reicht jedoch alleine für eine strukturelle Verifikation nicht aus. Dies würde auch dem Grundsatz der Gesetzmäßigkeit der Besteuerung widersprechen: Eine bloße Plausibilitätskontrolle würde eine aktive Verifikation in eine passive Kontrolle durch die Finanzbehörden umwandeln.[404] Demzufolge muss eine stichprobenartige Prüfung einzelner Steuerfälle neben der Plausibilitätskontrolle hinzutreten. Dieses sog. Stichprobenprinzip ermöglicht zum einen eine Einzelfallprüfung zufällig ausgewählter Steuerfälle unabhängig von einer vorangegangenen Plausibilitätskontrolle.[405] Überdies kann von einzelnen stichprobenartig geprüften Angaben auf die steuerliche Zuverlässigkeit anderer Angaben des Steuerpflichtigen geschlossen werden.[406]

---

402 *Karl*, DStZ 2002, 598 (605); *Buciek*, DStZ 1995, 513 (515 f.); *Eckhoff*, StuW 1996, 107 (113 f.); a.A. *Wagner*, in: Kühn/v. Wedelstädt, AO/FGO, § 88 AO Rz. 12, der (ohne Begründung) bereits eine Plausibilitätskontrolle für „streng genommen nicht mit dem Amtsermittlungsgrundsatz" vereinbar hält. Dabei verkennt er, dass neben dieser Kontrolle den Finanzbehörden auch das Instrumentarium der Stichproben zur Verfügung steht und eingesetzt wird. Eine (erste) Plausibilitätskontrolle findet nunmehr durch das Risikomanagementsystem der Finanzverwaltung statt. Eine weitere Prüfung ist dann (nur) bei Aussteuerung des Steuerfalls durch das Risikomanagementsystem erforderlich. Zur konkreten Funktionsweise des Risikomanagementsystems in der Finanzverwaltungspraxis s. unter Teil 4, E. VI.

403 *Seer*, SteuerStud 2010, 369 (373); s. auch *Lambrecht*, DStJG 12 (1989), 79 (80): „Liegen vollständige und plausible Angaben vor, ist die der Verwaltung auferlegte Pflicht zur Sachverhaltsermittlung alsbald erschöpft".

404 *Karl*, DStZ 2002, 598 (605), hält aber – mit Blick auf den Gesamtvollzug – eine generelle Plausibilitätskontrolle für ausreichend.

405 Auch Zufallsprinzip genannt, vgl. allein *Drüen*, DStJG 42 (2019), 193 (199). Dieser Bereich des Stichprobenprinzips wird nunmehr durch die nach § 88 Abs. 5 Satz 3 Nr. 1 AO n.F. vorgesehene automationsgestützte Zufallsauswahl verwirklicht, vgl. dazu ausführlich unter Teil 4, E. IX. 2. a).

406 Zu diesem „Stichprobenprinzip" s. *Seer*, DStJG 31 (2008), 7 (17). Nach *Mußgnug*, JuS 1993, 48 (49), seien allein Stichproben erforderlich. Dies geht jedoch zu weit, da durch eine solche Vorgehensweise der Finanzverwaltung eine Vielzahl von Steuerfällen keinerlei Prüfungen unterzogen werden. Zudem wäre ein negativer Einfluss auf die Steuermoral der Bürger zu befürchten.

II. Das Vertrauensvorschussprinzip

1. Begriffsbestimmung

Wenn die Finanzbehörden dem Steuerpflichtigen einen Vertrauensvorschuss gewähren, dann ist damit gemeint, dass die Finanzbehörden auf die Richtigkeit der Angaben des Steuerpflichtigen in der Steuererklärung in der Regel vertrauen. Eine Ausnahme von diesem Grundsatz – und damit eine weitergehende Prüfung über die Plausibilität der Angaben hinaus – wird gemacht, wenn ein Anlass zur weiteren Prüfung des Steuerfalls besteht. Dieser Grundsatz wird indes auch als „Zuverlässigkeitsvermutung“ [407] oder „Ehrlichkeitsvermutung“[408] bezeichnet. Auch die Bezeichnung als „Glaubwürdigkeitsvorschuss“ findet sich im Schrifttum wieder.[409] Trotz der unterschiedlichen Bezeichnungen ist inhaltlich jedoch stets dasselbe gemeint: Der Steuerpflichtige genießt bezüglich seiner in der Steuererklärung gemachten Angaben einen Vertrauensvorschuss von der Finanzverwaltung.

2. Notwendiges Prinzip im Massenverfahren

Damit die strukturelle Verifikation nicht ihrerseits in eine Prüfung jedes Einzelfalles mündet, genießen die Angaben des Steuerpflichtigen einen Vertrauensvorschuss, sog. Vertrauensvorschussprinzip.[410] Ein solcher Vertrauensvorschuss muss dem Steuerpflichtigen zur Bewältigung des Massenverfahrens zukommen.[411] Andererseits wären die Finanzbehörden gezwungen, jeder Angabe des Steuerpflichtigen zu misstrauen und einer gründlichen Prüfung zu unterziehen.[412] Dem entspricht auch die Haltung der Finanzverwaltung, wenn sie im

---

407 *Osterloh*, Gesetzesbindung und Typisierungsspielräume, S. 292 ff.; s. auch *Eckhoff*, Rechtsanwendungsgleichheit, S. 278 f.

408 *Frizen*, Das Deklarationsprinzip im Einkommensteuerrecht, S. 215.

409 *Isensee*, Die typisierende Verwaltung, S. 113 ff.; *Söhn*, in: Hübschmann/Hepp/Spitaler, AO/FGO, § 88 AO Rz. 146 (Stand: März 2010).

410 BFH, v. 7.7.2004 – XI R 10/03, BStBl. II 2004, 911 (912); v. 28.6.2006 – XI R 58/05, BStBl. II 2006, 835 (836); *Seer*, Verständigungen in Steuerverfahren, S. 187; *ders.*, SteuerStud 2010, 369 (372 f.); *Buciek*, DStZ 1995, 513 (514); gegen die Idee eines solchen Vertrauensvorschusses s. *Hoffmann*, Der maßvolle Gesetzesvollzug, S. 50 ff.

411 Ebenso *Schmidt*, DStJG 31 (2008), 37 (40): „Es bringt den „Vertrauensvorschuss“ zum Ausdruck, ohne den der Finanzbeamte gar nicht auskommt“.

412 Dies kommt einer bereits angesprochenen (nicht realisierbaren) 100%-Kontrolle gleich. Mit *Söhn*, in: Hübschmann/Hepp/Spitaler, AO/FGO, § 88 AO Rz. 146 (Stand: März 2010): „Die Finanzbehörden müssen den Angaben des Stpfl. nicht mit

Anwendungserlass zu § 88 AO davon ausgeht, dass für den Regelfall davon ausgegangen werden kann, dass die Angaben des Steuerpflichtigen in der Steuererklärung vollständig und richtig sind.[413] Damit schließt sich die Finanzverwaltung der Judikative an, die dem Steuerpflichtigen in ständiger Rechtsprechung einen solchen Vertrauensvorschuss einräumt, da ansonsten die Funktionsfähigkeit der Finanzverwaltung erheblich beeinträchtigt würde.[414] Die Rechtsprechung stützt den Vertrauensvorschuss auf die Verpflichtung des Steuerpflichtigen nach § 150 Abs. 2 AO, wonach der Steuerpflichtige die Angaben in der Steuererklärung wahrheitsgemäß nach „bestem Wissen und Gewissen" zu machen hat.[415] Die Literatur sieht zudem in § 158 AO einen verallgemeinerungsfähigen Rechtsgedanken für eine Vermutung zugunsten des Steuerpflichtigen, wonach eine Vermutung für eine formell ordnungsgemäße Buchführung nach den §§ 140 – 148 AO anzunehmen ist.[416] Indes hängt der Vertrauensvorschuss aber auch eng mit dem Grundsatz der Verhältnismäßigkeit zusammen, der den Steuerpflichtigen vor nicht erforderlichen und damit überschießenden Ermittlungsmaßnahmen

---

Misstrauen begegnen: „Vertrauen ist die Regel, Nachprüfung die Ausnahme"."; *ders.*, NJW 1980, 1430 (1432).

413 Vgl. AEAO zu § 88 Nr. 6 Satz 1 (AEAO 2014 zu § 88 i.d. Fassung vom 12.1.2017, juris).

414 So bereits der BFH im Jahr 1958 pointiert, BFH v. 5.12.1958 – VI 296/57 S, BStBl. III 1959, 86 (87): „Daß die Steuererklärung vollständig und richtig sein muss, versteht sich von selbst. Das Finanzamt hat die Steuererklärung zu prüfen (vgl. §§ 204, 205 AO). Es ist an die Angaben des Steuerpflichtigen nicht gebunden, sondern muß sie auf ihre Richtigkeit und Vollständigkeit hin durchsehen. *Diese Anweisung kann aber nicht bedeuten, daß die Finanzämter jede Steuererklärung argwöhnisch bis aufs letzte prüfen müssen. Für den Regelfall kann und muß vielmehr davon ausgegangen werden, daß die Angaben der Steuererklärung vollständig und richtig sind.* Das Finanzamt muß einen Anlaß zur Nachprüfung haben, z.B. weil die Angaben des Steuerpflichtigen unvollständig erscheinen."; s. auch BFH v. 9.3.1967 – V 96/64, BStBl. III 1967, 379; v. 17.4.1969 – V R 21/66, BStBl. II 1969, 474; BFH v. 28.1.1970 – I R 123/67, BStBl. II 1970, 296 (297); v. 23.6.1993 – I R 14/93, BStBl. II 1993, 806 (808); v. 7.7.2004 – XI R 19/03, BStBl. II 2004, 911 (912); v. 17.1.2005 – VI B 4/04, BFH/NV 2005, 834; v. 27.3.2007 – I B 16/06, juris, Rz. 13; dem stimmen auch die FGe zu, vgl. FG Rheinland-Pfalz v. 12.9.2018 – 2 K 2164/16, juris, Rz. 29; FG Baden-Württemberg v. 19.12.2017 – 11 K 3860/16, juris, Rz. 45; FG Münster v. 18.8.2015 – 10 K 3410/13 K, G, juris, Rz. 61; FG Nürnberg v. 30.7.2015 – 4 K 638/14, EFG 2015, 1897 (1899).

415 So bereits BFH v. 17.4.1969 – V R 21/66, BStBl. II 1969, 474; s. auch BFH v. 5.8.2004 – VI R 90/02, BFH/NV 2005, 501 (502); v. 28.6.2006 – XI R 58/05, BStBl. II 2006, 835 (836); vgl. ferner *Frizen*, Das Deklarationsprinzip im Einkommensteuerrecht, S. 217 f.

416 Vgl. *Huber/Seer*, StuW 2007, 355 (359); *Seer*, FR 1997, 553 (556); *Osterloh*, StuW 1993, 342 (348); *Schick*, StuW 1988, 301 (328).

schützen soll.[417] Im Besteuerungsverfahren gilt es, die (Rechts-)Sphäre des Steuerpflichtigen möglichst zu schonen.[418]

Dieser Vertrauensvorschuss kommt dem Einzelnen aber nicht grenzenlos zu. Vielmehr hört der Vertrauensvorschuss dort auf, wo berechtigte Zweifel der Finanzbehörden beginnen. Dies ist dann der Fall, wenn die Finanzbehörde Tatsachen oder Beweismittel außer Acht lässt und Zweifelsfragen nicht nachgeht, die sich ihr aus den Umständen ohne Weiteres hätten aufdrängen müssen.[419] Eine weitere Schranke erfährt der Vertrauensvorschuss durch die Verifikationsmaxime.[420] Richtigerweise müsste daher von einem *konditionierten* Vertrauensvorschuss die Rede sein.

3. Bedenken gegen den Vertrauensvorschuss

Fest steht mit dem Vorgesagten, dass die Finanzverwaltung ohne einen (konditionierten) Vertrauensvorschuss für den Steuerpflichtigen die Gefahr eines von der Finanzverwaltung ausgehenden Vollzugsdefizits schafft. Ob dieser Kenntnis, bestehen im Wesentlichen zwei grundsätzliche Bedenken gegen einen solchen Vertrauensvorschuss:

a) Grundlage für den Vertrauensvorschuss verfehlt

Zum einen sei bereits der Ansatz für den Vertrauensvorschuss dem Grunde nach „prinzipiell verfehlt".[421] Dem Vertrauensvorschuss liege die unzutreffende Vorstellung zugrunde, dass in einem Rechtsstaat und in einer Demokratie grundsätzlich eine Vermutung dafür besteht, dass sich die Bürger steuerehrlich verhalten. Erst wenn konkrete Anhaltspunkte gegen diese Annahme vorliegen, darf der Staat eingreifen und den Sachverhalt ermitteln bzw. die gemachten Angaben des Bürgers verifizieren.[422] Richtigerweise müsse man aber ganz im Gegenteil vom Steuerpflichtigen als homo oeconomicus ausgehen, der allein

---

417 So im Ergebnis auch *Seer*, FR 1997, 553 (558).
418 *Eckhoff*, StuW 1996, 107 (121).
419 Sog. „Sich-Aufdrängen"-Formel, zur st. Rspr. vgl. Fn. 206.
420 S. dazu allein *Seer*, DStJG 31 (2008), 7 (16).
421 So *Karl*, DStZ 2002, 598 (600).
422 In diesem Sinne wohl FG Düsseldorf v. 19.9.1950, BB 1950, 778 (zitiert bei *Müller-Franken*, Maßvolles Verwalten, S. 338, dort Fn. 669); s. auch *Friauf*, StbJb. 1977/78, 39 (60); *Lisken*, NVwZ 1998, 22 (24); ähnlich *Wengert/Widmann*, BB 1998, 724 (726); a.A. *Tipke*, in: Perspektiven der Finanzverwaltung, S. 95 (116).

nach seinen eigenen wirtschaftlichen Interessen handele.[423] Nach dieser Prämisse ist der steuerunehrliche Bürger die Regel und die Steuerehrlichkeit die Ausnahme. Daher sei im Grundsatz von einem steuerunehrlichen Bürger auszugehen und der Vertrauensvorschuss zu versagen.[424] Die – wohl bewusst zugespitzte – Behauptung, dass in der Regel jeder Steuerbürger Steuern hinterziehen würde,[425] wäre nach dieser Auffassung sogar zutreffend.

b) Vertrauensvorschuss nur bei Konsultation eines Steuerberaters

Ferner wird behauptet, dass nur derjenige Steuerpflichtige einen Vertrauensvorschuss verdiene, der sich bei der Erstellung der Steuererklärung der Unterstützung eines Steuerberaters bedient hat.[426] Dem Steuerpflichtigen wird nicht zugetraut, ohne fachkundige Hilfe eine Steuererklärung steuerrechtskonform zu erstellen.[427] Bei den von steuerrechtlichen Laien angefertigten Steuererklärungen spreche daher „eine Vermutung dafür, dass die Steuererklärung unrichtig ist".[428] Mit der Einführung einer Konsultationspflicht müsse aber auch die Abzugsfähigkeit von Steuererklärungskosten – sogar unmittelbar von der Steuerschuld[429] – gewährleistet sein.[430]

---

423 *Frizen*, Das Deklarationsprinzip im Einkommensteuerrecht, S. 216, 219 f.; *Karl*, DStZ 2002, 598 (600).

424 Mit welcher Handlung der Steuerpflichtige dann einen Vertrauensvorschuss verdient bzw. seine Steuerehrlichkeit demonstrieren kann, wird von dieser Ansicht jedoch verschwiegen.

425 So geht etwa *Streck*, BB 1984, 2205, dem Grunde nach davon aus, dass 100% der Steuerbürger Steuern verkürzen würden, formuliert aber mit „pragmatischer Vorsicht", dass von 90% der Steuerzahler als Steuerhinterzieher auszugehen sei; vgl. auch *Dörn*, BB 1992, 2407 (2409); *Klotz*, in: FS Klein, S. 289 ff.

426 So etwa *Seer*, DStR 2008, 1553 (1555).

427 *Seer*, StuW 2003, 40 (55 f.).

428 *Seer*, StuW 2003, 40 (55); so auch *Tipke*, BB 2009, 636 (638 ff.); *ders.*, Besteuerungsmoral und Steuermoral, S. 82, 87, 101. Nach einer Untersuchung des amerikanischen Besteuerungsverfahrens schlägt *Seer* sogar eine Konsultations*pflicht* für die Fälle vor, in denen der Steuerpflichtige in der Steuererklärung nicht lediglich typisierende Abzugspauschalen beansprucht, vgl. *Seer*, StuW 2003, 40 (55 f.); *ders.*, Besteuerungsverfahren: Rechtsvergleich USA-Deutschland, Rz. 142, 148 f.; *ders.*, in: Tipke/Kruse, AO/FGO, § 150 AO Rz. 46 (Stand: April 2017). Einen Beratungszwang für Steuerlaien gibt es etwa in der Türkei, vgl. *Tipke*, BB 2009, 636 (638).

429 *Seer*, StuW 2003, 40 (56).

430 *Seer*, in: Tipke/Kruse, AO/FGO, § 150 AO Rz. 46 (Stand: April 2017).

c) Eigene Auffassung

Eine Umkehr des Vertrauensvorschusses in eine *Misstrauensvermutung*[431] ist vor dem Hintergrund des Besteuerungsverfahrens als Massenverfahren nicht zweckdienlich und bereits dem Grunde nach abzulehnen. Statt der Finanzverwaltung ein weiteres Instrument zur Bewältigung des Massenverfahrens an die Hand zu geben, würde eine solche Sichtweise vielmehr den Steuervollzug in nicht unerheblichem Maße hemmen. Der Steuerpflichtige würde dadurch einem Generalverdacht für die Unrichtigkeit seiner in der Steuererklärung gemachten Angaben ausgesetzt. Ein solcher Generalverdacht ist jedoch mit rechtstaatlichen Grundsätzen unvereinbar. In einem demokratischen Rechtsstaat ist, solange und soweit der Bürger keinen Anlass dafür gibt, das Gegenteil anzunehmen, von einem steuermündigen Bürger auszugehen.[432] Dementsprechend ist der steuermündige bzw. steuerehrliche Bürger die Regel, und der Bürger, der die Steuern verkürzt, die Ausnahme. Darüber hinaus wäre eine generelle Misstrauensvermutung zulasten des Steuerpflichtigen nur schwer mit der Menschenwürde nach Art. 1 Abs. 1 GG des Steuerpflichtigen vereinbar.[433] Denn ebenso wie der Beschuldigte einer Straftat eine Unschuldsvermutung bis zu dem Zeitpunkt genießt, bis Tat und Schuld in einem justizförmig geordneten Verfahren nachgewiesen sind,[434] genießt der Steuerpflichtige eine Vermutung für die Richtigkeit seiner Angaben in der Steuererklärung, bis ein Anlass zu begründeten Zweifeln an den Angaben besteht.[435] Ferner ist der Einfluss einer solchen generellen

---

431 *Friauf*, StbJb. 1977/78, 39 (60), spricht von einer „Delinquenzvermutung".

432 Vor kurzem erst *Loose*, in: 15. Deutscher Finanzgerichtstag 2018, S. 87; ebenso *Schmidt/Schmitt*, in: FS Spindler, S. 529; *Birkenfeld*, DStJG 9 (1986), 245 (313); vgl. auch *Friauf*, StbJb. 1977/78, 39 (60), anschaulich: „Oberste Prämisse für die Ausgestaltung und Durchführung des Besteuerungsverfahrens ist die bis zum positiven Nachweis des Gegenteils geltenden Vermutung, daß der Verwaltung in Gestalt des Stpfl. und seines Beraters *Bürger gegenüberstehen, die ihre gesetzlichen Pflichten korrekt zu erfüllen bestrebt sind*".

433 So i. Erg. auch *Friauf*, StbJb. 1977/78, 39 (60); *Lisken*, NVwZ 1998, 22 (24).

434 Nach der st. Rspr. des BVerfG handelt es sich bei der Unschuldsvermutung um eine besondere Ausprägung des Rechtsstaatsprinzips, die durch Art. 6 Abs. 2 EMRK Bestandteil des positiven Rechts der Bundesrepublik Deutschland geworden ist im Range eines Bundesgesetzes, vgl. BVerfG v. 15.12.1965 – 1 BvR 513/65, BVerfGE 19, 342 (347); v. 16.5.1973 – 2 BvR 590/71, BVerfGE 35, 311 (320); v. 26.3.1987 – 2 BvR 589/79 u.a., BVerfGE 74, 358 (370); v. 16.1.1991 – 1 BvR 1326/90, MDR 1991, 891 (892). Die Unschuld wird bis zum gesetzlichen Nachweis der Schuld vermutet, vgl. allein BVerfG v. 4.2.1959 – 1 BvR 197/53, BVerfGE 9, 167 (169).

435 Insoweit derselbe Gedanke bei *Friauf*, StbJb. 1977/78, 39 (60).

Misstrauensvermutung auf die Mitwirkungsbereitschaft des Steuerpflichtigen nicht zu unterschätzen. Wie bereits an anderer Stelle festgestellt wurde,[436] ist der Steuerpflichtige als Zentralfigur des Besteuerungsverfahrens anzusehen. Der Steuerpflichtige ist in den meisten Fällen der einzige Informationsträger, wodurch seine Mitwirkung elementar für den Steuervollzug ist. Begegnet nun der Staat dem Steuerpflichtigen mit einem generellen Misstrauen im Besteuerungsverfahren, so wird der Steuerpflichtige dazu geneigt sein, seinen Mitwirkungspflichten nicht nachzukommen. Die Folge wäre ein durch die Haltung der Finanzverwaltung hervorgerufenes Vollzugsdefizit. Mit *Widmann* wäre der Vollzug der Steuergesetze damit „ohne Mitwirkungsbereitschaft der Steuerpflichtigen [...] bei realistischer Sicht praktisch schlicht unmöglich".[437]

Überdies greift die Ansicht, die den Steuerpflichtigen als homo oeconomicus[438] ansieht, der allein seine wirtschaftlichen Interessen im Blick hat und allein deshalb seinen Angaben nicht vertraut werden kann, zu kurz.[439] Diese Ansicht verkennt bereits, dass die Grundsätze zum Verhalten eines homo oeconomicus nicht pauschal für alle Steuerpflichtigen zugrunde gelegt werden können. Der Steuerpflichtige handelt nicht um jeden Preis und absolut nach seinem wirtschaftlichen Interesse.[440] Vielmehr ist für die Mehrzahl der Steuerpflichtigen

---

436 S. hierzu bereits unter Teil 1, E. I.

437 *Widmann*, DStJG 31 (2008), 295 (305).

438 Vgl. zum homo oeconomicus auch *Tipke*, Besteuerungsmoral und Steuermoral, S. 83.

439 *Michael Sell*, ehemaliger Abteilungsleiter für Steuern im Bundesministerium der Finanzen, äußerte während der 66. Berliner Steuergespräche zu dem Thema „Steuerpolitische Perspektiven der neuen Legislaturperiode aus dem Blickwinkel von Steuergerechtigkeit und Steuermoral" sogar, dass das Modell des homo oeconomicus mittlerweile durch die verhaltensorientierte Ökonomieforschung im Wesentlichen widerlegt und daher überholt sei, vgl. *Richter/Welling*, FR 2018, 414 (416). In der Tat sind in den letzten Jahren einige kritische Stimmen gegen dieses Modell laut geworden, allen voran aus dem Bereich der Verhaltensökonomik („behavioral economics"), vgl. etwa *Hacker*, Verhaltensökonomik und Normativität, S. 29 ff.; *Mathis*, Effizienz statt Gerechtigkeit?, S. 26 f., 38 ff. Insgesamt kritisch zur ökonomischen Analyse des Rechts sowie zum homo oeconomicus als Menschenbild bereits *Fezer*, JZ 1988, 223 ff.; *ders.*, JZ 1986, 817 ff.

440 So erkennt wohl auch *Frizen*, Das Deklarationsprinzip im Einkommensteuerrecht, S. 269, an, dass für das Verhalten des Steuerpflichtigen nicht allein eine Nutzenmaximierung entscheidend ist; a.A. wohl bei *Wagner*, DStR 2014, 1133 ff., der den homo oeconomicus als Menschenbild des Steuerrechts ansieht und darin allein einen steuervermeidungsgeneigten Bürger erblickt, der zwar rational, aber allein nach eigennützigen Motiven handelt.

davon auszugehen, dass sie bei der Überschreitung der Grenze zur Strafbarkeit – hier namentlich der Strafbarkeit wegen Steuerhinterziehung nach § 370 AO – von einem Handeln allein nach eigennützigen wirtschaftlichen Motiven absehen. Auch ein homo oeconomicus trifft seine Entscheidung erst nach Abwägung aller Risiken.[441] Die Steuerhinterziehung ist kein Kavaliersdelikt (mehr).[442] Die Zahlen in der Literatur, dass 90% der Steuerpflichtigen Steuern hinterziehen,[443] dürften daher in Bezug auf die weit überwiegende Mehrheit der Steuerpflichtigen nichtzutreffend sein. Auch wenn der Zahlung der Steuer keine konkrete Gegenleistung gegenübersteht und der Anreiz des Steuerpflichtigen zur Steuerhinterziehung durch dieses Faktum erhöht sein dürfte,[444] bedeutet dies nicht, dass pauschal ein solches Verhaltensmuster für jeden Steuerpflichtigen unterstellt werden kann.[445] Denn das Individuum wird vor der bewussten Entscheidung zu einer Hinterziehung von Steuern eine Abwägungsentscheidung treffen müssen, in der er bewusst die Grenze zum rechtswidrigen bzw. strafbaren Handeln überschreiten muss.[446] Für den weit überwiegenden Anteil der Bürger – unter Zugrundelegung des Bildes vom steuermündigen Bürger – ist davon auszugehen, dass diese vor einem strafbewährten Verhalten halt machen. Dieser Aspekt der Überschreitung einer subjektiven Hemmschwelle des Steuerpflichtigen wird von den Stimmen, die von einem steuerunehrlichen Bürger als Regel ausgehen, nicht hinreichend berücksichtigt. Selbst wenn „keiner gerne Steuern" zahlt,[447] hat dies nicht zur Folge, dass der Bürger „gerne" Steuern hinterzieht und ein mögliches Steuerstrafverfahren in Kauf nimmt. Der schlichte Hinweis

441 *Frizen*, Das Deklarationsprinzip im Einkommensteuerrecht, S. 268.

442 Vgl. *Sell*, in: Selbstveranlagung – Wegfall des Amtsermittlungsgrundsatzes?, DWS-Symposium 2014, S. 53 (68).

443 S. Fn 425. Vgl. insoweit als exemplarisches Gegenbeispiel die Umfrage der Forschungsstelle für empirische Sozialökonomik, Steuermentalität und Steuermoral der bundesdeutschen Bevölkerung, bei der („nur") 23,9% der Befragten angegeben haben, die Steuerhinterziehung – in Abgrenzung zur rechtmäßigen Steuervermeidung – sei eine Möglichkeit sich gegen die Belastung und Kompliziertheit des Steuersystems zur Wehr zu setzen, s. *Alencar Araripe Carneiro*, Fehlen der Steuerakzeptanz in Deutschland, S. 13 f.

444 *Tipke*, in: Perspektiven der Finanzverwaltung, S. 95 (116).

445 Ähnlich *Schmidt*, DStJG 31 (2008), 37 (42).

446 Ausführlich zu den Determinanten einer Steuerhinterziehung, die weitaus komplexer sind als das Abstellen allein auf ein egoistisches ökonomisches Verhalten des Steuerpflichtigen *Kirchler*, DStJG 38 (2015), 7 (14 ff.).

447 So formuliert es *Frizen*, Das Deklarationsprinzip im Einkommensteuerrecht, S. 264.

auf den homo oeconomicus als Versagungsgrund für den Vertrauensvorschuss vermag folglich nicht zu überzeugen.

„Steuerberater der Gegenwart sind vorzüglich ausgebildet und durch anspruchsvolle Prüfungen ausgewiesen".[448] Auch wenn man dieser Feststellung von *Tipke* folgen möchte, darf nicht unerwähnt bleiben, dass auch ein Steuerberater nicht per se ein Garant für die Richtigkeit einer Steuererklärung ist, auch wenn dies von ihm von allen Fronten verlangt wird.[449] Nicht für jeden Steuerberater kann angenommen werden, dass eine fehlerfreie Steuererklärung eingereicht wird.[450] Auch unter Angehörigen der steuerberatenden Berufe können bei realitätsnaher Betrachtung „schwarze Schafe" nicht ausgeschlossen werden. Zudem ist zu beachten, dass die Steuerberater nicht Vertreter des Staates sind, sondern bewusst für den Steuerpflichtigen Lücken und Ungenauigkeiten in den Steuergesetzen ausnutzen dürfen, um die Steuerschuld des Steuerpflichtigen zu minimieren. Steuerberater sind gerade keine „devoten Richtlinienausführer".[451] Ein Vertrauensvorschuss nur für diejenigen Steuerpflichtigen, die sich bei Erstellung der Steuererklärung von einem Steuerberater beraten lassen, würde die Prüfungsintensität eines Steuerfalls unmittelbar von der Konsultation des Steuerberaters abhängig machen.[452] Bei Steuererklärungen, die der Steuerpflichtige selbst einreicht, reicht dann allein der Umstand, dass kein Steuerberater vom Steuerpflichtigen bei der Verwirklichung seiner steuerlichen Pflichten involviert wurde, aus, um eine umfassende Prüfung durch die Finanzbehörde zu rechtfertigen. Dieser Umstand kann jedoch keinen entscheidenden Einfluss auf die Intensität der jeweiligen Prüfung durch die Finanzbehörde haben. Kommt der Steuerpflichtige seinen Mitwirkungspflichten nach und sind die Angaben nicht widersprüchlich oder geben aus anderen Gründen keinen Anlass zu einer intensiveren Prüfung des Steuerfalls, so besteht kein Grund, den Angaben des Steuerpflichtigen nicht zu vertrauen.[453] Zudem wird es bereits durch die

---

448 *Tipke*, BB 2009, 636 (638).

449 *Seer*, in: Steuerberatung und Rechtsstaat, S. 33 f.

450 *Thiemann*, StuW 2018, 304 (310), möchte die „Heranziehung steuerlichen Sachverstandes" allgemein risikomindernd berücksichtigen.

451 *Seer*, DStR 2008, 1553.

452 Kritisch zum Steuerberater als „Compliance-Faktor" auch *Mann*, DStR 2009, 506 (507 f.), der insbesondere die Berufsfreiheit des Steuerberaters nach Art. 12 Abs. 1 GG tangiert sieht.

453 So auch *Baldauf*, DStR 2016, 833 (836) f., die zudem zutreffend darauf hinweist, dass die Bevollmächtigung des Steuerberaters sich auch zu Lasten des Steuerpflichtigen

wiederholte Erstellung von Steuererklärungen eine nicht unerhebliche Anzahl von Steuerpflichtigen geben, die autodidaktisch steuerliche Kenntnisse erworben haben und einen Vertrauensvorschuss auch ohne eine förmliche Konsultation eines Steuerberaters verdienen.[454] Dem Steuerpflichtigen kann durchaus mehr zugetraut werden. Die Prüfungsintensität eines Steuerfalls muss bei der Annahme eines im Grundsatz um Einhaltung steuerlicher Pflichten bemühten Steuerpflichtigen allein davon abhängig gemacht werden, ob die Angaben widersprüchlich sind oder den Erfahrungssätzen der Finanzbehörde widersprechen. Die Prüfungsintensität richtet sich richtigerweise nach der Kontrollbedürftigkeit des Steuerfalls. Unterlässt der Steuerpflichtige eine Konsultation eines Steuerberaters, macht dies einen Steuerfall jedoch für sich genommen (noch) nicht kontrollbedürftig. Denkt man zudem eine Konsultationspflicht für jeden Steuerpflichtigen zu Ende, kommt man schnell zu dem Schluss, dass eine Konsultationspflicht das Phänomen des Massenverfahrens lediglich auf die Steuerberater verlagern würde. Die Steuerberater müssten dann jährlich insgesamt ca. 41 Mio. Steuererklärungen erstellen und an die Finanzverwaltung übermitteln.[455] Diese überwältigende Aufgabe würde sodann zu einer erheblichen Überforderung der Steuerberater führen. Diese Überforderung der Steuerberater würde wiederum dazu führen, dass die Steuerberater möglichst schnell die Steuererklärungen

---

auswirken kann; vgl. auch *Mann*, DStR 2009, 506 (507 f.); *Schmidt/Schmitt*, in: FS Spindler, S. 529 (533 f.).

454 In der Folge ist *Tipke*, BB 2009, 636 (640), zu widersprechen, der davon ausgeht, dass alleine Steuerprofessionelle wie Steuerberater, Steuerbeamte und Steuerrichter Steuerkenntnisse hätten und sonst niemand.

455 Eine (vereinfachte) Rechnung: Nach der Berufsstatistik 2018 der Bundessteuerberaterkammer zählten die Steuerberaterkammern zum Stichtag 1. Januar 2019 insgesamt 87.468 Steuerberater (einschließlich 1.417 Steuerbevollmächtigte und 556 Mitglieder i.S. des § 74 Abs. 2 StBerG). Bei ca. 41 Mio. jährlichen Steuererklärungen entfielen rund 469 Steuererklärungen pro anno auf jeden einzelnen Steuerberater. Mit dieser kurzen Berechnung wird bereits deutlich, dass auch die aktuelle Anzahl an Angehörigen der steuerberatenden Berufe bei Einführung einer Konsultationspflicht zur effektiven Bewältigung des Massenverfahrens nicht ausreichen würde. Die Zahl von 469 Steuererklärungen pro Steuerberater dürfte de facto zwar niedriger ausfallen, wenn man berücksichtigt, dass neben den Steuerberatern in den Steuerberatungsgesellschaften auch weitere Mitarbeiter, die nicht zum Steuerberater bestellt worden sind, tatsächlich die Steuererklärungen vorbereiten und bearbeiten. Doch selbst bei Berücksichtigung dieser weiteren Mitarbeiter dürfte die Zahl der letztlich durch die Steuerberater zu bearbeitenden Steuererklärungen nicht so wesentlich unter 469 Steuererklärungen liegen, dass sie eine andere Beurteilung zulässt.

erstellen, damit sie die monatlich, vierteljährlich und jährlich einzureichenden Steuererklärungen auch rechtzeitig bei dem zuständigen Finanzamt abgeben, um etwaige Verspätungszuschläge nach § 152 AO zu vermeiden. Diese Zügigkeit bei der Bearbeitung der Steuererklärungen führt schließlich zu einer erhöhten Fehleranfälligkeit der von den Steuerberatern vorbereiteten Steuererklärungen.[456] Der bereits angesprochene Zeitdruck der Finanzbeamten[457] wird damit letztlich auf die Steuerberater verschoben. Selbst wenn man annehmen würde, dass eine Konsultation eines Steuerberaters für die Gewährung eines Vertrauensvorschusses nur außerhalb der „einfachen" Steuerfälle erforderlich wäre, ist noch nicht geklärt, ab welchem Zeitpunkt ein Steuerfall so „schwierig" oder „komplex" ist, dass ein Vertrauensvorschuss nur bei Konsultation eines Steuerberaters gewährt werden kann. Ferner wird der dolose Steuerpflichtige, der Steuern hinterziehen möchte, nicht daran gehindert sein, seinem Steuerberater einen unrichtigen Sachverhalt vorzuspiegeln bzw. Einkünfte zu verschweigen, um dadurch eine Steuerhinterziehung zu erzielen.[458] Dementsprechend vermag auch eine Konsultationspflicht das Massenverfahren nicht zu „entschlanken". Der Vertrauensvorschuss muss folglich in einem demokratischen Rechtsstaat wie der Bundesrepublik Deutschland, in dem vom steuermündigen Bürger als Regel ausgegangen werden muss, dem Steuerpflichtigen auch ohne Konsultation eines Steuerberaters zukommen.[459]

---

456 Die beratende Tätigkeit in steuerlichen Angelegenheiten ist bereits de natura gefährlich und fehleranfällig, vgl. *Wollweber*, FR 2014, 631.

457 Vgl. *Peters*, JuS 1991, 54 (55).

458 So könnte der Steuerpflichtige bewusst unter dem Deckmantel des Vertrauensvorschusses bei – in diesen Fällen rein formeller – Konsultation eines Steuerberaters den Steuerberater als „Werkzeug" einsetzen, um so eine Steuerhinterziehung zu ermöglichen, vgl. auch *Frizen*, Das Deklarationsprinzip im Einkommensteuerrecht, S. 313, mit kritischem Blick auf eine steuerstrafrechtliche Verantwortungsübernahme des Steuerberaters.

459 So jüngst das FG Münster v. 9.4.2019 – 2 K 397/18 E, juris, Rz. 45; i.E. auch *Seiler*, in: FS für den BFH, S. 1761 (1764); a.A. wohl *Haunhorst*, DStR 2010, 2105 (2107). Dies muss jedenfalls solange gelten, bis ein nach objektiven Maßstäben bestehendes „Zuverlässigkeitsregister" für Steuerberater geführt wird, in dem alle Steuerberater mit einer entsprechenden Bewertung aufgelistet sind; zu diesem – in der Bundesrepublik Deutschland wohl aufgrund des Widerstands der Angehörigen der steuerberatenden Berufe eher unwahrscheinlichen – Vorstoß s. *Seer*, StuW 2003, 40 (56); *ders.*, Besteuerungsverfahren: Rechtsvergleich USA-Deutschland, Rz. 149, der das amerikanische Besteuerungsverfahren als Beispiel anführt. Erwähnenswert ist jedoch, dass mit der Einführung eines für jedermann zugänglichen Steuerberaterverzeichnisses durch

III. Der Grundsatz der Wirtschaftlichkeit[460]

Der Grundsatz der Wirtschaftlichkeit ist als Grundsatz kein „Instrument" der Finanzverwaltung im eigentlichen Sinn. Dennoch ist dieser Grundsatz von besonderer Bedeutung für die Bewältigung des Besteuerungsverfahrens als Massenverfahren, sodass es bereits an dieser Stelle einer kurzen Erwähnung bedarf. Zur Bewältigung eines Massenverfahrens sind ökonomische Aspekte für die Finanzverwaltung elementar. Die Finanzbehörden als administrativer Zweig der Exekutive sind gerade in der Pflicht, ihre ohnehin knappen Ressourcen verwaltungsökonomisch einzusetzen.[461] Denn die sachlichen und persönlichen Mittel werden der Exekutive lediglich fiduziarisch an die Hand gegeben, um diese sodann effektiv zur Bewältigung ihrer Aufgaben zu nutzen.[462] Das bedeutet nicht, dass die Finanzbehörden ihre Mittel einem wirtschaftlichen Maximalprinzip entsprechend einsetzen sollen, mit dem Ziel eines hohen Steuerertrags bei möglichst niedrigem Verwaltungsaufwand.[463] Eine solche ertragsorientierte Sachverhaltsaufklärung[464] wäre auch nur schwer mit dem Grundsatz der Gleichmäßigkeit der Besteuerung in Einklang zu bringen: Mit Blick auf die Rechtsanwendungsgleichheit wendet die Finanzverwaltung die Steuergesetze ungleich auf die jeweilige Person an, wenn sie ihr Personal nur auf die „großen" Steuerfälle bzw. Steuerpflichtigen konzentriert. Folgerichtig geht damit ein Verstoß gegen die Gleichmäßigkeit der Besteuerung einher.[465]

---

§ 86b StBerG (eingefügt durch das StModG, BGBl. I 2016, 1679 [1706 f.]) der erste Schritt getan ist, vgl. dazu *Ruppert*, DStR 2016, 2924. Kritisch zu einem „Rating" von Steuerberatern *Vinken*, DStR 2008, Heft 49, I. Mittlerweile scheint aber auch *Seer* von einem generellen Misstrauensvorschuss gegen Steuerlaien abzurücken, vgl. *Seer*, in: Selbstveranlagung – Wegfall des Amtsermittlungsgrundsatzes?, DWS-Symposium 2014, S. 53 (56): „Tipke hat immer gesagt, dass den steuerberatenden Berufen ein Vertrauensvorschuss für die Steuererklärung gegeben werden kann und den Steuerlaien dagegen ein Misstrauensvorschuss. *Ich bin mir da nicht ganz sicher* [...]".

460 Der Grundsatz der Wirtschaftlichkeit wird ausführlich unter Teil 4, C. dieser Arbeit behandelt, sodass an dieser Stelle zunächst allgemeine Ausführungen erfolgen, um die Bedeutung für das Phänomen des Besteuerungsverfahrens als Massenverfahren deutlich zu machen.

461 *Seer*, SteuerStud 2010, 369 (373).

462 Vgl. BVerfG v. 31.5.1988 – 1 BvR 520/83, BVerfGE 78, 214 (226).

463 Sehr kritisch dazu bereits *Tipke*, Steuerrechtsordnung III, S. 1219 f.

464 So formuliert es *Karl*, DStZ 2002, 598 (601).

465 Im Ergebnis auch *Seer*, SteuerStud 2010, 369 (373).

IV. Das Risikomanagementsystem[466]

Auch das Risikomanagementsystem der Finanzverwaltung trägt als Instrument zur Bewältigung des Besteuerungsverfahrens als Massenverfahren bei. Dabei dient die automationsgestützte Filterung der Steuerfälle nach festgelegten Risikoparametern als „first line of defense“ und sortiert die Steuerfälle in unterschiedliche Risikoklassen ein, die letztlich die Prüfungsintensität des jeweiligen Steuerfalls bestimmen. Die Finanzbeamten, die im Anschluss die ausgesteuerten Steuerfälle – ganz überwiegend anhand der Risikohinweise – überprüfen, stellen somit die „second line of defense“ dar. Mit dem Einsatz des Risikomanagementsystems wird eine schwerpunktmäßige, auf die tatsächlich kontrollbedürftigen Steuerfälle konzentrierte Verifikation ermöglicht. Dies erscheint im Kontext der Massenhaftigkeit des Besteuerungsverfahrens unabdingbar.

D. Selbstveranlagung, Risikomanagementsystem und automatischer Steuerbescheid – der Bewältigungstrias für das Massenverfahren

I. Der Bewältigungstrias

Die Neufassung des § 88 AO, dort namentlich die Einführung einer gesetzlichen Grundlage für ein bundeseinheitliches Risikomanagementsystem, ist zwar eine der bedeutendsten Änderungen im Rahmen des StModG, jedoch nicht die einzig relevante. Ein weiterer wichtiger Schritt im Rahmen der fortschreitenden „Elektronifizierung“[467] der Finanzverwaltung und des Besteuerungsverfahrens zum einen und der gleichzeitigen Entlastung der Finanzverwaltung zum anderen ist die Einführung der Möglichkeit zum Erlass eines ausschließlich automationsgestützten steuerlichen Verwaltungsakts, in der Regel in Form eines Steuerbescheids, durch die Finanzverwaltung nach § 155 Abs. 4 AO n.F.[468] Den

466 Die Behandlung des Risikomanagementsystems macht den Schwerpunkt dieser Arbeit aus und wird umfassend in Teil 4 untersucht. An dieser Stelle erfolgen daher lediglich Ausführungen zur Funktion eines Risikomanagementsystems als Instrument zur Bewältigung des Massenverfahrens. Vgl. ausführlich zum Risikomanagementsystem unter Teil 4, E.

467 Vgl. *Seer*, DStZ 2016, 605 (606).

468 BGBl. I 2016, 1679 (1690). *Braun Binder*, DStZ 2016, 526 (527 ff.), spricht in diesem Zusammenhang von einem Paradigmenwechsel; s. zu der Parallelvorschrift im Sozialverwaltungsverfahren § 31a SGB X n.F. und im allgemeinen Verwaltungsverfahren § 35a VwVfG n.F., zu Letzterem *Braun Binder*, DÖV 2016, 891.

weiteren Ausführungen vorausgeschickt sei die Anerkennung der grundsätzlichen Zulässigkeit eines vollautomatisierten staatlichen Handelns.[469] In den Fällen, in den kein Anlass zur persönlichen Prüfung des Steuerfalls durch einen Amtsträger besteht, kommt ein automationsgestützter Erlass eines steuerlichen Verwaltungsakts in Betracht.[470] Ein solcher Anlass zur Prüfung durch einen Amtsträger besteht im Zusammenhang mit der Einführung des Risikomanagementsystems in § 88 Abs. 5 AO n.F. insbesondere bei ausgesteuerten Steuerfällen, die im „Netz" des Risikomanagementsystems aufgefangen und zur weiteren Prüfung ausgesteuert werden.[471] Folgerichtig muss daher die Einfügung des Risikomanagementsystems in § 88 Abs. 5 AO n.F. in einem Atemzug mit der Neuregelung in § 155 Abs. 4 AO n.F. genannt werden.[472] Ferner ist aufgrund der Beteiligung von Amtsträgern (nur) von einem teilautomatischen Besteuerungsverfahren auszugehen,[473] das erst bei fehlendem Anlass zur Prüfung zu einem vollautomatischen Besteuerungsverfahren erstarkt. In der Zusammenschau dieser beiden Vorschriften kann bereits von einer Entlastungswirkung für die Finanzverwaltung in den Folgejahren ausgegangen werden,[474] denn ein nicht prüfungsbedürftiger Steuerfall nach dem Raster des Risikomanagementsystems mündet durch § 155 Abs. 4 AO n.F. vollständig ohne die Mitwirkung eines Finanzbeamten in einen automatisch erlassenen steuerlichen Verwaltungsakt.[475] Die Finanzbeamten können sich damit allein den prüfungsbedürftigen Fällen widmen. Gleichwohl muss noch ein weiteres Element, eine weitere Neuerung in das Besteuerungsverfahren Eingang finden, damit eine spürbare Entlastung für

---

469 Zu dieser Grundsatzfrage *Heintzen*, DÖV 2015, 780 (784 f.) m.w.N.; s. auch *Maier*, JZ 2017, 614 (615).

470 So der Wortlaut des § 155 Abs. 4 Satz 1 AO n.F.

471 *Güroff*, in: Beermann/Gosch, AO/FGO, § 155 AO Rz. 42.1 (Stand: April 2017); *Maier*, JZ 2017, 614; *Höreth/Stelzer*, DStZ 2016, 520 (521).

472 Für einen solchen Zusammenhang zwischen diesen beiden Vorschriften scheinbar auch *Güroff*, in: Beermann/Gosch, AO/FGO, § 155 AO Rz. 40 (April 2017); ebenso *Wild*, SAM 2019, 3 (5); *Müller-Franken*, StuW 2018, 113 (115).

473 S. aber *Rheindorf*, DVP 2016, 509 f.; *Heintzen*, DÖV 2015, 780, die jeweils von einem vollautomatischen Besteuerungsverfahren ausgehen.

474 So sollen bis zum Jahr 2022 die Hälfte aller Steuererklärungen automatisch bearbeitet werden, vgl. *Bizer*, DStJG 42 (2019), 135 (137 f.).

475 Dies stellt aber noch kein Instrument der Selbstveranlagung dar, da noch immer ein hoheitlicher Verwaltungsakt gegenüber dem Steuerpflichtigen ergeht, bei dem der Regelungswille der Finanzbehörde antizipiert wird, so zutreffend *Seer*, in: Tipke/Lang, Steuerrecht, § 21 Rz. 282; *ders.*, DStZ 2016, 605 (608).

die Finanzverwaltung eintritt, die in der Gesamtschau eine tatsächliche Bewältigung des Massenverfahrens ermöglicht: Der Systemwechsel von der Fremd- in eine elektronische Selbstveranlagung. Bereits heute werden zwei Drittel der in der Bundesrepublik Deutschland erhobenen Steuern in einer besonderen Form der Selbstveranlagung, namentlich durch Steueranmeldungen im Sinne der §§ 167, 168 AO, festgesetzt.[476] So schreibt § 18 Abs. 1 UStG für den Unternehmer nach § 2 UStG vor, dass dieser eine Voranmeldung bei den Finanzbehörden einreichen muss, „in der er die Steuer für den Voranmeldungszeitraum selbst zu berechnen hat". Die Steueranmeldung[477] besteht aus zwei Teilen, namentlich der Erklärung der Besteuerungsgrundlagen und der Berechnung der Steuer.[478] Ein Selbstveranlagungssystem sollte auch für die direkten Veranlagungssteuern, also für die Einkommen-, die Körperschaft- und die Gewerbesteuer, eingeführt werden.[479] Durch diesen *Bewältigungstrias* bestehend aus (1) einem Selbstveranlagungsverfahren (auch) im Bereich der Ertragsteuern, (2) einem Risikomanagementsystem und schließlich (3) der Möglichkeit eines automationsgestützten Erlasses eines steuerlichen Verwaltungsaktes wird der Finanzverwaltung ermöglicht,

---

476 *Seer*, in: Tipke/Lang, Steuerrecht, § 21 Rz. 5; *Drüen*, in: Zukunftsfragen des deutschen Steuerrechts, S. 1 (8). Nach *Nagel*, Selbstveranlagung, S. 4 und *Seer*, in: FS für den BFH, S. 1717 (1725), ist die Steueranmeldung eine Art der Selbstveranlagung. Betrachtet man das gesamte Steueraufkommen der Bundesrepublik Deutschland für das Jahr 2018, so betrugen die Einnahmen aus der Umsatzsteuer EUR 175,44 Mrd. Bei einem Gesamtsteueraufkommen von rund EUR 776,26 Mrd. macht somit bereits die Umsatzsteuer 22,59 % des Gesamtsteueraufkommens aus (Zahlen nach https://de.statista.com).

477 Das Institut der Steueranmeldung wurde von der Rechtsprechung bereits vor der gesetzlichen Implementierung in der AO 1977 entwickelt. So hat der Reichsfinanzhof in der widerspruchslosen Entgegennahme von Steuerabzugsbeträgen beim Kapitalertrag und bei der Lohnsteuer einen Steuerbescheid erblickt, vgl. RFH v. 6.12.1927 – I A 54/27 (Kapitalertrag); v. 6.2.1941 – IV 189/40, RStBl. 1941, 164 (Lohnsteuer).

478 *Seer*, in: Tipke/Lang, Steuerrecht, § 21 Rz. 187; *ders.*, in: FS für den BFH, S. 1717 (1725).

479 Im Jahr 2018 betrugen die Steuereinnahmen aus der Einkommensteuer (mit Lohnsteuer) EUR 268,65 Mrd. Die Einnahmen aus der Körperschaftsteuer betrugen für das Jahr 2018 EUR 33,43 Mrd. (Zahlen auf der Internetseite des BMF, www.bundesfinanzministerium.de). Einnahmen aus der Gewerbesteuer betrugen für das Jahr 2018 EUR 55,85 Mrd. (Zahlen nach https://de.statista.com). Die Einkommensteuer, die Körperschaftsteuer und die Gewerbesteuer machen mit Blick auf die gesamten Steuereinnahmen für das Jahr 2018 von rund EUR 776,26 Mrd. knapp 46% der vereinnahmten Steuern aus.

die in einem Jahr übermittelten Steuererklärungen in der Gesamtheit effektiv zu bewältigen. Da das Risikomanagementsystem an späterer Stelle ausführlich untersucht wird,[480] soll im Folgenden der Verfahrensumstellung hin zu einer Selbstveranlagung als Besteuerungsverfahren für Ertragsteuern besondere Aufmerksamkeit gewidmet werden.

II. Allgemeines zur Selbstveranlagung

1. Begriffsbestimmung

Zunächst ist zu klären, was genau unter dem Begriff „Selbstveranlagung"[481] zu verstehen ist. Aus verfahrenstechnischer Sicht bedeutet die Selbstveranlagung eine Veranlagung durch den Steuerpflichtigen „gegen sich selbst", ohne dass ein vorausgehendes Verwaltungsverfahren durch die Finanzbehörden erforderlich ist. Wesentliches und entscheidendes Merkmal einer Selbstveranlagung ist regelmäßig die Selbstberechnung der Steuer durch den Steuerpflichtigen.[482] Selbstberechnung meint in diesem Zusammenhang, dass der Steuerpflichtige aus seinen in der Steuererklärung angegebenen Daten die nach dem Gesetz geschuldete Steuer konkret berechnet.[483] Daneben bedeutet Selbstveranlagung auch, dass

480 S. unter Teil 4, E.

481 An dem Begriff der Selbstveranlagung wird mitunter kritisiert, dass dieser zu ungenau sei, da der Steuerzahlung durch den Steuerpflichtigen gerade kein hoheitliches Verwaltungsverfahren vorgeschaltet sei, vgl. *Hartmann*, Selbstberechnung der Steuer, S. 20; s. auch *Birk*, StuW 1991, 263 f. Dem ist jedoch entgegenzuhalten, dass auch bei einer Selbstveranlagung der hoheitliche Charakter der Besteuerung nicht ganz wegfällt, da bei einer abweichenden Steuerberechnung durch die Finanzbehörden oder bei Nichtabgabe der Steuererklärung jedenfalls eine Festsetzung und Berechnung der Steuer (auch) durch die Finanzverwaltung stattfindet. Zudem wird spätestens mit der Abgabe der Steuererklärung ein Verwaltungsverfahren eröffnet, vgl. *Seer*, Besteuerungsverfahren: Rechtsvergleich USA-Deutschland, Rz. 2 (dort Fn. 7). Überdies ist der Begriff „self-assessment", der wortwörtlich mit Selbstveranlagung übersetzt werden kann, international anerkannt, sodass auch in dieser Arbeit an dem Begriff der Selbstveranlagung festgehalten wird. Auch *Nagel*, Selbstveranlagung, S. 7, hält an dem Begriff der Selbstveranlagung fest, ohne dies jedoch besonders zu begründen.

482 *Nagel*, Selbstveranlagung, S. 7. In Großbritannien wird die Steuerberechnung durch die Finanzverwaltung vorgenommen, was aber eine bloße Hilfeleistung durch die Finanzverwaltung darstellt und nichts daran ändert, dass es sich bei der vom Steuerpflichtigen eingereichten Erklärung um eine Selbstveranlagung handelt, vgl. *Nagel*, Selbstveranlagung, S. 8 f.

483 *Nagel*, Selbstveranlagung, S. 7.

der Steuerpflichtige ohne besondere Aufforderung der Finanzbehörde seine Besteuerungsgrundlagen deklariert und die geschuldete Steuer innerhalb einer bestimmten Frist selbst zahlt.[484] Ob der Steuerpflichtige schon mit der Abgabe der Steuererklärung auch die Steuer gegen sich selbst festsetzt oder die Steuerschuld zu einem späteren Zeitpunkt als festgesetzt gilt, ist von der konkreten Ausgestaltung des Selbstveranlagungsverfahrens abhängig.[485] Damit wird – sofern die Angaben des Steuerpflichtigen zu der ausgewiesenen Steuer führen bzw. der Steuerpflichtige auch tatsächlich eine Steuererklärung abgibt – bei einer Selbstveranlagung eine weitere Ermittlung des Steuerfalls, eine Steuerberechnung und gegebenenfalls sogar die Festsetzung der Steuer durch die Finanzbehörde grundsätzlich überflüssig.[486]

2. *Abgrenzung zur Fremdveranlagung*

Mit dem Vorgesagten dürfte auch geklärt sein, wodurch sich die Selbstveranlagung maßgeblich von der Fremdveranlagung unterscheidet. In einem Fremdveranlagungsverfahren ist es allein die Finanzbehörde, die als Herrin des Besteuerungsverfahrens die geschuldete Steuer ex officio berechnet. Dies ist das entscheidende Merkmal, das eine Selbstveranlagung ausmacht. Dieses Merkmal obliegt dem Steuerpflichtigen bei einer Selbstveranlagung. Eine Festsetzung durch den Steuerpflichtigen mit Abgabe seiner Steuererklärung ist nicht zwingende Voraussetzung eines Selbstveranlagungsverfahrens, was das Beispiel der Selbstveranlagung in den USA verdeutlicht.[487]

---

484 *Seer*, StuW 2003, 40 (45). Nach *Nagel*, Selbstveranlagung, S. 9, machen diese beiden Merkmale allein eine Selbstveranlagung aus.

485 So ist etwa im amerikanischen Selbstveranlagungsverfahren nicht vorgesehen, dass gleichzeitig mit Abgabe der Steuererklärung auch die Steuer festgesetzt ist. Vielmehr muss ein sog. Tax Officer die Steuerschuld nochmal bestätigen bzw. registrieren, vgl. § 6203 Satz 1 des Internal Revenue Code (IRC) der USA: „*The assessment shall be made by recording the liability of the taxpayerin the office of the secretary in accordance with rules or regulations prescribed by the secretary*"; s. auch *Nagel*, Selbstveranlagung, S. 7. Umfassend zum Besteuerungsverfahren in den USA s. *Nagel*, Selbstveranlagung, S. 11 ff.

486 Dies entspricht der aktuellen Ausgestaltung der Steueranmeldung in Deutschland, vgl. Wortlaut des § 167 Abs. 1 Satz 1 AO; vgl. auch *Barske*, Reichsabgabenordnung, S. 231 f.

487 S. Fn. 485; dies verkennt *Meinzenbach*, Die Steueranmeldung, S. 121 ff., wenn er die Abgrenzung von Fremd- und Selbstveranlagung pauschal von der Festsetzung der Steuer durch die Finanzverwaltung oder durch den Steuerpflichtigen abhängig macht.

3. *Historie zu Selbstveranlagungsbestrebungen in Deutschland*

Die Idee nach einem Selbstveranlagungsverfahren ist in Deutschland nicht neu. Bereits unmittelbar nach der Gründung der Bundesrepublik Deutschland und der Deutschen Demokratischen Republik nach dem zweiten Weltkrieg im Jahre 1949 haben *Hansen* und *Musgrave* in dem sog. Hansen-Musgrave-Report[488] aus dem Jahr 1951 mit einer Studiengruppe aus den USA unter anderem das deutsche Besteuerungsverfahren untersucht. Mit Blick auf das Besteuerungsverfahren in den USA, die traditionell seit 1913 mit einem Selbstveranlagungsverfahren die Einkommensteuer erheben,[489] empfahl die amerikanische Studiengruppe auch für die Bundesrepublik Deutschland für den Bereich der Ertragsteuern das Selbstveranlagungsverfahren.[490] Damit war die Diskussionsgrundlage für ein Selbstveranlagungsverfahren in der Bundesrepublik Deutschland im Jahr 1951 gelegt. Auch der Bund Deutscher Steuerbeamter[491] und der Präsident des Bundesrechnungshofs[492] haben 1959 einen Vorschlag zur Einführung der Selbstveranlagung in Deutschland unterbreitet. Dieser Diskussion hat sich das Schrifttum in der Folge angeschlossen.[493] Dabei fällt auf, dass die Diskussion nach langem Schweigen erst in den 90er Jahren wieder aufgenommen[494] und seit Beginn des 21. Jahrhunderts fortgeführt wurde, um sich in etwas konkreterer Form mit der

488 *Hansen/Musgrave*, ECA Team on Fiscal Problems of Germany, Bericht v. 24.9.1951, S. 364 ff.; dieser Report ist auch zitiert bei *Hartmann*, Selbstberechnung der Steuer, S. 20; s. auch *Nagel*, Selbstveranlagung, S. 2.

489 *Nagel*, Selbstveranlagung, S. 1; *Seer*, Besteuerungsverfahren: Rechtsvergleich USA-Deutschland, Rz. 2; *ders.*, in: Selbstveranlagung – Wegfall des Amtsermittlungsgrundsatzes?, DWS-Symposium 2014, S. 7 (8). Nach *Debatin*, StuW 1957, Sp. 483 (490), ist „Kernstück des amerikanischen Besteuerungsverfahrens [...] der Grundsatz der Selbstveranlagung"; vgl. insoweit auch *Beuchert*, Anzeigepflichten bei Steuergestaltungen, S. 232 f.

490 *Nagel*, Selbstveranlagung, S. 2.

491 Denkschrift des Bundes Deutscher Steuerbeamter, Vorschläge zur Finanz- und Steuerreform, 1959 (zit. bei *Seer*, Besteuerungsverfahren: Rechtsvergleich USA-Deutschland, Rz. 2, dort Fn. 8).

492 Bericht v. 24.10.1959, BT-Drucks. 3/1518, S. 137 f. (Anlage D).

493 S. etwa *Debatin*, StuW 1957, Sp. 483, der die amerikanische Selbstveranlagung aufgrund der Entlastung der Finanzverwaltung und der frühen Zahlung der Steuer positiv bewertete; *Hartmann*, Selbstberechnung der Steuer.

494 *Trzaskalik*, StuW 1993, 371 (374 ff.); *Hansen*, Konsequenzen des Methodenstreits, S. 428 ff.; *Weber-Grellet*, StuW 1999, 311 (318). S. auch schon *Bos*, StuW 1989, 267 (279).

Selbstveranlagung auch für die Bundesrepublik Deutschland auseinanderzusetzen.[495] Die wenigen Stimmen in der Literatur machen jedoch deutlich, dass man mit dem Thema der Selbstveranlagung in Deutschland bis heute stiefmütterlich umgegangen ist und noch immer umgeht.[496] In diese eher vorsichtige Handhabung reiht sich auch das bisherige Schweigen des Gesetzgebers und ganz überwiegend auch der Finanzverwaltung zu dem Thema der Selbstveranlagung ein.[497] Lediglich im Jahr 1960 startete die Finanzverwaltung in Niedersachsen in den Finanzämtern Celle und Stadthagen eine Initiative zur Einführung einer Selbstberechnung der Steuer, die jedoch trotz überraschend positiver Ergebnisse in Vergessenheit geriet.[498] Aktuelle Vorstöße für die Einführung eines

---

495 *Nagel*, Selbstveranlagung; *Ahrens*, Der Vollzug von Steuergesetzen durch den niederländischen Belastingdienst, S. 115 f.; *Ahrens/Nagel*, FR 2002, 261; *Seer*, StuW 2003, 40 (42 ff.); *ders.*, StbJb. 2004/05, 53 (59 ff.); *Nussbaum*, in: FS Ress, S. 1251; *Seer*, in: 4. Deutscher Finanzgerichtstag 2007, S. 99 (102 ff.); *Weber-Grellet*, in: FS Spindler, S. 231 (240); *Seer*, FR 2012, 1000 (1002 ff.); *ders.*, Selbstveranlagung – Wegfall des Amtsermittlungsgrundsatzes, in: DWS-Symposium 2014, S. 7 ff.; *Reimer*, DStJG 37 (2014), 293 (314); *Deckers/Fiethen*, FR 2015, 913 (918 f.). *Marx*, DStZ 2019, 372 (377); *ders.*, DStZ 2017, 19 (25), spricht sich i.R. der Grundsteuerreform für eine reine Bodenwertsteuer aus, die unter Rückgriff auf flächendeckend vorliegende Daten der Gutachterausschüsse auf eine elektronische Selbstveranlagung basieren soll. Vgl. auch die Empfehlung bei *Der Präsident des Bundesrechnungshofes*, Probleme beim Vollzug der Steuergesetze, S. 163 f., für eine schrittweise Einführung eines Selbstveranlagungsverfahrens in Deutschland.

496 S. allein die vorsichtige Formulierung bei *Schmidt*, DStJG 31 (2008), 37 (56): „Noch unsicher bin ich, ob wir schon bald den Schritt zur Selbstveranlagung wagen können – verstanden als ein Verfahren, bei dem der Steuerpflichtige mit seiner Erklärung die Steuer selbst berechnet und – das scheint mir der rechtlich wesentliche Aspekt zu sein – auch die Verantwortung für die Subsumtion unter das Steuergesetz übernimmt".

497 Ausnahmen in der Finanzverwaltung sind die Modellüberlegung des Ministeriums für Finanzen in Rheinland-Pfalz (2014), die eine schrittweise Einführung der Selbstveranlagung für den Bereich der Einkommensteuer für Arbeitnehmer vorschlug (s. hierzu instruktiv *Nehls/Scheffler*, DStR 2015, 910) sowie die Machbarkeitsstudie unter der Leitung von KPMG im Auftrag des BMF zur Einführung eines Selbstveranlagungsverfahrens bei der Ertragsbesteuerung von Unternehmen (2014) und die Machbarkeitsstudie des RWI im Auftrag des BMF (2005), vgl. Rheinisch-Westfälisches Institut für Wirtschaftsforschung (Hrsg.), Machbarkeitsstudie und Planspiel zur Einführung einer Selbstveranlagung bei der Körperschaftsteuer, Endbericht. Tatsächliche Konsequenzen aus diesen Vorstößen sind jedoch bis heute nicht zu erkennen.

498 Ausführlich bei *Nagel*, Selbstveranlagung, S. 3 und bei *Seer*, in: Selbstveranlagung – Wegfall des Amtsermittlungsgrundsatzes?, DWS-Symposium 2014, S. 7 (8 f.).

Selbstveranlagungsverfahrens in Deutschland lassen sich einem Positionspapier der Bundessteuerberaterkammer[499] und darüber hinaus weitestgehend allein aus der Politik[500] entnehmen.

III. Selbstveranlagung weltweit

Dem Beispiel der USA sind seit der Einführung der Selbstveranlagung zu Beginn des 20. Jahrhunderts viele Staaten auf der ganzen Welt gefolgt. Die meisten OECD Staaten und viele EU-Mitgliedstaaten haben mittlerweile auch ein Selbstveranlagungsverfahren eingeführt.[501] Namentlich sind dies: [502] Australien, Bulgarien, Chile, Estland, Frankreich, Griechenland,[503] Großbritannien, Irland, Israel,[504] Italien, Japan,[505] Kanada, Kroatien, Lettland, Litauen, Mexiko, Norwegen, Polen, Portugal, Rumänien, Schweden, Slowakei, Slowenien, Spanien, Südkorea, Tschechien, Ungarn, Zypern.

Außerhalb der OECD und der EU gilt ein Selbstveranlagungsverfahren für Ertragsteuern in: Afghanistan,[506] Albanien, Angola, Argentinien, Armenien, Aserbaidschan, Ägypten, Äquatorialguinea, Äthiopien, Bangladesch, Bolivien, Brasilien, Brunei, Burkina Faso, China (Volksrepublik), Costa Rica, Dschibuti, Dominikanische Republik, Ecuador, El Salvador, Elfenbeinküste, Eritrea, Eswatini (vor 2018 noch „Swasiland“), Georgien, Grönland, Guadeloupe, Guatemala,

---

499 Positionspapier der BStBK – Überlegungen zum Übergang auf die Selbstveranlagung, abgedruckt bei: Selbstveranlagung – Wegfall des Amtsermittlungsgrundsatzes, DWS-Symposium 2014, S. 121 ff. (Anlage 4).

500 Vgl. etwa der Koalitionsvertrag zur 18. Legislaturperiode zwischen CDU, CSU und SPD v. 27.11.2013, „Deutschlands Zukunft gestalten“, S. 64, beginnend mit der Körperschaftsteuer (hierzu *Welling*, Ubg 2013, 737; *Kruhl*, StBW 2014, 25); der Koalitionsvertrag der großen Koalition zur 19. Legislaturperiode v. 12.3.2018 sieht die Einführung eines Selbstveranlagungsverfahrens (leider) schon nicht mehr vor; vgl. dazu auch *Kowallik/Bongaerts*, DB Beilage 2016, Nr. 4, 8.

501 *Seer*, FR 2012, 1000 (1003); *Deckers/Fiethen*, FR 2015, 913 (918).

502 Die nachfolgende Aufzählung erhebt keinen Anspruch auf Vollständigkeit und dient als beispielhafte Aufzählung. Sie basiert auf den Daten der IBFD Datenbank (www.ibfd.org).

503 Genauere Angaben bei *Theocharopoulou*, in: EATLP 17 (2019), National Report Greece, S. 575 (578).

504 Zu Israel auch *Beuchert*, Anzeigepflichten bei Steuergestaltungen, S. 232 f.

505 Für die meisten Steuerarten gilt in Japan nach dem zweiten Weltkrieg, genau seit 1947, das Selbstveranlagungsverfahren, vgl. *Matsubara*, in: EATLP 17 (2019), National Report Japan, S. 683 (687).

506 Ein Selbstveranlagungsverfahren gilt in Afghanistan etwa für die Körperschaftsteuer.

Honduras, Indonesien, Jamaika, Jemen, Jordanien, Kap Verde, Kasachstan, Kenia, Kirgisistan, Kolumbien, Kongo (Demokratische Republik), Kosovo, Madagaskar, Malawi, Malaysia, Mali, Martinique, Mauretanien, Monaco, Mongolei, Montenegro, Mosambik, Namibia, Nauru, Nicaragua, Niger, Nigeria, Nordmazedonien, Pakistan, Panama, Paraguay, Peru, Philippinen, Puerto Rico, Ruanda, Russland, Sambia, Samoa, San Marino, Serbien, Seychellen, Sierra Leone, Sri Lanka, Sudan, Südsudan, Taiwan, Tadschikistan, Tschad, Turkmenistan, Uganda, Ukraine, Uruguay, Usbekistan, Venezuela, Vietnam und Zentralafrikanische Republik.[507]

Dabei fällt auf, dass nicht wenige dieser Staaten – mit Ausnahme von Argentinien, Ägypten, Bangladesch, Burkina Faso, Ecuador, Portugal und weitere – ein Selbstveranlagungsverfahren allein für Ertragsteuern in Bezug auf Unternehmen, jedoch nicht für die Ertragsbesteuerung von natürlichen Personen eingeführt haben.[508] Zudem ist es bemerkenswert, dass in Zentral- und Südamerika fast flächendeckend das Selbstveranlagungsverfahren zur Anwendung kommt. Auch auf dem Kontinent Afrika werden Ertragsteuern von einer nicht unbeachtlichen Anzahl von Staaten im Wege der Selbstveranlagung erhoben.

IV. Status quo in Deutschland: „kontrollierte Selbstregulierung“

Nach der bestehenden Ausgestaltung der AO herrscht in Deutschland kein Selbst- sondern ein Fremdveranlagungsverfahren.[509] Daran hat auch die Einfügung des § 155 Abs. 4 AO n.F. nichts geändert,[510] da auch der vollautomatisch erlassene steuerliche Verwaltungsakt von den Finanzbehörden erlassen wird und den Regelungs- sowie Bekanntgabewillen der jeweiligen Finanzbehörde enthält.[511] Auch ein vollautomatischer Erlass eines steuerlichen Verwaltungsakts

---

507 Die Aufzählung basiert auf den Daten der IBFD Datenbank und erhebt keinen Anspruch auf Vollständigkeit (www.ibfd.org). Die IBFD Datenbank hat in den meisten Fällen keine Einzelheiten zu dem jeweiligen Selbstveranlagungsverfahren in dem jeweiligen Land bereitgestellt.

508 So wendet Frankreich das Selbstveranlagungsverfahren bei der Körperschaftsteuer an, jedoch nicht bei der Einkommensteuer für natürliche Personen, vgl. *Stankiewicz*, in: EATLP 17 (2019), National Report France, S. 511 (514 f.).

509 So auch zutreffend *Meinzenbach*, Die Steueranmeldung, S. 121; ebenso *Beuchert*, Anzeigepflichten bei Steuergestaltungen, S. 234.

510 *Müller-Franken*, StuW 2018, 113 (116).

511 *Seer*, in: Tipke/Lang, Steuerrecht, § 21 Rz. 282: „Er unterscheidet sich von der Selbstveranlagung dadurch, dass es sich *nach wie vor um einen echten Verwaltungsakt handelt* […]“; *ders.*, StbJb. 2016/17, 539 (547 f.); *ders.*, DStZ 2016, 605 (607 f.).

erfolgt somit hoheitlich,[512] so dass aktuell in Deutschland keine Selbstveranlagung aus rechtlicher Sicht vorliegt.[513] Außerdem berechnen Steuerpflichtige ihre Steuer für ertragsteuerliche Zwecke nicht selbst. Gleichwohl kann und darf nicht missachtet werden, dass bereits heute der größte Anteil am Gesamtsteueraufkommen der Steuern durch Steueranmeldungen erhoben wird[514] und die Finanzverwaltung damit letztlich eine lediglich kontrollierende Position eingenommen hat.[515] Diesen Zustand umschreibt *Seer* zutreffend als „kontrollierte Selbstregulierung".[516] Denn der Steuerpflichtige ist in den meisten Fällen der (einzige) Träger des steuerrelevanten Wissens und teilt ebendieses Wissen mit der Finanzverwaltung, indem er die besteuerungsrelevanten Tatsachen gegenüber der Finanzbehörde in seiner Steuererklärung deklariert, was umso mehr für den Bereich der Umsatzsteuer mit Steueranmeldungen gilt (= Selbstregulierung). Diese Angaben des Steuerpflichtigen werden so dann in einem nächsten Schritt von den Finanzbehörden verifiziert (= kontrolliert).

Mit Recht wird daher im Schrifttum aufgrund dieses beschriebenen Zustandes auch schon von einer sog. „faktischen Selbstveranlagung" gesprochen.[517]

---

512 *Seer*, in: FS für den BFH, S. 1717 (1727); *ders.*, StuW 2015, 315 (323).

513 *Seer*, in: Tipke/Lang, Steuerrecht, § 21 Rz. 282; *ders.*, StbJb. 2016/17, 539 (547); s. auch *Loose*, DStJG 31 (2008), 203 (217), der einen zunehmenden Trend hin zu einer Selbstveranlagung beobachtet, was im Umkehrschluss bedeutet, dass eine Selbstveranlagung nach aktuellem Rechtsstand nicht besteht; vgl. insoweit auch *Güroff*, in: Beermann/Gosch, AO/FGO, § 155 AO Rz. 44 (Stand: April 2017), wonach der automatische Steuerbescheid nach § 155 Abs. 4 AO n.F. keinen Fall der Steueranmeldung nach den §§ 167, 168 AO darstellt. A.A. bei *Kirchhof*, in: FS für den BFH, S. 361 (378); *ders.*, DStJG 40 (2017), 47 (66 f.), der von einer „rechnergeleiteten Selbstveranlagung" durch das StModG ausgeht.

514 *Seer*, in: Tipke/Lang, Steuerrecht, § 21 Rz. 5; *ders.*, in: Selbstveranlagung – Wegfall des Amtsermittlungsgrundsatzes?, DWS-Symposium 2014, S. 7 (11), mit einer Aufzählung der Steuern, die im Wege der Steueranmeldung erhoben werden; s. auch *Drüen*, in: Zukunftsfragen des deutschen Steuerrechts, S. 1 (8).

515 Vgl. *Drüen*, DStJG 42 (2019), 193 (197); *ders.*, DB 2018, 11 (13); *ders.*, in: Zukunftsfragen des deutschen Steuerrechts, S. 1 (8), der die Finanzverwaltung richtigerweise als reine „Verifikationsverwaltung" ansieht; zustimmend *Schmidt/Schmitt*, in: FS Spindler, S. 529 (530); s. auch *Maier*, JZ 2017, 614 (615).

516 *Seer*, in: Tipke/Lang, Steuerrecht, § 21 Rz. 5; *ders.*, DStZ 2016, 605 (607); *ders.*, FR 2012, 1000 (1002 ff.); *ders.*, DStJG 31 (2008), 7 (31 ff.).

517 *Wernthaler*, Die Korrektur von offenbaren Unrichtigkeiten im digitalisierten Besteuerungsverfahren, S. 50; *Münch*, DStR 2013, 2150 f.; *ders.*, DStR 2013, 212 (213 ff.); *Seer*, FR 2012, 1000 (1003); *ders.*, in: Selbstveranlagung – Wegfall des Amtsermittlungsgrundsatzes?, DWS-Symposium 2014, S. 7 (12); *Drüen*, in: Zukunftsfragen des

Diese Bezeichnung trifft vor dem Hintergrund der Neuerungen durch das StModG vor allem dann zu, wenn das Risikomanagementsystem nicht zuschlägt und allein aufgrund der vom Steuerpflichtigen gemachten Angaben ohne jegliche Mitwirkung eines Amtsträgers[518] ein vollautomatischer Steuerbescheid nach § 155 Abs. 4 AO n.F. ergeht.[519] Der auf dem Rechner der Finanzverwaltung automatisch erstellte Steuerbescheid, der zusätzlich mit Einwilligung des Steuerpflichtigen per Datenfernübertragung durch Bereitstellung auf Datenabruf gegenüber dem Steuerpflichtigen bekannt gegeben werden kann gemäß § 122a Abs. 1 AO n.F.,[520] stellt in diesem Fall einen rein „förmlichen" hoheitlichen Akt der Finanzverwaltung dar.

V. Pro und contra einer Selbstveranlagung

In der Diskussion im Zusammenhang mit der Einführung eines Selbstveranlagungsverfahrens in Deutschland werden in den einschlägigen Beiträgen stets entweder allein Argumente für oder allein Argumente gegen eine Selbstveranlagung vorgetragen. Diese Argumente sollen im Folgenden zusammengefasst dargestellt und im Rahmen einer eigenen Beurteilung unter besonderer Berücksichtigung des DWS-Symposiums mit dem Titel „Selbstveranlagung – Wegfall des Amtsermittlungsgrundsatzes?" aus dem Jahr 2014[521] gegenübergestellt werden.

---

deutschen Steuerverfahrens, S. 1 (8, 18); *Roser*, in: Beermann/Gosch, AO/FGO, § 88 AO Rz. 57 (Stand: Juni 2018); *Hoffmann*, Der maßvolle Gesetzesvollzug, S. 202; *Eckhoff*, Rechtsanwendungsgleichheit, S. 466; *Nagel*, Selbstveranlagung, S. 4, spricht von einer „Quasi-Selbstveranlagung". S. zur Entwicklung hin zu einer Selbstveranlagung in der Vollzugsrealität *Seiler*, in: FS für den BFH, S. 1761 (1775 ff., 1777), der in dieser Entwicklung eine Gefahr für Gesetz- und Gleichmäßigkeit der Besteuerung sieht (1778).

518 *Baldauf*, DStR 2016, 833 (834): „[...] der Steuerbescheid wird gänzlich ohne Beteiligung des Menschen erlassen".

519 *Durst*, kösdi 2019, 21202 (21203).

520 Auch § 122a AO n.F. wurde durch das StModG in die AO eingefügt, BGBl. I 2016, 1679, (1686 f.). Der zum Abruf bereitgestellte Verwaltungsakt gilt – entsprechend der Regelung im § 122 Abs. 2 AO – am dritten Tag nach Absendung der Benachrichtigung über die Bereitstellung als bekannt gegeben, § 122a Abs. 4 Satz 1 AO n.F. Die Beweislast für den Zugang der Benachrichtigung trägt die Finanzverwaltung, § 122a Abs. 4 Satz 2 AO n.F. S. zum § 122a AO n.F. *Wild*, SAM 2019, 3 (6); *Braun Binder*, DStZ 2016, 526 (534 f.).

521 Selbstveranlagung – Wegfall des Amtsermittlungsgrundsatzes, DWS-Symposium 2014.

1. Argumente pro Selbstveranlagung

Seit den Anfängen der Diskussion in Deutschland[522] wird ein bunter Strauß an Argumenten, die für eine Selbstveranlagung bei den direkten Veranlagungssteuern sprechen, angeführt. An erster Stelle wird i.d. Regel die Entlastung der Finanzverwaltung[523] und die Effizienzsteigerung ebendieser genannt.[524] Durch die Selbstveranlagung werden die Steuern von dem Steuerpflichtigen „selbsttätig“ berechnet und entrichtet,[525] was bedeutet, dass die Finanzverwaltung nur dann eine eigene Berechnung der konkreten Steuerschuld oder Ermittlungen zur Bestimmung des wahren Sachverhalts aufnehmen muss, wenn die Berechnung der Steuer durch den Steuerpflichtigen nicht zutrifft oder die Angaben des Steuerpflichtigen Anlass zur weiteren Prüfung des Steuerfalls bieten. Dadurch können die Finanzbeamten ihre Prüfungstätigkeit schwerpunktmäßig auf die tatsächlich prüfungsbedürftigen Fälle konzentrieren.[526] Zudem wird als Argument für die Einführung eines Selbstveranlagungsverfahrens die positive Auswirkung auf die Akzeptanz der Steuer als solche angeführt: Indem der Steuerpflichtige eigenständig die Grundlage für seine Besteuerung liefert und seine Steuerschuld selbst berechnet, begreife er sich nicht mehr als „Opfer“ einer komplexen Steuerberechnung durch die Finanzverwaltung. Dadurch steige die Steuermoral des Steuerpflichtigen.[527] Daneben liege die Privatisierung von hoheitlich kontrollierten Verfahren „im Trend der Zeit“.[528] Darüber hinaus sei in der Selbstveranlagung die Möglichkeit zu erblicken, dass der Bürger stärker in die Verwaltungsprozesse des Staates eingebunden werden und seine Mitwirkung fördern kann.[529] Schließlich werde mit der Selbstveranlagung auch die schnelle

---

522 Vgl. hierzu ausführlich unter Teil 3, D. II. 3.

523 *Reimer*, DStJG 37 (2014), 293 (314).

524 So etwa *Seer*, StuW 2003, 40 (45); *ders.*, Besteuerungsverfahren: Rechtsvergleich USA-Deutschland, Rz. 141, mit Blick auf die ökonomische Effizienz im amerikanischen Besteuerungsverfahren und Rz. 145 ff. zu konkreten Umsetzungsvorschlägen für ein Selbstveranlagungsverfahren in Deutschland.

525 *Barske*, Reichsabgabenordnung, S. 231.

526 *Bos*, StuW 1989, 267 (269); *Seer*, DStJG 31 (2008), 7 (32); *ders.*, StuW 2003, 40 (46).

527 *Frizen*, Das Deklarationsprinzip im Einkommensteuerrecht, S. 310; *Ahrens/Nagel*, FR 2002, 261 (262); s. auch *Bos*, StuW 1989, 267 (269).

528 *Ahrens/Nagel*, FR 2002, 261 (262).

529 *Ahrens/Nagel*, FR 2002, 261 (262).

Einnahme der Steuern gesichert[530] und insgesamt das Besteuerungsverfahren beschleunigt.[531]

2. *Argumente contra Selbstveranlagung*

Gegen die Implementierung eines Selbstveranlagungsverfahrens wird vorgebracht, dass das (Ertrag-)Steuerrecht zu kompliziert und zu komplex sei[532] und daher dem Steuerpflichtigen nicht zugemutet werden könne, eine Selbstveranlagung vorzunehmen. Der Steuerpflichtige werde durch eine Selbstveranlagung „aufgrund mangelnder steuerrechtlicher Kenntnisse" überfordert.[533] Mit dieser Feststellung geht meist auch die Forderung nach der Vereinfachung des Steuerrechts einher.[534] Darüber hinaus könne auch die Selbstberechnung den Steuerpflichtigen überfordern.[535] Ferner sei die Selbstveranlagung mit zu hohen Beratungskosten für den Steuerpflichtigen und einem zu hohen Risiko für die steuerberatenden Berufe verbunden.[536] Als weiteres Argument gegen eine Selbstveranlagung wird die Natur des Steuerpflichtigen als rational handelnder homo oeconomicus angeführt. Der Steuerpflichtige, der nach dieser Vorstellung allein an der eigenen Nutzenmaximierung interessiert ist, sehe in einem Selbstveranlagungsverfahren einen zusätzlichen Anreiz zum Verschweigen seines wahren Einkommens[537] und zur Nichteinhaltung seiner Abgabepflicht.[538] Die

---

530 Die Schnelligkeit kann durch einen Gleichlauf der Fälligkeit mit den Abgabefristen erreicht werden, s. *Seer*, Besteuerungsverfahren: Rechtsvergleich USA-Deutschland, Rz. 145; s. auch *Ahrens/Nagel*, FR 2002, 261 (262).

531 *Seer*, DStJG 31 (2008), 7 (32).

532 *Mellinghoff*, Stbg 2015, Heft 2, M1 f. *Tipke*, BB 2009, 636 (637), geht mit *Kirchhof*, DStR 2001, 913, davon aus, dass der „Rechtsstaat [...] vom Erklärungspflichtigen Unmögliches" verlangt. So hat *Kirchhof*, DStR 2001, 913, schon vor zwanzig Jahren festgestellt: „Das geltende Einkommensteuergesetz ist für den Steuerpflichtigen nicht mehr verständlich". Der bekannte Kölner Entwurf eines Einkommensteuergesetzes sah aufgrund der fehlenden steuerlichen Bildung des Steuerlaien von der Einführung eines Selbstveranlagungsverfahrens ab, vgl. *Lang/Englisch/Keß*, DStR 2005, Beihefter 1, 12.

533 *Frizen*, Das Deklarationsprinzip im Einkommensteuerrecht, S. 310; s. auch *Seer*, FR 2012, 1000 (1004), der diese Argumente anspricht und in der Folge entkräftet.

534 So etwa bei *Frizen*, Das Deklarationsprinzip im Einkommensteuerrecht, S. 311; *Seer*, Besteuerungsverfahren: Rechtsvergleich USA-Deutschland, Rz. 145. Zuletzt gefordert von *Seiler*, in: FS für den BFH, S. 1761 (1779 f.).

535 *Ahrens/Nagel*, FR 2002, 261 (262 f.).

536 *Mellinghoff*, Stbg 2015, Heft 2, M1 f.

537 *Frizen*, Das Deklarationsprinzip im Einkommensteuerrecht, S. 310 f.

538 *Karl*, DStZ 2002, 598 (600).

Finanzverwaltung treffe schließlich durch eine lediglich nachgelagerte Prüfung im Selbstveranlagungsverfahren eine Mehrbelastung.[539]

3. *Erkenntnisse aus dem DWS-Symposium 2014*

Das Deutsche wissenschaftliche Institut der Steuerberater e.V. (DWS) hat sich im Rahmen ihres Symposiums im Jahr 2014 mit der Neustrukturierung des steuerlichen Veranlagungsverfahrens durch Einführung eines Selbstveranlagungsverfahrens befasst. Im Rahmen des Symposiums wurden wichtige Gedanken zur Einführung eines Selbstveranlagungsverfahrens in Deutschland festgehalten, die besonders erwähnenswert sind. Diese sollen im Folgenden in gebotener Kürze dargestellt werden.

a) Impulsreferat von Seer

Das Symposium wurde von *Seer* mit einem Impulsreferat eingeleitet.[540] Nach allgemeinen Ausführungen zum aktuellen hoheitlich geprägten Besteuerungsverfahren, geht *Seer* auf die Selbstveranlagung ein. Die Selbstveranlagung sei die folgerichtige Umsetzung der Kooperationsmaxime und führe zu einem Grundrechtsschutz durch Verfahren, indem der Steuerpflichtige nicht mehr bloßes Objekt des Verfahrens, sondern Verfahrenssubjekt werde.[541] Das Selbstveranlagungsverfahren müsse zur Einhaltung von Gesetzmäßigkeit und Gleichmäßigkeit der Besteuerung über bestimmte Strukturelemente verfügen. Dazu gehöre u.a. ein elektronisches Risikomanagementsystem mit einer flankierenden maschinellen Zufallsauswahl.[542] *Seer* weist zudem darauf hin, dass entgegen der Befürchtung einer Strafbarkeitsausweitung zu Lasten des Steuerpflichtigen bei eigener Berechnung der Steuer schon nach heutiger Rechtsprechung[543] der Steuerpflichtige eine abweichende Rechtsauffassung gegenüber der Finanzbehörde offen deklarieren müsse. Gibt der Steuerpflichtige seine abweichende Rechtsauffassung in der Steuererklärung (oder in einer Anlage zur Steuererklärung) an, so räume der Steuerpflichtige der Finanzbehörde eine Prüfungsmöglichkeit

---

539 *Meinzenbach*, Die Steueranmeldung, S. 128.

540 *Seer*, in: Selbstveranlagung – Wegfall des Amtsermittlungsgrundsatzes?, DWS-Symposium 2014, S. 7 ff.

541 *Seer*, in: Selbstveranlagung – Wegfall des Amtsermittlungsgrundsatzes?, DWS-Symposium 2014, S. 7 (13).

542 Ausführlich *Seer*, in: Selbstveranlagung – Wegfall des Amtsermittlungsgrundsatzes?, DWS-Symposium 2014, S. 7 (17 f.).

543 S. hierzu allein BGH v. 10.11.1999 – 5 StR 221/99, wistra 2000, 137 (138) m.w.N.

ein, was jedenfalls den Vorwurf der Steuerhinterziehung entfallen lasse.[544] Nach dem Vorbild der Lohnsteueranrufungsauskunft gemäß § 42e EStG verlangt *Seer* eine kostenfreie Auskunftspflicht der Finanzbehörde im Selbstveranlagungsverfahren bei den Ertragsteuern.[545] Schließlich sieht *Seer* in einem Selbstveranlagungsverfahren ein Mittel zur Verfahrensbeschleunigung[546] und einen Anlass zur „Entpönalisierung" des Steuerrechts.[547]

b) *Einführungsreferate von Sell, Schwab und Anzinger*

Im Anschluss daran melden sich *Sell*, *Schwab* und *Anzinger* mit Einführungsreferaten zu Wort. Nach *Sell* müsse in einer ernsthaften Diskussion beim ständigen Vergleich mit der USA beachtet werden, dass diese durch Einführung der Selbstveranlagung vor über 100 Jahren eine ganz andere Tradition entwickeln konnten.[548] An der Modernisierung des Besteuerungsverfahrens führe kein Weg vorbei, so dass in die IT mehr investiert werden müsse. Konkret meint *Sell* damit die Schaffung eines computergesteuerten Risikomanagements mit entsprechenden Risikoparametern.[549] Abweichende Rechtsansichten könnten auch zukünftig vom Steuerpflichtigen vertreten werden, sofern sich diese in der Steuererklärung wiederfinden.[550] *Sell* hinterfragt die Lohnsteueranrufungsauskunft als Vorbild für eine praxisnahe Ausgestaltung der verbindlichen Auskunft[551] und spricht sich ebenfalls für eine Entpönalisierung im Besteuerungsverfahren aus.[552] Zuletzt weist *Sell* darauf hin, dass aus dem „gemeinsamen Konzept

---

544 *Seer*, in: Selbstveranlagung – Wegfall des Amtsermittlungsgrundsatzes?, DWS-Symposium 2014, S. 7 (18 ff.).

545 *Seer*, in: Selbstveranlagung – Wegfall des Amtsermittlungsgrundsatzes?, DWS-Symposium 2014, S. 7 (21 f.).

546 *Seer*, in: Selbstveranlagung – Wegfall des Amtsermittlungsgrundsatzes?, DWS-Symposium 2014, S. 7 (22 ff.).

547 *Seer*, in: Selbstveranlagung – Wegfall des Amtsermittlungsgrundsatzes?, DWS-Symposium 2014, S. 7 (24 f.).

548 *Sell*, in: Selbstveranlagung – Wegfall des Amtsermittlungsgrundsatzes?, DWS-Symposium 2014, S. 29.

549 *Sell*, in: Selbstveranlagung – Wegfall des Amtsermittlungsgrundsatzes?, DWS-Symposium 2014, S. 29 f.

550 *Sell*, in: Selbstveranlagung – Wegfall des Amtsermittlungsgrundsatzes?, DWS-Symposium 2014, S. 29 (30).

551 *Sell*, in: Selbstveranlagung – Wegfall des Amtsermittlungsgrundsatzes?, DWS-Symposium 2014, S. 29 (30 f.).

552 *Sell*, in: Selbstveranlagung – Wegfall des Amtsermittlungsgrundsatzes?, DWS-Symposium 2014, S. 29 (31).

von Bund und Ländern zur Modernisierung des Besteuerungsverfahrens" hervorgehe, „dass nicht das amerikanische Modell als Blaupause für das deutsche Besteuerungsverfahren dienen" solle.[553] *Schwab* stellt sofort zu Beginn klar, dass der Berufsstand der Steuerberater für eine Diskussion offen sei, der Selbstveranlagung aber kritisch gegenüberstehe. Dies gelte vor allem für eine „eins zu eins" Übernahme des angloamerikanischen Selbstveranlagungssystems.[554] Es müsse eine klare Abgrenzung der Verantwortlichkeiten zwischen Finanzverwaltung und Steuerpflichtigen beachtet werden. So müsse die Finanzverwaltung auch im Selbstveranlagungsverfahren für die Gleichmäßigkeit der Besteuerung durch ausreichende Kontrollen sorgen.[555] Es dürfe „keinesfalls [...] zu einer Verschärfung der strafrechtlichen Sanktionen kommen". Es stelle sich zudem die Frage, ob eine Modernisierung und Ausweitung auf weitere Steuerarten in Deutschland nicht ausreichen.[556] Nach *Anzinger* bedürfe die AO keiner Ergänzung zur bloßen Einführung eines Selbstveranlagungsverfahrens aufgrund §§ 167, 168 AO. Es reiche aus, dass in den Einzelsteuergesetzen eine Selbstberechnung aufgenommen werde.[557] Im Zusammenhang mit Risikomanagementsystemen erinnert *Anzinger* an die verfassungsrechtlichen Vorgaben durch das Recht auf informationelle Selbstbestimmung und betont die Wichtigkeit der Akzeptanz der Steuer beim Bürger.[558] *Anzinger* schlägt außerdem als weiteren Diskussionspunkt im Kontext eines Selbstveranlagungsverfahrens vor, die Funktion von Veranlagungsbeamten in Finanzbehörden zu automatisieren und Ansprechpartner für Steuerpflichtige in Callcentern in strukturschwachen Regionen zu konzentrieren.[559] Der Begriff „Selbstveranlagung" komme in dem Diskussionspapier von Bund und Ländern zur Modernisierung des Besteuerungsverfahrens

---

553 *Sell*, in: Selbstveranlagung – Wegfall des Amtsermittlungsgrundsatzes?, DWS-Symposium 2014, S. 29 (32).

554 *Schwab*, in: Selbstveranlagung – Wegfall des Amtsermittlungsgrundsatzes?, DWS-Symposium 2014, S. 33.

555 *Schwab*, in: Selbstveranlagung – Wegfall des Amtsermittlungsgrundsatzes?, DWS-Symposium 2014, S. 33.

556 *Schwab*, in: Selbstveranlagung – Wegfall des Amtsermittlungsgrundsatzes?, DWS-Symposium 2014, S. 33 (34).

557 *Anzinger*, in: Selbstveranlagung – Wegfall des Amtsermittlungsgrundsatzes?, DWS-Symposium 2014, S. 35.

558 *Anzinger*, in: Selbstveranlagung – Wegfall des Amtsermittlungsgrundsatzes?, DWS-Symposium 2014, S. 35 (36 f.).

559 *Anzinger*, in: Selbstveranlagung – Wegfall des Amtsermittlungsgrundsatzes?, DWS-Symposium 2014, S. 35 (38).

leider nicht vor.[560] Den Unterschied zwischen einer vollautomatisierten Bearbeitung eines Steuerfalls und der Selbstveranlagung sieht *Anzinger* zu Recht als gering an.[561] Ebenso wie *Seer* betont auch *Anzinger*, dass der Steuerpflichtige bei der Selbstveranlagung nicht bloßes Objekt von Verwaltungshandeln sei und steuerstrafrechtliche Konsequenzen Angst schüren.[562] Abschließend sei eine sphärenverantwortungsorientierte Selbstveranlagung einem automatischen Besteuerungsverfahren vorzuziehen.[563]

c) Anschließende Diskussion

Aus der daran anschließenden Podiumsdiskussion ist wenig Fruchtbares für die Einführung einer Selbstveranlagung zu entnehmen.[564] In der abschließenden Diskussion mit dem Auditorium wird betont, dass sich die Rolle der Steuerberater als unabhängiges Organ der Rechtspflege bei einer Selbstveranlagung nicht in Richtung Verwaltung verschieben dürfe.[565] Eine Selbstveranlagung im Massenverfahren im Arbeitnehmerbereich sei nur schwer durchführbar.[566] Es sei außerdem wichtig, dass das Risikomanagementsystem bei einer Selbstveranlagung die Verifikation nicht ersetze, sondern die Finanzbeamten unterstütze.[567] Ein wichtiger Punkt in der Diskussion ist, dass die Selbstveranlagung bereits in sehr

560 *Anzinger*, in: Selbstveranlagung – Wegfall des Amtsermittlungsgrundsatzes?, DWS-Symposium 2014, S. 35 (40).

561 *Anzinger*, in: Selbstveranlagung – Wegfall des Amtsermittlungsgrundsatzes?, DWS-Symposium 2014, S. 35 (41 f.), wonach die Unterscheidung allein darin liege, ob die Steuerberechnung beim Steuerpflichtigen oder bei der Finanzbehörde stattfinde. Folgen habe dies nur für den Zeitpunkt der Steuerfestsetzung.

562 *Anzinger*, in: Selbstveranlagung – Wegfall des Amtsermittlungsgrundsatzes?, DWS-Symposium 2014, S. 35 (42).

563 *Anzinger*, in: Selbstveranlagung – Wegfall des Amtsermittlungsgrundsatzes?, DWS-Symposium 2014, S. 35 (43).

564 Selbstveranlagung – Wegfall des Amtsermittlungsgrundsatzes?, DWS-Symposium 2014, S. 45 ff. Diskutiert werden ganz überwiegend Themen wie die Kooperationsmaxime und der Diskussionsentwurf zur Modernisierung des Besteuerungsverfahrens.

565 Selbstveranlagung – Wegfall des Amtsermittlungsgrundsatzes?, DWS-Symposium 2014, S. 53.

566 Selbstveranlagung – Wegfall des Amtsermittlungsgrundsatzes?, DWS-Symposium 2014, S. 53 (54).

567 Selbstveranlagung – Wegfall des Amtsermittlungsgrundsatzes?, DWS-Symposium 2014, S. 53 (55).

vielen Ländern auf der ganzen Welt praktiziert werde.[568] Den Bürgern sei mehr zuzutrauen, der Steuerpflichtige sei nicht zu unterschätzen.[569] Bei einer Selbstveranlagung ändere sich nichts zum jetzigen Zustand, da Arbeitnehmer schon heute Programme nutzen, die die Steuer ausrechnen.[570] Problematisch sei ferner die Einführung eines Freitextfeldes, das zur Aussteuerung des Steuerfalls führt, weil dadurch der Vereinfachungseffekt leide.[571] Überdies sollte über eine Verkürzung der Anlaufhemmung nachgedacht werden.[572] Da bei einem Selbstveranlagungsverfahren der Vorbehalt der Nachprüfung der Regelfall werde, müsse über eine zeitliche Begrenzung nachgedacht werden.[573] Die Diskussion schließt mit Überlegungen dazu ab, wie die Akzeptanz des Steuerpflichtigen gesteigert werden könne.[574]

4. *Eigene Auffassung*

Die Argumente gegen ein Selbstveranlagungsverfahren im Ertragsteuerbereich für Deutschland können nicht überzeugen. Der schlichte Hinweis auf den homo oeconomicus geht aus den bereits genannten Gründen fehl.[575] In einem modernen demokratischen Staat ist von einem steuermündigen Bürger auszugehen.[576] Zudem ist der Einwand, dass der Steuerpflichtige i.R. einer Selbstveranlagung auch die Steuergesetze subsumieren muss, nur auf den ersten Blick eine „neue“ Pflicht des Steuerpflichtigen. Schon de lege lata muss der Steuerpflichtige seine

568 Selbstveranlagung – Wegfall des Amtsermittlungsgrundsatzes?, DWS-Symposium 2014, S. 53 (56).

569 Selbstveranlagung – Wegfall des Amtsermittlungsgrundsatzes?, DWS-Symposium 2014, S. 53 (57, 59).

570 Selbstveranlagung – Wegfall des Amtsermittlungsgrundsatzes?, DWS-Symposium 2014, S. 53 (61).

571 Selbstveranlagung – Wegfall des Amtsermittlungsgrundsatzes?, DWS-Symposium 2014, S. 53 (62 ff.).

572 Selbstveranlagung – Wegfall des Amtsermittlungsgrundsatzes?, DWS-Symposium 2014, S. 53 (64).

573 Selbstveranlagung – Wegfall des Amtsermittlungsgrundsatzes?, DWS-Symposium 2014, S. 53 (67). Dieser Gedanke ist wichtig und wird an späterer Stelle wieder aufgegriffen und vertieft, s. hierzu Fn. 607.

574 Selbstveranlagung – Wegfall des Amtsermittlungsgrundsatzes?, DWS-Symposium 2014, S. 53 (67 ff.).

575 Vgl. hierzu bereits unter Teil 3, C. II. 3. c).

576 Vgl. hierzu bereits unter Teil 3, C. II. 3. c); so auch *Anzinger*, in: Selbstveranlagung – Wegfall des Amtsermittlungsgrundsatzes?, DWS-Symposium 2014, S. 35 (43).

Steuererklärung gemäß § 150 Abs. 2 AO wahrheitsgemäß nach bestem Wissen und Gewissen abgeben, wozu auch die zutreffende Subsumtion des relevanten Sachverhalts gehört.[577] Auch eine Vereinfachung des materiellen Steuerrechts ist keine zwingende Voraussetzung für die Einführung eines Selbstveranlagungsverfahrens.[578] Das amerikanische Steuerrecht „ist an Komplexität nicht zu überbieten".[579] Dennoch erfolgt in den USA die Besteuerung erfolgreich im Wege der Selbstveranlagung. Zu beachten ist auch, dass über die Hälfte der EU-Mitgliedstaaten ein Selbstveranlagungssystem haben, ähnlich sieht es bei den OECD-Staaten aus, und deren Steuergesetze sind weder weniger kompliziert noch weniger umfangreich als die deutschen Steuergesetze.[580] Mithin kann auch für das deutsche Besteuerungsverfahren davon ausgegangen werden, dass eine Selbstveranlagung trotz komplexer Steuerrechtslage zumutbar ist.[581] Eine Steuerrechtsvereinfachung wäre in praxi ohnehin nur schwer zu erreichen.[582]

---

577 *Seer*, FR 2012, 1000 (1004).

578 Die hier dargestellte Auffassung verkennt nicht, dass der BRH bereits im Jahr 2006 erhebliche Vollzugsdefizite beim Vollzug der Steuergesetze festgestellt hat und u.a. eine „durchgreifende Steuervereinfachung" zur Aufhebung dieses Defizits vorgeschlagen hat, s. *Der Präsident des Bundesrechnungshofs*, Probleme beim Vollzug der Steuergesetze, S. 157 ff. Gleichwohl ist zu beachten, dass der BRH eine Steuervereinfachung auch für die Einführung eines vollelektronischen Veranlagungsverfahrens als „sehr wichtig" ansah (S. 160), was den Gesetzgeber nicht daran gehindert hat, trotz komplexer Steuerrechtslage das elektronische Besteuerungsverfahren mit dem StModG in der AO zu finalisieren.

579 *Seer*, Besteuerungsverfahren: Rechtsvergleich USA-Deutschland, Rz. 142.

580 *Seer*, in: Selbstveranlagung – Wegfall des Amtsermittlungsgrundsatzes?, DWS-Symposium 2014, S. 53 (56); s. auch unter Teil 3, D. III.

581 Ebenso *Nagel*, Selbstveranlagung, S. 252 f.; a.A. *Frizen*, Das Deklarationsprinzip im Einkommensteuerrecht, S. 311; *Seer*, Besteuerungsverfahren: Rechtsvergleich USA-Deutschland, Rz. 145; *Kirchhof*, DStJG 40 (2017), 47 (63). Ernüchternd zur Steuervereinfachung im Einkommensteuerrecht *Reimer*, DStJG 37 (2014), 293 (294 ff.). Jüngst zum Erfordernis der Vereinfachung des Steuerrechts *Kirchhof*, in: FS für den BFH, S. 361 (363), der zumindest einsichtig erkennt: „Die notwendige Vereinfachung ist eine Herkulesaufgabe"; s. auch *Seer*, in: FS Brzezinskiemu, S. 456.

582 Dies erkennt auch *Eckhoff* bei *Ahrens/Nagel*, FR 2002, 261 (263). Zu den Reformvorschlägen für eine „einfache" Einkommensteuer s. *Kühn*, FR 2012, 543; s. aber auch *Ebling/Ebling*, in: FS Spindler, S. 51 (60 ff.), die zu dem Ergebnis kommen, dass die bisherigen Reformanstrengungen des Einkommensteuerrechts einer Art „Glasperlenspiel" nahekommen, da lediglich mit dem vorhandenen Einkommensteuerrecht „gespielt" werde, ohne tatsächlich etwas Neues zu schaffen (64). Zu einer ökonomisch basierten Gegenposition s. den instruktiven Beitrag von *Wagner*, FR 2012, 653.

Es verwundert daher auch nicht, dass die nahezu pauschale[583] Forderung nach einer Vereinfachung des Steuerrechts aus dem politischen Diskurs verschwunden ist.[584] Ganz im Gegenteil, das Steuerrecht wird immer komplexer und komplizierter[585] und rückt dadurch die Idee nach einer Steuervereinfachung in eine ungreifbare Ferne. Zudem wird sich der gewöhnliche Steuerpflichtige nicht etwa mit den zwölf Absätzen des § 50d EStG auseinandersetzen müssen. Diejenigen Steuerpflichtigen aber, die es müssen, werden steuerlich beraten. Die Steuerberater tragen dabei bereits heute schon ein hohes Risiko bei der Beratung.[586] Eine Risikoerhöhung der Steuerberater durch die Einführung einer Selbstveranlagung ist nicht zu erkennen. Die Beratungskosten des Steuerpflichtigen können überdies als Werbungskosten bzw. als Betriebsausgabe angesetzt werden. [587] Zu denken wäre auch an einen Abzug der Beratungskosten des Steuerpflichtigen auf Ebene der Steuerschuld, wodurch die Beratungskosten noch intensiver steuerlich neutralisiert werden.[588]

Der Steuerpflichtige wird überdies durch eine Selbstberechnungspflicht nicht unzumutbar überfordert.[589] Zum einen bietet die Finanzverwaltung bei elektronischer Übermittlung der Steuererklärung über das Elster-Portal[590] bereits

583 So auch *Hey*, in: FS für den BFH, S. 451 (484).

584 Mit einer gewissen Ironie sieht *Hey*, in: FS für den BFH, S. 451 (484), einen Grund dafür darin, dass die Politik erkannt habe, „wie kompliziert Steuervereinfachung ist". Anders formuliert: Die Vereinfachung des komplizierten Steuerrechts ist ihrerseits kompliziert. S. zur Unfähigkeit der deutschen Politik zur Steuervereinfachung den gleichnamigen Beitrag von *Lang*, in: FS Spindler, S. 139.

585 *Schmidt*, DStJG 31 (2008), 37 (38).

586 S. hierzu allein *Schäfer*, BB 2019, 1879 ff. m.w.N.

587 *Krüger*, in: Schmidt, EStG, § 10 Rz. 101.

588 Dies fordert auch *Seer*, StuW 2003, 40 (56), als Anreiz zur Inanspruchnahme eines Steuerberaters. Da die Kosten für den Steuerpflichtigen entstehen, weil er mit der Inanspruchnahme eines Steuerberaters seinen steuerlichen Pflichten optimal nachkommen möchte, ist diese Forderung mehr als vernünftig. Bedenken wegen übermäßiger Belastung des Fiskus aber von *Eckhoff* bei *Ahrens/Nagel*, FR 2002, 261 (263).

589 Bei einer Vortrags- und Diskussionsveranstaltung vom 4.12.2001 in der Bundesfinanzakademie in Brühl anlässlich ihres 50jährigen Bestehens referierte *Eckhoff* zu den Vor- und Nachteilen einer Selbstveranlagung in Deutschland und merkte schon damals an, dass die Berechnung der Steuer von den Steuerberatern und PC-Programmen – heute müsste diese Aussage wohl um Steuer-Apps ergänzt werden – zur Anfertigung der Steuererklärung ohnehin schon mitgeliefert werde, vgl. bei *Ahrens/Nagel*, FR 2002, 261 (262).

590 S. zum Elster-Projekt der Finanzverwaltung *Frizen*, Das Deklarationsprinzip im Einkommensteuerrecht, S. 88 ff.

aktuell eine (vorläufige) Steuerberechnung an.[591] Die über das Elster-Portal übermittelten Steuererklärungen steigen kontinuierlich an[592] und bilden heute den Regelfall.[593] So liegt die sog. Elster-Quote mittlerweile bei fast 70%.[594] Dieser Trend wird wohl mit der voranschreitenden Digitalisierung im Alltag weiter zunehmen und in Zukunft in eine nahezu vollständige elektronische Übermittlung der Steuererklärungen münden.[595] Den restlichen Bedenken gegen eine Überforderung des Steuerpflichtigen durch die Selbstberechnung der geschuldeten Steuer kann zum anderen dadurch Rechnung getragen werden, dass die AO de lege lata eine Härtefallregelung in § 151 AO vorsieht. Nach § 151 AO[596] kann der Steuerpflichtige seine Steuererklärung bei der jeweiligen Finanzbehörde an Amtsstelle insbesondere dann zur Niederschrift erklären, wenn er nicht dazu in der Lage ist, eine gesetzlich vorgeschriebene Selbstberechnung vorzunehmen. Der Finanzbeamte übernimmt dann in diesem Fall die Berechnung der Steuer. Denkbar wäre in diesem Zusammenhang auch die Errichtung von speziellen Service-Centern in den Finanzämtern, in denen Computer, die mit einer speziellen Steuerberechnungssoftware ausgestattet sind, die Steuer für die Steuerpflichtigen nach Eingabe ihrer steuerrelevanten Einkünfte und Ausgaben berechnen. Durch diese Serviceleistung der Finanzverwaltung[597] wird sichergestellt, dass

591 Auf dem mittleren Feld der Bearbeitungsmaske im Elster-Formular steht in großer Schrift „Prüfen". Mit kleinerer Schrift wird unmittelbar darunter „*und Steuer berechnen*" ergänzt. Damit kann der Steuerpflichtige mit einem einfachen Klick über das Elster-Portal seine Steuer berechnen (lassen).

592 *Bizer*, DStJG 42 (2019), 135 (137); *Drüen*, in: Zukunftsfragen des deutschen Steuerrechts, S. 1 (10).

593 *Seer*, in: FS für den BFH, S. 1717 (1726). So sind im Jahr 2018 insgesamt 23,1 Mio. Einkommensteuererklärungen elektronisch über das Elster-Portal an die Finanzverwaltung übermittelt worden. Im Jahr 2011 waren es nur 9,5 Mio. Einkommensteuererklärungen. Die Zahlen sind abrufbar unter https://www.elster.de/eportal/infoseite/presse (zuletzt abgerufen am 12.12.2019).

594 *Heller/Kniel*, NVwZ 2019, 935 (937).

595 *Gehm*, StuB 2016, 580 (585).

596 Zuletzt geändert durch das StModG, das die elektronische Steuererklärung in § 151 AO mitaufgenommen hat, vgl. BGBl. I 2016, 1679 (1688).

597 Zu weiteren Vorschlägen für Serviceleistungen der Finanzverwaltung vgl. *Seer*, StuW 2003, 40 (53 f.), der u.a. die öffentliche Auszeichnung der größten Steuerzahler (mit deren Zustimmung) vorschlägt. In Spanien, wo seit 1978 die Selbstveranlagung praktiziert wird, gehört zu den Serviceleistungen der Finanzverwaltung etwa die Ausstrahlung von Werbespots oder Zeitungsannoncen, die Steuerpflichtige an die Abgabe ihrer Steuererklärung erinnern, s. *Cremades Schulz* bei *Ahrens/Nagel*, FR 2002, 261 (266).

auch diejenigen Steuerpflichtigen, die ihre Steuer nicht selbst berechnen können, nicht mit der Einführung eines Selbstveranlagungsverfahrens benachteiligt werden. Nicht unerwähnt bleiben darf in diesem Zusammenhang, dass eine Anfrage vom 26. Mai 2016 an die Oberfinanzdirektionen bzw. Finanzministerien der Länder zum Ergebnis hatte, dass die Berechnung der Steuerhöhe bereits seit vielen Jahren überwiegend automatisch erfolgt.[598] Dies ist nicht zuletzt auch den verbreiteten Steuerprogrammen und den Steuer-Apps für mobile Geräte geschuldet.

Außerdem ist nicht zu erkennen, wodurch bei der Selbstveranlagung eine „Mehrbelastung" für die Finanzbehörden entstehen soll. Bei der Selbstveranlagung findet lediglich eine nachgelagerte Prüfung durch die Finanzbehörde statt.[599] Die Finanzbehörde prüft nicht „mehr" als in einem Fremdveranlagungsverfahren, bei dem die Angaben des Steuerpflichtigen bei Prüfungsbedürftigkeit geprüft wurden und sodann in einem nächsten Schritt die Finanzbehörde die geschuldete Steuer berechnet und festsetzt. Ganz im Gegenteil prüft die Finanzbehörde bei einer Selbstveranlagung mit korrespondierendem Risikomanagement die Angaben des Steuerpflichtigen nur nach entsprechender Aussteuerung durch das Risikomanagementsystem und falls die Steuerberechnung und die Angaben des Steuerpflichtigen zutreffen sollten, fallen sogar die Berechnung und – je nach Ausgestaltung – auch die Festsetzung der geschuldeten Steuer durch die Finanzbehörde weg.[600] Dadurch wird ein erheblicher Effizienzgewinn erreicht, der eine Konzentration des so freigesetzten Personals auf die tatsächlich kontrollbedürftigen Steuerfälle ermöglicht.[601]

Mit einem gesetzlich verankerten Paradigmenwechsel in der AO würde der Gesetzgeber die aktuell ohnehin schon in praxi bestehende tatsächliche Lage in eine entsprechende Rechtslage gießen und anerkennen. Von einem „echten" Paradigmenwechsel kann dabei genau genommen nicht die Rede sein, da der Gesetzgeber sich damit lediglich zu der faktisch schon bestehenden Rechtslage offen bekennen würde.[602] Bei der Ausgestaltung des Selbstveranlagungsverfahrens wird sich der Gesetzgeber entscheiden müssen, ob er dem Regime der

---

598 Zitiert bei *Maier*, JZ 2017, 614 (dort Fn. 7).

599 *Seer*, StuW 2003, 40 (45).

600 Der Steuerpflichtige erfüllt also Aufgaben des Ermittlungs- und Festsetzungsverfahrens in einem Arbeitsgang, vgl. *Seer*, StbJb. 2016/17, 539 (541); *ders.*, StuW 2003, 40 (45).

601 *Seer*, in: 4. Deutscher Finanzgerichtstag 2007, S. 99 (104).

602 Vgl. *Seer*, FR 2012, 1000 (1003).

Steueranmeldung nach § 150 Abs. 1 Satz 3 i.V. mit §§ 167, 168 AO folgt, so dass jede Steuerfestsetzung unter dem Vorbehalt der Nachprüfung[603] steht oder ob er einen anderen Weg einschlägt.[604] Nach der aktuell in § 150 Abs. 1 Satz 3 AO bestehenden Legaldefinition zur Steueranmeldung, die die Steuerberechnung als entscheidendes Merkmal einer Steueranmeldung hervorhebt, wäre die Selbstveranlagung im Bereich der Ertragsteuern aus steuerverfahrensrechtlicher Sicht eine Steueranmeldung i.S. der §§ 167, 168 AO, mit der Folge, dass jede Steuerfestsetzung unter dem Vorbehalt der Nachprüfung steht[605] und dadurch jederzeit[606] nach § 164 Abs. 2 Satz 1 AO geändert werden kann.[607]

---

603 Auch ein Steuerbescheid, der mit Vorbehalt der Nachprüfung versehen wird, kann ausschließlich automationsgestützt ergehen nach § 155 Abs. 4 Satz 2 Nr. 2 AO n.F., vgl. hierzu *Heblich*, DStR 2017, 574 (577 f.).

604 Charmant erscheint nach wie vor eine Steuererklärung des Steuerpflichtigen zu fordern, in der er jedoch selbst die Steuer berechnet, die Steuer innerhalb einer bestimmten Frist selbst entrichtet und auf dessen Grundlage ein automatischer Steuerbescheid nach § 155 Abs. 4 AO n.F. ergehen kann, vgl. insoweit auch *Seer*, FR 2012, 1000 (1004), unter Rückgriff auf den Kölner Entwurf zur Reform der Einkommensteuer. Dies hätte eine klare Allokation der Zuständigkeiten zwischen Steuerpflichtigen und Finanzverwaltung zur Folge, was insbesondere bei den Steuerberatern Zuspruch finden dürfte, vgl. *Schwab* (Fn. 554).

605 So auch bei *Seer*, StuW 2003, 40 (45).

606 Dies gilt jedenfalls bis zum Ablauf der Festsetzungsfrist, vgl. § 164 Abs. 4 Satz 1 AO.

607 *Seer*, DStJG 31 (2008), 7 (33 f.); *ders.*, in: GS Trzaskalik, S. 457 (470); *ders.*, StbJb. 2004/05, 53 (59 ff.), möchte zur Verhinderung von Verzögerungsanreizen parallel zur Einführung der Selbstveranlagung ein Steuerzuschlagssystem integrieren. Sollte sich der Gesetzgeber für ein Selbstveranlagungsverfahren mit Anmeldecharakter entscheiden, sollte mit Blick auf die Rechts- und Planungssicherheit des Steuerpflichtigen der Vorbehalt der Nachprüfung nicht solange gültig sein, bis die Finanzbehörde den Vorbehalt aufhebt, sondern – ebenso wie der Vorbehalt automatisch mit der Selbstveranlagung verbunden wäre – automatisch nach einer bestimmten Zeit wieder wegfallen. Bei der vollautomatischen Besteuerung der Ertragsteuern in Österreich kann ein „Abgabenbescheid" innerhalb eines Jahres ohne Angabe von Gründen korrigiert und aufgehoben werden, wenn der Bescheid „nicht richtig" ist, vgl. § 299 Abs. 1 Satz 1 der österreichischen Bundesabgabenordnung (BAO); s. auch *Kirchhof*, DStJG 40 (2017), 47 (65 f.). Ein ganzes Jahr würde zur Trägheit der Finanzverwaltung beitragen, sodass ein automatischer Wegfall nach sechs bis höchstens neun Monaten angemessen erscheint. Der Steuerpflichtige erlangt dabei Gewissheit über den automatischen Wegfall des Vorbehalts, wenn der Beginn der Halbjahresfrist genau in der AO geregelt wird. Für weitere Änderungen sollte das Korrekturregime der §§ 172 ff. AO ausreichen. Ähnlich kritisch sieht *Eckhoff* die Festsetzungsfristen mit Blick auf

VI. Vereinbarkeit der Selbstveranlagung mit dem Untersuchungsgrundsatz?

Das Thema des DWS-Symposiums aus dem Jahr 2014 macht ein offensichtliches Problem einer Selbstveranlagung für das deutsche Besteuerungsverfahren deutlich: „Selbstveranlagung – Wegfall des Amtsermittlungsgrundsatzes?". Damit wird das Verhältnis einer Selbstveranlagung zum in § 88 Abs. 1 AO (n.F.) niedergelegten Untersuchungsgrundsatz angesprochen. Erklärt der Steuerpflichtige nicht nur die Besteuerungsgrundlagen, sondern berechnet seine Steuern auch selbst und setzt diese – je nach Ausgestaltung des Selbstveranlagungsverfahrens – auch gegen sich selbst fest, so stellt sich die Frage, ob dann überhaupt noch eine Sachverhaltsermittlung ex officio notwendig erscheint oder aber der Untersuchungsgrundsatz dem Selbstveranlagungsverfahren weichen muss. In einem Selbstveranlagungsverfahren muss jedoch der Untersuchungsgrundsatz erst recht Geltung erlangen. Gerade in einem Selbstveranlagungsverfahren, wo neben der Deklaration auch die Steuerberechnung dem Steuerpflichtigen zukommt, muss die Verifikation der von dem Steuerpflichtigen gemachten Angaben gewährleistet werden.[608] Wie bereits festgestellt wurde, bedeutet der Untersuchungsgrundsatz im Massenverfahren die Gewährleistung einer strukturellen Verifikation im Gesamtvollzug.[609] Eine Übertragung der Verantwortung für eine gesetz- und gleichmäßige Besteuerung von der Finanzbehörde auf den Steuerpflichtigen findet durch ein Selbstveranlagungsverfahren entgegen der Annahme im Schrifttum gerade nicht statt,[610] da die Finanzbehörde auch im Selbstveranlagungsverfahren die Letztverantwortung trägt. Die Finanzbehörden sind Adressaten des § 85 Satz 1 AO, nicht der Steuerpflichtige. Auch bei der Ausgestaltung des Besteuerungsverfahrens als Selbstveranlagungsverfahren bleibt die Finanzbehörde dazu verpflichtet, Gesetz- und Gleichmäßigkeit

---

die Rechtssicherheit des Steuerpflichtigen und spricht sich daher für eine Verkürzung ebendieser aus, vgl. bei *Ahrens/Nagel*, FR 2002, 261 (262).

608 So geht auch *Seer*, Besteuerungsverfahren: Rechtsvergleich USA-Deutschland, Rz. 143, zutreffend davon aus, dass gerade im Selbstveranlagungsverfahren die Deklaration des Steuerpflichtigen der Verifikation durch die Finanzbehörden bedarf, sodass die Entscheidung des BVerfG v. 27.6.1991 – 2 BvR 1493/89, BVerfGE 84, 239 (273), zum deutschen Besteuerungsverfahren ohne Einschränkung auch – ja sogar erst recht – für ein deutsches Selbstveranlagungsverfahren gelten muss.

609 *Seer*, DStZ 2016, 605 (607); s. hierzu auch schon unter Teil 3, C. I.

610 Vgl. allein *Mellinghoff*, Stbg 2015, Heft 2, M1 f.

der Besteuerung zu gewährleisten.[611] Daran vermag auch die Einführung eines Selbstveranlagungsverfahrens nichts zu ändern, bei der lediglich das Verifikationsprinzip an Bedeutung zunehmen würde. Allein die Steuerberechnung wird bei der Selbstveranlagung als zusätzliche Pflicht auf den Steuerpflichtigen ausgelagert, was „nur" zu einer Erweiterung der bereits bestehenden Mitverantwortung des Steuerpflichtigen führt. Die Sachverhaltsermittlung kommt bereits heute im – rein rechtlichen – Fremdveranlagungsverfahren de facto dem Steuerpflichtigen zu.[612] Von einer Alleinverantwortung des Steuerpflichtigen auszugehen wäre daher schlichtweg unzutreffend.[613] Denn gibt der Steuerpflichtige den Sachverhalt nichtzutreffend wieder und wird dies vom Risikomanagementsystem erkannt, so ist es Sache der Finanzbehörde, den Sachverhalt zu ermitteln und den materiell wahren Sachverhalt der Besteuerung zugrunde zu legen. Die Finanzbehörde kann die Steuerberechnung bei einer unrichtigen Berechnung korrigieren und muss bei der Nichtabgabe einer Steuererklärung die Steuer selbst berechnen und festsetzen. Stimmt der deklarierte Sachverhalt mit dem materiell wahren Sachverhalt überein bzw. besteht kein Anlass zur weiteren Prüfung des Steuerfalls, bedarf es insoweit auch keiner Sachverhaltsermittlung ex officio. Insoweit besteht kein Unterschied zum Fremdveranlagungsverfahren. Die verbleibende Letztverantwortung der Finanzbehörde in einem Selbstveranlagungsverfahren wird ferner dadurch unterstrichen, dass der Untersuchungsgrundsatz uneingeschränkt auch im Selbstveranlagungsverfahren bei der Umsatzsteuer Anwendung findet.[614] Selbstveranlagung und Untersuchungsgrundsatz sind dementsprechend keine sich ausschließende Alternativen,[615] sondern können vielmehr bei zutreffendem Verständnis in Einklang gebracht werden.[616]

---

611 *Meinzenbach*, Die Steueranmeldung, S. 127; *Trzaskalik*, StuW 1993, 371 (374 ff.); s. auch *Carl/Klos*, JuS 1992, 292 (293).

612 Das Verfahren wird nur scheinbar von der Finanzverwaltung beherrscht, vgl. *Ahrens/Nagel*, FR 2002, 261 (262).

613 So aber wohl *Frizen*, Das Deklarationsprinzip im Einkommensteuerrecht, S. 309, wenn dort von der „Übertragung der Sachverhaltsverantwortung durch Einführung eines Selbstveranlagungsverfahrens" die Rede ist; s. auch *Mellinghoff*, Stbg 2015, Heft 2, M1 f.

614 *Meinzenbach*, Die Steueranmeldung, S. 131.

615 A.A. wohl *Eckhoff* bei *Ahrens/Nagel*, FR 2002, 261 (263).

616 In diese Richtung gehend hält auch das DWS im Vorwort fest: „Im Ergebnis darf es jedoch nicht zu einer Abkehr von unserem bisherigen Verständnis der Verantwortlichkeiten im Besteuerungsverfahren kommen", vgl. Selbstveranlagung – Wegfall des Amtsermittlungsgrundsatzes, DWS-Symposium 2014, S. 3. Dies sieht auch die Bundessteuerberaterkammer in ihrem Positionspapier (Fn. 499), S. 13, so; s. auch die dritte

VII. Zwischenergebnis

Die Finanzverwaltung ist bei der Bearbeitung der Masse an Steuerfällen überfordert. Zur Bewältigung des Massenverfahrens ist ein Zusammenspiel aus Selbstveranlagung auch für die Ertragsteuern, ein Risikomanagementsystem und die Möglichkeit des Erlasses eines vollautomatischen Steuerbescheids nach § 155 Abs. 4 AO n.F. erforderlich. Mit diesem Bewältigungstrias wäre die Finanzverwaltung in der Lage, eine gesetz- und gleichmäßige Besteuerung im Gesamtvollzug zu gewährleisten. Mit der Einführung einer Selbstveranlagung würde sich Deutschland in ein weltweit gelebtes und modernes Besteuerungsverfahren einreihen[617] und den Zustand anerkennen, der de facto ohnehin schon für die deutsche Besteuerungspraxis zutrifft. Für die Einführung eines Selbstveranlagungsverfahrens sprechen gute Argumente. Bei richtiger Auslegung des Untersuchungsgrundsatzes im Kontext einer Massenverwaltung wird deutlich, dass der Untersuchungsgrundsatz auch in einem Selbstveranlagungsverfahren seine wichtige Stellung für das Besteuerungsverfahren nicht verliert.

These von *Schwab* in seinem Thesenpapier zur Einführung einer Selbstveranlagung v. 4.12.2014 anlässlich des DWS-Symposiums 2014 (abrufbar unter: https://www.bstbk.de/export/sites/standard/de/ressourcen/Dokumente/04_presse/pressemitteilungen_anlagen/2014/PM019_Dr_Schwab_Thesenpapier_BStBK.pdf, zuletzt abgerufen am 12.12.2019).

617 *Loose*, DStJG 31 (2008), 203.

Teil 4: Der Untersuchungsgrundsatz im Lichte des § 88 AO n.F.

Mit *Drüen* ist anzuerkennen, dass die „Neuformulierung von § 88 AO [...] ein dogmatisches Kernelement der Modernisierung“ ist.[618] Das Kernelement des StModG soll auch den Kern dieser Arbeit ausmachen: Der Untersuchungsgrundsatz in der Fassung nach dem StModG (§ 88 AO n.F.). Zu diesem Zweck wird zunächst der Weg zum StModG und damit auch zur Neufassung des § 88 AO nachgezeichnet (unter A.). Darauf folgt eine Darstellung des neuen, erheblich erweiterten Wortlauts des § 88 AO n.F. (unter B.). Dem Titel dieser Arbeit entsprechend schließt daran eine eingehende Untersuchung der Begriffe „Wirtschaftlichkeit“ und „Zweckmäßigkeit“ sowie eine kritische Auseinandersetzung mit ebendiesen Begriffen an (unter C. und D.). Den Schwerpunkt macht die Behandlung des in § 88 Abs. 5 AO n.F. eingefügten Risikomanagementsystems[619] aus (unter E.). Zu beachten ist, dass die unter Teil 2 dieser Arbeit ausgeführten Erläuterungen zum § 88 AO a.F. dem Grunde nach auch für § 88 AO n.F. gelten. Mit § 88 AO n.F. wurde die Vorschrift zum finanzbehördlichen Untersuchungsgrundsatz jedoch erheblich erweitert und ergänzt.[620]

A. Der Weg zum § 88 AO n.F. durch das StModG

I. Das gemeinsame Konzept von Bund und Ländern

Am Anfang des Weges steht das gemeinsame Konzept des Bundes und der Länder mit Datum vom 30. Oktober 2014.[621] Im November 2013 haben die Abteilungsleiter (Steuer und Organisation) der obersten Finanzbehörden des Bundes und der Länder eine Arbeitsgruppe „Modernisierung des Besteuerungsverfahrens“ einberufen, mit dem Ziel, einen Vorschlag für ein Gesetz zur Modernisierung des Besteuerungsverfahrens auszuarbeiten.[622] Nach Billigung des Abschlussberichts der Arbeitsgruppe durch die Abteilungsleiter Steuer und Organisation am

618 *Drüen*, DB 2018, 11 (12).

619 Im Folgenden: „**RMS**“.

620 *Drüen*, DStJG 42 (2019), 193 (194).

621 Abgedruckt bei Selbstveranlagung – Wegfall des Amtsermittlungsgrundsatzes?, DWS-Symposium 2014, S. 77 ff.

622 S. dazu *Schmidt*, in: FS für den BFH, S. 321 (338).

22. und 23. Oktober 2014 wurde das Ergebnis der Arbeitsgruppe sodann vom BMF als Diskussionsentwurf mit Datum vom 21. November 2014 am 25. November 2014 veröffentlicht.[623] Die Arbeitsgruppe stand unter der Leitung eines Unterabteilungsleiters der Steuerabteilung des BMF, des Abteilungsleiters für Steuern und Organisation des Landes Bayern sowie des Abteilungsleiters Organisation des Landes Nordrhein-Westfalen (NRW).[624] Die Arbeitsgruppe hat insgesamt drei Sitzungen abgehalten. Die erste Sitzung fand in Berlin am 21. und 22. Januar 2014, die zweite Sitzung in München am 7. und 8. April 2014 und die dritte Sitzung in Düsseldorf am 3. und 4. Juli 2014 statt.[625] Die Aufgaben der Arbeitsgruppe wurden in zwei Module aufgeteilt, wobei Modul 1 ein Positionspapier zur Optimierung und Vereinfachung des steuerlichen Massenverfahrens insbesondere im Hinblick auf die Einkommensteuerveranlagung erarbeitet und Modul 2 korrespondierende verfahrensrechtliche Änderungen formuliert hat.[626] Für die Verfahrensmodernisierung hat sich die Arbeitsgruppe auf drei Handlungsfelder konzentriert:

1. Eine stärkere Serviceorientierung der Steuerverwaltung für die Steuerpflichtigen;
2. Eine stärkere Unterstützung von Arbeitsabläufen durch die IT, um eine gleichmäßige, gerechte und effiziente Besteuerung in der Lebenswirklichkeit des 21. Jahrhunderts zu gewährleisten und
3. Eine strukturelle Verfahrensanpassung mit dem Ziel einer nachhaltig wirtschaftlichen Aufgabenerfüllung der Steuerverwaltung unter den verfassungsrechtlichen und finanzpolitischen Rahmenbedingungen.[627]

Diese Ziele sollen u.a. durch eine erhebliche Ausweitung des Einsatzes der IT und Anpassungen der AO verwirklicht werden, die eine vollautomatische Bearbeitung von Steuererklärungen und den Einsatz eines automationsgestützten RMS ermöglichen sollen.[628] In den Anlagen zum Diskussionsentwurf finden sich diverse Vorschläge zu Gesetzesänderungen. In der Anlage 1, die mit „Vorschläge für Gesetzesänderungen im Zusammenhang mit der Modernisierung

623 Abgedruckt in DStR-Beihefter 2014, 149. Eine ausführliche Darstellung und Analyse des Diskussionspapiers findet sich bei *Heintzen*, DÖV 2015, 780.
624 DStR-Beihefter 2014, 149 Rz. 10.
625 DStR-Beihefter 2014, 149 Rz. 15.
626 DStR-Beihefter 2014, 149 Rz. 11.
627 DStR-Beihefter 2014, 149 Rz. 4.
628 DStR-Beihefter 2014, 149 Rz. 6-8. S. auch *Schmidt*, in: FS für den BFH, S. 321 (338).

des Besteuerungsverfahrens im engeren Sinne“ betitelt ist, wird ein Formulierungsvorschlag der Arbeitsgruppe für die Neufassung des § 88 AO präsentiert, der auch im Diskussionsentwurf enthalten ist.[629] Der Diskussionsentwurf sah folgende Formulierung für § 88 AO vor:

„§ 88 – Untersuchungsgrundsatz
(1) [1]Die Finanzbehörde ermittelt den Sachverhalt von Amts wegen. [2]Dabei hat sie alle für den Einzelfall bedeutsamen, auch die für die Beteiligten günstigen Umstände zu berücksichtigen.
(2) [1]Die Finanzbehörde bestimmt Art und Umfang der Ermittlungen; an das Vorbringen und an die Beweisanträge der Beteiligten ist sie nicht gebunden. [2]Neben den Umständen des Einzelfalls und dem Grundsatz der Verhältnismäßigkeit können bei der Entscheidung über Art und Umfang der Ermittlungen auch allgemeine Erfahrungen und Wirtschaftlichkeits- und Zweckmäßigkeitsgesichtspunkte berücksichtigt werden.
(3) [1]Zur Gewährleistung eines zeitnahen und gleichmäßigen Vollzugs der Steuergesetze können die obersten Finanzbehörden für bestimmte oder bestimmbare Fallgruppen aufgrund allgemeiner Erfahrungen und unter Berücksichtigung von Wirtschaftlichkeits- und Zweckmäßigkeitsgesichtspunkten Weisungen über Art und Umfang der Ermittlungen und der Verarbeitung von erhobenen oder erhaltenen Daten erteilen, soweit gesetzlich nicht ausdrücklich etwas anderes bestimmt ist. [2]Die Weisungen dürfen nicht veröffentlicht werden, soweit dies die Gleichmäßigkeit und Gesetzmäßigkeit der Besteuerung gefährden könnte. [3]Auf dem Gebiet der von den Landesfinanzbehörden im Auftrag des Bundes verwalteten Steuern legen die obersten Finanzbehörden der Länder die Weisungen nach Satz 1 zur Gewährleistung eines bundeseinheitlichen Vollzugs der Steuergesetze im Einvernehmen mit dem Bundesministerium der Finanzen fest.
(4) [1]Kann das Bundeszentralamt für Steuern ihm zugegangene und zur Weiterleitung an die Landesfinanzbehörden bestimmte Daten nicht oder nur mit unverhältnismäßigem Aufwand einem bestimmten Steuerpflichtigen oder einem bestimmten Finanzamt eindeutig zuordnen, soll es auf eine Weiterleitung dieser Daten an die Landesfinanzbehörden verzichten. [2]Die nicht weitergeleiteten Daten sind zu speichern; sie dürfen nur zur Auswertung durch Finanzbehörden im Rahmen eines Verfahrens nach § 30 Absatz 2 Nummer 1 Buchstabe a und b verwendet werden.
(5) [1]Die Finanzbehörden können bei der Ermittlung und Bewertung des Sachverhalts automationsgestützte Systeme zur Bewertung der Notwendigkeit weiterer Ermittlungen für eine gleichmäßige und gesetzmäßige Steuerfestsetzung und Anrechnung von Steuerabzugsbeträgen einsetzen (Risikomanagementsysteme). [2]Dabei soll auch der Grundsatz der Wirtschaftlichkeit der Verwaltung berücksichtigt werden. [3]Das Risikomanagement muss folgende Mindestanforderungen erfüllen:
Gewährleistung einer hinreichenden Zufallsauswahl zur umfassenden Prüfung;
personelle Prüfung der als prüfungsbedürftig ausgesteuerten Sachverhalte;

629 DStR-Beihefter 2014, 149 Rz. 65 (Abs. 5), 67 (Abs. 6), 83 (Abs.1 und 2), 87 (Abs. 3) und 89 (Abs. 4).

Möglichkeit einer personellen Fallauswahl zur umfassenden Prüfung;
regelmäßige Überprüfung der Risikomanagementsysteme auf ihre Zielerfüllung.
[4]Einzelheiten der Risikomanagementsysteme dürfen nicht veröffentlicht werden. [5]Auf dem Gebiet der von den Landesfinanzbehörden im Auftrag des Bundes verwalteten Steuern legen die obersten Finanzbehörden der Länder die Einzelheiten der Risikomanagementsysteme zur Gewährleistung eines bundeseinheitlichen Vollzugs der Steuergesetze im Einvernehmen mit dem Bundesministerium der Finanzen fest.
(6) [1]Die Finanzbehörden können Steuerfestsetzungen auf der Grundlage der ihnen vorliegenden Informationen und der Angaben des Steuerpflichtigen auch ausschließlich automationsgestützt vornehmen und ändern. [2]Das gilt auch für den Erlass und die Änderung von mit den Steuerfestsetzungen verbundenen Verwaltungsakten. [3]Hierauf ist im Steuerbescheid hinzuweisen.“

Der Diskussionsentwurf hat damit erstmalig für das deutsche Besteuerungsverfahren eine bundeseinheitliche gesetzliche Regelung für ein RMS formuliert. Während die Weisungen in § 88 Abs. 3 AO-DiskE nur nicht veröffentlicht werden durften, soweit dies die Gleichmäßigkeit und Gesetzmäßigkeit der Besteuerung gefährden könnte, galt diese Einschränkung für Einzelheiten des RMS nach § 88 Abs. 5 Satz 4 AO-DiskE nicht. Für das RMS sah der Diskussionsentwurf also ein absolutes Veröffentlichungsverbot vor. Auch die Grundsätze der Wirtschaftlichkeit und Zweckmäßigkeit haben im Diskussionsentwurf zum ersten Mal Gesetzesform angenommen, ebenso der Grundsatz der Verhältnismäßigkeit. Der vollautomatische Erlass eines Steuerbescheids war im Diskussionsentwurf noch als sechster Absatz im § 88 AO vorgesehen. Im StModG wurde dieser jedoch systemgerecht bei § 155 Abs. 4 AO n.F. in verfeinerter Form und unter Streichung der im Diskussionsentwurf in § 88 Abs. 6 Satz 3 AO-DiskE noch vorgesehenen Hinweispflicht eingefügt.[630]

II. Der Referentenentwurf des BMF

Nach einer bemerkenswerten Diskussion mit zahlreichen Stellungnahmen von betroffenen Organisationen und Verbänden sowie von der Gerichtsbarkeit und der Beraterschaft[631] mündete der Diskussionsentwurf in einen Referentenentwurf

630 Zur Hinweispflicht im Diskussionsentwurf DStR-Beihefter 2014, 149 Rz. 67, 74. Zur nunmehr fehlenden Hinweispflicht auch *Braun Binder*, NVwZ 2016, 960 (961).

631 Beispielhafte Aufzählung der Stellungnahmen zum Diskussionsentwurf: Stellungnahme des Instituts der Wirtschaftsprüfer in Deutschland e.V. v. 2.2.2015 (abrufbar unter: https://www.idw.de/blob/42128/2bc075440b04e97af15560fd3b8bf07d/down-modernisierung-des-besteuerungsverfahrens-data.pdf, zuletzt abgerufen am 12.12.2019); der Bundessteuerberaterkammer v. 30.1.2015 (abrufbar unter: https://www.bstbk.de/export/sites/standard/de/ressourcen/Dokumente/04_presse/

mit Datum vom 26. August 2015, den das BMF am 27. August 2015 veröffentlichte.[632] Nach Übersendung des Referentenentwurfs an unterschiedliche Stellen und der damit verbundenen Möglichkeit zur Stellungnahme meldeten sich wiederum viele Empfänger zu Wort.[633] Im Hinblick auf § 88 AO enthält der

stellungnahmen/2015/Stell03_30.01.2015.pdf, zuletzt abgerufen am 12.12.2019); des Deutschen Steuerberaterverbands e.V. v. 10.2.2015 (abrufbar unter: https://www.dstv.de/interessenvertretung/steuern/stellungnahmen-steuern/2015-s-02-diskussionsentwurf-modernisierung-des-besteuerungsverfahrens, zuletzt abgerufen am 12.12.2019); des Deutschen Richterbundes v. 28.1.2015 (abrufbar unter: https://www.drb.de/fileadmin/DRB/pdf/Stellungnahmen/2015/DRB_150129_Stn_Nr_04_Modernisierung_Besteuerungsverfahren.pdf, zuletzt abgerufen am 12.12.2019). Diese frühe Einbindung der betroffenen Öffentlichkeit in die Diskussion ist überaus begrüßenswert, so auch *Seer*, DStZ 2016, 605 (606).

632 Der Referentenentwurf ist abrufbar auf der Homepage des BMF unter: https://www.bundesfinanzministerium.de/Content/DE/Gesetzestexte/Gesetze_Gesetzesvorhaben/Abteilungen/Abteilung_IV/18_Legislaturperiode/Gesetze_Verordnungen/2016-07-22-Steuermodernisierungsgesetz/1-Referentenentwurf.pdf?__blob=publicationFile&v=2, zuletzt abgerufen am 12.12.2019. Zum Referentenentwurf ausführlich *Buchwald/Bernhardt/Welsch*, FR 2015, 1010; *Deckers/Fiethen*, FR 2015, 913 (917 f.); *Seer*, StuW 2015, 315.

633 Stellungnahmen zum Referentenentwurf: Stellungnahme der sechs Spitzenverbände der Kreditwirtschaft v. 23.9.2015; der acht Spitzenverbände der deutschen Wirtschaft v. 23.9.2015; der Arbeitsgemeinschaft für betriebliche Altersversorgung e.V. v. 17.9.2015; der Arbeitsgemeinschaft kommunale und kirchliche Altersversorgung e.V. v. 23.9.2015; des Bundes der Steuerzahler Deutschland e.V. v. 23.9.2015; des Bundes deutscher Finanzrichterinnen und Finanzrichter und des Deutschen Richterbundes v. 23.9.2015 (gemeinsame Stellungnahme); der Bundesarbeitsgemeinschaft der freien Wohlfahrtspflege e.V. v. 25.9.2015; der Bundessteuerberaterkammer v. 23.9.2015; des Bundesverbandes der Lohnsteuerhilfevereine e.V. v. 23.9.2015; der Bundesvereinigung der Deutschen Arbeitgeberverbände e.V. v. 4.8.2015; des dbb beamtenbund und tarifunion v. 22.9.2015; der Deutschen Rentenversicherung Bund v. 23.9.2015; des Deutschen Bauernverbands v. 23.9.2015; des Deutschen Städtetages v. 23.9.2015; des Deutschen Steuerberaterverbunds e.V. v. 24.9.2015; der Deutschen Steuer-Gewerkschaft v. 23.9.2015; des Hauptverbandes der landwirtschaftlichen Buchstellen und Sachverständigen e.V. v. 26.11.2015; des Instituts der Wirtschaftsprüfer in Deutschland e.V. v. 23.9.2015; des Landwirtschaftlichen Buchführungsverbandes v. 4.12.2015; des Neuen Verbands der Lohnsteuerhilfevereine e.V. v. 23.9.2015; der Vereinten Dienstleistungsgewerkschaft – ver.di v. 25.9.2015; der Wirtschaftsprüferkammer v. 23.9.2015 (allesamt abrufbar unter: https://www.bundesfinanzministerium.de/Content/DE/Gesetzestexte/Gesetze_Gesetzesvorhaben/Abteilungen/Abteilung_IV/18_Legislaturperiode/Gesetze_Verordnungen/2016-07-22-Steuermodernisierungsgesetz/0-Gesetz.html, zuletzt abgerufen am 12.12.2019).

Referentenentwurf einige erwähnenswerte Änderungen im Vergleich zum Diskussionsentwurf.[634] Der erste Absatz des § 88 AO-RefE hat den Wortlaut aus § 88 Abs. 1 AO-DiskE beibehalten. § 88 Abs. 2 Satz 1 AO-RefE hingegen enthält eine – rein formelle – Änderung, wenn dort die Finanzbehörde Art und Umfang der Ermittlungen „nach den *Umständen des Einzelfalls* und den *Grundsätzen der Verhältnismäßigkeit und Rechtmäßigkeit*" bestimmt. Die Umstände des Einzelfalls und der Grundsatz der Verhältnismäßigkeit wurden im Diskussionsentwurf schon in § 88 Abs. 2 Satz 2 AO-DiskE genannt. Erstmals taucht der Begriff der „Rechtmäßigkeit" in § 88 AO-RefE auf.[635] In § 88 Abs. 2 Satz 2 AO-RefE wird wie auch schon in § 88 Abs. 2 Satz 2 AO-DiskE bestimmt, dass bei der Entscheidung über Art und Umfang der Ermittlungen allgemeine Erfahrungen der Finanzbehörden sowie Wirtschaftlichkeits- und Zweckmäßigkeitsgesichtspunkte eine Rolle spielen dürfen. Der § 88 Abs. 3 AO-RefE ist im Wesentlichen identisch mit § 88 Abs. 3 AO-DiskE. Lediglich die Bestimmung, dass bei den Weisungen auch allgemeine Erfahrungen sowie Wirtschaftlichkeits- und Zweckmäßigkeitsgesichtspunkte berücksichtigt werden können, wurde in einem eigenen Satz geregelt (§ 88 Abs. 3 Satz 2 AO-RefE). Im Referentenentwurf wurde auf Vorschlag der Deutschen Rentenversicherung Bund e.V. neben dem Bundeszentralamt für Steuern auch die Deutsche Rentenversicherung Bund e.V. in § 88 Abs. 4 Satz 2 AO-RefE aufgenommen. Satz 3 des § 88 Abs. 4 AO-RefE sieht in Erweiterung des § 88 Abs. 4 Satz 2 AO-DiskE nicht nur vor, dass die nicht weitergeleiteten Daten gespeichert werden, sondern eine Speicherung bis zum Ablauf des zwanzigsten Jahres nach dem Jahr der Datenübermittlung zu erfolgen hat.[636] Der § 88 Abs. 5 AO-RefE enthält eine wichtige Ergänzung im Vergleich zum Diskussionsentwurf. Nach § 88 Abs. 5 Satz 4 AO-RefE dürfen Einzelheiten des RMS nicht veröffentlicht werden, *soweit* dies die Gleichmäßigkeit und Gesetzmäßigkeit der Besteuerung gefährden könnte. Das in § 88 Abs. 5 Satz 4 AO-DiskE noch vorgesehene absolute Veröffentlichungsverbot wird im Referentenentwurf eingeschränkt. Schließlich sieht § 88 Abs. 6 AO-RefE wie § 88 Abs. 6 AO-DiskE den vollautomatischen Erlass von steuerlichen Verwaltungsakten vor.

---

634 Referentenentwurf v. 26.8.2015, S. 10 f. (§ 88 AO-RefE).

635 In § 88 AO n.F. nach dem StModG ist der Begriff nicht wiederzufinden. Bereits der Regierungsentwurf zum StModG sah diesen Begriff nicht mehr vor (zum Regierungsentwurf s. Fn. 650). Dies ist zu begrüßen, da eine rechtmäßige Ausrichtung der Sachverhaltsermittlung selbstverständlich ist und keiner Klarstellung im Gesetzeswortlaut bedarf.

636 Mit Recht kritisch zu dieser überlangen Speicherungsfrist vgl. Der Bund der Steuerzahler e.V. v. 23.9.2015 (Fn. 633), S. 5.

Interessant ist, dass der Referentenentwurf auf die Hinweispflicht des § 88 Abs. 6 Satz 3 AO-DiskE scheinbar ohne Begründung verzichtet, obwohl dieser Hinweis in den Stellungnahmen für wichtig erachtet wurde.[637]

Der Referentenentwurf enthält ferner auf den S. 55 ff. eine umfassende Begründung. Besonders erwähnenswert ist der Umstand, dass nach der Entwurfsbegründung die Stärkung der Wirtschaftlichkeit und Zweckmäßigkeit des Verwaltungshandelns zum wesentlichen Inhalt des Entwurfs gehört. Der Gesetzgeber gestalte dabei zugleich „Inhalt und Grenzen dieser Erwägungen";[638] gemeint sind die Wirtschaftlichkeit und Zweckmäßigkeit. Eine zentrale Maßnahme der Modernisierung des Besteuerungsverfahrens sei die ausschließlich automationsgestützte Bearbeitung von Steuerfällen. Die vollautomatisch bearbeiteten Steuererklärungen unterlägen dabei nicht einem „Weniger" an Prüfungsintensität und -qualität, da in den Risikoparametern das gesamte Erfahrungswissen der Steuerverwaltungen fallgruppenspezifisch gebündelt werde.[639] Die Mindestanforderungen des RMS würden außerdem sicherstellen, dass auch in vollautomatisch bearbeiteten Steuerfällen ein gesetzmäßiger und gleichmäßiger Steuervollzug herrsche.[640] Im „Besonderen Teil" der Begründung[641] hält der Entwurf fest, dass der Untersuchungsgrundsatz nicht abgeschafft, sondern an die aktuellen Verhältnisse im Besteuerungsverfahren angepasst werde. Gleichmäßigkeit und Gesetzmäßigkeit blieben auch in Zukunft gewährleistet.[642] Es sei bereits nach aktueller Rechtslage zulässig, Zweckmäßigkeitserwägungen anzustellen und unter Wirtschaftlichkeitsgesichtspunkten auf das Verhältnis zwischen voraussichtlichem Arbeitsaufwand und steuerlichem Erfolg abzustellen.[643] „Steuerlicher Erfolg" kann aus ökonomischer Sicht nur ein steuerliches

637 Vgl. etwa Institut der Wirtschaftsprüfer in Deutschland e.V. v. 2.2.2015 (Fn. 631), S. 6 f.

638 Referentenentwurf v. 26.8.2015, S. 57.

639 Referentenentwurf v. 26.8.2015, S. 57.

640 Referentenentwurf v. 26.8.2015, S. 58.

641 Referentenentwurf v. 26.8.2015, S. 67 ff.

642 Referentenentwurf v. 26.8.2015, S. 74.

643 Referentenentwurf v. 26.8.2015, S. 74, unter pauschalen Verweis auf BVerfG v. 20.6.1973 – 1 BvL 9-10/71, BStBl. II 1973, 720 (s. zum richtigen Verständnis dieses Urteils unter Teil 4, C. III. 3. a]). Die Entwurfsbegründung verweist an dieser Stelle auch auf den BFH v. 5.3.2007 – IX B 29/06, juris, der in Rz. 3 der Entscheidungsgründe auch das Abstellen auf das Verhältnis zwischen Arbeitsaufwand und steuerlichen Erfolg aufgrund der Begrenzung von Personal und Mitteln als zulässig erachtet.

Mehrergebnis der Höhe nach bedeuten.[644] Zum RMS in § 88 Abs. 5 AO-RefE merkt die Entwurfsbegründung an, dass die Quote der vollständig maschinell bearbeiteten Steuererklärungen im Zuge der Verfahrensmodernisierung deutlich gesteigert werden soll und das RMS eine Voraussetzung dazu sei.[645] Die Entwurfsbegründung definiert ein RMS als „systematische Erfassung und Bewertung von Risikopotenzialen sowie der Steuerung von Reaktionen in Abhängigkeit von den festgestellten Risikopotenzialen".[646] Die Ziele des RMS seien (i) Steuerverkürzungen zu verhindern und damit präventiv zu wirken, (ii) gezielt Betrugsfälle aufzudecken, zumindest aber die Chancen ihrer Aufdeckung deutlich zu erhöhen, (iii) die personelle Fallbearbeitung durch eine risikoorientierte Steuerung der Bearbeitung zu optimieren, (iv) die Bearbeitungsqualität durch Standardisierung der Arbeitsabläufe bei umfassender IT-Unterstützung nachhaltig zu verbessern und (v) qualitativ hochwertige Rechtsanwendung durch bundeseinheitlich abgestimmte Vorgaben gleichmäßig zu gestalten.[647] Das RMS könne auch zur Auswahl von Steuerpflichtigen für eine Außenprüfung zum Einsatz kommen. Um zu verhindern, dass Steuerpflichtige ihr Verhalten dem RMS anpassen, müssten Einzelheiten geheim bleiben, soweit durch eine Veröffentlichung die Gleichmäßigkeit und die Gesetzmäßigkeit der Besteuerung gefährdet werden könnte.[648] Ein Informationsanspruch nach dem Informationsfreiheitsgesetz des Bundes (IFG) in Bezug auf Einzelheiten des RMS sei nach § 3 Nr. 1 lit. d) IFG in jedem Fall ausgeschlossen.[649]

III. Das Gesetzgebungsverfahren

Die Bundesregierung hat am 9. Dezember 2015 einen Regierungsentwurf des Gesetzes zur Modernisierung des Besteuerungsverfahrens beschlossen und dem

644 Zu dieser höchst problematischen Ausrichtung der Sachverhaltsermittlung s. Teil 4, C. III. 3. a).

645 Referentenentwurf v. 26.8.2015, S. 75.

646 Referentenentwurf v. 26.8.2015, S. 75 f.

647 Referentenentwurf v. 26.8.2015, S. 76.

648 Referentenentwurf v. 26.8.2015, S. 76.

649 Referentenentwurf v. 26.8.2015, S. 76. Dies ist widersprüchlich zur Formulierung in § 88 Abs. 5 Satz 4 AO-RefE, wonach Einzelheiten des RMS nicht veröffentlicht werden dürfen, *soweit* eine Gefährdung von Gleichmäßigkeit und Gesetzmäßigkeit zu befürchten ist. Die Formulierung in der Entwurfsbegründung schließt jedoch den Informationsanspruch aus, weil *jedes* Bekanntwerden von Einzelheiten des RMS sich nachteilig auf die Funktionsfähigkeit der Finanzverwaltung auswirken könne. S. in diesem Zusammenhang auch VG Berlin v. 13.10.2016 – 2 K 507.15, juris, Rz. 18 ff.

Bundesrat am 18. Dezember 2015 zugeleitet.[650] Der Regierungsentwurf weist – mit Ausnahme der Verschiebung des vollautomatischen Erlasses von steuerlichen Verwaltungsakten von § 88 Abs. 6 AO-RefE in § 155 Abs. 4 AO-RegE – im Hinblick auf die Neufassung des § 88 AO keine erheblichen Unterschiede zum Referentenentwurf auf. Der Regierungsentwurf verzichtet lediglich auf den Begriff der „Rechtmäßigkeit" aus § 88 Abs. 2 Satz 1 AO-RefE, verkürzt die zwanzigjährige Speicherungsfrist aus § 88 Abs. 4 Satz 3 AO-RefE auf fünfzehn Jahre und ersetzt den Begriff „Bewertung" in § 88 Abs. 5 Satz 1 AO-RefE mit dem Begriff „Beurteilung".[651] Die Regierungsbegründung enthält ausführlichere einleitende Worte zur Neufassung des § 88 AO[652] und löst den angesprochenen Widerspruch[653] beim Informationsanspruch nach dem IFG auf.[654] Mit Datum vom 15. Januar 2016 gaben sodann die Ausschüsse des Bundesrates unter der Federführung des Finanz- und des Rechtsausschusses ihre Empfehlungen ab.[655] Zwei Wochen nach den Empfehlungen der Ausschüsse des Bundesrates gab der Bundesrat selbst am 29. Januar 2016 seine Stellungnahme ab, in der er die Empfehlungen seiner Ausschüsse vollumfänglich übernimmt.[656] Daraufhin leitete die Bundesregierung den Gesetzentwurf nebst Stellungnahme des Bundesrates und einer Gegenäußerung der Bundesregierung am 3. Februar 2016 dem Bundestag zu.[657] Die erste Lesung im Bundestag fand am 26. Februar 2016 statt. Noch am selben Tag überwies der Bundestag den Gesetzentwurf in die Ausschüsse.[658] Den nächsten Schritt im Gesetzgebungsverfahren machte der Finanzausschuss,

---

650 BR-Drucks. 631/15 (Regierungsentwurf). S. hierzu *Willerscheid*, NWB 2016, 661; *Baum*, NWB 2015, 3891.

651 BR-Drucks. 631/15, S. 10 f. (§ 88 AO-RegE).

652 BR-Drucks. 631/15, S. 79 f.

653 S. Fn. 649.

654 BR-Drucks. 631/15, S. 83.

655 BR-Drucks. 631/1/15. Mit Blick auf § 88 AO-RegE haben die Ausschüsse lediglich eine Ergänzung in § 88 Abs. 4 AO-RegE empfohlen (BR-Drucks. 631/1/15, S. 3 f.).

656 BR-Drucks. 631/15 (Beschluss).

657 BT-Drucks. 18/7457 (Gesetzentwurf). Die Gegenäußerung der Bundesregierung zur Stellungnahme des Bundesrats findet sich bei BT-Drucks. 18/7457, S. 133 ff. (Anlage 4).

658 BT-PlPr. 18/159, S. 15714A – 15721B (22. Tagesordnungspunkt). Der damalige Parlamentarische Staatssekretär *Dr. Michael Meister* beim Bundesminister der Finanzen stellte in der ersten Lesung klar, dass die organisatorische und inhaltliche Umsetzung des Gesetzes in der Finanzverwaltung bis Ende 2022 dauern werde, vgl. BT-PlPr. 18/159, S. 15715B.

der eine öffentliche Anhörung zum Gesetzentwurf am 13. April 2016[659] durchgeführt und seine Beschlussempfehlung mit seinem Bericht am 11. Mai 2016 abgegeben hat.[660] Der Finanzausschuss hat eine Klarstellung zu den Weisungen des BMF gegenüber Bundesfinanzbehörden nach § 88 Abs. 3 und 4 AO-E empfohlen.[661] Die Absätze 1, 2 und 5 des § 88 AO-E lies der Finanzausschuss unverändert bestehen.[662] Im Rahmen der öffentlichen Anhörung hatten Einzelsachverständige, Verbände und Institutionen Gelegenheit zur Stellungnahme.[663] Die zweite und dritte Lesung im Bundestag wurden am folgenden Tag, dem 12. Mai 2016, abgehalten.[664] Unmittelbar im Anschluss an die abschließenden Beratungen hat der Bundestag das StModG in der empfohlenen Ausschussfassung mit den Stimmen der Koalitionsfraktionen gegen die Stimmen der Oppositionsfraktionen angenommen.[665] Am 27. Mai 2016 folgte die Unterrichtung des Bundesrates durch den Bundestag über den Gesetzesbeschluss.[666] Der Bundesrat hat

659 Ein Bericht über die Anhörung findet sich unter dem folgenden Link:
https://www.bundestag.de/dokumente/textarchiv/2016/kw15-pa-finanzen-416372, zuletzt abgerufen am 12.12.2019.

660 BT-Drucks. 18/8434. Der Finanzausschuss hat erstmalig am 16.3.2016 über den Gesetzentwurf beraten und beschlossen, eine öffentliche Anhörung durchzuführen. Weitere Beratungen folgten am 27.4.2016 und am 11.5.2016, vgl. BT-Drucks. 18/8434, S. 98.

661 BT-Drucks. 18/8434, S. 2, 21, 108 f.

662 BT-Drucks. 18/8434, S. 20 f.

663 Dazu gehörten: Prof. Jürgen Brandt (in seiner Funktion als Präsident des Deutsches Finanzgerichtstages) v. 8.4.2016; Bund der Steuerzahler e.V. v. 10.3.2016; Bund Deutscher Finanzrichterinnen und Finanzrichter; BRH (ohne Datum); Bundessteuerberaterkammer v. 5.4.2016; Bundesverband der Lohnsteuerhilfevereine e.V. v. 24.3.2016; Chaos Computer Club e.V. v. 13.4.2016; DATEV eG Nürnberg v. 5.4.2016; Deutsche Steuer-Gewerkschaft v. 8.4.2016; Deutscher Steuerberaterverband e.V. v. 14.3.2016; Die Bundesbeauftragte für den Datenschutz und die Informationsfreiheit v. 31.3.2016; Gesamtverband der Deutschen Versicherungswirtschaft e.V. v. 16.3.2016; Neuer Verband der Lohnsteuerhilfevereine e.V. v. 16.3.2016; Dr. Susanne Stiewe, Hessisches Ministerium der Finanzen (ohne schriftliche Stellungnahme); Vereinte Dienstleistungsgewerkschaft – ver.di v. 8.4.2016 (vgl. BT-Drucks. 18/8434, S. 97). Die Stellungnahmen sind abrufbar unter: https://www.bundestag.de/ausschuesse/ausschuesse18/a07/anhoerungen/75-sitz--416234, zuletzt abgerufen am 12.12.2019.

664 BT-PlPr. 18/170, S. 16773C – 16783D (2. Lesung); BT-PlPr. 18/170, S. 16783D (3. Lesung).

665 BT-PlPr. 18/170, S. 16783C – 16783D.

666 BR-Drucks. 255/16.

dem Gesetz mit Datum vom 17. Juni 2016 gemäß Art. 105 Abs. 3 und Art. 108 Abs. 4 und 5 GG zugestimmt.[667] Am 22. Juli 2016 wurde schließlich das StModG vom 18. Juli 2016 im Bundesgesetzblatt veröffentlicht.[668]

B. Der neue Wortlaut des § 88 AO n.F. im Überblick

I. § 88 Abs. 1 AO n.F.

Der Wortlaut des § 88 Abs. 1 Satz 1 AO n.F. ist unverändert geblieben und statuiert nach wie vor den Untersuchungsgrundsatz.[669] Hinzugekommen ist in § 88 Abs. 1 Satz 2 AO n.F. der ursprüngliche § 88 Abs. 2 AO a.F. Dieser beinhaltet nunmehr das sog. materielle Wahrheitsprinzip, das die Finanzbehörde zur Objektivität und Neutralität verpflichtet.[670]

II. § 88 Abs. 2 AO n.F.

Nach dem neuen § 88 Abs. 2 Satz 1 AO n.F. bestimmt die Finanzbehörde allein Art und Umfang der Ermittlungen. Dies entspricht der bisherigen Regelung in § 88 Abs. 1 Satz 2 AO a.F. Dabei sind die Umstände des Einzelfalles zu berücksichtigen, wie es bisher der § 88 Abs. 1 Satz 3 AO a.F. vorsah. Neu eingefügt wurde die Erwähnung der Fundamentalgrundsätze der Gleichmäßigkeit und Gesetzmäßigkeit[671] und die ausdrückliche Nennung des Grundsatzes der Verhältnismäßigkeit, der bereits nach der bisherigen Rechtslage anerkannt war.[672] Der § 88 Abs. 2 AO n.F. sieht vor, dass „bei der Entscheidung über Art und Umfang der Ermittlungen *allgemeine Erfahrungen*[673] der Finanzbehörden sowie *Wirtschaftlichkeit* und *Zweckmäßigkeit* berücksichtigt werden" können.[674] Damit hat der Gesetzgeber drei unbestimmte Rechtsbegriffe in den § 88 Abs. 2 AO n.F.

667 BR-Drucks. 255/16 (Beschluss).
668 BGBl. I 2016, 1679.
669 BGBl. I 2016, 1679 (1683).
670 Vgl. hierzu Teil 2, C. III.
671 S. unter Teil 1, C. I. und II.
672 Zum Verhältnismäßigkeitsgrundsatz s. Teil 2, E. I.
673 Dass die Finanzbehörde auch allgemeine Erfahrungen, die sie durch die jährlichen Bearbeitungen von unterschiedlichsten Steuerfällen und -erklärungen gesammelt haben, anwenden darf, ist selbstverständlich, vgl. explizit dazu *Zaumseil*, NJW 2016, 2769 (2771). Im Folgenden wird der Schwerpunkt daher auf die aufklärungsbedürftigeren Grundsätze der Wirtschaftlichkeit und Zweckmäßigkeit gelegt.
674 BGBl. I 2016, 1679 (1683 f.).

eingefügt, die bereits in der Literatur und Rechtsprechung mehrfach erwähnt und für das Besteuerungsverfahren anerkannt wurden. Insbesondere die bereits anerkannten Grundsätze der Wirtschaftlichkeit und Zweckmäßigkeit wurden in § 88 Abs. 2 Satz 2 AO n.F. gesetzlich festgemacht.[675]

III. § 88 Abs. 3 AO n.F.

Die neue Fassung des § 88 Abs. 3 Satz 1 AO räumt den obersten Finanzbehörden die Möglichkeit ein, für bestimmte oder bestimmbare Fallgruppen Weisungen über Art und Umfang der Ermittlungen an die Finanzbehörden zu erteilen.[676] Derartige Weisungen müssen dazu dienen, einen zeitnahen und gleichmäßigen Vollzug der Steuergesetze zu gewährleisten.[677] Diese Weisungen dürfen, „soweit dies die Gleichmäßigkeit und Gesetzmäßigkeit der Besteuerung gefährden könnte", nicht veröffentlich werden, so § 88 Abs. 3 Satz 3 AO n.F. Der § 88 Abs. 3 Satz 2 AO n.F. betont auch im Zusammenhang mit den gruppenbezogenen Weisungen wiederum die Grundsätze der Wirtschaftlichkeit und Zweckmäßigkeit. Verwaltungsanweisungen auf dem Gebiet der Auftragsverwaltung können nach § 88 Abs. 3 Satz 4 AO n.F. nur im Einvernehmen mit dem BMF erlassen werden.[678]

IV. § 88 Abs. 4 AO n.F.

Viele von den vom Bundeszentralamt für Steuern (BZSt) und der zentralen Stelle i.S. des § 81 EStG[679] an die Landesfinanzbehörden übermittelten Daten können dem individuellen Steuerpflichtigen nur mit erheblichem Aufwand zugeordnet

---

675 Insoweit ist die Bezeichnung als „neue" Prinzipien im Besteuerungsverfahren missverständlich, ebenso richtigerweise *v. Wedelstädt*, AO-StB 2016, 196 f. Zum Wirtschaftlichkeitsprinzip s. auch schon Teil 3, C. III.; zum Prinzip der Zweckmäßigkeit bereits BVerfG v. 20.6.1973 – 1 BvL 9-10/71, BVerfGE 35, 283 (294) = BStBl. II 1973, 720 (723): „Trotz des in § 204 AO festgelegten Legalitätsprinzips können aber bei den Entscheidungen der Finanzbehörden Erwägungen mitspielen, die im Ergebnis Zweckmäßigkeitserwägungen gleichzustellen sind".

676 BGBl. I 2016, 1679 (1684).

677 Vgl. § 88 Abs. 3 Satz 1 AO n.F.; s. auch *Baum*, NWB 2016, 2636 (2638).

678 Vgl. umfangreich zum § 88 Abs. 3 AO n.F. *Seer*, in: Tipke/Kruse, AO/FGO, § 88 AO Rz. 52 ff. (Stand: Januar 2017); *Baum*, NWB 2016, 2636 (2639 f.). Dem BMF war es im Vorfeld zum StModG sehr wichtig, dass solche Weisungen nur mit seinem Einvernehmen ergehen können, vgl. *Schmidt*, in: FS für den BFH, S. 321 (339), dort Fn. 146.

679 § 81 EStG: Deutsche Rentenversicherung Bund.

werden. Daher sieht der § 88 Abs. 4 Satz 1 AO n.F. einen Verzicht der Weiterleitung für das BZSt vor, wenn die Daten nicht oder nur mit unverhältnismäßigem Aufwand einem bestimmten Steuerpflichtigen oder einem bestimmten Finanzamt zugeordnet werden können.[680] Wenn Daten nach Satz 1 zugeordnet werden können, sind diese unter Beachtung der Weisungen des BMF gemäß Abs. 3 weiterzuleiten, vgl. § 88 Abs. 4 Satz 2 AO n.F. Satz 3 des § 88 Abs. 4 AO n.F. sieht eine 15jährige Speicherungsfrist für die vom BZSt nicht weitergeleiteten Daten für Zwecke von Verfahren i.S. des § 30 Abs. 2 Nr. 1 lit. a) und b) AO vor. § 88 Abs. 4 Satz 4 AO n.F. stellt klar, dass die nach Satz 3 gespeicherten Daten allein für die dort genannten Verfahren sowie zur Datenschutzkontrolle verarbeitet werden dürfen.[681]

V. § 88 Abs. 5 AO n.F.

Der § 88 Abs. 5 Satz 1 AO n.F. sieht schließlich die gesetzliche Grundlage für den Einsatz eines RMS vor.[682] „Dabei soll auch der Grundsatz der Wirtschaftlichkeit der Verwaltung berücksichtigt werden“, so lautet § 88 Abs. 5 Satz 2 AO n.F. In § 88 Abs. 5 Satz 3 Nr. 1 bis 4 AO n.F. werden Mindestanforderungen an ein solches RMS aufgestellt.[683] Die „Einzelheiten“ des RMS dürfen, soweit eine Gefährdung der Gleichmäßigkeit und Gesetzmäßigkeit zu befürchten ist, nicht veröffentlicht werden, vgl. § 88 Abs. 5 Satz 4 AO n.F. Im Bereich der Auftragsverwaltung legen die obersten Finanzbehörden im Einvernehmen mit dem BMF die Einzelheiten des RMS fest, um einen bundeseinheitlichen Vollzug sicherzustellen, § 88 Abs. 5 Satz 5 AO n.F.

C. Der Grundsatz der Wirtschaftlichkeit im § 88 AO n.F.

I. Allgemeines zur Einführung des Grundsatzes der Wirtschaftlichkeit

Keine Neuerung im § 88 AO n.F. hat sich im Wortlaut so oft manifestiert wie der Grundsatz der Wirtschaftlichkeit. Die Suche nach einer Rechtsgrundlage in der AO für den Grundsatz der Wirtschaftlichkeit im Besteuerungsverfahren hat damit ein Ende.[684] So findet sich dieser Begriff in § 88 Abs. 2 Satz 2 AO

---

680 BGBl. I 2016, 1679 (1684).

681 Zu § 88 Abs. 4 AO n.F. *Baum*, NWB 2016, 2636 (2638 f.).

682 BGBl. I 2016, 1679 (1684).

683 BGBl. I 2016, 1679 (1684).

684 Vgl. zu der Suche nach einer Rechtsgrundlage *Frizen*, Das Deklarationsprinzip im Einkommensteuerrecht, S. 241 ff.

n.F., in § 88 Abs. 3 Satz 2 AO n.F. und schließlich in § 88 Abs. 5 Satz 2 AO n.F. wieder. Der Wirtschaftlichkeit kommt daher im Zusammenhang mit dem Untersuchungsgrundsatz eine zentrale Bedeutung zu. Dabei weist die letzte Formulierung der Wirtschaftlichkeit im Wortlaut des § 88 AO n.F. einen aus rechtlicher Sicht beachtlichen Unterschied zur sonstigen Formulierung im § 88 AO n.F. auf: Während der Grundsatz der Wirtschaftlichkeit nach dem Wortlaut in § 88 Abs. 2 Satz 2, Abs. 3 Satz 2 AO n.F. berücksichtigt werden „kann", sieht der Wortlaut in § 88 Abs. 5 Satz 2 AO n.F. vor, dass der Grundsatz der Wirtschaftlichkeit der Verwaltung beim Einsatz des RMS beachtet werden „soll". Damit ist § 88 Abs. 5 Satz 2 AO n.F. als sog. Soll-Vorschrift ausgestaltet, was bedeutet, dass die Beachtung des Grundsatzes der Wirtschaftlichkeit im Zusammenhang mit dem RMS die Regel darstellt und lediglich in vom Normalfall abweichenden Fällen bei Vorliegen von besonderen Umständen eine Abweichung von diesem Regelfall zulässig sein soll.[685] Die Ermessensausübung wird für den Regelfall durch die Wortwahl „soll" in eine bestimmte Richtung gelenkt.

Ebenso wie sich der Grundsatz der Wirtschaftlichkeit im Vergleich zu anderen in § 88 AO n.F. geregelten Grundsätzen am häufigsten im Wortlaut des § 88 AO n.F. wiederfindet, wurde ebendieser Grundsatz in den Stellungnahmen und den Gesetzesberatungen auf dem Weg zum StModG am häufigsten kritisiert. Die Kritik war vielfältig, im Kern lässt sie sich jedoch auf den folgenden Kritikpunkt zusammenfassen: Bei dem Begriff der „Wirtschaftlichkeit" handele es sich um einen unbestimmten Rechtsbegriff, der den Untersuchungsgrundsatz in unzulässiger Weise einschränke und daher keiner gesetzlichen Fixierung in § 88 AO bedürfe.[686] Diese Arbeit versucht im Folgenden, diesem unbestimmten

685 Während also bei der Ermessensausübung in den Fällen des § 88 Abs. 2 Satz 2, Abs. 3 Satz 2 AO n.F. der Grundsatz der Wirtschaftlichkeit ein Motiv unter vielen für die endgültige Ermessensentscheidung sein kann, ist die Wirtschaftlichkeit bei § 88 Abs. 5 Satz 2 AO n.F. im Regelfall das entscheidende Motiv. Zur Bedeutung von Soll-Vorschriften im Verwaltungsrecht s. etwa *Hoppe*, in: FS Maurer, S. 625 ff.; *Ramsauer*, in: Kopp/Ramsauer, VwVfG, § 24 Rz. 19; s. auch BVerwG v. 23.11.1966 – VI C 94.63, DÖV 1967, 424; vgl. aber auch schon RFH v. 12.11.1930 – IV A 216/30, RFHE 27, 262.

686 Vgl. Stellungnahmen zum Referentenentwurf: Stellungnahme des Bundes der Steuerzahler e.V. (Fn. 633), S. 5; des Bundes Deutscher Finanzrichterinnen und Finanzrichter und des Deutschen Richterbundes (Fn. 633), S. 5 f., 7 f.; des Bundesverbandes der Lohnsteuerhilfevereine e.V. (Fn. 633), S. 3 f.; des Deutschen Steuerberaterverbundes (Fn. 633), S. 7 f.; der Deutschen Steuergewerkschaft (Fn. 633), S. 2; des Instituts der Deutschen Wirtschaftsprüfer (Fn. 633), S. 3. Stellungnahmen i.R. der öffentlichen Anhörung des Finanzausschusses: Stellungnahme Prof. Brandt (Fn. 663), S. 5 ff.; des Bundes der Steuerzahler e.V. (Fn. 663), S. 4; des BRH (Fn. 663); des Bundesverbandes

Rechtsbegriff zur Bestimmtheit zu verhelfen und dadurch etwas Licht ins (noch) Dunkele des § 88 AO n.F. zu bringen.

II. Begriffsvielfalt

Der Gesetzgeber hat mit der Einführung des Begriffs der Wirtschaftlichkeit im § 88 AO n.F. einen Grundsatz des Besteuerungsverfahrens in den Gesetzestext aufgenommen, der bereits vor dem StModG als fester Bestandteil des Besteuerungsverfahrens angesehen wurde. Insoweit handelt es sich lediglich um eine „Vergesetzlichung" eines bereits anerkannten Grundsatzes.[687] Jedoch war man sich im Schrifttum bislang nicht über die begriffliche Konkretisierung dieses Grundsatzes einig. So findet man im Schrifttum eine terminologische Vielfalt[688] zu demselben Prinzip: Effizienzprinzip,[689] Ökonomieprinzip,[690] Grundsatz der Verfahrensökonomie[691] und Wirtschaftlichkeitsprinzip[692] sind nur einige Beispiel der im Schrifttum verwendeten Bezeichnungen, die letztlich den Grundsatz der Wirtschaftlichkeit beschreiben sollen.[693] In den folgenden Ausführungen

---

der Lohnsteuerhilfevereine e.V. (Fn. 663), S. 4 ff.; der Deutschen Steuer-Gewerkschaft (Fn. 663), S. 4; des Deutschen Steuerberaterverbands e.V. (Fn. 663), S. 11 f. Bei der ersten Lesung zum StModG hat MdB *Frank Junge* (SPD) bekundet, dass es zu dem Begriff der Wirtschaftlichkeit keine genaue Definition gebe und deshalb nicht ganz klar sei, wo die Grenzen lägen, vgl. BT-PlPr. 18/159, S. 15717C. Die Fraktion Die LINKE sieht die Wirtschaftlichkeit auch kritisch und erblickt in der Einführung der unbestimmten Rechtsbegriffe die Schaffung einer „blackbox", vgl. BT-Drucks. 18/8434, S. 102 f. Auch die Fraktion Bündnis 90/ DIE GRÜNEN steht der Wirtschaftlichkeit kritisch gegenüber und versteht nicht, warum es überhaupt zusätzlicher Kriterien bedürfe, da eine wirtschaftliche Verwaltung selbstverständlich sei, vgl. BT-Drucks. 18/8434, S. 103.

687 S. dazu *Schmidt*, in: FS für den BFH, S. 321 (339), der von der „Legalisierung" von bisher nur verwaltungsintern geregelten Grundsätzen spricht; vgl. auch *v. Wedelstädt*, AO-StB 2016, 196 f.; ebenso *Drüen* beim 56. Berliner Steuergespräch, vgl. *Richter/Welling*, FR 2015, 1014 (1015).

688 *Müller-Franken*, Maßvolles Verwalten, S. 69 ff.

689 So etwa *Karl*, DStZ 2002, 598 (600).

690 *Seer*, SteuerStud 2010, 369 (373).

691 *Frizen*, Das Deklarationsprinzip im Einkommensteuerrecht, S. 237; vgl. auch *Brühl*, JA 1992, 193 (196), zum allgemeinen Verwaltungsverfahrensrecht.

692 *Jansen*, Das Steuerverfahren im Spannungsfeld von Europa- und Verfassungsrecht, S. 33 ff.; *Seer*, DStJG 31 (2008), 7 (17).

693 *Müller-Franken*, Maßvolles Verwalten, S. 69 ff., weist auf die Begriffe der (formellen und materiellen) Effizienz, Effektivität, Praktikabilität, Ökonomie, Verfahrensökonomie, Rationalität, Sparsamkeit, Verhältnismäßigkeit und Wirtschaftlichkeit hin;

soll – angelehnt an die Wortwahl des Gesetzgebers – an die Bezeichnung „Grundsatz der Wirtschaftlichkeit" festgehalten werden. Dies dient vor allem der Rechtssicherheit darüber, dass die folgenden Ausführungen die in § 88 AO n.F. angesprochene Wirtschaftlichkeit betreffen.

III. Der Versuch einer Definition

Weder der § 88 AO n.F. noch die Gesetzesbegründung enthält eine Definition zum Begriff der „Wirtschaftlichkeit". Die vom Gesetzgeber versprochene Gestaltung von „Inhalt und Grenzen" dieser in den Untersuchungsgrundsatz neu aufgenommenen Erwägung ist bis heute ausgeblieben.[694] Deshalb soll im Folgenden in einem ersten Schritt eine genaue Begriffsbestimmung erfolgen. Im zweiten Schritt wird daran anschließend als Ergebnis der Versuch einer Definition der Wirtschaftlichkeit für das Besteuerungsverfahren unternommen.

1. Verständnis des Gesetzgebers

Wie bereits erwähnt, ist in § 88 AO n.F. keine Definition zum Begriff der „Wirtschaftlichkeit" enthalten. Damit setzt § 88 AO n.F. seine Tradition als negatives Prinzip fort,[695] denn § 88 AO n.F. besagt lediglich, dass der Grundsatz der Wirtschaftlichkeit im Rahmen des Ermessens zur Bestimmung von Art und Umfang der Ermittlungen beachtet werden kann – im Fall des § 88 Abs. 5 Satz 2 AO n.F. sogar soll – ohne zu bestimmen, wie die Finanzbehörden diesen Grundsatz konkret anzuwenden haben. [696] Auch wenn der Gesetzgeber im § 88 AO n.F. keine Definition zur Wirtschaftlichkeit bereit hält, lässt sich aus den Gesetzesunterlagen herleiten, welches Verständnis der historische Gesetzgeber[697] dem Grundsatz der Wirtschaftlichkeit im § 88 AO n.F. zugrunde legt. In den Gesetzesunterlagen wird man in der Regierungsbegründung zum Gesetzentwurf fündig, die die Begründung aus dem Referentenentwurf[698] übernommen und die sich der Bundestag mit der Abstimmung über das StModG – ohne inhaltliche

---

s. zudem die Aufzählung verwandter Begriffe bei *v. Arnim*, Wirtschaftlichkeit als Rechtsprinzip, S. 47 ff.

694 Vgl. BT-Drucks. 18/7457, S. 48. Dies erkennt auch der Deutsche Steuerberaterverbund e.V. in seiner Stellungnahme im Rahmen der öffentlichen Anhörung (Fn. 663), S. 11.

695 Zum Untersuchungsgrundsatz als negatives Prinzip s. Teil 2, B.

696 S. *Seer*, StbJb. 2016/17, 539 (544).

697 Zur Bestimmung der Intention des Gesetzgebers ist auf den historischen Gesetzgeber abzustellen, vgl. hierzu *Larenz*, Methodenlehre, S. 316 ff., 328 ff.

698 Referentenentwurf v. 26.8.2015, S. 74.

Änderungen an der Begründung vorzunehmen – zu eigen gemacht hat.[699] In der Regierungsbegründung heißt es: „Trotz des in § 85 AO festgelegten Legalitätsprinzips können bei den Entscheidungen der Finanzbehörden allerdings bereits nach bislang geltendem Recht Zweckmäßigkeitserwägungen einbezogen werden. [...] Dabei kann unter Wirtschaftlichkeitsgesichtspunkten auch auf das Verhältnis zwischen voraussichtlichem Arbeitsaufwand und steuerlichem Erfolg abgestellt werden".[700] Der historische Gesetzgeber setzt also den Grundsatz der Wirtschaftlichkeit mit einer Aufwand-Erfolg-Relation gleich. Unter „steuerlicher Erfolg" sind in diesem Zusammenhang wohl steuerliche Mehreinnahmen zugunsten des Fiskus zu verstehen, da für den Fiskus nur solche als „Erfolg" bezeichnet werden können. Dieses Verständnis vom „steuerlichen Erfolg" ist jedoch keineswegs zwingend.[701] Der historische Gesetzgeber legt damit ein vollständig ökonomisches Verständnis an den Tag mit einem einseitigen Blick auf ein steuerliches Mehrergebnis.[702]

2. *Verständnis der Finanzverwaltung*

Das Verständnis der Finanzverwaltung deckt sich inhaltlich mit dem Verständnis des Gesetzgebers. So verweist auch die Finanzverwaltung im AEAO zu § 88 Nr. 3 Abs. 3 Satz 1 auf das Verhältnis zwischen Arbeitsaufwand und dem steuerlichen Erfolg und richtet damit die Sachverhaltsaufklärungsintensität an ein steuerliches Mehrergebnis aus.[703] Mithin sieht auch die Finanzverwaltung – ebenso wie der Gesetzgeber – eine ertragsorientierte Sachverhaltsaufklärung vor.[704]

---

699 BT-Drucks. 18/7457, S. 68.

700 BT-Drucks. 18/7457, S. 68, mit Hinweis auf den Beschluss des BVerfG v. 20.6.1973 – 1 BvL 9-10/71, BStBl. II 1973, 720 und des BFH v. 5.3.2007 – IX B 29/06, juris. Der BFH spricht dabei nicht vom „steuerlichen", sondern vom „angestrebten" Erfolg. In einem aktuellen Urteil spricht aber auch der BFH nunmehr vom steuerlichen Erfolg, vgl. BFH v. 20.2.2018 – VII R 21/16, BFHE 261, 286 (292).

701 So kann unter dem steuerlichen Erfolg auch die Festsetzung der gesetzmäßig geschuldeten Steuer verstanden werden. Dies wäre dann nicht in jedem Fall ein Erfolg für den Fiskus, da nicht immer ein steuerliches Mehrergebnis erzielt würde. Dieses Verständnis vom steuerlichen Erfolg führt aber in jedem Fall zu einem Erfolg für den Rechtsstaat, da die Gesetzmäßigkeit der Besteuerung dem Verständnis vom steuerlichen Erfolg zugrunde gelegt wird.

702 Ähnlich mit Blick auf den Wortlaut des § 88 Abs. 2 Satz 2 AO n.F. auch *Münch/Sendke*, DStZ 2015, 487 (489).

703 AEAO 2014 zu § 88 i.d. Fassung vom 12.1.2017, juris.

704 *Karl*, DStZ 2002, 598 (601 f.). Auch *Frizen*, Das Deklarationsprinzip im Einkommensteuerrecht, S. 237 ff., stellt scheinbar auf eine Aufwand-Erfolg-Relation ab, sieht

3. *Eigenes Verständnis*

a) *Wirtschaftlichkeit bedeutet nicht Maximierung von Steuereinnahmen*

Dem Verständnis des Gesetzgebers und dem inhaltsidentischen Verständnis der Finanzverwaltung sowie (mittlerweile) des BFH[705] muss entschieden entgegengetreten werden.[706] Da diese Auffassung sich ein wirtschaftliches Maximalprinzip zum Ziel nimmt, das als entscheidende Determinante für die Sachverhaltsaufklärung auf steuerliche Mehreinnahmen abzielt, verstößt sie gegen die Fundamentalgrundsätze der Gesetzmäßigkeit und Gleichmäßigkeit der Besteuerung.[707] Der Untersuchungsgrundsatz erfordert nicht, dass ein bestimmter Prozentsatz der gesetzlich geschuldeten Steuern festgesetzt und erhoben wird.[708] Ein Abstellen auf das Verhältnis zwischen dem Arbeitsaufwand der Finanzbehörden und dem steuerlichen Erfolg hat zur Folge, dass die Finanzbehörden am Ende des Tages ihre Sachverhaltsermittlungen auf die „großen", also die für den Fiskus lukrativen, Steuerfälle konzentrieren.[709] Durch eine solche Vorgehensweise suggeriert die Finanzbehörde die Existenz des folgenden Erfahrungssatzes: Die Steuererklärungen der „großen" Steuerpflichtigen sind fehleranfälliger als die der „kleinen" Steuerpflichtigen.[710] Ein solcher Erfahrungssatz existiert jedoch gerade nicht.[711] Man müsste sogar von dem Gegenteil ausgehen, da gerade die

---

jedoch ein Problem in der uneinheitlichen Rechtsanwendung, da die Berücksichtigung ökonomischer Aspekte im Ermessen einzelner Finanzbeamten liege.

705 BFH v. 20.2.2018 – VII R 21/16, BFHE 261, 286 (292); vgl. auch schon BFH v. 5.3.2007 – IX B 29/06, juris.

706 So mit Recht auch *Braun Binder*, DStZ 2016, 526 (531).

707 Dazu *Drüen*, DStJG 42 (2019), 193 (208 ff.); *Müller-Franken*, StuW 2018, 113 (114); *Maier*, JZ 2017, 614 (617); *Seer*, StbJb. 2016/17, 539 (545); *ders.*, JBVStB 2016, 55 (59 f.); *ders.*, SteuerStud 2010, 369 (373); *ders.*, DStJG 31 (2008), 7 (19); gegen die Maximierung des Ertrags als vorrangiges Kriterium für den Umfang von Sachverhaltsermittlungen auch *Schmidt/Schmitt*, in: FS Spindler, S. 529 (530); a.A. wohl *Zaumseil*, NJW 2016, 2769 (2771).

708 *Münch/Sendke*, DStZ 2015, 487 (489); *Seer*, SteuerStud 2010, 369 (373).

709 Vgl. auch *Frizen*, Das Deklarationsprinzip im Einkommensteuerrecht, S. 245, mit Kritik an einem „rein ökonomische[n] Vollzug".

710 In diese Richtung gehend *Frizen*, Das Deklarationsprinzip im Einkommensteuerrecht, S. 246 f.

711 So auch *Seer*, in: Tipke/Kruse, AO/FGO, § 88 AO Rz. 22 (Stand: Januar 2017); *ders.*, JBVStB 2016, 55 (60); Prof. Brandt (Fn. 663), S. 9; *Schmidt*, DStJG 31 (2008), 37 (43). *Pezzer*, in: Selbstveranlagung – Wegfall des Amtsermittlungsgrundsatzes?, DWS-Symposium 2014, S. 53 (60), behauptet mit bewusster Übertreibung, dass es bei einem falschen Verständnis von Wirtschaftlichkeit sogar so absurd werden könnte, dass der

„großen" Steuerpflichtigen in der Regel eine eigene Steuerabteilung besitzen und/oder umfassend steuerlich beraten werden. Legt man die Auffassung des Gesetzgebers und der Finanzverwaltung als Leitbild zugrunde, dann wäre es nicht ausgeschlossen, anzunehmen, dass danach die Finanzbehörden von einer Prüfung bei offensichtlichen Fehlern in der Steuererklärung absehen dürften, wenn im Vergleich zu dem erforderlichen (Ermittlungs-)Aufwand kein steuerlicher Erfolg, d.h. kein steuerliches Plus, zu erwarten ist.[712] Diese Interpretation der Wirtschaftlichkeit aus rein ökonomischer Sicht darf die Verifikation durch die Finanzbehörden jedoch nicht verdrängen.[713] Mit dieser Vorgehensweise der Finanzbehörden geht eine ungleichmäßige Anwendung der Steuergesetze und damit auch ein Verstoß gegen die Gleichmäßigkeit der Besteuerung einher.[714] Das quantitative steuerliche Ergebnis ist lediglich Reflex und darf nicht zum Ziel der finanzbehördlichen Kontrolle werden.[715] Bei einer Orientierung am steuerlichen Erfolg in der Lesart der Finanzverwaltung verstößt die Finanzbehörde überdies gegen die positive Ausrichtung der Gesetzmäßigkeit der Besteuerung, dem Anwendungsgebot,[716] da sie sehenden Auges von der Ermittlung und damit in diesen Fällen auch von der Anwendung von Steuergesetzen bei den „kleinen" Steuerpflichtigen absieht. Ein rein ökonomisches Verständnis darf aufgrund von Gesetz- und Gleichmäßigkeit der Besteuerung daher nicht zugrunde gelegt werden.[717]

„kleine" Steuerpflichtige auf die Finanzbehörde zugeht und fragt, warum er als kleiner Steuerpflichtige überhaupt besteuert werde.

712 Dies hat auch schon *Karl*, DStZ 2002, 598 (600), erkannt.

713 *Drüen*, DStJG 42 (2019), 193 (209 f.); *ders.*, DB 2018, 11 (12).

714 *Karl*, DStZ 2002, 598 (604 f.); *Stolterfoht*, DStJG 21 (1998), 233 (243); *Seer*, FR 1997, 553 (554, 558 ff.); *Eckhoff*, StuW 1996, 107 (113); *Pelka*, DB 1996, 699 (700); *Neckels*, StWa. 1993, 61 (67); *Lambrecht*, DStJG 12 (1989), 79 (99 ff.); *Rittler*, DB 1987, 2331 (2332); a.A. *Arndt*, Praktikabilität und Effizienz, S. 95 f.; *Buciek*, DStZ 1995, 513 (516), der sogar – eindeutig zu weitgehend – aus verfahrensökonomischen Gründen auf eine Schlüssigkeitsprüfung verzichten möchte; s. auch schon Teil 3, C. III.

715 Vgl. *Seer*, StbJb. 2016/17, 539 (545); *ders.*, JBVStB 2016, 55 (60); *Mössner*, DStZ 1990, 132 (135); s. aber auch *Thiemann*, StuW 2018, 304 (306), der widersprüchlich behauptet, dass der Steuermehrertrag keine Orientierung für das RMS sein darf, jedoch von der Prüfung solcher Fälle abzusehen ist, bei denen weitere Ermittlungen gemessen am mutmaßlichen Mehrertrag unverhältnismäßig wären.

716 S. hierzu bereits unter Teil 1, C. I.

717 A.A. *Ahrendt*, NJW 2017, 537; wohl auch *Rheindorf*, DVP 2016, 509 (510); für den Bereich der öffentlichen Verwaltung vgl. *Siedentopf*, Wirtschaftlichkeit in der

Des Weiteren geht der Verweis auf den Beschluss des BVerfG vom 20.6.1973[718] aus zwei Gründen fehl: Erstens ist zu berücksichtigen, dass das BVerfG in seinem Beschluss primär zu entscheiden hatte, ob der damalige § 250 AO n.F. in der Fassung vom 6.10.1965[719] gegen Art. 3 Abs. 1 GG verstößt, wenn dem Steuerpflichtigen die Kosten für eine Zuziehung eines Bevollmächtigten im Vorverfahren nicht erstattet werden. Das BVerfG musste sich also vordergründig mit einer Kostenfrage beschäftigen und nicht allgemein zum Umfang der Sachverhaltsermittlung der Finanzbehörden im Besteuerungsverfahren Stellung nehmen.[720] Das BVerfG hat die unterschiedliche Reichweite der Sachverhaltsermittlungspflicht der Finanzbehörden im Besteuerungsverfahren und der Finanzgerichte im Finanzprozess unter Rückgriff auf das allgemeine Verwaltungsrecht verglichen und daraus unterschiedliche Konsequenzen für eine Kostenfestsetzung entnommen. So sei es im Besteuerungsverfahren – anders als im finanzgerichtlichen Verfahren – zulässig, zur Bestimmung des Umfangs der Sachverhaltsermittlungen auf das Verhältnis zwischen dem voraussichtlichen Arbeitsaufwand und dem steuerlichen Erfolg abzustellen.[721] Diese nunmehr fast 50 Jahre zurückliegende Behauptung des BVerfG entspricht nicht mehr dem aktuellen und zutreffenden Verständnis von der Reichweite des Untersuchungsgrundsatzes, wenn sie denn jemals zutreffend war. Der Untersuchungsgrundsatz dient der Verhinderung steuerrechtswidriger Festsetzungen und gerade nicht der Verhinderung von Steuermindereinnahmen.[722] Nach dieser Gegenüberstellung kam das BVerfG zu dem Ergebnis, dass selbst die Kosten bei einer (notwendigen) Zuziehung eines Bevollmächtigten im isolierten Vorverfahren dem Steuerpflichtigen nicht erstattet werden müssten. Dieser Anspruch stehe dem Steuerpflichtigen erst bei Obsiegen im finanzgerichtlichen Verfahren zu.[723] Zweitens muss der genaue Wortlaut in dem Beschluss des BVerfG beachtet werden. So ist dort lediglich davon die Rede, dass bei den Entscheidungen der Finanzbehörden Erwägungen „mitspielen“ dürfen, die im Ergebnis Zweckmäßigkeitserwägungen

---

öffentlichen Verwaltung, S. 15, der für die öffentliche Verwaltung in der Wirtschaftlichkeit das „bestmögliche Verhältnis von Aufwand und Ertrag“ sieht.

718 BVerfG v. 20.6.1973 – 1 BvL 9-10/71, BStBl. II 1973, 720.

719 BGBl. I 1965, 1477 (1503).

720 So auch *Münch/Sendke*, DStZ 2015, 487 (489), die jedoch fälschlicherweise von einem „Urteil“ des BVerfG ausgehen.

721 BVerfG v. 20.6.1973 – 1 BvL 9-10/71, BStBl. II 1973, 720 (723).

722 Ebenso *Münch/Sendke*, DStZ 2015, 487 (489); *Drüen*, in: Zukunftsfragen des deutschen Steuerrechts, S. 1 (13); *Nagel/Waza*, DStZ 2008, 321 (323).

723 BVerfG v. 20.6.1973 – 1 BvL 9-10/71, BStBl. II 1973, 720 (723).

gleichzustellen sind.[724] Durch die Verwendung des Begriffs „mitspielen" macht das BVerfG selbst deutlich, dass diese Erwägungen lediglich eine untergeordnete Rolle bei der Entscheidung der Finanzbehörden über Art und Umfang der Sachverhaltsermittlungen spielen.[725] Die entscheidenden „Mitspieler" der Wirtschaftlichkeit sind die Fundamentalgrundsätze der Gesetzmäßigkeit und der Gleichmäßigkeit der Besteuerung. Das Verständnis in dem Beschluss des BFH[726] ist aus denselben Gründen abzulehnen. Der schlichte Verweis auf die Beschlüsse des BVerfG und des BFH können folglich nicht überzeugen und führen zu mit den Grundsätzen von Gesetz- und Gleichmäßigkeit der Besteuerung unvereinbaren Ergebnissen.[727]

b) *Wirtschaftlichkeit bedeutet Effizienz*

Im richtigen Licht ist Wirtschaftlichkeit mit Effizienz[728] gleichzusetzen.[729] Ein effizientes und zugleich effektives Verwaltungshandeln kann bei nur begrenzt bestehenden sachlichen und personellen Ressourcen allein dadurch erreicht werden, dass der Arbeitsaufwand der Beamten minimiert, das Personal auf die kontrollbedürftigen Fälle konzentriert und das Verfahren optimiert wird.[730] Effizienz bedeutet auf den Kern reduziert, dass unter mehreren Alternativen

---

724 BVerfG v. 20.6.1973 – 1 BvL 9-10/71, BStBl. II 1973, 720 (723).

725 Dies erkennt auch der Deutsche Steuerberaterverband e.V. in seiner Stellungnahme v. 14.3.2016 (Fn. 663), S. 12.

726 BFH v. 5.3.2007 – IX B 29/06, juris, der auf die gleichermaßen unzutreffende Auffassung der Finanzverwaltung im AEAO zu § 88 Nr. 1 v. 24.9.1987, BStBl. I 1987, 664 (687), verweist.

727 Offener für eine ökonomische Ausrichtung des Steuervollzugs aber *Ahrens*, Der Vollzug von Steuergesetzen durch den niederländischen Belastingdienst, S. 355 ff.

728 Zur Effizienz bzw. Effektivität umfassend *Arndt*, Praktikabilität und Effizienz, S. 102 ff.; s. auch *Müller-Franken*, Maßvolles Verwalten, S. 69 ff.

729 Auch *v. Arnim*, Wirtschaftlichkeit als Rechtsprinzip, S. 47, behandelt Wirtschaftlichkeit und Effizienz als Synonyme; *Seer*, StbJb. 2016/17, 539 (544), sieht ebenfalls eine Übereinstimmung mit dem Effizienzprinzip. Demgegenüber sieht *Isensee*, Subsidiaritätsprinzip und Verfassungsrecht, S. 311 f., in dem Begriff der Wirtschaftlichkeit kein Synonym für Effizienz, sondern behandelt das Wirtschaftlichkeitsprinzip als eine Konkretisierung des Effizienzprinzips. Nach *Isensee* bildet also Effizienz den Oberbegriff.

730 Zu Letzterem gehört der Vorschlag für die (rechtliche) Einführung eines Selbstveranlagungsverfahrens auf dem Gebiet der direkten Veranlagungssteuern, vgl. Teil 3, D.

diejenige auszuwählen ist, die den größten Nettonutzen bringt.[731] Übertragen auf das Besteuerungsverfahren als Massenverfahren bedeutet dies, dass die nur begrenzt zur Verfügung stehenden Mittel der Finanzverwaltung zur Bewältigung des Gesamtvollzugs auf die Fälle konzentriert werden müssen, die den Einsatz dieser Mittel erfordern, also prüfungsbedürftig sind.[732] Jedes andere Vorgehen wäre ineffizient und als Folge im selben Maße unwirtschaftlich.

c) *Definition von Wirtschaftlichkeit im § 88 AO n.F.*

Aus dem Vorgesagten lässt sich eine mit den Grundsätzen von Gesetzmäßigkeit und Gleichmäßigkeit der Besteuerung konforme Auslegung des Begriffs der Wirtschaftlichkeit erreichen. Diese Auslegung führt zur folgenden Definition von Wirtschaftlichkeit im § 88 AO n.F.: Wirtschaftlichkeit im Besteuerungsverfahren bedeutet der effiziente Einsatz der sachlichen und personellen Ressourcen der Finanzverwaltung auf die kontrollbedürftigen Steuerfälle zur Gewährleistung eines Gesamtvollzugs im Besteuerungsverfahren als Massenverfahren. Der steuerliche Erfolg von Sachverhaltsermittlungen darf dabei keine Rolle spielen, da der Untersuchungsgrundsatz allein der Vermeidung von steuerrechtswidrigen Festsetzungen dient.

IV. Wirtschaftlichkeit als grundlegendes Prinzip der Verwaltung

Der Grundsatz der Wirtschaftlichkeit ist kein Grundsatz sui generis des Steuerrechts. Vielmehr handelt es sich bei diesem Grundsatz um ein allgemeines, dem Verwaltungsrecht, ja sogar dem Staat als solchen[733] und der Verwaltungstätigkeit in seiner Gesamtheit,[734] immanentes Prinzip.[735] Aufgrund des Massenverfahrens

---

731 *V. Arnim*, Wirtschaftlichkeit als Rechtsprinzip, S. 47; *Seer*, StbJb. 2016/17, 539 (544); *ders.*, JBVStB 2016, 55 (59).

732 Von diesem Verständnis ging auch der damalige Parlamentarische Staatssekretär *Dr. Michael Meister* beim Bundesminister der Finanzen während einer Beratung zum StModG aus, wenn er sagt, dass Wirtschaftlichkeit (und Zweckmäßigkeit) dadurch gesteigert werden soll, dass die „Mitarbeiter auf die komplexen Fälle und die schwierigen Fragen“ konzentriert werden sollen, vgl. BT-PlPr. 18/159, S. 15714D. Für einen sparsamen Personaleinsatz als Gebot der Wirtschaftlichkeit auch *Zaumseil*, NJW 2016, 2769 (2772), der insoweit seinen eigenen Ausführungen widerspricht (vgl. Fn. 707).

733 *Stober*, NJW 2007, 2008 (2012), mit Verweis auf § 6 HGrG.

734 *Gaentzsch*, DÖV 1998, 952 (954); *v. Arnim*, in: Wirtschaftlichkeit in Staat und Verwaltung, S. 67 ff., der die Wirtschaftlichkeit mit „Rationalität“ des Staates gleichsetzt.

735 *Gaentzsch*, DÖV 1998, 952 (953 ff.): „In der Geschichte der öffentlichen Verwaltung ist das Prinzip der Wirtschaftlichkeit älter als das Gebot der Gesetzmäßigkeit“, mit

wird das Prinzip eines wirtschaftlichen Verwaltungshandelns im Steuerverfahren nur besonders deutlich und notwendig. Die Verwaltung muss ihre Aufgaben möglichst wirtschaftlich – gemeint ist damit effizient[736] – wahrnehmen.[737] Der Verwaltung kommt ein Gemeinwohlauftrag zu, der sie zu einer effizienten und damit wirtschaftlichen Aufgabenerfüllung zwingt.[738] Wirtschaftlichkeit der Verwaltung wird dabei nicht als ökonomischer Begriff, sondern vielmehr als (Verwaltungs-)Rechtsbegriff verstanden,[739] der den effizienten Einsatz der zur Verfügung stehenden Mittel der Verwaltung beinhaltet.[740] Die Wirtschaftlichkeit ist demzufolge nicht mit Sparsamkeit gleichzusetzen. Wirtschaftlichkeit der öffentlichen Verwaltung bedeutet demnach auch nicht Gewinnmaximierung.[741] Es geht gerade nicht darum, im Sinne einer Aufwandsminimierung den Aufwand der Verwaltung möglichst minimal zu halten. Die Wirtschaftlichkeit der Verwaltung fordert vielmehr eine Aufwandsoptimierung.

Angestrebt werden soll nach *Achterberg* „nicht größtmögliche Billigkeit, sondern größtmöglicher Nutzen“. [742] Übertragen auf das Besteuerungsverfahren ist

---

dem Verweis auf den sog. Kameralismus bzw. der Kameralwissenschaft aus dem 16. Jahrhundert als Vorläufer der heutigen Verwaltungswissenschaft, in dessen Mittelpunkt die Ökonomie stand; *Wahl*, VVDStRL 41 (1983), 151 (157), spricht von einem „magischen Viereck“ im Verwaltungsverfahren, bestehend aus den Ecken: Rechtmäßigkeit, Wirtschaftlichkeit, Zweckmäßigkeit und Bürgernähe; *Achterberg*, Allgemeines Verwaltungsrecht, § 19 Rz. 3, nennt als Grundsätze des Verwaltungshandelns Rechtmäßigkeit, Zweckmäßigkeit, Wirtschaftlichkeit (hierzu Rz. 23 ff.), Einsichtigkeit und Verantwortlichkeit; *Detterbeck*, Allgemeines Verwaltungsrecht, Rz. 255; *Hoffmann-Riem*, in: Hoffmann-Riem/Schmidt-Aßmann, Effizienz als Herausforderung, S. 11 (44 f.); *Hüttl*, in: Verwaltung, S. 282 ff. (284, zur Rechtspflicht der Verwaltung zum wirtschaftlichen Handeln); *Siedentopf*, Wirtschaftlichkeit in der öffentlichen Verwaltung, S. 11 ff., mit historischen Grundlagen bis hin zu Instruktionen für die Preußische Oberrechnungskammer vom 18. Dezember 1824; a.A. *Luhmann*, VerwArch. 51 (1960), 97, der davon ausgeht, dass die Verwaltung gar nicht wirtschaftlich handeln könne und ein „Modell der brauchbaren Entscheidungen“ vorteilhafter sei (105 ff.).

736 Für ein identisches Verständnis auch *Gaentzsch*, DÖV 1998, 952 (954).

737 *Detterbeck*, Allgemeines Verwaltungsrecht, Rz. 255.

738 *Gaentzsch*, DÖV 1998, 952 f.

739 *Gaentzsch*, DÖV 1998, 952 (954).

740 *Gaentzsch*, DÖV 1998, 952; *Achterberg*, Allgemeines Verwaltungsrecht, § 19 Rz. 25.

741 *Gaentzsch*, DÖV 1998, 952 (954): Wirtschaftlichkeit sei nicht als ökonomisches Prinzip im marktwirtschaftlichen Sinne zu verstehen. Diese Ansicht stimmt mit der in dieser Arbeit vertretenen Auffassung über die Bedeutung von Wirtschaftlichkeit im § 88 AO n.F. überein, vgl. Teil 4, C. III. 3. a).

742 *Achterberg*, Allgemeines Verwaltungsrecht, § 19 Rz. 24 f.

der „Nutzen" die Vermeidung von gesetzeswidrigen Festsetzungen. Wirtschaftlichkeit bedeutet im Einklang mit der bereits formulierten Definition daher die größtmögliche Vermeidung von gesetzes- bzw. steuerrechtswidrigen Festsetzungen durch effizienten Einsatz von der Finanzverwaltung zur Verfügung stehenden Mittel. Die Verwaltungsrechtswissenschaftler unterscheiden dabei zwei Möglichkeiten: Entweder die Verwaltung versucht mit den gegebenen Mitteln den größtmöglichen Erfolg in Bezug auf das öffentliche Interesse an der öffentlichen Aufgabe oder einen bestimmten öffentlichen Nutzen unter Einsatz geringster Mittel zu erreichen. Ersteres ist das Maximal-, letzteres das Minimalprinzip.[743] Die hier vertretene Auffassung entspricht also dem verwaltungsrechtlichen Maximalprinzip. *Siedentopf* spricht in diesem Zusammenhang jedoch vom „größtmöglichen Ertrag" und stellt damit in unzulässiger Weise auf eine finanzielle Größe ab.[744] Ebenso problematisch ist die Anknüpfung an „quantifizierbare Größen" von *Müller-Franken*, der das Wirtschaftlichkeitsprinzip bereits deshalb im Besteuerungsverfahren gelten lassen möchte, weil die Besteuerung einer Quantifizierung zugänglich sei.[745] Allein der Umstand, dass im Besteuerungsverfahren eine Quantifizierung weitestgehend möglich ist, macht die Quantifizierung als Anknüpfungspunkt für den Umfang der Sachverhaltsermittlungen jedoch noch nicht zulässig.

V. Der steuerverfahrensrechtliche Grundsatz der Wirtschaftlichkeit als Verfassungsprinzip

Der Grundsatz der Wirtschaftlichkeit ist nicht nur eine grundlegende Maxime der (allgemeinen) öffentlichen Verwaltung. Im Besteuerungsverfahren ist die Wirtschaftlichkeit – unter Zugrundelegung des bereits beschriebenen Verständnisses[746] – auch verfassungsrechtlich geboten. Dieser Erkenntnis liegt folgender Gedankengang zugrunde:

---

743 vgl. *Gaentzsch*, DÖV 1998, 952 (954); *v. Arnim*, Wirtschaftlichkeit als Rechtsprinzip, S. 19 f.; *Achterberg*, Allgemeines Verwaltungsrecht, § 19 Rz. 25; unscharf bei *Jansen*, Das Steuerverfahren im Spannungsfeld von Europa- und Verfassungsrecht, S. 34.

744 *Siedentopf*, Wirtschaftlichkeit in der öffentlichen Verwaltung, S. 15.

745 *Müller-Franken*, Maßvolles Verwalten, S. 79; insoweit aber richtigerweise ablehnend *Jansen*, Das Steuerverfahren im Spannungsfeld von Europa- und Verfassungsrecht, S. 34 (dort Fn. 72).

746 S. Teil 4, C. III. 3.

1. *Wirtschaftlichkeit als unmittelbare Ausprägung des Rechtstaatsprinzips und der Gesetzmäßigkeit*

Die Finanzverwaltung als Organ der Exekutive ist angehalten und sogar dazu verpflichtet, ihr Handeln an dem Grundsatz der Wirtschaftlichkeit auszurichten.[747] Der Grundsatz der Wirtschaftlichkeit ist kein „Eindringling von außen", sondern ein Grundsatz, welches der Verfassung immanent ist[748] und jede Staatsgewalt sowie jedes Staatsorgan bindet.[749] Dabei ist der Grundsatz, das Prinzip oder das Gebot der Wirtschaftlichkeit eine unmittelbare Ausprägung des Rechtsstaatsprinzips aus Art. 20 Abs. 3 GG und der darauf basierenden Gesetzmäßigkeit der Besteuerung: Nach Art. 20 Abs. 3 GG ist die Exekutive an Recht und Gesetz gebunden. Für die Finanzverwaltung bedeutet dies eine Sicherstellung der Gesetzmäßigkeit der Besteuerung. Dieses Erfordernis der Gesetzmäßigkeit der Besteuerung darf aber nicht den Blick vor der Realität des Phänomens des Besteuerungsverfahrens als Massenverfahren verschließen. Aus der Sicht der Verfassung muss die Realität des Steuervollzugs anerkannt werden.[750] Das Massenverfahren kann jedoch nur dann „an Recht und Gesetz gebunden" bewältigt werden, wenn die personellen und sachlichen Mittel der Finanzverwaltung wirtschaftlich eingesetzt werden. Mit anderen Worten: Rechtsstaatlichkeit und Gesetzmäßigkeit zwingt zur Wirtschaftlichkeit im Besteuerungsverfahren als Massenverfahren.[751] *Häberle* geht noch einen Schritt weiter und sieht die

747 S. dazu VerfGH NRW v. 15.3.2011 – VerfGH 20/10, NVwZ 2011, 805 (807); v. 2.9.2003 – VerfGH 6/02, NVwZ 2004, 217 (218), der das „Wirtschaftlichkeitsgebot" als „finanzrechtliche Ausprägung des der nordrhein-westfälischen Verfassung immanenten Verhältnismäßigkeitsprinzips" ansieht und auf Art. 86 Abs. 2 Satz 1 LVerfNRW stützt sowie dem „Wirtschaftlichkeitsgebot" entnimmt, „ein bestimmtes Ziel mit den geringstmöglichen Einsatz von Mitteln zu erreichen" und damit dem bereits angesprochenen Minimalprinzip folgt; VerfGH Rheinland-Pfalz v. 20.11.1996 – VGH N 3/96, NVwZ-RR 1998, 145 (149), mit der Ableitung des „Gebots" der Wirtschaftlichkeit mittelbar aus Art. 120 Abs. 2 LVerfRP, das dem Art. 114 Abs. 2 GG entspreche, aber letztlich im Gemeinwohlprinzip des Art. 1 Abs. 2, 3 und 4 LVerfRP gründe.

748 So wohl auch *Gaentzsch*, DÖV 1998, 952 (955), ohne sich jedoch auf eine konkrete verfassungsrechtliche Grundlage festzulegen.

749 VerfGH NRW, a.a.O.; VerfGH Rheinland-Pfalz, a.a.O.; *Seer*, DStJG 31 (2008), 7 (17 f.); *Kirchhof*, NVwZ 1983, 505 (514); *Häberle*, AöR 98 (1973), 625 (631). Kritisch jedoch *Wendt/Elicker*, VerwArch. 95 (2004), 471 (472 f.); *Gumboldt*, NVwZ 2005, 36 (41).

750 Ähnlicher Gedanke bei *Thiemann*, StuW 2018, 304 (308 f.), mit Blick auf die begrenzten Ressourcen der Finanzverwaltung.

751 I.E. auch *Kirchhof*, NVwZ 1983, 505 (514), jedoch wie der VerfGH NRW und anders als in dieser Schrift mit der Qualifikation des Wirtschaftlichkeitsprinzips als

Effizienz – und damit auch die Wirtschaftlichkeit – als ein normatives Element an, das alle Verfassungsnormen erst zu einer Gesamtverfassung verbinde.[752] Die exekutive Staatsgewalt ist als Treuhänderin der Gesellschaft dazu verpflichtet, die ihr zur Verfügung stehenden Mittel „so einzusetzen, dass sie etwas bewirken".[753] Dies kann unter den Bedingungen eines Massenverfahrens nur dann eingehalten werden, wenn die Finanzverwaltung mit Blick auf den Gesamtvollzug ihre Ressourcen wirtschaftlich bzw. effizient einsetzt. Das ist der einzig gangbare Weg, um die Gesetz- und Gleichmäßigkeit der Besteuerung im Massenverfahren zu gewährleisten bei gleichzeitig „größtmöglicher Nähe zum Gesetz".[754] Zur Verwirklichung eines ökonomisch basierten Maximalprinzips darf es jedoch nicht kommen.[755]

2. *Bedeutung des Art. 114 Abs. 2 GG*

Der Art. 114 Abs. 2 Satz 1 GG lautet heute: „Der Bundesrechnungshof, dessen Mitglieder richterliche Unabhängigkeit besitzen, prüft die Rechnung sowie die Wirtschaftlichkeit und Ordnungsmäßigkeit der Haushalts- und Wirtschaftsführung des Bundes". Diese Formulierung des Art. 114 Abs. 2 GG sah das Grundgesetz vom 23. Mai 1949 noch nicht vor. Erst mit dem zwanzigsten Grundgesetzänderungsgesetz vom 12. Mai 1969 wurde diese Fassung in das Grundgesetz aufgenommen.[756] Die Wirtschaftlichkeit als solche wird sonst an keiner Stelle des Grundgesetzes ausdrücklich genannt.[757] Dies nehmen einige Stimmen in der Literatur zum Anlass, den Grundsatz der Wirtschaftlichkeit aus – dem Haushaltsrecht zugehörigen – Art. 114 Abs. 2 Satz 1 GG herzuleiten[758]

---

finanzrechtliche Konkretisierung des Verhältnismäßigkeitsgrundsatzes (Fn. 747). Auch *Zaumseil*, NJW 2016, 2769 (2771), sieht den Grundsatz der Wirtschaftlichkeit (und der Zweckmäßigkeit) als „konkrete Fallgruppen der Verhältnismäßigkeit behördlichen Handelns" an.

752 *Häberle*, a.a.O.

753 *Seer*, SteuerStud 2010, 369 (373).

754 So *Isensee*, Die typisierende Verwaltung, S. 155 ff.

755 S. bereits unter Teil 4, C. III. 3. a).

756 BGBl. I 1969, 357 (358).

757 Erwähnenswert erscheint in diesem Zusammenhang allein Art. 29 Abs. 1 Satz 2 GG, wonach bei einer Neugliederung des Bundesgebiets u.a. die „wirtschaftliche Zweckmäßigkeit" beachtet werden muss.

758 Meist auch in Verbindung mit § 7 BHO/LHO, vgl. *Ahrens*, Der Vollzug von Steuergesetzen durch den niederländischen Belastingdienst, S. 355 f.; *Habammer*, Stbg 2001, 612 (613); *Egge*, StuW 1994, 272 (275)

und als verfassungsrechtliches Prinzip anzuerkennen.[759] Im Kontext des Besteuerungsverfahrens bedeute Wirtschaftlichkeit nach Art. 114 Abs. 2 Satz 1 GG, dass Steuern mit geringstmöglichen Aufwand erhoben werden.[760] Gegen die Heranziehung des Art. 114 Abs. 2 Satz 1 GG als verfassungsrechtliche Grundlage für den Grundsatz der Wirtschaftlichkeit im Besteuerungsverfahren wird angeführt, dass es sich in erster Linie um Aufgaben des Rechnungshofs handele, indem ihm u.a. die Prüfung der Wirtschaftlichkeit der Haushalts- und Wirtschaftsführung des Bundes übertragen wird.[761] Dem ist insoweit zuzustimmen, als dass sich aus Art. 114 Abs. 2 Satz 1 GG nicht unmittelbar die Verpflichtung der Finanzbehörden zur Wirtschaftlichkeit im Besteuerungsverfahren ergibt. Nur der Rechnungshof als Finanzkontrollorgan ist unmittelbarer Adressat des Art. 114 Abs. 2 Satz 1 GG. Wiewohl dieser Feststellung wirkt sich der Prüfungsmaßstab nach Art. 114 Abs. 2 Satz 1 GG aber mittelbar auf den Prüfungsgegenstand des Rechnungshofes aus, also auf das Staatshandeln als solches.[762] Folglich werden die Staatsorgane, d.h. also auch die Finanzverwaltung, zumindest mittelbar zu einem wirtschaftlichen Handeln verpflichtet.[763] Damit lässt sich Art. 114 Abs. 2 Satz 1 GG jedenfalls mittelbar als verfassungsrechtliche Stütze für die Wirtschaftlichkeit im Besteuerungsverfahren heranziehen.[764]

VI. Zwischenergebnis

Der Grundsatz der Wirtschaftlichkeit im § 88 AO n.F. ist ein offener, unbestimmter und dadurch ausfüllungsbedürftiger Rechtsbegriff. Bei der Bestimmung des Inhalts der Wirtschaftlichkeit sind die Besteuerungsgrundsätze und die Realität des Steuervollzugs zu beachten. So wäre eine Auslegung des Begriffs als wirtschaftliches Maximalprinzip nicht mit den Besteuerungsgrundsätzen

---

759 *Stober*, NJW 2007, 2008 (2012); *Schwarz*, in: v. Mangoldt/Klein/Starck, GG, Art. 114 Abs. 2 Rz. 86 ff. m.w.N.

760 *Egge*, StuW 1994, 272 (275), einem – in dieser Arbeit nicht vertretenen – Minimalprinzip folgend.

761 *Frizen*, Das Deklarationsprinzip im Einkommensteuerrecht, S. 241.

762 VerfGH Rheinland-Pfalz, a.a.O.

763 VerfGH Rheinland-Pfalz, a.a.O.; *Grupp*, DVBl. 1994, 140 (146).

764 Für Art. 114 Abs. 2 Satz 1 GG als verfassungsrechtliche Grundlage für den Grundsatz der Wirtschaftlichkeit auch *Stober*, NJW 2007, 2008 (2012); *v. Arnim*, Wirtschaftlichkeit als Rechtsprinzip, S. 67 ff.; a.A. *Frizen*, Das Deklarationsprinzip im Einkommensteuerrecht, S. 241. Zur Verwaltungseffizienz als verfassungsrechtliches Ziel basierend auf Art. 108 Abs. 4 Satz 1 GG vgl. *Seer*, StbJb. 2016/17, 539 (544); *ders.*, JBVStB 2016, 55 (59).

vereinbar. Im Massenverfahren der Besteuerung bedeutet Wirtschaftlichkeit den effizienten Einsatz der zur Verfügung stehenden Mittel zur Erreichung eines größtmöglichen Nutzens, wobei der „Nutzen" in der Verhinderung von rechtswidrigen Steuerfestsetzungen im Gesamtvollzug besteht. Wird dies begriffen, ist die Wirtschaftlichkeit im Besteuerungsverfahren von Verfassung wegen geboten.[765] Dabei ist die Wirtschaftlichkeit eine unmittelbare Ausprägung der Rechtstaatlichkeit und Gesetzmäßigkeit nach Art. 20 Abs. 3 GG und kann darüber hinaus auch (mittelbar) auf Art. 114 Abs. 2 Satz 1 GG gestützt werden. Die Wirtschaftlichkeit (Effizienz) der Besteuerung ist nicht nur „verwaltungspolitisch wünschenswert", sondern darüber hinaus verfassungsrechtlich geboten.[766]

VII. Kritische Auseinandersetzung mit dem Grundsatz der Wirtschaftlichkeit

Aufgrund des weitgehenden Schweigens der Gesetzgebung und der Finanzverwaltung über die Bedeutung, Stellung und Reichweite des Grundsatzes der Wirtschaftlichkeit im § 88 AO n.F. sind noch viele Fragen offen. Einige ausgewählte Aspekte sollen im Folgenden einer kritischen Betrachtung unterzogen werden. Gleichzeitig wird versucht, einen vertretbaren Ansatz zu finden, um diese Lücken zu schließen.

1. Systematische Einordnung der Wirtschaftlichkeit (Rangverhältnis)

Dem Gesetzgeber ist die Einführung der Wirtschaftlichkeit im § 88 Abs. 2 Satz 2 AO n.F. aus systematischer Sicht misslungen. Betrachtet man allein den Wortlaut des § 88 Abs. 2 Satz 2 AO n.F. in Bezug auf den Grundsatz der Wirtschaftlichkeit, lässt diese isolierte Sicht den Schluss zu, dass damit ein Grundsatz eingeführt wird, der denselben Rang genießt wie die Fundamentalgrundsätze der Gesetz- und Gleichmäßigkeit.[767] Diese Lesart wird noch zusätzlich dadurch unterstützt, dass diese beiden beherrschenden Grundsätze des Besteuerungsverfahrens ebenfalls ausdrücklich im § 88 Abs. 2 AO n.F. genannt werden. Dies trifft jedoch nicht zu. Bei dem Grundsatz der Wirtschaftlichkeit handelt es sich um einen

765 Mit diesem Verständnis ist der Grundsatz der Wirtschaftlichkeit auch kein „gegenläufiger Grundsatz" zum Untersuchungsgrundsatz, so die Suggestion von *Jansen*, Das Steuerverfahren im Spannungsfeld von Europa- und Verfassungsrecht, S. 33.

766 So *Friauf*, StbJb. 1977/78, 39 (61): „Effizienz ist lediglich verwaltungspolitisch wünschenswert, Richtigkeit der Veranlagung ist aber verfassungsrechtlich geboten".

767 *Seer*, StbJb. 2016/17, 539 (544).

Grundsatz, der nicht neben, sondern unter den Grundsätzen der Gesetz- und Gleichmäßigkeit der Besteuerung anzusiedeln ist und deshalb nur innerhalb dieser Fundamentalgrundsätze zur Geltung gelangen kann.[768] An der Spitze stehen deshalb auch nach dem StModG die Fundamentalgrundsätze des Besteuerungsverfahrens.[769] Die Wirtschaftlichkeit ist zwar gewissermaßen der „Schlüssel" zur Sicherstellung dieser Fundamentalgrundsätze im Massenverfahren, doch muss sich stets an ebendiesen Grundsätzen ausrichten.[770] Die Wirtschaftlichkeit darf gerade nicht zum entscheidenden Motiv der Sachverhaltsermittlung werden.[771] Diese Deutung des Rangverhältnisses zwischen Wirtschaftlichkeit, Gesetzmäßigkeit und Gleichmäßigkeit wird zusätzlich durch eine systematische Auslegung des § 88 Abs. 2 Satz 2 AO n.F. zum § 85 AO verdeutlicht.[772] § 85 AO steht im dritten Teil („Allgemeine Verfahrensvorschriften"), erster Abschnitt („Verfahrensgrundsätze"), dritter Unterabschnitt („Besteuerungsgrundsätze, Beweismittel") der AO als erste Vorschrift unter „I. Allgemeines" und trägt die Überschrift „Besteuerungsgrundsätze". Er beinhaltet in seinem ersten Satz die Grundsätze der Gesetzmäßigkeit und Gleichmäßigkeit der Besteuerung. Hätte der Gesetzgeber eine Gleichrangigkeit des Grundsatzes der Wirtschaftlichkeit mit den Fundamentalgrundsätzen gewollt, so hätte er den Grundsatz der Wirtschaftlichkeit in § 85 Satz 1 AO inkorporieren müssen. Dieses Verständnis vom Rangverhältnis zwischen den Grundsätzen der Wirtschaftlichkeit, der Gesetzmäßigkeit und der Gleichmäßigkeit im § 88 Abs. 2 AO n.F. gilt auch für § 88 Abs. 3 und 5 AO n.F.

---

768 I.E. so auch *Waldhoff*, DStJG 42 (2019), 59 (79); *Drüen*, DStJG 42 (2019), 193 (210); *ders.*, DB 2018, 11 (12), der die Wirtschaftlichkeit als „Sekundärwert" ansieht; vgl. auch *Müller-Franken*, StuW 2018, 113 (118); *Maier*, JZ 2017, 614 (616); *v. Wedelstädt*, AO-StB 2016, 196 (197); *Seer*, StbJb. 2016/17, 539 (545 f.); *ders.* StuW 2015, 315 (320 f.); *Münch/Sendke*, DStZ 2015, 487 (489). Bei dem Entwurf einer Steuer-Ermittlungs-Verordnung (s. Fn. 38) ging man daher unzutreffend von einer Gleichrangigkeit des Grundsatzes der Wirtschaftlichkeit mit Gesetzmäßigkeit und Gleichmäßigkeit aus, vgl. dazu allein *Münch*, DStR 2013, 212 f.

769 Auch *Gaentzsch*, DÖV 1998, 952 (953, 955), geht davon aus, dass die Gesetzmäßigkeit der Verwaltung und die Wirtschaftlichkeit nicht gleichrangig nebeneinander stehen, denn die Gesetzmäßigkeit sei „unverrückbar".

770 *Seer*, StbJb. 2016/17, 539 (545 f.).

771 S. Teil 4, C. III. 3.

772 Zum Auslegungskanon bei der Auslegung von Gesetzen vgl. die prominente Quelle *Larenz*, Methodenlehre, S. 312 ff. (zur systematischen Auslegung bzw. Auslegung nach dem „Bedeutungszusammenhang" S. 324 ff.).

2. *Wirtschaftlichkeit als Missbrauchsinstrument der Finanzverwaltung?*

Durch die Unbestimmtheit des Begriffs der Wirtschaftlichkeit für den einzelnen Steuerpflichtigen entsteht eine nicht zu unterschätzende Missbrauchsgefahr durch die Finanzverwaltung. Bezüglich Art und Umfang der Sachverhaltsermittlungen steht der Finanzbehörde ein (Verfahrens-)Ermessen zu, das sie zwar pflichtgemäß ausüben muss.[773] Im selben Moment genießt die Finanzverwaltung aber einen erheblichen Gestaltungsspielraum.[774] Diese weite Einschätzungsprärogative der Finanzverwaltung ist für den Steuerpflichtigen nicht sichtbar. Der Steuerpflichtige kann nicht in die Finanzbehörde „hineinschauen"; die „gläserne Finanzbehörde" existiert – im Gegensatz zum „gläsernen Steuerpflichtigen"[775] – nicht. Mit der Einfügung des Grundsatzes der Wirtschaftlichkeit hat der Gesetzgeber der Finanzverwaltung ein normatives Instrument an die Hand gegeben, von der Prüfung vieler Steuerfälle durch schlichten Verweis auf die Wirtschaftlichkeit abzusehen oder aber Steuerfälle gerade aufgrund von Wirtschaftlichkeitsgesichtspunkten zu prüfen. Eine Prüfung dieser Wirtschaftlichkeitsentscheidungen wird in der Praxis kaum möglich sein, da die Finanzverwaltung keine Hinweispflicht von Gesetzes wegen trifft, auf die Wirtschaftlichkeit bei (nicht) erfolgter Prüfung besonders hinzuweisen. Der Steuerpflichtige kann also gar nicht wissen, ob sein Fall aufgrund der Wirtschaftlichkeit nicht geprüft oder gerade der Wirtschaftlichkeit wegen geprüft wurde. Diese Missbrauchsgefahr spitzt sich noch weiter durch den AEAO zu § 88 Nr. 3 Abs. 3 Satz 1 zu, der ausdrücklich auf den „steuerlichen Erfolg" abstellt,[776] und dem Finanzbeamten dadurch eine auf Steuermehreinnahmen zielende Marschroute vorgibt. Um einer Missbrauchsgefahr durch die Finanzverwaltung entgegenzuwirken bzw. diese mit den Grundsätzen von Gesetz- und Gleichmäßigkeit der Besteuerung unvereinbare Marschroute bereits im Keim zu ersticken, sollte eine klarstellende, die Finanzverwaltung selbstbindende,[777] Verwaltungsvorschrift

---

773 Zum Verfahrensermessen der Finanzbehörde s. bereits ausführlich unter Teil 2, C.

774 *Seer*, DStJG 31 (2008), 7 (12); s. auch unter Teil 2, C. I.

775 *Schmidt/Schmitt*, in: FS Spindler, S. 529 (536): „gläserne Steuerbürger"; s. auch *Götzenberger*, BB 2009, Heft 13, M16; *Schmittmann*, Wpg 2001, 1050.

776 S. hierzu Teil 4, C. III. 2.

777 Verwaltungsvorschriften sind verwaltungsinterne Vorschriften, die allein die Finanzverwaltung binden, nicht die Gerichte; sie entfalten gerade keine Außenwirkung, s. dazu anschaulich bei *Hummel*, MwStR 2016, 4 (9); a.A. statt vieler *Jarass*, JuS 1999, 105 (107); s. auch *Lambrecht* DStJG 12 (1989), 79 (111), der von einer „faktischen

erlassen werden. Dazu muss keine völlig neue Verwaltungsvorschrift erlassen werden. Eine Klarstellung im AEAO zu § 88 Nr. 3 wäre dazu ausreichend und systematisch an richtiger Stelle. Im Rahmen dieser Klarstellung müsste in einem Satz 4, der AEAO zu § 88 Nr. 3 Satz 3 nachfolgen würde, erklärt werden, dass unter „steuerlichem Erfolg“ nicht steuerliche Mehreinnahmen zu verstehen sind. Denn nach der aktuellen Fassung des AEAO zu § 88 im Zusammenspiel mit dem Wortlaut in § 88 Abs. 2 Satz 2 AO n.F. dürfen Finanzbeamte davon ausgehen, dass sie von der Prüfung eines Steuerfalls absehen können, wenn der „steuerliche Erfolg“ so gering ist, dass sich der Aufwand nicht „lohnt“, obwohl weitere Ermittlungen verhältnismäßig wären. Möchte man aber folgerichtig einhalten, dass die Wirtschaftlichkeit lediglich ein Subprinzip der Gesetzmäßigkeit der Besteuerung darstellt,[778] darf bei einer offenkundigen Kontrollbedürftigkeit – dies ist bei einer Aussteuerung durch das RMS in jedem Fall anzunehmen – der Finanzbeamte aus Wirtschaftlichkeitsgründen die Prüfung nicht unterlassen. Dies würde ansonsten bedeuten, dass in jedem Fall der Aussteuerung durch das RMS aufgrund eines erkannten Risikos in der Steuererklärung zugunsten des Steuerpflichtigen der Finanzbeamte von der Prüfung und Ermittlung zugunsten des Steuerpflichtigen absehen dürfte, da im Ergebnis gerade kein steuerlicher Erfolg dem Aufwand gegenüberstünde, sondern vielmehr ein steuerliches Minus. Dies wäre ein offenkundiger Verstoß gegen die Grundsätze der Gesetzmäßigkeit und Gleichmäßigkeit der Besteuerung und den Untersuchungsgrundsatz, genauer das materielle Wahrheitsprinzip.[779] Dem folgend sind jegliche Überlegungen zum Abstellen auf den steuerlichen Erfolg in Verwaltungsvorschriften zu unterlassen. Auch Verwaltungsvorschriften müssen „verfahrenszieladäquat“ ausgestaltet sein und dürfen sich im Besteuerungsverfahren im Kontext des Untersuchungsgrundsatzes daher allein am Maßstab der Kontrollbedürftigkeit des Steuerfalls orientieren.[780] Unterlässt die Finanzverwaltung eine Ergänzung des AEAO zu § 88 um einen klarstellenden Satz 4, ist der aktuelle Satz 3 zu streichen.

Rechtsnormqualität“ spricht. Allgemein zu Verwaltungsvorschriften *Detterbeck*, Allgemeines Verwaltungsrecht, Rz. 100 ff., 852 ff.

778 S. Teil 4, C. V. 1.

779 S. hierzu Teil 2, C. III.

780 *Söhn*, in: Hübschmann/Hepp/Spitaler, AO/FGO, § 88 AO Rz. 140 (Stand: März 2010).

3. *Vereinbarkeit mit Gesetzmäßigkeit und Gleichmäßigkeit?*

Die Wirtschaftlichkeit ist eine unmittelbare Ausprägung der Gesetzmäßigkeit der Besteuerung im Besteuerungsverfahren als Massenverfahren.[781] Bei einem richtigen Verständnis vom Grundsatz der Wirtschaftlichkeit,[782] schließen sich Gesetzmäßigkeit und Wirtschaftlichkeit nicht aus.[783] Die Vereinbarkeit des Grundsatzes der Wirtschaftlichkeit mit der Gleichmäßigkeit der Besteuerung aus Art. 3 Abs. 1 GG steht jedoch auf einem anderen Blatt.

Nach der Prüfungsdogmatik des BVerfG ist gemäß Art. 3 Abs. 1 GG eine Ungleichbehandlung von „wesentlich Gleichem" sowie eine Gleichbehandlung von „wesentlich Ungleichem" verfassungswidrig, wenn sie nicht gerechtfertigt werden kann.[784] Eine Ungleichbehandlung von „wesentlich Gleichem" ist anzunehmen, wenn verschiedene doch vergleichbare Personen(gruppen) oder Sachverhalte ungleich behandelt werden.[785] Zur Feststellung einer Ungleichbehandlung erfolgen laut dem überwiegenden Schrifttum zwei Prüfungsschritte: Zunächst wird ein gemeinsamer Oberbegriff (*genus proximum* oder *tertium comparationis*) gesucht, der die Personen(gruppe) oder die Sachverhalte abschließend erfasst. Als zweiter Schritt bedarf es eines Differenzierungsmerkmals (*differentia specifica*), anhand dessen die vergleichbaren Gruppen unterschiedlich behandelt werden.[786] Der gemeinsame Oberbegriff ist die „Prüfungsbedürftigkeit" von Steuerpflichtigen. Das Differenzierungsmerkmal, anhand dessen das Prüfungsbedürfnis der Steuerpflichtigen festgelegt wird, ist in diesem Kontext der Grundsatz der Wirtschaftlichkeit nach § 88 Abs. 2 Satz 2 AO n.F. Anhand des Merkmals der Wirtschaftlichkeit werden einige Steuerpflichtige intensiv geprüft, andere weniger intensiv und wiederum andere gar nicht. Eine Ungleichbehandlung ist damit festgestellt. Eine Rechtfertigung dieser Ungleichbehandlung hängt entscheidend davon ab, welches Verständnis dem Grundsatz der Wirtschaftlichkeit zugrunde gelegt wird. Begreift man die Wirtschaftlichkeit im Einklang mit dem Gesetzgeber und der Finanzverwaltung als Verhältnis zwischen Arbeitsaufwand und steuerlichen Erfolg,[787] hält

---

781 S. Teil 4, C. V. 1.

782 S. Teil 4, C. III. 3.

783 *Gaentzsch*, DÖV 1998, 952.

784 Vgl. allein BVerfG v. 9.8.1978 – 2 BvR 831/76, BVerfGE 49, 148 (165).

785 *Wollenschläger*, in: v. Mangoldt/Klein/Starck, GG, Art. 3 Abs. 1 Rz. 77.

786 *Wollenschläger*, in: v. Mangoldt/Klein/Starck, GG, Art. 3 Abs. 1 Rz. 79 ff.; *Heun*, in: Dreier, GG, Art. 3 Rz. 24.

787 Vgl. Teil 4, C. III. 3. a) und b).

eine solche Differenzierung bereits einer Willkürprüfung nicht stand.[788] Die Differenzierung von Steuerpflichtigen anhand von voraussichtlichen Steuermehreinnahmen ist kein sachlicher Grund, der eine erhöhte Ermittlungsintensität rechtfertigen kann. Allein die tatsächliche Kontrollbedürftigkeit wegen der Gefahr einer gesetzes- oder gleichheitswidrigen Besteuerung rechtfertigt eine freiheitsbeschränkende Sachverhaltsermittlung eines Steuerpflichtigen; nicht mehr, aber auch nicht weniger. Setzt man demgegenüber Wirtschaftlichkeit mit einem effizienten Einsatz der Ressourcen der Finanzverwaltung für einen maßvollen Gesamtvollzug gleich, so ist dies gerechtfertigt und entspricht ja gerade der Gewährleistung der Gleichmäßigkeit in der Masse beim Massenverfahren.

4. *Streichung aus dem Gesetzestext?*

Eine wiederholte Kritik an der Einführung des Grundsatzes der Wirtschaftlichkeit im § 88 AO n.F. war, dass es sich um einen unnötigen unbestimmten Rechtsbegriff handele und er daher aus dem Gesetzestext zu entfernen sei.[789] Eine Streichung des Grundsatzes der Wirtschaftlichkeit aus § 88 AO n.F. ist jedoch nicht erforderlich. Bestimmt man den unbestimmten Rechtsbegriff der Wirtschaftlichkeit als effizienten und damit ressourceschonenden Einsatz der Mittel der Finanzverwaltung im Besteuerungsverfahren als Massenverfahren, kommt dem Grundsatz der Wirtschaftlichkeit eine eigenständige Bedeutung für das Besteuerungsverfahren zu. Eine Streichung wäre nur in dem Fall angezeigt, wenn dem Grundsatz der Wirtschaftlichkeit keine individuelle Bedeutung zugeordnet werden könnte, es sich also um eine „inhaltlose Hülle" handeln würde. Dies ist jedoch – wie festgestellt wurde[790] – nicht der Fall.

---

788 Vgl. zur sog. Willkürformel und ihre Entwicklung *Osterloh*, EuGRZ 2002, 309; *Sachs*, JuS 1997, 124 (125 ff.); *Huster*, Rechte und Ziele, S. 45 ff.; s. auch jüngst *Hermanns*, in: 15. Deutscher Finanzgerichtstag 2018, S. 33 (41), zum Willkürverbot und zur „neuen Formel" des BVerfG.

789 S. dazu etwa *Braun Binder*, DStZ 2016, 526 (530); allen voran Prof. Brandt (Fn. 663), S. 4 f.; vgl. aber auch Bund der Steuerzahler e.V. v. 23.9.2015 (Fn. 633), S. 5; Bund deutscher Finanzrichterinnen und Finanzrichter und des Deutschen Richterbundes v. 23.9.2015, S. 5 f. (Fn. 633); Bundesverband Lohnsteuerhilfevereine v. 23.9.2015 (Fn. 633), S. 3 f.; Deutscher Steuerberaterverbund v. 24.9.2015 (Fn. 633), S. 7.

790 Teil 4, C. III. 3.

D. Der Grundsatz der Zweckmäßigkeit im § 88 Abs. 2 Satz 2 AO n.F.

I. Allgemeines zur Einführung des Grundsatzes der Zweckmäßigkeit

Auch der Grundsatz der Zweckmäßigkeit ist kein neuer Grundsatz des Besteuerungsverfahrens und war bereits vor dem StModG bekannt.[791] Ebenso wie bei der ausdrücklichen Nennung der Wirtschaftlichkeit im § 88 Abs. 2 Satz 2 AO n.F. als zulässige Ermessenserwägung wurde mit der Zweckmäßigkeit ebenfalls ein bereits bekannter Grundsatz „vergesetzlicht".[792] Bei der zahlreichen Literatur zum StModG sticht jedoch ein Umstand besonders ins Auge: Entweder die Zweckmäßigkeit wird gar nicht erst angesprochen[793] oder aber sie wird ohne weitere Erläuterungen in einem Atemzug mit dem Grundsatz der Wirtschaftlichkeit genannt,[794] in einen Topf geworfen und so vermengt.[795] Die Zweckmäßigkeit als eigene Ermessenserwägungskategorie[796] der Finanzbehörden genießt somit lediglich ein Schattendasein. Aus diesem Grund ist eine genaue Untersuchung des Begriffs der „Zweckmäßigkeit" für das Besteuerungsverfahren hinfällig. Zu Recht hat auch schon *v. Arnim* behauptet, dass es „regelmäßig undeutlich

---

791 BVerfG v. 20.6.1973 – 1 BvL 9-10/71, BVerfGE 35, 283 (294) = BStBl. II 1973, 720 (723); s. ähnlich auch schon BFH v. 7.12.1955 – V z 183/54 S, BStBl. III 1956, 75, jedoch unter dem Stichpunkt der Zumutbarkeit.

792 *V. Wedelstädt*, AO-StB 2016, 196 f.

793 S. beispielhaft bei *Seer*, DStZ 2016, 605 (609); *ders.*, JBVStB 2016, 55 (58).

794 Beispielhaft etwa bei *Waldhoff*, DStJG 42 (2019), 59 (77); s. auch bei *Müller-Franken*, StuW 2018, 113 (117 f.), der zwar den Grundsatz der Wirtschaftlichkeit und der Zweckmäßigkeit nennt, in der Folge aber nur noch zur Wirtschaftlichkeit Stellung bezieht.

795 Vgl. beispielhaft *Gläser/Schöllhorn*, DStR 2016, 1577 (1578); i. Erg. auch BT-Drucks. 18/7457, S. 68. Eine Ausnahme bildet zwar *Baum*, NWB 2016, 2636 (2639), der kurz explizit auf die Zweckmäßigkeit eingeht und darunter Sachverhaltsermittlungen versteht, die „aus materiell-rechtlicher Sicht erfolgsdienlich und sachgerecht sind". Gleichwohl lässt auch *Baum* offen, in welchen Fällen eine Erfolgsdienlichkeit der Ermittlungen anzunehmen ist und er verweist zudem auf den Grundsatz der Verhältnismäßigkeit.

796 Zur Verrechtlichung der Zweckmäßigkeit als eigenständige Kategorie im Rahmen des Ermessens vgl. *Lohmann*, Zweckmäßigkeit der Ermessensausübung; vgl. in diesem Zusammenhang auch die Beschreibung punktueller Verrechtlichungsansätze bei *Neupert*, Rechtmäßigkeit und Zweckmäßigkeit, S. 35 f.

bleibt, was eigentlich mit Zweckmäßigkeit genau gemeint sein soll".[797] Dabei soll insbesondere der Frage nachgegangen werden, ob der Zweckmäßigkeit neben der Wirtschaftlichkeit noch eine eigenständige Bedeutung im Besteuerungsverfahren zukommt oder ob auf diesen Grundsatz im § 88 AO n.F. verzichtet werden kann bzw. verzichtet werden muss.

II. Bedeutungsfindung

Die Bedeutung des Grundsatzes der Wirtschaftlichkeit ist einer Auslegung zugänglich, die mit den Grundsätzen der Gesetzmäßigkeit und Gleichmäßigkeit der Besteuerung harmoniert. Ob dasselbe für den Grundsatz der Zweckmäßigkeit gilt, ist höchst fraglich. Im Folgenden soll die genaue Bedeutung von dem Begriff der „Zweckmäßigkeit" im § 88 Abs. 2 Satz 2 AO n.F. untersucht werden, wenn denn eine solche eigene Bedeutung dieses Grundsatzes neben dem Grundsatz der Wirtschaftlichkeit überhaupt bestehen kann.

1. Verständnis des Gesetzgebers

Der Gesetzgeber definiert den Begriff der Zweckmäßigkeit nicht, sondern verweist in seiner Gesetzesbegründung zum StModG – wie auch schon bei dem Grundsatz der Wirtschaftlichkeit[798] – allein auf einen Beschluss des BVerfG sowie des BFH[799] und wiederholt deren einschlägigen Inhalt.[800] Auch hier manifestiert sich der Untersuchungsgrundsatz als negatives Prinzip.[801] Das BVerfG stellt in seinem Beschluss fest, dass die Finanzbehörden trotz Geltung des Legalitätsprinzips im Besteuerungsverfahren[802] auch Zweckmäßigkeitserwägungen anstellen dürfen.[803] So sei es danach zulässig, auf die Erwägung abzustellen, dass die Sachverhaltsaufklärung einen nicht mehr vertretbaren Zeitaufwand erfordert.[804] Daneben soll unter dem Gesichtspunkt der Zweckmäßigkeit auch das Verhältnis zwischen voraussichtlichem Arbeitsaufwand und steuerlichem Erfolg

797 *V. Arnim*, Wirtschaftlichkeit als Rechtsprinzip, S. 56.
798 S. Teil 4, C. III. 1.
799 BVerfG v. 20.6.1973 – 1 BvL 9-10/71, BStBl. II 1973, 720; BFH v. 5.3.2007 – IX B 29/06, juris.
800 BT-Drucks. 18/7457, S. 68.
801 Vgl. Teil 2, B.
802 Zum Legalitätsprinzip bereits unter Teil 1, D. II.
803 BVerfG v. 20.6.1973 – 1 BvL 9-10/71, BStBl. II 1973, 720 (723).
804 BVerfG v. 20.6.1973 – 1 BvL 9-10/71, BStBl. II 1973, 720 (723).

eine Rolle spielen dürfen.[805] Letzteres hat der Gesetzgeber jedoch explizit dem Grundsatz der Wirtschaftlichkeit zugeordnet,[806] so dass dieser Aspekt – anders als der Beschluss des BVerfG – im Rahmen des Untersuchungsgrundsatzes nicht dem Grundsatz der Zweckmäßigkeit zugerechnet werden kann. Einziger Anhaltspunkt des Gesetzgebers für die Bedeutung des Grundsatzes der Zweckmäßigkeit ist damit der Umfang des Zeitaufwands.

2. Verständnis der Finanzverwaltung

Auch die Finanzverwaltung enthält kaum Anhaltspunkte dafür, was genau unter dem Grundsatz der Zweckmäßigkeit im § 88 Abs. 2 Satz 2 AO n.F. zu verstehen ist. So wiederholt die Finanzverwaltung im AEAO zu § 88 Nr. 3 Abs. 2 die Feststellung des BVerfG Wort für Wort bezüglich des Abstellens auf den zeitlichen Aufwand.[807] Dies sah auch schon die Vorgängerfassung des AEAO zu § 88 vor, dort aber in Nr. 1 Abs. 2.[808] Im Gegensatz zum Gesetzgeber stellt die Finanzverwaltung jedoch bei dem Verhältnis zwischen Arbeitsaufwand und steuerlichem Erfolg nicht ausdrücklich einen Bezug zur Wirtschaftlichkeit her. Aufgrund der Ausführungen der Finanzverwaltung kann demzufolge grundsätzlich eine genaue Zuordnung der einzelnen Erwägungen zu dem Grundsatz der Zweckmäßigkeit nicht erfolgen. Auch hierbei dürfte aber das zum Verständnis des Gesetzgebers Gesagte gelten: Das Abstellen auf das Verhältnis zwischen Ermittlungsaufwand und dem steuerlichen Erfolg ordnet wohl auch die Finanzverwaltung (eher) dem Grundsatz der Wirtschaftlichkeit zu, so dass für die Zweckmäßigkeit allein der nicht mehr vertretbare Zeitaufwand übrigbleibt.

3. Verständnis in der steuerlichen Rechtsprechung

Der BFH hat sich ebenfalls in einem aktuellen Urteil zum Grundsatz der Zweckmäßigkeit im Zusammenhang mit dem Untersuchungsgrundsatz geäußert.[809] Gleichwohl bleiben auch die Feststellungen des BFH nur an der Oberfläche. Auch der BFH sieht es als zulässig an, bei dem Untersuchungsgrundsatz auf

---

805 BVerfG v. 20.6.1973 – 1 BvL 9-10/71, BStBl. II 1973, 720 (723).

806 Vgl. BT-Drucks. 18/7457, S. 68: „Dabei kann unter *Wirtschaftlichkeitsgesichtspunkten* auch auf das Verhältnis zwischen voraussichtlichem Arbeitsaufwand und steuerlichem Erfolg abgestellt werden"; s. auch schon unter Teil 4, C. III. 1.

807 AEAO 2014 zu § 88 Nr. 3 i.d. Fassung vom 12.1.2017, juris.

808 Vgl. AEAO 2014 zu § 88 i.d. Fassung vom 31.1.2014, BStBl. I 2014, 290 (357).

809 Jüngst BFH v. 20.2.2018 – VII R 21/16, BFHE 261, 286 (292). Die Ausführungen betreffen jedoch den § 88 AO i.d. Fassung bis zum 31.12.2016.

Zweckmäßigkeitserwägungen abzustellen.[810] Jedoch beschränkt sich der BFH – ebenso wie der Gesetzgeber und die Finanzverwaltung – dabei allein auf den Verweis auf die Entscheidung des BVerfG und führt lediglich zusätzlich die bereits angesprochene Gesetzesbegründung zum StModG an.[811] Erläuterungen inhaltlicher Natur zum Begriff der Zweckmäßigkeit bleiben (leider) aus. Die in den Gesetzesunterlagen zitierte BFH-Entscheidung vom 5. März 2007[812] trifft keine Aussage zu Zweckmäßigkeitserwägungen der Finanzbehörden im Zusammenhang mit dem Untersuchungsgrundsatz. In einem früheren Urteil ist der BFH zumindest ein Stück weit konkreter geworden, indem er die Prüfung der Steuererklärung an Ort und Stelle von einem Betriebsprüfer bei der Prüfung von Großbetrieben als zulässige Zweckmäßigkeitserwägung ansah.[813] Dies führt dazu, dass eine weitere Prüfung der Veranlagungsstelle nicht mehr erfolgen muss, so dass das Personal der Finanzverwaltung effizient eingesetzt wird. Dies ist aber nach der in dieser Arbeit vertretenen Auffassung bereits von dem Begriffsverständnis der Wirtschaftlichkeit und damit vom Grundsatz der Wirtschaftlichkeit mitumfasst.

4. *Verständnis im allgemeinen Verwaltungsrecht*

Das allgemeine Verwaltungsrecht eignet sich auch an dieser Stelle als Referenzgebiet. So findet sich der Begriff der Zweckmäßigkeit gleich an zwei Stellen wieder, namentlich im § 68 Abs. 1 Satz 1 VwGO und im § 10 Satz 2 VwVfG.

a) *§ 68 Abs. 1 Satz 1 VwGO: Zweckmäßigkeit als Prüfungsmaßstab im Vorverfahren*

aa) *Vergleich von § 68 Abs. 1 VwGO mit § 367 Abs. 2 AO*

Das Vorverfahren im allgemeinen Verwaltungsrecht, das vornehmlich als Widerspruchsverfahren bezeichnet wird,[814] findet seinen (zentralen) gesetzlichen Niederschlag im § 68 VwGO. Obwohl es sich in der Sache um ein Verfahren der Verwaltungsbehörden handelt,[815] wurde das Vorverfahren in der VwGO

810 BFH v. 20.2.2018 – VII R 21/16, BFHE 261, 286 (292).
811 Gemeint ist BT-Drucks. 18/7457, S. 68.
812 BFH v. 5.3.2007 – IX B 29/06, juris.
813 BFH v. 13.3.1974 – I R 39/72, BStBl. II 1974, 436 (437).
814 *Schoch*, Jura 2003, 752; *Kopp*, in: FS Redeker, S. 543.
815 *Hofmann*, in: FS Menger, S. 605 (610).

geregelt.[816] Insoweit ist die AO dem allgemeinen Verwaltungsverfahren gesetzessystematisch voraus, da das finanzbehördliche Vorverfahren (Einspruchsverfahren) als außergerichtliches Rechtsbehelfsverfahren systemkonform in der AO selbst, namentlich in den §§ 347 ff. AO, geregelt wurde. In formeller Hinsicht verzichtet die AO, genauer der § 367 Abs. 2 AO, jedoch auf die ausdrückliche Nennung der Zweckmäßigkeit, während die Zweckmäßigkeit ausdrücklich im Wortlaut des § 68 Abs. 1 Satz 1 VwGO genannt wird. Die materielle Reichweite der vollumfänglichen Nachprüfung nach § 367 Abs. 2 Satz 1 AO beschränkt sich dabei zwar grundsätzlich auf die Prüfung der Rechtmäßigkeit des angefochtenen Bescheids.[817] Über § 365 Abs. 1 AO sind aber auch die § 88 Abs. 1 und 2 AO n.F. im Einspruchsverfahren zu beachten.[818] Dies führt dazu, dass über die Brücke des § 365 Abs. 1 AO nunmehr aufgrund der ausdrücklichen Regelung der Zweckmäßigkeit im § 88 Abs. 2 Satz 2 AO n.F. grundsätzlich auch Bescheide auf ihre Zweckmäßigkeit von der Einspruchsstelle im Finanzamt überprüft werden müssen.

bb) Bedeutung von Zweckmäßigkeit im § 68 Abs. 1 Satz 1 VwGO

Nach § 68 Abs. 1 Satz 1 VwGO sind in einem Vorverfahren „Rechtmäßigkeit und Zweckmäßigkeit" eines Verwaltungsaktes nachzuprüfen.[819] Die Zweckmäßigkeit bildet bei der behördlichen Prüfung des Verwaltungsaktes eine eigenständige Kategorie neben der Rechtmäßigkeit.[820] Dieser Dualismus, der nur im Bereich der Ermessensverwaltung in Betracht kommt,[821] hat zur Folge, dass selbst bei Vorliegen eines rechtmäßigen Verwaltungsaktes die Verwaltungsbehörde den jeweiligen Verwaltungsakt wegen Unzweckmäßigkeit aufheben oder

---

816 S. dazu *Detterbeck*, Allgemeines Verwaltungsrecht, Rz. 1354 ff., 1359; kritisch dazu *Schenke*, in: Kopp/Schenke, VwGO, Vorb. § 68 Rz. 4; *Engst*, Jura 2006, 166 (dort Fn. 7).

817 *Dumke*, in: Schwarz/Pahlke, AO/FGO, § 367 AO Rz. 13 (Stand: Februar 2011); *Birkenfeld*, in: Hübschmann/Hepp/Spitaler, AO/FGO, § 367 AO Rz. 26, 139 (Stand: März 2008).

818 *Seer*, in: Tipke/Kruse, AO/FGO, § 367 AO Rz. 16 (Stand: Mai 2015).

819 Zu diesem Dualismus und zur Abgrenzung beider Begriffe grundlegend *Jellinek*, Gesetz, Gesetzesanwendung und Zweckmäßigkeitserwägung.

820 *Engst*, Jura 2006, 166 (167); *Schoch*, Jura, 2003, 752; a.A. *Klüsener*, NVwZ 2002, 816 ff., wonach der Zweckmäßigkeit neben der Rechtmäßigkeit keine eigenständige Bedeutung zukomme und im § 68 Abs. 1 VwGO überflüssig sei und gestrichen werden sollte; s. auch *v. Arnim*, Gemeinwohl und Gruppeninteressen, S. 227 f.

821 Gebundene Verwaltungsentscheidungen können nur auf ihre Rechtmäßigkeit überprüft werden, *Engst*, Jura 2006, 166 (167).

abändern kann.[822] Unterlässt die Widerspruchsbehörde hingegen eine Zweckmäßigkeitsprüfung bei festgestellter Rechtmäßigkeit des Verwaltungsakts, kann das einen Ermessensfehler bei der Gesamtentscheidung der Widerspruchsbehörde zur Folge haben.[823] Rechtmäßigkeit und Zweckmäßigkeit stehen also nicht nur kumulativ nebeneinander, sondern können auch alternativ als eigenständige Prüfungsmaßstäbe im verwaltungsrechtlichen Vorverfahren zur Aufhebung oder Änderung des Verwaltungsaktes führen.[824] Das Gesetz selbst sieht dabei zwar keine Prüfungsreihenfolge bei der Prüfung von Rechtmäßigkeit und Zweckmäßigkeit vor. In der Regel wird aber eine Rechtmäßigkeitsprüfung der Zweckmäßigkeitsprüfung vorgezogen.[825] Dieser gestuften Vorgehensweise liegt der Gedanke zugrunde, dass ein rechtswidriger Verwaltungsakt nicht zweckmäßig sein kann.[826] Auch im Zusammenhang mit § 68 Abs. 1 VwGO fällt die Definition der Zweckmäßigkeit jedoch schwer.[827] Teilweise wird sogar vertreten, dass die Zweckmäßigkeit schon einer Definition nicht zugänglich sei.[828] Abgesehen davon bietet das Schrifttum nur ein Konglomerat an eher pauschalierenden Definitionsversuchen an: So wird unzweckmäßig mit „unbillig", „unangemessen" und „nicht optimal" definiert.[829] Außerdem sei ein Verwaltungsakt unzweckmäßig, „wenn er zwar rechtlich ergehen durfte, aber zur Erreichung des von der Verwaltung angestrebten Zwecks entweder nicht unerlässlich ist oder eine inhaltlich andersartige Entscheidung eher geeignet wäre".[830] Oft wird auch die Unzweckmäßigkeit ohne nähere Begründung mit der Unwirtschaftlichkeit gleichgesetzt.[831] Daneben findet sich die Zweckmäßigkeit auch häufig in der

822 *V. Mutius*, Das Widerspruchsverfahren der VwGO, S. 123 f.; *Schenke*, in: Kopp/Schenke, VwGO, § 68 Rz. 12.
823 *Hofmann*, in: FS Menger, S. 605 (612).
824 *V. Mutius*, Das Widerspruchsverfahren der VwGO, S. 123 f.; *Klüsener*, NVwZ 2002, 816 (818), der auf die dogmatischen Bedenken bei der Fallkonstellation hinweist, in der ein rechtswidriger Verwaltungsakt vorliegt, der aber zugleich zweckmäßig ist. Bei einer gestuften Prüfungsreihenfolge stellt sich dieses Problem jedoch nicht, da bei festgestellter Rechtswidrigkeit des Verwaltungsaktes auf der ersten Stufe eine Zweckmäßigkeitsprüfung auf der zweiten Stufe zu unterbleiben hat.
825 *Hufen*, Verwaltungsprozessrecht, § 7 Rz. 7.
826 *Klüsener*, NVwZ 2002, 816.
827 *Klüsener*, NVwZ 2002, 816 (817).
828 *Schmalz*, Allgemeines Verwaltungsrecht, Rz. 116: „Was Zweckmäßigkeit bedeutet, lässt sich nicht definieren".
829 *Schenke*, in: Kopp/Schenke, VwGO, § 68 Rz. 12.
830 *Engst*, Jura 2006, 166 (167).
831 *Hufen*, Verwaltungsprozessrecht, § 7 Rz. 7; s. auch *Klüsener*, NVwZ 2002, 816 (819).

Nähe der Effizienz.[832] Ebenso kann der Feststellung, dass die Zweckmäßigkeit dort beginnt, wo die Rechtmäßigkeit aufhört, wenig abgewonnen werden.[833] Schließlich versucht man sich der Zweckmäßigkeit mit unterschiedlichsten Umschreibungen zu nähern, denen jedoch für eine Inhaltsbestimmung des Begriffs der Zweckmäßigkeit kein Mehrwert zukommt.[834] Diese kaum noch überschaubare Begriffs- und Deutungsflut macht jedenfalls eine rechtssichere Bestimmung der Begriffsbedeutung der Zweckmäßigkeit im § 68 Abs. 1 VwGO unmöglich und dadurch insbesondere für die Verwaltungspraxis schwer bis gar nicht handhabbar. Zu Recht wird aufgrund dieses unbefriedigenden Zustandes auch von der „Blässe des Zweckmäßigkeitsbegriffs" gesprochen.[835]

b) § 10 Satz 2 VwVfG: Zweckmäßigkeit als Verfahrensziel

§ 10 Satz 1 VwVfG statuiert den Verfahrensgrundsatz der sog. „Nichtförmlichkeit". Danach ist das Verwaltungsverfahren nichtförmlich durchzuführen, soweit keine besonderen Rechtsvorschriften für die Form des Verfahrens bestehen.[836] Der Grundsatz der Nichtförmlichkeit stellt einen zentralen rechtsstaatlichen Verfahrensgrundsatz des Verwaltungsverfahrens dar.[837] Im zweiten Satz des § 10 VwVfG wird neben den Begriffen „einfach" und „zügig" der Begriff „zweckmäßig" aufgezählt. Der § 10 Satz 2 VwVfG normiert die Ziele des Verwaltungsverfahrens.[838] Die Zweckmäßigkeit ist von der Verwaltung mithin nicht erst nach dem Tätigwerden des Bürgers im Rahmen des Widerspruchs zu berücksichtigen, sondern bereits bei der konkreten Durchführung des Verwaltungsverfahrens. Indes treten bei dem Versuch einer Begriffsbestimmung des Begriffs „zweckmäßig" im § 10 Satz 2 VwVfG dieselben Schwierigkeiten wie im § 68 Abs. 1 Satz 1 VwGO auf.[839] Zu den vielen bereits erwähnten Konkretisierungsbemühungen

---

832 *Klüsener*, NVwZ 2002, 816 (817); in diese Richtung auch *Schwarz*, in: Fehling/Kastner/Störmer, HK-VerwR, § 9 Rz. 40.

833 So etwa *Hain*, DVBl. 1999, 1544 (1547).

834 Sparsamkeit, Bürgernähe, Sachgerechtigkeit und Vereinfachung sind nur einige Beispiele solcher Umschreibungen, vgl. *Neupert*, Rechtmäßigkeit und Zweckmäßigkeit, S. 15. Eine umfassende Aufzählung von Umschreibungen der Zweckmäßigkeit findet sich bei *Lohmann*, Zweckmäßigkeit der Ermessensausübung, S. 15 f.

835 *Neupert*, Rechtmäßigkeit und Zweckmäßigkeit, S. 14 ff. Im Kontext des Besteuerungsverfahrens bleibt es jedoch nicht nur bei einer bloßen „Blässe", s. dazu sogleich.

836 „Form des Verfahrens" meint in diesem Zusammenhang die Verfahrensausgestaltung im konkreten Fall, vgl. *Schmitz*, in: Stelkens/Bonk/Sachs, VwVfG, § 10 Rz. 3, 10.

837 *Schwarz*, in: Fehling/Kastner/Störmer, HK-VerwR, § 9 Rz. 41.

838 *Schwarz*, in: Fehling/Kastner/Störmer, HK-VerwR, § 10 Rz. 12.

839 S. dazu Teil 4, D. II. 4. a).

treten im § 10 Satz 2 VwVfG jedoch noch weitere hinzu. So wird die Zweckmäßigkeit als Verfahrensziel im § 10 Satz 2 VwVfG dahingehend ausgelegt, dass die Behörde alle nicht geeigneten, nicht erforderlichen und insgesamt unverhältnismäßigen Maßnahmen zu unterlassen habe.[840] Die Zweckmäßigkeit des Verwaltungsverfahrens wird damit im Ergebnis mit dem Grundsatz der Verhältnismäßigkeit gleichgesetzt. Zudem wird der Aspekt der Verfahrensökonomie im Zusammenhang mit der Zweckmäßigkeit im § 10 Satz 2 VwVfG in Stellung gebracht.[841] Nach allgemeiner Auffassung komme im § 10 Satz 2 VwVfG auch das Gebot der Verwaltungseffizienz zum Ausdruck.[842]

5. *Zwischenergebnis*

Dem in § 88 Abs. 2 Satz 2 AO n.F. ausdrücklich genannten Grundsatz der Zweckmäßigkeit muss eine eigenständige Bedeutung für das Besteuerungsverfahren zugeordnet werden können. Die Bedeutungsfindung blieb bisher jedoch erfolglos. Sowohl der Gesetzgeber und die Finanzverwaltung als auch die Rechtsprechung treffen keine brauchbaren Aussagen, um bestimmen zu können, was die Zweckmäßigkeit im § 88 Abs. 2 Satz 2 AO n.F. für das Besteuerungsverfahren bedeutet. Der stipulierten Ausgestaltung von „Inhalt und Grenzen" der Zweckmäßigkeit bleibt der Gesetzgeber bis heute schuldig.[843] Insbesondere die aktuelle Entscheidung des BFH, die lediglich die Zweckmäßigkeit erwähnt ohne inhaltliche Angaben auszuführen, lässt wenig Hoffnung auf eine Aufklärung und Präzisierung des Begriffs durch die Judikatur. Ein Vergleich mit der ausdrücklichen Nennung der Zweckmäßigkeit im allgemeinen Verwaltungsrecht, namentlich im § 68 Abs. 1 Satz 1 VwGO und im § 10 Satz 2 VwVfG, konnte dieses Defizit nicht beheben. Vielmehr zeigt ein Vergleich zu den Regelungen im allgemeinen Verwaltungsrecht, dass die Zweckmäßigkeit eng mit der Wirtschaftlichkeit (Effizienz) verknüpft ist und ihr auch in den meisten Fällen inhaltlich gleichgestellt wird.

---

840 So bei *Schwarz*, in: Fehling/Kastner/Störmer, HK-VerwR, § 10 Rz. 13.

841 So bei *Schwarz*, in: HK-VerwR, § 10 Rz. 13; *Ramsauer*, in: Kopp/Ramsauer, VwVfG, § 10 Rz. 4.

842 S. *Schmitz*, in: Stelkens/Bonk/Sachs, VwVfG, § 10 Rz. 23, der unter Verwaltungseffizienz eine Zweck-Mittel-Relation versteht und die Zweckmäßigkeit mit Effektivität umschreibt; *Wittinger*, in: Obermayer/Funke-Kaiser, VwVfG, § 10 Rz. 19 ff.: „Verfahrenseffizienz"; vgl. auch *Ramsauer*, in: Kopp/Ramsauer, VwVfG, § 10 Rz. 4, 16a f. m.w.N.

843 Vgl. BT-Drucks. 18/7457, S. 48.

III. Kritik am Grundsatz der Zweckmäßigkeit

Nach den vorgenommenen Untersuchungen stellt sich die Frage, ob dem Grundsatz der Zweckmäßigkeit überhaupt eine eigenständige Bedeutung im § 88 AO n.F. zukommt. Das Bestimmungsdilemma entsteht dadurch, dass die Zweckmäßigkeit oft inhaltsgleich zur Wirtschaftlichkeit konkretisiert wird, der Grundsatz der Wirtschaftlichkeit aber zugleich separat vom Grundsatz der Zweckmäßigkeit im § 88 Abs. 2 Satz 2 AO n.F. geregelt wurde. Einen Daseinsanspruch hat der Grundsatz der Zweckmäßigkeit als eigenständige Ermessenskategorie im § 88 AO n.F. jedoch nur, wenn er eine eigenständige Bedeutung hat.

1. Keine eigenständige Bedeutung für das Besteuerungsverfahren

a) Abgrenzung zur Wirtschaftlichkeit im § 88 AO n.F.

Der Grundsatz der Zweckmäßigkeit wird – wie bereits dargelegt – in den meisten Fällen im Zusammenhang mit dem Grundsatz der Wirtschaftlichkeit erwähnt[844] und teilweise sogar als Oberbegriff angesehen.[845] Dies zeigt auch der Vergleich zum allgemeinen Verwaltungsrecht.[846] Der Grundsatz der Wirtschaftlichkeit ist jedoch ausdrücklich in § 88 Abs. 2 Satz 2 AO n.F. als eigenständige Ermessenskategorie durch das StModG eingefügt worden. Dies hat zur Folge, dass der Grundsatz der Zweckmäßigkeit in Abgrenzung zur Wirtschaftlichkeit keine wirtschaftlichen Erwägungen anstellen darf. Um eine eigenständige Bedeutung der Zweckmäßigkeit in Abgrenzung zur Wirtschaftlichkeit bestimmen zu können, muss man die folgende Frage stellen: Gibt es Maßnahmen der Finanzbehörden, die nicht wirtschaftlich, aber zweckmäßig sind? Legt man ein verfahrensgebundenes Verständnis der Zweckmäßigkeit zugrunde,[847] nach dem alle Maßnahmen zweckmäßig sind, die dem Zweck des Besteuerungsverfahrens dienen, so sind solche Fälle durchaus denkbar. Dies sind beispielweise die Fälle, in denen die Finanzbehörde einen Steuerbescheid zugunsten des Steuerpflichtigen ändert. Die Änderung des Steuerbescheids zugunsten des Steuerpflichtigen dient der Gesetzmäßigkeit und insbesondere der Gleichmäßigkeit der Besteuerung und

844 Dies sieht auch *Klüsener*, NVwZ 2002, 816 (817); vgl. auch *Hufen*, Verwaltungsprozessrecht, § 7 Rz. 7.

845 S. etwa beispielhaft bei *Achterberg*, Allgemeines Verwaltungsrecht, § 19 Rz. 23: „Die Wirtschaftlichkeit ist Bestandteil der Zweckmäßigkeit des Verwaltungshandelns".

846 Vgl. Teil 4, D. II. 4.

847 So wohl auch *Volquardsen*, in: Schwarz/Pahlke, AO/FGO, § 88 AO Rz. 5d (Stand: März 2017).

erfüllt damit die Fundamentalzwecke des Besteuerungsverfahrens. Nach dem Begriffsverständnis des Gesetzgebers und der Finanzverwaltung[848] wäre diese Maßnahme jedoch nicht wirtschaftlich, da sie gerade keinen steuerlichen Erfolg im Sinne eines steuerlichen Mehrergebnisses zur Folge hat. Diese Fallgruppe der Korrektur von Steuerbescheiden zugunsten des Steuerpflichtigen stellt freilich nur auf den ersten Blick eine eigenständige Bedeutung der Zweckmäßigkeit dar, denn die Verpflichtung der Finanzbehörden zur Änderung von Steuerbescheiden zugunsten des Steuerpflichtigen bei Vorliegen der Voraussetzungen der einschlägigen Korrekturvorschrift besteht bereits wegen der in § 85 Satz 1 AO enthaltenen Grundsätze der Gesetzmäßigkeit und Gleichmäßigkeit der Besteuerung. Darüber hinaus sieht auch etwa § 173 Abs. 1 AO vor, dass Steuerbescheide aufzuheben oder zu ändern „sind", soweit Tatsachen oder Beweismittel nachträglich bekannt werden.[849] Diese Entscheidung liegt nicht im Ermessen der Finanzbehörden. Zudem nennt auch der § 88 Abs. 2 Satz 1 AO n.F. nunmehr ausdrücklich die übergeordneten Grundsätze der Gesetzmäßigkeit und Gleichmäßigkeit. Dass Maßnahmen der Finanzbehörden in jedem Fall dem Zweck des Besteuerungsverfahrens dienen müssen, ist selbstverständlich und bedarf keiner Klarstellung im § 88 Abs. 2 Satz 2 AO n.F. Ein weiterer Fall einer verfahrenszweckmäßigen aber unwirtschaftlichen Maßnahme der Finanzbehörde ist in der Prüfung von zufällig ausgewählten Steuerfällen zu erblicken. Die Prüfung zufällig ausgewählter Steuerfälle ist unwirtschaftlich, da ohne festgestellte Kontrollbedürftigkeit des zufällig ausgewählten Steuerfalls eine umfangreiche Prüfung durch einen Finanzbeamten vorgenommen wird. Sie ist aber zweckmäßig, denn sie dient der Generalprävention und fördert so die Gesetzmäßigkeit und Gleichmäßigkeit der Besteuerung im Gesamtvollzug.[850] Auch anhand dieses Falls wird das Vorgesagte deutlich: Die Finanzbehörde bedarf nicht des Grundsatzes der Zweckmäßigkeit, um eine zufällige Auswahl von Steuerfällen für eine umfangreiche Prüfung vorzunehmen. Die zufällige Auswahl und Prüfung von Steuerfällen gebieten bereits die Fundamentalgrundsätze der Gesetzmäßigkeit und Gleichmäßigkeit der Besteuerung.

b) Abgrenzung zur (Un-)Zumutbarkeit

Nach dem Begriffsverständnis des Gesetzgebers und der Finanzverwaltung gehört zur Zweckmäßigkeit die Erwägung, dass die Sachverhaltsermittlung einen

---

848 S. Teil 4, C. III. 1. und 2.

849 Zur Änderungspflicht vgl. *Rüsken*, in: Klein, AO, § 173 Rz. 16.

850 S. zu diesem Gedanken Teil 4, E. IX. 2. c) bb).

nicht mehr vertretbaren Zeitaufwand erfordert.[851] Beide stützen ihr Verständnis auf den bereits zitierten Beschluss des BVerfG vom 20. Juni 1973.[852] Das BVerfG setzt jedoch im Ergebnis Zweckmäßigkeit mit der Zumutbarkeit gleich, wenn er im nächsten Satz nach der Feststellung, dass auch Zweckmäßigkeitserwägungen eine Rolle spielen dürfen, festhält, dass der BFH in ständiger Rechtsprechung eine Grenze des Untersuchungsgrundsatzes in der Zumutbarkeit sehe. Der zeitliche Aufwand von Sachverhaltsermittlungen, den das BVerfG im darauffolgenden Satz seines Beschlusses anspricht, ist ein Anhaltspunkt für die (Un-)Zumutbarkeit.[853] Auch insoweit kann der Grundsatz der Zweckmäßigkeit keiner eigenständigen Bedeutung im § 88 Abs. 2 Satz 2 AO n.F. zugeführt werden, da die Anhaltspunkte für Zweckmäßigkeitserwägungen, die das BVerfG – und wegen der reinen Wiedergabe auch der Gesetzgeber und die Finanzverwaltung – aufzählt, zur Unzumutbarkeit weiterer Sachverhaltsermittlungen führen und nicht zur Unzweckmäßigkeit. Auch der BFH verweist in einer aktuellen Entscheidung für die Zumutbarkeit als Grenze des Untersuchungsgrundsatzes auf die Entscheidung des BVerfG vom 20. Juni 1973.[854] Dies verdeutlicht nochmals, dass die Zweckmäßigkeit ihrem Inhalt nach mit der Zumutbarkeit gleichgesetzt wird. Die (Un-)Zumutbarkeit ist jedoch eine bereits anerkannte Erwägung im Rahmen des Ermessens der Finanzbehörden und stellt eine zulässige Grenze des Untersuchungsgrundsatzes dar.[855]

c) *Zwischenergebnis*

Eine eigenständige Bedeutung des Grundsatzes der Zweckmäßigkeit im § 88 Abs. 2 Satz 2 AO n.F. lässt sich nicht ermitteln. Es verbietet sich, für die Zweckmäßigkeit wirtschaftliche Erwägungen anzustellen, da eben solche bereits durch den Grundsatz der Wirtschaftlichkeit im § 88 Abs. 2 Satz 2 AO n.F. belegt sind. Auch eine Abgrenzung zur Zumutbarkeit als Grenze des Untersuchungsgrundsatzes

851 S. bereits unter Teil 4, D. II. 1. und 2.

852 BVerfG v. 20.6.1973 – 1 BvL 9-10/71, BStBl. II 1973, 720.

853 BFH v. 23.2.1967 – IV 344/65, BStBl. III 1967, 322 (323); vgl. auch schon unter Teil 2, E. II.

854 BFH v. 20.2.2018 – VII R 21/16, BFHE 261, 286 (292), sieht die Zumutbarkeit „darüber hinaus“, d.h. über die Zweckmäßigkeit hinaus, als Grenze des Untersuchungsgrundsatzes, also als ein eigenständiges Prinzip neben der Zweckmäßigkeit. Welchen Inhalt die Zumutbarkeit in Abgrenzung zur Zweckmäßigkeit haben soll, lässt der BFH aber offen.

855 Vgl. Teil 2, E. II. Ähnlich auch schon der Deutsche Steuerberaterverbund e.V., vgl. Stellungnahme Deutscher Steuerberaterverbund e.V. (Fn. 633), S. 8.

kann nach dem gesetzgeberischen Verständnis ebenso wie dem Verständnis der Finanzverwaltung und letztlich auch der Rechtsprechung nicht erfolgen. Dem Grundsatz der Zweckmäßigkeit im § 88 Abs. 2 Satz 2 AO n.F. kommt keine eigenständige Bedeutung für das Besteuerungsverfahren zu.

3. *Verstoß gegen den Bestimmtheitsgrundsatz*

Aufgrund dieser fehlenden „Greifbarkeit" der Zweckmäßigkeit im § 88 Abs. 2 Satz 2 AO n.F. stellt sich die Frage nach der verfassungsrechtlichen Vereinbarkeit dieses Grundsatzes. „Verfassungsrecht antwortet auf Herausforderungen".[856] Die Verfassung hält auch für diese Herausforderung einen ungeschriebenen Maßstab bereit, der darüber bestimmt, ob ein Rechtsbegriff (noch) verfassungsgemäß ist oder die Grenze zur Verfassungswidrigkeit überschreitet. Dieser angesprochene verfassungsrechtliche Grundsatz ist der Bestimmtheitsgrundsatz.

a) Bestimmtheitsgrundsatz im Steuerrecht

aa) Allgemeines zum Bestimmtheitsgrundsatz

Der Bestimmtheitsgrundsatz ist ein ungeschriebener Grundsatz mit Verfassungsrang.[857] Auch wenn der Bestimmtheitsgrundsatz meist neben dem Grundsatz der Normenklarheit genannt und der Grundsatz der Normenklarheit teilweise auch als Bestimmtheitsgrundsatz im weiteren Sinne bezeichnet wird,[858] sind diese beiden Grundsätze voneinander zu unterscheiden.[859] Während der Bestimmtheitsgrundsatz die Bestimmtheit von Tatbestandsmerkmalen einer Norm fordert, ist die Normenklarheit im Verhältnis von Normen zueinander erforderlich und betrifft daher meist ganze Normenkomplexe.[860] Innerhalb eines einzelnen Paragraphen bedeutet Normenklarheit aber auch, dass die einzelne Norm möglichst übersichtlich und widerspruchsfrei[861] und bezüglich

---

856 So *Vogel*, DStJG 12 (1989), 123.

857 *Oertel*, StuW 2019, 303; *Jehke*, Bestimmtheit und Klarheit, S. 49 ff.; für das Steuerstrafrecht ist der Bestimmtheitsgrundsatz hingegen im Art. 103 Abs. 2 GG festgeschrieben.

858 Vgl. *Waldhoff/Grefrath*, IStR 2013, 477 ff.; *Hey*, in: Tipke/Lang, Steuerrecht, § 3 Rz. 243 ff.

859 Auch das BVerfG differenziert zwischen Bestimmtheit und Klarheit, vgl. etwa BVerfG v. 9.4.2003 – 1 BvL 1/01, BVerfGE 108, 52 (75). S. auch die kategorische Unterscheidung bei *Jehke*, Bestimmtheit und Klarheit, S. 25 ff. (Bestimmtheit) und S. 178 ff. (Klarheit).

860 Vgl. zu dieser Differenzierung *Hey*, in: Tipke/Lang, Steuerrecht, § 3 Rz. 244.

861 *Jehke*, Bestimmtheit und Klarheit, S. 29 und 180 f.

der Gesetzestechnik eine klare „verbale Ausformung“ und einen klaren systematischen Aufbau aufweist.[862] Die verfassungsrechtlichen Grundlagen des ungeschriebenen Bestimmtheitsgrundsatzes gleichen einem Mosaik, das sich aus verschiedenen Mosaiksteinen zusammensetzt. So wird der Bestimmtheitsgrundsatz im Rahmen einer Zusammenschau u.a. auf das Rechtsstaatsprinzip aus Art. 20 Abs. 3 GG, das Demokratieprinzip nach Art. 20 Abs. 1 GG und den Grundrechten gestützt.[863] Der Bestimmtheitsgrundsatz fordert nach der Rechtsprechung des BVerfG, dass die Betroffenen dazu befähigt werden, „die Rechtslage anhand der gesetzlichen Regelung zu erkennen, damit sie ihr Verhalten danach ausrichten können“.[864] Nach dem BVerfG reicht es dazu aus, „wenn sich der Regelungsgehalt im Wege der Auslegung feststellen lässt“.[865] Der Grad der erforderlichen Bestimmtheit kann nicht abstrakt-generell festgelegt werden. Vielmehr ist die erforderliche Bestimmtheit anhand des konkret betroffenen Lebensbereichs und der Intensität des Grundrechtseingriffs zu bestimmen.[866] Dabei steigen die Anforderungen an die Bestimmtheit der gesetzlichen Grundlage, umso intensiver der Grundrechtseingriff ist.[867] Eine absolute Bestimmtheit wird gerade nicht gefordert, sondern nur eine hinreichende.[868] Der Bestimmtheitsgrundsatz gilt nicht nur für den Tatbestand und die Rechtsfolge. Auch Ermessensentscheidungen müssen durch das Gesetz hinreichend vorbestimmt sein.[869]

bb) Bedeutung für das Steuerverfahrensrecht

Um eine gesetzmäßige Besteuerung zu gewährleisten, braucht die Finanzverwaltung hinreichend bestimmte gesetzliche Grundlagen. Dies gilt nicht nur für

862 *Braun*, VerwArch. 76 (1985), 24 (46).

863 *Oertel*, StuW 2019, 303; *Luttermann*, FR 2007, 18 (19); *Papier*, DStJG 12 (1989), 61 (63); vgl. zu einem umfassenden Katalog *Papier/Möller*, AöR 122 (1997), 177 (178 ff.); *Gassner*, ZG 1996, 37 (54 ff.).

864 BVerfG v. 26.7.2005 – 1 BvR 782/94, BVerfGE 114, 1 (53); v. 3.3.2004 – 1 BvF 3/92, BVerfGE 110, 33 (52 ff.).

865 BVerfG v. 20.3.2013 – 2 BvF 1/05, BVerfGE 133, 241 (271) m.w.N.

866 BVerfG v. 20.3.2013 – 2 BvF 1/05, BVerfGE 133, 241 (271) m.w.N.; *Papier/Möller*, AöR 122 (1997), 177 (185, 187 f.); *Hey*, in: Tipke/Lang, Steuerrecht, § 3 Rz. 246.

867 *Waldhoff/Grefrath*, IStR 2013, 477 (478); *Papier/Möller*, AöR 122 (1997), 177 (187 f.); s. auch BVerfG v. 27.11.1990 – 1 BvR 402/87, BVerfGE 83, 130 (145).

868 *Waldhoff/Grefrath*, IStR 2013, 477 (478).

869 *Hey*, in: Tipke/Lang, Steuerrecht, § 3 Rz. 243.

die materiellen Steuergesetze,[870] sondern vor allem auch für das Steuerverfahrensrecht.[871] Denn das Steuerverfahrensrecht gibt den Finanzbehörden ihren Handlungsrahmen vor. Ein unbestimmtes Steuerverfahrensrecht führt damit zwangsläufig zu einem unbestimmten Steuervollzug. Dies bedeutet zwar nicht, dass unbestimmte Rechtsbegriffe wie der Begriff „Zweckmäßigkeit" im Steuerrecht wegen des Bestimmtheitsgrundsatzes per se unzulässig sind.[872] Dies zeigt bereits die Vielzahl der bis heute noch in den Steuergesetzen vorzufindenden unbestimmten Rechtsbegriffe.[873] Eine genaue Bestimmung des unbestimmten Rechtsbegriffs ist ebenfalls nicht erforderlich.[874] Der Bestimmtheitsgrundsatz fordert aber als Mindestmaß an Bestimmtheit, dass eine gewisse Vorhersehbarkeit und Orientierung anhand des unbestimmten Rechtsbegriffs möglich ist.[875] Ist ein unbestimmter Rechtsbegriff in der höchstrichterlichen Rechtsprechung geklärt[876] oder anhand der juristischen Auslegungsmethoden[877] oder durch Rückgriff auf andere Gesetze[878] einer hinreichenden Konkretisierung zugänglich, spricht dies grundsätzlich für die Bestimmtheit.[879] Die „Unbestimmtheit" unbestimmter Rechtsbegriffe darf also nicht endgültig sein.[880]

870 In gefestigter Rechtsprechung fordert das BVerfG für steuerbegründende Tatbestände, dass sie „so bestimmt sein müssen, dass der Steuerpflichtige die auf ihn entfallende Steuerlast vorausberechnen kann", vgl. etwa BVerfG v. 14.12.1965 – 1 BvR 571/60, BVerfGE 19, 253 (267); v. 12.10.1978 – 2 BvR 154/74, BVerfGE 49, 343 (362). Zu dem Kriterium der „Vorausberechenbarkeit" vgl. *Jehke*, Bestimmtheit und Klarheit, S. 128 ff.

871 *Jehke*, Bestimmtheit und Klarheit, S. 159 ff.; *Seiler*, Parlamentsvorbehalt, S. 292 ff.

872 *Waldhoff/Grefrath*, IStR 2013, 477 (479); *Papier*, DStJG 12 (1989), 61 (67 ff.); *Jehke*, Bestimmtheit und Klarheit, S. 157; s. auch *Hey*, in: Tipke/Lang, Steuerrecht, § 3 Rz. 246.

873 Eine Aufzählung von unbestimmten Rechtsbegriffen im Steuerrecht ist bei *Jehke*, Bestimmtheit und Klarheit, S. 41, zu finden.

874 *Hey*, in: Tipke/Lang, Steuerrecht, § 3 Rz. 246: „Der Bestimmtheitsgrundsatz ist Prinzip, nicht Norm".

875 *Hey*, in: Tipke/Lang, Steuerrecht, § 3 Rz. 246.

876 Vgl. BVerfG v. 14.5.1969 – 2 BvR 238/68, BVerfGE 26, 41 (43); *Waldhoff/Grefrath*, IStR 2013, 477 (479); *Papier/Möller*, AöR 122 (1997), 177 (189).

877 BVerfG v. 13.6.2007 – 1 BvR 1550/04, NJW 2007, 2464 (2467); v. 3.3.2004 – 1 BvF 3/92, BVerfGE 110, 33 (56 f.); v. 11.1.1994 – 1 BvR 434/87, BVerfGE 90, 1 (16 f.); *Papier/Möller*, AöR 122 (1997), 177 (189).

878 S. hierzu BVerfG v. 13.6.2007 – 1 BvR 1550/04, NJW 2007, 2464 (2467 f.).

879 *Waldhoff/Grefrath*, IStR 2013, 477 (479); *Papier/Möller*, AöR 122 (1997), 177 (189).

880 *Papier/Möller*, AöR 122 (1997), 177 (189).

Die Sachverhaltsermittlung der Finanzbehörden ist naturgemäß mit Grundrechtseingriffen verbunden. Die Intensität des Grundrechtseingriffs kann dabei je nach konkretem Ausmaß der Ermittlungen von niedrig bis besonders hoch variieren. Es ist aber nicht von der Hand zu weisen, dass die Steuererhebung und die dazu erforderlichen Sachverhaltsermittlungen durch die Finanzbehörde stets einen grundrechtssensiblen Lebensbereich des Steuerpflichtigen betreffen.[881] Aufgrund dieser nicht unerheblichen Grundrechtsrelevanz von finanzbehördlichen Sachverhaltsermittlungen kann ein Maß an Bestimmtheit für den Begriff der Zweckmäßigkeit im § 88 Abs. 2 Satz 2 AO n.F. gefordert werden, das über das Mindestmaß einer generellen Orientierung hinausgeht. Das Maß der gebotenen Bestimmtheit für § 88 AO n.F. als Vorschrift des Steuerverfahrens ist dabei in der Regel unterhalb der erforderlichen Bestimmtheit für materielle Steuergesetze anzusiedeln.[882]

b) Unbestimmtheit des Grundsatzes der Zweckmäßigkeit

Nach dem Vorgesagten ist von einer verfassungswidrigen Unbestimmtheit des Grundsatzes der Zweckmäßigkeit im § 88 Abs. 2 Satz 2 AO n.F. auszugehen. Die möglichen Begriffsauslegungen von Zweckmäßigkeit im Zusammenhang mit dem Untersuchungsgrundsatz sind für das Besteuerungsverfahren bereits durch den Grundsatz der Wirtschaftlichkeit und die (Un-)Zumutbarkeit belegt.[883] Von einer Klärung der Bedeutung der Zweckmäßigkeit im § 88 Abs. 2 Satz 2 AO n.F. durch die höchstrichterliche Rechtsprechung könnte die Judikatur nicht weiter entfernt sein.[884] Auch wenn es sich um einen neu eingefügten Grundsatz im § 88 AO n.F. handelt und in Zukunft mit weiteren Judikaten zum Grundsatz der Zweckmäßigkeit zu rechnen ist, ist die aktuelle Tendenz in der Rechtsprechung neben der früheren Rechtsprechung nicht vielversprechend.[885] Auch ein

---

881 Zu den betroffenen Freiheitsgrundrechten beim Steuerzugriff jüngst *Kirchhof*, StuW 2018, 1; *ders.*, StuW 2017, 3; *Jachmann-Michel*, StuW 2018, 6; *dies.*, StuW 2017, 209 (in chronologischer Reihenfolge jeweils als Reaktion auf den Beitrag des anderen Autors). Vgl. auch *Jehke*, Bestimmtheit und Klarheit, S. 101 ff., zum Steuerrecht als „intensiver" Grundrechtseingriff.

882 So *Seiler*, Parlamentsvorbehalt, S. 293.

883 S. hierzu unter Teil 4, D. III. 1. a) und b).

884 Vgl. auch hierzu bereits unter Teil 4, D. II. 3.

885 S. beispielhaft BFH v. 20.2.2018 – VII R 21/16, BFHE 261, 286 (292), ohne inhaltliche Angaben zum Grundsatz der Zweckmäßigkeit. Die Judikative ist damit ihrem Rechtskonkretisierungsauftrag nicht nachgekommen, vgl. *Papier/Möller*, AöR 122 (1997), 177 (191 f.).

Vergleich zu den Vorschriften aus dem allgemeinen Verwaltungsrecht konnte nicht zur Konkretisierung des Begriffs der Zweckmäßigkeit beitragen.[886] In § 78 Abs. 1 Satz 1 SGG – der mit § 68 Abs. 1 Satz 1 VwGO fast identisch ist – wird zwar auch die Zweckmäßigkeit genannt; eine Begriffsbestimmung enthält die Vorschrift jedoch nicht.[887] Der Grundsatz der Zweckmäßigkeit leidet daher im Besteuerungsverfahren nicht nur unter „Blässe",[888] sondern unter einer aus verfassungsrechtlichen Gründen nicht mehr hinnehmbaren Unbestimmtheit. Auch wenn der unbestimmte Rechtsbegriff der Zweckmäßigkeit naturgemäß mit einer gewissen „definitorischen Unterbestimmtheit" ausgestattet ist,[889] erstarkt diese zu einer konkreten Unbestimmtheit im § 88 Abs. 2 Satz 2 AO n.F. Die Zweckmäßigkeit hat schlichtweg keine eigenständige Bedeutung im § 88 Abs. 2 Satz 2 AO n.F. Etwas anderes hätte allein für den Fall angenommen werden können, wenn der Gesetzgeber mit dem StModG nicht auch zugleich den Grundsatz der Wirtschaftlichkeit miteingeführt hätte. In diesem Fall hätte man unter dem Grundsatz der Zweckmäßigkeit (zumindest) wirtschaftliche Erwägungen subsumieren können. Der Grundsatz der Zweckmäßigkeit wäre dann mit einer eigenständigen Bedeutung als Ermessenskategorie für den Untersuchungsgrundsatz ausgestattet. Der Gesetzgeber hat sich im StModG jedoch für eine Einführung von Wirtschaftlichkeit und Zweckmäßigkeit entschieden und dem Grundsatz der Zweckmäßigkeit damit die Grundlage für eine eigenständige Bedeutung entzogen.

3. *Zweckmäßigkeit im § 88 Abs. 2 Satz 2 AO n.F. zu streichen*

Der Grundsatz der Zweckmäßigkeit muss folgerichtig wegen Unbestimmtheit mangels eigenständiger Bedeutung im § 88 Abs. 2 Satz 2 AO n.F. gestrichen werden.[890] Der aktuelle Gesetzestext enthält im § 88 Abs. 2 Satz 2 AO n.F. durch die Nennung von Wirtschaftlichkeit und Zweckmäßigkeit im Ergebnis eine überflüssige Wiederholung ohne einen inhaltlichen Informationsgewinn. Diese Tautologie sorgt für Verwirrung statt für Rechtssicherheit. Die aktuelle Ausgestaltung des Untersuchungsgrundsatzes ist daher durch Streichung der Zweckmäßigkeit im § 88 Abs. 2 Satz 2 AO n.F. zu korrigieren. Dieser Schritt ist notwendig, damit

---

886 S. unter Teil 4, D. II. 4.
887 *Klüsener*, NVwZ 2002, 816 (817).
888 *Neupert*, Rechtmäßigkeit und Zweckmäßigkeit, S. 14.
889 *Neupert*, Rechtmäßigkeit und Zweckmäßigkeit, S. 20.
890 Ebenso ausdrücklich Prof. Brandt (Fn. 663), S. 5 (auch bzgl. der Wirtschaftlichkeit).

der Bestimmtheitsgrundsatz nicht lediglich „verbal glorifiziert",[891] sondern in einschlägigen Fällen auch tatsächlich durchgesetzt wird.

E. Das Risikomanagementsystem im § 88 Abs. 5 AO n.F.

I. Das Verhältnis von Recht und Technik

Nach *Pezzer* muss sich die „Technik an Recht halten, nicht Recht an Technik".[892] Auch *Anzinger* ist der Ansicht, dass das Recht der Technik nicht folgen müsse.[893] Mit diesem Zitat von *Pezzer* und der Ansicht von *Anzinger* steht die Auffassung von *Tipke* zum Verhältnis von Wirklichkeit und Recht im Einklang. *Tipke* behauptete, „im Rechtsstaat sollte die Wirklichkeit an das Recht angepasst werden, nicht das Recht an die Wirklichkeit".[894] Aus dieser Sicht wäre das Gesetz im Hinblick auf technologische und digitale Entwicklungen in der Realität ein nicht anzupassendes Werk ad infinitum. Gleichwohl hat das Recht keine Wahl als sich den Entwicklungen durch die Digitalisierung anzupassen, wenn das Recht von der Digitalisierung eingeholt wird und ohne eine Anpassung nicht mehr mit den verfassungsrechtlichen Vorgaben mithalten könnte. Dies erkennt auch *Seer*, wenn er zutreffend ausführt: „Wo sich allerdings die Wirklichkeit nicht an das Recht anpassen lässt, muss das Recht diese Erkenntnis verarbeiten und sich ihrerseits fortbilden, wenn es seine Rechtsgeltung nicht verlieren will".[895] Das automationsgestützte RMS – im Zusammenspiel mit der Möglichkeit eines vollautomatischen Erlasses von steuerlichen Verwaltungsakten – bildet ebendiese das Recht überholende Entwicklung in der Realität ab. Die persönliche Bearbeitung von Steuerfällen durch Amtswalter ist schon seit längerem nur noch die Ausnahme, die computergestützte Veranlagung ist hingegen längst Alltag.[896] Deshalb ist die Anpassung des Rechts durch die Einfügung einer gesetzlichen Grundlage für den Einsatz von automatischen Systemen zur Einschätzung von Risikopotentialen von Steuerfällen im § 88 Abs. 5 AO n.F. sicherlich ein Schritt in die richtige Richtung.[897] Dies sieht auch *Ehrke-Rabel*: „Da eine

891 *Papier*, DStJG 12 (1989), 61: „verbale Glorifizierung".
892 *Pezzer*, StuW 2007, 101 (107).
893 *Anzinger*, DStJG 42 (2019), 15 (34).
894 *Tipke*, Die Steuerrechtsordnung III, S. 1406.
895 Klarsichtig *Seer*, StuW 2015, 315 (318).
896 *Müller-Franken*, StuW 2018, 113 (116); *Baldauf*, DStR 2016, 833.
897 Oder mit den Worten von *Baldauf*, DStR 2016, 833 (834), „sicher die richtige Entscheidung".

gleichläufige Überprüfung sämtlicher Steuerpflichtigen dem Abgabeverfahren als solchem weder immanent ist noch angesichts der Massenhaftigkeit der Verfahren praktisch durchführbar wäre, erscheint der flächendeckende Einsatz von standardisierten automationsgestützten Systemen zur Risikoabschätzung *mehr als vernünftig*".[898] Auch wenn die Einführung einer bundeseinheitlichen Rechtsgrundlage für die bereits seit vielen Jahren bestehende Vollzugspraxis dem Grunde nach begrüßenswert ist[899] und den Streit um das Erfordernis einer gesetzlichen Grundlage für den Einsatz von RMS durch die Finanzverwaltung obsolet macht,[900] ist die konkrete Ausgestaltung des § 88 Abs. 5 AO n.F. durch das StModG genau zu untersuchen. Dies gilt insbesondere vor dem Hintergrund der verfassungsrechtlichen Vorgaben für das Besteuerungsverfahren. Diesem Zweck sollen die nachfolgenden Untersuchungen dienen.

II. Begriffsbestimmung

1. *Definition des Risikomanagementsystems*

In einem ersten Schritt ist das (maschinelle) Risikomanagementsystem zu definieren. Das StModG hat eine Legaldefinition zum Risikomanagementsystem gleich zu Beginn des § 88 Abs. 5 AO n.F. formuliert. Nach der Legaldefinition des § 88 Abs. 5 Satz 1 AO n.F. ist ein RMS ein automationsgestütztes System zur Beurteilung der Notwendigkeit weiterer Ermittlungen und Prüfungen für eine gleichmäßige und gesetzmäßige Festsetzung von Steuern und Steuervergütungen sowie Anrechnung von Steuerabzugsbeträgen und Vorauszahlungen. Die Gesetzesbegründung definiert das RMS wie folgt: „Risikomanagement besteht aus der systematischen Erfassung und Bewertung von Risikopotenzialen sowie der Steuerung von Reaktionen in Abhängigkeit von den festgestellten Risikopotenzialen".[901] Zusammengefasst ist unter einem RMS also die systematische automationsgestützte Bewertung von steuerlich signifikanten[902] Risikofällen

---

898 *Ehrke-Rabel*, FR 2019, 45 (53).

899 So auch *Drüen*, DB 2018, 11 (12); *Thiemann*, StuW 2018, 304 (307); *Kirchhof*, DStJG 40 (2017), 47 (62), der den Einsatz von Rechnern im Besteuerungsverfahren als Massenverfahren als selbstverständlich ansieht; *Trossen*, FR 2015, 1021 (1022 f.); s. auch sogleich unter III.

900 Vgl. hierzu allein *Schmidt/Schmitt*, in: FS Spindler, S. 529 (540 f.).

901 BT-Drucks. 19/7457, S. 69. Dieser Definition schließt sich auch *Waldhoff*, DStJG 42 (2019), 59 (79), an.

902 Vgl. BT-Drucks. 18/7457, S. 82; s. auch *Braun Binder*, DStZ 2016, 526 (530): Aussteuerung nur bei einem „signifikanten" Risiko.

anhand von vorab eingestellten Risikoparamatern zu verstehen. Dem kommt auch die kurze Definition von *Schmidt* nahe, der unter einem RMS den „planvollen Umgang mit dem Risiko versteht".[903] Eine ausführlichere Definition, die inhaltlich dem Verständnis des Gesetzgebers entspricht und der nichts hinzuzufügen ist, hält *Suck* bereit: „Risikomanagement bedeutet eine Bewertung des Risikos eines Steuerfalls anhand begründbarer und prognostizierbarer Risikoeinschätzungen, die je nach Risikobewertung zu einer differenzierten Bearbeitung des Steuerfalls führen".[904]

2. Das steuerlich signifikante „Risiko"

Bevor eine „Bewertung" stattfinden kann, ob weitere Ermittlungen durch die Finanzbehörden erforderlich sind, muss das Risiko zunächst von dem RMS erkannt werden. Jedes RMS muss daher als Grundfrage vor seinem Einsatz das Risiko festlegen, das durch das System gemanagt werden soll. Das Wort „Risiko" entstammt dem frühitalienischen Begriff *risicare*, was „wagen" bzw. „Gefahr laufen" bedeutet.[905] Was unter einem steuerlich signifikanten „Risiko" zu verstehen ist, lässt der § 88 Abs. 5 AO n.F. jedoch offen. Auch die Gesetzesbegründung enthält keine Definition des für das RMS relevanten Risikos. Stattdessen zählt der Gesetzgeber die Ziele des RMS auf. Das RMS hat danach zum Ziel:

- Steuerverkürzungen zu verhindern und damit präventiv zu wirken;
- Gezielt Betrugsfälle aufzudecken, zumindest aber die Chancen ihrer Aufdeckung deutlich zu erhöhen;
- Die individuelle Fallbearbeitung durch Amtsträger durch eine risikoorientierte Steuerung der Bearbeitung zu optimieren;
- Die Bearbeitungsqualität durch Standardisierung der Arbeitsabläufe bei umfassender Automationsunterstützung nachhaltig zu verbessern und
- Qualitativ hochwertige Rechtsanwendung durch bundeseinheitlich abgestimmte Vorgaben gleichmäßig zu gestalten; diese Vorgaben können auch regionale Besonderheiten berücksichtigen.[906]

Betrachtet man den Begriff „Risiko" aus rein fiskalischer Sicht, könnte man einen drohenden Steuerausfall bzw. eine drohende Steuerminderung als steuerlich signifikantes Risiko ansehen. Bei einem solchen Verständnis vom steuerlich

---

903 *Schmidt/Schmitt*, in: FS Spindler, S. 529 (534); *Schmidt*, DStJG 31 (2008), 37 (43).
904 *Suck*, DStZ 2010, 606 (607).
905 *Wolke*, Risikomanagement, S. 1.
906 BT-Drucks. 18/7457, S. 69 f.

signifikanten Risiko wird das RMS aber zu einem reinen „Steuereintreibungsmotor“ pervertiert, was gegen die Grundsätze von Gesetzmäßigkeit und Gleichmäßigkeit der Besteuerung verstößt.[907] Vor dem Hintergrund, dass das RMS „für eine gleichmäßige und gesetzmäßige Festsetzung von Steuern“ eingesetzt werden soll,[908] muss dementsprechend unter einem steuerlich signifikanten Risiko allein eine *drohende rechtswidrige Steuerfestsetzung aufgrund normabweichenden Verhaltens des Steuerpflichtigen* verstanden werden.[909] Die Verhinderung steuerrechtswidriger Festsetzungen taucht bei den vom Gesetzgeber formulierten Zielen des RMS (leider) nicht ausdrücklich auf.

III. Grundgedanke und Funktion eines Risikomanagementsystems im Besteuerungsverfahren

1. Grundgedanke des Risikomanagementsystems

Das RMS als solches dient der systematischen Erkennung, Bewertung und Kontrolle von Risiken. RMS meint im weitesten Sinne, dass jegliches Risiko für das jeweilige Risikosubjekt systematisch zu erfassen ist. Die Idee eines RMS ist ein Kind der betriebswirtschaftlichen Lehre.[910] So wird ein RMS schon seit Jahrzenten in den unterschiedlichsten Bereichen der Industrie und des Handels eingesetzt: Von Unternehmen im Gesundheitswesen bis hin zur Bauwirtschaft und vielen weiteren Bereichen ist das RMS in nahezu jedem wirtschaftlich tätigen Unternehmen mit einer fundierten Unternehmensgröße als internes Kontrollinstrument fester Bestandteil der Unternehmensführung geworden.[911] Auch

907 Gegen eine Orientierung am wirtschaftlichen Maximalprinzip bereits unter Teil 4, C. III. 3. a).

908 So der Wortlaut des § 88 Abs. 5 Satz 1 AO n.F.

909 Dieses Verständnis vom steuerlich signifikanten Risiko entspricht auch der vorherrschenden Auffassung in der Literatur, vgl. *Drüen*, DStJG 42 (2019), 193 (207); *Thiemann*, StuW 2018, 304 (305); *Braun Binder*, DStZ 2016, 526 (531); *Münch/Sendke*, DStZ 2015, 487 (489); *Seer*, DStR 2008, 1553 (1554); *Huber/Seer*, StuW 2007, 355 (356); *Frizen*, Das Deklarationsprinzip im Einkommensteuerrecht, S. 245 f.; s. auch *Schmidt/Schmitt*, in: FS Spindler, S. 529 (542); *Roth*, SteuK 2016, 78 (79), der aber in der Folge unpräzise wird, wenn er im Zusammenhang mit dem Risikobegriff von der Minimierung von Steuerausfällen spricht.

910 Dort wird unter Risikomanagement „die Messung und Steuerung aller betriebswirtschaftlichen Risiken unternehmensweit“ verstanden, vgl. *Wolke*, Risikomanagement, S. 1; s. auch *Marx*, Ubg 2016, 358 (359).

911 Zum Risikomanagement im Gesundheitswesen vgl. etwa *Münsterer*, Risikomanagement und Controlling im Gesundheitswesen (voraussichtliche Veröffentlichung: März

Banken setzen RMS ein.[912] Über die Notwendigkeit eines RMS in Unternehmen und Banken herrscht spätestens seit der globalen Finanzkrise 2008 Konsens.[913] In ihrer Grundidee und in ihrem Zweck sind die RMS dabei identisch. Denn bei jedem RMS geht es dem Grunde nach um die systematische Bewältigung von Risiken. Die Mittel zur Erfüllung dieses Zwecks durch das RMS unterscheiden sich jedoch erheblich durch die konkrete Ausgestaltung des jeweiligen RMS. Die Unterschiede werden spätestens bei der Bestimmung des jeweiligen Risikos deutlich. Während etwa das Risiko des RMS der Finanzverwaltung in der Verhinderung von steuerrechtswidrigen Festsetzungen zu erblicken ist,[914] liegt das Risiko des RMS von Unternehmen beispielweise in der Verhinderung einer Insolvenz.[915]

Für das Besteuerungsverfahren als Massenverfahren ist der Einsatz von RMS nach § 88 Abs. 5 AO n.F. von zentraler Bedeutung. Der Grundgedanke des RMS nach § 88 Abs. 5 AO n.F. besteht im Kern darin, dass der Schwerpunkt der Prüfung auf potentiell risikoreiche Sachverhalte gelenkt werden soll.[916] Erst durch das RMS wird es ermöglicht, dass sich die „personell verschlankte Finanzverwaltung“[917] im Gesamtvollzug auf die tatsächlich kontrollbedürftigen Steuerfälle konzentrieren kann.[918] Ziel des RMS ist folglich eine stärkere Orientierung am tatsächlichen Kontrollbedürfnis.[919] Das RMS dient damit schlussendlich der Sicherstellung von Gesetzmäßigkeit und Gleichmäßigkeit[920] im Gesamtvollzug

---

2020); zur Bauwirtschaft s. *Huch/Tecklenburg*, in: Risikomanagement, S. 299 ff.; zum Risikomanagement von Unternehmen allgemein s. *Wolke*, Risikomanagement; *Romeike/Hager*, Erfolgsfaktor Risiko-Management 3.0.

912 *Wolke*, Risikomanagement, S. 2.

913 *Wolke*, Risikomanagement, S. 2.

914 Vgl. Teil 4, E. II. 2.

915 *Wolke*, Risikomanagement, S. 1, 206: Insolvenz als „Liquiditätsrisiko“. Zum Steuerrisikomanagement im Unternehmen vgl. *Risse*, Tax Compliance und Tax Risk Management; *ders.*, Ubg 2015, 9 (12 f.); *ders.*, Ubg 2012, 169.

916 *Deckers/Fiethen*, FR 2015, 913 (914); vgl. zum RMS als Bestandteil einer größeren Compliance-Strategie *Schmidt/Schmitt*, in: FS Spindler, S. 529 (534 f.); *Schmidt*, DStJG 31 (2008), 37 (41 f.)

917 *Deckers/Fiethen*, FR 2015, 913 (914).

918 So auch *Seer*, StuW 2015, 315 (319); s. auch *Schmidt/Schmitt*, in: FS Spindler, S. 529 (535, 540); *Suck*, DStZ 2010, 606 f.; *Schmidt*, DStJG 31 (2008), 37 (48).

919 *Schmidt/Schmitt*, in: FS Spindler, S. 529 (535). Das Kontrollbedürfnis ist auch die im Einzelfall entscheidende „Ermessensleitlinie“, vgl. *Drüen*, DStJG 42 (2019), 193 (201).

920 Zur Vereinbarkeit des RMS mit diesen Fundamentalgrundsätzen s. sogleich unter Teil 4, E. VIII. 3.

und ist angesichts der Vollzugsrealität „letztlich alternativlos“[921] sowie „der einzig gangbare Weg aus der Vollzugskrise“.[922] Besondere Betonung verdient vor allem die Tatsache, dass das RMS – entgegen der teilweise bestehenden Befürchtung[923] – den Finanzbeamten gerade nicht ersetzen soll, sondern vielmehr bei seiner Arbeit unterstützt.[924]

2. *Funktion des Risikomanagementsystems*

Neben der Ermöglichung der Konzentration von personellen Ressourcen auf die tatsächlich prüfungsbedürftigen Fälle als Ergänzung zum Untersuchungsgrundsatz hat das RMS auch die Funktion, eine vollautomatische Besteuerung verfassungsrechtlich abzusichern.[925] Wie bereits erwähnt,[926] wurde mit dem StModG auch die Möglichkeit des vollautomatischen Erlasses von steuerlichen Verwaltungsakten in die AO, genauer im § 155 Abs. 4 AO n.F., eingeführt. Eine vollautomatische Besteuerung, die vollständig ohne die Mitwirkung von Finanzbeamten abläuft, kommt nur dann in Betracht, wenn kein Anlass zur manuellen Prüfung durch einen Amtsträger besteht. Damit die vollautomatische Besteuerung den Grundsätzen von Gesetzmäßigkeit und Gleichmäßigkeit genügt, bedarf es eines effektiven und effizienten Kontrollsystems,[927] das einen solchen Anlass erkennen und zur persönlichen Bearbeitung durch einen Finanzbeamten aussteuern kann. Hierzu dient das RMS im § 88 Abs. 5 AO n.F. Das vollautomatische Besteuerungsverfahren kann es ohne das RMS nicht geben. Anders formuliert: Das RMS nach § 88 Abs. 5 AO n.F. ist conditio sine qua non für eine vollautomatische Besteuerung gemäß § 155 Abs. 4 AO n.F. Damit hat das RMS die Funktion eines effizienten Kontrollsystems als notwendiges Korrelat

---

921 So *Drüen*, in: 8. und 9. Finanzgerichtstag 2011/12, S. 253 (272); ebenso *Suck*, DStZ 2010, 606 (607).

922 *Münch*, DStR 2013, 212 (215).

923 So etwa *Ahrendt*, NJW 2017, 537 (540); *Maier*, JZ 2017, 614 (615), wonach das Ermittlungsermessen durch das RMS ersetzt werde.

924 *Seer*, DStZ 2016, 605 (609); *ders.*, StuW 2015, 315 (324); *Schmidt*, DStJG 31 (2008), 37 (52); s. dazu ausführlich unter Teil 4, E. VIII. 2.

925 *Braun Binder*, DStZ 2016, 526 (529), spricht insoweit von einer „Kompensation“ der vollautomatischen Steuerfestsetzung nach § 155 Abs. 4 AO n.F. durch das RMS.

926 S. Teil 3, D. I.

927 *Seer*, in: FS für den BFH, S. 1717 (1727); *ders.*, JBVStB 2016, 55 (64); s. auch schon *ders.*, StuW 2003, 40 (46 ff.).

zu einem vollautomatischen Besteuerungsverfahren.[928] In diesem Zusammenhang ist auch die Entscheidung des BVerfG vom 9. März 2004 zur Spekulationsteuer zu sehen.[929] In diesem Urteil hat das BVerfG zum einen nochmals festgestellt, dass das Deklarationsprinzip der Ergänzung durch das Verifikationsprinzip bedarf.[930] Zum anderen – und dieser Aspekt ist im Kontext des RMS als notwendiges Kontrollsystem einer vollautomatischen Besteuerung besonders hervorzuheben – hat das BVerfG auch betont, dass der Gesetzgeber das Deklarationsprinzip für das Besteuerungsverfahren zugrunde legen darf, solange er für ein angemessenes Entdeckungsrisiko für unzutreffende und unvollständige Deklarierungen sorgt.[931] Auch im vollautomatischen Besteuerungsverfahren gilt, ja sogar erst recht, das Deklarationsprinzip. In den Risikoparametern des RMS soll das gesamte Erfahrungswissen der Finanzverwaltung anhand bestimmter erfahrungsbasierter Fallgruppen gebündelt werden.[932] Mit dem RMS geht also kein weniger an Prüfungsintensität und -qualität im Vergleich zur Prüfungspraxis der Finanzverwaltung vor dem StModG einher.[933] Ein angemessenes Entdeckungsrisiko ist durch das RMS damit grundsätzlich gewährleistet. Gerade wegen dem RMS im § 88 Abs. 5 AO n.F. ist demnach ein vollautomatisches Besteuerungsverfahren zulässig.[934]

IV. Die Historie zum risikoorientierten Steuervollzug bis zum Risikomanagementsystem in § 88 Abs. 5 AO n.F.

„Die Massenverwaltung ist noch nie ohne Auswahl und Gewichtung der Einzelfälle ausgekommen".[935] Mit diesem Zitat wird eine Gewissheit des

---

928 So auch *Seer*, in: FS für den BFH, S. 1717 (1727 f); *ders.*, StbJb. 2016/17, 539 (549); *ders.*, StuW 2015, 315 (324).

929 BVerfG v. 9.3.2004 – 2 BvL 17/02, BStBl. II 2005, 56 (Spekulationsteuer).

930 Vgl. BVerfG v. 9.3.2004 – 2 BvL 17/02, BStBl. II 2005, 56 (63); so auch schon BVerfG (Zinsurteil) v. 27.6.1991 – 2 BvR 1493/89, BVerfGE 84, 239 (273) = BStBl. II 1991, 654 (666).

931 BVerfG v. 9.3.2004 – 2 BvL 17/02, BStBl. II 2005, 56 (63); so auch *Gläser/Schöllhorn*, DStR 2016, 1577 (1578).

932 BT-Drucks. 18/7457, S. 48.

933 *Güroff*, in: Beermann/Gosch, AO/FGO, § 155 AO Rz. 42 (Stand: April 2017); kritisch hierzu wohl *Rheindorf*, DVP 2016, 509 (514).

934 Zur Zulässigkeit der Vollautomatisierung staatlichen Handelns vgl. *Heintzen*, DÖV 2015, 780 (784).

935 So zutreffend *Schmidt/Schmitt*, in: FS Spindler, S. 529 (547); s. auch *Schmidt*, DStJG 31 (2008), 37 (40): „Bei der unstreitig notwendigen Auswahl und Gewichtung der Fälle ...".

Besteuerungsverfahrens verdeutlicht: Eine gewichtende[936] und risikoorientierte Bearbeitung durch die Finanzverwaltung ist nicht erst nach Einfügung des § 88 Abs. 5 AO n.F. das Leitbild in der Steuervollzugspraxis. Sie geht mittlerweile knapp 40 Jahre zurück. Den Anfang machte der gleich lautende Erlass der Obersten Finanzbehörden der Länder vom 16. Februar 1976,[937] der 20 Jahre danach durch den gleichlautenden Erlass zur „Organisation der FÄ und Neuordnung des Besteuerungsverfahrens; hier: Arbeitsweise in den Veranlagungsstellen" ersetzt wurde,[938] welche auf die „steuerliche Bedeutung" eines Steuerfalls abstellten und daran die Ermittlungsbedürftigkeit und Prüfungsintensität anknüpften. Die Finanzverwaltungspraxis nahm dies daraufhin zum Anlass, den Steuervollzug allein an Wertgrenzen und Einkommensgrößen zu orientieren.[939] Die Finanzbehörden haben unter „steuerliche Bedeutung" eine „finanzielle Größe" verstanden.[940] Das Risiko wurde zu dieser Zeit maßgeblich anhand der Einkommenshöhe bestimmt. Dies wurde damit begründet, dass zwischen der Einkommenshöhe und dem steuerlichen Risikopotenzial eine statistische Korrelation bestehe.[941] Die Finanzverwaltung arbeitete mithin mit dem folgenden Leitgedanken: Umso höher die Einkünfte, umso höher das steuerliche Risiko. Neben der Tatsache, dass das Abstellen allein auf die Einkommenshöhe einen ungleichen Steuervollzug zur Folge hat,[942] besteht eine solche Korrelation nicht.[943] Dies hat auch die Finanzverwaltung schließlich eingesehen: Zum 1. Januar 2007 haben sich die Bundesländer in einem Verwaltungsabkommen mit dem Namen „Koordinierte Neue Softwareentwicklung der Steuerverwaltung – KONSENS"

---

936 S. zur Gewichtung im Steuervollzug mit Blick auf die historische Entwicklung *Haumann*, Die „gewichtende Arbeitsweise" der Finanzverwaltung.

937 S. dazu bereits Fn. 370.

938 BStBl. I 1996, 1391 (GNÖFA 1997); umfassend dazu *Hoffmann*, DStR 1997, 1189. Die GNÖFA 1997 hat die „Grundsätze zur Neuorganisation der FÄ und zur Neuordnung des Besteuerungsverfahrens – GNÖFA 1981" (BStBl. I 1981, 270) ersetzt, wobei die GNÖFA 1981 der Nachfolger der GNÖFA 1976 (Fn. 370) war. Auch schon diese älteren Fassungen der GNÖFA haben auf die „steuerliche Bedeutung" des Steuerfalls abgestellt.

939 *Haunhorst*, DStR 2010, 2105 (2108 f.); *Schmidt*, DStJG 31 (2008), 37 (43), wonach zu dieser Zeit das „fiskalische Ausfallrisiko" im Vordergrund stand.

940 *Hoffmann*, DStR 1997, 1189 (1192).

941 *Nagel/Waza*, DStZ 2008, 321 (323).

942 Vgl. hierzu allein *Seer*, in: Tipke/Kruse, AO/FGO, § 88 AO Rz. 63 (Stand: Januar 2017).

943 Ebenso *Nagel/Waza*, DStZ 2008, 321 (323): „Die Korrelation konnte bisher jedoch nicht nachgewiesen werden".

zusammengeschlossen, das u.a. auch die Entwicklung eines bundeseinheitlichen elektronischen RMS zum Gegenstand hatte.[944] Die Bundesländer NRW und Bayern waren federführend für die Entwicklung der RMS-Software verantwortlich.[945] Damit war zwar der Weg frei für „eine Software für alle Länder“,[946] aufgrund der unterschiedlichen Ansätze der einzelnen Bundesländer kam es jedoch nicht zu „der“ bundeseinheitlichen Software.[947] Der Schwerpunkt lag zunächst auf die Verbesserung der Umsatzsteuerbetrugsbekämpfung durch die Einführung eines einheitlichen RMS.[948] Dieses RMS[949] sollte aber von einem Steuervollzug pro fisco Abstand nehmen und sich am objektiven Kontrollbedürfnis orientieren.[950] Nicht unerwähnt bleiben soll, dass erste Erfahrungen mit diesem RMS gezeigt haben, dass sich Finanzbeamte durch das RMS sinnvoll unterstützt fühlten.[951] Danach folgte die bereits erwähnte Einfügung des § 88 Abs. 3 AO durch das Steuerbürokratieabbaugesetz vom 20. Dezember 2008, von dem das BMF jedoch nie Gebrauch gemacht hat.[952] Mit Datum vom 16. November 2010 haben die obersten Finanzbehörden der Länder eine neue Finanzamts-Geschäftsordnung (FAGO) erlassen.[953] Entsprechend Abschnitt 5.3 der FAGO 2010 haben die einzelnen Bundesländer ergänzende Bestimmungen zur FAGO

---

944 *Deckers/Fiethen*, FR 2015, 913 (914); *Haunhorst*, DStR 2010, 2105; *Seer*, SteuerStud 2010, 369 (374).

945 *Schmidt*, DStJG 31 (2008), 37 (50).

946 So *Schmidt*, DStJG 31 (2008), 37 (50).

947 Für die unterschiedlichen Ansätze in den einzelnen Bundesländern s. *Schmidt*, DStJG 31 (2008), 37 (51).

948 Vgl. *Kaiser*, Ubg 2012, 631.

949 Von einer Bezeichnung mit RMS 1.0 etc. wird hier bewusst abgesehen, da die fortlaufenden Bezeichnungen der einzelnen RMS-Erweiterungen in der Literatur nicht einheitlich erfolgen, vgl. etwa *Schmidt/Schmitt*, in: FS Spindler, S. 529 (542 f.), für RMS 1.0 bis RMS 3.0; *Haunhorst*, DStR 2010, 2105 (2109), spricht allein vom RMS 1.0; *Seer*, in: Tipke/Kruse, AO/FGO, § 88 AO Rz. 67 (Stand: Januar 2017), erwähnt allein das RMS 2.0.

950 *Schmidt/Schmitt*, in: FS Spindler, S. 529 (542 f.); *Schmidt*, DStJG 31 (2008), 37 (52); vgl. auch *Seer*, in: Tipke/Kruse, AO/FGO, § 88 AO Rz. 67 (Stand: Januar 2017).

951 *Schmidt*, DStJG 31 (2008), 37 (51).

952 Vgl. hierzu und zum gescheiterten Entwurf einer auf § 88 Abs. 3 AO a.F. basierenden Steuer-Ermittlungs-Verordnung bereits unter Teil 1, B. III.

953 Gleich lautende Erlasse der obersten Finanzbehörden der Länder zur Neufassung der Geschäftsordnung für die Finanzämter (FAGO 2010), BStBl. I 2010, 1315 (zuletzt geändert durch gleich lautende Erlasse der obersten Finanzbehörden der Länder zur Ergänzung der FAGO v. 28.3.2017, BStBl. I 2017, 777).

2010 erlassen (EB-FAGO), die sich im Wesentlichen an der Einteilung in der GNÖFA 1997 orientieren und die Steuerfälle in „intensiv zu bearbeitende" (sog. I-Fälle) und „sonstige" Steuerfälle aufteilen.[954] Den Schlusspunkt dieser historischen Entwicklung zum RMS bildet die Einfügung des § 88 Abs. 5 AO n.F. durch das StModG. Spätestens mit der Einfügung des § 88 Abs. 5 AO n.F. hat auch der Gesetzgeber eingesehen, dass sich die Finanzverwaltung aufgrund knapper Verwaltungsressourcen an eine gewichtete bzw. risikoorientierte Prüfungsweise orientieren muss.[955] In diesem Kontext ist noch ein weiteres Ereignis erwähnenswert, das jedoch historisch nach dem StModG einzuordnen ist: Die Regelungen des Verwaltungsabkommens KONSENS sind durch Art. 8a des „Gesetzes zur Neuregelung des bundesstaatlichen Finanzausgleichssystems ab dem Jahr 2020 und zur Änderung haushaltsrechtlicher Vorschriften" vom 14. August 2017 in ein eigenes „KONSENS-Gesetz" übernommen worden, das ab dem 1. Januar 2019 anzuwenden ist.[956] Mit insgesamt 29 Vorschriften enthält das KONSENS-G detaillierte Vorgaben für die Planung, Beschaffung und Entwicklung sowie den Einsatz, die Pflege und Wartung der einheitlichen IT-Verfahren und der einheitlichen Software beim Zusammenwirken der Länder für die im Auftrag des Bundes von den Ländern verwalteten Steuern.[957] Damit ist der Weg für eine bundeseinheitliche Software in den Finanzämtern endgültig frei geworden.

V. Die EB-FAGO NRW

1. Inhalt der EB-FAGO NRW

Auch NRW hat am 15. Februar 2011 ergänzende Bestimmungen zur FAGO 2010 erlassen und seitdem aktualisiert bzw. erneuert. Der aktuelle Stand der EB-FAGO NRW datiert auf den 3. Mai 2019.[958] Die meisten dieser ergänzenden Bestimmungen wurden seit dem 15. Februar 2011 nicht geändert.

Die EB-FAGO NRW sehen beispielsweise umfangreiche ergänzende Bestimmungen zu dem Punkt „organisatorische Gliederung" unter Punkt 2.1 der FAGO 2010 vor. So zählt die EB-FAGO NRW 21 Stellen auf, die die Finanzbehörden

---

954 Dazu ausführlich *Seer*, in: Tipke/Kruse, AO/FGO, § 88 AO Rz. 64 (Stand: Januar 2017).

955 *Thiemann*, StuW 2019, 295 (301).

956 BGBl. I 2017, 3122 (3129 ff.).

957 Vgl. § 1 KONSENS-G; zum KONSENS-G und seinen Auswirkungen auf die administrative und organisatorische Zusammenarbeit s. *Heller/Kniel*, NVwZ 2019, 935 (936 f.); s. auch *Seer/Unger/Sediqi/Wagner*, in: EATLP 17 (2019), National Report Germany, S. 549 (563).

958 EB-FAGO v. 3.5.2019 (aktuelle Fassung).

einrichten können.[959] Darüber hinaus ist in den EB-FAGO NRW eine enge Zusammenarbeit der Geschäftsstelle (GST) der Finanzämter mit der Stelle für Informationstechnik (ITST) vorgesehen. Die ITST ist zuständig für den IT-Einsatz in der jeweiligen Finanzbehörde, wozu insbesondere der bestimmungsgemäße Einsatz von Hard- und Software gehört[960] und somit auch der Einsatz von Software für das RMS. Die für Zwecke dieser Arbeit wichtigen ergänzenden Bestimmungen der EB-FAGO NRW sind die Punkte 2.1.2.4.6 („Allgemeine Grundsätze für die Bearbeitung aller Steuerfälle", neu seit 2. Juni 2015) und 2.1.2.4.7 („Bearbeitung der Steuerfälle im Einzelnen", neu seit 24.1.2013). In Nr. 1 zu Punkt 2.1.2.4.6 EB-FAGO NRW stellt die Finanzverwaltung klar, dass die Finanzbehörde den für die Steuerfestsetzung erheblichen Sachverhalt nach pflichtgemäßem Ermessen ermittelt und Art und Umfang der Ermittlungen sich nach den Umständen des Einzelfalls richten. Die Finanzverwaltung NRW wiederholt damit weitestgehend den Wortlaut von § 88 Abs. 1 Satz 1, Abs. 2 Satz 1 AO n.F. Nach Nr. 2 zu Punkt 2.1.2.4.6 EB-FAGO NRW wird das maschinelle RMS eingesetzt, um dem gesetzlichen Auftrag aus § 85 Satz 1 AO „möglichst effizient und mit hoher Qualität nachzukommen". In Satz 3 von Nr. 2 zu Punkt 2.1.2.4.6 EB-FAGO NRW erkennt auch die Finanzverwaltung NRW erfreulicherweise die „Gefahr einer unrichtigen Steuerfestsetzung" als steuerliches Risiko an. Dies entspricht dem Verständnis in dieser Arbeit vom steuerlichen Risiko.[961] Auf den einschlägigen Inhalt von Punkt 2.1.2.4.7 EB-FAGO NRW wird im Laufe dieser Arbeit an den inhaltlich dazugehörigen Stellen eingegangen und entsprechend verwiesen.

2. *Rechtsnatur der EB-FAGO NRW*

Das Ministerium der Finanzen NRW hat die EB-FAGO für NRW erlassen. Die EB-FAGO NRW stellen aus rechtsqualitativer Sicht Verwaltungsvorschriften des Ministeriums der Finanzen NRW in Form eines Erlasses dar.[962] Die EB-FAGO NRW bestimmen die innere Organisation und den Geschäftsgang von Finanzbehörden. Sie sind mithin als Organisations(verwaltungs)vorschriften

959 EB-FAGO NRW v. 3.5.2019, Unterpunkt 2.1.1.3.

960 EB-FAGO NRW v. 3.5.2019, Unterpunkt 2.1.2.2.

961 S. dazu Teil 4, E. II. 2.

962 In der Praxis wird wie folgt unterschieden: Die Bundesregierung erlässt Richtlinien, die Ministerien geben Erlasse und Schreiben heraus und die Oberfinanzdirektionen erlassen Verfügungen, vgl. *Englisch*, in: Tipke/Lang, Steuerrecht, § 5 Rz. 31.

zu qualifizieren.[963] Als Verwaltungsvorschriften müssen sie lediglich durch die dem Ministerium der Finanzen NRW nachgeordneten Behörden und Bediensteten der Finanzverwaltung in NRW beachtet werden.[964] Steuerpflichtige und Gerichte sind grundsätzlich nicht an die EB-FAGO NRW gebunden.[965]

3. *Intransparenz der Finanzverwaltung NRW*

Die Finanzverwaltung NRW hat die EB-FAGO NRW nicht amtlich publiziert. Dies gilt sowohl für die „ersten" EB-FAGO NRW vom 15. Februar 2011 auf die FAGO 2010 als auch für die danach folgenden Änderungen bzw. Neuerungen der EB-FAGO NRW. Auch *Münch*[966] nennt in seinem Beitrag nicht die Quelle für die von ihm zitierten EB-FAGO NRW. Erst mit großer Mühe konnten die EB-FAGO NRW in ihrer aktuellen Fassung zur Auswertung für diese Arbeit beschafft werden. Ohne einen Kontakt zur Finanzverwaltung NRW ist es für den Steuerpflichtigen nicht möglich, die EB-FAGO NRW einzusehen. Der Steuerpflichtige hat ein berechtigtes Interesse daran, zu erfahren, wie die Finanzverwaltung (NRW) intern aufgebaut ist und wie die Finanzverwaltung ihrer Tätigkeit im Einzelnen nachgeht. Daher werden die für diese Arbeit relevanten ergänzenden Bestimmungen der EB-FAGO NRW dieser Arbeit als Anlage beigefügt. Dies ist bereits aus Gründen einer wissenschaftlich fundierten Vorgehensweise geboten. Zudem ist es nicht ersichtlich, welches Geheimhaltungsinteresse die Finanzverwaltung NRW mit der Geheimhaltung der EB-FAGO NRW verfolgt.

VI. Das Risikomanagementsystem in der Praxis

Das RMS wurde nicht erst mit dem StModG und der damit einhergehenden Einfügung des § 88 Abs. 5 AO n.F. als Hilfsmittel[967] im Rahmen des Untersuchungsgrundsatzes von den Finanzbehörden eingesetzt. Vielmehr kam es auch schon vor dem StModG flächendeckend im gesamten Bundesgebiet bei der Einkommensteuerveranlagung zum Einsatz.[968] Dies hat auch der BRH in seinem

963 Vgl. zur inhaltlichen Unterscheidung *Englisch*, in: Tipke/Lang, Steuerrecht, § 5 Rz. 31.
964 S. zu Verwaltungsvorschriften Fn. 777.
965 Vgl. zur inhaltlichen Unterscheidung *Englisch*, in: Tipke/Lang, Steuerrecht, § 5 Rz. 28.
966 *Münch*, DStR 2012, 212.
967 Nach *Schmidt/Schmitt*, in: FS Spindler, S. 529 (547), ist das RMS ein „wichtiges Hilfsmittel für einen Steuervollzug".
968 *Thiemann*, StuW 2018, 304 (307); *Maier*, JZ 2017, 614; *Baldauf*, DStR 2016, 833; *Schmidt/Schmitt*, in: FS Spindler, S. 529 (542); *Schmidt*, DStJG 31 (2008), 37 (49 f.).

Bericht aus 2012 für den Bereich der Arbeitnehmerveranlagung festgestellt.[969] Indes wird das RMS mittlerweile auch im Bereich des Umsatzsteuerrechts angewendet[970] sowie in weiteren Rechtsgebieten eingesetzt[971] und dürfte in Zukunft auch intensiver bei weiteren Steuerarten zum Einsatz kommen.

1. Die einzelnen Stationen: Von der Steuerklärung bis zum Steuerbescheid

Bis zum Erlass eines Steuerbescheids gegenüber dem Steuerpflichtigen müssen unter Einsatz des RMS unterschiedliche Stationen durchlaufen werden. [972] Die erste Station ist die Übermittlung der Steuererklärung durch den Steuerpflichtigen an die Finanzbehörde. Die eingehenden Steuererklärungen müssen für die elektronische Datenverarbeitung (EDV) durch das RMS geeignet sein. Bei elektronisch übermittelten Steuererklärungen sind selbstverständlich keine weiteren Schritte für eine EDV durch das RMS erforderlich. Schriftlich eingereichte Steuererklärungen müssen demgegenüber entweder in sog. Schnellerfassungsstellen, in denen die erklärten Werte aus der Steuererklärung abgetippt werden, oder von speziell zu diesem Zweck programmierten Scannern erfasst werden.[973] In dieser Vorbereitung der erklärten Werte für das RMS ist jedoch noch keine Prüfungshandlung zu erblicken.[974] Danach durchläuft der jeweilige Steuerfall das RMS mit den eingestellten Risikoparametern (zweite Station). Die Risikoparameter kommen dabei einer (Prüfungs-)Schablone gleich, die über den Steuerfall gelegt und mit dessen Hilfe die Prüfungsbedürftigkeit des Steuerfalls bewertet wird. Nach dem Einsatz des RMS kann es im Anschluss allein auf zwei Wege zum Erlass eines Steuerbescheids kommen: Entweder der Steuerbescheid ergeht mangels Risikos vollautomatisch oder nach Aussteuerung durch das RMS und einer anschließenden Prüfung durch einen Finanzbeamten (dritte Station).[975] Zu einer Mitwirkung des Finanzbeamten kommt es zum einen bei der Erfüllung

969 BRH, Bericht nach § 99 BHO v. 17.1.2012, S. 5, 21.

970 Vgl. *Seer*, in: Tipke/Kruse, AO/FGO, § 88 AO Rz. 71 (Stand: Januar 2017); s. auch *Schmidt/Schmitt*, in: FS Spindler, S. 529 (543 f.).

971 Allgemein zum Einsatz von RMS in der Verwaltung vgl. *Trips*, NVwZ 2003, 804.

972 Vgl. zu den folgenden Ausführungen auch anschaulich das Schaubild bei *Marx*, Ubg 2016, 358 (361) sowie bei *Schmidt*, DStJG 31 (2008), 37 (49).

973 S. hierzu *Münch*, DStR 2013, 212 (213); *Schmidt*, DStJG 31 (2008), 37 (53).

974 *Münch*, DStR 2013, 212 (213).

975 *Schmidt*, DStJG 31 (2008), 37 (47 ff.), unterteilt die Steuerfälle dabei in „risikoarm" und „risikobehaftet".

eines Risikoparameters. Der betroffene Steuerfall wird sodann mit einem entsprechenden Risikohinweis zur Prüfung durch einen Finanzbeamten ausgesteuert. Zur Mitwirkung eines Finanzbeamten kommt es ferner aber auch nach der automationsgestützten Zufallsauswahl nach § 88 Abs. 5 Satz 3 Nr. 1 AO n.F.[976] und dem jederzeitigen Auswahlrecht des Finanzbeamten nach § 88 Abs. 5 Satz 3 Nr. 3 AO n.F.[977]

2. *Risikoklassen, Risikohinweise und Risikoparameter*

a) *Die einzelnen Risikoklassen*

Im Rahmen des RMS unterscheidet die Finanzverwaltung insgesamt vier Risikoklassen.[978] Danach sind die Steuerfälle der Risikoklasse 1, Risikoklasse 2 oder Risikoklasse 3 zuzuordnen.[979] Eine nur partielle oder gar eine gemischte Risikoklasseneinstufung kann es dabei nicht geben; es muss eine Einteilung zu einer bestimmten Risikoklasse stattfinden. Daneben besteht noch eine Risikoklasse-BP, die speziell für die Steuerfälle gilt, für die eine Außenprüfung vorgesehen ist.[980] Die Risikoklasseneinstufung gibt unmittelbar die Prüfungsintensität vor. Dabei nimmt die Prüfungsintensität mit absteigendem Risiko ab.[981] Das bedeutet also, dass die Steuerfälle mit der Risikoklasse 1 besonders umfangreich und genau zu prüfen sind, da Steuerfälle dieser Risikoklasse ein „hohes Risiko" aufweisen.[982] Sie sind vollumfänglich und anhand von sämtlichen Unterlagen, die

---

976 Die Zufallsauswahl war auch schon vor dem § 88 Abs. 5 Satz 3 Nr. 1 AO n.F. fester Bestandteil des RMS, vgl. *Deckers/Fiethen*, FR 2015, 913 (914). Zum § 88 Abs. 5 Satz 3 Nr. 1 AO n.F. im Einzelnen s. Teil 4, E. IX. 2. a).

977 S. hierzu unter Teil 4. E. IX. 2. c).

978 *Meinert*, in: 10. und 11. Finanzgerichtstag 2013/14, S. 265 (266); *Seer*, in: Tipke/Kruse, AO/FGO, § 88 AO Rz. 70 (Stand: Januar 2017).

979 EB-FAGO NRW v. 3.5.2019, 2.1.2.4.7; *Münch*, DStR 2013, 212 (214), damals noch (nur) mit Blick auf Gewinneinkünfte.

980 EB-FAGO NRW v. 3.5.2019, 2.1.2.4.7, Unterpunkt 6; *Münch*, DStR 2013, 212 (214); s. auch BT-Drucks. 18/7457, S. 70. Zur automationsgestützten Fallauswahl für Außenprüfungen vgl. *Mertel/Scherr*, Ubg 2016, 542 sowie *Spengel/Ortmann-Babel/Matenaer*, Ubg 2012, 466, mit einem Blick über die nationalen Grenzen hinaus.

981 *Münch*, DStR 2013, 212 (214).

982 EB-FAGO NRW v. 3.5.2019, 2.1.2.4.7, Unterpunkt 1. Innerhalb dieser Risikoklasse kann aber auf eine intensive Prüfung verzichtet werden, wenn der voraussichtliche Arbeitsaufwand nicht in einem angemessenen Verhältnis „zu den möglichen steuerlichen Auswirkungen steht", vgl. EB-FAGO NRW v. 3.5.2019, 2.1.2.4.7, Unterpunkt 1.4. Dies kommt einem ertragsorientierten Steuervollzug gleich und verzerrt das Bild

der Finanzbehörde vorliegen, zu prüfen.[983] Demgegenüber bildet die Risikoklasse 2 ein „mittleres Risiko“ ab.[984] Das bedeutet, dass der Steuerfall zwar keinen Anlass für eine intensive Prüfung i.S. der Risikoklasse 1 liefert, aber auch nicht als so risikoarm wie die Risikoklasse 3 qualifiziert werden kann.[985] Innerhalb der Risikoklasse 2 sind mindestens überschlägig Plausibilitäts- und Schlüssigkeitsprüfungen und, wenn dies ein Risikohinweis gebietet, auch umfangreichere Einzelprüfungen vorzunehmen. Steuerfälle, die der Risikoklasse 3 zugeteilt werden, weisen das niedrigste bis gar kein Risiko auf und werden daher als „risikoarm“ oder „risikolos“ angesehen.[986] Diese Steuerfälle werden folglich in der Regel auch nicht persönlich geprüft und können automatisch veranlagt werden.[987] Dies dürfte eine Vielzahl von Fällen betreffen[988] und sich insbesondere bei der Arbeitnehmerveranlagung zum Normalfall entwickeln.[989] Wird dennoch ein Risikohinweis in dieser Risikoklasse ausgegeben, ist eine überschlägige Plausibilitätsprüfung völlig ausreichend.[990] Die Steuerfälle der Risikoklasse 3 unterliegen zudem einer turnusmäßigen Überprüfung.[991] In der Praxis wird dies dadurch umgesetzt, dass Steuerfälle der Risikoklasse 3 (spätestens) nach vier oder fünf Jahren[992] der Risikoklasse 2 zugeteilt werden. Die Turnusprüfungen

---

vom steuerlich signifikanten Risiko. Darin ist ein Verstoß gegen die Grundsätze von Gesetz- und Gleichmäßigkeit der Besteuerung zu erblicken.

983 *Münch*, DStR 2013, 212 (214); EB-FAGO NRW v. 3.5.2019, 2.1.2.4.7, Unterpunkt 1.2.

984 EB-FAGO NRW v. 3.5.2019, 2.1.2.4.7, Unterpunkt 2.1; *Münch*, DStR 2013, 212 (214).

985 EB-FAGO NRW v. 3.5.2019, 2.1.2.4.7, Unterpunkt 2.1.

986 EB-FAGO NRW v. 3.5.2019, 2.1.2.4.7, Unterpunkt 2.2.

987 EB-FAGO NRW v. 3.5.2019, 2.1.2.4.7, Unterpunkt 2.2; s. auch *Lanwehr*, Faktische Selbstveranlagung und Fehlerkorrektur, S. 285.

988 *Münch*, DStR 2013, 212 (213).

989 Die Quote der vollautomatisch veranlagten Steuerfälle (Autofall-Quote) hat sich bundesweit deutlich erhöht. So liegt die Autofall-Quote in Bayern bei mehr als 15% und betrifft vornehmlich die Veranlagung von Arbeitnehmern und Rentnern, vgl. DStV-FORUM, Stbg 2019, 238.

990 Vgl. EB-FAGO NRW v. 3.5.2019, 2.1.2.4.7, Unterpunkt 2.3, 2.4; *Münch*, DStR 2013, 212 (214), sieht hingegen keinen Unterschied in der Prüfungsintensität zwischen Steuerfällen der Risikoklasse 2 und der Risikoklasse 3. Dabei muss schon denklogisch eine unterschiedliche Prüfungsintensität zwischen den beiden Risikoklassen bestehen, da ansonsten eine Einteilung in drei Risikoklassen redundant wäre.

991 EB-FAGO NRW v. 3.5.2019, 2.1.2.4.7, Unterpunkt 4. In NRW unterliegen zusätzlich die Anlage EÜR und Dauersachverhalte einer Turnusprüfung, vgl. EB-FAGO NRW v. 3.5.2019, 2.1.2.4.7, Unterpunkt 4; *Münch*, DStR 2013, 212 (215).

992 BRH, Bericht nach § 99 BHO v. 17.1.2012, S. 25.

sorgen dafür, dass auch die risikoarmen Fälle einer über eine einfache Plausibilitätsprüfung hinausgehenden stichhaltigen Prüfung unterzogen werden.[993] Die Einteilung in die Risikoklasse wirkt bezüglich des betroffenen Veranlagungszeitraums für jede Steuerart.[994] Die Kategorie der „I-Fälle" wird es wohl auch nach der Einfügung des § 88 Abs. 5 AO n.F. geben. [995] Jedenfalls in NRW scheint die Finanzverwaltung noch immer eine intensive Prüfung an die Höhe des Einkommens anzuknüpfen und auch die Kategorie der I-Fälle beizubehalten.[996] Da diese Kategorie ausschließlich an die Höhe des Einkommens anknüpft, entspricht sie nicht mehr dem aktuellen Stand der Steuerrechtswissenschaft[997] und sollte nicht im Rahmen des RMS Berücksichtigung finden.

b) Maßgeblichkeit der Risikohinweise sowie der Risikoparameter für die Einteilung

Die einzelnen Steuerfälle werden – wie soeben gezeigt – in unterschiedliche Risikoklassen eingeteilt. Für die Zuordnung in eine Risikoklasse sind die entsprechenden Risikohinweise maßgeblich, die korrespondierend zum jeweils erfüllten Risikoparameter ergehen. Damit kommt es letztlich entscheidend auf die Ausgestaltung der Risikoparameter für die Risikoklasseneinteilung an. Es liegt auf der Hand, dass sich die Ausgestaltung der Risikoparameter an den Grundsätzen

---

993 *Münch*, DStR 2013, 212 (215).

994 *Münch*, DStR 2013, 212 (214).

995 Die I-Fälle würden dann eine fünfte Risikoklasse bilden. Im Rahmen eines Schwerpunktbereichsseminars des Lehrstuhls für Steuerrecht und Steuervollzug der Ruhr-Universität Bochum in Kooperation mit der Fachhochschule für Finanzen Nordrhein-Westfalen in Nordkirchen, das im Juni 2019 an der Fachhochschule in Nordkirchen abgehalten wurde, haben die Teilnehmer der Fachhochschule Nordkirchen signalisiert, dass es noch immer die Kategorie der I-Fälle in den Finanzbehörden gebe, die sich allein an einer bestimmten Einkunftsgröße für eine intensive Prüfung orientieren. Eine solche Prüfungspraxis, die sich allein an der Höhe der Einkünfte des Steuerpflichtigen orientiert, verstößt eindeutig gegen den Grundsatz der Gleichmäßigkeit der Besteuerung und muss mit Entschiedenheit abgelehnt werden, vgl. zustimmend *Seer*, DStR 2008, 1553 (1555); *Schmidt*, DStJG 31 (2008), 37 (40 f.).

996 So werden bei den Überschusseinkünften Steuerpflichtige, die in zwei von drei festgelegten Jahren positive Überschusseinkünfte über EUR 500.000 vorweisen, als Fälle mit „bedeutenden Einkünften" eingestuft, die nunmehr ab dem 1. Januar 2022 als I-Fälle zu bearbeiten sind, vgl. Landesrechnungshof NRW, Jahresbericht 2019, S. 279 ff., 285; vgl. auch EB-FAGO NRW v. 3.5.2019, 2.1.2.4.6, Nr. 6, wonach ein Fall-Merker „hohe Einkünfte" im Rahmen des RMS zum Einsatz kommt.

997 Vgl. hierzu Teil 4, E. IV.

von Gesetzmäßigkeit und Gleichmäßigkeit der Besteuerung orientieren muss.[998] Die von der Finanzverwaltung bislang eingesetzten Risikoparameter sind vielseitig. So gehörten zu den Risikoparametern bisher etwa absolute Wertgrenzen, die bei ihrer Überschreitung einen Risikohinweis ausgaben.[999] Außerdem wurden relative und absolute Veränderungen zum Vorjahr,[1000] logische Widersprüche innerhalb einer Steuererklärung[1001] und Sachverhalte, die erstmalig erklärt wurden oder weggefallen sind,[1002] als Risikoparameter innerhalb des RMS berücksichtigt. Diese Risikoparameter finden mit hoher Wahrscheinlichkeit auch nach dem StModG im RMS Anwendung. Gegen diese objektiven Risikoparameter bestehen grundsätzlich keine Bedenken. Bei den absoluten Wertgrenzen ist jedoch zu beachten, dass diese trotz der kritischen Haltung des BRH für einen risikoorientierten Steuervollzug notwendig sind.[1003] Die Wertgrenzen sind in den meisten Fällen relativ niedrig angesetzt und führen erst bei Erfüllung weiterer Merkmale dazu, dass der Steuerfall bei einer Unterschreitung der jeweiligen Wertgrenze nicht umfassender geprüft werden muss.[1004] Obgleich die Forderung nach einer bundeseinheitlichen Regelung dieser Wertgrenzen laut wurde,[1005] macht es gerade bei den Wertgrenzen bzw. Nichtaufgriffsgrenzen Sinn, die konkrete Festsetzung dieser Grenzen den Ländern und den Finanzbehörden zu überlassen, um die – teilweise besonders erheblichen – regionalen

---

998 Das bedeutet, dass die einzelnen Risikoparameter auch zugunsten des Steuerpflichtigen wirken müssen, s. auch *Buchwald/Bernhardt/Welsch*, FR 2015, 1010 (1012).

999 *Deckers/Fiethen*, FR 2015, 913 (914); *Münch*, DStR 2013, 212 (213).

1000 *Deckers/Fiethen*, FR 2015, 913 (914); *Münch*, DStR 2013, 212 (213); *Nagel/Waza*, DStZ 2008, 321 (324).

1001 *Deckers/Fiethen*, FR 2015, 913 (914); *Münch*, DStR 2013, 212 (213).

1002 *Münch*, DStR 2013, 212 (213); s. auch BRH v. 7.12.2009, BT-Drucks. 17/77, S. 177.

1003 So auch *Müller-Franken*, StuW 2018, 113 (120). Aufgrund dieser absoluten Wertgrenzen sieht der BRH die Gefahr einer rechtswidrigen Steuerfestsetzung „bei allen Arbeitnehmerfällen", er spricht sich aber grundsätzlich für den Einsatz von RMS aus, vgl. BRH v. 7.12.2009, BT-Drucks. 17/77, S. 177 f.

1004 So wurden in einem Bundesland etwa Spenden bis EUR 1.000 ohne Belege anerkannt, wenn eine Aufstellung vorlag, vgl. *Der Präsident des Bundesrechnungshofes*, Probleme beim Vollzug der Steuergesetze, S. 43. Zu beachten ist des Weiteren, dass auch ohne absolute Wertgrenzen das RMS nicht jeden Steuerfall aussteuern würde, in dem eine Spende oder eine Entfernungspauschale deklariert wird.

1005 BRH v. 7.12.2009, BT-Drucks. 17/77, S. 178.

Unterschiede zu beachten.[1006] Im Bereich der im Auftrag des Bundes verwalteten Steuern kann es wegen § 88 Abs. 5 Satz 5 AO n.F.[1007] jedoch nur noch bundeseinheitliche Wertgrenzen geben.[1008] Außerdem haben Bund und Länder in einem „neuen“ Verfahrenskonzept einen bundeseinheitlichen Mindeststandard für die Wertgrenzen festgelegt.[1009]

Darüber hinaus werden durch das RMS die Angaben des Steuerpflichtigen in der Steuererklärung auch mit den Angaben von anderen Steuerpflichtigen in ihren Steuererklärungen abgeglichen.[1010] Das RMS beschränkt sich also nicht nur auf eine vertikale Prüfung des jeweiligen Steuerpflichtigen, sondern prüft auch horizontal im Verhältnis zu anderen Steuerpflichtigen.[1011] Die Landesfinanzbehörden können schließlich auch neben den Risikoparametern sog. Prüffelder festlegen,[1012] die in jedem Fall zu einem Risikohinweis und einer Prüfung durch einen Finanzbeamten führen.[1013]

c) Maßgeblichkeit der Risikohinweise für den konkreten Prüfungsumfang

Nach dem Vernehmen aus den Finanzbehörden orientieren sich die Finanzbeamten bei der Prüfung nach einer Aussteuerung durch das RMS ausschließlich an den Risikohinweisen.[1014] Dieser Standpunkt findet sich auch in der Literatur wieder.[1015] Auch wenn sie nicht daran gehindert sind, weiteren Auffälligkeiten

---

1006 BT-Drucks. 18/7457, S. 70; *Schmidt/Schmitt*, in: FS Spindler, S. 529 (544 f.), weisen mit Recht beispielhaft auf die erheblichen regionalen (Einkommens-)Unterschiede zwischen Mecklenburg-Vorpommern und der Hansestadt Hamburg hin.

1007 Vgl. hierzu Teil 4, E. IX. 4.

1008 Die Wertgrenzen konnten bislang ohne Einschränkungen auf Ebene der Landesfinanzministerien, der Oberfinanzdirektionen und der einzelnen Finanzbehörden verändert werden, s. *Münch*, DStR 2013, 212, (213).

1009 So das BMF in den Bemerkungen des BRH zur Haushalts- und Wirtschaftsführung des Bundes v. 7.12.2009, S. 178.

1010 *Ahrendt*, NJW 2017, 537 (539).

1011 Dies hält auch *Ehrke-Rabel*, FR 2019, 45 (53), für sinnvoll.

1012 EB-FAGO NRW v. 3.5.2019, 2.1.2.4.7, Unterpunkt 5. Ein Beispiel für ein solches Prüffeld wäre etwa das häusliche Arbeitszimmer.

1013 EB-FAGO NRW v. 3.5.2019, 2.1.2.4.7, Unterpunkt 5.1; *Münch*, DStR 2013, 212 (213); s. auch *Seer*, in: Tipke/Kruse, AO/FGO, § 88 AO Rz. 65 (Stand: Januar 2017), wonach die Prüffelder zu einer „punktuellen Intensivprüfung“ führen.

1014 So sehen es auch die EB-FAGO NRW vor, vgl. EB-FAGO NRW v. 3.5.2019, 2.1.2.4.7, Unterpunkt 2.3.

1015 Vgl. zur Literatur allein *Deckers/Fiethen*, FR 2015, 913 (914).

nachzugehen und diese nach entsprechender Ermittlung zu korrigieren,[1016] besteht eine ausdrückliche Verpflichtung zur Nachprüfung allein für die ausgegebenen Risikohinweise.[1017] Dies führt de facto zu einer (reinen) risikohinweisorientierten Bearbeitung der ausgesteuerten Steuerfälle. Diese Vorgehensweise stößt jedoch nur solange nicht auf Probleme, bis ein Finanzbeamter bei der Prüfung der Risikohinweise nach Aussteuerung ein weiteres Defizit in der Steuererklärung entdeckt. Ein solches Restrisiko ist naturgemäß mit jedem RMS verbunden.[1018] Ebenso wenig, wie eine ausführliche Sachverhaltsermittlung in jedem einzelnen Steuerfall verlangt werden kann, kann von dem RMS auch nicht erwartet werden, jedes Risiko zu erkennen. Der Finanzbeamte muss freilich nicht bei jedem ausgesteuerten Steuerfall Ausschau nach weiteren, über die Risikohinweise hinausgehenden Risiken halten. Dies würde ja gerade dem Sinn und Zweck eines RMS zuwiderlaufen und das RMS ad absurdum führen. Fällt dem Finanzbeamten aber bei der Überprüfung der Risikohinweise noch ein weiteres – von dem RMS unentdecktes – Risiko auf,[1019] kann er dies nicht sehenden Auges ignorieren. Dies ist bereits wegen einem argumentum a fortiori aus § 88 Abs. 5 Satz 3 Nr. 3 AO n.F. geboten: Wenn schon der Finanzbeamte jederzeit und unabhängig von einer Aussteuerung durch das RMS einen beliebigen Steuerfall für eine umfassende Prüfung auswählen kann, dann muss er erst recht ein von ihm entdecktes Risiko in einem vom RMS ausgesteuerten Steuerfall prüfen und korrigieren können.[1020] Demzufolge kann im konkreten Einzelfall auch eine

---

1016 So etwa das BMF in den Bemerkungen des BRH zur Haushalts- und Wirtschaftsführung des Bundes v. 7.12.2009, S. 178; ebenso *Münch*, DStR 2013, 212 (214).

1017 Vgl. EB-FAGO NRW v. 3.5.2019, 2.1.2.4.6, Nr. 4 und 2.1.2.4.7, Unterpunkt 2.3; s. auch BRH, Bericht nach § 99 BHO v. 17.1.2012, S. 25; BRH v. 7.12.2009, BT-Drucks. 17/77, S. 177 f.

1018 Dies erkennt auch das BMF in den Bemerkungen des BRH zur Haushalts- und Wirtschaftsführung des Bundes v. 7.12.2009, S. 178: „Im Übrigen müsse ein unvermeidbares Restrisiko hingenommen werden [...]"; zutreffend auch *Schmidt/Schmitt*, in: FS Spindler, S. 529 (545); ebenso *Schmidt*, DStJG 31 (2008), 37 (43): „Risikomanagement [...] bedeutet auch, gewisse Risiken eines Steuerfalls in Kauf zu nehmen".

1019 So kann der Finanzbeamte Erkenntnisse in die Prüfung miteinbeziehen, die nicht maschinell von dem RMS zu erfassen sind, vgl. *Schmidt/Schmitt*, in: FS Spindler, S. 529 (539); *Nagel/Waza*, DStZ 2008, 321 (324, 326). Dazu gehören insbesondere das Erfahrungswissen des Finanzbeamten oder einzelne „investigative Ansätze", vgl. *Drüen*, DStJG 42 (2019), 193 (215).

1020 Insoweit kommt EB-FAGO NRW v. 3.5.2019, 2.1.2.4.6, Nr. 4, der die Korrektur von „offensichtlichen Fehlern" vorsieht, lediglich deklaratorische Bedeutung zu.

über die vom RMS ausgegebenen Risikohinweise hinausgehende Prüfung durch einen Finanzbeamten angezeigt sein.[1021]

d) *Manuelle Zuteilung vor dem StModG*

Die Zuteilung eines Steuerfalls in eine Risikoklasse ist nicht Sache des RMS selbst. Die Zuteilung findet vielmehr „altmodisch", d.h. manuell und persönlich durch den jeweiligen Finanzbeamten, statt.[1022] Die Entscheidungsgrundlage für die Risikoklassenzuteilung sind in erster Linie die vom RMS ausgegebenen Risikohinweise, die sich allein an die jeweiligen Risikoparameter ausrichten. Diese Entscheidung wird neben anderen steuerlich relevanten Informationen in einem elektronischen Datenblatt festgehalten.[1023] Das elektronische Datenblatt enthält neben der Zuteilungsentscheidung auch Angaben zu den erkannten Risikobereichen.[1024] Des Weiteren ist in dem elektronischen Datenblatt auch ein sog. Compliance-Faktor enthalten.[1025]

e) *Automatische Zuteilung nach dem StModG?*

Mit dem automationsgestützten RMS und der Möglichkeit einer vollautomatischen Besteuerung eines Steuerfalls könnte man nach dem StModG davon ausgehen, dass nunmehr auch die Zuteilung in Risikoklassen völlig automatisch durch das RMS erfolgen sollte. Gleichwohl würde mit einer automatischen Zuteilung keine Effizienzsteigerung einhergehen. Die den Risikoklassen 1 und 2 zuzuordnenden Steuerfälle werden ohnehin von dem RMS zur persönlichen Prüfung durch den Finanzbeamten ausgesteuert. Steuerfälle der Risikoklasse 3 werden nur in den Fällen ausgesteuert, in denen ein Risikoparameter erfüllt ist und ein entsprechender Risikohinweis ergeht. So kann er die konkrete Prüfung des Steuerfalls und die Zuteilung zu einer Risikoklasse in einem Arbeitsgang erledigen. Die übrigen Steuerfälle, die mangels steuerrelevanten Risikos vollautomatisch besteuert werden, kriegt der Finanzbeamte grundsätzlich nicht zu Gesicht. Die vollautomatisch besteuerten Steuerfälle sind wegen dem fehlenden Risiko der Risikoklasse 3 zuzuordnen. Diese Zuordnung erfolgt dann maschinell ohne die Mitwirkung des Finanzbeamten, da kein Risikoparameter erfüllt ist

1021 Dafür spricht sich auch *Drüen*, DStJG 42 (2019), 193 (215 f.), aus.

1022 EB-FAGO NRW v. 3.5.2019, 2.1.2.4.7.

1023 *Münch*, DStR 2013, 212 (214 f.); *Haunhorst*, DStR 2010, 2105 (2106); ausführliche Beschreibung bei *Seer*, DStR 2008, 1553 (1555).

1024 *Seer*, DStR 2008, 1553 (1555).

1025 S. dazu sogleich unter 3.

und dementsprechend auch kein Risikohinweis ergeht.[1026] Zudem ist es sachgerechter, dem Finanzbeamten die Entscheidung über die Risikoklassenzuteilung zu überlassen, zumal er – wie zuvor erwähnt[1027] – gegebenenfalls maschinell (noch) nicht auswertbare Erkenntnisse in die Entscheidung einbringen kann. Ein risikoorientierter Steuervollzug sollte daher – jedenfalls nach dem bisherigen Stand – stets durch die menschliche Verwaltungserfahrung ergänzt werden.[1028]

3. Der „Compliance-Faktor"

Die Risikoparameter und das automationsgestützte RMS als solche arbeiten rein objektiv.[1029] Die objektive Seite des RMS wird jedoch auch um eine subjektive Seite ergänzt.[1030] Die Finanzverwaltung in NRW berücksichtigt das „gesamte steuerliche Verhalten" des Steuerpflichtigen für ihre Risikoprognose.[1031] Welches Verhalten konkret von der Finanzverwaltung als das „gesamte steuerliche Verhalten" angesehen wird, offenbart die Finanzverwaltung jedoch nicht. Die Literatur bezeichnet das steuerlich relevante (Vor-)Verhalten des Steuerpflichtigen als sog. Compliance-Faktor, der inzident in einem elektronischen Datenblatt vorhanden sein soll.[1032] Davor hat die Finanzverwaltung (NRW) das steuerlich relevante Verhalten des Steuerpflichtigen nicht schriftlich bzw. elektronisch festgehalten, sondern war allenfalls als „Risikofilter im Kopf" des Finanzbeamten gespeichert.[1033] Der Compliance-Faktor verfolgt den Zweck, das für die Besteuerung relevante steuerliche (Vor-)Verhalten des Steuerpflichtigen abzubilden.[1034] *Seer* prägte in diesem Zusammenhang den passenden Begriff der „Steuervita".[1035] *Nagel* und *Waza* verbildlichen die Berücksichtigung des „steuerlichen Fehlverhaltens" eines Steuerpflichtigen als „zweite Säule" eines aus zwei Säulen

---

1026 *Meinert*, in: 10. und 11. Finanzgerichtstag 2013/14, S. 265 (266).

1027 S. zuvor unter Teil 4, E. VI. 2. c).

1028 *Drüen*, in: Zukunftsfragen des deutschen Steuerrechts, S. 1 (14).

1029 *Haunhorst*, DStR 2010, 2105 (2109); *Schmitt*, in: FS Kirchhof, S. 1743 (1752).

1030 Die besondere Bedeutung des steuerlichen (Vor-)Verhaltens für das RMS wird an späterer Stelle besonders untersucht (s. Teil 4, E. IX. 6.), sodass eine kurze Beschreibung an dieser Stelle zunächst ausreichen soll.

1031 So jedenfalls die Finanzverwaltung in NRW, s. EB-FAGO NRW v. 3.5.2019, 2.1.2.4.7., Unterpunkte 1.1 und 2.2.

1032 *Seer*, DStR 2008, 1553 (1555); *ders.*, in: 4. Deutscher Finanzgerichtstag 2007, S. 99 (108 f.).

1033 *Schmidt*, DStJG 31 (2008), 37 (44).

1034 S. insoweit auch *Drüen*, in: Zukunftsfragen des deutschen Steuerrechts, S. 1 (12).

1035 Dazu ausführlich *Seer*, StbJb. 2004/05, 53 (67 f.); *ders.*, StuW 2003, 40 (49 f.).

bestehenden RMS.[1036] Der Compliance-Faktor stellt demzufolge einen „subjektiven Risikoparameter“ dar, weshalb der Compliance-Faktor im Schrifttum regelmäßig auch mit „Subjektrisiko“ umschrieben wird.[1037] Zur Bestimmung eines subjektiven Risikos sollen nach den Stimmen in der Literatur die folgenden steuerlich relevanten Verhaltenskategorien berücksichtigt werden: Deklarations-, Abgabe- und Zahlungsverhalten, Branchenzugehörigkeit, frühere Betriebsprüfungsergebnisse, das Erfordernis von Schätzungen sowie straf- und bußgeldrechtliche Erkenntnisse.[1038] Innerhalb der Finanzverwaltung in NRW werden jedenfalls „Beanstandungsergebnisse und Prüfungspunkte in den Vorjahren, Abgabeverhalten und Ergebnisse der letzten Außenprüfung sowie Zuverlässigkeit des Stpfl.“ als subjektive Risikoparameter herangezogen.[1039] Auch die Hinzuziehung eines Steuerberaters wird dabei von der Finanzverwaltung (positiv) im Rahmen des Compliance-Faktors bewertet.[1040] Ob die Finanzverwaltung zu dem „Abgabeverhalten“ auch das Deklarations- und Zahlungsverhalten zählt und ob ein steuerstrafrechtliches oder steuerordnungswidrigkeitsrechtliches Vorverhalten des Steuerpflichtigen von der Finanzverwaltung berücksichtigt wird, kann anhand der zur Verfügung stehenden Informationen nicht abschließend beantwortet werden. Für die Finanzverwaltung in NRW steht aber fest, dass der Compliance-Faktor tatsächlich in der Prüfungspraxis existiert.

Letztlich wird unter dem Compliance-Faktor das bisherige Kooperationsverhalten des Steuerpflichtigen berücksichtigt. Es soll die „steuerliche Integrität“ des Steuerpflichtigen abbilden.[1041] Das Kooperationsverhalten des Steuerpflichtigen kann dadurch unmittelbare Auswirkungen auf den Prüfungsumfang haben. Dies hängt damit zusammen, dass der Compliance-Faktor auch unmittelbar Einfluss auf die Risikoklasseneinteilung durch den Finanzbeamten haben kann: Ein steuerlich positives Kooperationsverhalten des Steuerpflichtigen kann

---

1036 *Nagel/Waza*, DStZ 2008, 321 (326), wobei die objektiven Risikoparameter die erste Säule darstellen; mit derselben Darstellung *Suck*, DStZ 2010, 606 (607).

1037 *Schmidt/Schmitt*, in: FS Spindler, S. 529 (535); *Münch*, DStR 2013, 212 (215); *Seer*, DStR 2008, 1553 (1555), nach dem das Objektrisiko – als Gegenstück zum Subjektrisiko – die Wahrscheinlichkeit steuerrechtswidriger Angaben umfasst.

1038 *Münch*, DStR 2013, 212 (215); *Schmidt*, DStJG 31 (2008), 37 (43); *Seer*, DStR 2008, 1553 (1555).

1039 EB-FAGO NRW v. 3.5.2019, 2.1.2.4.7., Unterpunkt 2.2.

1040 *Haunhorst*, DStR 2010, 2105 (2109); *Seer*, DStR 2008, 1553 (1555); mit nicht unerheblicher Kritik dazu *Mann*, DStR 2009, 506 (507 f.); vgl. insoweit auch schon unter Teil 3, C. II. 3. c).

1041 *Meinert*, in: 10. und 11. Finanzgerichtstag 2013/14, S. 265 (266).

zu einer Einteilung in eine niedrige Risikoklasse führen ebenso wie ein steuerlich negatives Kooperationsverhalten zu einer Einteilung in eine höhere Risikoklasse führen kann.[1042] Der Compliance-Faktor wird aber ebenso wie die Risikoklassenzuteilung erst von dem jeweiligen Finanzbeamten mit Leben gefüllt; er ist in der Folge gerade nicht dem automationsgestützten RMS immanent. Der Finanzbeamte kann sich lediglich einen „Merker" setzen,[1043] mit dem er das steuerliche Vorverhalten des Steuerpflichtigen bei seiner nächsten Besteuerung berücksichtigen kann.[1044]

VII. Risikomanagementsysteme der Finanzverwaltungen weltweit

Der Einsatz von RMS ist keine Eigenheit der deutschen Finanzverwaltung. Vielmehr nimmt die deutsche Finanzverwaltung damit an einem internationalen Trend teil,[1045] der auch innerhalb der EU zu verzeichnen ist. Die Europäische Kommission hat eine Projektgruppe im Jahr 2004 ins Leben gerufen, die das RMS von einzelnen Mitgliedstaaten untersucht hat.[1046] Im Anschluss daran hat die Europäische Kommission ihre Untersuchung der RMS fortgeführt

---

1042 Scharfsinnig bei *Suck*, DStZ 2010, 606 (607); *Seer*, DStR 2008, 1553 (1555); *ders.*, Besteuerungsverfahren: Rechtsvergleich USA-Deutschland, Rz. 151; s. auch die Empfehlung bei *Der Präsident des Bundesrechnungshofes*, Probleme beim Vollzug der Steuergesetze, S. 166. So kann nach der Finanzverwaltung etwa „das gesamte steuerliche Verhalten ein Anhaltspunkt für eine Eingruppierung in die RK 1 sein", vgl. EB-FAGO v. 3.5.2019, 2.1.2.4.7, Unterpunkt 1.1.

1043 S. dazu *Schmidt*, DStJG 31 (2008), 37 (47).

1044 Die damit nicht ernsthaft zu bestreitende Willkür der Finanzbeamten bei der Beachtung vom steuerlich relevanten Verhalten des Steuerpflichtigen muss durch eine Integration eines subjektiven Risikoparameters, welches das steuerliche Vorverhalten des Steuerpflichtigen abbildet, als fester Bestandteil in das automationsgestützte RMS der Finanzverwaltung behoben werden. Zu diesem Gedanken ausführlich unter Teil 4, E. IX. 6. e) aa).

1045 *Drüen*, in: Zukunftsfragen des deutschen Steuerrechts, S. 1 (12).

1046 Die Europäische Kommission hat bereits im Februar 2006 einen „Leitfaden – Risikomanagement für Steuerverwaltungen" als Ergebnis dieser Untersuchung der Fiscalis-Projektgruppe Risikoanalyse veröffentlicht (abrufbar unter: https://ec.europa.eu/taxation_customs/sites/taxation/files/resources/documents/taxation/tax_cooperation/gen_overview/risk_management_guide_for_tax_administrations_de.pdf, zuletzt abgerufen am 12.12.2019). Darin nennt die EU-Kommission umfassende Richtlinien für eine gemeinsame Entscheidungsgrundlage bei dem Einsatz eines Risikomanagements durch die Finanzverwaltungen der Mitgliedstaaten. Die Projektgruppe setzte sich aus Vertretern von Deutschland, Griechenland, Italien, Niederlande, Österreich, Polen, Schweden und dem Vereinigten Königreich zusammen.

und hat eine umfassende Untersuchung der automationsgestützten RMS der Mitgliedstaaten der EU vorgenommen, dessen Ergebnisse sie im Jahr 2010 veröffentlicht hat.[1047] So wird ein automationsgestütztes RMS in unterschiedlichen Ausprägungen auch schon in den folgenden Staaten als Ausdruck eines risikoorientierten Steuervollzugs eingesetzt:[1048] Australien,[1049] Belgien,[1050] Bulgarien,[1051] Dänemark,[1052] Estland,[1053] Frankreich,[1054] Griechenland,[1055] Großbritannien,[1056] Irland,[1057] Italien,[1058] Litauen,[1059] Niederlande,[1060]

1047 Ihre Ergebnisse hat die Europäische Kommission in einem „Compliance Risk Management Guide for Tax Administrations" veröffentlicht (abrufbar unter: https://ec.europa.eu/taxation_customs/sites/taxation/files/resources/documents/common/publications/info_docs/taxation/risk_managt_guide_en.pdf, zuletzt abgerufen am 12.12.2019).

1048 Die nachfolgende Aufzählung erhebt keinen Anspruch auf Vollständigkeit.

1049 Australien ist der wohl früheste Pionier für ein RMS der Finanzverwaltung, vgl. *Freedman*, in: Tax Risk Management – From Risk to Opportunity, S. 111 (116 f.)

1050 *Der Präsident des Bundesrechnungshofes*, Probleme beim Vollzug der Steuergesetze, S. 137.

1051 Europäische Kommission (Fn. 1047), S. 97 ff.

1052 Europäische Kommission (Fn. 1047), S. 62 f.

1053 *Der Präsident des Bundesrechnungshofes*, Probleme beim Vollzug der Steuergesetze, S. 131.

1054 *Der Präsident des Bundesrechnungshofes*, Probleme beim Vollzug der Steuergesetze, S. 132 f.

1055 Europäische Kommission (Fn. 1046), S. 110 f.; Europäische Kommission (Fn. 1047), S. 101.

1056 *Der Präsident des Bundesrechnungshofes*, Probleme beim Vollzug der Steuergesetze, S. 131, 134.

1057 Europäische Kommission (Fn. 1047), S. 68 f., mit vielversprechenden Ergebnissen.

1058 Europäische Kommission (Fn. 1046), S. 105 ff.; Europäische Kommission (Fn. 1047), S. 101 ff; s. auch *Der Präsident des Bundesrechnungshofes*, Probleme beim Vollzug der Steuergesetze, S. 133. In Italien wird das RMS hauptsächlich als Instrument zur Bekämpfung von Steuerhinterziehungen eingesetzt.

1059 *Der Präsident des Bundesrechnungshofes*, Probleme beim Vollzug der Steuergesetze, S. 132.

1060 Dazu ausführlich *Ahrens*, Der Vollzug von Steuergesetzen durch den niederländischen Belastingdienst, S. 158 ff., 172 ff., 373 ff.; *Seer*, Besteuerungsverfahren: Rechtsvergleich USA-Deutschland, Rz. 151; s. auch Europäische Kommission (Fn. 1046), S. 100 ff.; Europäische Kommission (Fn. 1047), S. 103 ff.; *Der Präsident des Bundesrechnungshofes*, Probleme beim Vollzug der Steuergesetze, S. 135 f.

Österreich,[1061] Polen,[1062] Portugal,[1063] Schweden,[1064] Spanien,[1065] Ungarn[1066] und den USA.[1067]

Maßgeblich für die Entwicklung eines RMS in Australien waren die Arbeiten von *Ayres* und *J. Braithwaite*.[1068] Die australische Finanzverwaltung nimmt sich ein von *Ayres* und *J. Braithwaite* entwickeltes Compliance-Modell für ihr RMS zum Vorbild.[1069] Dieses Compliance-Modell stellt die unterschiedlichen Ebenen der möglichen Compliance-Stufen eines Bürgers anhand einer Pyramide dar, das *V. Braithwaite* in der Folge auch auf den Steuerpflichtigen übertragen hat.[1070] Das Compliance-Modell geht dabei von einem steuerehrlichen Steuerpflichtigen als Regel aus. Diese – mittlerweile auch international beachtete[1071] – Compliance-Pyramide unterscheidet zwischen vier Compliance-Stufen:[1072] Die

---

1061 Europäische Kommission (Fn. 1046), S. 107 f.; Europäische Kommission (Fn. 1047), S. 96 f.; s. auch *Der Präsident des Bundesrechnungshofes*, Probleme beim Vollzug der Steuergesetze, S. 134.

1062 Europäische Kommission (Fn. 1046), S. 103 ff.; Europäische Kommission (Fn. 1047), S. 105 f. Zur Bedeutung von RMS mit Blick auf Polen vgl. auch *Lipniewicz*, Information Systems in Management (2017), Vol. 6 (1), 26 ff.

1063 *Der Präsident des Bundesrechnungshofes*, Probleme beim Vollzug der Steuergesetze, S. 135.

1064 Europäische Kommission (Fn. 1046), S. 99 f.; *Der Präsident des Bundesrechnungshofes*, Probleme beim Vollzug der Steuergesetze, S. 133 f.

1065 *Der Präsident des Bundesrechnungshofes*, Probleme beim Vollzug der Steuergesetze, S. 131, 137.

1066 *Der Präsident des Bundesrechnungshofes*, Probleme beim Vollzug der Steuergesetze, S. 132.

1067 *Seer*, Besteuerungsverfahren: Rechtsvergleich USA-Deutschland, Rz. 51 ff., 151; *Der Präsident des Bundesrechnungshofes*, Probleme beim Vollzug der Steuergesetze, S. 131.

1068 *Ayres/Braithwaite*, Responsive Regulation – Transcending the Deregulation Debate; s. ausführlich zum RMS-Ansatz der australischen Finanzverwaltung *Risse*, Tax Compliance und Tax Risk Management, S. 106 ff.

1069 S. Australische Finanzverwaltung (Australian Taxation Office, ATO) unter: https://www.ato.gov.au/About-ATO/Managing-the-tax-and-super-system/Strategic-direction/How-we-help-and-influence-taxpayers/Compliance-model/?=redirected_compliancemodel, zuletzt abgerufen am 12.12.2019; *Ayres/Braithwaite*, Responsive Regulation – Transcending the Deregulation Debate, S. 35 ff.; ausführlich beschrieben bei *Risse*, Tax Compliance und Tax Risk Management, S. 37 ff.

1070 *Braithwaite*, in: Braithwaite, Taxing Democracy, S. 1 (3 ff.) und 15 ff.

1071 So hat etwa auch die Europäische Kommission (Fn. 1046 und 1047), S. 27 und S. 28, maßgeblich auf diese inhaltsgleiche „Steuermoralpyramide" abgestellt.

1072 S. zum Folgenden auch die Beschreibung bei *Ehrke-Rabel*, StuW 2015, 101 (109).

steuerehrlichen Steuerpflichtigen, die ihren steuerlichen Pflichten erfolgreich nachkommen, bilden das Fundament der Pyramide und machen den größten Teil aus (Stufe 1). Auf der zweiten Stufe der Pyramide sind die Steuerpflichtigen anzusiedeln, die zwar darum bemüht sind, ihren steuerlichen Pflichten nachzukommen, dies aber nicht in jedem Fall mit Erfolg können. Danach folgen Steuerpflichtige, die ihren steuerlichen Pflichten nicht nachkommen wollen und bereit sind, „Grauzonen" für eine niedrigere steuerliche Belastung auszunutzen (Stufe 3).[1073] An der Spitze der Pyramide stehen die dolosen Steuerhinterzieher (Stufe 4). Die Compliance-Strategie der australischen Finanzverwaltung richtet sich nach diesen Compliance-Stufen. Dabei gilt nach der australischen Finanzverwaltung, dass das Risiko, die Kosten und die Intensität der Gesetzesdurchsetzung mit der jeweils höheren Stufe steigen.[1074] Dieser Ausrichtung der australischen Finanzverwaltung an dem Compliance-Modell entspricht letztlich auch der nunmehr gesetzlich festgemachte risikoorientierte Steuervollzug in Deutschland mit § 88 Abs. 5 AO n.F. und der damit zusammenhängenden Einteilung der Steuerfälle in Risikoklassen im Rahmen des RMS in der deutschen Finanzverwaltungspraxis.[1075]

In den Niederlanden wird das RMS beispielsweise nicht nur für die Einkommensteuer und Lohnsteuer, sondern u.a. auch für die Körperschaft- und Umsatzsteuer eingesetzt.[1076] Zudem erfolgt dort eine Einteilung der Steuerpflichtigen in Risikoklassen anhand ihres steuerlichen Vorverhaltens.[1077] Zur Risikoklasseneinteilung werden Risikopunkte vergeben, die am Ende über die Risikoklasseneinteilung entscheiden.[1078] Die Niederlande – und nach niederländischem Vorbild auch Österreich ab 2019[1079] – hat zudem ein innovatives

---

1073 Vgl. Insoweit auch *Freedman*, in: Tax Risk Management – From Risk to Opportunity, S. 111 (116): „grey area".

1074 S. zur australischen Finanzverwaltung (Fn. 1069).

1075 Vgl. zu den Risikoklassen Teil 4, E. VI. 2. a).

1076 Europäische Kommission (Fn. 1046), S. 100.

1077 *Seer*, Besteuerungsverfahren: Rechtsvergleich USA-Deutschland, Rz. 151; *Der Präsident des Bundesrechnungshofes*, Probleme beim Vollzug der Steuergesetze, S. 136.

1078 Zum subjektiven Risiko in den Niederlanden vgl. *Ahrens*, Der Vollzug von Steuergesetzen durch den niederländischen Belastingdienst, S. 162, 351 f.; *Seer*, Besteuerungsverfahren: Rechtsvergleich USA-Deutschland, Rz. 151; *ders.*, StuW 2003, 40 (46); s. auch *Der Präsident des Bundesrechnungshofes*, Probleme beim Vollzug der Steuergesetze, S. 140 f.

1079 S. §§ 153a ff. BAO: „begleitende Kontrolle". Vgl. zur österreichischen begleitenden Kontrolle *Macho/Oertel*, ISR 2019, 232; *Wenzel*, ISR 2018, 378; *Ehrke-Rabel*, StuW 2015, 101 (112 ff.).

Verfahren eingeführt, das den Gedanken eines kooperativen anstelle eines konfrontativen Steuerstaats in seiner reinsten Form verinnerlicht: Das sog. „horizontal monitoring".[1080] Das „horizontal monitoring" ist auf eine umfassende (freiwillige) Mitwirkung des Steuerpflichtigen gerichtet und angewiesen. Statt eine rein hoheitliche Veranlagung repressiv durchzuführen, geht die Finanzverwaltung auf den Steuerpflichtigen zu und ermöglicht so eine Besteuerung auf „Augenhöhe" (= horizontal) mit dem Steuerpflichtigen.[1081] Kommen die Steuerpflichtigen ihren erhöhten Mitwirkungspflichten in diesem Verfahren nach, werden sie bevorzugt behandelt.[1082] In Kanada, Spanien und den USA wird ein maschinelles RMS für die Fallauswahl im Bereich der Einkommen- und Körperschaftsteuer eingesetzt.[1083] In Großbritannien, Italien, Litauen, Österreich und Ungarn kommt demgegenüber ein elektronisches RMS zum Zwecke der Fallauswahl für Außenprüfungen zum Einsatz.[1084] Italien hat jedoch zwischenzeitlich seine grundsätzliche Einteilung der Steuerfälle geändert: Statt auf die jeweilige Besteuerungsverfahrensart (z.B. Außenprüfung, einfaches Besteuerungsverfahren) abzustellen, fokussiert sich die italienische Finanzverwaltung nunmehr subjektiv auf den jeweiligen Steuerpflichtigen-Typ (z.B. „große Steuerpflichtige", kleine Unternehmen, mittlere Unternehmen, natürliche Personen etc.).[1085] In Großbritannien findet ein „Risiko-Rating" durch die englische Finanzverwaltung, namentlich durch die „Her Majesty's Revenue and Customs" (HMRC),[1086] für „große Steuerpflichtige" anhand der folgenden sechs Faktoren statt: Komplexität, grenzüberschreitendes Geschäft, Veränderung der Unternehmensstruktur, Tax-Compliance des Steuerpflichtigen, Governance und Steuerstrategie.[1087] Innerhalb der HMRC gibt es eine spezielle Abteilung, die für die Compliance von Steuerpflichtigen zuständig ist. Diese Abteilung trägt den Namen „Risk and

1080 Europäische Kommission (Fn. 1047), S. 83 f.

1081 Vgl. zum horizontal monitoring in den Niederlanden *Ball/Papasikas*, BB 2016, 1495; *Seer*, FR 2012, 1000 (1001 f.); *Meussen*, FR 2011, 114.

1082 *Seer*, FR 2012, 1000 (1002).

1083 *Der Präsident des Bundesrechnungshofes*, Probleme beim Vollzug der Steuergesetze, S. 131.

1084 *Der Präsident des Bundesrechnungshofes*, Probleme beim Vollzug der Steuergesetze, S. 132.

1085 Europäische Kommission (Fn. 1047), S. 101 f.

1086 Das HMRC wurde am 18. April 2005 in Großbritannien gegründet und ist für die Steuereintreibung zuständig.

1087 Zu diesen Faktoren im Einzelnen *Risse*, Tax Compliance und Tax Risk Management, S. 104 ff.

Intelligence Service" (RIS).[1088] In Portugal werden die Steuerpflichtigen in drei Risikogruppen eingeteilt, wobei das steuerlich relevante Vorverhalten in die Risikoanalyse miteinbezogen wird.[1089]

VIII. Grundsatzfragen zum Risikomanagementsystem

Bevor eine Auseinandersetzung mit der konkreten Ausgestaltung des § 88 Abs. 5 AO n.F. erfolgt, sollen noch einige relevante Grundsatzfragen im Zusammenhang mit dem Einsatz von RMS durch die Finanzverwaltung geklärt werden. Dazu gehören die Frage nach der Grundausrichtung eines RMS (unter 1.) sowie die Frage nach der Vereinbarkeit eines RMS mit dem Untersuchungsgrundsatz im Besteuerungsverfahren (unter 2.). Zuletzt muss sich das RMS auch vor den Fundamentalgrundsätzen der Gesetzmäßigkeit und Gleichmäßigkeit der Besteuerung verantworten und mit diesen im Einklang stehen (unter 3.).

1. Grundausrichtung: Theoriegeleitet oder selbstlernend?

a) Ansätze des Chaos Computer Clubs

Im Rahmen der öffentlichen Anhörung des Finanzausschusses zum StModG wurde auch der Chaos Computer Club e.V. (CCC) zum Einsatz eines computergestützten RMS gehört. Dies war durchaus sinnvoll, da mit jedem Einsatz von computergestützten Programmen stets die Gefahr der Manipulation durch Dritte außerhalb des Programms besteht.[1090] Der CCC hat seine Ansichten zum Einsatz eines RMS im Steuervollzug in einer schriftlichen Stellungnahme festgehalten.[1091] In seiner Stellungnahme betont der CCC, dass „systematische Verzerrungseffekte des Systems" ein ganzes Bundesland oder ein gesamtes Steuerjahr betreffen können.[1092] Damit spricht der CCC eine Gefahr an, die automationsgestützten und auf vorformulierten Algorithmen basierenden Systemen immanent ist. Ein Fehler im System hat dabei stets sehr weitreichende Folgen.[1093] Denn Algorithmen sind dazu konzipiert, eine Vielzahl von Fällen zu erfassen. Setzt

1088 S. zum RIS Europäische Kommission (Fn. 1047), S. 108.

1089 *Der Präsident des Bundesrechnungshofes,* Probleme beim Vollzug der Steuergesetze, S. 135.

1090 S. auch *Seer*, DStZ 2016, 605 (606), der ebenfalls die Gefahr von Hackangriffen betont.

1091 Stellungnahme Chaos Computer Club e.V. v. 13.4.2016 (Fn. 663).

1092 Chaos Computer Club e.V. (Fn. 663), S. 3.

1093 Ebenso *Ehrke-Rabel*, FR 2019, 45 (53).

eine Software Algorithmen ein, so hat sie eine hohe Breitenwirkung.[1094] Dies hat der Gesetzgeber jedoch i.R. des StModG bei der Ausformulierung der Mindestanforderungen des RMS im § 88 Abs. 5 Satz 3 AO n.F. beachtet, wenn er im § 88 Abs. 5 Satz 3 Nr. 1 AO n.F. eine Zufallsauswahl vorsieht, im § 88 Abs. 5 Satz 3 Nr. 3 AO n.F. die Entscheidung über eine Sachverhaltsermittlung unabhängig von Algorithmen der Entscheidungsgewalt des einzelnen Finanzbeamten überlässt und im § 88 Abs. 3 Satz 3 Nr. 4 AO eine regelmäßige Überprüfung des RMS auf seine Zielerfüllung anordnet.[1095] Dadurch wird ermöglicht, dass „Fehler im Design“[1096] des RMS schnell erkannt und ausgebessert werden können. Nachdem der CCC in Kürze auf die Grundsätze der Objektivität, Reliabilität und Validität sowie die Anfechtbarkeit, Nachvollziehbarkeit und Transparenz eingeht[1097] und unterstreicht, dass die Ausgestaltung der Entscheidungskriterien des RMS mit der Gesetzmäßigkeit, Gleichmäßigkeit und Verhältnismäßigkeit vereinbar sein muss,[1098] geht der CCC auf die „Architektur“ von RMS ein.[1099] Nach dem CCC kommen zwei Modellierungsansätze für das RMS in Betracht: ein theoriegeleitetes und ein selbstlernendes RMS.

aa) Theoriegeleiteter Ansatz

Bei dem theoriegeleiteten Ansatz werden dem RMS festgelegte Datensätze und bereits bestimmte Datenparameter vorgegeben. Werden die in das RMS eingepflegten Datenparameter überschritten, so führt dies zu einer Aussteuerung des einschlägigen Steuerfalls und einer anschließenden manuellen Prüfung.[1100] Bei einer Unterschreitung schlägt das theoriegeleitete Modell nicht an. Dieser Ansatz verfolgt also eine einfache „In-or-Out“-Prüfung.[1101] Bevor ein solches Modell zum Einsatz gelangen kann, wird es an bestehende Datensätze geprüft und validiert. Dabei werden nicht aussagekräftige Parameter entfernt und Wirkungszusammenhänge (sog. Interaktionseffekte) analysiert.[1102]

1094 *Martini/Nink*, NVwZ 2017, 681 (682).
1095 In diesem Sinne auch *Ehrke-Rabel*, FR 2019, 45 (53).
1096 So *Ehrke-Rabel*, FR 2019, 45 (53).
1097 Chaos Computer Club e.V. (Fn. 663), S. 3 f.
1098 Chaos Computer Club e.V. (Fn. 663), S. 4.
1099 Chaos Computer Club e.V. (Fn. 663), S. 5 f.
1100 Chaos Computer Club e.V. (Fn. 663), S. 5; vgl. insoweit auch *Maier*, JZ 2017, 614 (615).
1101 So *Maier*, JZ 2017, 614 (615).
1102 Chaos Computer Club e.V. (Fn. 663), S. 5.

bb) Selbstlernender Ansatz

Den zweiten Ansatz stellt der selbstlernende Ansatz dar.[1103] Als „selbstlernend" werden dabei Methoden verstanden, die zu einer automatisierten Erstellung von analytischen Modellen fähig sind.[1104] Bei einem selbstlernenden Modell kommen selbstlernende Algorithmen zum Einsatz, welche zum einen sämtliche zur Verfügung stehende Daten in Betracht ziehen und bewerten und zum anderen ihre Zusammenhänge und Wechselwirkungen zueinander untersuchen.[1105] Die Besonderheit eines selbstlernenden Modells besteht darin, dass jedes „neue Wissen" in das Modell einfließt,[1106] die Zusammenhänge und Wechselwirkungen zu dem bereits vorhandenen Wissen von dem selbstlernenden Modell erkannt und bewertet werden und sich dadurch das Modell quasi „von selbst" weiterentwickelt. Bevor ein selbstlernendes Modell eingesetzt wird, durchläuft es eine erste „Trainingsphase", in der mehr Daten bewertet und Wechselwirkungen sowie Zusammenhänge erkannt werden als in einem theoriegeleiteten Modell.[1107] Das Resultat ist eine erhebliche Reduzierung der zu Unrecht ausgesteuerten (Steuer-)Fälle.[1108] Um eine ständige Anpassung und Verbesserung dieses Modells zu gewährleisten, müssen dem Modell ergänzend auch (Steuer-)Fälle unabhängig von den selbstlernenden Algorithmen zugeführt werden.[1109]

b) Eigener Ansatz: Selbstlernendes System

Auch wenn der theoriegeleitete Ansatz eine gewisse Komplexität durch Quantität erreichen kann,[1110] ist dieser Ansatz abzulehnen und dem selbstlernenden Ansatz muss für das RMS der Vorzug gewährt werden. Denn der selbstlernende Ansatz erreicht – im Vergleich zum theoriegeleiteten Ansatz – eine höhere Komplexität und kann eine genauere Vorhersage von risikobehafteten Steuerfällen gewährleisten.[1111] Die höhere Komplexität der konkreten Arbeitsweise des RMS trägt dabei gleichzeitig zur dauerhaften Funktionsfähigkeit durch

1103 Chaos Computer Club e.V. (Fn. 663), S. 5 f.
1104 Chaos Computer Club e.V. (Fn. 663), S. 5.
1105 Chaos Computer Club e.V. (Fn. 663), S. 5.
1106 Chaos Computer Club e.V. (Fn. 663), S. 5.
1107 Chaos Computer Club e.V. (Fn. 663), S. 5.
1108 Sog. „false positives". Wünschenswert ist eine niedrige „false-positive-rate", vgl. Chaos Computer Club e.V. (Fn. 663), S. 5 (dort Fn. 5).
1109 Chaos Computer Club e.V. (Fn. 663), S. 5.
1110 *Maier*, JZ 2017, 614 (615).
1111 Chaos Computer Club e.V. (Fn. 663), S. 5.

Undurchschaubarkeit des RMS bei. Gegen einen solchen hohen Grad an Komplexität kann zwar angeführt werden, dass lediglich einzelne Entscheidungen nachvollzogen werden können, jedoch nicht das Zustandekommen der Entscheidungskriterien, die zu dieser Entscheidung geführt haben.[1112] Gleichwohl können die in diesem „Eigenleben" des RMS entwickelten „falschen" Entscheidungskriterien[1113] bzw. Risikoparameter durch eine effektive und begleitende Überprüfung sowie Evaluierung schnell erkannt und aus dem jeweiligen Algorithmus des RMS eliminiert werden.[1114] Aktuell findet eine Evaluierung des RMS durch die Länder mit sog. Standardauswertungen statt.[1115] Diese Standardauswertungen bestehen aus tabellarisch zusammengefassten Daten aus den Steuererklärungen. Sie sollen darüber Auskunft geben, wie oft und mit welchem steuerlichen Ergebnis die Finanzämter von den Angaben in der Steuererklärung abgewichen sind und welche Risikohinweise der jeweiligen Abweichung zugrunde lagen.[1116] So können auch die korrespondierenden Risikohinweise, die Rückschlüsse auf den jeweiligen Risikoparameter zulassen, genutzt werden, um systemwidrige Entscheidungskriterien zu erkennen. Zudem ist zu beachten, dass in den Risikoparametern das gesamte Erfahrungswissen der Finanzverwaltung fallgruppenspezifisch gebündelt werden soll,[1117] was dazu führt, dass die Gefahr von vom RMS selbstentwickelten „falschen" Entscheidungskriterien bzw. Risikoparametern reduziert wird. Für eine erste „Trainingsphase" dürften auch durch das schon seit vielen Jahren in der Steuervollzugspraxis eingesetzte RMS ausreichende Datensätze bestehen.[1118] Gerade der theoriegeleitete Ansatz ist durch das Abstellen allein auf das Unter- bzw. Überschreiten von bestimmten Wertgrenzen nach einem einfach „In-or-Out"-Schema besonders missbrauchsanfällig. Es wäre ein Leichtes für Steuerberater und Steuerberatungsgesellschaften aufgrund der Vielzahl der bearbeiteten Steuererklärungen ein theoriegeleitetes

1112 Chaos Computer Club e.V. (Fn. 663), S. 6.

1113 Mit falschen Entscheidungskriterien sind hier solche Kriterien gemeint, die gegen die Grundsätze von Gesetzmäßigkeit und Gleichmäßigkeit der Besteuerung verstoßen würden.

1114 So auch schon unter Teil 4, E. VIII. 1. a).

1115 BRH v. 1.12.2014, BT-Drucks. 18/3300, S. 334.

1116 Kritisch, aber auch mit Anerkennung von Fortschritten, BRH v. 1.12.2014, BT-Drucks. 18/3300, S. 334 f.

1117 BT-Drucks. 18/7457, S. 48.

1118 A.A. *Waldhoff*, DStJG 42 (2019), 59 (80); *Maier*, JZ 2017, 614 (615 f.), beide jedoch ohne Begründung der Ablehnung eines selbstlernenden RMS.

RMS „auszuloten".[1119] Mit den besseren Argumenten muss folgerichtig für das RMS nach § 88 Abs. 5 AO n.F. ein selbstlernender Ansatz verfolgt werden.[1120]

2. *Vereinbarkeit des Einsatzes eines Risikomanagementsystems mit dem Untersuchungsgrundsatz*

Die Frage nach der Vereinbarkeit eines von der Finanzverwaltung eingesetzten RMS mit dem Untersuchungsgrundsatz ist essentiell. Diese Frage drängt sich schon wegen der systematischen Einfügung des RMS in der AO auf, da das RMS seinen gesetzlichen Niederschlag im § 88 Abs. 5 AO n.F. und damit in der Vorschrift zum Untersuchungsgrundsatz gefunden hat. Ferner kommt das RMS als Hilfsmittel im Rahmen der Sachverhaltsermittlung nur dann in Betracht, wenn es dem Untersuchungsgrundsatz nicht zuwiderläuft.

a) *Die ständige Kritik des BRH und des LRH NRW*

Der BRH hat des Öfteren den Einsatz des RMS durch die Finanzverwaltung geprüft. Dies ist zu begrüßen, denn die latente Überprüfung – und im besten Fall Verbesserung – des RMS ist für seine dauerhafte Funktionsfähigkeit konstitutiv.[1121] Auch wenn sich der BRH grundsätzlich für ein RMS ausspricht,[1122] fällt seine Bewertung des konkreten Einsatzes von RMS (bisher) stets negativ aus. So kam der BRH im Jahr 2009 zu dem Ergebnis, dass das maschinelle RMS den Untersuchungsgrundsatz bei der Arbeitnehmerveranlagung nur unzureichend beachte. Der BRH hat hierbei in vier Ländern insgesamt elf Finanzämter untersucht und festgestellt, dass unterschiedliche Wertgrenzen und Quoten für

---

1119 Dies erkennt dann auch *Maier*, JZ 2017, 614 (617), an; s. auch *Müller-Franken*, StuW 2018, 113 (119), der zudem auf Häcker-Angriffe und „Leaks" durch Finanzbeamte hinweist.

1120 Ein selbstlernender Ansatz für das RMS wird auch vom Chaos Computer Club (Fn. 663), S. 6, favorisiert. Ganz überwiegend spricht sich auch das Schrifttum für ein selbstlernendes RMS aus, vgl. *Müller-Franken*, StuW 2018, 113 (119 f.); *Seer*, in: FS für den BFH, S. 1717 (1728); *Drüen* im Rahmen des 56. Berliner Steuergesprächs, s. *Richter/Welling*, FR 2015, 1014 (1015); *Seer*, Selbstveranlagung – Wegfall des Amtsermittlungsgrundsatzes?, DWS-Symposium 2014, S. 7 (17); *Münch*, DStR 2013, 212 (215); *Suck*, DStZ 2010, 606 (607); *Seer*, DStR 2008, 1553 (1556); so auch schon *Der Präsident des Bundesrechnungshofs*, Probleme beim Vollzug der Steuergesetze, S. 165, im Jahr 2006; kritisch zum selbstlernenden Ansatz aber *Maier*, JZ 2017, 614 (615 f.).

1121 *Schmidt/Schmitt*, in: FS Spindler, S. 529 (545).

1122 BRH v. 7.12.2009, BT-Drucks. 17/77, S. 177; s. auch *Der Präsident des Bundesrechnungshofes*, Probleme beim Vollzug der Steuergesetze, S. 150, 157, 159 ff.,164 ff.

Stichproben von den Finanzämtern genutzt wurden.[1123] Bei einer Unterschreitung der Wertgrenzen wurden die Steuerfälle ausschließlich maschinell bearbeitet. Dies führe nach dem BRH zu einer nur beschränkten Schlüssigkeitsprüfung, die nicht mit den Anforderungen des Untersuchungsgrundsatzes übereinstimme.[1124] Systematische Lücken sollten zudem durch eine personelle Prüfung geschlossen werden.[1125] Dem muss jedoch bereits entgegengehalten werden, dass eine persönliche Prüfung als Antwort auf Lücken im RMS dem Sinn und Zweck des Einsatzes von RMS zuwiderlaufen würde[1126] und einen falschen Ansatz verfolgt. Der richtige Ansatz auf Lücken im RMS ist vielmehr eine Verbesserung des RMS selbst. Würde man jeden Makel des RMS als Anlass nehmen, eine persönliche Prüfung durch einen Finanzbeamten vorzunehmen, dann käme dies einer Kapitulation vor der digitalen Entwicklung und der Forderung nach einer persönlichen Prüfung jedes Steuerfalls gleich.[1127] Im Jahr 2012 hat sich der BRH erneut zum Einsatz des RMS bei der Arbeitnehmerveranlagung geäußert.[1128] Anhand von Werbungskosten untersuchte der BRH in sieben Finanzämtern das maschinelle RMS.[1129] Der BRH konkludierte, dass der Untersuchungsgrundsatz nach wie vor nicht hinreichend beachtet und folglich verletzt werde.[1130] Bei den in den Steuererklärungen deklarierten Angaben zu den Werbungskosten seien erhebliche Defizite festzustellen. Die Fehlerquote bei den häufigsten Werbungskosten[1131] liegen nach dem BRH zwischen 36% bis 68%.[1132] Der BRH möchte erneut Lücken des RMS durch eine manuelle Prüfung geschlossen wissen.[1133] Hierzu gilt das zuvor Gesagte. Auch der LRH NRW hat sich kritisch zum Einsatz

---

1123 S. hierzu auch *Schmidt/Schmitt*, in: FS Spindler, S. 529 (544 f.). Zu der Sinnhaftigkeit unterschiedlicher Wertgrenzen s. bereits unter Teil 4, E. VI. 2. b).

1124 BRH v. 7.12.2009, BT-Drucks. 17/77, S. 177 f.

1125 BRH v. 7.12.2009, BT-Drucks. 17/77, S. 177.

1126 So auch *Schmidt/Schmitt*, in: FS Spindler, S. 529 (545): „Eine solche Sichtweise aber legt die Axt an die Wurzeln des Risikomanagements [...]".

1127 *Schmidt/Schmitt*, in: FS Spindler, S. 529 (545).

1128 BRH, Bericht nach § 99 BHO v. 17.1.2012, S. 21 ff.

1129 BRH, Bericht nach § 99 BHO v. 17.1.2012, S. 22.

1130 BRH, Bericht nach § 99 BHO v. 17.1.2012, S. 27 ff.

1131 Dies sind nach dem BRH die Fahrtkosten für Fahrten zwischen Wohnung und Arbeitsstätte, Aufwendungen für Arbeitsmittel, Aufwendungen für eine doppelte Haushaltsführung und Verpflegungsmehraufwendungen, vgl. BRH, Bericht nach § 99 BHO v. 17.1.2012, S. 23 f.

1132 BRH, Bericht nach § 99 BHO v. 17.1.2012, S. 29.

1133 BRH, Bericht nach § 99 BHO v. 17.1.2012, S. 28.

eines maschinellen RMS geäußert.[1134] Ein Lichtblick stellt die Einschätzung des Bayerischen Obersten Rechnungshofs dar, der dem bei der Arbeitnehmerveranlagung eingesetzten Risikoparameter bescheinigt hat, dass er die risikobehafteten Steuerfälle zutreffend erkenne und zur manuellen Prüfung aussteuere.[1135]

Jüngst hat sich der BRH zwar nicht kritisch zur Funktionsweise des RMS selbst geäußert. Der BRH hat aber moniert, dass der Bund den verspäteten Einsatz der bundeseinheitlichen Software in den Finanzämtern honoriere.[1136] Der Bund honoriert den Einsatz bundeseinheitlicher Software in den Finanzämtern mit einem jährlichen Zuschuss von EUR 10 Mio., auch wenn der Einsatz verspätet erfolgt.[1137] Ab dem 1. Januar 2019 gilt für den Softwareeinsatz wegen § 5 Abs. 2 Satz 3 KONSENS-G eine gesetzliche Frist von einem Jahr.

b) Risikomanagementsystem ist mit Untersuchungsgrundsatz vereinbar

Der Untersuchungsgrundsatz steht dem Einsatz von RMS nicht entgegen. Aus rein formeller Sicht verbietet der Untersuchungsgrundsatz den Einsatz eines RMS nicht. Der Untersuchungsgrundsatz ist ein negatives Prinzip und gibt als solches nicht vor, mit welchen Mitteln die Finanzbehörden ihrer Ermittlungspflicht nach § 88 Abs. 1 AO n.F. nachkommen müssen.[1138] Der § 88 AO n.F. enthält gerade keinen „numerus clausus" bezüglich der Handlungsmittel für die Finanzbehörden. Problematisch ist indes auch nicht der Einsatz des RMS als solcher, sondern vielmehr die konkrete Arbeits- und Funktionsweise des RMS.[1139] Das RMS soll den Untersuchungsgrundsatz ergänzen, nicht ersetzen.[1140] Damit

---

1134 Landesrechnungshof NRW, Jahresbericht 2014, S. 206 ff.; hierzu ausführlich *Lanwehr*, Faktische Selbstveranlagung und Fehlerkorrektur, S. 297 ff.

1135 S. hierzu *Schmidt*, DStJG 31 (2008), 37 (52).

1136 BRH v. 12.11.2018, BT-Drucks. 19/5500, S. 206 f. Das BMF muss gemäß § 20 Abs. 4 FVG dem Haushalts- und Finanzausschuss jährlich zum 1. März Bericht über den aktuellen Stand und die Fortschritte des Zusammenwirkens von Bund und Ländern nach § 20 Abs. 2 FVG erstatten, vgl. hierzu *Heller/Kniel*, NVwZ 2019, 935 (936 f.).

1137 BRH v. 12.11.2018, BT-Drucks. 19/5500, S. 206.

1138 Zum Untersuchungsgrundsatz als negatives Prinzip s. bereits unter Teil 2, B.

1139 *Spilker*, Behördliche Amtsermittlung, S. 149.

1140 So nunmehr wohl auch der BFH v. 14.1.2020 – VIII R 4/17, BStBl. II 2020, 433 Rz. 25: „Denn ungeachtet des Einsatzes eines Risikomanagementsystems bleibt die Finanzbehörde gemäß § 88 Abs. 1 AO zur Ermittlung des Sachverhalts sowie aller für den Einzelfall bedeutsamen Umstände verpflichtet"; s. ebenso *Braun Binder*, DStZ 2016, 526 (530); *dies.*, NVwZ 2016, 960 (961); *Spilker*, Behördliche Amtsermittlung, S. 149.

dient das RMS als Hilfsmittel[1141] zur Erfüllung des Untersuchungsgrundsatzes und ersetzt die eigentliche Prüfung durch den Finanzbeamten nicht.[1142] Dem RMS kommt lediglich eine Unterstützungsfunktion im Rahmen des Untersuchungsgrundsatzes zu.[1143] Es soll weitere Prüfungen anregen, keine eigenen Prüfungen des konkret kontrollbedürftigen Sachverhalts vornehmen.[1144] Zwar ist die Kritik des BRH und des LRH NRW in Bezug auf die hohen Fehlerquoten berechtigt. Dies darf jedoch nicht dazu führen, dass auf das RMS in Gänze für die Zukunft verzichtet wird. Vielmehr geben der BRH und der LRH NRW der Finanzverwaltung das erforderliche Signal, fortlaufend an der Ausgestaltung des RMS zu arbeiten.[1145] Mittlerweile stimmt aber auch der BRH versöhnliche Töne an, wenn er im Zusammenhang mit der Evaluierung des RMS davon spricht, dass bereits eingeleitete Maßnahmen dazu geeignet sind, „die Weiterentwicklung des RMS in der Steuerverwaltung zu verbessern" und im Kontext des RMS für einen „gleichmäßigeren und gesetzmäßigeren Vollzug der Steuergesetze" sorgen.[1146] Eine Rückkehr „zurück zur 100%-Doktrin",[1147] die es in der Realität des Steuervollzugs nie gegeben hat, wäre ein Schritt in die falsche Richtung mit verfassungswidrigen Folgen für die Finanzverwaltung.[1148] Darüber hinaus ist zu beachten, dass das RMS es der Finanzverwaltung erst ermöglicht, sich auf die tatsächlich kontrollbedürftigen Steuerfälle zu konzentrieren. Die Finanzverwaltung versucht ja gerade mit dem Einsatz eines RMS seinem Auftrag aus § 85 Satz 1 AO ebenso wie aus § 88 Abs. 1 AO n.F. nachzukommen.[1149] Dabei bleibt durch die Anordnung der persönlichen Prüfung der ausgesteuerten Steuerfälle durch einen Amtsträger sowie die Möglichkeit der jederzeitigen Auswahl von Steuerfällen für eine intensivere Prüfung ebenfalls durch einen Amtsträger als Mindestanforderungen des RMS[1150] insbesondere auch die Letztverantwortung

---

1141 So auch *Drüen*, DStJG 42 (2019), 193 (218).

1142 *Seer*, StbJb. 2016/17, 539 (550); *ders.*, DStZ 2016, 605 (609); *ders.*, JBVStB 2016, 55 (65); *Braun Binder*, DStZ 2016, 526 (530); *dies.*, NVwZ 2016, 960 (961); a.A. *Ahrendt*, NJW 2017, 537 (540).

1143 So auch *Spilker*, Behördliche Amtsermittlung, S. 149; vgl. auch *Seer*, JBVStB 2016, 55 (65).

1144 *Spilker*, Behördliche Amtsermittlung, S. 149.

1145 So auch zutreffend *Spilker*, Behördliche Amtsermittlung, S. 149.

1146 BRH v. 1.12.2014, BT-Drucks. 18/3300, S. 335.

1147 *Schmidt/Schmitt*, in: FS Spindler, S. 529 (544).

1148 Zur 100%-Doktrin und seinen Folgen vgl. Teil 3, C. I.

1149 Ähnlich *Suck*, DStZ 2010, 606 (607).

1150 § 88 Abs. 5 Satz 3 Nr. 2 und 3 AO n.F.

der Finanzbehörde gewahrt.[1151] Gerade aufgrund dieser „gesetzlichen Festschreibung der Kontrollmöglichkeit durch einen Amtsträger“[1152] kann nicht von der „Vollautomatisierung des Untersuchungsgrundsatzes“[1153] gesprochen werden.[1154] Das RMS ist das moderne und mittlerweile wegen der Fülle an Steuerfällen auch notwendige Mittel zur Bewältigung dieses Massenverfahrens und steht als solches nicht im Widerspruch zum Untersuchungsgrundsatz.[1155] Dieses Ergebnis macht auch § 24 Abs. 1 Satz 3 VwVfG im allgemeinen Verwaltungsverfahren ausdrücklich deutlich, wonach der Untersuchungsgrundsatz im allgemeinen Verwaltungsverfahren uneingeschränkt auch beim Einsatz von automatischen Einrichtungen gilt.[1156] Das RMS stellt letztlich die strukturelle Verifikationsmaxime auf Ebene des Gesetzes dar.[1157] Die Neufassung des § 88 AO, insbesondere der § 88 Abs. 5 AO n.F., verkörpert insoweit den klassischen Untersuchungsgrundsatz im modernen Gewand.

3. *Vereinbarkeit des Risikomanagementsystems mit Gesetzmäßigkeit und Gleichmäßigkeit – Frage nach dem „ob“*

Auch das RMS muss dem Grunde nach („ob“) mit den Grundsätzen der Gesetzmäßigkeit und Gleichmäßigkeit der Besteuerung übereinstimmen, denn „in der digitalen Welt kann es in der Beachtung des Rechts keinen Rabatt geben gegenüber der analogen Welt“.[1158] Eine „pauschale Absegnung“ des RMS kommt daher richtigerweise nicht in Betracht.[1159] Ausgehend von einem Verständnis des Untersuchungsgrundsatzes als strukturelle Verifikationsmaxime[1160] dient das RMS dazu, die Masse an Steuerfällen quantitativ bewältigen zu können[1161]

1151 *Drüen*, DStJG 42 (2019), 193 (217); *Waldhoff*, DStJG 42 (2019), 59 (78).

1152 So *Drüen*, DStJG 42 (2019), 193 (216).

1153 So lautet der – vor diesem Hintergrund etwas unpräzise – Titel des Beitrags von *Maier*, JZ 2017, 614: „Risikomanagementsysteme – Vollautomatisierung des Untersuchungsgrundsatzes“.

1154 Treffend *Drüen*, DStJG 42 (2019), 193 (213 ff., 216).

1155 *Spilker*, Behördliche Amtsermittlung, S. 150; a.A. wohl *Höreth/Stelzer*, DStZ 2016, 520 (521).

1156 *Siegel*, DVBl. 2017, 24 (27); *Schmitz/Prell*, NVwZ 2016, 1273 (1277). Der § 24 Abs. 1 Satz 3 VwVfG wurde auch (nach Empfehlung des Finanzausschusses) mit dem StModG eingefügt, BGBl. I 2016, 1679 (1708).

1157 *Seer*, StbJb. 2016/17, 539 (543).

1158 So pointiert *Müller-Franken*, StuW 2018, 113 (116).

1159 Vgl. *Thiemann*, StuW 2018, 304 (308).

1160 S. dazu Teil 3, C. I.

1161 *Seer*, JBVStB 2016, 55 (58); *Deckers/Fiethen*, FR 2015, 913 (918).

und ermöglicht so erst eine strukturelle Verifikation im Gesamtvollzug. Das System soll mittlerweile auch schon so ausgereift sein, dass es im Wesentlichen die Fälle aussteuert, bei denen sich eine intensivere Prüfung des Steuerfalls auch „lohnt".[1162] Dadurch sollen die nicht unwesentlich beschränkten Ressourcen der Finanzverwaltung auf die Fälle konzentriert werden, die risikobehaftet sind und einer weiteren Prüfung bedürfen.[1163] Erst durch das RMS ist die Finanzverwaltung demnach in der Lage, ihre Ressourcen effizient einzusetzen. Das RMS ist in der Konsequenz unmittelbarer Ausdruck des Grundsatzes der Wirtschaftlichkeit nach § 88 Abs. 2 Satz 2 AO n.F. und dadurch auch (mittelbar) der Gesetzmäßigkeit der Besteuerung.[1164] Die richtige Frage ist daher nicht (mehr), ob ein automationsgestütztes RMS dem Grundsatz der Gesetzmäßigkeit entspricht, sondern umgekehrt, ob ein automationsgestütztes RMS nicht gerade zur Sicherstellung der Gesetzmäßigkeit im Gesamtvollzug zwingend erforderlich ist.[1165] Ohne ein RMS droht im Massenverfahren die Bearbeitung von (noch) weniger kontrollbedürftigen Fällen.[1166] Das RMS der Finanzverwaltung dient also gerade der Verwirklichung der Gesetz- und Gleichmäßigkeit der Besteuerung im notwendigen Gesamtvollzug innerhalb des Besteuerungsverfahrens als Massenverfahren.[1167] Das elektronische RMS ist letztlich nichts anderes als eine

1162 Vgl. *Günther*, FR 2017, 333 (334).

1163 *Baldauf*, DStR 2016, 833 (834); *Deckers/Fiethen*, FR 2015, 913 (918).

1164 Dies sieht auch *Zaumseil*, NJW 2016, 2769 (2772), so; a.A. wohl FG Düsseldorf v. 16.2.2017 – 14 K 3554/14 E, EFG 2017, 1315 (1318), das scheinbar auf der Grundlage einer Zeugenaussage (Zeuge „L") davon ausgeht, dass eine Einteilung in Risikoklassen unter Einsatz des RMS eine „bewusst billigende Inkaufnahme einer dem Grundsatz der Gesetzmäßigkeit der Besteuerung widersprechenden Steuerfestsetzung" entspreche, die eine Prüfung des Steuerfalls untersage. Dem muss aber zum einen entgegengehalten werden, dass im Streitfall das RMS den Fehler ja gerade erkannt hat und es an der oberflächlichen Bearbeitung durch den Sachbearbeiter und seinem Sachgebietsleiter lag, dass der Fehler nicht korrigiert wurde. Der im Streitfall maßgebliche Steuerfall wurde zur persönlichen Prüfung ausgesteuert. Zudem ist die Aussage, dass eine Einteilung in eine Risikoklasse eine Prüfung des Steuerfalls „untersagt", nichtzutreffend, da die Risikoklasseneinteilung nur den Umfang der konkreten Prüfung bestimmt, der Steuerfall aber tatsächlich durch einen Amtsträger geprüft wird. Zum Grundsatz der Wirtschaftlichkeit als unmittelbare Ausprägung der Gesetzmäßigkeit der Besteuerung vgl. Teil 4, C. V. 1.

1165 *Roth*, SteuK 2016, 78 (79).

1166 *Baldauf*, DStR 2016, 833 (834).

1167 So im Ergebnis auch *Baldauf*, DStR 2016, 833 (834); *Seer*, JBVStB 2016, 55 (58 f.); *Deckers/Fiethen*, FR 2015, 913 (918); *Seer*, StuW 2015, 315 (324).

elektronische Ausprägung der strukturellen Verifikationsmaxime. *Braun Binder* hingegen sieht in dem Einsatz eines RMS durch die Finanzverwaltung die „Verlagerung“ von einer Einzelfallprüfung hin zu einer bloßen „automationsgestützten Risikobeurteilung“.[1168] Zudem sei eine Benachteiligung – und damit ein Verstoß gegen die Gleichmäßigkeit der Besteuerung nach Art. 3 Abs. 1 GG – nach *Braun Binder* darin zu erblicken, dass bei den vollautomatisch besteuerten Steuerpflichtigen im Gegensatz zu den Steuerpflichtigen, die nach einer manuellen Prüfung besteuert werden, die Fürsorgepflichten der Finanzbehörden fehlen.[1169] Diese Ansicht verkennt bereits, dass sich der Steuervollzug auch schon vor der Einfügung des § 88 Abs. 5 AO n.F. am steuerlich signifikanten Risiko[1170] orientiert hat und es nicht zu einer Einzelfallprüfung in jedem Steuerfall kam.[1171] Es wurden vielmehr nur die Steuerfälle einer Einzelfallprüfung unterzogen, die von dem RMS ausgesteuert wurden. Das Idealbild, dass vorher jeder Steuerfall geprüft wurde, war nie Wirklichkeit und kann auch nie Wirklichkeit sein.[1172] Eine Einzelfallprüfung findet nach wie vor statt, jedoch – wirtschaftlichkeitskonform – nur bei risikobehafteten Fällen. Von einer „Verlagerung“ durch das StModG und der Einfügung des § 88 Abs. 5 AO n.F. weg von der Einzelfallprüfung kann daher keine Rede sein. Ferner ist zu unterstreichen, dass aufgrund des RMS jeder Steuerfall grundsätzlich zunächst dasselbe (Risiko-)Raster durchläuft, so dass in der Masse die Gleichmäßigkeit erheblich gesteigert wird.[1173] Das RMS sorgt also für einen gleichmäßigeren Steuervollzug innerhalb eines Gesamtvollzugs. Dies ist nicht zuletzt auch darauf zurückzuführen, dass das RMS den Faktor „menschliches Versagen“ weitestgehend eliminiert.[1174] Insoweit dient das RMS nicht nur dem Interesse der Finanzverwaltung, sondern auch den Interessen der

---

1168 *Braun Binder*, DStZ 2016, 526 (530); *dies.*, NVwZ 2016, 960 (961); zumindest ähnlich auch *Maier*, JZ 2017, 614 (615).

1169 *Braun Binder*, DStZ 2016, 526 (530).

1170 Zum zutreffenden Verständnis vom steuerlich signifikanten Risiko s. unter Teil 4, E. II. 2.

1171 *Ahrendt*, NJW 2017, 537 (539).

1172 *Schmidt*, DStJG 31 (2008), 37 (52).

1173 So auch das BMF im Finanzbericht 2019, S. 59 (abrufbar unter: https://www.bundesfinanzministerium.de/Content/DE/Standardartikel/Themen/Oeffentliche_Finanzen/Wirtschafts_und_Finanzdaten/Finanzberichte/Finanzbericht-2019-anl.pdf?__blob=publicationFile&v=2, zuletzt abgerufen am 12.12.2019); ebenso *Baldauf*, DStR 2016, 833 (834); *Haunhorst*, DStR 2010, 2105; s. auch *Schmidt/Schmitt*, in: FS Spindler, S. 529 (535).

1174 *Martini/Nink*, NVwZ 2017, 681 (682).

Steuerpflichtigen.[1175] Die verfassungsrechtliche Argumentationsbasis für ein RMS in der Finanzverwaltung ist damit keineswegs „schmal",[1176] sondern zur größtmöglichen Erreichung von Gesetz- und Gleichmäßigkeit im Gesamtvollzug fundiert. Abgesehen davon, dass die Erfüllung der Fürsorgepflicht bei der vollautomatischen Besteuerung technisch gar nicht möglich ist,[1177] bedürfen gerade die Steuerpflichtigen, die deklarationsgemäß veranlagt werden und mangels Risikos nicht ausgesteuert werden, keiner Fürsorge. Darüber hinaus hat es der Steuerpflichtige selbst in der Hand, eine Prüfung des Steuerfalls durch einen Amtsträger herbeizuführen, indem er das sog. qualifizierte Freitextfeld gemäß § 150 Abs. 7 Satz 1 AO n.F. nutzt.[1178] Dem Steuerpflichtigen ist es daher ein Leichtes, die (voll-)automatische Bearbeitung zu stoppen und für eine manuelle Überprüfung seines Steuerfalls zu sorgen, um so in den Genuss der Fürsorgepflichten zu kommen.[1179] Den Bedenken von *Braun Binder* ist folglich nicht beizupflichten. Das RMS ist in conclusio nicht nur mit den Grundsätzen von Gesetzmäßigkeit und Gleichmäßigkeit der Besteuerung vereinbar, sondern dient gleichzeitig auch der besseren Verwirklichung dieser Fundamentalgrundsätze im Besteuerungsverfahren als Massenverfahren.

IX. Kritische Auseinandersetzung mit der konkreten Ausgestaltung des § 88 Abs. 5 AO n.F.

1. Stellungnahmen auf dem Weg zum StModG

In den zahlreichen Stellungnahmen zu dem Vorhaben des StModG wurde auch Stellung zu der gesetzlichen Regelung des RMS im § 88 Abs. 5 AO n.F. bezogen. Obwohl die Regelung teilweise sehr stark kritisiert wurde, ist sie seit dem Diskussionsentwurf weitestgehend unverändert geblieben.[1180] Eine wesentliche Änderung des aktuellen § 88 Abs. 5 AO n.F. zum Diskussionsentwurf ist jedoch darin zu erblicken, dass § 88 Abs. 5 Satz 4 AO n.F. nicht mehr ein

---

1175 *Haunhorst*, DStR 2010, 2105.

1176 So etwa *Thiemann*, StuW 2018, 304 (308).

1177 Dies hat auch schon der Diskussionsentwurf zum StModG klargestellt, vgl. DStR-Beihefter 2014, 149 Rz. 69. Die dort noch vorgesehene gesetzliche Klarstellung in einem neuen Satz 3 im § 89 Abs. 1 AO wurde im StModG nicht umgesetzt.

1178 *Baldauf*, DStR 2016, 833 (834 f.), jedoch mit Kritik wegen mangelnder Klarheit des § 150 Abs. 7 n.F. (und § 155 Abs. 4 AO n.F.); *Höreth/Stelzer*, DStZ 2016, 520 (521).

1179 *Schmitz/Prell*, NVwZ 2016, 1273 (1280). Zu den Fürsorgepflichten s. *Spilker*, Behördliche Amtsermittlung, S. 152 ff.

1180 *Braun Binder*, DStZ 2016, 526 (530).

absolutes Veröffentlichungsverbot beinhaltet.[1181] In den Stellungnahmen wurde etwa kritisiert, dass die Einzelheiten des RMS grundsätzlich geheim bleiben sollen. Dadurch werde dem Geheimhaltungsinteresse bereits von Gesetzes wegen ein Vorrang vor den Interessen des Steuerpflichtigen eingeräumt.[1182] Es müsse zumindest eine gerichtliche Kontrolle des RMS und seiner Parameter möglich sein.[1183] Der Gesetzgeber delegiere zu viel an die Exekutive und entziehe sich dadurch seiner parlamentarischen Verantwortung.[1184] Diese Kritikpunkte werden im Folgenden neben weiteren kritischen Aspekten einer genauen Untersuchung unterzogen.

2. *Die Konturenlosigkeit der Mindestanforderungen in § 88 Abs. 5 Satz 3 AO n.F. – Frage nach dem „wie"*

Mit der Beantwortung der Frage nach dem „ob" eines RMS ist noch nichts über die konkrete gesetzliche Ausgestaltung, die Art und Weise des Einsatzes und der Durchführung des RMS – also das „wie" – gesagt. Der Gesetzgeber hat für den Einsatz von RMS durch die Finanzverwaltung insgesamt vier gesetzliche Mindestanforderungen[1185] in den § 88 Abs. 5 Satz 3 Nr. 1 bis 4 AO n.F. formuliert. In

1181 Vgl. Diskussionsentwurf DStR-Beihefter 2014, 149 Rz. 65: „Einzelheiten der Risikomanagementsysteme dürfen nicht veröffentlicht werden". Zum § 88 Abs. 5 Satz 4 AO n.F. ausführlich unter Teil 4, E. IX. 3.

1182 S. Stellungnahmen zum Diskussionsentwurf: Stellungnahme des Instituts der Wirtschaftsprüfer in Deutschland e.V. (Fn. 631), S. 6, 10; der Bundessteuerberaterkammer (Fn. 631), S. 9; des Deutschen Anwaltvereins, S. 9 f. Stellungnahmen zum Referentenentwurf: Stellungnahme der Sechs Spitzenverbände der Kreditwirtschaft (Fn. 633), S. 3; des Bundes deutscher Finanzrichterinnen und Finanzrichter und des Deutschen Richterbundes (Fn. 633), S. 11; des Instituts der Deutschen Wirtschaftsprüfer, S. 4 (Fn. 633); der Wirtschaftsprüferkammer (Fn. 633), S. 3.

1183 Stellungnahmen zum Diskussionsentwurf: Stellungnahme der Wirtschaftsprüferkammer (Fn. 631), S. 5; der Bundessteuerberaterkammer (Fn. 631), S. 9; des Deutschen Steuerberaterverbands e.V. (Fn. 631), S. 25; des Deutschen Richterbundes (Fn. 631), S. 5. Stellungnahmen zum Referentenentwurf: Stellungnahme des Bundes deutscher Finanzrichterinnen und Finanzrichter und des Deutschen Richterbundes (Fn. 633), S. 13; der Bundessteuerberaterkammer (Fn. 633), S. 5; des Deutschen Steuerberaterverbunds e.V. (Fn. 633), S. 11.

1184 Vgl. Stellungnahme des Bundes deutscher Finanzrichterinnen und Finanzrichter und des Deutschen Richterbundes (Fn. 633), S. 13 f.; so auch Prof. Brandt (Fn. 663), S. 8.

1185 S. den Wortlaut des § 88 Abs. 5 Satz 4 AO n.F.: „Das Risikomanagementsystem muss mindestens folgende Anforderungen erfüllen: ..."; vgl. auch BT-Drucks. 18/7457, S. 70.

diesen Mindestanforderungen spiegelt sich die langjährige Diskussion mit den Rechnungshöfen, der Wissenschaft und den Steuerberatern rund um das RMS wieder.[1186] Sie sollen die Einhaltung der Gesetzmäßigkeit und Gleichmäßigkeit der Besteuerung beim Einsatz des RMS sicherstellen.[1187] Die Mindestanforderungen sind die „Verfassung" oder die „Magna Charta" des RMS, an die sich das RMS stets halten muss. Bei der Lektüre der Mindestanforderungen fällt jedoch auf, dass der Gesetzgeber sich zumeist allein auf abstrakt formulierte, ja fast floskelhafte Ausführungen beschränkt hat.[1188] Die Mindestanforderungen sind ganz überwiegend von Konturenlosigkeit geprägt. Selbstverständlich ist eine gesetzliche „Vollregelung" des RMS bis ins letzte Detail nicht notwendig,[1189] was hier auch nicht gefordert wird. Jedoch sollte ein Mindestmaß an Bestimmtheit in den Mindestanforderungen aufgrund ihrer wesentlichen Bedeutung für das RMS nicht unterschritten werden.[1190]

a) Die automationsgestützte Zufallsauswahl, § 88 Abs. 5 Satz 3 Nr. 1 AO n.F.

aa) Die konstitutive Bedeutung der Zufallsauswahl für das Risikomanagementsystem

Die erste Mindestanforderung des RMS im § 88 Abs. 5 Satz 3 Nr. 1 AO n.F. ordnet zugleich die wohl bedeutendste Anforderung an den Einsatz eines automationsgestützten RMS an.[1191] Nach § 88 Abs. 5 Satz 3 Nr. 1 AO n.F. muss das RMS durch eine – ebenfalls automationsgestützte – Zufallsauswahl von Fällen ergänzt werden, die sodann durch einen Amtsträger umfassend geprüft werden. Eine Zufallsauswahl bzw. zufällige Stichproben fanden auch schon vor der gesetzlichen Einfügung des § 88 Abs. 5 AO n.F. statt.[1192] Bei dieser Mindestanforderung an das RMS handelt es sich um eine Anforderung, die unmittelbar dem Grundsatz der Gleichmäßigkeit der Besteuerung entspringt: Der Steuerpflichtige darf

---

1186 Vgl. *Drüen*, DB 2018, 11 (12); *Baldauf*, DStR 2016, 833 (836).

1187 BT-Drucks. 18/7457, S. 70.

1188 Zur „mangelnde[n] Transparenz" bei den Mindestanforderungen nach § 88 Abs. 5 Satz 3 Nr. 1 bis 4 AO n.F. auch *Marx*, Ubg 2016, 358 (361 f.).

1189 So *Drüen*, in: Zukunftsfragen des deutschen Steuerrechts, S. 1 (13 f.).

1190 Die Grenze zur verfassungswidrigen Unbestimmtheit ist aber noch nicht erreicht, a.A. *Marx*, Ubg 2016, 358 (362).

1191 So führt auch *Thiemann*, StuW 2018, 304 (308), zutreffend aus, dass das RMS durch die Zufallsauswahl „abgesichert" werden muss.

1192 *Ahrendt*, NJW 2017, 537 (539); s. auch schon unter Teil 3, C. I. 2.

nicht davon ausgehen, dass sein Fall möglicherweise von vornherein keiner Prüfung unterzogen wird. Vielmehr muss zumindest eine potentielle Prüfung für den Steuerpflichtigen in Aussicht stehen, damit keine rechts- und kontrollfreien Räume bei der Besteuerung durch den Einsatz von RMS im Massenverfahren entstehen.[1193] Die Zufallsauswahl dient folglich der Absicherung der Gleichmäßigkeit, genauer der Rechtsanwendungsgleichheit beim Einsatz des RMS.[1194] Sie ist konstitutiv für den Einsatz eines RMS durch die Finanzverwaltung.[1195]

bb) Die Funktion(en) der Zufallsauswahl

Die automationsgestützte Zufallsauswahl erfüllt gleich zwei Funktionen. Die erste Funktion der Zufallsauswahl besteht darin, eine Prüfung der Steuerfälle unabhängig von den eingestellten Risikoparametern des RMS zu ermöglichen (sog. externe Funktion).[1196] Dadurch soll – deckungsgleich zu den Ausführungen zur Bedeutung der Zufallsauswahl für das RMS – eine gewisse Unsicherheit beim Steuerpflichtigen verbleiben, sodass er jederzeit mit der Prüfung seines Steuerfalls rechnen muss.[1197] Damit dient die Zufallsauswahl der Vermeidung von strukturell kontrollfreien Räumen im Steuervollzug.[1198] Daneben kommt der Zufallsauswahl noch eine weitere Funktion zu. Die zweite Funktion ist die nach innen – gemeint ist innerhalb der Finanzverwaltung – gerichtete Ermöglichung der Evaluierung und Überwachung des RMS (sog. interne Funktion).[1199] Diese Überwachungsfunktion der Zufallsauswahl darf nicht unterschätzt werden. Das RMS muss ständig evaluiert und bei entsprechendem Bedarf auch verbessert werden. Damit das RMS seinen Zweck erfüllen kann und dauerhaft

---

1193 *Drüen*, FR 2011, 101 (106); *Schmidt*, DStJG 31 (2008), 37 (48); *Seer*, StuW 2003, 40 (48).

1194 Vgl. insoweit auch die Koalitionsfraktionen CDU/CSU und SPD während der Gesetzesberatungen, BT-Drucks. 18/8434, S. 99; ebenso *Schmidt/Schmitt*, in: FS Spindler, S. 529 (539).

1195 *Schmidt*, DStJG 31 (2008), 37 (48).

1196 *Thiemann*, StuW 2018, 304 (306); *Seer*, StbJb. 2016/17, 539 (549 f.); *ders.*, DStZ 2016, 605 (609); *ders.*, JBVStB 2016, 55 (64); *ders.*, StuW 2015, 315 (324).

1197 *Seer*, StbJb. 2016/17, 539 (549 f.); *ders.*, DStZ 2016, 605 (609).

1198 *Drüen*, DStJG 42 (2019), 193 (221).

1199 Vgl. *Seer*, DStZ 2016, 605 (609); *ders.*, JBVStB 2016, 55 (64); *ders.*, StuW 2015, 315 (324).

effektiv bleibt, muss es als ein stets lernbedürftiges und selbstlernendes System ausgestaltet sein.[1200]

cc) Die fehlenden Konturen

Die konkrete Formulierung der Gewährleistung einer Zufallsauswahl im § 88 Abs. 5 Satz 3 Nr. 1 AO n.F. ist dem Gesetzgeber jedoch nicht gelungen. Nach § 88 Abs. 5 Satz 3 Nr. 1 AO n.F. muss das RMS gewährleisten, dass eine „hinreichende" Anzahl von Fällen durch Zufallsauswahl ausgesteuert werden. Der § 88 Abs. 5 Satz 3 Nr. 1 AO n.F. lässt dabei aber offen, welche Anzahl von Fällen als „hinreichend" angesehen werden kann (bzw. muss).[1201] Dies ist misslich, kommt der Zufallsauswahl doch eine herausragende Stellung innerhalb der Mindestanforderungen an das RMS zu. Zudem ist – jedenfalls bei einer ersten Lektüre – nicht ohne Weiteres klar, ob die Zufallsauswahl durch das RMS selbst erfolgen soll oder aber manuell durch den jeweiligen Finanzbeamten. Gleichwohl ergibt sich aus der systematischen Zusammenschau mit § 88 Abs. 5 Satz 3 Nr. 3 AO n.F., dass § 88 Abs. 5 Satz 3 Nr. 1 AO n.F. eine durch das RMS selbst zu treffende automationsgestützte Zufallsauswahl meint, da es ansonsten der Mindestanforderung des § 88 Abs. 5 Satz 3 Nr. 3 AO n.F. nicht bedurfte. Insoweit lässt sich zumindest diese fehlende Kontur im § 88 Abs. 5 Satz 3 Nr. 1 AO n.F. durch eine systematische Lesart der Mindestanforderungen ausfüllen.

dd) Vorschlag für die Einfügung einer gesetzlichen Mindest-Zufallsauswahlquote

Um dem § 88 Abs. 5 Satz 3 Nr. 1 AO n.F. weitere Konturen zu verleihen, sollte die Unklarheit, die mit der Verwendung des Begriffs „hinreichend" ausgelöst wird, durch eine gesetzliche Einführung einer Mindest-Zufallsauswahlquote beseitigt werden. Gegen eine gesetzliche Festlegung auf eine bestimmte Mindest-Zufallsauswahlquote spricht zwar, dass eine zahlenmäßige Festlegung im Gesetz auch immer den Druck ausübt, diese zahlenmäßige Vorgabe bzw. Quote in jedem Fall zu erfüllen. Eine gesetzliche Mindest-Zufallsauswahlquote hätte jedoch den Vorteil, dass für jede Finanzbehörde eine bestimmte, gesetzlich festgelegte Quote zu erfüllen wäre, die sie zwar nicht unterschreiten, aber überschreiten darf und dadurch für ein Mindestmaß an bundeseinheitlicher Rechtssicherheit

---

1200 So auch *Drüen* während des 56. Berliner Steuergesprächs, vgl. *Richter/Welling*, FR 2015, 1014 (1015). Vgl. zum selbstlernenden Ansatz auch schon unter Teil 4, E. VIII. 1. a) bb) und b).

1201 *Thiemann*, StuW 2018, 304 (306); wohl auch *Braun Binder*, DStZ 2016, 526 (530).

gesorgt wird. Ferner ist für eine gesetzliche Mindest-Zufallsauswahlquote anzuführen, dass der Steuerpflichtige in seiner Ungewissheit über eine potentielle Prüfung seines Steuerfalls bestärkt wird, was wiederum die Gleichmäßigkeit der Besteuerung fördert. Dem Steuerpflichtigen wird noch klarer vor Augen geführt, dass keiner vor einer Prüfung durch die Finanzbehörde geschützt und nicht allein das RMS entscheidend ist. Überdies führt eine im § 88 Abs. 5 Satz 3 Nr. 1 AO n.F. formulierte Mindest-Zufallsauswahlquote dazu, dass für die Evaluierung des RMS zumindest eine ausrechenbare Anzahl an zufällig durch das RMS ausgewählter Steuerfälle zur Verfügung steht. Eine gesetzliche Mindest-Zufallsauswahlquote hat damit auch eine positive Auswirkung auf die nach § 88 Abs. 5 Satz 3 Nr. 4 AO n.F. vorzunehmende Evaluierung des RMS.[1202] Die Anforderungen an die Höhe der Quote dürfen dabei nicht zu hoch angesetzt werden, um dem Sinn und Zweck des RMS nicht zuwiderzulaufen. Im Gesetzgebungsverfahren zum StModG wurde auch über die Einführung einer gesetzlichen Quote für die Zufallsauswahl diskutiert. So hat etwa die Fraktion DIE LINKE gefordert, eine feste Quote von 25% einzuführen.[1203] Diese Forderung ist angelehnt an die noch weiter gehende Forderung des CCC, der meint, dass der durch Zufall ausgewählte Anteil der Fälle 50% nicht überschreiten, aber 25% auch nicht unterschreiten sollte.[1204] Diese Forderung(en) nach einer festen Quote für die Zufallsauswahl von mindestens 25% geht eindeutig zu weit. Bei ca. 41 Mio. Steuererklärungen pro anno würden dann allein durch die Zufallsauswahl knapp über 10 Mio. Steuererklärungen für eine umfassende Prüfung durch Amtsträger vom RMS ausgesteuert. Der Effizienzgewinn durch den Einsatz von RMS wird durch eine solch hohe Quote rückgängig gemacht. Da der BRH bereits festgestellt hat, dass jedenfalls eine Quote von 2% für die Zufallsauswahl nicht ausreichend sei,[1205] sollte die Quote über 2%, jedoch nicht über 5% liegen. Auch wenn es wohl eher Sache der Empiriker ist, die erforderliche Quote für eine hinreichende Zufallsauswahl zu untersuchen,[1206] erscheint eine Quote von 3%, was bei ca. 41 Mio. jährlichen Steuererklärungen ca. 1,2 Mio.

1202 Vgl. zur Mindestanforderung der Evaluierung des RMS nach § 88 Abs. 5 Satz 3 Nr. 4 AO n.F. sogleich unter d).

1203 BT-Drucks. 18/8434, S. 110.

1204 Chaos Computer Club e.V. (Fn. 663), S. 7.

1205 Der BRH hat Quoten zwischen 1% bis 5% in den Finanzämtern festgestellt bei einer grundsätzlichen Quote von 2% nach dem Verfahrenskonzept für die Finanzämter, vgl. BRH v. 7.12.2009, BT-Drucks. 17/77, S. 177 f.; s. auch BRH, Bericht nach § 99 BHO v. 17.1.2012, S. 27 ff.; zustimmend *Thiemann*, StuW 2018, 304 (308).

1206 So zugestehend *Seer*, DStZ 2016, 605 (609).

Steuererklärungen entsprechen würde, sachgerecht und in Bezug auf die Belastung der Finanzverwaltung hinnehmbar sowie gangbar. Auch die Finanzverwaltung selbst geht derzeit von einer Zufallsauswahlquote von 2% bis 3% aus.[1207]

b) Der Grundsatz der persönlichen Prüfung nach Aussteuerung, § 88 Abs. 5 Satz 3 Nr. 2 AO n.F.

Wie bereits festgestellt wurde, dient das RMS nicht dazu, die konkrete Prüfung eines prüfungsbedürftigen Steuerfalls durch einen Finanzbeamten zu ersetzen.[1208] Es soll die Arbeit der Finanzbeamten durch eine „Vorfilterung" lediglich erleichtern und den Finanzbeamten ergänzen.[1209] Deshalb ordnet auch § 88 Abs. 5 Satz 3 Nr. 2 AO n.F. die persönliche Bearbeitung der vom RMS ausgesteuerten Fälle durch einen Amtsträger an. Der Finanzbeamte wird durch den Einsatz des RMS nicht „entmündigt".[1210] Diese Mindestanforderung dient indes auch als Absicherung des Untersuchungsgrundsatzes bei dem Einsatz eines RMS, indem sie dem Finanzbeamten die Letztentscheidung über die tatsächlich prüfungsbedürftigen Fälle überlässt und damit den Grundsatz der Letztverantwortung der Finanzbehörde aufrechterhält. Der Inhalt dieser Mindestanforderung ist eindeutig und lässt keine klaren Konturen vermissen.

c) Das persönliche „Aussteuerungsrecht" des Finanzbeamten, § 88 Abs. 5 Satz 3 Nr. 3 AO n.F.

aa) Bedeutung und Funktion neben § 88 Abs. 5 Satz 3 Nr. 1 und 2 AO n.F.

Eine weitere Mindestanforderung an das RMS ist nach § 88 Abs. 5 Satz 3 Nr. 3 AO n.F. die Gewährleistung, dass Amtsträger Fälle für eine umfassende Prüfung auswählen können. Durch diese Mindestanforderung wird dem Finanzbeamten das Recht eingeräumt, unabhängig von dem RMS Fälle für eine persönliche Prüfung „auszusteuern". Mit diesem persönlichen „Aussteuerungsrecht" tritt neben der automationsgestützten Zufallsauswahl eine manuelle Zufallsauswahl. Man könnte sich nun durchaus die Frage stellen, welches Ziel diese Mindestanforderung neben § 88 Abs. 5 Satz 3 Nr. 1 und 2 AO n.F. verfolgt.[1211]

1207 Vgl. *Seer*, in: FS für den BFH, S. 1717 (1728, dort Fn. 52).

1208 S. bereits unter Teil 4, E. VIII. 2. b).

1209 Vgl. *Seer*, in: FS für den BFH, S. 1717 (1728).

1210 *Schmidt/Schmitt*, in: FS Spindler, S. 529 (539).

1211 Kritisch zum § 88 Abs. 5 Satz 3 Nr. 3 AO n.F. etwa *Braun Binder*, DStZ 2016, 526 (531).

Denn einer manuellen Zufallsauswahl kommen freilich dieselben Funktionen wie einer automationsgestützten Zufallsauswahl zu.[1212] Außerdem dient die persönliche Aussteuerung, die hier im Gegensatz zur Zufallsauswahl nach § 88 Abs. 5 Satz 3 Nr. 1 AO n.F. völlig unabhängig vom RMS erfolgt, auch zur Wahrung des Untersuchungsgrundsatzes und der Letztverantwortung bei dem Einsatz eines RMS, wie auch schon der § 88 Abs. 5 Satz 3 Nr. 2 AO n.F. Mit § 88 Abs. 5 Satz 3 Nr. 3 AO n.F. bleibt die Verfahrensherrschaft – und damit auch die Letztverantwortung – stets beim Amtsträger, der von seinem Aussteuerungsrecht jederzeit Gebrauch machen kann. Dem § 88 Abs. 5 Satz 3 Nr. 3 AO n.F. kommt aber darüber hinaus noch eine zusätzliche Funktion zu. Sollte das RMS in einem bestimmten Zeitraum aufgrund von Softwareproblemen oder eines großen Hackerangriffs[1213] nicht mehr einsatzfähig sein, muss die Finanzverwaltung in diesem „RMS-Notstand" umfassend von ihrem persönlichen Aussteuerungsrecht aus § 88 Abs. 5 Satz 3 Nr. 3 AO n.F. Gebrauch machen, um eine gesetzmäßige und gleichmäßige Besteuerung jedenfalls ansatzweise zu gewährleisten. Zumindest die Möglichkeit, einen Steuerfall vollständig unabhängig von automationsgestützten Systemen, die allein auf Algorithmen basieren, zur umfassenden Prüfung auszuwählen, sollten die Finanzbehörden haben. Diese Möglichkeit muss bestehen, auch wenn diese Mindestanforderung neben der automationsgestützten Zufallsauswahl in der Regel eine eher untergeordnete Rolle in der Praxis spielen dürfte.[1214] Schließlich ermöglicht der § 88 Abs. 5 Satz 3 Nr. 3 AO n.F. eine Prüfung über die Risikohinweise des RMS hinaus, sofern dazu ein Anlass besteht.[1215] So kann insbesondere das Erfahrungswissen der Finanzbeamten in die Prüfung eines Steuerfalls einfließen.[1216] Dieser Aspekt wird zwar bei einer vollautomatisierten Steuerfestsetzung „obsolet".[1217] Eine vollautomatische Steuerfestsetzung ist de lege lata jedoch nur in den Fällen zulässig, in denen kein Anlass zur persönlichen Prüfung besteht. Wird ein

1212 S. hierzu unter Teil 4, E. IX. 2. a) bb).

1213 Dies ist in der aktuellen Zeitgeschichte nicht unwahrscheinlich, wie der jüngst ausgeführte Hackerangriff in Form einer Schadsoftware auf das Berliner Kammergericht zeigt, vgl. Frankfurter Allgemeinen Zeitung (FAZ) v. 2.10.2019, „Schadsoftware legt Berliner Kammergericht lahm" (abrufbar unter: https://www.faz.net/aktuell/wirtschaft/diginomics/schadsoftware-legt-berliner-kammergericht-lahm-16413935.html, zuletzt abgerufen am 12.12.2019).

1214 *Thiemann*, StuW 2018, 304 (305).

1215 S. unter Teil 4, E. VI. 2. c).

1216 So auch schon *Schmidt/Schmitt*, in: FS Spindler, S. 529 (539).

1217 Nur insoweit ist *Braun Binder*, DStZ 2016, 526 (531), zuzustimmen.

Steuerfall von dem RMS ausgesteuert, besteht ein solcher Anlass und das Erfahrungswissen des Finanzbeamten wird bei der konkreten Prüfung relevant. Es ist jedenfalls nicht ausgeschlossen, dass ein risikoarmer Fall mit einem einzigen Risikohinweis ausgesteuert wird und der Finanzbeamte aufgrund seiner jahrelangen Erfahrung zu dem Entschluss kommt, eine umfassende Prüfung dieses Steuerfalls vorzunehmen.[1218]

bb) Fehlende Konturen?

Auch zum § 88 Abs. 5 Satz 3 Nr. 3 AO n.F. ist zunächst festzuhalten, dass die Formulierungen eher vage als konkret und präzise sind. So sagt der § 88 Abs. 5 Satz 3 Nr. 3 AO n.F. nichts darüber aus, anhand welcher Kriterien oder von wem genau innerhalb der Finanzbehörde[1219] die persönliche Aussteuerung durchzuführen ist.[1220] Dies ist aber ausnahmsweise für diese Mindestanforderung sachgerecht, da sich die Bedeutung des § 88 Abs. 5 Satz 3 Nr. 3 AO n.F. im Wesentlichen darin erschöpft, als Auffangermächtigung für den Fall des Ausfalls des RMS zu dienen. Als Auffangermächtigung sollte der § 88 Abs. 5 Satz 3 Nr. 3 AO n.F. daher möglichst weit gefasst sein. Zu weit geht außerdem die Forderung nach einer sachlichen Begründungspflicht für nach § 88 Abs. 5 Satz 3 Nr. 3 AO n.F. ausgewählte Fälle. Die Ungleichbehandlung der Steuerpflichtigen, die nach § 88 Abs. 5 Satz 3 Nr. 3 AO n.F. für eine umfassende(re) Prüfung von einem Amtsträger ausgewählt werden, ist bereits aus generalpräventiven Zwecken zur Sicherstellung der Gesetzmäßigkeit und Gleichmäßigkeit der Besteuerung im Gesamtvollzug gerechtfertigt.[1221] Mit anderen Worten: Die (notwendige) Ungleichbehandlung des Einzelnen dient der Gleichbehandlung der Allgemeinheit.[1222]

1218 Vgl. insoweit auch *Schmitt*, in: FS Kirchhof, S. 1743 (1752).

1219 So wäre etwa denkbar, dass lediglich der Vorsteher einer Finanzbehörde die Steuerfälle unabhängig vom RMS aussteuert, die dann im Anschluss von den Finanzbeamten geprüft werden. Denkbar (und wahrscheinlicher) ist aber auch eine persönliche Aussteuerung durch den einzelnen Finanzbeamten als Sachbearbeiter. Dazu schweigt der § 88 Abs. 5 Satz 3 Nr. 3 AO n.F. aber.

1220 *Braun Binder*, DStZ 2016, 526 (531).

1221 Im Ergebnis ebenso *Schmidt/Schmitt*, in: FS Spindler, S. 529 (539); *Seer*, DStJG 31 (2008), 7 (17); *Nagel/Waza*, DStZ 2008, 321 (324); *Huber/Seer*, StuW 2007, 355 (359).

1222 S. für einen ähnlichen Gedanken bereits unter Teil 3, B. I.

d) *Der Grundsatz der permanenten Evaluierung gemäß § 88 Abs. 5 Satz 3 Nr. 4 AO n.F.*

aa) *Die konstitutive Bedeutung der Evaluierung für das Risikomanagementsystem*

Die letzte im § 88 Abs. 5 Satz 3 AO n.F. genannte Mindestanforderung schreibt vor, dass das RMS regelmäßig auf ihre Zielerfüllung überprüft werden muss. Der § 88 Abs. 5 Satz 3 Nr. 4 AO n.F. sieht damit eine permanente Evaluierung des RMS vor. Diese Mindestanforderung an das RMS ist von überragender Bedeutung. Das RMS muss ständig überprüft und bei entsprechendem Anlass auch angepasst werden,[1223] damit die Funktionsfähigkeit des RMS gewährleistet werden kann.[1224] Dies gilt schon allein deswegen, weil die Finanzverwaltung im Rahmen des RMS auch vereinzelt mit Wert- bzw. Nichtaufgriffsgrenzen arbeitet, die bei einem auf Dauer wohl nicht auszuschließenden Bekanntwerden wie Pauschbeträge wirken würden. Eine dauerhafte Geheimhaltung der Risikoparameter durch die Finanzverwaltung wird wohl mit hoher Wahrscheinlichkeit nicht gelingen.[1225] Auch aufgrund dieser Möglichkeit der faktischen Kenntniserlangung muss das RMS stets flexibel und „dynamisch" bleiben.[1226] Das RMS darf für die Steuerpflichtigen nicht „ausrechenbar" werden.[1227] Das RMS als (selbst-)lernendes System[1228] bedarf somit einer kontinuierlichen Prüfung auf Funktionsfähigkeit sowie Zuverlässigkeit.

bb) *Die fehlenden Konturen*

Auch die Mindestanforderung im § 88 Abs. 5 Satz 3 Nr. 4 AO n.F. lässt keine klaren Konturen erkennen. Der Wortlaut besagt lediglich ausdrücklich, dass eine „regelmäßige" Überprüfung der RMS auf ihre Zielerfüllung stattfinden muss. In welchen Zeitabständen dies stattfinden soll, sagt § 88 Abs. 5 Satz 3 Nr. 4 AO n.F. aber nicht. Das Wort „regelmäßig" lässt nur darauf schließen, dass nach dem (zutreffenden) Willen des Gesetzgebers nicht eine Einmal-Prüfung ausreicht,

---

1223 *Maier*, JZ 2017, 614 (617); s. auch *Nagel/Waza*, DStZ 2008, 321 (324), wonach eine Anpassung des RMS vor allem auch zur Berücksichtigung neuer Gesetze notwendig ist und die ständige Evaluierung der „Qualitätssicherung" des RMS dient.

1224 *Seer*, DStR 2008, 1553 (1556); so auch der BRH v. 1.12.2014, BT-Drucks. 18/3300, S. 334.

1225 *Braun Binder*, DStZ 2016, 526 (530).

1226 *Roth*, SteuK 2016, 78 (79); *Suck*, DStZ 2010, 606 (607).

1227 *Schmidt/Schmitt*, in: FS Spindler, S. 529 (539).

1228 Insoweit a.A. bei *Drüen*, DStJG 42 (2019), 193 (217).

sondern das RMS permanent zu evaluieren und zu überprüfen ist. Außerdem schweigt das Gesetz zu dieser Mindestanforderung auch darüber, durch wen konkret diese Evaluierung stattfinden soll und wie der Evaluierungsprozess ausgestaltet sein muss.[1229] Auch im § 88 Abs. 5 Satz 3 Nr. 4 AO n.F. kommt die Konturenlosigkeit der Mindestanforderungen an das RMS zum Ausdruck.

cc) Vorschlag für eine gesetzliche Regelung eines Evaluierungsrhythmus und für die Schaffung einer unabhängigen Evaluierungsinstanz

Damit auch die Mindestanforderung im § 88 Abs. 5 Satz 3 Nr. 4 AO n.F. ausreichende Konturen vorweisen kann, sollte ein Evaluierungsrhythmus gesetzlich verankert werden.[1230] Eine Evaluierung des RMS sollte mindestens einmal jährlich stattfinden.[1231] Dieser Jahresrhythmus ermöglicht es, das RMS effektiv auf die Funktionsfähigkeit in Bezug auf einen bereits im Voraus festgelegten Zeitraum zu evaluieren. So könnten beispielsweise im Jahr 2020 die Steuererklärungen aus dem Jahr 2019 für die Einkommensteuer 2018 evaluiert werden. Dies sorgt für Planungssicherheit bei der Finanzverwaltung. Zudem schließt eine gesetzliche Verankerung von „mindestens" einer Evaluierung im Jahr nicht aus, dass weitere Evaluierungen des RMS in diesem Jahr stattfinden können. Des Weiteren sollte das RMS von einer unabhängigen Evaluierungsinstanz[1232] überprüft und auf Verbesserungsbedarf analysiert werden.[1233] Denkbar wäre hierzu die Einberufung eines unabhängigen Kontrollgremiums durch das BMF[1234] für eine bundesweite Evaluierung des RMS. Auch wenn die Evaluierung grundsätzlich den obersten Finanzbehörden der Länder oder des Bundes obliegt, kann das BMF im Bereich der Bundesauftragsverwaltung nach Art. 108 Abs. 3 Satz 1

1229 *Braun Binder*, DStZ 2016, 526 (531); vgl. auch *Marx*, Ubg 2016, 358 (361), der das Fehlen von Zuständigkeitsregeln vermisst.

1230 Im Ergebnis so auch *Roser*, in: Beermann/Gosch, AO/FGO, § 88 AO Rz. 65 (Stand: Juni 2018), wonach konkrete und eindeutige zeitliche Vorgaben für die Evaluierung des RMS „unerlässlich" sind.

1231 So auch der Vorschlag des Chaos Computer Clubs (Fn. 663), S. 7.

1232 *Marx*, Ubg 2016, 358 (363), fordert eine turnusmäßige Prüfung durch eine unabhängige „externe" Instanz, ohne aber konkrete Einzelheiten zur Zusammensetzung der Instanz zu nennen.

1233 Einen ähnlichen Vorschlag hat auch *Thiemann*, StuW 2018, 304 (310), jüngst unterbreitet; s. auch *Braun Binder*, DStZ 2016, 526 (531), die auf die Gerichte verweist.

1234 Wie der BRH zutreffend betont, hat das BMF die Bundesaufsicht über die Gesetzmäßigkeit des Steuervollzugs der Länder auszuüben, s. BRH v. 1.12.2014, BT-Drucks. 18/3300, S. 334.

GG, die immerhin die „Kernsteuern",[1235] also die Einkommen-, Körperschaft- und Umsatzsteuer, umfasst,[1236] die Evaluierung durchführen bzw. durchführen lassen.[1237] Dieses Kontrollgremium sollte dabei nicht nur aus Vertretern der Finanzverwaltung bestehen, sondern sich neben der Finanzverwaltung auch aus Vertretern der Beraterschaft, Vertretern aus dem Bereich der Informationstechnologie sowie – und dieser Punkt ist besonders zu betonen, da diese Zunft im Rahmen des Gesetzgebungsverfahrens vernachlässigt wurde[1238] – aus Vertretern der Steuerrechtswissenschaft zusammensetzen.[1239] Mit einer solchen Zusammensetzung wird ein konstruktiver Dialog im Rahmen der Evaluierung des RMS ermöglicht, was zu einer hohen Evaluierungsqualität beiträgt. Die aktuelle Evaluierung findet durch sog. Standardauswertungen statt.[1240] Der BRH erkennt zwar Fortschritte in diesem Evaluierungsverfahren;[1241] er kritisierte an diesem Evaluierungsverfahren jedoch gleichzeitig auch, dass die vorgesehenen Daten für die Standardauswertung teilweise nur unvollständig und teils auch unrichtig in die Standardauswertung einflossen.[1242] Zusätzlich könne eine bundesweite Evaluierung nach dem BRH (noch) nicht erfolgen, da die Länder zum Teil gar keine oder keine vergleichbaren Daten lieferten.[1243] Das BMF hat daraufhin veranlasst, dass die betroffenen Länder belastbare Daten für eine Evaluierung des RMS zur Verfügung stellen. Außerdem wurden vom BMF Maßnahmen zur Verbesserung der Standardauswertungen auf dem Weg gebracht.[1244] Damit ist nunmehr auch der Weg für eine bundesweite Evaluierung durch ein solches Kontrollgremium geebnet. Damit auch das BMF sich intensiver mit dem RMS und seiner Evaluierung auseinandersetzt,[1245] sollten die Ergebnisse des Kontrollgremiums dem

1235 So *Drüen*, DStJG 42 (2019), 193 (203).

1236 Vgl. *Schmitt*, DStJG 31 (2008), 99 (102 f.).

1237 Vgl. *Seer*, in: Tipke/Kruse, AO/FGO, § 88 AO Rz. 81 (Stand: Januar 2017).

1238 Zu Recht kritisch hierzu *Seer*, DStZ 2016, 605 (606).

1239 Die Mitglieder des Kontrollgremiums müssen sich wegen § 88 Abs. 5 Satz 4 AO n.F. zur Geheimhaltung verpflichten. Dies kann durch eine Verpflichtungserklärung jedes Mitglieds als Voraussetzung der Mitgliedschaft im Kontrollgremium sichergestellt werden.

1240 BRH v. 1.12.2014, BT-Drucks. 18/3300, S. 334 f.; zum Inhalt dieser Standardauswertungen s. bereits unter Teil 4, E. VIII. 1. b).

1241 BRH v. 1.12.2014, BT-Drucks. 18/3300, S. 334.

1242 BRH v. 1.12.2014, BT-Drucks. 18/3300, S. 334.

1243 BRH v. 1.12.2014, BT-Drucks. 18/3300, S. 334.

1244 BRH v. 1.12.2014, BT-Drucks. 18/3300, S. 335.

1245 Eine fehlende Eigeninitiative des BMF hat der BRH zuletzt in Bezug auf das RMS kritisiert, s. BRH v. 1.12.2014, BT-Drucks. 18/3300, S. 334 f.

BMF vorgelegt werden. Darüber hinaus sollte die Arbeit des Kontrollgremiums grundsätzlich von Transparenz geprägt sein. Das bedeutet, dass zumindest die Ergebnisse des Kontrollgremiums in Bezug auf die Funktionsfähigkeit des RMS und seine Empfehlungen zur Verbesserung des RMS publiziert werden sollten.[1246]

e) Zwischenergebnis

Statt für Rechtssicherheit durch klare und konkrete Mindestanforderungen zu sorgen, hat der Gesetzgeber durch unscharfe und unklare Formulierungen Rechtsunsicherheit gestiftet und dadurch die Chance verpasst, das Vertrauen der Allgemeinheit in das RMS zu stärken.[1247] So fehlt jeder Anhaltspunkt dazu, welche Anzahl für die durch Zufallsauswahl ausgesteuerten Fälle nach § 88 Abs. 5 Satz 3 Nr. 3 AO n.F. als „hinreichend" angesehen werden kann. Durch eine gesetzliche Mindest-Zufallsauswahlquote wäre diesbezüglich für Rechtssicherheit gesorgt. Die Konturenlosigkeit setzt sich mit § 88 Abs. 5 Satz 3 Nr. 3 AO n.F. fort und erfasst schließlich auch die letzte Mindestanforderung im § 88 Abs. 5 Satz 3 Nr. 4 AO n.F. Insbesondere bei der permanenten Evaluierung des RMS im § 88 Abs. 5 Satz 3 Nr. 4 AO n.F. besteht Korrekturbedarf. Es fehlen jegliche zeitliche und inhaltliche Anhaltspunkte für die konkrete Durchführung der Evaluierung. Zumindest die Anzahl der pro Jahr mindestens durchzuführenden Evaluierungen sollte gesetzlich festgehalten werden. Ebenso sollte sich im Gesetz die Klarstellung niederschlagen, dass die Evaluierung durch eine unabhängige Evaluierungsinstanz, die sich durch Transparenz auszeichnet, erfolgt. Wie dies aussehen könnte, wurde bereits anhand konkreter Ansätze dargestellt.

3. Die Geheimhaltungsklausel im § 88 Abs. 5 Satz 4 AO n.F. – eine Untersuchung aus nationaler und unionsrechtlicher Sicht

a) Allgemeines zum § 88 Abs. 5 Satz 4 AO n.F.

Besondere Aufmerksamkeit bedarf die Regelung im § 88 Abs. 5 Satz 4 AO n.F., die ihr von der Literatur auch geschenkt wurde.[1248] Danach dürfen Einzelheiten des

---

1246 Ähnlich auch schon *Thiemann*, StuW 2018, 304 (310). Denkbar wäre insoweit eine Veröffentlichung auf der Homepage des BMF, in den jährlichen Finanzberichten oder in den Monatsberichten des BMF.

1247 *Braun Binder*, DStZ 2016, 526 (531).

1248 S. etwa *Drüen*, DB 2018, 11 (12); *Thiemann*, StuW 2018, 304 (305 ff.); *Maier*, JZ 2017, 614 (615 ff.); *Seer*, StbJb. 2016/17, 539 (550); *Braun Binder*, DStZ 2016, 526 (530 ff.);

RMS nicht veröffentlicht werden, soweit durch die Veröffentlichung die Gleichmäßigkeit und Gesetzmäßigkeit der Besteuerung gefährdet werden könnte. Dasselbe gilt für gruppenbezogene Weisungen nach § 88 Abs. 3 Satz 3 AO n.F. Der § 88 Abs. 5 Satz 4 AO n.F. sieht durch die Einleitung des Nebensatzes mit „soweit" keine absolute, sondern eine (nur) eingeschränkte Geheimhaltung der Einzelheiten des RMS vor. Trotz der mitunter erheblichen Kritik an dieser Vorschrift im Vorfeld und während des Gesetzgebungsverfahrens,[1249] ist sie ohne wesentliche Änderungen nach dem Referentenentwurf[1250] vom Gesetzgeber verabschiedet worden. Durch die Anordnung der (eingeschränkten) Geheimhaltung bleibt das RMS zunächst ein Geheimnis der Finanzverwaltung. Der Steuerpflichtige weiß zwar um die Existenz und den Einsatz eines RMS. Die genaue Funktions- und Arbeitsweise, vor allem aber die maßgeblichen Risikoparameter des RMS, die zur Aussteuerung des Steuerfalls mit anschließender persönlicher Prüfung durch einen Finanzbeamten führen, bleiben dem Steuerpflichtigen jedoch verborgen. Durch diesen modus procedendi bleibt die konkrete inhaltliche Ausgestaltung des RMS eine „Geheimwissenschaft" der Finanzverwaltung.[1251] Aus Sicht des Steuerpflichtigen kommt das RMS wegen § 88 Abs. 5 Satz 4 AO n.F. einem trojanischen Pferd gleich, das nach außen der Gesetz- und Gleichmäßigkeit der Besteuerung im Massenverfahren dienen soll, gleichzeitig aber für den Steuerpflichtigen nicht erkennbar ist, was sich im trojanischen Pferd „versteckt". Gerade bei der gesetzlichen Regelung von neuen Instrumenten, die von Seiten des Staates gegenüber dem Bürger zum Einsatz kommen, sollte weitestgehend auf Geheimhaltung verzichtet und akzeptanzfördernde Transparenz an den Tag gelegt werden.[1252] Die folgenden Ausführungen dienen der Klarstellung von Unklarheiten im Zusammenhang mit § 88 Abs. 5 Satz 4 AO n.F. und setzen sich ferner kritisch aus den im Ansatz bereits genannten Gründen mit ebendieser Vorschrift auseinander.

---

dies., NVwZ 2016, 960 (962); *Marx*, Ubg 2016, 358 (361 f.); *Seer*, DStZ 2016, 605 (608); *Zaumseil*, NJW 2016, 2769 (2771 f.).

1249 Vgl. dazu Stellungnahmen zum Diskussionsentwurf: Stellungnahme des Instituts der Wirtschaftsprüfer in Deutschland e.V. v. 2.2.2015 (Fn. 631), S. 4. Stellungnahmen zum Referentenentwurf: Stellungnahme des Bundes deutscher Finanzrichterinnen und Finanzrichter und des Deutschen Richterbundes v. 23.9.2015 (Fn. 633), S. 10 f.; des Deutschen Steuerberaterverbunds e.V. v. 24.9.2015 (Fn. 633), S. 11.

1250 Zum Referentenentwurf bereits Teil 4, A. II.

1251 *Seer*, StbJb. 2016/17, 539 (550); *ders.*, DStZ 2016, 605 (608).

1252 Für eine „Grundtransparenz" zur Förderung der Akzeptanz des finanzbehördlichen Risikoansatzes auch *Drüen*, DStJG 42 (2019), 193 (213).

Der kritischen Auseinandersetzung mit § 88 Abs. 5 Satz 4 AO n.F. sollen jedoch einige wichtige Punkte vorweggenommen werden, die für das allgemeine Verständnis der Vorschrift unabdingbar erscheinen. Dazu dienen zunächst die nachfolgenden Erläuterungen.

aa) Rechtliche Einordnung der Geheimhaltungsklausel

Der § 88 Abs. 5 Satz 4 AO n.F. ordnet eine Geheimhaltung der Einzelheiten des RMS nur an, soweit durch eine Veröffentlichung die Gleichmäßigkeit und Gesetzmäßigkeit der Besteuerung gefährdet werden könnte. Die vom Gesetzgeber im StModG verabschiedete Fassung unterscheidet sich damit erheblich von der noch im § 88 Abs. 5 Satz 4 AO-DiskE vorgesehenen Fassung. Der § 88 Abs. 5 Satz 4 AO-DiskE sah noch die folgende Formulierung vor: „Einzelheiten der Risikomanagementsysteme dürfen nicht veröffentlicht werden".[1253] Nach dem Diskussionsentwurf waren die Einzelheiten des RMS somit ohne Einschränkung geheim zu halten. Auf eine Gefährdung für die Gesetz- und Gleichmäßigkeit der Besteuerung kam es nicht an. Die Geheimhaltungsklausel im Diskussionsentwurf war mithin absolut ausgestaltet. Im Referentenentwurf[1254] wurde sodann – wohl nach der erheblichen Kritik in den Stellungnahmen zum Diskussionsentwurf[1255] – die Einschränkung entsprechend § 88 Abs. 5 Satz 4 AO n.F. eingefügt, dass eine Veröffentlichung nur in den Fällen nicht erfolgen darf, soweit dadurch die Gleichmäßigkeit und Gesetzmäßigkeit der Besteuerung gefährdet werden könnte. Eine „strikte" Geheimhaltung sieht der § 88 Abs. 5 Satz 4 AO n.F. gerade nicht vor.[1256] *Seer* erblickt darin einen „konditionierten Geheimnisvorbehalt".[1257] Demgegenüber bezeichnet *Roser* die Regelung im § 88 Abs. 5 Satz 4 AO n.F. als „bedingtes Veröffentlichungsverbot".[1258] Nach *Drüen* sei im § 88 Abs. 5 Satz 4 AO n.F. ein „beschränkt-funktionales Publikationsverbot"

1253 DStR-Beihefter 2014, 149 Rz. 65.

1254 S. Fn. 632.

1255 S. etwa die Stellungnahme der Wirtschaftsprüferkammer v. 3.2.2015 (Fn. 631), S. 4 f.; des Instituts der Wirtschaftsprüfer in Deutschland e.V. v. 2.2.2015 (Fn. 631), S. 4; der Bundessteuerberaterkammer v. 30.1.2015 (Fn. 631), S. 9; des Deutschen Steuerberaterverbands e.V. v. 10.2.2015 (Fn. 631), S. 25; des Deutschen Richterbundes v. 28.1.2015 (Fn. 631), S. 5; des Deutschen Anwaltvereins v. 31.1.2015 (Fn. 631), S. 9 f.

1256 So aber *Maier*, JZ 2017, 614 (615).

1257 *Seer*, in: FS für den BFH, S. 1717 (1728); *ders.*, StbJb. 2016/17, 539 (550); *ders.*, DStZ 2016, 605 (608); *ders.*, StuW 2015, 315 (324).

1258 *Roser*, in: Beermann/Gosch, AO/FGO, § 88 AO Rz. 66 ff. (Stand: Juni 2018).

zu sehen.[1259] Schließlich spricht *Volquardsen* undifferenziert allein von einem „Veröffentlichungsverbot".[1260] Auch wenn aufgrund der bereits bestehenden Bezeichnungsvielfalt für § 88 Abs. 5 Satz 4 AO n.F. kein Bedürfnis nach einer weiteren Bezeichnung besteht, erscheint die Beschreibung des § 88 Abs. 5 Satz 4 AO n.F. als „eingeschränktes Veröffentlichungsverbot" in Anlehnung an den Wortlaut des § 88 Abs. 5 Satz 4 AO n.F.[1261] am treffsichersten.

bb) Sinn und Zweck des § 88 Abs. 5 Satz 4 AO n.F.

Der Telos von § 88 Abs. 5 Satz 4 AO n.F. besteht darin, zur Sicherstellung von Gleichmäßigkeit und Gesetzmäßigkeit der Besteuerung zu verhindern, dass die Steuerpflichtigen die Risikoparameter bewusst umgehen, um sich dadurch einer umfassenderen Prüfung durch einen Amtsträger zu entziehen. Die Steuerpflichtigen sollen ihr Deklarationsverhalten nicht an den Risikoparametern des RMS ausrichten.[1262] Dieser Gedanke leuchtet grundsätzlich ein,[1263] möchte man ein dauerhaft funktionsfähiges RMS – selbst bei einer Ausgestaltung als selbstlernendes System, das ständig evaluiert und angepasst wird – gewährleisten. Mit Blick auf die Akzeptanz des RMS durch die Steuerpflichtigen ist eine – wenngleich auch nur eingeschränkte – Geheimhaltung in Bezug auf alle „Einzelheiten"[1264] des RMS jedoch kontraproduktiv.[1265] Es kommt entscheidend darauf an, ob dieser Sinn und Zweck des § 88 Abs. 5 Satz 4 AO n.F. eine so weitreichende Geheimhaltung der konkreten Einzelheiten des RMS tatsächlich rechtfertigt oder ob dem nicht nationale verfassungsrechtliche Gesichtspunkte sowie unionsrechtliche Aspekte entgegenstehen,[1266] die zumindest eine teilweise Offenlegung im Gesetz

---

1259 *Drüen*, DStJG 42 (2019), 193 (212).

1260 *Volquardsen*, in: Schwarz/Pahlke, AO/FGO, § 88 AO Rz. 5x (Stand: März 2017).

1261 Nach § 88 Abs. 5 Satz 4 AO n.F. dürfen Einzelheiten des RMS „nicht veröffentlicht" (= Veröffentlichungsverbot) werden, „soweit" (= eingeschränkt) Gesetzmäßigkeit und Gleichmäßigkeit gefährdet werden könnten.

1262 So auch die Begründung des Gesetzgebers, vgl. BT-Drucks. 18/7457, S. 70; vgl. auch *Thiemann*, StuW 2018, 304 (305); *Drüen*, DB 2018, 11 (12); *Baum*, NWB 2016, 2636 (2642); *Braun Binder*, DStZ 2016, 526 (531); *Höreth/Stelzer*, DStZ 2016, 520 (521); *Trossen*, FR 2015, 1021 (1023).

1263 Dies sehen auch *Ehrke-Rabel*, FR 2019, 45 (53); *Seer*, JBVStB 2016, 55 (65); *Braun Binder*, DStZ 2016, 526 (531); *Zaumseil*, NJW 2016, 2769 (2772), grundsätzlich so.

1264 Dazu sogleich unter dem nächsten Gliederungspunkt.

1265 *Seer*, StbJb. 2016/17, 539 (550); *Zaumseil*, NJW 2016, 2769 (2772).

1266 Zu dieser Frage s. umfassend ab Teil 4, E. IX. 3. e).

gebieten.[1267]

cc) „Einzelheiten" i.S. des § 88 Abs. 5 Satz 4 AO n.F.

Es ist nicht ganz klar, welche Bereiche des RMS von dem eingeschränkten Veröffentlichungsverbot umfasst sind. Der § 88 Abs. 5 Satz 4 AO n.F. enthält lediglich die vage Aussage, dass „Einzelheiten der Risikomanagementsysteme" nicht veröffentlicht werden dürfen.[1268] Was genau unter diesen „Einzelheiten" des RMS zu verstehen ist, lässt der § 88 Abs. 5 Satz 4 AO n.F. offen. Mit „Einzelheiten der Risikomanagementsysteme" dürften nach einer am Wortlaut orientierten Auslegung jegliche Informationen zum RMS gemeint sein,[1269] die nicht bereits von Gesetzes wegen klargestellt oder auf anderem Wege von Seiten des Staates der Öffentlichkeit zugänglich gemacht wurden. So muss (und kann) beispielsweise nicht mehr geheim gehalten werden, dass das RMS eine automationsgestützte Zufallsauswahl vorsieht (§ 88 Abs. 5 Satz 3 Nr. 1 AO n.F.) und die Finanzbeamten unabhängig von dem RMS auch eigenständig Steuerfälle für eine intensivere Prüfung auswählen dürfen (§ 88 Abs. 5 Satz 3 Nr. 3 AO n.F.). Über § 88 Abs. 5 AO n.F. hinausgehende Informationen, die Rückschlüsse auf die konkrete Arbeitsweise des automationsgestützten RMS und seine konkrete Ausgestaltung zulassen, gehören demzufolge zu den „Einzelheiten der Risikomanagementsysteme", die nach § 88 Abs. 5 Satz 4 AO n.F. nicht veröffentlicht werden dürfen, soweit die Gleichmäßigkeit und Gesetzmäßigkeit der Besteuerung gefährdet werden könnte. Diese Inhaltsbestimmung zu dem Begriff der „Einzelheiten" im § 88 Abs. 5 Satz 4 AO n.F. wird zudem durch eine systematische Auslegung von § 88 Abs. 5 Satz 4 AO n.F. zum § 32a Abs. 2 Nr. 2 AO gestützt. Nach § 32a Abs. 1 Nr. 1 AO ist die Informationspflicht der Finanzbehörde gemäß Art. 13 Abs. 3 der europäischen Datenschutz-Grundverordnung[1270] über die Ausnahmen im Art. 13 Abs. 4 der Datenschutz-Grundverordnung hinaus für den Fall ausgeschlossen, dass die Erteilung der Information die ordnungsgemäße Erfüllung der in der Zuständigkeit der Finanzbehörden liegenden Aufgaben nach Art. 23 lit. d) bis h) der Datenschutz-Grundverordnung gefährden würde und die Interessen

---

1267 Für eine teilweise Offenlegung beim Einsatz eines selbstlernenden Systems etwa *Braun Binder*, DStZ 2016, 526 (533).

1268 Dies erkennt auch *Braun Binder*, DStZ 2016, 526 (533).

1269 § 88 Abs. 5 Satz 4 AO n.F. spricht allumfassend von „Einzelheiten" des RMS, nicht von „bestimmten" oder „besonderen" Einzelheiten des RMS.

1270 S. zur europäischen Datenschutz-Grundverordnung ausführlich unter Teil 4, E. IX. 3. e).

der Finanzbehörde an der Nichterteilung der Information die Interessen der betroffenen Person überwiegen. In welchen Fällen eine Gefährdung der Erfüllung der Aufgaben der Finanzbehörden i.S. des § 32a Abs. 1 Nr. 1 AO anzunehmen ist, konkretisiert der § 32a Abs. 2 AO, jedoch nicht abschließend.[1271] Nach § 32a Abs. 2 Nr. 2 AO ist eine solche Gefährdung auch dann anzunehmen, wenn die Erteilung der jeweiligen Information „Rückschlüsse auf die Ausgestaltung automationsgestützter Risikomanagementsysteme" zulässt.

Zu diesen „Einzelheiten" gehören in jedem Fall die dem RMS zugrundeliegenden Algorithmen zur Beurteilung eines steuerlich signifikanten Risikos. Darüber hinaus gehören zu den Einzelheiten des RMS auch die von der Finanzverwaltung entwickelten Risikoparameter, die zur Aussteuerung des Steuerfalls führen sollen. Dadurch ist für den Steuerpflichtigen nicht erkennbar, auf welche Sphären des Steuerpflichtigen das RMS für seine Risikoprognose durchgreift. Dem Steuerpflichtigen bleibt dadurch vor allem verborgen, ob bereits das RMS selbst auch einen subjektiven Risikoparameter, der das steuerliche Vorverhalten des Steuerpflichtigen abbildet, für seine Risikoprognose heranzieht, oder ob dies nach wie vor allein durch den jeweiligen Finanzbeamten und erst durch das elektronische Datenblatt im Rahmen des Compliance-Faktors berücksichtigt werden kann.[1272] Des Weiteren schweigt die Finanzverwaltung über die generelle Arbeits- und Funktionsweise des RMS, die auch im § 88 Abs. 5 AO n.F. nicht näher erläutert wird, sodass auch diese Angaben zu den „Einzelheiten" i.S. des § 88 Abs. 5 Satz 4 AO n.F. zählen. Die Bestimmung dieser „Einzelheiten der Risikomanagementsysteme" legt § 88 Abs. 5 Satz 5 AO n.F. für den Bereich der Bundesauftragsverwaltung vollständig in den Wirkbereich der Exekutive.[1273]

dd) Abstrakte oder konkrete „Gefahr" für Gesetzmäßigkeit und Gleichmäßigkeit der Besteuerung?

Der § 88 Abs. 5 Satz 4 AO n.F. ordnet ein eingeschränktes Veröffentlichungsverbot an, wenn er die Veröffentlichung der Einzelheiten des RMS nur verbietet, soweit dies die Gleichmäßigkeit und Gesetzmäßigkeit der Besteuerung gefährden könnte. Der Wortlaut der Vorschrift legt nahe, dass eine Gefahr kumulativ für beide Fundamentalgrundsätze der Besteuerung vorliegen muss, da eine Gefahr für Gleichmäßigkeit *und* Gesetzmäßigkeit der Besteuerung im § 88

1271 Der § 32a Abs. 2 AO leitet die Aufzählung mit dem für eine nicht abschließende Aufzählung charakteristischen Begriff „insbesondere" ein.

1272 Zum Compliance-Faktor vgl. bereits unter Teil 4, E. VI. 3.

1273 Vgl. zum § 88 Abs. 5 Satz 5 AO n.F. unter Teil 4, E. IX. 4.

Abs. 5 Satz 4 AO n.F. vorgesehen ist. Insoweit ist dem Gesetzgeber eine unpräzise Formulierung vorzuwerfen, denn es dürfte bereits die Gefahr für eines der Fundamentalgrundsätze der Besteuerung ausreichen, um ein Veröffentlichungsverbot für Einzelheiten des RMS zu rechtfertigen. Gleichwohl lässt sich dem § 88 Abs. 5 Satz 4 AO n.F. nicht unmittelbar entnehmen, welche konkreten Anforderungen an die Gefahr als solche zu stellen sind.

aaa) Allgemeines zu den Gefahrbegriffen der abstrakten und konkreten Gefahr

Der Gefahrenbegriff ist im öffentlichen Recht herkömmlich im Gefahrenabwehrrecht von zentraler Bedeutung. So enthalten die Generalklauseln[1274] des Polizei- und des Ordnungsrechts (in NRW) etwa in § 8 Abs. 1 PolG NRW und § 14 Abs. 1 OBG NRW eine Legaldefinition der „Gefahr".[1275] Danach dürfen die Polizei bzw. die Ordnungsbehörden Maßnahmen ergreifen, wenn im einzelnen Falle eine Gefahr für die öffentliche Sicherheit und Ordnung besteht. Die Generalklauseln setzen eine konkrete Gefahr im Einzelfall voraus, was § 8 Abs. 1 PolG NRW sogar – im Gegensatz zum § 14 Abs. 1 OBG NRW – ausdrücklich im Gesetzeswortlaut erwähnt.[1276] Eine konkrete Gefahr ist im Gefahrenabwehrrecht anzunehmen, wenn eine Sachlage, ein Zustand oder ein Verhalten aus ex-ante-Sicht bei ungehindertem Ablauf des objektiv zu erwartenden Geschehens mit hinreichender Wahrscheinlichkeit und in absehbarer Zukunft den Eintritt eines Schadens zur Folge hat.[1277] Die konkrete Gefahr knüpft an den konkreten Einzelfall an.[1278] Demgegenüber liegt eine abstrakte Gefahr vor, wenn ein statistisch signifikant erhöhtes Risiko für den Schadenseintritt in einer großen Zahl von Fällen besteht, nicht hingegen im konkreten Einzelfall.[1279] Bei der abstrakten

---

1274 Auch die Spezial- und Standardbefugnisse setzen allesamt eine Gefahr voraus, vgl. *Schoch*, Jura 2003, 472; *ders.*, Jura 2003, 177 (178).

1275 *Wolffgang/Hendricks/Merz*, Polizei- und Ordnungsrecht in NRW, Rz. 52, zur „Gefahr" als zentralen Aspekt der Generalklauseln.

1276 *Gusy*, Polizei- und Ordnungsrecht, Rz. 117, 125; *Wolffgang/Hendricks/Merz*, Polizei- und Ordnungsrecht in NRW, Rz. 77, 233.

1277 BVerwG v. 26.2.1974 – I C 31.72, BVerwGE 45, 51 (57); OVG NRW v. 6.11.1989 – 12 A 2684/87, NWVBl. 1990, 159; *Brandt/Smeddinck*, Jura 1994, 225 (227); vgl. auch *Wolffgang/Hendricks/Merz*, Polizei- und Ordnungsrecht in NRW, Rz. 77.

1278 *Schoch*, Jura 2003, 472; *Brandt/Smeddinck*, Jura 1994, 225 (228); *Gusy*, Polizei- und Ordnungsrecht, Rz. 117; kritisch zum Einzelfall als Abgrenzungskriterium zur abstrakten Gefahr *Walker*, Abstrakte und konkrete Gefahr, S. 123 ff., 207.

1279 *Schoch*, Jura 2003, 472 f.; *Brandt/Smeddinck*, Jura 1994, 225 (228); *Gusy*, Polizei- und Ordnungsrecht, Rz. 117, 125.

Gefahr geht es also darum, dass eine Gefahr generell in bestimmten Sachverhalten auftreten kann. Es geht hierbei allein um die hypothetische Möglichkeit einer konkreten Gefahr in typischerweise gefährlichen Sachverhalten.[1280] Die abstrakte Gefahr löst sich damit vom konkreten Einzelfall und nimmt eine generelle Betrachtung vor.

bbb) Übertragung auf die „Gefahr" im § 88 Abs. 5 Satz 4 AO n.F.

Überträgt man diese Grundsätze aus dem Gefahrenabwehrrecht auf die „Gefahr" für die Gleichmäßigkeit und Gesetzmäßigkeit der Besteuerung in § 88 Abs. 5 Satz 4 AO n.F., so kommen grundsätzlich zunächst beide Gefahrenarten in Betracht. Der § 88 Abs. 5 Satz 4 AO n.F. legt sich nicht auf eine bestimmte Gefahrenart fest. So wäre denkbar, eine abstrakte Gefahr für die Fundamentalgrundsätze der Besteuerung zu verlangen, damit die Einzelheiten des RMS nicht veröffentlicht werden dürfen. Das würde bedeuten, dass die Finanzverwaltung nicht eine Gefahr für jeden konkreten Einzelfall darlegen müsste, sondern die Darlegung einer generellen Gefahr, die bei der Veröffentlichung der jeweiligen Einzelheit des RMS typischerweise anzunehmen wäre, ausreichen würde. Genauso denkbar ist die Forderung nach einer konkreten Gefahr für die Fundamentalgrundsätze der Besteuerung. Dies hätte zur Folge, dass die Finanzverwaltung im konkreten Einzelfall belegen bzw. begründen müsste, dass eine Gefahr für die Gleichmäßigkeit und Gesetzmäßigkeit der Besteuerung mit hinreichender Wahrscheinlichkeit durch die Veröffentlichung im konkreten Einzelfall besteht.

Für das Ausreichen einer abstrakten Gefahr im § 88 Abs. 5 Satz 4 AO n.F. lässt sich zunächst der Wortlaut anführen. Danach reicht es aus, dass eine Veröffentlichung die Fundamentalgrundsätze der Besteuerung „gefährden könnte"; es ist nach dem Wortlaut des § 88 Abs. 5 Satz 4 AO n.F. also nicht erforderlich, dass die Veröffentlichung die Fundamentalgrundsätze „gefährdet". Zudem wird wohl auch die Finanzverwaltung die weite Formulierung im § 88 Abs. 5 Satz 4 AO n.F. extensiv statt restriktiv auslegen und eine abstrakte Gefahr ausreichen lassen bzw. die Einschränkung im § 88 Abs. 5 Satz 4 AO n.F. schlichtweg überlesen.[1281] Dies gilt umso mehr vor dem Hintergrund von Sinn und Zweck der Vorschrift: Die

---

1280 Vgl. BVerwG v. 12.7.1973 – I C 23.72, DVBl. 1973, 857 (859); *Wolffgang/Hendricks/Merz*, Polizei- und Ordnungsrecht in NRW, Rz. 235.

1281 Auch *Seer*, DStZ 2016, 605 (608), merkt richtigerweise an, dass die Finanzverwaltung trotz des nur eingeschränkten Veröffentlichungsverbots großzügig von § 88 Abs. 5 Satz 4 AO n.F. Gebrauch machen wird.

Finanzverwaltung wird mit allen ihr zur Verfügung stehenden Mitteln versuchen, die Einzelheiten des RMS geheim zu halten, damit die Steuerpflichtigen ihr Erklärungsverhalten nicht an das RMS ausrichten. Dem ist jedoch entgegenzuhalten, dass das Abstellen (nur) auf eine abstrakte Gefahr die Interessen des Steuerpflichtigen an einer möglichst transparenten und modernen Finanzverwaltung nicht in ausreichendem Maße berücksichtigt. Der Steuerpflichtige, der um ein steuerrechtstreues Verhalten bemüht ist,[1282] hat grundsätzlich ein berechtigtes Interesse daran, zu erfahren, wie die Finanzverwaltung bestimmte Sachverhalte bewertet und wie sie vorgeht.[1283] Das RMS ist für den Steuerpflichtigen jedoch eine „black box".[1284] Der Steuerpflichtige weiß nichts über den Inhalt des RMS. Wenn man eine abstrakte Gefahr für § 88 Abs. 5 Satz 4 AO n.F. ausreichen lassen würde, dann wäre es für die Finanzverwaltung ein Leichtes, ohne großen Begründungszwang zur Rechtfertigung der Geheimhaltung auf eine generelle Gefahr für die Fundamentalgrundsätze der Besteuerung zu verweisen, ohne sich mit dem konkreten Einzelfall befassen zu müssen. Möchte die Finanzverwaltung den konkreten Inhalt des RMS geheim halten, muss sie aber zumindest im konkreten Einzelfall begründen, worin konkret die Gefahr im Einzelfall für die Gleichmäßigkeit und Gesetzmäßigkeit der Besteuerung durch eine Veröffentlichung besteht. Dies ist schon allein aus dem Grund zu fordern, dass bei dem Steuerpflichtigen nicht der Eindruck der Willkür in Bezug auf die Veröffentlichungspraxis der Finanzverwaltung entstehen soll.[1285] Des Weiteren kommt dem Erfordernis einer konkreten Gefahr für § 88 Abs. 5 Satz 4 AO n.F. eine nicht unerhebliche Kontroll- und Legitimationsfunktion für den Einsatz des RMS und seiner weitgehenden Geheimhaltung durch die Finanzverwaltung zu. Begründet die Finanzbehörde in dem jeweiligen Einzelfall konkret, worin die Gefahr bei einer Veröffentlichung der Einzelheiten des RMS besteht, wird sie dazu gezwungen, ihre Intransparenz gegenüber dem Steuerpflichtigen zu rechtfertigen. Kommt sie dem im adäquaten Maße im jeweiligen Einzelfall nach, kann dies auch die Akzeptanz des Steuerpflichtigen in Bezug auf das RMS im Allgemeinen und in Bezug auf das eingeschränkte Veröffentlichungsverbot

---

1282 In einem demokratischen Rechtsstaat ist grundsätzlich von einem steuermündigen Bürger auszugehen, s. hierzu bereits unter Teil 3, C. II. 3. c).

1283 VG Berlin v. 13.10.2016 – 2 K 507.15, juris, Rz. 21.

1284 *Maier*, JZ 2017, 614 (615). *Klar*, BB 2019, 2243, markiert ganz allgemein jedes algorithmenbasiertes System als „Blackbox".

1285 *Zaumseil*, NJW 2016, 2769 (2771); für den Finanzprozess s. *Trossen*, FR 2015, 1021 (1023).

im Besonderen steigern. Eine kooperative statt konfrontative Finanzverwaltung ist grundsätzlich transparent; ist sie es nicht, so muss sie dies zumindest mit Blick auf den konkreten Einzelfall gegenüber dem Steuerpflichtigen begründen. Die Finanzverwaltung trifft insoweit dieselben Anforderungen, die sie bei der Begründung des Ausschlusses eines Informationsanspruchs nach § 3 Nr. 1 lit. d) IFG erfüllen muss.[1286] Der Anspruch auf Informationszugang gegen Bundesbehörden (§ 1 Abs. 1 IFG)[1287] nach dem IFG in Bezug auf die Einzelheiten des RMS ist ausgeschlossen, soweit die Information nachteilige Auswirkungen auf die Kontroll- oder Aufsichtsaufgaben der Finanzbehörden hätte,[1288] was anzunehmen ist, soweit die Erteilung der Information die Gleichmäßigkeit und Gesetzmäßigkeit der Besteuerung gefährden könnte. Dabei reicht es gerade nicht aus, dass die jeweilige Bundesbehörde – dies wird i.d. Regel das BMF sein, mit dessen Einvernehmen die Einzelheiten des RMS für den Bereich der Bundesauftragsverwaltung festgelegt werden nach § 88 Abs. 5 Satz 5 AO n.F. – pauschal und allgemein darauf verweist, dass bei Erteilung der Informationen nachteilige Auswirkungen auf die Kontroll- und Aufsichtsaufgaben der Finanzbehörden zu befürchten sind. Vielmehr muss die Behörde plausibel darlegen, dass mit nachteiligen Auswirkungen mit einer hinreichenden Wahrscheinlichkeit im konkreten Einzelfall zu rechnen ist.[1289] Das IFG kennt – bis auf § 3 Nr. 8 IFG – keine Bereichsausnahmen, sodass stets eine Einzelfallprüfung notwendig ist.[1290] Nichts anderes kann für § 88 Abs. 5 Satz 4 AO n.F. gelten. Dementsprechend ist eine konkrete Gefahr für die Gleichmäßigkeit und Gesetzmäßigkeit der Besteuerung i.R. des § 88 Abs. 5 Satz 4 AO n.F. zu fordern, die den konkreten Einzelfall in den Blick nimmt.[1291] Die Darlegungslast für eine konkrete Gefahr

---

1286 Vgl. hierzu VG Berlin v. 13.10.2016 – 2 K 507.15, juris, zum Anspruch auf Informationszugang zu einem Erlass des BMF, der Indikatoren für eine intensive Prüfung eines Steuerfalls beinhaltet.

1287 Der Anspruch auf Informationszugang nach dem IFG des Bundes kann nicht gegenüber Finanzbehörden der Länder geltend gemacht werden, auch wenn diese bestimmte Steuerarten, z.B. die Einkommensteuer, im Auftrag des Bundes verwalten und das Steueraufkommen teilweise (Art. 106 Abs. 3 GG) auch dem Bund zusteht, vgl. *Schoch*, Kommentar zum IFG, § 1 Rz. 96.

1288 Vgl. BT-Drucks. 18/7457, S. 70.

1289 VG Berlin v. 13.10.2016 – 2 K 507.15, juris, Rz. 22 f.

1290 *Schoch*, Kommentar zum IFG, Vorb. §§ 3-6 Rz. 45 ff. Dies gilt auch im Hinblick auf § 3 Nr. 1 lit. d) IFG, der materiell einer Teil-Bereichsausnahme gleichkommt, vgl. insoweit auch *Schoch*, DÖV 2006, 1 (8).

1291 Für eine konkrete Gefährdungslage auch *Seer*, in: FS für den BFH, S. 1717 (1744); *ders.*, StbJb. 2016/17, 539 (551); s. für eine konkrete Gefahr bei der eingeschränkten

liegt – ebenso wie bei der Darlegung einer Ausnahme nach § 3 IFG[1292] – bei der Finanzverwaltung. Erst wenn die Finanzverwaltung ihrer Darlegungslast nachkommt, kann der Steuerpflichtige den (Negativ-)Beweis antreten, dass eine Gefahr im konkreten Einzelfall unter bestimmten Umständen nicht besteht.[1293]

b) Die konträre Interessenlage

Möchte der Staat etwas geheim halten bzw. nicht veröffentlichen, so korrespondiert damit in der Regel auch ein berechtigtes Geheimhaltungsinteresse des Staates. So liegt es auch bei der eingeschränkten Geheimhaltung nach § 88 Abs. 5 Satz 4 AO n.F., denn es ist grundsätzlich berechtigt und legitim, wenn der Staat durch eine eingeschränkte Geheimhaltung verhindern möchte, dass das RMS umgangen wird, indem die Steuerpflichtigen ihre Steuererklärungen so ausfüllen, dass sie – wie ein Hürdenläufer die vor ihm liegenden Hürden – die Risikoparameter bewusst „überlaufen", damit es nicht zu einer Aussteuerung, sondern zu einer erklärungsgemäßen Veranlagung kommt.[1294] Der Geheimhaltung des Staates steht aber fast schon naturgemäß immer auch ein Interesse des Bürgers – hier des Bürgers als Steuerpflichtiger – gegenüber, dass auf die Offenlegung und Transparenz des Staates gerichtet ist. Diesen Grundkonflikt zwischen der Geheimhaltung auf der einen und der Transparenz auf der anderen Seite hat der Gesetzgeber durch die Anordnung einer eingeschränkten Geheimhaltung der Einzelheiten des RMS auch im § 88 Abs. 5 Satz 4 AO n.F. manifestiert. Der Steuerpflichtige hat ebenso ein berechtigtes Interesse daran, zu erfahren, welche Arten von Risikoparametern überhaupt relevant sein können für eine intensivere Prüfung durch einen Amtsträger. Eine „gläserne Verwaltung" zu fordern, kommt freilich der Forderung nach einer utopischen Verwaltung gleich.[1295] Dies

---

Geheimhaltung nach § 88 Abs. 3 Satz 3 AO n.F. auch *Krumm*, in: Tipke/Kruse, AO/FGO, § 86 FGO Rz. 13 (Stand: Oktober 2019).

1292 S. hierzu BT-Drucks. 15/4493, S. 6; dies vertritt auch die Literatur geschlossen, vgl. etwa *Schönenbroicher*, NWVBl. 2014, 405 (411); *Burholt*, BB 2006, 2201 (2203); *Leopold*, WuW 2006, 592 (594).

1293 Zum Negativbeweis vgl. allein BFH v. 19.4.2007 – V R 48/04, BStBl. II 2009, 315 (321): „Denn denjenigen, der sich auf das Nichtvorliegen von Tatsachen oder Umständen beruft, kann die Feststellungslast ohnehin nur treffen, wenn der Gegner – hier das FA – substantiiert Tatsachen oder Umstände vorgetragen hat, die für das Vorliegen des Positivums sprechen".

1294 Zum Sinn und Zweck des § 88 Abs. 5 Satz 4 AO n.F. s. bereits unter Teil 4, E. IX. 3. a) bb).

1295 *Kloepfer*, in: Die transparente Verwaltung, S. 9 (27 f.).

soll an dieser Stelle auch nicht Ziel der nachfolgenden Untersuchungen sein. Es ist aber zu hinterfragen, ob und inwieweit der Gesetzgeber das berechtigte Interesse des Steuerpflichtigen an einer transparenten Finanzverwaltung im Hinblick auf das RMS bei der Ausgestaltung des § 88 Abs. 5 Satz 4 AO n.F. berücksichtigt hat und ob die Veröffentlichung zumindest der Art der vom RMS eingesetzten Risikoparameter, seiner generellen Funktionsweise und seiner Grundausrichtung tatsächlich die Gleichmäßigkeit und Gesetzmäßigkeit der Besteuerung gefährdet.

c) Verstoß gegen das Transparenzprinzip

In Europa bestehen verschiedene Verwaltungstraditionen und als Folge daraus wiederum verschiedenartige Transparenzkulturen in den einzelnen Staaten.[1296] Die öffentliche Verwaltung in Deutschland hat Transparenz[1297] für lange Zeit nicht als „prägende[s] Paradigma“ verstanden.[1298] Vielmehr galt der Grundsatz des „Aktengeheimnisses“.[1299] In Schweden gilt demgegenüber seit dem Jahr 1766 der Grundsatz der Aktenöffentlichkeit.[1300] In der neuen Welt der Global- und Digitalisierung und in Zeiten von „Panama Papers“ und „Paradise Papers“ ist der Handlungsdruck für Maßnahmen zur Sicherstellung von Transparenz auf Seiten des Steuerpflichtigen ebenso wie auf Seiten des Staates jedoch enorm gestiegen.[1301] Die in der modernen Welt überholten Idee einer Verwaltung, die ihre Tätigkeit weitestgehend hinter geschlossenen Türen hält, sollte zugunsten der Idee nach einer möglichst transparenten Verwaltung aufgegeben werden.[1302]

1296 *Boysen*, Verw. 42 (2009), 215 ff.; *Wolff*, DVBl. 2013, 1502; ebenso *Schoch*, Kommentar zum IFG, Einl. Rz. 405.

1297 Zum Begriff der Transparenz vgl. *Bröhmer*, Transparenz als Verfassungsprinzip, S. 18 ff.

1298 *Schoch*, Kommentar zum IFG, Einl. Rz. 405.

1299 *Schoch*, Kommentar zum IFG, Einl. Rz. 405.

1300 *Hämmerlein*, Öffentlichkeit und Verwaltung, S. 64.

1301 Vgl. *Seer/Unger/Sediqi/Wagner*, in: EATLP 17 (2019), National Report Germany, S. 549 (551 f.). Auch die European Association of Tax Law Professors (EATLP) hat ihren jährlichen Kongress im Jahr 2018 unter dem Titel „Tax Transparency“ abgehalten.

1302 So auch *Schoch*, Kommentar zum IFG, Einl. Rz. 11, 49 ff., 405, der u.a. auf den Bundesbeauftragten für den Datenschutz und die Informationsfreiheit (BfDI) verweist, denn auch der BfDI fordert einen „Kulturwandel in Politik und Verwaltung hin zu mehr Offenheit und Transparenz“ (vgl. BfDI, TB zur Informationsfreiheit [2010/11], Rz. 2.4).

Denn eine moderne Verwaltung zeichnet sich gerade auch durch Öffentlichkeit und Transparenz aus.[1303] Es lässt sich erkennen, dass eine neue Transparenzkultur Einzug in die öffentliche (Steuer-)Verwaltung der europäischen Staaten – auch in Deutschland – findet bzw. bereits gefunden hat.[1304] Transparenz ist in der heutigen Zeit „en vogue".[1305] Die Transparenz von Verwaltungsabläufen gehört nunmehr zum „Lastenheft" jeder Maßnahme zur Verbesserung des Vollzugs.[1306] Das StModG, insbesondere die Einführung einer gesetzlichen Grundlage für ein RMS der Finanzverwaltung, sollte unter anderem auch den Steuervollzug verbessern,[1307] sodass dabei auch die Transparenz des Finanzverwaltungshandelns nicht zu kurz kommen darf.

Es stellt sich daher die Frage, ob das eingeschränkte Veröffentlichungsverbot im § 88 Abs. 5 Satz 4 AO n.F. vor dem Hintergrund dieser neuen Entwicklungen noch zeitgemäß ist. Verfassungsrechtlicher Maßstab für diese Beurteilung ist das auch national anerkannte (ungeschriebene) Transparenzprinzip. Das in Art. 20 Abs. 1 GG niedergelegte und wegen Art. 79 Abs. 3 GG unter Ewigkeitsschutz stehende Demokratieprinzip hat zahlreiche einzelne Ausprägungen.[1308] Einer dieser Ausprägungen des Demokratieprinzips ist der Grundsatz der Öffentlichkeit des staatlichen Handelns der Exekutive.[1309] Da die (Finanz-)Verwaltung

---

1303 *Feik*, Öffentliche Verwaltungskommunikation, S. 65 f., 100 ff.; *Scherzberg*, Die Öffentlichkeit der Verwaltung, S. 177 f.; vgl. auch *Smend*, in: GS Jellinek, S. 11 (17), der anschaulich wie zutreffend die Öffentlichkeit (Transparenz) als das „eigentlichst aufgegebene Wesen moderner Staatlichkeit" ansieht; s. auch *Schoch*, Kommentar zum IFG, Einl. Rz. 10.

1304 S. etwa die Aussage von *Myßen* bei *Richter/Welling*, FR 2019, 67 (69), bezüglich der Änderung in der Arbeitsweise der Finanzverwaltung; *Drüen*, DStJG 42 (2019), 193 (211 f.), der aus der Umkehrung des Denkens innerhalb der öffentlichen Verwaltung nunmehr eine Rechtfertigung fordert, wenn „(Herrschafts-)Wissen der öffentlichen Verwaltung nicht publiziert wird".

1305 So *Hey*, FR 2018, 633, im ersten Satz des Beitrags zur Frage der Verfassungsmäßigkeit von Anzeigepflichten für Steuergestaltungen; auch *Marx*, Ubg 2016, 358 (360 ff.), betont die Bedeutung der Transparenz im modernen Besteuerungsverfahren.

1306 *Widmann*, DStJG 31 (2008), 295 (310).

1307 BT-Drucks. 18/7457, S. 69 f.

1308 Eine nicht abschließende Aufzählung der Einzelausprägungen stellt *Sachs*, in: Sachs, GG, Art. 20 Rz. 13, zur Verfügung.

1309 *Feik*, Öffentliche Verwaltungskommunikation, S. 89 ff.; *Scherzberg*, Die Öffentlichkeit der Verwaltung, S. 291 ff.; *Hämmerlein*, Öffentlichkeit und Verwaltung, S. 54 ff., 61 ff.; *Bröhmer*, Transparenz als Verfassungsprinzip, S. 38 ff.; s. auch *Grzeszick*, in: Maunz/Dürig, GG, Art. 20 II. Rz. 26; *Schoch*, Kommentar zum IFG, Einl. Rz. 7

grundsätzlich auch über nichtöffentliche Vorgänge informieren kann, ist „Transparenz“ anstelle von „Öffentlichkeit“ der wohl präzisere Begriff.[1310] Für die (Finanz-)Verwaltung bedeutet dies, dass sie ihr Handeln für den Bürger so weit wie möglich transparent ausgestalten muss.[1311] Das Transparenzprinzip ist mithin ein Prinzip mit Verfassungsrang.[1312] Dennoch bedeutet dies nicht, dass für den Bürger in jedem Fall ein Anspruch auf Zugang zu internen Verwaltungsinformationen besteht.[1313] Eine „völlige Transparenz“ hätte richtigerweise das Ende eines dauerhaft funktionsfähigen RMS zur Folge.[1314] Dies wird an dieser Stelle auch nicht gefordert. Es ist im konkreten Einzelfall eine Abwägung zwischen den Geheimhaltungsinteressen der Verwaltung und den Interessen des Bürgers auf Offenlegung der Information vorzunehmen. Dabei sollte ein schonender Ausgleich zwischen diesen beiden Positionen i.S. einer praktischen Konkordanz[1315] angestrebt werden, in dessen Rahmen die Interessen beider Seiten größtmöglich verwirklicht werden können. Das Transparenzprinzip stößt

---

ff., 83: „Transparenz ist vielmehr eine der Grundvoraussetzungen für eine funktionierende Demokratie“; zurückhaltender etwa *Pieroth*, in: Jarass/Pieroth, GG, Art. 20 Rz. 20.

1310 So auch *Schoch*, Kommentar zum IFG, Einl. Rz. 8 (dort Fn. 29); vgl. insoweit auch instruktiv *Rossi*, Informationszugangsfreiheit und Verfassungsrecht, S. 77 ff. Teilweise werden die Begriffe „Öffentlichkeit“ und „Transparenz“ synonym verwendet, so etwa von *Roßnagel*, in: Verwaltungsrecht in der Informationsgesellschaft, S. 257 (264 ff.).

1311 *Grzeszick*, in: Maunz/Dürig, GG, Art. 20 II. Rz. 31.

1312 Ausführlich dazu *Bröhmer*, Transparenz als Verfassungsprinzip, S. 33 ff.

1313 *Grzeszick*, in: Maunz/Dürig, GG, Art. 20 II. Rz. 31.

1314 So zutreffend auch *Ehrke-Rabel* während der Podiumsdiskussion zum 69. Berliner Steuergespräch mit dem Thema „Die Datenschutz-Grundverordnung im Steuerrecht“, vgl. *Richter/Welling*, FR 2019, 67 (68).

1315 Der Begriff der praktischen Konkordanz wurde von *Konrad Hesse* geprägt, der unter diesem Begriff das Folgende versteht: „Verfassungsrechtlich geschützte Rechtsgüter müssen in der Problemlösung einander so zugeordnet werden, daß jedes von ihnen Wirklichkeit gewinnt. Wo Kollisionen entstehen, darf nicht in vorschneller „Güterabwägung“ oder gar abstrakter „Wertabwägung“ eines auf Kosten des anderen realisiert werden. Vielmehr stellt das Prinzip der Einheit der Verfassung die Aufgabe einer Optimierung: beiden Gütern müssen Grenzen gezogen werden, damit beide zu optimaler Wirksamkeit gelangen“, vgl. *Hesse*, Grundzüge des Verfassungsrechts, Rz. 72, der zudem auf die Hervorhebungen eines schonenden Ausgleichs als Auslegungsprinzip von *Scheuner*, VVDStRL 22 (1965), 1 (53); *ders.*, VVDStRL 20 (1963), 125 sowie *Lerche*, Übermaß und Verfassungsrecht, S. 125 ff., hinweist.

dort auf Grenzen,[1316] wo die Funktionsfähigkeit der Verwaltung beeinträchtigt wird.[1317] Das eingeschränkte Veröffentlichungsverbot im § 88 Abs. 5 Satz 4 AO n.F. dient dem Schutz von Gesetz- und Gleichmäßigkeit der Besteuerung, indem es die Unberechenbarkeit des RMS sicherstellt. Das RMS wird in dem Moment berechenbar, in dem dem Steuerpflichtigen so viele Einzelheiten offenbart werden, dass er gezielt das RMS umgehen kann. Dies wäre etwa für den Fall anzunehmen, wenn der Gesetzgeber im § 88 Abs. 5 AO n.F. konkrete Wert- bzw. Nichtaufgriffsgrenzen oder ständige Prüffelder aufnehmen würde.[1318] Dadurch wäre eine Umgehung des RMS für den Steuerpflichtigen ein Kinderspiel und die Funktionsfähigkeit der Finanzverwaltung wäre durch diese Gefährdung, ja sogar schon Schädigung von Gesetz- und Gleichmäßigkeit der Besteuerung nicht mehr gewährleistet.[1319] Eine abstrakte Umschreibung der Art der in das RMS eingepflegten Risikoparameter sowie eine Beschreibung der Grundausrichtung und der generellen Funktionsweise des RMS führen jedoch für sich genommen noch nicht dazu, dass das RMS für den Steuerpflichtigen in all seinen Facetten sichtbar wird.[1320] Stellt der Gesetzgeber etwa im § 88 Abs. 5 AO n.F. klar, dass zu den objektiven Risikoparametern eine Beziehung des Steuerpflichtigen zum Ausland oder die Anzahl der vorkommenden Einkunftsarten gehören, so kann der Steuerpflichtige nicht allein anhand dieser Offenlegung das RMS zielsicher umgehen. Der Steuerpflichtige weiß dadurch lediglich, dass beispielsweise bei der Angabe von Einkünften aus Vermietung und Verpachtung neben Einkünften aus nichtselbständiger Arbeit im Rahmen einer Einkommensteuererklärung eine intensivere Prüfung unter gewissen Umständen stattfinden kann. Wie der Risikoparameter dann konkret ausgestaltet ist und welcher Algorithmus dem zugrunde liegt, bleibt dem Steuerpflichtigen auch bei einer Umschreibung der Art der eingesetzten Risikoparameter verborgen. Dadurch bleibt auch das

1316 Zu den Ausnahmen s. *Scherzberg*, Die Öffentlichkeit der Verwaltung, S. 358 ff.

1317 *Scherzberg*, Die Öffentlichkeit der Verwaltung, S. 359 ff.; s. auch *Ossenbühl*, NVwZ 1982, 465 (469).

1318 So auch mit klarer und differenzierter Sicht *Drüen*, DStJG 42 (2019), 193 (213).

1319 Deshalb ist die Geheimhaltung von Wertgrenzen auch nachvollziehbar, vgl. *Ortmann-Babel/Franke*, DB 2016, 1521.

1320 Ähnlich auch *Drüen*, DStJG 42 (2019), 193 (213), wonach die Grundstruktur des (RMS-)Verfahrens, seine Anlage und grundsätzliche Funktionsweise der Risikoerkennung und potentielle Risikoparameter nicht dem Veröffentlichungsverbot unterfallen. Auch *Buchwald* bei *Richter/Welling*, FR 2015, 1014 (1016), stellt insoweit klar, dass nicht die allgemeinen Grundsätze des RMS, sondern nur einzelne „Stellschrauben" geheim gehalten werden sollen, damit sich der Bürger diesen nicht anpasse.

Geheimhaltungsinteresse der Finanzverwaltung noch immer gewahrt und die Gesetz- und Gleichmäßigkeit der Besteuerung wird nicht (konkret) gefährdet. Gleichzeitig erhält der Steuerpflichtige durch eine abstrakte Umschreibung der Art der Risikoparameter einen Einblick in die generelle Arbeitsweise des RMS, ohne eine vollständige Kenntnis über die einzelnen Risikoparameter im Detail zu erlangen, wodurch sein Interesse an der Offenlegung und an einer möglichst transparenten Finanzverwaltung in einem suffizienten Maße berücksichtigt wird. Dieser Kompromiss erscheint für beide Seiten gangbar, ohne dass eine Entscheidung überwiegend für die eine oder die andere Seite zu treffen ist. Zu Recht fordert daher auch *Seer*, dass die Finanzverwaltung dem Bürger mit einem „offenen Visier" begegnen sollte, statt eine „Geheimwissenschaft" hinter geschlossenen Türen zu betreiben.[1321] Die Risikoparameter sollten daher auch nach *Seer* zumindest abstrakt umschrieben werden.[1322] Dem schließen sich auch *Baldauf*[1323] und *Braun Binder*[1324] an, wenn sie eine Offenlegung bzw. eine abstrakte Umschreibung der Risikoparameter für sachgerecht halten. Dem ist zuzustimmen, da die aktuelle Ausgestaltung des § 88 Abs. 5 AO n.F., wonach keinerlei Angaben zu den Risikoparametern gemacht aber gleichzeitig die Einzelheiten des RMS unter den bereits genannten Bedingungen geheim gehalten werden nach § 88 Abs. 5 Satz 4 AO n.F., allein den Interessen der Finanzverwaltung bereits von Gesetzes wegen einen Vorrang einräumt, ohne auch nur im Ansatz die Interessen des Steuerpflichtigen in die Gleichung mitaufzunehmen. Die Vorstellung, dass „die Fortgeltung geschriebenen Rechts" in Zukunft auf der „Geheimhaltung des faktisch vollzogenen Rechts" basiert,[1325] darf sich jedenfalls nicht vollständig durchsetzen.[1326] Werden die Risikoparameter nicht zumindest abstrakt im § 88 Abs. 5 AO n.F. umschrieben[1327] und werden die generelle

---

1321 *Seer*, DStZ 2016, 605 (608); *ders.*, StuW 2015, 315 (324 f.); *ders.*, in: 4. Deutscher Finanzgerichtstag 2007, S. 99 (109); i.Erg. ebenso *Mann*, DStR 2009, 506 (507).

1322 *Seer*, DStZ 2016, 605 (608); *ders.*, JBVStB 2016, 55 (65).

1323 *Baldauf*, DStR 2016, 833 (837).

1324 *Braun Binder*, DStZ 2016, 526 (531 f.), die in diesem Zusammenhang betont, dass staatliche Informationen ohnehin nur schwerlich auf Dauer geheim gehalten werden könnten; ähnlich auch *Haarmann* bei *Richter/Welling*, FR 2015, 1014 (1019), der eine Geheimhaltung in Zeiten des investigativen Journalismus für nicht vielversprechend hält.

1325 So die Annahme von *Ahrendt*, NJW 2017, 537 (540).

1326 Dem zustimmend *Drüen*, DStJG 42 (2019), 193 (212).

1327 *Marx*, Ubg 2016, 358 (362), plädiert für eine ex post Bekanntgabe der wesentlichen eingesetzten Risikofilter.

Funktionsweise des RMS sowie seine grundsätzliche Ausrichtung nicht publik gemacht, verstößt das dort geregelte eingeschränkte Veröffentlichungsverbot gegen das verfassungsrechtlich fundierte Transparenzprinzip, da die Interessen des Steuerpflichtigen dadurch vollends missachtet werden.

d) Verstoß gegen die Rechtsschutzgarantie, Art. 19 Abs. 4 GG

Eng mit der Frage nach der Transparenz hoheitlichen Handelns ist die Frage nach der Vereinbarkeit des § 88 Abs. 5 Satz 4 AO n.F. mit der Rechtsschutzgarantie aus Art. 19 Abs. 4 GG verknüpft.[1328] Der Zusammenhang von § 88 Abs. 5 Satz 4 AO n.F. mit Art. 19 Abs. 4 GG wurde auch im Schrifttum erkannt.[1329] Dieser Zusammenhang wird vor allem dadurch deutlich, dass das StModG mit § 86 Abs. 2 Satz 2 FGO n.F. eine Parallelvorschrift zu den Geheimhaltungsregelungen des § 88 Abs. 3 Satz 3, Abs. 5 Satz 4 AO n.F. für das finanzgerichtliche Verfahren eingeführt hat.[1330] § 86 FGO betrifft die Vorlage- und Auskunftspflicht von Behörden im Finanzprozess. Nach § 86 Abs. 2 Satz 2 FGO n.F. gilt der Satz 1 des § 86 Abs. 2 FGO entsprechend für die Fälle des § 88 Abs. 3 Satz 3, Abs. 5 Satz 4 AO n.F. sowie für § 156 Abs. 2 Satz 3 AO n.F. § 86 Abs. 2 Satz 1 FGO besagt, dass die Vorlagepflicht der Behörden gemäß § 86 Abs. 1 FGO nicht gilt, wenn das Bekanntwerden der jeweiligen Dokumente dem Wohle des Bundes oder eines deutschen Landes Nachteile bereiten würde oder u.a. die Dokumente nach einem Gesetz geheim gehalten werden müssen. § 86 Abs. 2 Satz 2 FGO n.F. macht durch den Verweis auf § 88 Abs. 3 Satz 3, Abs. 5 Satz 4 AO n.F. deutlich, dass das Vorlageverweigerungsrecht der Behörde auch bei einer konkreten Gefährdung[1331] für Gleichmäßigkeit und Gesetzmäßigkeit der Besteuerung zur Geltung kommt. Durch den Verweis auf § 88 Abs. 5 Satz 4 AO n.F. soll verhindert werden, dass die Einzelheiten des RMS im Finanzprozess publik werden.[1332] Die richtige Normkette für ein Vorlageverweigerungsrecht der Finanzbehörde im Finanzprozess bezüglich der Einzelheiten des RMS lautet § 86 Abs. 2 Satz 2 FGO n.F. i.V. mit § 86 Abs. 2 Satz 1 Var. 3 FGO i.V. mit § 88 Abs. 5 Satz 4 AO n.F. In diesem Zusammenhang drängt sich die Frage nach der Vereinbarkeit mit der

---

1328 So ebenfalls *Drüen* bei *Richter/Welling*, FR 2015, 1014 (1017); s. dazu auch *Braun Binder*, DStZ 2016, 526 (530).

1329 S. etwa *Thiemann*, StuW 2018, 304 (312 f.); *Braun Binder*, DStZ 2016, 526 (531), *dies.*, NVwZ 2016, 960 (961).

1330 BGBl. I 2016, 1679 (1707).

1331 Vgl. hierzu bereits unter Teil 4, E. IX. 3. a) dd) bbb).

1332 *Krumm*, in: Tipke/Kruse, AO/FGO, § 86 FGO Rz. 14 (Stand: Oktober 2019).

Rechtsschutzgarantie nach Art. 19 Abs. 4 GG geradezu auf. Denn ebenso wie der Steuerpflichtige durch die Zufallsauswahl des RMS latent einer potentiellen Überprüfung seines Steuerfalls ausgesetzt ist, muss gewährleistet sein, dass die Tätigkeit der Finanzbehörden jederzeit einer Kontrolle durch die Gerichte zugänglich ist. Durch das RMS wird die Prüfungskompetenz der Gerichte nicht eingeschränkt.[1333] Es muss verhindert werden, dass das RMS zu einem kontrollfreien Bereich der Finanzverwaltung wird.[1334]

aa) Gewährleistungsgehalt des Art. 19 Abs. 4 GG

Das „formelle Hauptgrundrecht"[1335] in Art. 19 Abs. 4 GG gewährt dem Bürger ein Grundrecht auf Individualrechtsschutz[1336] gegen Verletzungen seiner subjektiven Rechte durch die öffentliche Gewalt.[1337] Eine tatsächliche Verletzung der subjektiven Rechte des Bürgers ist nicht Voraussetzung für Art. 19 Abs. 4 GG. Vielmehr bezweckt der Art. 19 Abs. 4 GG gerade die Ermöglichung der Überprüfung einer nur möglicherweise eintretenden Verletzung der subjektiven Rechte durch hoheitliches Handeln des Staates.[1338] Angelehnt an den Wortlaut wird im Art. 19 Abs. 4 GG auch die Verkörperung eines Justizgewährleistungsanspruches „par excellence"[1339] gesehen.[1340] Das BVerfG legt die Rechtsschutzgarantie aus Art. 19 Abs. 4 GG weit aus und sieht daran nicht nur einen generellen Anspruch auf Rechtsschutz, sondern speziell einen Anspruch auf einen „effektiven" Rechtsschutz begründet.[1341] Auch der Rechtsschutzgarantie ist aber kein absoluter Geltungsanspruch zuzusprechen. Das (formelle) Grundrecht des Bürgers aus Art. 19 Abs. 4 GG muss im Einzelfall dort seine Grenzen finden, wo

---

1333 *Thiemann*, StuW 2018, 304 (310).

1334 *Thiemann*, StuW 2018, 304 (313); s. auch *Ortmann-Babel/Franke*, DB 2016, 1521.

1335 *Klein*, VVDStRL 8 (1950), 67 (87 f.); mit ausdrücklichem Bezug dazu *Wedel*, Rechtsschutz bei überlangen steuerprozessualen Verfahren, S. 31.

1336 *Wedel*, Rechtsschutz bei überlangen steuerprozessualen Verfahren, S. 31; vgl. insoweit auch *Seer*, StuW 2001, 3.

1337 *Goeke*, Die aufgedrängte Aussetzung der Vollziehung, S. 11; *Sachs*, in: Sachs, GG, Art. 19 Rz. 113 ff.; *Jarass*, in: Jarass/Pieroth, GG, Art. 19 Rz. 32 ff.

1338 *Huber*, in: v. Mangoldt/Klein/Starck, GG, Art. 19 Rz. 417.

1339 So *Wedel*, Rechtsschutz bei überlangen steuerprozessualen Verfahren, S. 31.

1340 *Sachs*, in: Stern, Staatsrecht, Bd. III/1, S. 707; *Dietlein*, in: Stern, Staatsrecht, Bd. IV/2, S. 1875 f. Der allgemeine Justizgewährungsanspruch wurzelt im Rechtsstaatsprinzip, vgl. *Jarass*, in: Jarass/Pieroth, GG, Art. 19 Rz. 32.

1341 Vgl. dazu allein BVerfG v. 19.10.1977 – 2 BvR 42/76, BVerfGE 46, 166 (178) m.w.N.

andere berechtigte Interessen mit Verfassungsrang beginnen.[1342] Auch insoweit muss eine praktische Konkordanz zwischen den divergierenden verfassungsrechtlich beachtlichen Interessen hergestellt werden.[1343]

bb) Praktisch konkordante Lösung durch das in camera-Verfahren nach § 86 Abs. 3 FGO?

Im Hinblick auf § 88 Abs. 5 Satz 4 AO n.F. stehen sich im Kontext des Art. 19 Abs. 4 GG das Geheimhaltungsinteresse der Finanzverwaltung[1344] und das verfassungsrechtlich fundierte Interesse des Steuerpflichtigen an einem effektiven Rechtsschutz gegenüber. Der Geheimnisschutz des Staates und das Interesse des Steuerpflichtigen müssen in schonender Weise zum Ausgleich gebracht werden.[1345] Der Gesetzgeber hat durch die Einfügung der Ausnahmeregelung im § 86 Abs. 2 Satz 2 AO n.F. im Ergebnis (s)eine Ausgleichsentscheidung vorweggenommen, denn im § 86 Abs. 3 FGO ist ein besonderes Verfahren vorgesehen, das eine richterliche Überprüfung der Vorlageverweigerungsentscheidung der Behörden nach § 86 Abs. 2 FGO ermöglicht, ohne dass der Steuerpflichtige einen Einblick in die von der Behörde vorzulegenden Akten bekommt.[1346] Das in § 86 Abs. 3 FGO geregelte Verfahren wird als sog. „in camera"-Verfahren bezeichnet.[1347] Die Literatur geht überwiegend davon aus, dass das in camera-Verfahren einen angemessenen Kompromiss zwischen Finanzbehörde und

---

1342 So kann Art. 19 Abs. 4 GG insbesondere durch kollidierendes Verfassungsrecht eingeschränkt werden, vgl. *Wolfshohl*, Das „in camera"-Verfahren nach § 99 Abs. 2 VwGO, S. 114; s. auch *Jarass*, in: Jarass/Pieroth, GG, Art. 19 Rz. 54; *Huber*, in: v. Mangoldt/Klein/Starck, GG, Art. 19 Rz. 372.

1343 Für eine solche Vorgehensweise auch *Wolfshohl*, Das „in camera"-Verfahren nach § 99 Abs. 2 VwGO, S. 114 f.; ebenso *Krumm*, in: Tipke/Kruse, AO/FGO, § 86 FGO Rz. 2 m.w.N. (Stand: Oktober 2019).

1344 Letztlich geht es auch hier wieder um die Funktionsfähigkeit der Finanzverwaltung als verfassungsrechtlich beachtliches Rechtsgut, die durch die Geheimhaltung der Einzelheiten des RMS gewährleistet bleiben soll, vgl. insoweit auch *Schüly*, Das „in camera"-Verfahren, S. 43 f., zur Funktionsfähigkeit der Verwaltung als Rechtfertigungsgrund eines Eingriffs in Art. 19 Abs. 4 GG (zum § 99 Abs. 2 VwGO).

1345 *Schüly*, Das „in camera"-Verfahren, S. 45 ff; *Rosenberger*, Geheimnisschutz und Öffentlichkeit, S. 38, 90, 158; s. auch *Krumm*, in: Tipke/Kruse, AO/FGO, § 86 FGO Rz. 2 (Stand: Oktober 2019). Zum Eingriff in Art. 19 Abs. 4 GG durch Geheimhaltung vgl. *Schüly*, Das „in camera"-Verfahren, S. 30 f.

1346 Vgl. auch *Thiemann*, StuW 2018, 304 (312).

1347 *Krumm*, in: Tipke/Kruse, AO/FGO, § 86 FGO Rz. 16 ff. (Stand: Oktober 2019); s. auch *Schwenker*, DB 2016, 375 (379).

Steuerpflichtigen bei § 88 Abs. 5 Satz 4 AO n.F. in seiner aktuellen Fassung darstellt.[1348] Ob dem in Wirklichkeit bei der aktuellen Ausgestaltung des § 88 Abs. 5 Satz 4 AO n.F. gefolgt werden kann, wird im Folgenden näher untersucht.

aaa) Grundlagen zum in camera-Verfahren[1349]

Das in camera-Verfahren wurde vom BVerfG im Jahr 1999[1350] aufgrund der vom BVerfG festgestellten Verfassungswidrigkeit der Vorgängerregelung zum heutigen § 99 Abs. 2 VwGO wegen Verstoßes gegen die Rechtsschutzgarantie aus Art. 19 Abs. 4 GG gefordert.[1351] Der § 99 Abs. 2 VwGO wurde sodann mit Gesetz vom 20. Dezember 2001[1352] neugefasst und hat dadurch das in camera-Verfahren für die Verwaltungsgerichtsbarkeit eingeführt.[1353] Der § 86 Abs. 3 FGO a.F. verstieß ebenfalls gegen Art. 19 Abs. 4 GG,[1354] sodass das in camera-Verfahren durch die Neufassung des § 86 Abs. 3 FGO auch für das finanzgerichtliche Verfahren mit Gesetz vom 22. März 2005 eingeführt wurde.[1355] Nach dem aktuellen § 86 Abs. 3 Satz 1 FGO kann der Beteiligte – i.d. Regel wird dies der Steuerpflichtige sein – mit einem Antrag feststellen lassen, ob die Weigerung durch die Finanzbehörde aus rechtmäßigen Gründen erfolgt ist oder nicht.[1356] Der Antrag ist nach § 86 Abs. 3 Satz 2 FGO bei dem Gericht der Hauptsache, also beim FG, zu stellen. Die Prüfung der Rechtmäßigkeit der Weigerung erfolgt hingegen durch den BFH, der seine Entscheidung ohne mündliche Verhandlung in einem Beschluss trifft, § 86 Abs. 3 Satz 1 FGO. Das in camera-Verfahren soll damit letztlich eine Prüfung der Verweigerungsentscheidung der Behörde durch eine unabhängige Instanz ermöglichen.[1357] Der Prüfungsumfang des

---

1348 Vgl. *Braun Binder*, DStZ 2016, 526 (531), *dies.*, NVwZ 2016, 960 (961); *Buchwald* bei *Richter/Welling*, FR 2015, 1014 (1016); *Trossen*, FR 2015, 1021 (1023 f.); *ders.* bei *Richter/Welling*, FR 2015, 1014 (1017); kritisch dazu *Thiemann*, StuW 2018, 304 (312).

1349 Einen umfassenden historischen Überblick bietet *Wolfshohl*, Das „in camera"-Verfahren nach § 99 Abs. 2 VwGO, S. 18 ff.

1350 BVerfG v. 27.10.1999 – 1 BvR 385/90, BVerfGE 101, 106 (126 ff.).

1351 *Redeker/Kothe*, NVwZ 2002, 313 f.

1352 BGBl. I 2001, 3987 (3988).

1353 Ausführlich zur Neufassung des § 99 Abs. 2 VwGO s. *Wolfshohl*, Das „in camera"-Verfahren nach § 99 Abs. 2 VwGO, S. 71 ff.; *Schüly*, Das „in camera"-Verfahren, S. 132 ff; *Redeker/Kothe*, NVwZ 2002, 313 (314 f.).

1354 *Krumm*, in: Tipke/Kruse, AO/FGO, § 86 FGO Rz. 16 (Stand: Oktober 2019).

1355 BGBl. I 2005, 837 (845 f.); ausführlich hierzu *Nöcker*, AO-StB 2009, 214.

1356 *Krumm*, in: Tipke/Kruse, AO/FGO, § 86 FGO Rz. 17 (Stand: Oktober 2019).

1357 *Krumm*, in: Tipke/Kruse, AO/FGO, § 86 FGO Rz. 16 (Stand: Oktober 2019).

BFH beschränkt sich dabei allein darauf, ob die Verweigerung der Vorlage von Dokumenten durch die Finanzbehörde rechtmäßig erfolgte.[1358] In diesem (unselbständigen) Zwischenverfahren[1359] hat die oberste Aufsichtsbehörde auf Aufforderung des BFH die von der Finanzbehörde verweigerten Dokumente nach § 86 Abs. 3 Satz 3 FGO vorzulegen. Dieses Zwischenverfahren unterliegt den Vorschriften des materiellen Geheimnisschutzes, § 86 Abs. 3 Satz 5 FGO. So sind insbesondere die Mitglieder des BFH zur Geheimhaltung verpflichtet, vgl. § 86 Abs. 3 Satz 8 Halbs. 1 FGO. Können diese Vorschriften zur Geheimhaltung nicht eingehalten werden oder macht die zuständige oberste Aufsichtsbehörde besondere Gründe des Geheimnisschutzes geltend, wird die Vorlage nach Satz 3 dadurch bewirkt, dass die Dokumente dem BFH in von der obersten Aufsichtsbehörde bestimmten Räumlichkeiten zur Verfügung gestellt werden (= „in camera"), § 86 Abs. 3 Satz 6 FGO. Den Beteiligten und damit vor allem dem Steuerpflichtigen steht kein Akteneinsichtsrecht nach § 78 Abs. 1 FGO in Bezug auf die dem BFH vorgelegten Akten zu gemäß § 86 Abs. 3 Satz 7 FGO.[1360]

bbb) (K)Ein schonender Ausgleich?

Durch das in camera-Verfahren im § 86 Abs. 3 FGO wird zum einen das Geheimhaltungsinteresse der Finanzverwaltung dadurch geschützt, dass eine Überprüfung der Dokumente der Finanzverwaltung zu den Einzelheiten des RMS durch den BFH ohne Beteiligung des Steuerpflichtigen stattfindet, indem das Akteneinsichtsrecht des Steuerpflichtigen diesbezüglich ausgeschlossen wird. Der Steuerpflichtige erlangt durch diese Verfahrensweise keine tiefgreifenden Kenntnisse von dem RMS, insbesondere nicht von den eingesetzten Risikoparametern. Zugleich wird bei zunächst nüchterner Betrachtung das Interesse des Steuerpflichtigen nach Art. 19 Abs. 4 GG dadurch gewahrt, dass jedenfalls eine gerichtliche Kontrolle der Einzelheiten des RMS gewährleistet wird. Man könnte darin grundsätzlich einen schonenden, beide Interessen zur Wirklichkeit verhelfenden Ausgleich erblicken. Jedoch spricht eine entscheidende Besonderheit des im § 86 Abs. 3 FGO geregelten in camera-Verfahrens maßgeblich gegen die Annahme einer praktischen Konkordanz: Das in camera-Verfahren hängt von dem Antrag

---

1358 So auch *Wolfshohl*, Das „in camera"-Verfahren nach § 99 Abs. 2 VwGO, S. 77 ff., für § 99 Abs. 2 VwGO; *Krumm*, in: Tipke/Kruse, AO/FGO, § 86 FGO Rz. 20 (Stand: Oktober 2019).

1359 *Krumm*, in: Tipke/Kruse, AO/FGO, § 86 FGO Rz. 20 (Stand: Oktober 2019).

1360 *Krumm*, in: Tipke/Kruse, AO/FGO, § 86 FGO Rz. 23 (Stand: Oktober 2019), erblickt darin „das Besondere des in camera-Verfahrens".

des Steuerpflichtigen ab,[1361] wenn der Steuerpflichtige die Verweigerungsentscheidung der Behörde im in camera-Verfahren überprüfen lassen möchte. Das in camera-Verfahren wird gerade nicht von Amts wegen eingeleitet. Damit der Steuerpflichtige von seinen Rechtsschutzmöglichkeiten auch „effektiv" Gebrauch machen kann, wie es das BVerfG zum Art. 19 Abs. 4 GG betont, und beurteilen kann, ob er einen Antrag nach § 86 Abs. 3 Satz 1 FGO sinnvollerweise stellt, muss der Steuerpflichtige wissen, welche Arten von Risikoparametern von dem RMS überhaupt eingesetzt werden. Erst dadurch wird der Steuerpflichtige in die Lage versetzt, beurteilen zu können, ob in seinem konkreten Steuerfall ein Risikoparameter gegebenenfalls zu Unrecht zu einer Aussteuerung seines Steuerfalls geführt haben könnte. Weiß der Steuerpflichtige noch nicht einmal, welche Arten von Risikoparametern von der Finanzverwaltung durch das RMS eingesetzt werden, dann müsste der Steuerpflichtige einen Antrag nach § 86 Abs. 3 Satz 1 FGO in jedem vom RMS ausgesteuerten Steuerfall „ins Blaue hinein" an das Finanzgericht der Hauptsache stellen. Dies ist für den Steuerpflichtigen ein Vabanquespiel; jedenfalls kann eine solche Möglichkeit nicht ernsthaft für den Steuerpflichtigen als „effektive" Rechtsschutzmöglichkeiten angesehen werden, solange die Art der maßgeblichen Risikoparameter nicht zumindest abstrakt im § 88 Abs. 5 AO n.F. umschrieben werden.[1362] Der aktuelle § 88 Abs. 5 Satz 4 AO n.F. ist bei genauer und aufmerksamer Betrachtung nicht mit dem Recht auf

1361 Darin kommt die in der FGO ausgeprägte Dispositionsmaxime auch im § 86 Abs. 3 FGO zum Vorschein, vgl. *Krumm*, in: Tipke/Kruse, AO/FGO, § 86 FGO Rz. 18 (Stand: Oktober 2019).

1362 *Rätke*, in: Klein, AO, § 88 Rz. 105, sieht dies anders und meint, dass es im einzelnen Steuerfall vor den Finanzgerichten nur darum gehen könne, dass das Finanzamt die Steuererklärung aufgrund eines Hinweises des RMS überprüft hat und ob die Beanstandungen des Finanzamts zutreffend sind. Die konkrete Ausgestaltung des RMS spiele dann keine Rolle. Dabei verkennt *Rätke* aber, dass es im finanzgerichtlichen Verfahren nicht nur um die Überprüfung eines Steuerfalls anhand der vom RMS ausgegebenen Risikohinweise gehen kann, sondern – wie die Existenz des § 86 Abs. 3 FGO unterstreicht – es auch entscheidend sein kann, ob eine Verweigerung der Vorlage von Dokumenten wegen einer konkreten Gefahr aufgrund von § 88 Abs. 5 Satz 4 AO n.F. nach § 86 Abs. 2 Satz 2 FGO n.F. rechtmäßig erfolgte. Zudem spielt die konkrete Ausgestaltung des RMS sehr wohl eine Rolle, denn diese muss sich anhand der Grundsätze von Gesetz- und Gleichmäßigkeit der Besteuerung überprüfen lassen. Diese Überprüfungsmöglichkeit muss den Gerichten eingeräumt werden. Außerdem ergehen die Risikohinweise korrespondierend zu dem jeweiligen betroffenen Risikoparameter, sodass es entscheidend auf die verfassungs- und steuerrechtskonforme Ausgestaltung ebendieser Parameter ankommt.

effektiven Rechtsschutz aus Art. 19 Abs. 4 GG vereinbar.[1363] Erst wenn die Art der Risikoparameter im § 88 Abs. 5 AO n.F. umschrieben und die grundsätzliche Ausrichtung sowie Funktionsweise des RMS beschrieben werden, stellt das in camera-Verfahren nach § 86 Abs. 3 FGO eine effektive Rechtsschutzmöglichkeit dar, die die Interessen beider Seiten – also der Finanzverwaltung auf der einen und des Steuerpflichtigen auf der anderen Seite – verwirklicht.

e) Vereinbarkeit von § 88 Abs. 5 Satz 4 AO n.F. mit der europäischen Datenschutz-Grundverordnung

Im Gesetzgebungsverfahren zum StModG hat man sich bewusst nicht mit datenschutzrechtlichen Fragestellungen im Zusammenhang mit dem Einsatz eines automationsgestützten RMS auseinandergesetzt.[1364] Dies hat der Gesetzgeber damit begründet, dass Parallel zum StModG die Beratungen über eine neue Datenschutz-Grundverordnung auf EU-Ebene kurz vor dem Abschluss standen.[1365] Die europäische Datenschutz-Grundverordnung des Europäischen Parlaments und des Rates wurde mit Datum vom 27. April 2016 beschlossen[1366] und ist erst seit dem 25. Mai 2018 gemäß Art. 99 Abs. 2 DSGVO anwendbar.[1367] Zum Zeitpunkt der Beschlussfassung zur DSGVO war das Gesetzgebungsverfahren zum StModG schon so weit fortgeschritten,[1368] dass die DSGVO nach dem Willen des Gesetzgebers keinen Einfluss mehr auf das StModG nahm. Ob das eingeschränkte Veröffentlichungsverbot im § 88 Abs. 5 Satz 4 AO n.F. noch

---

1363 I. Erg. ähnlich auch *Drüen*, DStJG 42 (2019), 193 (212), der unter Hinweis auf die Verlängerung der behördlichen Geheimhaltung in das finanzgerichtliche Verfahren wegen § 86 FGO n.F. zu Recht betont, dass der durch Veröffentlichungsverbote bewirkte Mangel an Transparenz zu substantiellen Einschränkungen der gerichtlichen Kontrollmöglichkeiten führt.

1364 Kritisch dazu *Braun Binder*, DStZ 2016, 526 (533); s. auch *Drüen*, DB 2018, 11 (14).

1365 BT-Drucks. 18/7457, S. 47 f.

1366 Verordnung des Europäischen Parlaments und des Rates zum Schutz natürlicher Personen bei der Verarbeitung personenbezogener Daten, zum freien Datenverkehr und zur Aufhebung der Richtlinie 95/46/EG v. 27.4.2016, 2016/679/EU, Abl. Nr. L 119, 1. Im Folgenden „**DSGVO**".

1367 Einen kurzen Überblick über die Historie zur DSGVO stellen *Kibler/Sandhu*, NVwZ 2018, 528, zur Verfügung; zum Entwurf einer DSGVO von der EU-Kommission aus dem Jahr 2012 s. *Gola*, EuZW 2012, 332; *Härting*, BB 2012, 459; beachte auch *Kühling/Sackmann*, NVwZ 2018, 681, die in dem Datum 25. Mai 2018 „ein Startsignal für eine neue Ära des Datenschutzrechts" sehen.

1368 Vgl. zum Gesetzgebungsverfahren des StModG Teil 4, A. III.

mit diesem neuen Schutzniveau durch die DSGVO mithalten kann, ist Gegenstand der nachfolgenden Untersuchungen. Dabei liegt der Fokus der Untersuchungen vor allem auf Art. 15 DSGVO und Art. 23 DSGVO.

aa) Allgemeines zur DSGVO

aaa) Unionsrechtliche Grundlagen

Das Recht der Europäischen Union[1369] ist unterteilt in „Primärrecht“ und „Sekundärrecht“.[1370] Zum Primärrecht zählen zuvörderst die zentralen Rechtsquellen der Union, die in den zwischen den Mitgliedstaaten abgeschlossenen Verträgen zu erblicken sind. Dies sind namentlich der am 7. Februar 1992 in Maastricht unterzeichnete Vertrag über die Europäische Union (EUV)[1371] und der in Lissabon mit Datum vom 13. Dezember 2007 unterzeichnete (Reform-) Vertrag über die Arbeitsweise der Europäischen Union (AEUV).[1372] Die Charta der Grundrechte der Europäischen Union (EUGrCh) wurde nicht in diese Verträge inkorporiert, sondern bleibt bis heute als eigenständiger „dritter“ Vertrag bestehen.[1373] Die EUGrCh erlangt jedoch durch die verbindliche Anordnung im Art. 6 Abs. 1 EUV primärrechtliche Qualität.[1374] Darüber hinaus zählen zum Primärrecht auch die allgemeinen Rechtsgrundsätze nach Art. 6 Abs. 3 EUV, insbesondere die darauf basierenden Unionsgrundrechte.[1375] Unter sekundäres Unionsrecht werden Rechtsakte verstanden, die von den Organen der Europäischen Union nach Maßgabe der Verträge erlassen werden.[1376] Nach Art. 288 AEUV sind dabei Richtlinien, Verordnungen, Beschlüsse, Empfehlungen und Stellungnahmen zu unterscheiden. Während Richtlinien nur hinsichtlich ihres jeweiligen Ziels verbindlich sind (Art. 288 Abs. 3 AEUV),[1377] entfalten

1369 Zum Begriff des Europarechts bzw. des Rechtes der Europäischen Union vgl. *Streinz*, Europarecht, S. 1 ff.

1370 *Streinz*, Europarecht, S. 2 f., 157 ff. (Primärrecht), 160 ff. (Sekundärrecht); vgl. auch *Oppermann/Classen/Nettesheim*, Europarecht, § 9 Rz. 19 ff.

1371 Vgl. zum Zustandekommen des EUV *Geiger*, in: Geiger/Khan/Kotzur, EUV/AEUV, Präambel EUV Rz. 9 ff.

1372 *Geiger*, in: Geiger/Khan/Kotzur, EUV/AEUV, Präambel EUV Rz. 9 ff.

1373 *Kotzur*, in: Geiger/Khan/Kotzur, EUV/AEUV, Präambel AEUV Rz. 17.

1374 *Streinz*, Europarecht, S. 282; *Kotzur*, in: Geiger/Khan/Kotzur, EUV/AEUV, Präambel AEUV Rz. 17.

1375 *Streinz*, Europarecht, S. 2; zu den allgemeinen Rechtsgrundsätzen ausführlich *Oppermann/Classen/Nettesheim*, Europarecht, § 9 Rz. 31 ff.

1376 *Streinz*, Europarecht, S. 2; *Oppermann/Classen/Nettesheim*, Europarecht, § 9 Rz. 19.

1377 Ausführlich zu den Richtlinien *Streinz*, Europarecht, S. 170 ff.

Verordnungen nach Art. 288 AEUV eine unmittelbare Verbindlichkeit bezüglich des gesamten Inhalts der Verordnung. Sie gelten unmittelbar in jedem Mitgliedstaat, Art. 288 Abs. 2 Satz 2 AEUV.[1378] Verordnungen bedürfen mithin – im Gegensatz zu den Richtlinien – regelmäßig keiner weiteren nationalen Rechtsakte.[1379] Dies hat zur Folge, dass deutsche Gerichte und Verwaltungsbehörden die Verordnung selbst anzuwenden haben und bei einer Kollision mit nationalem Recht die Verordnung anzuwenden ist.[1380] Insoweit genießt das Unionsrecht Anwendungsvorrang vor dem nationalen Recht.[1381]

bbb) Überblick über die DSGVO

Mit der DSGVO bezweckt der Unionsgesetzgeber ein einheitliches und hohes Schutzniveau in den Mitgliedstaaten zum Schutz natürlicher Personen bei der Verarbeitung von personenbezogenen Daten.[1382] Sie umfasst insgesamt 99 Artikel und ist als „Grundverordnung" bewusst so weit gefasst worden, dass grundsätzlich jede datenverarbeitende Stelle und sämtliche personenbezogenen Daten dem Grunde nach von der DSGVO umfasst sind.[1383] Aufgrund dieser ganz grundsätzlichen Zielrichtung der dem sekundären Unionsrecht zuzuordnenden DSGVO muss die DSGVO durch nationale Rechtsvorschriften ergänzt und so erst „komplettiert" werden.[1384] Gleichzeitig enthält die DSGVO auch zahlreiche,

---

1378 Hierzu *Streinz*, Europarecht, S. 168 f.

1379 *Kibler/Sandhu*, NVwZ 2018, 528 (531).

1380 *Streinz*, Europarecht, S. 169.

1381 Ein Geltungsvorrang, der die Nichtigkeit nationalen Rechts im Kollisionsfall zur Folge hätte, ist dem Unionsrecht nicht zuzusprechen, vgl. *Streinz*, Europarecht, S. 80; zu den unterschiedlichen Ansätzen zur Bestimmung des Verhältnisses zwischen Unionsrecht und nationalem Recht *Streinz*, Europarecht, S. 75 ff.

1382 Erwägungsgründe 3, 9 und 10 ff. zur DSGVO; vgl. auch *Myßen/Kraus*, FR 2019, 58 (59); *Seer*, DStJG 42 (2019), 247 (259); *Leeb/Liebhaber*, JuS 2018, 534 (536); *Myßen/Kraus*, DB 2017, 1860 (1861).

1383 Kritisch zu dieser Universalität etwa *Veil*, NVwZ 2018, 686 (692 f.).

1384 *Seer*, DStJG 42 (2019), 247 (259 f.); *ders.*, SteuerStud 2019, 240 (242); *Kibler/Sandhu*, NVwZ 2018, 528 (531 f.), bezeichnen die DSGVO daher auch im Vergleich mit einer Richtlinie als „lex imperfecta", die in bestimmten Konstellationen noch weiterer nationaler Rechtssetzung bedarf. Da die DSGVO zudem die Richtlinie 95/46/EG abgelöst hat, wird die DSGVO mitunter auch als „Hybrid zwischen Richtlinie und Verordnung" angesehen, vgl. *Kühling et al.*, Die Datenschutz-Grundverordnung und das nationale Recht, S. 1 f.; ebenso *Buchholtz*, DÖV 2017, 837 (838); *Kühling/Martini*, EuZW 2016, 448 (449).

ebenfalls weitgefasste Öffnungsklauseln,[1385] weshalb überwiegend auch von einer nur „hinkende[n] Harmonisierung“ des Datenschutzrechts gesprochen wird,[1386] obwohl ein Anspruch auf ein vollharmonisiertes Datenschutzrecht besteht.[1387] Die DSGVO hat die Verarbeitung von personenbezogenen Daten als Verbot mit Erlaubnisvorbehalt konzipiert.[1388] Erst wenn ein (abschließend geregelter)[1389] Erlaubnisgrund nach Art. 6, 9 DSGVO vorliegt,[1390] ist die Verarbeitung – im von der DSGVO angestimmten Ton – „rechtmäßig“.[1391]

Nach den für eine Verordnung typischen ersten Bestimmungen zum Gegenstand und den Zielen, dem Anwendungsbereich und der Begriffsdefinitionen (Art. 1 bis 4 DSGVO) sieht die DSGVO im Art. 5 DSGVO unterschiedliche abstrakt formulierte Verarbeitungsgrundsätze vor.[1392] Besondere Aufmerksamkeit verdient der (Verarbeitungs-)Grundsatz der Transparenz, der am Ende des Art. 5 Abs. 1 lit. a) DSGVO ausdrücklich genannt wird und in der Gesamtschau

---

1385 Die DSGVO sieht etwa in Art. 6 Abs. 2, 3 DSGVO solche Öffnungsklauseln vor. Die „Mutter“ der Öffnungsklauseln stellt jedoch Art. 23 DSGVO dar, der umfassende nationale Einschränkungsmöglichkeiten der DSGVO durch nationale Rechtsakte vorsieht. Allgemein zu ausgewählten Aspekten der Öffnungsklauseln in der DSGVO s. *Benecke/Wagner*, DVBl. 2016, 600; kritisch zu den inhaltlich teilweise doch sehr weitreichenden Öffnungsklauseln und dem dadurch entstehenden gestuften bzw. geteilten Normsystem *Kühling/Sackmann*, NVwZ 2018, 681 (682 ff.).

1386 *Seer*, DStJG 42 (2019), 247 (259); *Drüen*, DB 2018, 11 (14); *Buchholtz*, DÖV 2017, 837 (838); demgegenüber gehen *Selmayr/Ehmann*, in: Ehmann/Selmayr, DS-GVO, Einf. DS-GVO Rz. 79, davon aus, dass die DSGVO eine „umfassende Harmonisierung des europäischen Datenschutzrechts“ darstellt; vgl. hierzu auch *Drüen*, in: Tipke/Kruse, AO/FGO, § 2a AO Rz. 1 (Stand: August 2018).

1387 *Krumm*, DB 2017, 2182 (2187).

1388 *Binnewies/Bertrand*, AG 2019, 170 (171); *Klar*, BB 2019, 2243 (2245); *Seer*, DStJG 42 (2019), 247 (260 f.); *Tormöhlen*, AO-StB 2019, 248 (249); *Waterkamp*, FR 2019, 72 (73).

1389 *Klar*, BB 2019, 2243 (2245).

1390 Zum unklaren Verhältnis zwischen Art. 6 und 9 DSGVO vgl. *Drüen*, in: Tipke/Kruse, AO/FGO, § 2a AO Rz. 2 (Stand: August 2018).

1391 Vgl. die deutsche Übersetzung für die Überschrift von Art. 6 DSGVO: „Rechtmäßigkeit der Verarbeitung“ (abrufbar unter: https://eur-lex.europa.eu/legal-content/DE/TXT/PDF/?uri=CELEX:32016R0679&qid=1573742248557&from=DE, zuletzt abgerufen am 12.12.2019).

1392 Vgl. zu den Verarbeitungsgrundsätzen *Klar*, BB 2019, 2243 (2245 f.); *Albrecht/Jotzo*, Das neue Datenschutzrecht der EU, S. 50 ff.

den Charakter der DSGVO ausmacht.[1393] Der Grundsatz wird auch in den Erwägungsgründen 39 und 58 zur DSGVO besonders herausgestellt.[1394] Den Kern der DSGVO machen die Informationspflichten und die dazu korrespondierenden Betroffenenrechte aus, die in Art. 12 bis 22 DSGVO geregelt sind. So sehen etwa Art. 13 und 14 DSGVO verschiedene Informationspflichten des Verantwortlichen vor.[1395] Im Besteuerungsverfahren ist die sachlich und örtlich zuständige Finanzbehörde als staatliche Behörde „Verantwortlicher" i.S. des Art. 4 Nr. 7 DSGVO.[1396] Bei den Informationspflichten ist zu unterscheiden, ob die Daten bei der betroffenen Person (Art. 13 DSGVO) oder bei einer anderen Person (Art. 14 DSGVO) erhoben wurden. Art. 15 DSGVO regelt das wohl wichtigste und zugleich stärkste Betroffenenrecht, indem es dem Betroffenen ein umfassendes Auskunftsrecht einräumt.[1397] Mit Blick auf das Besteuerungsverfahren kann der Steuerpflichtige nun (endlich) ein Stück weit durchatmen, denn der Art. 15 DSGVO stellt ein schon lange gefordertes,[1398] aber national abweichend von § 29 VwVfG[1399] bis heute nicht geregeltes[1400] und von der Rechtsprechung[1401] (bis

---

1393 Deshalb gelte nach *Seer*, DStJG 42 (2019), 247 (262); *ders.*, SteuerStud 2019, 240 (242), in der DSGVO „der Grundsatz des offenen Visiers".

1394 Ausführlich zum Transparenzgrundsatz *Weichert*, in: Däubler/Wedde/Weichert/Sommer, DSGVO/BDSG-neu, Art. 5 DSGVO Rz. 21 ff.

1395 Nach Art. 4 Nr. 7 DSGVO ist „Verantwortlicher" die natürliche oder juristische Person, Behörde, Einrichtung oder andere Stelle, die allein oder gemeinsam mit anderen über die Zwecke und Mittel der Verarbeitung von personenbezogenen Daten entscheidet.

1396 *Myßen/Kraus*, FR 2019, 58 (61); *Seer*, DStJG 42 (2019), 247 (261); *Erkis*, DStR 2018, 161 (162); *Drüen*, in: Tipke/Kruse, AO/FGO, § 32a AO Rz. 1 (Stand: Oktober 2018); vgl. in diesem Zusammenhang auch § 29b Abs. 1 AO.

1397 *Albrecht/Jotzo*, Das neue Datenschutzecht der EU, S. 85, die den Auskunftsanspruch als das „fundamentale Datenschutzrecht" ansehen.

1398 S. etwa *Grundmann*, Akteneinsicht im Besteuerungsverfahren, S. 8 ff., 27 ff., 75 ff., 115 ff., 137 ff., jeweils m.w.N.; jüngst auch *Krömker/Nöcker*, AO-StB 2017, 305 (309); ausführlich zum Akteneinsichtsrecht im Besteuerungsverfahren *Seer*, in: Tipke/Kruse, AO/FGO, § 91 AO Rz. 25 ff. (Stand: August 2018).

1399 Zum Akteneinsichtsrecht im allgemeinen Verwaltungsverfahren ausführlich *Grundmann*, Akteneinsicht im Besteuerungsverfahren, S. 41 ff.

1400 *Bareither/Großmann/Uterhark*, BB 2019, 1111 (1112); s. zur bisherigen Rechtslage *Erkis*, DStR 2018, 161 (162 f.).

1401 BFH v. 5.12.2016 – VI B 37/16, juris, Rz. 3; v. 19.3.2013 – II R 17/11, BStBl. II 2013, 639 (640): Dem Steuerpflichtigen stand bisher nur ein Anspruch auf eine pflichtgemäße Ermessensentscheidung auf der Grundlage von Art. 20 Abs. 3 i.V. mit Art. 19 Abs. 4 GG zu.

zur DSGVO) auch nicht anerkanntes Auskunfts- bzw. Akteneinsichtsrecht des Steuerpflichtigen im Besteuerungsverfahren dar.[1402] Dem Steuerpflichtigen[1403] steht nunmehr grundsätzlich ein gebundener Anspruch auf Akteneinsicht nach Art. 15 Abs. 1 DSGVO zu, auch wenn dort nicht ausdrücklich von einer „Akteneinsicht" bzw. einem „Akteneinsichtsrecht" die Rede ist.[1404] Die EU hat damit den deutschen Gesetzgeber hinsichtlich der Stärkung der Rechtsstellung des Steuerpflichtigen im Besteuerungsverfahren (weit) überholt. Nach dem Abschnitt der DSGVO zu den Betroffenenrechten ist Art. 23 DSGVO besonders erwähnenswert, der weitreichende Einschränkungen der durch die DSGVO angeordneten Rechte und Pflichten durch nationale Rechtsakte zulässt.[1405] In den Art. 24 bis 43 DSGVO werden Einzelheiten zu den Pflichten des Verantwortlichen und des Auftragsverarbeiters statuiert. Danach folgen in den Art. 44 bis 50 DSGVO Regeln zur Übermittlung von personenbezogenen Daten an Drittländer oder internationale Organisationen. Im nächsten Kapitel der DSGVO, der die Art. 51

1402 *Bareither/Großmann/Uterhark*, BB 2019, 1111 ff.; *Korts*, SAM 2019, 123 ff.; zutreffend auch *Seer*, SteuerStud 2019, 240 (246); *Krumm*, DB 2017, 2182 (2193 f.); *Drüen*, in: Tipke/Kruse, AO/FGO, § 32a AO Rz. 1 (Stand: Oktober 2018).

1403 Dem Insolvenzverwalter steht der Anspruch auf Akteneinsicht aus Art. 15 Abs. 1 DSGVO nicht zu, da es sich dabei um ein höchstpersönliches Recht handelt, das nicht zur Insolvenzmasse gehört und der Insolvenzverwalter nicht „betroffene Person" i.S. des Art. 15 Abs. 1 DSGVO ist, sondern der Steuerpflichtige selbst, dessen Daten verarbeitet werden, vgl. OVG Lüneburg v. 20.6.2019 – 11 LC 121/17, juris, Rz. 48 ff.; jüngst ebenso VG Gießen v. 23.10.2019 – 4 K 252/19.GI, juris, Rz. 30 ff.

1404 So zutreffend nunmehr FG Saarland v. 3.4.2019 – 2 K 1002/16, EFG 2019, 1217 (1218), m. Anm. *Jacoby*, als erste Entscheidung im steuerlichen Kontext, die dies ausdrücklich mit Blick auf Art. 15 DSGVO feststellt; a.A. ausdrücklich gegen das FG Saarland v. 3.4.2019 – 2 K 1002/16, EFG 2019, 1217, bei *Poschenrieder*, DStR 2020, 21 (22 ff.), die als Sachgebietsleiterin in der Berliner Finanzverwaltung vor allem – wenig überraschend – die Interessen der Finanzverwaltung in den Blick nimmt, wenn sie im Zusammenhang mit der Gewährung von Akteneinsicht von „hohe[n] verwaltungsökonomische[n] Hürden" und „einen großen Verwaltungsaufwand" spricht; gegen ein „allgemeines" Akteneinsichtsrecht aber auch BMF v. 12.1.2018, BStBl. I 2018, 185 (189), Rz. 32, wonach im Einzelfall eine Information oder eine Auskunft dadurch gewährt werden kann, dass die Finanzbehörde Akteneinsicht gewährt, wenn dies zweckmäßig erscheint; dem folgend *Erkis*, DStR 2018, 161 (163). In Übereinstimmung mit dem zuvor genannten BMF-Schreiben hat die Finanzverwaltung auch den zweiten Satz des AEAO zu § 364 neu gefasst, der nunmehr wie folgt lautet: „Wenn die Finanzbehörde es für zweckmäßig hält, kann sie Akteneinsicht gewähren", s. BMF v. 12.1.2018, BStBl. I 2018, 175 (184).

1405 Zum Art. 23 DSGVO sogleich ausführlich unter Teil 4, E. IX. 3. e) ee).

bis 59 DSGVO umfasst, geht es um die Tätigkeit der Aufsichtsbehörden. Das nächste Kapitel schließt daran an und regelt in den Art. 60 bis 76 DSGVO die Zusammenarbeit der Aufsichtsbehörden sowie ein Kohärenzverfahren zur Sicherstellung einer einheitlichen Anwendung der DSGVO innerhalb der EU. Das letzte Kapitel der DSGVO vor seinen Schlussbestimmungen (Art. 94 bis 99 DSGVO) sieht eigenständige Rechtsbehelfe, Haftungsvorschriften und Sanktionen in den Art. 77 bis 93 DSGVO vor.

bb) Rechtsverhältnis zwischen DSGVO und AO

Die DSGVO gilt als Verordnung nach Art. 288 Abs. 2 AEUV unmittelbar in den Mitgliedstaaten und damit selbstredend auch in Deutschland.[1406] Sie genießt im Kollisionsfall grundsätzlich Anwendungsvorrang vor den nationalen Vorschriften.[1407] Dies gilt auch gegenüber der AO.[1408] Zu Recht spricht *Drüen* deshalb von der „Europäisierung des [nationalen] Steuerdatenschutzrechts" durch die DSGVO.[1409] Das bedeutet aber nicht, dass man allein den Blick auf die DSGVO fokussieren kann. Wie bereits erwähnt, hat die DSGVO keine Vollharmonisierung, sondern eine nur hinkende Harmonisierung bewirkt. Von den Öffnungsklauseln der DSGVO hat auch der deutsche Gesetzgeber umfassend Gebrauch gemacht, wie die §§ 29b und 29c AO sowie die §§ 32a bis 32f AO bezeugen.[1410] Diese Zweigleisigkeit in der Regelungstechnik im Mehrebenensystem zwingt zu einem „Pendelblick" zwischen der DSGVO und der AO,[1411] der punktuell mit einem Blick in das BDSG ergänzt werden muss.[1412] Dem ohnehin schon

1406 Dies hat auch die Rspr. bereits mehrfach betont, vgl. BayVwGH v. 21.5.2019 – 17 P 18.2581, juris, Rz. 45 f.; LAG Baden-Württemberg v. 20.12.2018 – 17 Sa 11/18, juris, Rz. 197; BVerwG v. 27.9.2018 – 7 C 5/17, NVwZ 2019, 473 (475); BGH v. 2.7.2018 – AnwZ (Brfg) 49/17, juris, Rz. 44; s. auch *Klar*, BB 2019, 2243 (2244).

1407 BayVwGH v. 21.5.2019 – 17 P 18.2581, juris, Rz. 45; ebenso *Klar*, BB 2019, 2243 (2244); *Kühling/Sackmann*, NVwZ 2018, 681 (682).

1408 *Erkis*, DStR 2018, 161; *Krumm*, DB 2017, 2182 (2187).

1409 S. die Überschrift bei *Drüen*, in: Tipke/Kruse, AO/FGO, § 2a AO Rz. 1 (Stand: August 2018).

1410 Diese Vorschriften wurden durch Art. 17 des Gesetzes zur Änderung des Bundesversorgungsgesetzes und anderer Vorschriften vom 17.7.2017, BGBl. I 2017, 2541 (2546 ff.), eingefügt.

1411 *Drüen*, in: Tipke/Kruse, AO/FGO, § 2a AO Rz. 7 (Stand: August 2018); s. auch *Myßen/Kraus*, FR 2019, 58 (59): DSGVO und AO seien immer „parallel heranzuziehen".

1412 S. etwa § 2a Abs. 4 AO; vgl. auch *Drüen*, in: Tipke/Kruse, AO/FGO, § 2a AO Rz. 7, 20 ff., 27 f. (Stand: August 2018); s. auch *Seer*, SteuerStud 2019, 240.

durch diese Regelungstechnik verwirrten Rechtsanwender[1413] hilft auch die nur spärlich formulierte Vorschrift des § 2a AO nicht besonders weiter,[1414] die – ausweislich ihrer Überschrift – ja gerade dem Zweck dienen soll, den Anwendungsbereich der Vorschriften im Zusammenhang mit der Verarbeitung von personenbezogenen Daten genau festzulegen.[1415] Der § 2a Abs. 1 AO ist dahingehend zu verstehen, dass die Vorschriften der AO sowie der Einzelsteuergesetze grundsätzlich unabhängig von Datenschutzgesetzen des Bundes und der Länder bereichsspezifisch (allein) im Besteuerungsverfahren Anwendung finden. Im § 2a Abs. 2 AO wird die Anwendbarkeit der datenschutzrechtlichen Vorschriften der AO auf die Verarbeitung von Daten durch die Finanzbehörden i.R. ihrer Überwachung des grenzüberschreitenden Warenverkehrs erklärt.[1416] Insoweit fingiert § 2a Abs. 2 Satz 2 AO die Verarbeitung von Daten bei der Überwachung als Verarbeitung in einem steuerlichen Verfahren. Nach § 2a Abs. 3 AO findet die AO insoweit keine Anwendung, wie das Unionsrecht und insbesondere die DSGVO gilt. Dem darin einfachgesetzlich zum Ausdruck kommenden Grundsatz des Anwendungsvorrangs für das Unionsrecht kommt vor dem Hintergrund des bereits aus dem Unionsrecht selbst heraus bestehenden Anwendungsvorrangs von Unionsrecht im Allgemeinen[1417] und der unmittelbaren Anwendbarkeit von Verordnungen nach Art. 288 Abs. 2 AEUV im Besonderen lediglich deklaratorische Bedeutung zu.[1418] Zudem erweckt die Formulierung den Eindruck, als müsse der Rechtsanwender sich stets zwischen der DSGVO oder der AO im Sinne einer „entweder oder" Entscheidung entscheiden.[1419] Dies trifft jedoch gerade nicht zu, bilden doch die DSGVO und die AO einen „gemeinsam[en] [...] rechtlichen Rahmen für den Steuerdatenschutz",[1420] indem „die AO

1413 Nach *Seer*, SteuerStud 2019, 240, besteht nunmehr ein „unübersichtliches Gemengelage"; s. auch schon *Krumm*, DB 2017, 2182 (2186), der von einer „anwenderunfreundliche[n], mitunter instranparente[n] Regelungstechnik" spricht; auch *Drüen*, in: Tipke/Kruse, AO/FGO, § 2a AO Rz. 7 (Stand: August 2018), sieht in der Gesamtheit der einzelnen Regelungen ein schwer durchschaubares Normengeflecht, „das nur wenig transparent und normenklar erscheint".

1414 Ebenso *Seer*, DStJG 42 (2019), 247 (263); *ders.*, SteuerStud 2019, 240 (243), der im § 2a (Abs. 3) AO das Gegenteil einer klaren Anwendungsregel erblickt.

1415 BT-Drucks. 18/12611, S. 75.

1416 S. hierzu allein *Drüen*, in: Tipke/Kruse, AO/FGO, § 2a AO Rz. 19 (Stand: August 2018).

1417 *Drüen*, in: Tipke/Kruse, AO/FGO, § 2a AO Rz. 23 (Stand: August 2018).

1418 *Drüen*, in: Tipke/Kruse, AO/FGO, § 2a AO Rz. 10, 23 (Stand: August 2018).

1419 *Krumm*, DB 2017, 2182 (2187).

1420 *Drüen*, in: Tipke/Kruse, AO/FGO, § 2a AO Rz. 23 (Stand: August 2018).

die Öffnungsklauseln der DSGVO als „spezifische mitgliedstaatliche Regelung" füllt".[1421] Für die Verarbeitung von personenbezogenen Daten zum Zweck der Verhütung, Ermittlung, Aufdeckung, Verfolgung oder Ahndung von Steuerstraftaten[1422] oder Steuerordnungswidrigkeiten sind der Erste und Dritte Teil des BDSG anwendbar, soweit das Gesetz nichts anderes bestimmt, § 2a Abs. 4 AO. Mit § 2a Abs. 5 AO erweitert der nationale Gesetzgeber den Anwendungsbereich der DSGVO in persönlicher Hinsicht für den nationalen Bereich und erklärt die DSGVO für entsprechend anwendbar in Bezug auf personenbezogene Daten von identifizierten oder identifizierbaren verstorbenen natürlichen Personen (§ 2a Abs. 5 Nr. 1 AO)[1423] oder Körperschaften, rechtsfähige und nichtrechtsfähige Personenvereinigungen und Vermögensmassen (§ 2a Abs. 5 Nr. 2 AO). Damit folgt die AO ihrem traditionellen Grundsatz, dass die Vorschriften des Steuerverfahrensrechts auf sämtliche Steuerpflichtige Anwendung finden ohne Rücksicht auf die Rechtsform.[1424]

cc) Anwendbarkeit der DSGVO im deutschen Steuervollzug unter besonderer Berücksichtigung des Einsatzes von RMS

aaa) Persönlich

Der persönliche Anwendungsbereich der DSGVO beschränkt sich auf den Schutz für personenbezogene Daten lebender natürlicher Personen.[1425] Für die Verarbeitung personenbezogener Daten von juristischen Personen soll die DSGVO ausdrücklich nicht gelten.[1426] Damit folgt die DSGVO ihrer Ermächtigung aus Art. 16 Abs. 2 AEUV[1427] ebenso wie der abgelösten Richtlinie,[1428] die beide ebenfalls den persönlichen Schutzbereich auf natürliche Personen

---

1421 *Seer*, DStJG 42 (2019), 247 (263); *ders.*, SteuerStud 2019, 240 (243).

1422 S. zu den Steuerstraftaten § 369 AO.

1423 Vgl. insoweit Erwägungsgrund 27 zur DSGVO.

1424 *Binnewies/Bertrand*, AG 2019, 170 (171); *Waterkamp*, FR 2019, 72; *Erkis*, DStR 2018, 161 (162); s. auch *Baum*, NWB 2017, 3143 (3148), zum § 2a Abs. 5 AO.

1425 Erwägungsgründe 1, 2, 14 und 27 zur DSGVO sowie Art. 1 Abs. 1 und 2 DSGVO; s. auch *Seer*, DStJG 42 (2019), 247 (260); *Waterkamp*, FR 2019, 72; ausführlich bei *Plath*, in: Plath, DSGVO/BDSG, Art. 1 DSGVO Rz. 3; *Zerdick*, in: Ehmann/Selmayr, DS-GVO, Art. 1 Rz. 8.

1426 Erwägungsgrund 14 zur DSGVO.

1427 *Seer*, DStJG 42 (2019), 247 (260).

1428 Die von der DSGVO abgelöste Richtlinie 95/46/EG, Abl. Nr. L 281, 31, stellte zu Beginn der Richtlinie im Art. 1 Abs. 1 der Richtlinie klar, dass die Richtlinie dem Schutz von personenbezogenen Daten natürlicher Personen dient.

beschränk(t)en. Dem bereits angesprochenen Pendelblick folgend, muss zur Bestimmung des persönlichen Anwendungsbereichs der DSGVO im deutschen Steuervollzug neben den Bestimmungen der DSGVO die AO mit § 2a Abs. 5 AO gelegt werden, der den persönlichen Anwendungsbereich der DSGVO – daneben auch der AO und der (Einzel-)Steuergesetze – nach § 2a Abs. 5 Nr. 2 AO vor allem auch auf Körperschaften, rechtsfähige oder nichtrechtsfähige Personenvereinigungen und Vermögensmassen erweitert. Diese durchaus erfreuliche Erweiterung des persönlichen Anwendungsbereichs der DSGVO[1429] führt dazu, dass im nationalen Bereich neben den einzelnen Bürgern als natürliche Personen auch juristische Personen des Privatrechts wie eine AG[1430] oder eine GmbH von dem persönlichen Anwendungsbereich der DSGVO umfasst sind. Letztere werden gleich von mehreren Einzelsteuergesetzen als Besteuerungssubjekte erfasst,[1431] sodass diese regelmäßig auch von umfangreicheren Besteuerungsverfahren betroffen sind. Die nationale Erweiterung des persönlichen Anwendungsbereichs der DSGVO durch § 2a Abs. 5 AO ist dementsprechend überaus sinnvoll.

bbb) Sachlich

Den sachlichen Anwendungsbereich der DSGVO gibt Art. 2 DSGVO vor. Danach müssen insgesamt vier Voraussetzungen kumulativ erfüllt sein:[1432]

(1) Verarbeitung personenbezogener Daten

Zunächst ist nach Art. 2 Abs. 1 DSGVO die Verarbeitung von personenbezogenen Daten erforderlich. Damit greift Art. 2 Abs. 1 DSGVO auf Begriffe vor, die erst im Art. 4 DSGVO definiert werden. Nach Art. 4 Nr. 1 DSGVO sind personenbezogene Daten alle Informationen, die sich auf eine identifizierte oder identifizierbare (natürliche) Person beziehen. Die DSGVO nennt diese Person in der Folge „betroffene Person". Identifizierbar ist nach Art. 4 Nr. 1 DSGVO eine Person, wenn sie direkt oder indirekt, insbesondere mittels Zuordnung zu einer Kennung wie einen Namen, zu einer Kennnummer, zu Standortdaten, zu einer Online-Kennung oder zu einem oder mehreren besonderen Merkmalen identifiziert werden kann, die Ausdruck der physischen, physiologischen,

---

1429 So auch *Seer*, DStJG 42 (2019), 247 (263).

1430 Zur Anwendbarkeit der DSGVO im Besteuerungsverfahren bei einer AG als Steuerpflichtige explizit *Binnewies/Bertrand*, AG 2019, 170.

1431 Beispielhaft sind § 1 KStG sowie § 2 Abs. 2 und 3 GewStG zu nennen.

1432 *Plath*, in: Plath, DSGVO/BDSG, Art. 2 DSGVO Rz. 4.

genetischen, psychischen, wirtschaftlichen, kulturellen oder sozialen Identität dieser (natürlichen) Person sind. Der Begriff der personenbezogenen Daten ist sehr weit gefasst („alle Informationen“).[1433] Erfasst werden damit nicht nur subjektbezogene Daten wie der Name oder das Geburtsdatum, sondern auch sachliche Informationen, die einer bestimmten Person zugeordnet werden können.[1434] Zu letzteren gehören etwa Daten zu den Vermögens- und Eigentumsverhältnissen der jeweiligen Person.[1435] Das RMS selbst bewertet primär die Angaben des Steuerpflichtigen aus seiner Steuererklärung, um zu beurteilen, ob weitere Sachverhaltsermittlungen im Einzelfall angezeigt sind.[1436] Die von dem Steuerpflichtigen in der Steuererklärung gemachten Angaben bestehen aus einer Mischung von subjektbezogenen Daten (z.B. Name, Wohnsitz) und sachlichen Informationen (z.B. Höhe der Bruttoeinkünfte aus nichtselbständiger Arbeit oder Eigentum an Vermietungsobjekten). Durch die den jeweiligen Finanzbehörden vorliegenden Informationen können die in der Steuererklärung gemachten Angaben auch einem identifizierten, jedenfalls aber anhand der geführten Steuernummer als „Kennnummer“ i.S. des Art. 4 Nr. 1 DSGVO identifizierbaren Steuerpflichtigen zugeordnet werden. Letztlich können anhand der Steuernummer alle Daten, die in der elektronischen Steuerakte oder vereinzelt in der Papierakte zum jeweiligen Steuerpflichtigen geführt werden, einem identifizierbaren Steuerpflichtigen zugeordnet werden, sodass es sich bei allen Daten in der Steuerakte um personenbezogene Daten nach Art. 4 Nr. 1 DSGVO handelt.[1437] Nicht unerwähnt bleiben soll in diesem Zusammenhang, dass der EuGH bereits zu der durch die DSGVO abgelösten Richtlinie 1995/46/EG vom 24. Oktober 1995[1438] mehrmals entschieden hat, dass „Steuerdaten“ personenbezogene Daten i.S. von Art. 2 lit. a) der Richtlinie darstellen.[1439] Für die DSGVO,

---

1433 *Klar*, BB 2019, 2243 (2245); *Ernst*, in: Paal/Pauly, DS-GVO/BDSG, Art. 4 DS-GVO Rz. 3.

1434 Vgl. insoweit auch OLG Köln v. 26.7.2019 – 20 U 75/18, juris, Rz. 304.

1435 OLG Köln v. 26.7.2019 – 20 U 75/18, juris, Rz. 304; ebenso *Klar*, BB 2019, 2243 (2245); *Schepers*, DStR 2019, 1109; *Bleschik*, DStR 2018, 1050 (1054).

1436 Das RMS greift aber auch auf weitere Informationen zum Steuerpflichtigen zurück, z.B. Kontrollmitteilungen oder Informationen durch Auskünfte von Dritten.

1437 I. Erg. so auch *Bareither/Großmann/Uterhark*, BB 2019, 1111 (1113), wonach der Begriff der personenbezogenen Daten alles umfasst, „was die Finanzbehörde bzw. das Gericht über eine bestimmte oder bestimmbare Person weiß“.

1438 Richtlinie zum Schutz natürlicher Personen bei der Verarbeitung personenbezogener Daten und zum freien Datenverkehr v. 24.10.1995, 1995/46/EG, Abl. Nr. L 281, 31.

1439 EuGH v. 27.9.2017 – Rs. C-73/16 „Puskar/Financne“, ECLI:EU:C:2017:725, Rz. 41; v. 1.10.2015 – Rs. C-201/14 „Bara u.a.“, ECLI:EU:C:2015:638, Rz. 29.

die den Begriff der personenbezogenen Daten wie die Richtlinie sehr weit definiert, kann nichts anderes gelten.

Unter Verarbeitung ist nach Art. 4 Nr. 2 DSGVO jeder Vorgang im Zusammenhang mit personenbezogenen Daten zu verstehen, der mit oder ohne automatisierte Hilfe erfolgt. Darunter fallen insbesondere Vorgänge wie das Erheben, das Erfassen, die Organisation, das Ordnen, die Speicherung, die Anpassung oder Veränderung, das Auslesen, das Abfragen, die Verwendung, die Offenlegung durch Übermittlung, Verbreitung oder eine andere Form der Bereitstellung, den Abgleich oder die Verknüpfung, die Einschränkung, das Löschen oder die Vernichtung. Das automationsgestützte RMS erfasst und verwendet die personenbezogenen Daten zur Beurteilung der Kontrollbedürftigkeit. Als selbstlernendes System speichert es auch die Daten, die durch das RMS laufen. Zudem gleicht das RMS die Daten des Steuerpflichtigen mit den Daten von anderen Steuerpflichtigen ab und verknüpft diese.[1440] Darüber hinaus nutzt die Finanzverwaltung unterschiedliche Datenverarbeitungssysteme, mit denen sie die personenbezogenen Daten ordnet und speichert.[1441] Steuert das RMS einen Steuerfall zur weiteren Prüfung aufgrund eines Risikoparameters oder wegen der automationsgestützten Zufallsauswahl aus, so erfolgen weitere manuelle Datenerhebungen, Datenerfassungen und Datenverwendungen durch den jeweiligen Amtsträger. Die verifizierende Finanzverwaltung bedarf dieser konkreten und zuverlässigen personenbezogenen (Steuer-)Daten, um seinem Verifikationsauftrag aus § 85 AO sowie § 88 Abs. 1 AO n.F. nachkommen zu können.[1442] Damit handelt es sich bei der verifizierenden Tätigkeit der Finanzverwaltung unter Einsatz des RMS um die Verarbeitung von personenbezogenen Daten i.S. der DSGVO. Dieses Ergebnis ergibt sich schließlich auch aus einem Umkehrschluss zu § 32a Abs. 2 Nr. 2 AO, der die Informationspflicht der Finanzbehörden nach Art. 13 DSGVO u.a. dann ausschließt, wenn die Erteilung der Information Rückschlüsse auf die Ausgestaltung automationsgestützter RMS zulässt. Dieser Vorschrift hätte es nicht bedurft, wenn der Einsatz von RMS schon nicht als Verarbeitung von personenbezogenen Daten nach der DSGVO qualifiziert werden könnte, da in diesem Fall mangels sachlicher Anwendbarkeit der DSGVO schon kein Informationsanspruch des Steuerpflichtigen nach Art. 13 DSGVO bestehen würde.

1440 Vgl. bereits unter Teil 4, E. VI. 2. b); s. auch *Ehrke-Rabel*, FR 2019, 45 (53).

1441 *Bareither/Großmann/Uterhark*, BB 2019, 1111 (1113).

1442 Ähnlich *Ehrke-Rabel*, FR 2019, 45 (46); *Drüen*, in: Zukunftsfragen des deutschen Steuerrechts, S. 1 (11).

(2) *Ganz oder teilweise automatisierte Verarbeitung oder nichtautomatisierte Verarbeitung mit Dateisystem*

Das Vorliegen von personenbezogenen Daten allein führt noch nicht zur unmittelbaren Anwendbarkeit der DSGVO.[1443] Darüber hinaus muss es sich nach Art. 2 Abs. 1 DSGVO um eine ganz oder teilweise automatisierte Verarbeitung handeln. Falls diese Fälle der Verarbeitung nicht vorliegen sollten, so bleibt die DSGVO auch bei einer nichtautomatisierten Verarbeitung sachlich anwendbar, wenn die personenbezogenen Daten in einem Dateisystem gespeichert sind oder gespeichert werden sollen. Die DSGVO enthält keine Begriffsbestimmung zur „automatisierten" oder „teilweise automatisierten" Verarbeitung. Dies ist wohl dem Erwägungsgrund 15 zur DSGVO geschuldet, wonach der Schutz von personenbezogenen Daten „technologieneutral", also nicht allein „von den verwendeten Techniken abhängen" soll.[1444] Dies führt gleichzeitig dazu, dass diese Begriffe tendenziell weit auszulegen sind, sodass jede rechnergestützte Verarbeitung zunächst als „automatisierte" Verarbeitung angesehen werden kann.[1445] Die aufgezeigten Verarbeitungsvorgänge des RMS erfolgen in der Konsequenz allesamt automatisch, da das RMS selbst zunächst ohne Mitwirkung eines Amtsträgers arbeitet. Selbst wenn ein Fall zur persönlichen Prüfung ausgesteuert wird, erfolgt die Verarbeitung durch das RMS als Teilschritt zunächst vollständig automatisch. Betrachtet man hingegen den gesamten Prozess von der Einreichung einer Steuererklärung bis zum Erlass des Steuerbescheids bei einem durch das RMS ausgesteuerten Steuerfall, so ist wegen der (teilweisen) manuellen Verarbeitung durch den jeweiligen Amtsträger im Anschluss an die Aussteuerung von einer teilweise automatisierten Verarbeitung auszugehen.[1446] In den Fällen des § 88 Abs. 5 Satz 3 Nr. 3 AO n.F., in denen der Amtsträger völlig unabhängig vom automationsgestützten RMS einen Steuerfall zur intensiveren Prüfung auswählt, kann grundsätzlich von einer nichtautomatisierten Verarbeitung ausgegangen

1443 *Plath*, in: Plath, DSGVO/BDSG, Art. 2 DSGVO Rz. 6.

1444 So auch *Plath*, in: Plath, DSGVO/BDSG, Art. 2 DSGVO Rz. 7.

1445 *Zerdick*, in: Ehmann/Selmayr, DS-GVO, Art. 2 Rz. 3; *Plath*, in: Plath, DSGVO/BDSG, Art. 2 DSGVO Rz. 7.

1446 Insoweit liegt ein manueller Zwischenschritt vor, der jedoch nicht dazu führt, dass dieser Verarbeitungsvorgang von dem Anwendungsbereich der DSGVO ausgenommen wird, vgl. *Plath*, in: Plath, DSGVO/BDSG, Art. 2 DSGVO Rz. 9. In der Folge liegt auch in dem Fall, in dem der Steuerpflichtige keine elektronische Steuererklärung abgibt, sodass die Angaben aus der Steuererklärung zunächst manuell von einem Finanzbeamten in der Aufnahmestelle in die EDV der Finanzbehörde eingetippt werden müssen, eine nur teilweise automatisierte Verarbeitung durch das RMS vor.

werden.[1447] In diesem Fall ist ein „Dateibezug" erforderlich.[1448] Das bedeutet, dass die personenbezogenen Daten in einem Dateisystem gespeichert sein oder gespeichert werden müssen. Was unter einem Dateisystem zu verstehen ist, wird in Art. 4 Nr. 6 DSGVO erläutert. Danach sind Dateisysteme jede strukturierte Sammlung von personenbezogenen Daten, die nach bestimmten Kriterien zugänglich sind; der geografische Ort der Sammlung ist dabei irrelevant. Ebenso unerheblich ist, ob diese Dateisysteme automationsgestützt oder manuell geführt werden.[1449] Die bei der Finanzbehörde geführten Papierakten und elektronischen Steuerakten, die nach Steuernummern oder sonstigen Aktenzeichen systematisch geführt werden, stellen ein Dateisystem nach der zuvor genannten Definition des Art. 4 Nr. 6 DSGVO dar.[1450] Auch im Fall des § 88 Abs. 5 Satz 3 Nr. 3 AO n.F. liegen mithin die Voraussetzungen aus Art. 2 Abs. 1 DSGVO vor.

(3) Kein Ausschlussgrund nach Art. 2 Abs. 2 DSGVO

Im steuerlichen Kontext ist der Ausschlussgrund aus Art. 2 Abs. 2 lit. a) DSGVO von Bedeutung. Nach Art. 2 Abs. 2 lit. a) DSGVO findet die DSGVO keine Anwendung im Rahmen einer Tätigkeit, die nicht in den Anwendungsbereich des Unionsrechts fällt. Viele nationale Steuerarten, wie etwa die Einkommen- und Körperschaftsteuer oder die Erbschaft- und Schenkungsteuer, sind nicht durch das Unionsrecht harmonisiert.[1451] Bei restriktiver Auslegung des Wortlauts von Art. 2 Abs. 2 lit. a) DSGVO würde die DSGVO mit ihren Rechten und Pflichten zugunsten des Steuerpflichtigen nur beim Besteuerungsverfahren zur Veranlagung der unionsrechtlich harmonisierten besonderen Verbrauchsteuern und der Umsatzsteuer gelten.[1452] Dies hätte für das deutsche Besteuerungsverfahren zur Folge, dass je nach Steuerart unterschiedliche Datenschutzgesetze zur

---

1447 Selbst in diesem Zusammenhang muss aber zugegeben werden, dass der Amtsträger rechnergestützt Daten des Steuerpflichtigen verarbeitet.

1448 Vgl. allein *Plath*, in: Plath, DSGVO/BDSG, Art. 2 DSGVO Rz. 12 ff.

1449 *Myßen/Kraus*, FR 2019, 58 (61). Auch die Definition zum Dateisystem in Art. 4 Nr. 6 DSGVO ist somit weit zu verstehen.

1450 So ausdrücklich für Papierakten (und damit erst recht für elektronisch geführte und systematisierte Steuerakten) FG Saarland v. 3.4.2019 – 2 K 1002/16, EFG 2019, 1217 (1218). Im Bereich der Finanzverwaltung dürfte richtigerweise eine nicht strukturierte Sammlung bzw. Aufbewahrung der personenbezogenen Daten „ein absoluter Ausnahmefall sein", vgl. *Myßen/Kraus*, FR 2019, 58 (61).

1451 FG Saarland v. 3.4.2019 – 2 K 1002/16, EFG 2019, 1217 (1218); s. auch die Beispiele bei *Krumm*, DB 2017, 2182 (2186).

1452 *Korts*, SAM 2019, 123 (124); *Seer*, DStJG 42 (2019), 247 (263).

Anwendung kommen, obwohl gerade bei den meisten betroffenen Steuerpflichtigen die unterschiedlichen Steuerarten in einem einheitlichen Besteuerungsverfahren veranlagt werden.[1453] Es leuchtet unter keinem Gesichtspunkt ein, warum eine gewerblich tätige natürliche Person, die sowohl zur Einkommen- als auch zur Umsatzsteuer veranlagt wird, in Bezug auf die Umsatzsteuer in den vollen Genuss der DSGVO kommt und bezüglich der Einkommensteuer keine dieser verfahrensrechtlichen Vorteile genießt. Das anzuwendende Recht teilt sich hier nach der jeweiligen Steuerart. Ein „gespaltenes Datenschutzrecht"[1454] kann jedoch auf Dauer in der Praxis nicht vollzogen werden.[1455] Eine Unterscheidung des Datenschutzniveaus nach der Steuerart überzeugt schlechterdings nicht.[1456] Auch wenn der § 2a Abs. 5 AO allein den persönlichen Anwendungsbereich der DSGVO erweitert, wäre damit freilich wenig gewonnen, wenn diese Erweiterung bereits auf der nächsten Ebene des sachlichen Anwendungsbereichs durch die Anknüpfung an nur einzelne wenige Steuerarten leer liefe.[1457] Die DSGVO muss demzufolge steuerartenübergreifend für das gesamte Besteuerungsverfahren gelten.[1458] Dieser Ansicht schließt sich offensichtlich auch die Finanzverwaltung

1453 *Ehrke-Rabel*, FR 2019, 45 (47).

1454 So *Seer*, DStJG 42 (2019), 247 (263).

1455 So auch BVerwG v. 4.7.2019 – 7 C 31/17, juris, Rz. 14, im Rahmen einer EuGH-Vorlage bezugnehmend auf Aussagen des BMF im Rahmen der mündlichen Verhandlung; *Ehrke-Rabel*, FR 2019, 45 (47).

1456 Auch die – zugegeben noch junge – Rechtsprechung scheint in diese Richtung zu tendieren. So hat das FG Sachsen v. 8.5.2019 – 5 K 337/19, juris, mit Urteil entschieden, dass der Klägerin als einer GmbH ein Anspruch auf Zurverfügungstellung einer Kopie der im Rahmen der Betriebsprüfung erhobenen personenbezogenen Daten aus Art. 15 Abs. 3 DSGVO i.V. mit § 2a Abs. 5 AO zusteht. Auch wenn aus dem Urteil nicht unmittelbar hervorgeht, auf welche Steuerarten sich die Betriebsprüfung bezog, so scheint das FG Sachsen den Auskunftsanspruch aus Art. 15 DSGVO doch unabhängig von der jeweiligen Steuerart dem Steuerpflichtigen im Besteuerungsverfahren zuzusprechen. Zudem spricht die allgemeine Lebenserfahrung dafür, dass sich die Betriebsprüfung in den geprüften Veranlagungszeiträumen auch auf die einschlägigen Ertragsteuern bei einer GmbH, wie z.B. die Körperschaftsteuer, bezog.

1457 So stellt auch das BVerwG v. 4.7.2019 – 7 C 31/17, juris, Rz. 14, auf das in § 2a Abs. 3 und 5 AO zum Ausdruck kommende Regelungsziel für eine steuerartenübergreifende unmittelbare Anwendung der DSGVO ab.

1458 So auch ausdrücklich BVerwG v. 4.7.2019 – 7 C 31/17, juris, Rz. 14; FG Saarland v. 3.4.2019 – 2 K 1002/16, EFG 2019, 1217 (1218); ebenso *Ehrke-Rabel*, FR 2019, 45 (47), sowohl für das deutsche als auch für das österreichische Besteuerungsverfahren; *Korts*, SAM 2019, 123 (124 f.); a.A. aber jüngst FG Niedersachsen v. 28.1.2020 – 12 K 213/19, juris, Rz. 18. Nicht ganz klar, aber wegen des Abstellens auf die Erhebung

an, wenn sie im BMF-Schreiben zur DSGVO vom 12. Januar 2018 von einer einheitlichen steuerartenübergreifenden Anwendbarkeit der DSGVO ausgeht.[1459]

Eine ausdrückliche Klarstellung im § 2a AO, etwa in einem Absatz 6 nach der Erweiterung in § 2a Abs. 5 AO, wäre vor dem Hintergrund der ohnehin komplexen Rechtslage mehr als wünschenswert. Zu denken wäre auch an einen ausdrücklichen Verweis auf § 1 Abs. 8 BDSG verbunden mit einer Erklärung zur entsprechenden Anwendung für das Besteuerungsverfahren, denn der § 1 Abs. 8 BDSG sieht bereits eine Erweiterung des sachlichen Anwendungsbereichs der DSGVO für Zwecke des BDSG vor. Dies wäre überdies mit § 2a Abs. 1 Satz 2 AO vereinbar.[1460] Bis dahin sollte die DSGVO sachlich zumindest „entsprechend" für den gesamten Steuervollzug ohne Rücksicht auf eine bestimmte Steuerart Anwendung finden.[1461] Dies ließe sich nach der aktuellen Rechtslage elegant durch eine analoge Anwendung des § 2a Abs. 5 AO erreichen.[1462] Das FG Niedersachsen hat sich mit Urteil vom 28. Januar 2020 ausdrücklich gegen eine analoge Anwendung des § 2a Abs. 5 AO zur Eröffnung des sachlichen

---

und Verwendung von personenbezogenen Daten für die Einkommensteuer im Kontext der Zweckbindung nach Art. 5 Abs. 1 lit. b) DSGVO auch nicht ausgeschlossen bei *Myßen/Kraus*, FR 2019, 58 (60). *Seer*, DStJG 42 (2019), 247 (263), hält eine steuerartenübergreifende Anwendung zwar für sinnvoll, er moniert aber den fehlenden Anhaltspunkt im (nationalen) Gesetz; dagegen wohl grundsätzlich auch *Krumm*, DB 2017, 2182 (2186); *Drüen*, in: Tipke/Kruse, AO/FGO, § 2a AO Rz. 6 (Stand: August 2018).

1459 Vgl. BMF v. 12.1.2018, BStBl. I 2018, 185 (186, 188), Rz. 3, 22, wonach die DSGVO unmittelbar auch im Verwaltungsverfahren in Steuersachen nach der AO Anwendung findet und zum Verwaltungsverfahren in Steuersachen nach der AO auch die Lohnsteuer-Außenprüfung und Lohnsteuer-Nachschau gehört (Rz. 3). Ferner stellt das BMF für den Zweck der Verarbeitung auf die jeweilige Abgabeart und ganz allgemein auf die „Steuer" ab und nennt als Beispiel die Einkommensteuer (Rz. 22). Das BMF-Schreiben allein dürfte jedoch aus rechtlicher Sicht nicht dazu in der Lage sein, den sachlichen Anwendungsbereich der DSGVO als Verordnung i.S. des Art. 288 Abs. 2 AEUV auszudehnen, ebenso FG Niedersachsen v. 28.1.2020 – 12 K 213/19, juris, Rz. 24 f.

1460 Vgl. insoweit auch *Korts*, SAM 2019, 123 (125), dort Fn. 10.

1461 *Krumm*, DB 2017, 2182 (2184).

1462 So auch *Wargowske*, in: Beermann/Gosch, AO/FGO, § 2a AO Rz. 27 (Stand: Juni 2018), der sich für eine entsprechende Anwendung des § 2a Abs. 5 AO ausspricht, falls der sachliche Anwendungsbereich der DSGVO nicht eröffnet sein sollte; ebenso auch *Krumm*, DB 2017, 2182 (2186 f.), für eine analoge Anwendung der DSGVO bzw. des § 2a Abs. 5 AO bei Lücken im Schutz durch die DSGVO.

Anwendungsbereichs der DSGVO auf dem Gebiet der Einkommensbesteuerung natürlicher Personen ausgesprochen.[1463] Seine Auffassung begründet das FG Niedersachsen unter ausdrücklicher Ablehnung der Ansicht von *Krumm*[1464] damit, dass sich der Regelung des § 2a Abs. 5 AO auch nicht im Wege der Analogie der Wille des Gesetzgebers entnehmen lasse, den sachlichen Anwendungsbereich der DSGVO auf nationaler Ebene auf nicht harmonisierte Steuern ausdehnen zu wollen. Dem Gesetzgeber diesen Willen zuzusprechen sei daher „rein spekulativ".[1465] Das FG Niedersachsen verkennt dabei, dass der Gesetzgeber sehr wohl von einer vollumfänglichen statt einer nur partiellen sachlichen Anwendung der DSGVO im Steuervollzug ausgeht. So führt der Gesetzgeber als Beispiel für die ausnahmsweise Zulässigkeit der Verarbeitung besonderer Kategorien personenbezogener Daten nach Art. 9 Abs. 2 lit. g) DSGVO die Geltendmachung von Aufwendungen für eine medizinische Behandlung i.S. des § 33 EStG oder die von Gesetzes wegen zu berücksichtigenden Gewerkschaftsbeiträge oder Kirchensteuerzahlungen als Werbungskosten nach § 9 EStG oder als Sonderausgaben nach § 10 EStG an.[1466] Einer ausnahmsweisen Zulässigkeit der Verarbeitung durch die Finanzbehörden nach Art. 9 Abs. 2 lit. g) DSGVO in Bezug auf die vom Gesetzgeber dargelegten Aufwendungen nach dem EStG bedarf es nicht, wenn die Besteuerung von natürlichen Personen nach dem EStG bereits nicht vom sachlichen Anwendungsbereich der DSGVO umfasst wäre. Ferner kann das FG Niedersachsen nicht ignorieren, dass in § 2a Abs. 5 AO der Grundsatz zum Ausdruck kommt, dass die Vorschriften der AO, der Steuergesetze und vor allem der DSGVO entsprechend für alle vom Steuerverfahrensrecht Betroffenen ungeachtet ihrer Rechtsform gleichermaßen gelten. Dies hat auch der Gesetzgeber ausdrücklich in den der Einfügung des § 2a Abs. 5 AO zugrundeliegenden Gesetzesunterlagen festgehalten.[1467] Selbst wenn man annehmen würde, dass dieses Regelungsziel des Gesetzgebers nicht der Vorschrift des § 2a AO selbst entnommen werden könnte, so kann dieses Regelungsziel doch den der Vorschrift des § 2a AO zuzuordnenden Gesetzesunterlagen entnommen werden. Dies muss für eine Analogie ausreichen, denn die Planwidrigkeit einer Regelungslücke im Gesetz ergibt sich – anders als die Regelungslücke als solche – nur in seltenen Fällen aus dem Gesetz selbst. Eine analoge Anwendung des § 1

1463 FG Niedersachsen v. 28.1.2020 – 12 K 213/19, juris, Rz. 21-23.
1464 S. Fn. 1461.
1465 FG Niedersachsen v. 28.1.2020 – 12 K 213/19, juris, Rz. 21.
1466 BT-Drucks. 18/12611, S. 77 f.
1467 BT-Drucks. 18/12611, S. 76.

Abs. 8 BDSG für das Besteuerungsverfahren scheidet hingegen aus, da wegen dem Geltungsvorbehalt im § 2a Abs. 1 Satz 2 AO nicht von einer „planwidrigen" Regelungslücke ausgegangen werden kann.

(4) Keine Anwendbarkeit vorrangiger Regelungen, Art. 2 Abs. 3, 4 DSGVO

Zu guter Letzt dürften keine vorrangigen Regelungen nach Art. 2 Abs. 3 und 4 DSGVO anwendbar sein.[1468] Nach Art. 2 Abs. 3 DSGVO gilt für die Verarbeitung personenbezogener Daten durch die Organe, Einrichtungen, Ämter und Agenturen der Union die Verordnung 45/2001/EG.[1469] Gleichzeitig sollen diese Verarbeitungen nach Art. 2 Abs. 3 Satz 2 DSGVO künftig der DSGVO angepasst werden, so dass ein „einheitlicher und kohärenter Schutz" bei der Verarbeitung von personenbezogenen Daten gewährleistet wird.[1470] Nach einer Absichtserklärung (sog. „letter of intent") des damaligen Kommissionspräsidenten *Juncker* und des Ersten Vizepräsidenten *Timmermans* und einem Kommissionsvorschlag im Januar 2017,[1471] wurde nunmehr die Verordnung 45/2001/EG durch die neue Verordnung 1725/2018/EU vom 23. Oktober 2018 aufgehoben und ersetzt.[1472] Da im deutschen Steuervollzug unter Einsatz des RMS keine personenbezogenen Daten durch Institutionen der EU verarbeitet werden, wird die DSGVO insoweit nicht durch Art. 2 Abs. 3 Satz 1 DSGVO i.V. mit der Verordnung 1725/2018/EU verdrängt. Daneben erklärt Art. 2 Abs. 4 DSGVO die Richtlinie über den elektronischen Geschäftsverkehr 31/2000/EG („E-Commerce-Richtlinie")[1473] für vorrangig anwendbar, soweit es sich um Aktivitäten handelt, die dieser Richtlinie unterliegen. Dies ist beim deutschen Steuervollzug nicht anzunehmen, so dass auch Art. 2 Abs. 4 DSGVO der sachlichen Anwendbarkeit der DSGVO für den deutschen Steuervollzug unter Einsatz des RMS nicht entgegensteht bzw. diese Richtlinie im deutschen Steuervollzug nicht beachtet werden muss.

ccc) Räumlich

Der räumliche Anwendungsbereich ist im Art. 3 DSGVO niedergelegt. Art. 3 Abs. 1 DSGVO stellt zunächst klar, dass es grundsätzlich auf die Niederlassung

---

1468 *Plath*, in: Plath, DSGVO/BDSG, Art. 2 DSGVO Rz. 30 f.

1469 Abl. Nr. L 8, 1.

1470 S. *Zerdick*, in: Ehmann/Selmayr, DS-GVO, Art. 2 Rz. 14.

1471 COM(2017) 8 final; vgl. auch *Zerdick*, in: Ehmann/Selmayr, DS-GVO, Art. 2 Rz. 16.

1472 Abl. Nr. L 295, 39.

1473 Abl. Nr. L 178, 1.

eines Verantwortlichen oder eines Auftragsverarbeiters innerhalb der Union ankommt, ohne dass es eine Rolle spielt, ob auch die Datenverarbeitung selbst innerhalb der Union stattfindet.[1474] Eine Niederlassung innerhalb der Union setzt voraus, dass eine effektive und tatsächliche Tätigkeit durch eine feste Einrichtung ausgeübt wird.[1475] Diese Voraussetzungen sind bei der Verarbeitung durch deutsche Finanzbehörden als „Verantwortliche" i.S. der DSGVO[1476] sicherlich gegeben, so dass bereits Art. 3 Abs. 1 DSGVO zur Eröffnung des räumlichen Anwendungsbereichs der DSGVO im deutschen Steuervollzug führt. Ein Rückgriff auf Art. 3 Abs. 2 DSGVO, der nunmehr das sog. Marktortprinzip für Zwecke der DSGVO einführt,[1477] oder auf Art. 3 Abs. 3 DSGVO bedarf es demzufolge nicht.

ddd) Zeitlich

In zeitlicher Hinsicht ist Art. 99 DSGVO zu beachten. Nach Art. 99 Abs. 1 DSGVO tritt die Verordnung am 20. Tag nach ihrer Veröffentlichung im Amtsblatt der EU in Kraft.[1478] Die Veröffentlichung der DSGVO im Amtsblatt der EU ist am 4. Mai 2016 erfolgt,[1479] mit der Folge, dass die DSGVO am 24. Mai 2016 nach Art. 99 Abs. 1 DSGVO in Kraft getreten ist.[1480] Die DSGVO gilt jedoch erst nach einer zweijährigen Vorlaufzeit nach Art. 99 Abs. 2 DSGVO ab dem 25. Mai 2018.[1481] Vor dem Zeitpunkt ihrer Geltung entfaltet die DSGVO keine Vorwirkung in dem Sinne, dass sie bereits unmittelbar in den einzelnen Mitgliedstaaten von den Gerichten und der Verwaltung anzuwenden wäre.[1482] Für den deutschen Steuervollzug ist die DSGVO daher (erst) unmittelbar ab dem 25. Mai 2018 verbindlich.

1474 *Leeb/Liebhaber*, JuS 2018, 534 (536); s. auch Erwägungsgrund 22 zur DSGVO.

1475 Erwägungsgrund 22 zur DSGVO; s. auch *Zerdick*, in: Ehmann/Selmayr, DS-GVO, Art. 3 Rz. 9.

1476 Dies wurde bereits festgestellt, vgl. Teil 4, E. IX. 3. e) aa) bbb) (Fn. 1396).

1477 Zum Marktortprinzip vgl. *Zerdick*, in: Ehmann/Selmayr, DS-GVO, Art. 3 Rz. 2, 14 ff.

1478 Zur rein deklaratorischen Bedeutung dieser Vorschrift *Ehmann*, in: Ehmann/Selmayr, DS-GVO, Art. 99 Rz. 3.

1479 Abl. Nr. L 119, 1.

1480 *Kühling/Raab*, in: Kühling/Buchner, DS-GVO/BDSG, Art. 99 DS-GVO Rz. 1.

1481 *Kühling/Raab*, in: Kühling/Buchner, DS-GVO/BDSG, Art. 99 DS-GVO Rz. 2 ff.; zum Auseinanderfallen der Zeitpunkte des Inkrafttretens und der Geltung auch *Kibler/Sandhu*, NVwZ 2018, 528 (529 f.).

1482 Ebenfalls kritisch zu einer Vorwirkung von Verordnungen als Fortentwicklung der anerkannten Vorwirkung von Richtlinien *Kibler/Sandhu*, NVwZ 2018, 528 (530 ff.).

eee) Zwischenergebnis

Die DSGVO ist unmittelbar von deutschen Finanzbehörden anzuwenden. Die Öffnungsklauseln der DSGVO bewirken aber, dass die AO neben die DSGVO gelegt werden muss, um zu dem rechtlich „richtigen“ Steuerdatenschutzrecht zu gelangen. Der Anwendungsbereich der DSGVO ist für den deutschen Steuervollzug unter besonderer Berücksichtigung des Einsatzes von RMS sowohl persönlich für jeden Steuerpflichtigen (§ 2a Abs. 5 AO), als auch sachlich unabhängig von der Steuerart für das Besteuerungsverfahren eröffnet. In räumlicher Hinsicht gilt die DSGVO auch für deutsche Finanzbehörden. Zu beachten ist aber, dass die DSGVO erst ab dem 25. Mai 2018 unmittelbar anwendbar ist.

dd) Das Auskunftsrecht nach Art. 15 DSGVO mit Blick auf den Einsatz von RMS durch die Finanzverwaltung

aaa) Ausdruck des Transparenzgedankens

Das Auskunftsrecht nach Art. 15 DSGVO ist das „zentrale Betroffenenrecht“[1483] und stellt das „Herzstück einer grundrechtskonformen Verfahrensgestaltung“ dar.[1484] Als solches dient es dem – die DSGVO insgesamt prägenden – Transparenzgedanken.[1485] Es soll eine hinreichende Transparenz von Datenverarbeitungsprozessen gewährleistet werden.[1486] Diesem Gedanken folgend statuiert Art. 15 Abs. 1 Halbs. 1 DSGVO zunächst das Recht der betroffenen Person – im steuerverfahrensrechtlichen Kontext ist dies der Steuerpflichtige, dessen personenbezogene Daten von der Finanzverwaltung verarbeitet werden – von der datenverarbeitenden Finanzbehörde als Verantwortliche eine Bestätigung darüber zu erhalten, ob sie überhaupt personenbezogene Daten verarbeitet. Dieses Recht wird im Besteuerungsverfahren eine eher untergeordnete Rolle spielen, denn es dürfte grundsätzlich jedem Steuerpflichtigen bekannt sein, dass seine personenbezogenen Daten, die der Steuerpflichtige im Wesentlichen selbst an die Finanzbehörde übermittelt hat, von der Finanzbehörde verarbeitet werden. Werden personenbezogene Daten verarbeitet, so sieht Art. 15 Abs. 1 Halbs. 2 DSGVO insgesamt acht unterschiedliche Gegenstände für das Auskunftsrecht

---

1483 *Schepers*, DStR 2019, 1109; *Bäcker*, in: Kühling/Buchner, DS-GVO/BDSG, Art. 15 DS-GVO Rz. 5.

1484 *Krumm*, DB 2017, 2182 (2193).

1485 Das Auskunftsrecht hat daher „eine herausgehobene Bedeutung“, vgl. *Ehmann*, in: Ehmann/Selmayr, DS-GVO, Art. 15 Rz. 1.

1486 *Bareither/Großmann/Uterhark*, BB 2019, 1111 (1115); s. auch *Bäcker*, in: Kühling/Buchner, DS-GVO/BDSG, Art. 15 DS-GVO Rz. 5.

vor.[1487] Der Art. 15 Abs. 2 DSGVO räumt der betroffenen Person einen Auskunftsanspruch darüber ein, welche geeigneten Garantien gemäß Art. 46 DSGVO als Grundlage für eine Übermittlung an ein Drittland oder an internationale Organisationen erklärt wurden.[1488] Neben den Auskunftsrechten nach Art. 15 Abs. 1 und 2 DSGVO kann der Steuerpflichtige eine Kopie seiner personenbezogenen Daten gemäß Art. 15 Abs. 3 DSGVO verlangen.[1489] Das Recht auf eine Datenkopie findet seine Grenzen nach Art. 15 Abs. 4 DSGVO dort, wo Rechte und Freiheiten anderer Personen beeinträchtigt werden.[1490]

bbb) Relevante Gegenstände des Auskunftsrechts in Bezug auf das RMS

Bei der Lektüre der einzelnen Gegenstände des Auskunftsrechts nach Art. 15 Abs. 1 Halbs. 2 lit. a) bis h) DSGVO stechen im Kontext des Einsatzes von RMS und der Geheimhaltung der Einzelheiten des RMS nach § 88 Abs. 5 Satz 4 AO n.F. vor allem zwei Gegenstände heraus: Informationen über die Kategorien personenbezogener Daten, die verarbeitet werden (Art. 15 Abs. 1 Halbs. 2 lit. b] DSGVO) und „aussagekräftige Informationen" über „die involvierte Logik sowie die Tragweite" einer Verarbeitung im Rahmen einer automatisierten Entscheidungsfindung einschließlich Profiling gemäß Art. 22 Abs. 1 und 4 DSGVO (Art. 15 Abs. 1 Halbs. 2 lit. h] DSGVO).

(1) Verarbeitete Datenkategorien beim RMS, Art. 15 Abs. 1 Halbs. 2 lit. b) DSGVO

Nach Art. 15 Abs. 1 Halbs. 2 lit. b) DSGVO, der Art. 14 Abs. 1 lit. d) DSGVO entspricht,[1491] hat der Steuerpflichtige ein Recht auf Auskunft auf Informationen gegenüber der Finanzbehörde über die Kategorien personenbezogener Daten, die verarbeitet werden. Die Kategorien beziehen sich dabei auf die personenbezogenen Daten, nicht auf die Verarbeitung, so dass es bei Art. 15 Abs. 1 Halbs. 2 lit. b) DSGVO um die Auskunft über Datenkategorien – nicht über

---

1487 Vgl. zu den Art. 15 Abs. 1 Halbs. 2 lit. a) bis h) DSGVO im Einzelnen *Bäcker*, in: Kühling/Buchner, DS-GVO/BDSG, Art. 15 DS-GVO Rz. 7 ff.

1488 *Paal*, in: Paal/Pauly, DS-GVO/BDSG, Art. 15 DS-GVO Rz. 32.

1489 Ausführlich zum Recht auf eine Datenkopie *Bäcker*, in: Kühling/Buchner, DS-GVO/BDSG, Art. 15 DS-GVO Rz. 39 ff.; *Ehmann*, in: Ehmann/Selmayr, DS-GVO, Art. 15 Rz. 25 ff.

1490 Im Erwägungsgrund 63 zur DSGVO werden u.a. Geschäftsgeheimnisse in diesem Zusammenhang betont.

1491 Vgl. dazu *Bäcker*, in: Kühling/Buchner, DS-GVO/BDSG, Art. 14 DS-GVO Rz. 17.

Verarbeitungskategorien – geht.[1492] Auch wenn der Steuerpflichtige bereits nach Art. 15 Abs. 1 Halbs. 2 DSGVO ein umfassendes Recht auf Auskunft über die eigenen personenbezogenen Daten hat und selbst weiß, welche personenbezogenen Daten er gegenüber der Finanzbehörde in seiner Steuererklärung erklärt hat, ist der Auskunftsanspruch nach Art. 15 Abs. 1 Halbs. 2 lit. b) DSGVO im Besteuerungsverfahren nicht entbehrlich.[1493] Gerade in den Fällen komplexer, weitestgehend geheim gehaltener Verarbeitung von zahlreichen personenbezogenen Daten kann der Anspruch aus Art. 15 Abs. 1 Halbs. 2 lit. b) DSGVO dem Steuerpflichtigen eine Grundorientierung darüber geben, welche Kategorien innerhalb dieser Fülle an personenbezogenen Daten von der Finanzbehörde bzw. dem eingesetzten RMS zur Bewertung der Kontrollbedürftigkeit seines Steuerfalls überhaupt verarbeitet werden.[1494] Die Finanzbehörde muss dem Steuerpflichtigen hiernach zumindest allgemeine Auskünfte über die Kategorien der Daten, die sie bzw. das von der Finanzbehörde eingesetzte RMS verarbeitet, erteilen. Das bedeutet in concreto, dass sie zumindest offenlegen muss, ob das RMS selbst sich lediglich an objektiven Risikoparametern orientiert und deshalb nur objektive personenbezogene Daten verarbeitet, oder ob das RMS – und nicht erst der Finanzbeamte bei der Berücksichtigung Compliance-Faktors[1495] – daneben auch schon das subjektive Vorverhalten des Steuerpflichtigen als subjektiven Risikoparameter auswertet. Auch die Art der eingesetzten Risikoparameter müssen von der Finanzbehörde zumindest in allgemeiner Form dem Steuerpflichtigen gegenüber nach Art. 15 Abs. 1 Halbs. 2 lit. b) DSGVO offengelegt werden, damit der Steuerpflichtige beurteilen kann, welche Datenkategorien von der Finanzbehörde bzw. dem eingesetzten RMS verarbeitet werden.

(2) RMS als automatische Entscheidungsfindung einschließlich Profiling, Art. 15 Abs. 1 Halbs. 2 lit. h) DSGVO

Liegt darüber hinaus eine automatische Entscheidungsfindung einschließlich Profiling nach Art. 22 Abs. 1 und 4 DSGVO durch den Einsatz von RMS vor, so muss die Finanzbehörde „aussagekräftige Informationen über die involvierte Logik sowie die Tragweite und die angestrebten Auswirkungen dieser Verarbeitung" für den Steuerpflichtigen bei der Gewährung der Auskunft gemäß

1492 *Bäcker*, in: Kühling/Buchner, DS-GVO/BDSG, Art. 15 DS-GVO Rz. 14.

1493 So aber allgemein *Kamlah*, in: Plath, DSGVO/BDSG, Art. 15 DSGVO Rz. 7, der diesen Gegenstand des Auskunftsanspruchs für „sinnentleert" hält.

1494 So zutreffend *Bäcker*, in: Kühling/Buchner, DS-GVO/BDSG, Art. 15 DS-GVO Rz. 14.

1495 S. unter Teil 4, E. VI. 3.

Art. 15 Abs. 1 Halbs. 2 lit. h) DSGVO erteilen.[1496] Das RMS muss dazu als „automatische Entscheidungsfindung" und/oder als „Profiling" qualifiziert werden können. Nach Art. 22 Abs. 1 DSGVO hat der Steuerpflichtige das Recht, nicht einer ausschließlich auf einer automatisierten Verarbeitung – einschließlich Profiling – beruhenden Entscheidung unterworfen zu werden, die ihr gegenüber rechtliche Wirkung entfaltet oder ihn in ähnlicher Weise erheblich beeinträchtigt. Bereits der Wortlaut des Art. 22 Abs. 1 DSGVO macht deutlich, dass das Profiling in den Verordnungstext „hineingeschoben" wurde, was zu Auslegungsschwierigkeiten führt.[1497] Die automatisierte Entscheidung[1498] muss demnach „ausschließlich" auf einer automatisierten Verarbeitung oder auf Profiling beruhen. Wann eine „Ausschließlichkeit" bei einer automatischen Verarbeitung angenommen werden kann, definiert die DSGVO nicht. Für die Bestimmung, ob eine Entscheidung ausschließlich automatisiert erfolgt bzw. eine Entscheidung ausschließlich auf einer automatisierten Verarbeitung beruht, kommt es jedoch nach einhelliger Auffassung allein darauf an, ob die (Letzt-)Entscheidung von einem Menschen getroffen wird.[1499] Das automationsgestützte RMS nach § 88 Abs. 5 AO n.F. ermöglicht im Zusammenspiel mit § 155 Abs. 4 AO n.F. eine ausschließlich automatische Besteuerung mit dem ausschließlich automatischen Erlass eines Steuerbescheids,[1500] sofern der Steuerfall keinen Anlass zur Prüfung

1496 Inhaltsgleiche Parallelvorschriften enthalten Art. 13 Abs. 2 lit. f) DSGVO und Art. 14 Abs. 2 lit. g) DSGVO.

1497 *Kamlah*, in: Plath, DSGVO/BDSG, Art. 22 DSGVO Rz. 2; insgesamt kritisch zu Art. 22 DSGVO *Dammann*, ZD 2016, 307 (313), der in dieser Vorschrift einen „politischen Placebo" erblickt. Zu den Auslegungsschwierigkeiten beim Profiling sogleich.

1498 Mit *Abel*, ZD 2018, 304 (306), ist unter einer automatisierten Entscheidung ein aus zumindest zwei Varianten auswählender Akt mit Gestaltungscharakter zu verstehen, der eine abschließende Wirkung hat; zustimmend *Ehrke-Rabel*, FR 2019, 45 (57).

1499 *Hladjk*, in: Ehmann/Selmayr, DS-GVO, Art. 22 Rz. 6; *Buchner*, in: Kühling/Buchner, DS-GVO/BDSG, Art. 22 DS-GVO Rz. 14, der zutreffend auf den Erwägungsgrund 71 zur DSGVO verweist: „ohne jegliches menschliche Eingreifen"; einen zu pauschalen Verstoß gegen das Rechtsstaatsprinzip nimmt *Kamlah*, in: Plath, DSGVO/BDSG, Art. 22 DSGVO Rz. 1a, bei ausschließlich automatisierten Entscheidungen im öffentlichen Bereich ohne jegliche Begründung an.

1500 Vgl. den Wortlaut von § 155 Abs. 4 Satz 1 AO n.F.: „ausschließlich automationsgestützt". Der vollautomatisch erlassene Steuerbescheid stellt hierbei die Entscheidung i.S. des Art. 22 Abs. 1 DSGVO dar, die auf einer ausschließlich automatisierten Verarbeitung beruht.

beinhaltet und vom RMS nicht ausgesteuert wird.[1501] In diesem Fall erfolgt eine Steuerfestsetzung ohne die Mitwirkung eines Finanzbeamten. Damit sieht auch das RMS zusammen mit § 155 Abs. 4 AO n.F. die Möglichkeit einer automatisierten Entscheidung nach Art. 22 Abs. 1 DSGVO vor.[1502] Das „praktisch wichtigste“ Anwendungsbeispiel einer automatisierten Verarbeitung ist das „Profiling“.[1503] Dieser Begriff wird in Art. 4 Nr. 4 DSGVO definiert. Danach ist „Profiling“ jede Art der automatisierten Verarbeitung personenbezogener Daten, die darin besteht, dass diese personenbezogenen Daten verwendet werden, um bestimmte persönliche Aspekte, die sich auf eine bestimmte (natürliche) Person beziehen, zu bewerten. Dies soll nach Art. 4 Nr. 4 DSGVO insbesondere der Fall sein, wenn die automatisierte Verarbeitung dazu dient, Aspekte bezüglich Arbeitsleistung, wirtschaftliche Lage, Gesundheit, persönliche Vorlieben, Interessen, Zuverlässigkeit, Verhalten, Aufenthaltsort oder Ortswechsel dieser (natürlichen) Person zu analysieren oder vorherzusagen. Die Bewertung zum Zwecke umfangreicher Analysen oder Vorhersagen ist keine notwendige Voraussetzung für das Profiling. Vielmehr umfasst das Profiling nach der DSGVO auch „das bloße Klassifizieren von Personen aufgrund der gesammelten Daten“.[1504] Auch wenn Art. 22 DSGVO die (ausschließlich) automatisierte Entscheidung zusammen mit dem Profiling nennt, sind diese beiden Konzepte voneinander unabhängig und zu unterscheiden.[1505] Das bedeutet, dass ein Profiling auch dann vorliegen kann, wenn die Bedingungen für eine automatisierte Entscheidung nach Art. 22 Abs. 1 DSGVO nicht vorliegen und vice versa.[1506] Das Profiling ist gerade kein Unterfall

1501 Eine Entscheidung, die ausschließlich auf einer automatisierten Verarbeitung i.S. der vorgenannten Definition beruht, liegt nicht vor, wenn das RMS „anschlägt“ und einen Steuerfall zur weiteren Prüfung durch einen Finanzbeamten aussteuert, da dann im konkreten Steuerfall die Entscheidung am Ende von einem Menschen getroffen wird, vgl. auch *Hladjk*, in: Ehmann/Selmayr, DS-GVO, Art. 22 Rz. 6. Dasselbe gilt auch für die vollautomatische Zufallsauswahl nach § 88 Abs. 5 Satz 3 Nr. 1 AO n.F., sodass es entgegen *Schulz*, in: Gola, DS-GVO, Art. 22 Rz. 24, gar nicht mehr darauf ankommt, ob diese Auswahl eine „in ähnlicher Weise erhebliche“ Beeinträchtigung i.S. des Art. 22 Abs. 1 DSGVO darstellt.

1502 Für die Anwendung von Art. 22 Abs. 1 DSGVO auf automatisiert erstellte Verwaltungsakte vgl. auch *Taeger*, in: Taeger/Gabel, DSGVO/BDSG, Art. 22 DSGVO Rz. 16 (speziell zum Besteuerungsverfahren mit Verweis auf § 155 Abs. 4 AO n.F. s. Rz. 18).

1503 *Buchner*, in: Kühling/Buchner, DS-GVO/BDSG, Art. 22 DS-GVO Rz. 20.

1504 *Klabunde*, in: Ehmann/Selmayr, DS-GVO, Art. 4 Rz. 30.

1505 *Klabunde*, in: Ehmann/Selmayr, DS-GVO, Art. 4 Rz. 31.

1506 *Klabunde*, in: Ehmann/Selmayr, DS-GVO, Art. 4 Rz. 31; so auch *Hladjk*, in: Ehmann/Selmayr, DS-GVO, Art. 22 Rz. 6.

von automatisierten Entscheidungen,[1507] sondern ein Beispiel für eine praxisrelevante automatisierte Verarbeitung. Daraus ließe sich nun der Schluss ziehen, dass das Profiling selbst keine „ausschließliche" automatisierte Verarbeitung erfordert, sondern – ausweislich der Definition im Art. 4 Nr. 4 DSGVO – jede Art der automatisierten Verarbeitung umfasst, so dass auch eine nur teilweise automatisierte Verarbeitung[1508] und damit eine menschliche Einwirkung beim Profiling unschädlich ist.[1509] Man könnte daher der Annahme folgen, dass nur die Entscheidung nach Art. 22 Abs. 1 DSGVO ausschließlich im Sinne von „allein" auf ein Profiling beruhen muss. Unter dieser Prämisse stellt das RMS ein Profiling dar, da das RMS automatisiert die dem Steuerpflichtigen zuzuordnenden „persönlichen" Daten bewertet, analysiert und mit den Daten von anderen Steuerpflichtigen vergleicht, mit der Folge, dass das RMS automatisiert Rückschlüsse auf die wirtschaftliche Lage, die (steuerliche) Zuverlässigkeit[1510] und das Verhalten des Steuerpflichtigen zieht und analysiert.[1511] Bei Vorliegen der Voraussetzungen eines Risikoparameters gibt das RMS automatisiert einen korrespondierenden Risikohinweis aus. Der Risikohinweis oder die Risikohinweise sind dann maßgeblich für die Risikoklasseneinteilung (= Klassifizierung von Personen aufgrund der gesammelten Daten) durch den Finanzbeamten. Die Risikoklasseneinteilung ist in dieser Konstellation als Entscheidung[1512] i.S. des Art. 22 Abs. 1 DSGVO zu qualifizieren, die allein auf das vorangegangene (vollständig) automatisierte Profiling durch das RMS beruht.[1513] Selbst wenn man aber davon

---

1507 Vgl. *Schulz*, in: Gola, DS-GVO, Art. 22 Rz. 4; a.A. *Taeger*, in: Taeger/Gabel, DSGVO/BDSG, Art. 22 DSGVO Rz. 29.

1508 Nach Art. 2 Abs. 1 DSGVO ist zwischen der ganz oder teilweise automatisierten Verarbeitung zu unterscheiden. Das sind die in Frage kommenden „Arten" der automatisierten Verarbeitung.

1509 In diese Richtung gehen auch *Arning/Rothkegel*, in: Taeger/Gabel, DSGVO/BDSG, Art. 4 Rz. 110, im Rahmen von Art. 4 Nr. 4 DSGVO: „Allerdings bedeutet dies nicht, dass jede menschliche, also manuelle Tätigkeit im Rahmen des Profiling gleich dazu führen würde, dass die Tätigkeit kein Profiling i.S.d. Art. 4 Nr. 4 DSGVO mehr darstellen kann".

1510 So auch *Krumm*, DB 2017, 2182 (2191), der einem Profiling i.S. des Art. 4 Nr. 4 DSGVO durch das RMS durchaus offen gegenüber steht.

1511 Ebenso *Ehrke-Rabel*, FR 2019, 45 (47).

1512 Zur weiten Auslegung des Begriffs der „Entscheidung", der auch eine einfache Maßnahme nach Erwägungsgrund 71 zur DSGVO umfassen kann vgl. *Buchner*, in: Kühling/Buchner, DS-GVO/BDSG, Art. 22 DS-GVO Rz. 23.

1513 Auch *Ehrke-Rabel*, FR 2019, 45 (57), fragt sich daher zu Recht, ob in diesen Fällen nicht immer eine automatisierte Entscheidung einschließlich Profiling vorliegt.

ausgehen würde, dass die Ausschließlichkeit in Art. 22 Abs. 1 DSGVO auch derart auf das Profiling ausstrahlt, dass ein vollautomatisiertes Profiling ohne jegliche menschliche Einwirkung vorliegen müsste,[1514] so müsste man ein Profiling durch das RMS zumindest für die Fälle annehmen, die vom RMS als „risikolos" eingestuft werden und dadurch automatisiert der Risikoklasse mit dem niedrigsten Risiko zugeordnet werden (Risikoklasse 3).[1515] Der Steuerbescheid ergeht in diesem Fall ebenfalls vollautomatisiert und stellt in dieser Konstellation die Entscheidung i.S. des Art. 22 Abs. 1 DSGVO dar, die ausschließlich auf ein vollständig automatisiertes Profiling basiert.[1516] Für die Zwecke dieser Arbeit kann es daher offen bleiben, ob ein ausschließlich oder nur teilweise automatisiertes Profiling für Art. 22 Abs. 1 DSGVO, auf den Art. 15 Abs. 1 Halbs. 2 lit. h) DSGVO verweist, erforderlich ist.[1517] Der Vollständigkeit halber ist an dieser Stelle als Argument für ein Profiling nach Art. 4 Nr. 4 DSGVO durch das RMS auch der Erwägungsgrund 71 zur DSGVO zu nennen. Nach dem Erwägungsgrund 71 (Satz 3) soll das Profiling unter anderem dann zulässig sein, wenn der Mitgliedstaat eine nationale Vorschrift erlässt, die die ausschließliche automatische Entscheidung[1518] oder das Profiling[1519] zur Verhinderung von Steuerhinterziehung zulässt. Eines der ausdrücklich vom Gesetzgeber kommunizierten Ziele des RMS im Gesetzgebungsverfahren zum StModG ist die Verhinderung von Steuerverkürzungen.[1520] In Kongruenz mit dem Vorgesagten erwähnt *Weichert* sogar ausdrücklich, dass die Zielsetzung beim Profiling auch die Ermittlung von Steuerhinterziehungen sein kann.[1521] Jedenfalls bei der ausschließlich automatisierten Verarbeitung nach § 88 Abs. 5 i.V. mit § 155 Abs. 4 AO n.F. und dem ausschließlich automatisierten Profiling durch das RMS nach § 88 Abs. 5 AO n.F.

1514 So wohl *Kamlah*, in: Plath, DSGVO/BDSG, Art. 22 DSGVO Rz. 2.

1515 Vgl. zu den Risikoklassen unter Teil 4, E. VI. 2. a).

1516 Teilweise wird sogar der Vorgang des Profiling selbst als automatisierte Entscheidung i.S. von Art. 22 Abs. 1 DSGVO angesehen, vgl. etwa *Härting*, DS-GVO, Rz. 610, 617.

1517 Ein „Profiling im Steuervollzug" (so der Titel des Beitrags) sieht auch *Ehrke-Rabel*, FR 2019, 45 ff., durch das RMS sowohl in Deutschland als auch in Österreich; (noch) a.A. etwa *Myßen* bei *Richter/Welling*, FR 2019, 67 (68).

1518 Die nationale Rechtsgrundlage für eine ausschließlich automatische Entscheidung im Besteuerungsverfahren ist § 155 Abs. 4 AO n.F.; ebenso *Erkis*, DStR 2018, 161 (163).

1519 Die nationale Rechtsgrundlage für ein Profiling im Besteuerungsverfahren ist § 88 Abs. 5 AO n.F. i.V. mit § 29b Abs. 1 AO.

1520 BT-Drucks. 18/7457, S. 69.

1521 *Weichert*, in: Däubler/Wedde/Weichert/Sommer, DSGVO/BDSG-neu, Art. 4 DSGVO Rz. 61.

stellt der vollautomatisch erlassene Steuerbescheid als belastender Verwaltungsakt[1522] eine Entscheidung mit rechtlicher Wirkung gegenüber dem Steuerpflichtigen dar, wie es Art. 22 Abs. 1 DSGVO als letzte Voraussetzung vorschreibt.[1523] Die Voraussetzungen des Art. 22 Abs. 1 DSGVO liegen folglich beim Einsatz von RMS durch die deutsche Finanzverwaltung vor.

Die Folge für Art. 15 Abs. 1 Halbs. 2 lit. h) DSGVO ist, dass sich der Umfang des Auskunftsanspruchs um aussagekräftige Informationen über die involvierte Logik sowie die Tragweite und die angestrebten Auswirkungen einer Verarbeitung nach Art. 22 Abs. 1 DSGVO für den Steuerpflichtigen erweitert. Uneinigkeit besteht jedoch darüber, welcher Inhalt dem unbestimmten Rechtsbegriff der „involvierten Logik“ zukommt. Teilweise werden die nach Art. 15 Abs. 1 Halbs. 2 lit. h) DSGVO auszugebenden Informationen über die involvierte Logik auf ein Minimum reduziert, so dass lediglich das Prinzip der jeweiligen Verarbeitung offen zu legen ist. Aussagen über die konkret angewandte Formel bzw. den angewandten Algorithmus seien daher erst recht nicht von dem Auskunftsrecht umfasst.[1524] Demgegenüber geht der überwiegende Teil im Schrifttum davon aus, dass aufgrund des Schutzzwecks und des Transparenzgedankens der DSGVO, der im Art. 15 DSGVO besonders zum Vorschein kommt, nicht nur allgemeine Prinzipien der Verarbeitung, sondern vielmehr auch konkrete Methoden und Kriterien der Verarbeitung der betroffenen Person – im Kontext des Besteuerungsverfahrens dem Steuerpflichtigen – gegenüber mitgeteilt werden müssen.[1525] Für die von der letztgenannten Auffassung vertretene weite

---

1522 *Seer*, in: Tipke/Lang, Steuerrecht, § 21 Rz. 56.

1523 So treffend auch in Bezug auf belastende Verwaltungsakte bei *Schulz*, in: Gola, DS-GVO, Art. 22 Rz. 19, 23; *Taeger*, in: Taeger/Gabel, DSGVO/BDSG, Art. 22 DSGVO Rz. 42. Zur rechtlichen Wirkung und einer in ähnlicher Weise erheblichen Beeinträchtigung gemäß Art. 22 Abs. 1 DSGVO ausführlich *Buchner*, in: Kühling/Buchner, DS-GVO/BDSG, Art. 22 DS-GVO Rz. 23 ff.

1524 Für ein solches restriktives Verständnis von der involvierten Logik vgl. *Ehmann*, in: Ehmann/Selmayr, DS-GVO, Art. 15 Rz. 19; s. ähnlich auch zum inhaltsgleichen Art. 13 Abs. 2 lit. f) DSGVO *Paal/Hennemann*, in: Paal/Pauly, DS-GVO/BDSG, Art. 13 DS-GVO Rz. 31, die Informationen über die „Grundannahmen der Algorithmus-Logik“ ausreichen lassen möchten.

1525 So etwa *Bleschik*, DStR 2018, 1050 (1054 f.), für das Besteuerungsverfahren (speziell zur Außenprüfung); *Mester*, in: Taeger/Gabel, DSGVO/BDSG, Art. 15 DSGVO Rz. 12; *Däubler*, in: Däubler/Wedde/Weichert/Sommer, DSGVO/BDSG-neu, Art. 13 DSGVO Rz. 23, der zu Recht zu der Ansicht von *Paal/Hennemann* (Fn. 1524) fragt: „Wie soll das in der Praxis funktionieren?“; für eine weite Auslegung auch *Kremer*, CR 2018, 560 (563). Für das sog. Scoring, bei dem ein Wahrscheinlichkeitswert

Auslegung des unbestimmten Rechtsbegriffs der „involvierten Logik“ spricht vor allem der Wortlaut des Art. 15 Abs. 1 Halbs. 2 lit. h) DSGVO. Danach sind nicht einfach nur „Informationen“ über die involvierte Logik vom Auskunftsrecht erfasst, sondern es muss sich – im Vergleich zu den übrigen Gegenständen des Auskunftsrechts nach Art. 15 Abs. 1 Halbs. 2 lit. a) bis g) DSGVO – gerade um „aussagekräftige“ Informationen über die involvierte Logik (die Tragweite und die angestrebten Auswirkungen) handeln. Das bedeutet, dass auch der Verordnungstext bereits ein „Mehr“ an Informationen i.R. des Art. 15 Abs. 1 Halbs. 2 lit. h) DSGVO im Vergleich zu den anderen Gegenständen des Auskunftsrechts fordert.[1526] Das hat zur Folge, dass die Informationen derart aussagekräftig sein müssen, dass sie eine eigene Beurteilung der betroffenen Person über die Funktionsweise der Verarbeitung ermöglichen, ohne dass die Informationen ein genaues Verständnis von der involvierten Logik garantieren müssen. Übertragen auf das RMS bewirkt das Auskunftsrecht nach Art. 15 Abs. 1 Halbs. 2 lit. h) DSGVO demzufolge, dass dem Steuerpflichtigen zumindest ein grundlegendes Verständnis[1527] von den angewandten Methoden des RMS und seinen Kriterien, d.h. seinen Risikoparametern, ermöglicht werden muss. Das setzt voraus, dass dem Steuerpflichtigen zum einen die Grundstruktur des RMS-Verfahrens sowie seine grundsätzliche Funktionsweise als theoriegeleitetes oder selbstlernendes bzw. rein objektives oder gemischt objektiv-subjektives System mitgeteilt werden muss.[1528] Des Weiteren ist es für ein grundlegendes Verständnis des Steuerpflichtigen unabdingbar, dass zumindest die Art der vom RMS eingesetzten Risikoparameter vom Auskunftsrecht nach Art. 15 Abs. 1 Halbs. 2 lit. h) DSGVO

---

berechnet und zur Bestimmung zukünftigen Verhaltens einer natürlichen Person verwendet wird, wird sogar vertreten, dass die der Scorewertberechnung zugrundeliegende Berechnungsformel bzw. der Algorithmus nach Art. 15 Abs. 1 Halbs. 2 lit. h) DSGVO offengelegt werden müsse, vgl. *Kremer*, CR 2018, 560 (563); s. dazu auch *Däubler*, in: Däubler/Wedde/Weichert/Sommer, DSGVO/BDSG-neu, Art. 13 DSGVO Rz. 23, zu Art. 13 Abs. 2 lit. f) DSGVO; a.A. bei *Roßnagel/Nebel/Richter*, ZD 2015, 455 (458), zu Art. 14 DSGVO in der Entwurfsfassung (Rat); *Ehmann*, in: Ehmann/Selmayr, DS-GVO, Art. 15 Rz. 19.

1526 Vgl. insoweit auch *Ehrke-Rabel*, FR 2019, 45 (55).

1527 *Schwartmann/Schneider*, in: Schwartmann/Jaspers/Thüsing/Kugelmann, DS-GVO/BDSG, Art. 13 DS-GVO Rz. 56, fordern unter „teleologischen Gesichtspunkten“ ein „zumindest grundlegendes Verständnis der Funktionsweise des hinter dem Profiling steckenden [...] Algorithmus“.

1528 S. auch ähnlich *Drüen*, DStJG 42 (2019), 193 (213), im Kontext des § 88 Abs. 5 Satz 4 AO n.F.

umfasst sind.[1529] Letzteres gebietet nicht nur das Verständnis des Steuerpflichtigen über die involvierte Logik des RMS, sondern auch das Verständnis über die Tragweite des RMS.

ccc) Zwischenergebnis

Das Auskunftsrecht nach Art. 15 Abs. 1 DSGVO erlangt im Besteuerungsverfahren im Hinblick auf das RMS besondere Bedeutung. Dem Steuerpflichtigen steht nicht nur ein allgemeines Auskunftsrecht bezüglich der Datenkategorien der vom RMS verarbeiteten personenbezogenen Daten nach Art. 15 Abs. 1 Halbs. 2 lit. b) DSGVO zu. Da das RMS als automatisierte Entscheidungsfindung einschließlich Profiling gemäß Art. 22 Abs. 1 DSGVO zu qualifizieren ist, das rechtliche Wirkungen gegenüber dem Steuerpflichtigen entfaltet, wird das allgemeine Auskunftsrecht um Art. 15 Abs. 1 Halbs. 2 lit. h) DSGVO dahingehend erweitert, dass die Finanzbehörde dem Steuerpflichtigen aussagekräftige Informationen über die involvierte Logik sowie die Tragweite und die angestrebten Auswirkungen bezüglich des RMS machen muss. Konkret bewirkt Art. 15 Abs. 1 Halbs. 2 lit. h) DSGVO, dass die Finanzverwaltung die Grundstruktur, die Funktionsweise sowie die Art der eingesetzten Risikoparameter offenlegen muss. Dies sollte im § 88 AO n.F. auf Gesetzesebene klargestellt werden; zumindest aber ist eine Klarstellung auf untergesetzliche Ebene durch die Finanzverwaltung zu fordern.

ee) Kompetenz der Mitgliedstaaten zur Einschränkung der DSGVO aus der DSGVO, Art. 23 DSGVO

Die Universalität der DSGVO ist ebenso wie die eingeräumten Betroffenenrechte sowie die Informationspflichten der DSGVO nicht grenzenlos. Der europäische Verordnungsgeber hat Öffnungsklauseln in die DSGVO inkorporiert, die Einschränkungen der DSGVO zulassen. Eine Einschränkungsmöglichkeit für die Informationspflichten und Betroffenenrechte der Art. 12 bis 22 DSGVO, der Grundprinzipien nach Art. 5 DSGVO, sofern diese den Art. 12 bis 22 DSGVO entsprechen, und des Art. 34 DSGVO sieht die DSGVO im Art. 23 DSGVO vor. Art. 23 DSGVO verkörpert aufgrund seiner weitreichenden Bedeutung und Fassung die „Mutter“ aller Öffnungsklauseln in der DSGVO. Nach Art. 23 DSGVO

1529 Vgl. hierzu ebenfalls *Drüen*, DStJG 42 (2019), 193 (213), der die Veröffentlichung der „potentiellen Risikoparameter“ fordert.

können die Union und vor allem die Mitgliedstaaten[1530] Rechtsvorschriften erlassen, die Einschränkungen der DSGVO im Wege von Gesetzgebungsmaßnahmen zulassen. Der Art. 23 DSGVO sieht für solche Gesetzgebungsmaßnahmen bestimmte Voraussetzungen (Art. 23 Abs. 1 DSGVO) und Mindestinhaltsvorgaben (Art. 23 Abs. 2 DSGVO) vor,[1531] die die Gesetzgebungsmaßnahmen erfüllen müssen, damit sie als zulässige Beschränkungen der DSGVO nach den Vorgaben der DSGVO aus Art. 23 DSGVO angesehen werden können.[1532]

aaa) Die Voraussetzungen nach Art. 23 Abs. 1 DSGVO

Gesetzgebungsmaßnahmen[1533] müssen eine der – überwiegend öffentlichen, bis auf Art. 23 Abs. 1 lit. i) und j) DSGVO – Zwecke in Art. 23 Abs. 1 lit. a) bis j) DSGVO sicherstellen. Diese sind jedoch sehr weit gefasst,[1534] so dass den weiteren Voraussetzungen in Art. 23 Abs. 1 DSGVO besondere Bedeutung zukommt.[1535] Die weiteren Voraussetzungen des Art. 23 Abs. 1 DSGVO sehen vor, dass die einschränkenden nationalen oder unionalen Gesetzgebungsmaßnahmen den „Wesensgehalt der Grundrechte und Grundfreiheiten" beachten und „in einer demokratischen Gesellschaft eine notwendige und verhältnismäßige Maßnahme" darstellen. Der Schutz des Wesensgehaltes der Grundrechte und Grundfreiheiten und dem Grundsatz der Verhältnismäßigkeit sowie der

---

1530 Adressaten des Art. 23 DSGVO sind auch nach der Vorstellung des Verordnungsgebers vor allem die nationalen Gesetzgeber, vgl. *Buchholtz/Stentzel*, in: Gierschmann/Schlender/Stentzel/Veil, DS-GVO, Art. 23 Rz. 3.

1531 S. zu Art. 23 Abs. 2 DSGVO ausführlich *Bäcker*, in: Kühling/Buchner, DS-GVO/BDSG, Art. 23 DS-GVO Rz. 40 ff.; *Bertermann*, in: Ehmann/Selmayr, DS-GVO, Art. 23 Rz. 5.

1532 *Bertermann*, in: Ehmann/Selmayr, DS-GVO, Art. 23 Rz. 1.

1533 Die Auslegung des Begriffs der „Gesetzgebungsmaßnahmen" muss als unionsrechtlicher Begriff unionsautonom erfolgen (s. dazu den interessanten Beitrag von *Hatje/Mankowski*, EuR 2014, 155). In Anlehnung an Erwägungsgrund 41 zur DSGVO ist dieser Begriff weit auszulegen, da ein parlamentarischer Gesetzgebungsakt nicht notwendigerweise erforderlich ist. Art. 23 Abs. 1 DSGVO statuiert damit keinen „Vorbehalt des formellen Gesetzes", vgl. *Bäcker*, in: Kühling/Buchner, DS-GVO/BDSG, Art. 23 DS-GVO Rz. 35.

1534 S. allein den generalklauselartigen Zweck zu Beginn des Art. 23 Abs. 1 lit. e) DSGVO: „den Schutz sonstiger wichtiger Ziele des allgemeinen öffentlichen Interesses der Union oder eines Mitgliedstaats [...]"; vgl. hierzu *Paal*, in: Paal/Pauly, DS-GVO/BDSG, Art. 23 DS-GVO Rz. 31a.

1535 *Greve*, NVwZ 2017, 737 (739); *Bertermann*, in: Ehmann/Selmayr, DS-GVO, Art. 23 Rz. 3.

Notwendigkeit stellen insoweit die maßgebliche(re)n Anforderungen an Gesetzgebungsmaßnahmen i.S. des Art. 23 Abs. 1 DSGVO dar.[1536]

bbb) Nationale Gesetzgebungsmaßnahmen zum Besteuerungsverfahren

(1) Bereichsspezifische Regelungen durch §§ 32a ff. AO

Auch der nationale deutsche Gesetzgeber hat mit ausdrücklichem Bezug zur DSGVO und auf der Grundlage von Art. 23 Abs. 1 DSGVO[1537] Gesetzgebungsmaßnahmen für das Besteuerungsverfahren erlassen, die sich nunmehr in den §§ 32a ff. AO wiederfinden.[1538] Diese steuerverfahrensspezifischen Einschränkungen der Informationspflichten der Finanzbehörden (§§ 32a, 32b AO) und insbesondere des Auskunftsrechts des Steuerpflichtigen (§ 32c AO) wurden „heimlich“[1539] ohne Einbindung des Finanzausschusses und unter Ausschluss der steuerlichen Fachwelt vom deutschen Gesetzgeber in einem Gesetz zur Änderung des Bundesversorgungsgesetzes und anderer Vorschriften vom 17. Juli 2017[1540] verabschiedet.[1541] Der Gesetzgeber bezweckte mit den bereichsspezifischen Neuregelungen in der AO die weitgehende Beibehaltung des Status quo des Datenschutzrechts im Besteuerungsverfahren.[1542] Der § 32a Abs. 1 Nr. 1 bis 4 AO zählt vier Fälle auf, in denen die Informationspflicht der verarbeitenden Finanzbehörde nach Art. 13 Abs. 3 DSGVO (Zweckänderung der Verarbeitung) und über Art. 13 Abs. 4 DSGVO hinaus nicht besteht.[1543] Nach § 32a Abs. 1 Nr. 1 AO besteht die Informationspflicht der Finanzbehörde für personenbezogene Daten des Steuerpflichtigen, die bei dem Steuerpflichtigen selbst erhoben wurden, etwa für den Fall nicht, dass durch die Erteilung der Information die ordnungsgemäße Erfüllung der in der Zuständigkeit der Finanzbehörden liegenden

---

1536 S. *Greve*, NVwZ 2017, 737 (739), der die europäischen Grundrechte in diesem Zusammenhang betont; vgl. auch *Bertermann*, in: Ehmann/Selmayr, DS-GVO, Art. 23 Rz. 3.

1537 Vgl. BT-Drucks. 18/12611, S. 84 f.; *Erkis*, DStR 2018, 161 (162).

1538 Dazu ausführlich *Seer*, SteuerStud 2019, 240 (243 ff.); *Korts*, SAM 2019, 123 (126 ff.), der vor allem die Vorschrift des § 32a AO kritisiert; umfassend auch bei *Erkis*, DStR 2018, 161 (163 ff.).

1539 So *Drüen*, DB 2018, 11 (14).

1540 BGBl. I 2017, 2541 (2546 ff.).

1541 Zu Recht mit kritischem Unterton *Seer*, SteuerStud 2019, 240 (243); *Schwab*, DStJG 42 (2019), 157 (172).

1542 Ebenso *Erkis*, DStR 2018, 161 (162); *Myßen/Kraus*, DB 2017, 1860.

1543 S. zu den einzelnen Ausnahmen *Drüen*, in: Tipke/Kruse, AO/FGO, § 32a AO Rz. 20 ff. (Stand: Oktober 2018).

Aufgaben im Sinne des Art. 23 Abs. 1 lit. d) bis h) DSGVO gefährden würde und die Interessen der Finanzbehörden an der Nichterteilung der Information die Interessen der betroffenen Person überwiegen. Dasselbe gilt nach § 32b Abs. 1 Nr. 1 lit. a) AO, der fast denselben Wortlaut wie § 32a Abs. 1 Nr. 1 AO hat, für die Informationspflicht der Finanzbehörden gemäß Art. 14 Abs. 1, 2 und 4 DSGVO bezüglich personenbezogener Daten des Steuerpflichtigen, die nicht bei dem Steuerpflichtigen erhoben wurden. Wegen § 32c Abs. 1 Nr. 1 AO, der auf § 32b Abs. 1, 2 AO verweist, gilt dies gleichermaßen bezüglich des Auskunftsrechts des Steuerpflichtigen. Wann eine ordnungsgemäße Erfüllung der in der Zuständigkeit der Finanzbehörden liegenden Aufgaben nach § 32a Abs. 1 Nr. 1 AO gefährdet ist, konkretisiert § 32a Abs. 2 AO in nicht abschließender Weise.[1544] Nach § 32a Abs. 2 Nr. 2 AO ist eine Gefährdung insbesondere anzunehmen, wenn die Erteilung der Information „Rückschlüsse auf die Ausgestaltung automationsgestützter Risikomanagementsysteme [...]" zulässt und dadurch die Aufdeckung steuerlich bedeutsamer Sachverhalte wesentlich erschwert würde. Dies gilt auch für § 32b AO, der in § 32b Abs. 1 Satz 2 AO vollumfänglich auf den gesamten § 32a Abs. 2 AO verweist und richtigerweise auch für § 32c AO, der in § 32c Abs. 1 Nr. 1 AO auf den gesamten § 32b Abs. 1 AO und dadurch auch auf § 32b Abs. 1 Satz 2 AO verweist, welcher seinerseits den bereits angesprochenen Verweis auf § 32a Abs. 2 AO beinhaltet.[1545] In Bezug auf die Ausgestaltung des RMS besteht daher weder eine Informationspflicht der Finanzbehörde noch ein Auskunftsrecht des Steuerpflichtigen wegen § 32a Abs. 2 Nr. 2 AO.[1546] Dadurch soll verhindert werden, dass das RMS über Art. 15 DSGVO „ausgeforscht" wird.[1547] Diese Einschränkungen müssen grundsätzlich an den Anforderungen der

1544 S. Fn. 1271.

1545 So auch *Krumm*, DB 2017, 2182 (2194). Demgegenüber geht *Seer*, SteuerStud 2019, 240 (246), davon aus, dass das Auskunftsrecht des Steuerpflichtigen trotz Gefährdungslage nach § 32a Abs. 2 AO nicht nach § 32c AO ausgeschlossen sei. Ob dieses Ergebnis tatsächlich vom historischen Gesetzgeber so gewollt ist, hinterfragt dann aber auch *Seer*.

1546 So. i. Erg. auch *Myßen/Kraus*, FR 2019, 58 (64), jedoch ohne ausdrücklichen Hinweis auf § 32a Abs. 2 Nr. 2 AO; a.A. *Drüen*, in: Tipke/Kruse, AO/FGO, § 32a AO Rz. 24 f. (Stand: Oktober 2018), der aufgrund des engen funktionalen Zusammenhangs zum § 88 Abs. 5 Satz 4 AO n.F. davon ausgeht, dass der Wortlaut von § 88 Abs. 5 Satz 4 AO n.F. („soweit") auch auf den Ausschluss der Informationspflicht nach § 32a Abs. 2 Nr. 2 AO Anwendung finde. Auch wenn eine solche Auslegung wünschenswert ist, lässt der eindeutige Wortlaut in § 32a Abs. 2 AO („wenn") dies nicht zu.

1547 *Krumm*, DB 2017, 2182 (2194).

Öffnungsklausel in Art. 23 Abs. 1 DSGVO gemessen werden,[1548] denn Art. 23 DSGVO erlaubt – wie seine Überschrift auch klarstellt – allein eine Beschränkung, nicht aber eine Beseitigung der Pflichten und Rechte nach Art. 12 bis 22 DSGVO.[1549]

(2) § 88 Abs. 5 Satz 4 AO n.F. als „Gesetzgebungsmaßnahme“ i.S. des Art. 23 Abs. 1 DSGVO?

Zu beachten ist aber, dass der Gesetzgeber mit den §§ 32a Abs. 1 Nr. 1, Abs. 2 Nr. 2, 32b Abs. 1 Satz 1 Nr. 1 lit. a), Satz 2, 32c Abs. 1 Nr. 1 AO freilich das eingeschränkte Veröffentlichungsverbot in § 88 Abs. 5 Satz 4 AO n.F. (steuer-)verfahrensrechtlich im Hinblick auf die DSGVO abgesichert hat. Über die Einzelheiten des RMS,[1550] die nach § 88 Abs. 5 Satz 4 AO n.F. nicht veröffentlicht werden dürfen, soll die Finanzbehörde auch keine Informationspflicht treffen und dem Steuerpflichtigen kein Auskunftsrecht zustehen. Der Grund für diese Einschränkungen der DSGVO in der AO bezüglich des RMS nach § 88 Abs. 5 AO n.F. besteht allein darin, dass der § 88 Abs. 5 Satz 4 AO n.F. existiert. Daher wäre es sinnvoll, den § 88 Abs. 5 Satz 4 AO n.F. unmittelbar anhand der Voraussetzungen aus Art. 23 Abs. 1 DSGVO zu überprüfen. Ist das Ergebnis dieser Prüfung, dass der § 88 Abs. 5 Satz 4 AO n.F. nicht mit Art. 23 Abs. 1 DSGVO in Einklang gebracht werden kann, so muss dasselbe Ergebnis für §§ 32a Abs. 1 Nr. 1, Abs. 2 Nr. 2, 32b Abs. 1 Satz 1 Nr. 1 lit. a), Satz 2, 32c Abs. 1 Nr. 1 AO in Bezug auf das RMS gelten. Dies setzt aber voraus, dass der § 88 Abs. 5 Satz 4 AO n.F. als eine „Gesetzgebungsmaßnahme“ i.S. von Art. 23 Abs. 1 DSGVO qualifiziert werden kann. Wie bereits erwähnt,[1551] sind die materiellen Vorgaben für eine „Gesetzgebungsmaßnahme“ i.S. des Art. 23 Abs. 1 DSGVO nicht besonders streng, so dass der § 88 Abs. 5 Satz 4 AO n.F. als formelles Parlamentsgesetz in jedem Fall

---

1548 Vgl. in diesem Zusammenhang etwa *Schwab*, DStJG 42 (2019), 157 (173), wonach der § 32c AO zu weit gehe.

1549 So die präzise und scharfsinnige Formulierung von *Ehrke-Rabel*, FR 2019, 45 (54). Dies verkennt *Koreng*, in: Taeger/Gabel, DSGVO/BDSG, Art. 23 DSGVO Rz. 13, bezüglich der Achtung des Wesensgehalts von Grundrechten und Grundfreiheiten, dessen Funktion sich gerade nicht (nur) allein darin erschöpft, eine vollständige Abschaffung der Betroffenenrechte zu verhindern. Das Art. 23 Abs. 1 DSGVO eine vollständige Beseitigung der Pflichten und Rechte nach der DSGVO nicht erlaubt, wird bereits mit seiner Überschrift („Beschränkungen“) deutlich.

1550 Zum Inhalt des Begriffs der „Einzelheiten“ im § 88 Abs. 5 Satz 4 AO n.F. s. bereits unter Teil 4, E. IX. 3. a) cc).

1551 S. Fn. 1533.

diesen Vorgaben gerecht wird. Nach § 88 Abs. 5 Satz 4 AO n.F. dürfen Einzelheiten bei einer (konkreten) Gefahr für Gleichmäßigkeit und Gesetzmäßigkeit der Besteuerung nicht veröffentlicht werden. Das bedeutet für den Steuerpflichtigen, dass auch sein Auskunftsrecht nach Art. 15 Abs. 1 DSGVO sich nicht auf diese Einzelheiten des RMS beziehen kann. Der § 88 Abs. 5 Satz 4 AO n.F. stellt also eine „Beschränkung" des Rechts des Steuerpflichtigen aus Art. 15 Abs. 1 DSGVO dar, wie es Art. 23 Abs. 1 DSGVO als Grundvoraussetzung für jede Gesetzgebungsmaßnahme vorschreibt. Fraglich ist allein, ob der Art. 23 Abs. 1 DSGVO nur solche Gesetzgebungsmaßnahmen umfasst, die zeitlich mindestens mit der unmittelbaren Anwendbarkeit der DSGVO ab dem 25. Mai 2018 oder danach erlassen wurden oder auch solche Gesetzgebungsmaßnahmen erfasst sind, die auch schon vor dem 25. Mai 2018 Teil der jeweiligen Rechtsordnung waren.[1552] Dies ist mit Blick auf § 88 Abs. 5 Satz 4 AO n.F. relevant, da § 88 Abs. 5 Satz 4 AO n.F. mit dem StModG am 18. Juli 2016 vom Gesetzgeber beschlossen wurde und zum 1. Januar 2017 in Kraft getreten ist, wohingegen die DSGVO zwar am 24. Mai 2016 in Kraft getreten ist, aber erst zum 25. Mai 2018 in den Mitgliedstaaten unmittelbar gilt und anwendbar ist (Art. 99 Abs. 1, 2 DSGVO). Gegen das rein formelle Abstellen auf den Geltungszeitpunkt für die Bestimmung von Gesetzgebungsmaßnahmen i.S. des Art. 23 Abs. 1 DSGVO spricht zunächst der Sinn und Zweck der DSGVO, die nicht nur ein hohes Datenschutzniveau bezweckt, sondern auch ein einheitliches.[1553] Es kann keinen Unterschied machen, ob eine Gesetzgebungsmaßnahme als Reaktion auf die DSGVO ergangen ist oder bereits in dem jeweiligen Mitgliedstaat eine Regelung vor der unmittelbaren Anwendbarkeit der DSGVO bestand, die die Rechte und Pflichten aus Artikel 12 bis 22 DSGVO beschränkt. Der Art. 23 Abs. 1 DSGVO ist nicht nur Maßstab für beschränkende „Neuregelungen", sondern auch für beschränkende „Bestandsregelungen".[1554] Zudem ist zu konstatieren, dass der Art. 23 Abs. 1 DSGVO kein Zitiergebot wie etwa Art. 19 Abs. 1 Satz 2 GG für die beschränkenden Gesetzgebungsmaßnahmen vorsieht. Es ist daher unschädlich, dass § 88 Abs. 5 Satz 4 AO n.F. – im Gegensatz zu den §§ 32a bis 32c AO – nicht ausdrücklich auf Art. 15 DSGVO (oder Art. 13, 14 DSGVO) verweist. Der § 88 Abs. 5 Satz 4 AO n.F. stellt folglich eine Gesetzgebungsmaßnahme nach Art. 23 Abs. 1 DSGVO dar. Als solche muss § 88 Abs. 5 Satz 4 AO n.F. die Voraussetzungen des Art. 23 Abs. 1 DSGVO erfüllen.

1552 Diese Frage stellt sich auch *Grages*, in: Plath, DSGVO/BDSG, Art. 23 DSGVO Rz. 3.
1553 Erwägungsgründe 10, 123, 129, 133, 135 und 139 zur DSGVO.
1554 So auch *Grages*, in: Plath, DSGVO/BDSG, Art. 23 DSGVO Rz. 3.

ff) Prüfung des § 88 Abs. 5 Satz 4 AO n.F. am Maßstab des Art. 23 Abs. 1 DSGVO

aaa) Sicherstellung eines Zwecks, Art. 23 Abs. 1 lit. a) bis j) DSGVO

Zunächst muss § 88 Abs. 5 Satz 4 AO n.F. einen der in Art. 23 Abs. 1 lit. a) bis j) DSGVO abschließend[1555] aufgezählten Zwecke sicherstellen. Für das Steuerrecht bzw. das Steuerverfahrensrecht ist Art. 23 Abs. 1 lit. e) DSGVO von besonderer Relevanz.[1556] Nach Art. 23 Abs. 1 lit. e) DSGVO sind beschränkende Gesetzgebungsmaßnahmen zur Sicherstellung wichtiger Ziele des öffentlichen Interesses zulässig. Die Vorschrift nennt dabei ausdrücklich wichtige wirtschaftliche oder finanzielle Interessen eines Mitgliedstaats im Haushalts- und Steuerbereich.[1557] Der Sinn und Zweck von § 88 Abs. 5 Satz 4 AO n.F. besteht im Kern darin, die Gleichmäßigkeit und Gesetzmäßigkeit der Besteuerung sicherzustellen.[1558] Die Sicherstellung von Gleichmäßigkeit und Gesetzmäßigkeit der Besteuerung ist ein wichtiges Ziel des öffentlichen Interesses im Haushalts- und vor allem im Steuerbereich i.S. des Art. 23 Abs. 1 lit. e) DSGVO.[1559] Der § 88 Abs. 5 Satz 4 AO n.F. stellt damit einen ausdrücklichen Zweck nach Art. 23 Abs. 1 lit. e) DSGVO sicher. Auch der EuGH hat erst vor Kurzem die Steuererhebung und die Bekämpfung von Steuerbetrug als Aufgaben, die im öffentlichen Interesse liegen, angesehen.[1560]

bbb) Achtung des Wesensgehalts der Grundrechte und Grundfreiheiten

Eine Gesetzgebungsmaßnahme hat nach Art. 23 Abs. 1 DSGVO „den Wesensgehalt der Grundrechte und Grundfreiheiten" zu achten. Auch wenn der Wortlaut dies nicht explizit vorgibt, meint die sekundärrechtliche DSGVO damit

---

1555 Zu den einzelnen Zweckbestimmungen vgl. *Bäcker*, in: Kühling/Buchner, DS-GVO/BDSG, Art. 23 Rz. 11 ff.

1556 *Grages*, in: Plath, DSGVO/BDSG, Art. 23 DSGVO Rz. 6.

1557 *Seer*, SteuerStud 2019, 240 (242 f.).

1558 S. zum Sinn und Zweck des § 88 Abs. 5 Satz 4 AO n.F. bereits unter Teil 4, E. IX. 3. a) bb).

1559 So auch jüngst das BVerwG v. 4.7.2019 – 7 C 31/17, Rz. 23, das auf die Gesetzesbegründung zu § 32c Abs. 1 Nr. 2 AO verweist (vgl. BT-Drucks. 18/12611, S. 88); s. aber auch BT-Drucks. 18/12611, S. 85, wonach die gesetzmäßige und gleichmäßige Besteuerung im steuerlichen Massenverfahren unter Art. 23 Abs. 1 lit. e) DSGVO fällt.

1560 EuGH v. 27.9.2017 – Rs. C-73/16 „Puskar/Financne", ECLI:EU:C:2017:725, Rz. 108, zu Art. 7 lit. e) der zu diesem Zeitpunkt noch geltenden Richtlinie 1995/46/EG.

die primärrechtlichen europäischen Grundrechte und Grundfreiheiten.[1561] Im Bereich des Datenschutzes steht Art. 8 EUGrCh an der Spitze der betroffenen europäischen Grundrechte.[1562] Nach Art. 8 Abs. 1 EuGrCh hat jede (natürliche) Person das Recht auf Schutz der sie betreffenden personenbezogenen Daten.[1563] Entscheidend ist, woraus der Wesensgehalt von Art. 8 EUGrCh besteht.

(1) Determination des Wesensgehalts von (europäischen) Grundrechten, insbesondere Art. 8 EuGrCh

Allgemein anerkannte Regeln zur Bestimmung des Wesensgehalts – im Englischen „essence", im Französischen „contenu essentiel" – von Grundrechten wurden bis heute weder auf unionsrechtlicher Ebene[1564] noch national herausgearbeitet.[1565] Daraus wird überwiegend auf eine geringe praktische Bedeutung des Wesensgehalts von Grundrechten geschlossen.[1566] Dies liegt zum einen daran,

---

1561 *Paal*, in: Paal/Pauly, DS-GVO/BDSG, Art. 23 DS-GVO Rz. 13; zur lediglich klarstellenden bzw. deklaratorischen Funktion dieser Voraussetzung vgl. *Bäcker*, in: Kühling/Buchner, DS-GVO/BDSG, Art. 23 DS-GVO Rz. 56; *Paal*, in: Paal/Pauly, DS-GVO/BDSG, Art. 23 DS-GVO Rz. 14.

1562 Auch Art. 16 Abs. 1 AEUV ist auf primärrechtlicher Ebene für den Datenschutz relevant, vgl. *Seer*, SteuerStud 2019, 240 (241).

1563 Ausführlich zum Gewährleistungsgehalt von Art. 8 EuGrCh *Reinhardt*, AöR 142 (2017), 528 (531 f.); s. auch *Jung*, Grundrechtsschutz auf europäischer Ebene, S. 89 ff.; *Siemen*, Datenschutz als europäisches Grundrecht, S. 280 ff.

1564 *Kingreen*, in: Calliess/Ruffert, EUV/AEUV/GRCh, Art. 52 GRCh Rz. 64.

1565 So auch *Huber*, in: v. Mangoldt/Klein/Starck, GG, Art. 19 Rz. 107. Auf Ebene des nationalen Verfassungsrechts sieht Art. 19 Abs. 2 GG eine Regelung vor, wonach ein Grundrecht in seinem Wesensgehalt nicht angetastet werden darf, s. hierzu ausführlich *Stern*, in: Stern, Staatsrecht, Bd. III/2, S. 837 ff. Zur unergiebigen Haltung der Rechtsprechung, insb. des BVerfG, zu Art. 19 Abs. 2 GG s. *Huber*, in: v. Mangoldt/Klein/Starck, GG, Art. 19 Rz. 123, 145 ff.; *Stern*, in: Stern, Staatsrecht, Bd. III/2, S. 847 ff., insb. 850 ff., die bis heute anhält (s. exemplarisch BVerfG v. 24.7.2018 – 2 BvR 1961/09, BVerfGE 149, 346 [361 f.], das Art. 19 Abs. 2 GG erwähnt und die Sicherstellung des Wesensgehalts der Grundrechte auch bei Integrationsgesetzen betont, dann aber in der Folge unter Einhaltung seiner Tradition über die Bestimmung des Wesensgehalts von Grundrechten schweigt).

1566 *Huber*, in: v. Mangoldt/Klein/Starck, GG, Art. 19 Rz. 107; *Bäcker*, in: Kühling/Buchner, DS-GVO/BDSG, Art. 23 DS-GVO Rz. 57; s. auch *Stern*, in: Stern, Staatsrecht, Bd. III/2, S. 871. Die bisher geringe praktische Bedeutung des Wesensgehalts von Grundrechten als Grenze für Einschränkungen ebendieser steht im erheblichen Missverhältnis zur besonderen Bedeutung des Wesensgehalts von Grundrechten im Art. 23 Abs. 1 DSGVO. Dort erstarkt der Wesensgehalt von Grundrechten (und

dass sich die Gesetzgeber davor gedrückt haben, über die gesetzliche Fixierung des Begriffs des „Wesensgehalts" hinaus Aussagen darüber zu treffen, wie der Wesensgehalt von Grundrechten zu bestimmen ist bzw. woraus dieser besteht. So verwundert es nicht, dass die DSGVO keine Vorgaben zur Bestimmung des Wesensgehalts der europäischen Grundrechte enthält. Auch die primärrechtlichen Grundlagen enthalten keine Definition des Wesensgehalts von Grundrechten. Immerhin nennt Art. 52 Abs. 1 Satz 1 EUGrCh zwar den „Wesensgehalt dieser Rechte und Freiheiten" – gemeint sind die Rechte und Freiheiten in der EUGrCh – als Grenze jeder Einschränkung der Rechte und Freiheiten der EUGrCh.[1567] Jedoch enthält auch Art. 52 EuGrCh keine nähere Beschreibung zum Wesensgehalt, obwohl eine Definition des Wesensgehalts im Grundrechtekonvent zur EUGrCh gefordert wurde.[1568] Dasselbe gilt für die nationale Verfassung, namentlich Art. 19 Abs. 2 GG.[1569] Damit liegt es an der Rechtsprechung und der Lehre, diese Lücke auszufüllen.[1570] Doch auch die Rechtsprechung und die Lehre sind bislang nicht zu einer allgemein akzeptierten Lösung gelangt.[1571] So besteht sowohl auf unionsrechtlicher als auch auf nationaler Ebene schon keine Einigkeit darüber, ob dem Wesensgehalt von Grundrechten überhaupt eine eigenständige Bedeutung zukommt[1572] oder dem Wesensgehalt von Grundrechten vielmehr ein relatives Verständnis zu Grunde zu legen ist,[1573] wonach

---

Grundfreiheiten) zu einer wesentlichen Voraussetzung neben dem Grundsatz der Verhältnismäßigkeit, vgl. Fn. 1535, 1536.

1567 Auf Ebene des nationalen Verfassungsrechts sieht Art. 19 Abs. 2 GG eine vergleichbare Regelung vor, wonach ein Grundrecht in seinem Wesensgehalt nicht angetastet werden darf, s. hierzu ausführlich *Stern*, in: Stern, Staatsrecht, Bd. III/2, S. 837 ff.

1568 Vgl. *Bühler*, Einschränkung von Grundrechten nach der EUGrCh, S. 257.

1569 Zur rein objektiv-rechtlichen Dimension des Art. 19 Abs. 2 GG s. *Jäckel*, Grundrechtsgeltung, S. 57 ff.; für eine zusätzliche subjektive Seite des Art. 19 Abs. 2 GG i.S. einer subjektiven Grundrechtsberechtigung vgl. *Huber*, in: v. Mangoldt/Klein/Starck, GG, Art. 19 Rz. 167 f.; *Sachs*, in: Sachs, GG, Art. 19 Rz. 45; *Schneider*, Der Schutz des Wesensgehalts, S. 87 ff., 93 ff., 148 ff.

1570 *Huber*, in: v. Mangoldt/Klein/Starck, GG, Art. 19 Rz. 107.

1571 *Huber*, in: v. Mangoldt/Klein/Starck, GG, Art. 19 Rz. 107.

1572 Dies fordern die Vertreter der sog. absoluten Theorie. Für das Unionsrecht vgl. *Jarass*, GRCh, Art. 52 Rz. 28, 45; wohl auch *Kingreen*, in: Calliess/Ruffert, EUV/AEUV/GRCh, Art. 52 GRCh Rz. 64; zum Art. 19 Abs. 2 GG auf nationaler Ebene s. allein *Huber*, in: v. Mangoldt/Klein/Starck, GG, Art. 19 Rz. 136 f. m.w.N.

1573 Teilweise wird national sogar vertreten, dass der Wesensgehalt in dem Menschenwürdegehalt nach Art. 1 Abs. 1 GG aufgehe, vgl. dazu *Huber*, in: v. Mangoldt/Klein/Starck, GG, Art. 19 Rz. 121 ff.; mit Recht gegen eine solche Gleichsetzung etwa *Jäckel*,

der Wesensgehalt eines Grundrechts einer Abwägung zugänglich ist und schon dann gewahrt bleibt, wenn die jeweilige Einschränkung nicht unverhältnismäßig ist.[1574] Da eine unverhältnismäßige Beschränkung bereits als solche verfassungswidrig ist, komme dem Wesensgehalt von Grundrechten als Grenze allein deklaratorische Bedeutung zu.[1575] Ein relatives Verständnis vom Wesensgehalt hat auch der EuGH zunächst in ständiger Rechtsprechung vertreten,[1576] wovon er aber in jüngerer Zeit Abstand nimmt und sich damit einem absoluten Verständnis anschließt.[1577] Die Entwicklung in der Rechtsprechung des EuGH ist zu

---

Grundrechtsgeltung, S. 56; kritisch auch *Schneider*, Der Schutz des Wesensgehalts, S. 190 ff.

1574 Für diese sog. relative Theorie vgl. für das Unionsrecht *Rengeling*, Grundrechtsschutz in der Europäischen Gemeinschaft, S. 26; *Bühler*, Einschränkung von Grundrechten nach der EUGrCh, S. 257 ff.; ebenso *Becker*, in: Schwarze, EU-Kommentar, Art. 52 GRC Rz. 7; auf nationaler Ebene etwa *Häberle*, Die Wesensgehaltsgarantie, S. 64; *Alexy*, Theorie der Grundrechte, S. 272; s. auch *v. Hippel*, Wesensgehalt, S. 56 ff., 62 f.; für eine vermittelnde Theorie vgl. *Huber*, in: v. Mangoldt/Klein/Starck, GG, Art. 19 Rz. 143 f.

1575 So zu Art. 19 Abs. 2 GG *Hesse*, Grundzüge des Verfassungsrechts, Rz. 332; s. ebenfalls *Alexy*, Theorie der Grundrechte, S. 272.

1576 S. etwa EuGH v. 13.7.1989 – Rs. 5/88 „Wachauf/Bundesamt für Ernährung und Forstwirtschaft", ECLI:EU:C:1989:321, Rz. 17 f.; v. 11.7.1989 – Rs. 265/87 „Schräder/Hauptzollamt Gronau", ECLI:EU:C:1989:303, Rz. 15; v. 10.1.1992 – Rs. C-177/90 „Kühn/Landwirtschaftskammer Weser/Ems", ECLI:EU:C:1992:2, Rz. 16; v. 5.10.1994 – Rs. C-280/93 „Bundesrepublik Deutschland/Rat der EU", ECLI:EU:C:1994:367, Rz. 78.

1577 Im Ansatz schon EuGH v. 13.4.2000 – Rs. C-292/97 „Karlsson", ECLI:EU:C:2000:202, Rz. 58, jedoch damals noch unter der Überschrift „Zur Einhaltung des Verhältnismäßigkeitsgrundsatzes"; konkreter dann EuGH v. 5.10.2010 – Rs. C-400/10 PPU „McB/L.E.", ECLI:EU:C:2010:583, Rz. 55, 57; v. 22.12.2010 – Rs. C-279/09 „DEB/Bundesrepublik Deutschland", ECLI:EU:C:2010:811, Rz. 60; v. 22.1.2013 – Rs. C-283/11 „Sky Österreich/Österreichischer Rundfunk", ECLI:EU:C:2013:28, Rz. 49; v. 8.4.2014 – Verb. Rs. C-293/12 u. C-594/12 „Digital Rights Ireland u.a.", ECLI:EU:C:2014:238, Rz. 39 f.; v. 27.5.2014 – Rs. C-129/14 PPU „Spasic", ECLI:EU:C:2014:586, Rz. 58 f.; jüngst anschaulich speziell zu Art. 6 EUGrCh EuGH v. 15.2.2016 – Rs. C-601/15 PPU „J.N./Staatssecretaris van Veiligheid en Justitie", ECLI:EU:C:2016:84, Rz. 52, dessen Ausführungen zum Wesensgehalt *Jarass* zu Unrecht allgemein für den Wesensgehalt von Grundrechten gelten lassen möchte, vgl. *Jarass*, GRCh, Art. 52 Rz. 29. Anders als *Huber*, in: v. Mangoldt/Klein/Starck, GG, Art. 19 Rz. 198 f., meint, ist der EuGH einerseits nicht bei der relativen Theorie geblieben und andererseits kann die Wesensgehaltsgarantie auf europäischer Ebene vor dem Hintergrund des offenkundigen Richtungswechsels in der Rechtsprechung des EuGH gerade nicht (mehr) als „Leerformel ohne eigenständige Bedeutung" bezeichnet werden.

begrüßen. Bereits der Wortlaut der einzelnen Regelungen, in denen der Wesensgehalt der Grundrechte erwähnt wird, macht deutlich, dass der Wesensgehalt der Grundrechte als eigenständige Kategorie von dem Grundsatz der Verhältnismäßigkeit zu unterscheiden ist. So erwähnt Art. 52 Abs. 1 Satz 1 EUGrCh den Wesensgehalt in einem eigenen Satz, die Verhältnismäßigkeit hingegen erst danach im Art. 52 Abs. 1 Satz 2 EUGrCh.[1578] Auch der Wortlaut von Art. 23 Abs. 1 DSGVO deutet auf eine eigenständige Bedeutung des Wesensgehalts von Grundrechten hin.[1579] Ein nur relatives Verständnis wird der Sicherungs- und Schutzfunktion,[1580] die dem Wesensgehalt von Grundrechten in Bezug auf die „Stärkung der Grundrechte" zukommt,[1581] nicht gerecht.[1582] Dies wird auf nationaler Ebene vor allem durch den Wortlaut von Art. 19 Abs. 2 GG deutlich, wonach ein Grundrecht in seinem Wesensgehalt „in keinem Fall [...] angetastet werden" darf. Dem Wesensgehalt von Grundrechten kommt ein eigenständiger Gehalt zu.[1583]

Für die konkrete Bestimmung des Wesensgehalts von Grundrechten, namentlich von Art. 8 EUGrCh, ist damit jedoch noch nichts gewonnen. In der Tat führt die Frage nach der Bestimmung des Wesensgehalts von Grundrechten „auf unsicheres Gelände".[1584] Die Bestimmung, was Wesensgehalt eines Grundrechts ist, wird aufgrund der nur schweren Greifbarkeit[1585] des Begriffs des „Wesensgehalts" zu Recht als „schwierigstes Problem" im nationalen Kontext bei Art. 19 Abs. 2 GG angesehen.[1586] Auch kann sich das Wesen von Grundrechten mit der

---

1578 Dies betonte auch schon *Bühler*, Einschränkung von Grundrechten nach der EUGrCh, S. 258; ebenso *Jarass*, GRCh, Art. 52 Rz. 28.

1579 So ist nach Art. 23 Abs. 1 DSGVO eine Beschränkung zulässig „sofern eine solche Beschränkung den Wesensgehalt der Grundrechte und Grundfreiheiten achtet *und* in einer demokratischen Gesellschaft eine notwendige und verhältnismäßige Maßnahme darstellt [...]".

1580 S. zur Schutzfunktion *v. Hippel*, Wesensgehalt, S. 57.

1581 *Stern*, in: Stern, Staatsrecht, Bd. III/2, S. 840.

1582 *Huber*, in: v. Mangoldt/Klein/Starck, GG, Art. 19 Rz. 110. *Stern*, in: Stern, Staatsrecht, Bd. III/2, S. 840, hält zu Art. 19 Abs. 2 GG fest: „Wenig angewendet, hat er theoretisch gleichwohl viel gebracht, weil in mehr als 40 Jahren Geltung ernsthafte Gefahren für einen – wie auch immer verstandenen – Wesensgehalt der Grundrechte entweder bereits im Vorfeld abgewehrt werden konnten oder gar nicht auftauchten".

1583 So auch *Stern*, in: Stern, Staatsrecht, Bd. III/2, S. 874 ff.

1584 *Jarass*, GRCh, Art. 52 Rz. 29.

1585 *Sachs*, in: Sachs, GG, Art. 19 Rz. 40, spricht zu Recht von dem „juristisch kaum fassbare[n] Begriff des Wesensgehalts".

1586 *Stern*, in: Stern, Staatsrecht, Bd. III/2, S. 871.

Zeit ändern.[1587] Der Wesensgehalt eines Grundrechts wird im Schrifttum nicht etwa für jedes einzelne Grundrecht gesondert bestimmt. Die einzelnen Stimmen im Schrifttum begnügen sich vielmehr im Wesentlichen mit abstrakten Umschreibungen des Wesensgehalts, denen jedoch kein tatsächlicher Mehrwert zugesprochen werden kann. So wird unter anderem der Wesensgehalt von Grundrechten mit dem unantastbaren „Kern“ bzw. „Kernbereich“ und „Kerngehalt“,[1588] dem „effektiven Garantiebereich“[1589], den „definitive[n] Grundrechtspositionen“[1590] und der „äußeren Grenze“[1591] eines Grundrechts umschrieben. Gemein ist diesen Umschreibungen aber, dass sie allesamt einen „inneren Kreis“ im Schutzbereich der Grundrechte ansprechen, den es nicht anzutasten gilt.[1592] Dieser innere Kreis der Grundrechte muss jeweils grundrechtsspezifisch in Bezug auf das einzelne Grundrecht bestimmt werden.[1593] Zwischen dem Wesensgehalt von Grundrechten und der einzelnen Grundrechte besteht eine Akzessorietät.[1594] Der „allgemeine Wesensgehalt von Grundrechten“, der für alle Grundrechte gilt, kann insoweit nicht existieren.[1595] Der Inhalt des inneren Kreises, d.h. des Wesensgehalts, eines Grundrechts steht nicht bereits mit der Schaffung bzw. Erfindung des Grundrechts als solches fest, auch wenn er bereits in der Geburtsstunde des jeweiligen Grundrechts schon existiert. Um bei dem Bild eines Kreises zu bleiben, muss der innere Kreis eines Grundrechts erst gezeichnet und so dann ausgefüllt werden. Nehmen weder der Gesetzgeber noch

---

1587 *V. Mangoldt*, Das Bonner Grundgesetz, Art. 19 Rz. 4.

1588 *Huber*, in: v. Mangoldt/Klein/Starck, GG, Art. 19 Rz. 135; vgl. *Bertermann*, in: Ehmann/Selmayr, DS-GVO, Art. 23 Rz. 4, zu Art. 23 Abs. 1 DSGVO; s. auch *v. Hippel*, Wesensgehalt, S. 57.

1589 *Lübbe-Wolff*, Grundrechte, S. 25 ff.

1590 *Alexy*, Theorie der Grundrechte, S. 251.

1591 *Bäcker*, in: Kühling/Buchner, DS-GVO/BDSG, Art. 23 DS-GVO Rz. 57, sowohl zu Art. 52 Abs. 1 Satz 1 EUGrCh als auch zu Art. 19 Abs. 2 GG.

1592 Das geometrische Bild eines Kreises führt auch *Stern*, in: Stern, Staatsrecht, Bd. III/2, S. 875, an.

1593 Zumindest dies hat das BVerfG ausdrücklich unterstrichen, vgl. BVerfG v. 18.7.1967 – 2 BvF 3/62 u.a., BVerfGE 22, 180 (219); s. auch *Schneider*, Der Schutz des Wesensgehalts, S. 193 f.; so auch *Stern*, in: Stern, Staatsrecht, Bd. III/2, S. 874; *Jarass*, GRCh, Art. 52 Rz. 29.

1594 *Huber*, in: v. Mangoldt/Klein/Starck, GG, Art. 19 Rz. 111.

1595 Diese (rechts-)philosophischen Fragen, die sich im Zusammenhang mit der Bestimmung des Wesensgehalts von Grundrechten stellen, sind aufgrund der „philosophischen Herkunft“ des Wesengehalts nicht von der Hand zu weisen, vgl. *Stern*, in: Stern, Staatsrecht, Bd. III/2, S. 839, 874.

die Lehre die Zeichnung und die daran anzuschließende Ausfüllung dieses inneren Kreises vor, kann nur noch die Rechtsprechung als „Retter in der Not" diese Aufgabe erfüllen.[1596] Als wertvoller Anhaltspunkt zur Bestimmung des inneren Kreises von Art. 8 EuGrCh kann und muss daher – zum einen mangels anderweitiger Anhaltspunkte und zum anderen aufgrund der besonderen Funktion des EuGH als „Kommentator des Unionsrechts"[1597] – auf die grundrechtsspezifische Rechtsprechung des EuGH zurückgegriffen werden.[1598] In der Rechtsprechung des EuGH scheint sich in jüngster Vergangenheit zwar ein Aspekt als Mindest-Wesensgehalt eines jeden Grundrechts herauszubilden. So sieht der EuGH den Wesensgehalt eines Grundrechts oder eines unionsrechtlichen Grundsatzes nicht als verletzt an, wenn „der Gewährleistungsgehalt" des jeweiligen Grundrechts oder das Grundrecht bzw. der unionsrechtliche Grundsatz als solches „nicht in Frage" gestellt wird.[1599] Damit manövriert sich der EuGH jedoch in einen Zirkelschluss: Wenn der Gewährleistungsgehalt eines Grundrechts als solches oder sogar ein Grundrecht als solches insgesamt in Frage gestellt wird, dann wird de natura und erst recht auch der innere Kreis und damit der Wesensgehalt des jeweiligen Grundrechts in Frage gestellt und angetastet. Das ist selbstverständlich und hilft bei der Bestimmung des Wesensgehalts von Grundrechten kaum weiter.

1596 So prophezeite *v. Mangoldt* schon in der ersten Auflage des Kommentars zum GG von v. Mangoldt/Klein/Starck im Jahr 1953, dass es „besondere Aufgabe der Rechtsprechung" sei, den „Kern eines jeden Grundrechts näher zu umschreiben", s. *v. Mangoldt*, Das Bonner Grundgesetz, Art. 19 Rz. 4.

1597 S. zur fundamentalen Bedeutung der Rechtsprechung des EuGH für die Auslegung des Unionsrechts *Schwarze/Wunderlich*, in: Schwarze, EU-Kommentar, Art. 19 EUV Rz. 30 ff; *Wegener*, in: Calliess/Ruffert, EUV/AEUV/GRCh, Art. 19 EUV Rz. 13 ff. Zur Bedeutung der EuGH-Rechtsprechung für das nationale Steuerrecht s. *Kokott*, in: 15. Deutscher Finanzgerichtstag 2018, S. 51 ff.

1598 Auch *Jarass*, GRCh, Art. 52 Rz. 29, stellt i. Erg. maßgeblich auf die Rechtsprechung des EuGH für Anhaltspunkte zur Bestimmung des Wesensgehalts von europäischen Grundrechten ab.

1599 Vgl. EuGH v. 27.9.2017 – Rs. C-73/16 „Puskar/Financne", ECLI:EU:C:2017:725, Rz. 64; v. 15.2.2016 – Rs. C-601/15 PPU „J.N./Staatssecretaris van Veiligheid en Justitie", ECLI:EU:C:2016:84, Rz. 52; v. 27.5.2014 – Rs. C-129/14 PPU „Spasic", ECLI:EU:C:2014:586, Rz. 58 f., zum ne bis in idem Grundsatz. Nur insoweit kann dem bereits angesprochenen verallgemeinernden Ansatz von *Jarass*, GRCh, Art. 52 Rz. 29, zugestimmt werden (s. Fn. 1577).

(2) *Grundrechtsspezifische Rechtsprechung des EuGH zur Bestimmung des Wesensgehalts von Art. 8 EuGrCh*

Dem Wesensgehalt von Grundrechten kann daher allein die Rechtsprechung Konturen verleihen. Mit Art. 8 EuGrCh hat sich der EuGH erfreulicherweise gleich in mehreren Grundsatzentscheidungen intensiv beschäftigt. Aus diesen Grundsatzentscheidungen können greifbare Anhaltspunkte zum Wesensgehalt von Art. 8 EuGrCh im Bereich des Steuerrechts gezogen werden, auch wenn diesen Entscheidungen explizit keine steuerlichen Sachverhalte zugrunde lagen.[1600]

Die erste einschlägige Grundsatzentscheidung ist in der Rechtssache „Schecke GbR u. Eifert/Land Hessen“[1601] zu erblicken. In diesem Fall musste der EuGH darüber entscheiden, ob die Veröffentlichung von Informationen bezüglich der Empfänger von Agrarbeihilfen auf der Internetpräsenz von staatlichen Einrichtungen mit dem Primärrecht vereinbar ist. Der EuGH hat in diesem Urteil zu Art. 8 EuGrCh zunächst entschieden, dass das Grundrecht[1602] aus Art. 8 EuGrCh im engen Zusammenhang mit dem in Art. 7 EuGrCh verankerten Grundrecht auf Achtung des Privatlebens stehe.[1603] Danach betont der EuGH, dass das Recht aus Art. 8 EuGrCh keine uneingeschränkte Geltung beanspruchen könne, sondern im Hinblick auf seine gesellschaftliche Funktion gesehen werden müsse.[1604] Deshalb erlaube Art. 8 Abs. 2 EuGrCh Einschränkungen dieses Rechts unter bestimmten Voraussetzungen.[1605] Zum Begriff der personenbezogenen Daten hält der EuGH danach fest, dass dieser weit auszulegen sei und sich auf „jede Information erstreck[e], die eine bestimmte oder bestimmbare natürliche Person betrifft“.[1606]Unerheblich sei, dass sich die Daten auf die berufliche Tätigkeit beziehen.[1607] Juristische Personen können sich nach dem EuGH grundsätzlich nicht auf den Schutz von Art. 8 EuGrCh (und Art. 7 EuGrCh) berufen, es sei denn, der Name der juristischen Person beinhaltet

---

1600 *Seer*, DStJG 42 (2019), 247 (253).

1601 EuGH v. 9.11.2010 – Verb. Rs. C-92/09 u. C-93/09 „Schecke GbR u. Eifert/Land Hessen“, ECLI:EU:C:2010:662.

1602 S. zum Meinungsstand bezüglich der rechtlichen Einordnung des Art. 8 EuGrCh als eigenständiges Grundrecht bei *Veil*, NVwZ 2018, 686 (693 f.).

1603 EuGH v. 9.11.2010 (Fn. 1601), Rz. 47; s. dazu auch *Seer*, DStJG 42 (2019), 247 (253); *ders.*, SteuerStud 2019, 240 (241).

1604 EuGH v. 9.11.2010 (Fn. 1601), Rz. 48.

1605 EuGH v. 9.11.2010 (Fn. 1601), Rz. 49.

1606 EuGH v. 9.11.2010 (Fn. 1601), Rz. 52. Die DSGVO hat dieses weite Verständnis beibehalten, s. unter Teil 4, E. IX. 3. e) cc) bbb) (1).

1607 EuGH v. 9.11.2010 (Fn. 1601), Rz. 59.

den Namen einer oder mehrerer natürlicher Personen.[1608] Im Anschluss daran kommt der EuGH nach einer dreistufigen Rechtfertigungsprüfung[1609] zu dem Ergebnis, dass der Veröffentlichungsumfang im konkreten Fall unverhältnismäßig sei, da es an einer „ausgewogenen Gewichtung" zwischen dem Transparenzgrundsatz auf der einen und Art. 8 und 7 EuGrCh auf der anderen Seite fehle.[1610] Einschränkungen dieses Grundrechts seien auf das „absolut Notwendige" zu beschränken.[1611] Zum Wesensgehalt von Art. 8 EuGrCh lässt sich aus diesem Urteil ableiten, dass dieses Grundrecht typischerweise aus der Verbindung mit einem anderen Grundrecht erst zu einem „echten" Abwehrrecht erstarkt.[1612] Darüber hinaus besteht das Wesen dieses Grundrechts aufgrund des Urteils des EuGH gerade darin, dass es nicht uneingeschränkt zur Geltung kommt, sondern stets nur im Rahmen seiner gesellschaftlichen Funktion, auch wenn das Grundrecht in sachlicher Hinsicht zunächst grundsätzlich jede Information schützt. Da sich einschränkende Maßnahmen auf das „absolut Notwendige" beschränken müssen, kann Art. 8 EuGrCh insoweit als „starkes" europäisches Grundrecht angesehen werden.

Die nächste Grundsatzentscheidung zur Bestimmung des Wesensgehalts von Art. 8 EuGrCh erging im Zusammenhang mit der Vorratsdatenspeicherung in der Rechtssache „Digital Rights Ireland u.a.".[1613] Auch hier unterstreicht der EuGH zum einen den engen Zusammenhang zwischen Art. 8 und 7 EuGrCh[1614] und zum anderen die Beschränkung von einschränkenden Maßnahmen auf das „absolut Notwendige".[1615] Der EuGH betont in diesem Judikat ferner, dass die

---

1608 EuGH v. 9.11.2010 (Fn. 1601), Rz. 53. Dies führt dazu, dass sich wohl häufig Personengesellschaften und weniger Kapitalgesellschaften auf Art. 8 und 7 EuGrCh berufen können, da diese regelmäßig den Namen einer natürlichen Person beinhalten. So konnte dies der EuGH auch in der Rs. C-92/09 bejahen, da der Name der Gesellschaft „Volker und Markus Schecke GbR" lautete, vgl. EuGH v. 9.11.2010 (Fn. 1601), Rz. 54. Für eine Grundrechtsträgerschaft auch von juristischen Personen bei Art. 8 EuGrCh *Knecht*, in: Schwarze, EU-Kommentar, Art 8 GRC Rz. 3, mit nicht unerheblichen Argumenten.

1609 S. dazu *Seer*, DStJG 42 (2019), 247 (254); *Seer/Wilms*, StuW 2015, 118 (127 f.).

1610 EuGH v. 9.11.2010 (Fn. 1601), Rz. 80 ff.

1611 EuGH v. 9.11.2010 (Fn. 1601), Rz. 77.

1612 So auch *Veil*, NVwZ 2018, 686 (694); a.A. wohl *Jarass*, GRCh, Art. 8 Rz. 2, 4.

1613 EuGH v. 8.4.2014 – Verb. Rs. C-293/12 u. C-594/12 „Digital Rights Ireland u.a.", ECLI:EU:C:2014:238.

1614 EuGH v. 8.4.2014 (Fn. 1613), Rz. 53.

1615 EuGH v. 8.4.2014 (Fn. 1613), Rz. 54.

Vorratsdatenspeicherung von Mobilfunkdaten einen Eingriff „von großem Ausmaß“ darstellt und als „besonders schwerwiegend“ zu qualifizieren sei.[1616] Der EuGH stellt im Anschluss dann aber ausdrücklich fest, dass die Vorratsdatenspeicherung nicht geeignet sei, den Wesensgehalt weder von Art. 7 noch von Art. 8 EuGrCh anzutasten.[1617] Bei Art. 7 EuGrCh sei der Wesensgehalt nicht angetastet, da die Richtlinie[1618] nicht die Kenntnisnahme des Inhalts der jeweiligen Kommunikation zulasse.[1619] Art. 8 EuGrCh werde in seinem Wesensgehalt nicht angetastet, weil die für den zugrundeliegenden Sachverhalt maßgebliche Richtlinie in ihrem Art. 7 eine Vorschrift enthält, wonach die Betreiber eines öffentlichen Kommunikationsnetzwerkes verpflichtet sind, bestimmte Datenschutz- sowie Datensicherheitsgrundsätze einzuhalten. Dadurch stellen die Mitgliedstaaten sicher, dass die Daten gegen zufällige oder unrechtmäßige Zerstörung sowie zufälligen Verlust oder zufällige Änderung geschützt sind.[1620] Der EuGH unterscheidet dabei explizit zwischen dem Wesensgehalt von Art. 7 EuGrCh und Art. 8 EuGrCh. Im Umkehrschluss bedeutet dies zunächst für den Wesensgehalt von Art. 8 EuGrCh, dass sein Wesensgehalt bei der Verarbeitung von personenbezogenen Daten immer dann angetastet wird, wenn die Mitgliedstaaten keine Verpflichtung zum Ergreifen von Maßnahmen trifft, die vor einer zufälligen oder unrechtmäßigen Zerstörung, einem zufälligen Verlust sowie einer zufälligen Änderung schützen. Der Wesensgehalt von Art. 8 EuGrCh dürfte daneben aufgrund der Nähe zu Art. 7 EuGrCh aber auch dann angetastet sein, wenn die Kenntnisnahme des Inhalts einer (elektronischen) Kommunikation, die auf Vorrat gespeichert wird, zugelassen wird.

Schließlich ist die Rechtssache „Tele2 Sverige AB u.a.“ zur Bestimmung des Wesensgehalts von Art. 8 EuGrCh anzuführen.[1621] Ebenso wie in der Rechtssache „Digital Rights Ireland u.a.“ betrifft auch diese Entscheidung des EuGH die Vorratsdatenspeicherung. Es überrascht daher nicht, dass die Entscheidungen an bestimmten Stellen fast identisch sind. So stellt der EuGH in diesem Urteil gleichermaßen fest, dass eine Konnexität zwischen Art. 8 und 7 EuGrCh besteht

---

1616 EuGH v. 8.4.2014 (Fn. 1613), Rz. 37.

1617 EuGH v. 8.4.2014 (Fn. 1613), Rz. 39 f.

1618 Richtlinie über Vorratsspeicherung von Daten v. 15.3.2006, RL 2006/24/EG, Abl. EG Nr. L 105/54.

1619 EuGH v. 8.4.2014 (Fn. 1613), Rz. 39; s. hierzu auch EuGH v. 6.10.2015 – Rs. C-362/14 „Schrems/Data Protection Commissioner“, ECLI:EU:C:2015:650, Rz. 94.

1620 EuGH v. 8.4.2014 (Fn. 1613), Rz. 40.

1621 EuGH v. 21.12.2016 – Verb. Rs. C-203/15 u. C-698/15 „Tele2 Sverige AB u.a.“, ECLI:EU:C:2016:970.

und Beschränkungen auf das „absolut Notwendige“ begrenzt sind.[1622] Im Gegensatz zur Entscheidung des EuGH in der Rechtssache „Digital Rights Ireland u.a.“ unterscheidet er in dieser Entscheidung jedoch nicht mehr ausdrücklich beim Wesensgehalt zwischen Art. 8 und 7 EuGrCh, sondern stellt bezüglich beider Grundrechte fest, dass der Wesensgehalt nicht angetastet sei, weil die Vorratsspeicherung des Inhalts einer Kommunikation nicht erlaubt sei.[1623] Die Besonderheit dieser Entscheidung findet sich jedoch erst in einer darauffolgenden Randziffer. So stellt der EuGH erstmalig ausdrücklich fest, dass „die zuständigen nationalen Behörden [...] die betroffenen Personen im Rahmen der einschlägigen nationalen Verfahren [...] in Kenntnis setzen [müssen], sobald die Mitteilung die behördlichen Ermittlungen nicht mehr beeinträchtigen kann“.[1624] Mit anderen Worten trifft die nationale Behörde eine Informationspflicht bezüglich der Verarbeitung von personenbezogenen Daten, sofern die Erteilung der Information die behördlichen Ermittlungen nicht mehr beeinträchtigen kann.[1625] Auch wenn die Entscheidung im Kontext der Kriminalitätsbekämpfung ergangen ist, so gilt diese Aussage des EuGH allgemein für alle „national zuständigen Behörden“ und dementsprechend auch für die Finanzbehörde im Besteuerungsverfahren.[1626] Das bedeutet für den Wesensgehalt von Art. 8 EuGrCh, dass sich das Wesen dieses Grundrechts nicht allein in einer Passivität erschöpft, sondern vielmehr auch als aktives (Grund-)Recht zu verstehen ist, dass eine Pflicht der zuständigen Behörde auf Informationen beinhaltet, solange die Funktionsfähigkeit staatlicher Behörden nicht beeinträchtigt wird. Darin kommt zugleich der bereits angesprochene Aspekt des Wandels des Wesensgehalts eines Grundrechts mit der Zeit zum Ausdruck.[1627]

Erwähnenswert, jedoch ohne neue Erkenntnisse zum Wesensgehalt von Art. 8 EuGrCh, erscheinen zwei aktuelle Entscheidungen des EuGH,[1628] in

---

1622 EuGH v. 21.12.2016 (Fn. 1621), Rz. 93, 96, 109; zu weiteren Parallelen vgl. *Seer*, DStJG 42 (2019), 247 (254 ff.).

1623 EuGH v. 21.12.2016 (Fn. 1621), Rz. 101.

1624 EuGH v. 21.12.2016 (Fn. 1621), Rz. 121.

1625 *Seer*, DStJG 42 (2019), 247 (256); *ders.*, SteuerStud 2019, 240 (241).

1626 Vgl. insoweit auch *Miller*, ISR 2019, 434 (436), zu den strengen Anforderungen an die Verhältnismäßigkeit bei der Datenverarbeitung durch Steuerbehörden wegen der Urteile „Digital Rights Ireland u.a.“ sowie „Tele2 Sverige AB u.a.“ des EuGH.

1627 S. Fn. 1587.

1628 EuGH v. 3.10.2019 – Rs. C-70/18 „Staatssecretaris van Justitie en Veiligheid/ A, B, P“, ECLI:EU:C:2019:823; v. 27.9.2017 – Rs. C-73/16 „Puskar/Financne“, ECLI:EU:C:2017:725.

denen der EuGH nach wie vor Art. 8 und 7 EuGrCh in einem Atemzug erwähnt und im Ergebnis gemeinsam prüft, den Schutz bezüglicher „jeder" Information herausstellt[1629] sowie abermals betont, dass sich Einschränkungen auf das „absolut Notwendige" beschränken müssen.[1630]

(3) Missachtung des Wesensgehalts von Art. 8 EuGrCh durch § 88 Abs. 5 Satz 4 AO n.F.

Der Wesensgehalt von Art. 8 EuGrCh lässt sich anhand der grundrechtsspezifischen Rechtsprechung des EuGH zusammenfassend wie folgt festhalten: Das Wesen des Grundrechts aus Art. 8 EuGrCh zeichnet sich dadurch aus, dass es seine Schutzwirkung grundsätzlich akzessorisch zu einem weiteren Grundrecht, i.d. Regel Art. 7 EuGrCh, entfaltet. Seinem Wesen nach gilt Art. 8 EuGrCh nicht uneingeschränkt, sondern muss stets anhand seiner gesellschaftlichen Funktion betrachtet werden. Aufgrund der strengen Anforderungen an die Verhältnismäßigkeit, insbesondere durch die Beschränkung von Einschränkungen des Art. 8 Abs. 1 EuGrCh auf das „absolut Notwendige", ist Art. 8 EuGrCh im digitalen Zeitalter ein „starkes" Grundrecht, was ebenfalls sein Wesen ausmacht. Zum Wesen von Art. 8 EuGrCh gehört auch, dass eine Person vor einer zufälligen Zerstörung, Änderung sowie einem Verlust seiner gespeicherten personenbezogenen Daten geschützt wird. Außerdem muss bei einer massenhaften Speicherung von personenbezogenen Daten die Möglichkeit der Kenntnisnahme des Inhalts einer Kommunikation ausgeschlossen sein. Zum Wesensgehalt von Art. 8 EuGrCh gehört schließlich auch eine aktive Seite dieses Grundrechts, die eine Informationspflicht der zuständigen Behörde zur Folge hat, sofern die Funktionsfähigkeit von staatlichen Behörden nicht beeinträchtigt wird.

Diese grundlegenden Bestandteile von Art. 8 EuGrCh müssen von § 88 Abs. 5 Satz 4 AO n.F. geachtet, mithin nicht missachtet, werden. § 88 Abs. 5 Satz 4 AO n.F. verhindert die Veröffentlichung von allen Einzelheiten des RMS, die sich auf Informationen beziehen, die das Gesetz oder die Finanzverwaltung nicht bereits von sich aus preisgibt, sofern eine Veröffentlichung die Gesetzmäßigkeit und Gleichmäßigkeit der Besteuerung gefährden könnte. In der Lesart der Finanzverwaltung wird das von Gesetzes wegen nur eingeschränkte Veröffentlichungsverbot wohl praktisch überlesen und als absolutes Veröffentlichungsverbot verstanden, da bis heute keinerlei Einzelheiten zum RMS zu Tage getreten sind. Dabei verarbeitet das RMS eine nicht unerhebliche Menge an Steuerdaten

---

1629 EuGH v. 3.10.2019 (Fn. 1628), Rz. 53 f.

1630 EuGH v. 3.10.2019 (Fn. 1628), Rz. 56; v. 27.9.2017 (Fn. 1628), Rz. 112.

des Steuerpflichtigen zur Beurteilung eines steuerlich signifikanten Risikos.[1631] Zwar sind die Finanzbehörden in der Bundesrepublik Deutschland an die Grundsätze der Datenverarbeitung aus Art. 5 DSGVO unmittelbar gebunden, der in Art. 5 Abs. 1 lit. f) DSGVO ausdrücklich Maßnahmen vorschreibt, die vor einer zufälligen oder unrechtmäßigen Zerstörung und Schädigung sowie einer zufälligen Änderung und einem zufälligen Verlust schützen. Auch geht es bei der Verarbeitung der personenbezogenen Daten des Steuerpflichtigen durch das RMS nicht um eine uneingeschränkte Kenntnisnahme von Kommunikationen des Steuerpflichtigen. Insoweit wird der Wesensgehalt von Art. 8 EuGrCh durch § 88 Abs. 5 Satz 4 AO n.F. nicht missachtet. Dennoch ist vor dem Hintergrund des „starken" Art. 8 EuGrCh, bei dem Einschränkungen auf das „absolut Notwendige" begrenzt werden müssen und zu dessen Wesensgehalt eine Informationspflicht der zuständigen verarbeitenden Finanzbehörde gehört, soweit diese die Sachverhaltsermittlung durch die Finanzbehörde nicht beeinträchtigt, ausdrücklich zu betonen, dass § 88 Abs. 5 Satz 4 AO n.F. zu weit geht. Wie bereits an anderer Stelle erwähnt,[1632] wird die Sachverhaltsermittlung durch die Finanzbehörde bzw. ihre Verifikationstätigkeit durch eine Veröffentlichung der Grundausrichtung des RMS sowie seiner allgemeinen Funktionsweise und der Umschreibung der eingesetzten Risikoparameter nicht beeinträchtigt. Die Finanzbehörde trifft folglich eine Informationspflicht bezüglich dieser Aspekte des RMS. Soweit diese Aspekte zum RMS nicht im § 88 AO n.F. oder zumindest auf untergesetzlicher Ebene durch die Finanzverwaltung publik gemacht werden, wovon nach aktuellem Stand mangels Veröffentlichungen jedweder Art bezüglich des RMS auszugehen ist, missachtet eine solche Geheimhaltung basierend auf § 88 Abs. 5 Satz 4 AO n.F. den Wesensgehalt von Art. 8 EuGrCh. Schon deshalb genügt § 88 Abs. 5 Satz 4 AO n.F. insoweit nicht den Anforderungen aus Art. 23 Abs. 1 DSGVO. Dasselbe gilt für §§ 32a Abs. 1 Nr. 1, Abs. 2 Nr. 2, 32b Abs. 1 Satz 1 Nr. 1 lit. a), Satz 2, 32c Abs. 1 Nr. 1 AO bezüglich der genannten Aspekte des RMS. Aufgrund des Anwendungsvorrangs von Unionsrecht, darf § 88 Abs. 5 Satz 4 AO n.F. insoweit nicht zur Anwendung kommen. Die Folge ist, dass dem Steuerpflichtigen trotz des § 88 Abs. 5 Satz 4 AO n.F. ein Auskunftsrecht nach Art. 15 Abs. 1 DSGVO[1633] in dem beschriebenen Umfang[1634] bezüglich der Einzelheiten des RMS zusteht.

1631 Zum steuerlich signifikanten Risiko vgl. Teil 4, E. II. 2.

1632 S. Teil 4, E. IX. 3. c).

1633 Korrespondierend dazu trifft die Finanzbehörde eine Informationspflicht nach Art. 13 Abs. 2 lit. f), Art. 14 Abs. 2 lit. g) DSGVO in gleichem Umfang.

1634 S. unter Teil 4, E. IX. 3. e) dd) bbb).

ccc) Notwendigkeit und Verhältnismäßigkeit

Der Vollständigkeit halber sei in gebotener Kürze noch auf die weiteren Voraussetzungen des Art. 23 Abs. 1 DSGVO bezüglich § 88 Abs. 5 Satz 4 AO n.F. eingegangen. So fordert Art. 23 Abs. 1 DSGVO neben der Achtung des Wesensgehalts von Grundrechten und Grundfreiheiten sowie der Sicherstellung eines Zwecks nach Art. 23 Abs. 1 lit. a) bis j) DSGVO, dass die Gesetzgebungsmaßnahme in einer demokratischen Gesellschaft[1635] eine notwendige und verhältnismäßige Maßnahme darstellt. Auch wenn die Begriffe der „Notwendigkeit" und „Verhältnismäßigkeit" grundsätzlich voneinander zu trennen sind, werden beide Begriffe in der Literatur zusammen zu einer Voraussetzung in dem Sinne zusammengefasst, dass Beschränkungen im konkreten Einzelfall nur in dem Umfang zulässig sind, wie sie zur Sicherstellung des jeweiligen Zwecks geeignet, erforderlich und angemessen sind.[1636] Beide Begriffe drücken letztlich das allgemeine Verhältnismäßigkeitsprinzip aus.[1637] Der § 88 Abs. 5 Satz 4 AO n.F. ist geeignet, die bezweckte Gleichmäßigkeit und Gesetzesmäßigkeit der Besteuerung sicherzustellen. Als eingeschränktes Veröffentlichungsverbot ausgestaltet, stellt § 88 Abs. 5 Satz 4 AO n.F. insoweit auch das mildeste Mittel dar und ist erforderlich wie auch notwendig. Bezüglich des Umfangs ist § 88 Abs. 5 Satz 4 AO n.F. jedoch nicht angemessen, soweit er sich auch auf die bereits genannten Einzelheiten des RMS, namentlich seiner Grundausrichtung und generellen Funktionsweise sowie der Art der eingesetzten Risikoparameter bezieht. Diesbezüglich werden die Interessen des Steuerpflichtigen an einer transparenten Finanzverwaltung in unzumutbarer Weise eingeschränkt. Das eingeschränkte Veröffentlichungsverbot in § 88 Abs. 5 Satz 4 AO n.F. hält damit (auch) einer Verhältnismäßigkeitsprüfung nach Art. 23 Abs. 1 DSGVO nicht stand.

gg) Zwischenergebnis

Seit dem 25. Mai 2018 strahlt die DSGVO unmittelbar in die Mitgliedstaaten aus. Auch die deutsche Finanzverwaltung bleibt von dieser unmittelbaren Ausstrahlungswirkung nicht verschont. Die DSGVO ist auf die Verarbeitung

---

1635 Zu dieser Bezugnahme auf eine demokratische Gesellschaft vgl. *Paal*, in: Paal/Pauly, DS-GVO/BDSG, Art. 23 DS-GVO Rz. 11 f.

1636 Vgl. *Bäcker*, in: Kühling/Buchner, DS-GVO/BDSG, Art. 23 DS-GVO Rz. 58; *Koreng*, in: Taeger/Gabel, DSGVO/BDSG, Art. 23 DSGVO Rz. 15 f.; *Paal*, in: Paal/Pauly, DS-GVO/BDSG, Art. 23 DS-GVO Rz. 9 f.

1637 *Bäcker*, in: Kühling/Buchner, DS-GVO/BDSG, Art. 23 DS-GVO Rz. 58; *Koreng*, in: Taeger/Gabel, DSGVO/BDSG, Art. 23 DSGVO Rz. 15.

der „Steuerdaten“ des Steuerpflichtigen durch das RMS der Finanzbehörden unmittelbar anwendbar. Dies hat zur Folge, dass dem Steuerpflichtigen ein Auskunftsrecht nach Art. 15 Abs. 1 DSGVO zusteht und die Finanzbehörde Informationspflichten nach Art. 13, 14 DSGVO trifft. Beim Einsatz von RMS durch die Finanzbehörden erstreckt sich das Auskunftsrecht des Steuerpflichtigen auf die Grundausrichtung des RMS, seiner generellen Funktionswiese sowie die Art der eingesetzten Risikoparameter. Zwar können diese Pflichten und Rechte der DSGVO nach Art. 23 Abs. 1 DSGVO durch nationale Gesetzgebungsmaßnahmen eingeschränkt werden. Eine solche Gesetzgebungsmaßnahme stellt § 88 Abs. 5 Satz 4 AO n.F. dar. Diese Gesetzgebungsmaßnahme muss aber die hohen Hürden des Art. 23 Abs. 1 DSGVO meistern. Das ist für § 88 Abs. 5 Satz 4 AO n.F. i.R. einer Gesamtbetrachtung abzulehnen.

f) Das Recht auf eine gute Verwaltung, Art. 41 EUGrCh

Geht es um die Frage, wodurch sich eine moderne und gute (Finanz-)Verwaltung auszeichnet, kann mitunter auf Art. 41 EUGrCh zurückgegriffen werden. Nach Art. 41 Abs. 1 EuGrCh hat jede Person[1638] ein Recht darauf, dass seine Angelegenheiten „unparteiisch, gerecht und innerhalb einer angemessenen Frist behandelt werden“. Jede Person hat danach ein „Recht auf eine gute Verwaltung“.[1639] Was dies konkret bedeutet, zählt Art. 41 Abs. 2 EuGrCh (nicht abschließend) anhand von zwei Rechten und einer Pflicht auf.[1640] So regelt Art. 41 Abs. 2 lit. a) EUGrCh ein Anhörungsrecht für jede Person, der gegenüber eine nachteilige Maßnahme getroffen wird. Art. 41 Abs. 2 lit. b) EUGrCh sieht ein Akteneinsichtsrecht[1641] bezüglich der die jeweilige Person betreffenden Akten vor. Schließlich konkretisiert Art. 41 Abs. 2 lit. c) EUGrCh das Recht auf eine gute Verwaltung mit einer Begründungspflicht der Verwaltung für ihre Entscheidungen. Der Art. 41 Abs. 1 EuGrCh macht aber zugleich klar, dass die Adressaten dieser Vorschrift nicht die Verwaltungen der Mitgliedstaaten sind, sondern die Organe, Einrichtungen und sonstigen Stellen der Union. Auf die Mitgliedstaaten

---

1638 Auch juristische Personen sind Grundrechtsberechtigte bei Art. 41 EUGrCh, vgl. *Wimmer*, in: Die allgemeinen Bestimmungen der BAO, S. 471 (475); *von Vormizeele*, in: Schwarze, EU-Kommentar, Art. 41 GRC Rz. 5.

1639 *Von Vormizeele*, in: Schwarze, EU-Kommentar, Art. 41 GRC Rz. 1.

1640 Zu unterschiedlichen Bedeutungsansätzen zum Begriff der „guten Verwaltung“ vgl. *Wimmer*, in: Die allgemeinen Bestimmungen der BAO, S. 471 (473).

1641 Zu diesem Akteneinsichtsrecht vgl. *Wimmer*, in: Die allgemeinen Bestimmungen der BAO, S. 471 (477); *Ruffert*, in: Calliess/Ruffert, EUV/AEUV/GRCh, Art. 41 GRCh Rz. 16 f.

ist Art. 41 EuGrCh nicht anwendbar.[1642] Der Art. 41 EuGrCh kann trotzdessen als verallgemeinerungsfähiges Vorbild für die Mitgliedstaaten angesehen werden. Angelehnt an das Konzept einer „guten Verwaltung",[1643] zeichnet sich eine „gute" Finanzverwaltung etwa nicht dadurch aus, dass sie besonders hohe Steuereinnahmen vorzeigen kann, sondern gerade dadurch, dass sie gegenüber dem Steuerpflichtigen transparent und „offen" auftritt.[1644] Dort, wo ihre eigene Funktionsfähigkeit nicht beeinträchtigt wird, sollte die Finanzverwaltung sich Art. 41 EuGrCh zum Vorbild nehmen und Transparenz walten lassen.[1645] Im Zusammenhang mit § 88 Abs. 5 Satz 4 AO n.F. bedeutet dies, dass die Finanzverwaltung zumindest diejenigen Einzelheiten des RMS veröffentlicht, die ihre Verifikationsarbeit nicht tangiert. Das sind die bereits mehrfach angesprochenen Einzelheiten des RMS.[1646]

g) Zwischenergebnis

Die Untersuchungen haben gezeigt, dass der § 88 Abs. 5 Satz 4 AO n.F. erheblichen nationalen verfassungsrechtlichen sowie unionsrechtlichen Bedenken begegnet. Somit besteht ein wesentlicher Nachjustierungsbedarf und Anlass zum generellen Überdenken der Geheimhaltungsstrategie der Finanzverwaltung in Bezug auf die Einzelheiten des RMS.

4. Der Grundsatz der Gewaltenteilung und § 88 Abs. 5 Satz 5 AO n.F.

§ 88 Abs. 5 Satz 5 AO n.F. sieht vor, dass bei den Steuern, die i.R. der Bundesauftragsverwaltung von den Ländern verwaltet werden, die obersten Finanzbehörden der Länder im Einvernehmen mit dem BMF die Einzelheiten des RMS für einen bundeseinheitlichen Vollzug festlegen. Nach dem in dieser Arbeit

---

1642 *Goeke*, Die aufgedrängte Aussetzung der Vollziehung, S. 13; *Wimmer*, in: Die allgemeinen Bestimmungen der BAO, S. 471 (474); *Ruffert*, in: Calliess/Ruffert, EUV/AEUV/GRCh, Art. 41 GRCh Rz. 8 f. Eine Erstreckung auf nationale Verwaltungen wurde aber im Vorfeld zu Art. 41 EuGrCh diskutiert, vgl. *von Vormizeele*, in: Schwarze, EU-Kommentar, Art. 41 GRC Rz. 2.

1643 Das Konzept einer guten Verwaltung ist in Deutschland fremd, vgl. hierzu *Ruffert*, in: Calliess/Ruffert, EUV/AEUV/GRCh, Art. 41 GRCh Rz. 3.

1644 Auch *Seer*, DStZ 2016, 605 (608), erwähnt Art. 41 EuGrCh im Zusammenhang mit § 88 Abs. 5 Satz 4 AO n.F.

1645 Zu konkreten Forderungen aus dem Grundsatz der guten Verwaltung für das Steuerrecht vgl. *Wimmer*, in: Die allgemeinen Bestimmungen der BAO, S. 471 (483 ff.).

1646 Vgl. zuletzt Teil 4, E. IX. 3. e) ff) ccc).

zugrunde gelegten Verständnis von den „Einzelheiten" des RMS obliegt es de lege lata nach § 88 Abs. 5 Satz 5 AO n.F. vollständig der exekutiven Gewalt, die Art der Risikoparameter, die Grundausrichtung des RMS sowie seine Funktionsweise unter dem Deckmantel der Geheimhaltung gemäß § 88 Abs. 5 Satz 4 AO n.F. ohne Einfluss der Legislative zu bestimmen. Darin sehen *Baldauf* und *Braun Binder* einen Verstoß gegen den Grundsatz der Gewaltenteilung.[1647] Ob diese Schlussfolgerung tatsächlich zutrifft, muss näher untersucht werden. Die Vereinbarkeit von § 88 Abs. 5 Satz 5 AO n.F. mit dem Grundsatz der Gewaltenteilung ist Gegenstand der nachfolgenden Untersuchung.

a) *Verfassungsrechtliche Grundlagen und Inhalt des Grundsatzes der Gewaltenteilung*

Der Grundsatz der Gewaltenteilung bzw. das Gewaltenteilungsprinzip[1648] ist „tragendes Organisationsprinzip des Grundgesetzes"[1649], eine „politische Klugheitsregel" und ein „fundamentaler Verfassungsgrundsatz".[1650] Der Grundsatz der Gewaltenteilung ist in Art. 20 Abs. 2 Satz 2 GG niedergelegt.[1651] Diesem Grundsatz lässt sich im Grunde zweierlei entnehmen: Erstens sind die jeweiligen Staatsaufgaben von dem Glied der dreigliedrigen Staatsgewalt zu erfüllen, das die Aufgabe am effektivsten durchführen kann und zweitens sind die drei Staatsgewalten untereinander zu einer gegenseitigen Kontrolle und Begrenzung angehalten.[1652] Verstöße gegen den Grundsatz der Gewaltenteilung sind bisher nur selten vom BVerfG angenommen worden.[1653] Dies liegt vor allem daran, dass

---

1647 *Baldauf*, DStR 2016, 833 (836 f.); *Braun Binder*, DStZ 2016, 526 (533). Dies wurde auch schon vereinzelt in den Stellungnahmen zum StModG angenommen, vgl. etwa Stellungnahme des Bundes deutscher Finanzrichterinnen und Finanzrichter und des Deutschen Richterbundes v. 23.9.2015 (Fn. 633), S. 8, 11 f.

1648 Zur Historie vgl. *Sachs*, in: Sachs, GG, Art. 20 Rz. 79 ff.

1649 BVerfG v. 18.12.1953 – 1 BvL 106/53, BVerfGE 3, 225 (247); v. 17.7.1984 – 2 BvE 11/83, 2 BvE 15/83, BVerfGE 67, 100 (130).

1650 *Di Fabio*, in: Isensee/Kirchhof, Handbuch des Staatsrechts, Bd. II, § 27 Rz. 1.

1651 So heißt es in Art. 20 Abs. 2 Satz 2 GG, dass die Staatsgewalt „durch besondere Organe der Gesetzgebung, der vollziehenden Gewalt und der Rechtsprechung ausgeübt" wird.

1652 BVerfG v. 18.12.1953 – 1 BvL 106/53, BVerfGE 3, 225 (247); v. 28.11.1957 – 2 BvL 11/56, BVerfGE 7, 183 (188); s. auch *Di Fabio*, in: Isensee/Kirchhof, Handbuch des Staatsrechts, Bd. II, § 27 Rz. 9 f.

1653 S. etwa BVerfG v. 9.11.1955 – 1 BvL 13/52, BVerfGE 4, 331 (337); v. 12.6.1979 – 1 BvL 19/76, BVerfGE 52, 1 (41); s. auch *Sachs*, in: Sachs, GG, Art. 20 Rz. 93 m.w.N.

jede Gewalt lediglich in ihrem Kernbereich nicht angetastet werden darf.[1654] Zum Kernbereich der Legislative gehört, dass sie solche Entscheidungen selbst gesetzlich regeln muss, die „wesentlich" für das Gemeinwesen sind.[1655] Die Legislative darf demgemäß das Wesentliche nicht ohne Weiteres auf die Exekutive delegieren.[1656] Eine wichtige Rolle nimmt dabei die sog. Wesentlichkeitstheorie ein, die nicht nur die Frage betrifft, „ob" ein parlamentarisches Gesetz erforderlich ist, sondern auch besagt, dass ein parlamentarisches Gesetz umso konkreter bzw. detaillierter ausgestaltet sein muss, desto wesentlicher die Entscheidung für das Gemeinwohl im konkreten Einzelfall ist.[1657] Wesentliche Gemeinwohlbelange sind vor allem dann betroffen, wenn in die Grundrechte der Bürger eingegriffen wird.[1658]

b) *Konkrete Prüfung des § 88 Abs. 5 Satz 5 AO n.F.*

Damit kommt es entscheidend darauf an, ob und inwieweit Grundrechte des Steuerpflichtigen durch den Einsatz von RMS durch die Finanzverwaltung betroffen sind, dessen Einzelheiten nach § 88 Abs. 5 Satz 5 AO n.F. allein von der Exekutive festgelegt werden. Das RMS verarbeitet zur Beurteilung der Notwendigkeit einer intensiveren Prüfung eine Masse an personenbezogenen Daten des Steuerpflichtigen aus der jeweiligen Steuererklärung. Die Steuererklärung enthält dabei regelmäßig auch „sensible" personenbezogene Daten des Steuerpflichtigen, wie etwa die Religionszugehörigkeit, die Anzahl der Kinder und den Familienstand des Steuerpflichtigen.[1659] Der Steuerpflichtige ist dadurch zumindest in seinem Grundrecht auf informationelle Selbstbestimmung aus

---

1654 BVerfG v. 27.4.1959 – 2 BvF 2/58, BVerfGE 9, 268 (279 f.); v. 10.10.1972 – 2 BvL 51/69, BVerfGE 34, 52 (59).

1655 Sog. Parlamentsvorbehalt, vgl. BVerfG v. 9.5.1972 – 1 BvR 518/62, 1 BvR 308/64, BVerfGE 33, 125 (155 ff.); v. 21.12.1977 – 1 BvL 1/75, 1 BvR 147/75, BVerfGE 47, 46 (78 f.); s. aber auch *Sachs*, in: Sachs, GG, Art. 20 Rz. 88, mit Vorsicht gegenüber einem allzu „allumfassenden" Parlamentsvorbehalt für alle wesentlichen Entscheidungen; offener hingegen *Di Fabio*, in: Isensee/Kirchhof, Handbuch des Staatsrechts, Bd. II, § 27 Rz. 19.

1656 BVerfG v. 8.8.1978 – 2 BvL 8/77, BVerfGE 49, 89 (126 f.); v. 16.6.1981 – 1 BvL 89/78, BVerfGE 57, 295 (327); v. 6.7.1999 – 2 BvF 3/90, BVerfGE 101, 1 (34).

1657 BVerfG v. 8.8.1978 – 2 BvL 8/77, BVerfGE 49, 89 (127); v. 27.11.1990 – 1 BvR 402/87, BVerfGE 83, 130 (142); v. 6.7.1999 – 2 BvF 3/90, BVerfGE 101, 1 (34); s. auch *Brenner*, in: v. Mangoldt/Klein/Starck, GG, Art. 80 Rz. 36.

1658 *Staupe*, Parlamentsvorbehalt und Delegationsbefugnis, S. 238 ff.

1659 *Braun Binder*, DStZ 2016, 526 (533).

Art. 2 Abs. 1 i.V. mit Art. 1 Abs. 1 GG[1660] betroffen und dies aufgrund der hohen Anzahl der verarbeiteten personenbezogenen Daten des Steuerpflichtigen durch das RMS auch durchaus intensiv. Betrachtet man darüber hinaus noch die an die automationsgestützte RMS-Prüfung anschließende Risikoklasseneinteilung durch den Finanzbeamten, bei der auch das steuerliche Vorverhalten des Steuerpflichtigen durch den Compliance-Faktor[1661] berücksichtigt werden kann, intensiviert sich dieser Eingriff in die Grundrechte des Steuerpflichtigen noch weiter.[1662] Insoweit reicht eine gesetzliche Regelung des RMS, wie sie in § 88 Abs. 5 AO n.F. aktuell vorliegt, nicht aus. Das RMS muss im Gesetz zumindest in seinen Grundzügen beschrieben werden, da es wesentliche Gemeinwohlbelange betrifft und damit die Legislative aufgrund ihrer Zurückhaltung nicht gegen den Grundsatz der Gewaltenteilung verstößt. Dazu gehören mindestens Angaben dazu, ob das RMS als theoriegeleitetes oder als selbstlernendes System eingesetzt wird, wie das RMS allgemein funktioniert und welche Arten von Risikoparametern von dem RMS eingesetzt werden. Auch diese „wesentlichen" Einzelheiten zum RMS allein der Exekutive nach § 88 Abs. 5 Satz 5 AO n.F. zu überlassen, kann aufgrund des Grundsatzes der Gewaltenteilung verfassungsrechtlich nicht hingenommen werden. Die Delegation an die Exekutive nach § 88 Abs. 5 Satz 5 AO n.F. geht somit aus verfassungsrechtlichen Gründen zu weit.[1663] Zu beachten ist aber, dass es bei darüberhinausgehenden Festlegungen zu den Einzelheiten zum RMS hingegen sinnvoll erscheint, diese (allein) der fachlichen Expertise der obersten Finanzbehörden der Länder und des BMF zu überlassen.

5. *Verfassungskonforme und unionsrechtskonforme Auslegung von § 88 Abs. 5 Satz 4 AO n.F.?*

a) *Grundlegung zur verfassungskonformen Auslegung*

Hat eine Auslegung einer Rechtsnorm zum Ergebnis, dass die Rechtsnorm gegen die Verfassung verstößt, so hat dies grundsätzlich die Nichtigkeit dieses Gesetzes zur Folge. Eine Ausnahme von diesem Grundsatz ist in dem Fall angezeigt, in dem eine verfassungskonforme Auslegung möglich ist.[1664] Eine

1660 S. zum Recht auf informationelle Selbstbestimmung im Steuerrecht sogleich ausführlich unter Teil 4, E. IX. 6. d).

1661 S. dazu unter Teil 4, E. VI. 3.

1662 *Baldauf*, DStR 2016, 833 (836 f.).

1663 So wohl auch *Roser*, in: Beermann/Gosch, AO/FGO, § 88 AO Rz. 69 (Stand: Juni 2018).

1664 Zur Abgrenzung von der „verfassungsorientierten" Auslegung s. *Drüen*, in: Tipke/Kruse, AO/FGO, § 4 AO Rz. 238, 289 (Stand: Mai 2015).

verfassungskonforme Auslegung kommt in Betracht, wenn eine Rechtsnorm mehrere Auslegungsergebnisse anhand der anerkannten Auslegungsmethoden zulässt, von denen eine oder mehrere mit der Verfassung übereinstimmen und eine oder mehrere zu einem verfassungswidrigen Ergebnis führen.[1665] Kann die Rechtsnorm in verfassungskonforme Weise ausgelegt werden, darf sie nicht für nichtig erklärt werden,[1666] da der verfassungskonformen Interpretation der Rechtsnorm in diesem Fall stets der Vorrang vor der verfassungswidrigen Auslegung zu gewähren ist.[1667] Dies begründet das BVerfG damit, dass eine grundsätzliche Vermutung für die Verfassungsmäßigkeit eines Gesetzes spreche.[1668] Eine verfassungskonforme Auslegung ist (selbstverständlich) auch bei Steuerrechtsnormen zulässig und angezeigt.[1669]

b) *Grundlegung zur unionsrechtskonformen Auslegung*

Das Unionsrecht, also sowohl das Primärrecht als auch das Sekundärrecht,[1670] ist ebenfalls bei der Auslegung nationaler Vorschriften zu „beachten“.[1671] Daraus folgt, dass im Einzelfall eine unionsrechtskonforme Auslegung in Betracht kommen kann.[1672] Auch wenn die richtlinienkonforme Auslegung der wohl prominenteste Unterfall einer unionsrechtskonformen Auslegung im Steuerrecht darstellt,[1673] ist sie nicht der einzig relevante Unterfall. Die unionsrechtskonforme Auslegung umfasst jede Auslegung nationaler Rechtsnormen, die auf Konformität mit dem (gesamten) Primär- und Sekundärrecht der Europäischen Union abzielt. So können „auch andere europäische Normen [...] für sich in Anspruch nehmen, auf die Auslegung des nationalen Rechts einzuwirken“.[1674]

1665 *Drüen*, in: Tipke/Kruse, AO/FGO, § 4 AO Rz. 238 (Stand: Mai 2015).

1666 *Koenig*, in: Koenig, AO, § 4 Rz. 104.

1667 So das BVerfG seit BVerfG v. 7.5.1953 – 1 BvL 104/52, BVerfGE 2, 266 (282); s. auch v. 9.8.1978 – 2 BvR 831/76, BVerfGE 49, 148 (157); v. 15.10.1996 – 1 BvL 44, 48/92, BVerfGE 95, 64 (93).

1668 BVerfG v. 14.10.2008 – 1 BvR 2310/06, BVerfGE 122, 39 (61 ff.); so auch *Reich*, DStR 2019, 145 (148).

1669 S. dazu grundlegend *Birk*, StuW 1990, 300 ff.; klarstellend auch *Drüen*, in: Tipke/Kruse, AO/FGO, § 4 AO Rz. 239a (Stand: Mai 2015).

1670 S. dazu unter Teil 4, E. IX. 3. e) aa) aaa).

1671 So *Jarass*, Grundfragen der innerstaatlichen Bedeutung des EG-Rechts, S. 89; ebenso *Drüen*, in: Tipke/Kruse, AO/FGO, § 4 AO Rz. 240 (Stand: Mai 2015).

1672 *Drüen*, in: Tipke/Kruse, AO/FGO, § 4 AO Rz. 240 (Stand: Mai 2015).

1673 Vgl. ausführlich zur richtlinienkonformen Auslegung *Schön*, DStJG 19 (1996), 167 (180).

1674 *Schön*, DStJG 19 (1996), 167 (180).

Damit ist auch das Primär- und das Sekundärrecht – mithin auch die EuGrCh[1675] und Verordnungen i.S. von Art. 288 Abs. 2 AEUV – angesprochen.[1676] Kann eine unionsrechtskonforme Auslegung der jeweiligen nationalen Rechtsnorm vorgenommen werden, so ist – wie bei der verfassungskonformen Auslegung – die Auslegung zu wählen, nach der die jeweilige Norm als unionsrechtskonform einzustufen ist.[1677]

c) Mögliche verfassungskonforme und unionsrechtskonforme Auslegung von § 88 Abs. 5 Satz 4 AO n.F.

Der § 88 Abs. 5 Satz 4 AO n.F. ist nach dem Vorgesagten nicht verfassungs- und unionsrechtswidrig, wenn eine Auslegung dieser Vorschrift möglich ist, die zur Verfassungs- und Unionsrechtskonformität führt. Der § 88 Abs. 5 Satz 4 AO n.F. kann grundsätzlich – entgegen der in dieser Arbeit vorgezogenen Auslegung des § 88 Abs. 5 Satz 4 AO n.F., die sich vor allem am Wortlaut und an die Systematik mit Blick auf § 32a Abs. 2 Nr. 2 AO orientiert[1678] – verfassungs- und unionsrechtskonform dahingehend ausgelegt werden, dass dem Steuerpflichtigen in Bezug auf die Arten der eingesetzten Risikoparameter, der Funktionsweise des RMS und der generellen Ausrichtung des RMS ein Auskunftsrecht zusteht. Gewährt man dem Steuerpflichtigen ein solches Auskunftsrecht, so werden sowohl das Transparenzprinzip als auch die Rechtsschutzgarantie aus Art. 19 Abs. 4 GG gewahrt. Gleichzeitig hätte dieses Auskunftsrecht zur Folge, dass § 88 Abs. 5 Satz 4 AO n.F. das Wesen von Art. 8 EuGrCh nicht missachtet und damit gleichzeitig die Voraussetzungen des Art. 23 Abs. 1 DSGVO beachtet. Eine solche Auslegung ist jedenfalls vom Sinn und Zweck des § 88 Abs. 5 Satz 4 AO n.F. gedeckt,[1679] da diese Auskunft die Gesetzmäßigkeit und Gleichmäßigkeit der Besteuerung nicht gefährdet.[1680] Der Steuerpflichtige kann nach einer Auskunft der Finanzbehörden mit dem beschriebenen Inhalt das RMS nicht gezielt umgehen.

1675 S. unter Teil 4, E. IX. 3. e) aa) aaa).

1676 *Drüen*, in: Tipke/Kruse, AO/FGO, § 4 AO Rz. 240 (Stand: Mai 2015).

1677 BFH v. 15.2.2012 – XI R 24/09, BStBl. 2013, 712 (714).

1678 S. hierzu unter Teil 4, E. IX. 3. a) cc).

1679 Zum Sinn und Zweck von § 88 Abs. 5 Satz 4 AO n.F. bereits unter Teil 4, E. IX. 3. a) bb).

1680 S. hierzu bereits unter Teil 4, E. IX. 3. c).

d) Eindeutiger Wille des Gesetzgebers als Grenze und Ausschlussgrund für die verfassungs- und unionsrechtskonforme Auslegung

Dennoch ist sowohl eine verfassungs- als auch eine unionsrechtskonforme Auslegung ausgeschlossen. Denn der eindeutig erkennbar geäußerte Wille des Gesetzgebers steht einer verfassungs- und unionsrechtskonformen Auslegung durch Gewährung eines solchen Auskunftsrechts entgegen. Nach der Rechtsprechung des BVerfG ist die Grenze einer verfassungskonformen Auslegung im eindeutig erkennbaren, der verfassungskonformen Auslegung widersprechenden, Willen des Gesetzgebers zu erblicken. Das BVerfG führt hierzu aus: „Ein Normverständnis, das in Widerspruch zu dem klar erkennbar geäußerten Willen des Gesetzgebers steht, kann auch im Wege verfassungskonformer Auslegung nicht begründet werden. Anderenfalls würde das Bundesverfassungsgericht der rechtspolitischen Entscheidung des demokratisch legitimierten Gesetzgebers vorgreifen".[1681] Der klar erkennbar geäußerte Wille des Gesetzgebers, der auch im Gesetzestext erkennbar sein muss, stellt gleichzeitig auch die Grenze einer unionsrechtskonformen Auslegung dar.[1682] Diese Grenze der verfassungskonformen Auslegung begründet das BVerfG damit, dass die Rechtsprechung die gesetzgebende Gewalt zu respektieren hat.[1683] Daher muss eine verfassungskonforme Auslegung stets „die prinzipielle Zielsetzung des Gesetzgebers wahren".[1684] Der klar erkennbar geäußerte Wille des Gesetzgebers, der einem Auskunftsrecht des Steuerpflichtigen in dem beschriebenen Umfang entgegensteht, kommt im § 32a Abs. 2 Nr. 2 AO zum Ausdruck. Wie bereits festgestellt,[1685] soll der § 32a Abs. 2 Nr. 2 AO verhindern, dass Einzelheiten des RMS durch das Auskunftsrecht aus Art. 15 DSGVO publik werden. Der Gesetzgeber sieht bei einer Informationserteilung, die Rückschlüsse auf die Ausgestaltung automationsgestützter RMS beinhaltet, eine mögliche Gefahr für „wichtige Ziele des allgemeinen öffentlichen Interesses der Union oder eines Mitgliedstaats, insbesondere eines wichtigen wirtschaftlichen oder finanziellen Interesses der Union oder eines Mitgliedstaats im Haushalts- und Steuerbereich".[1686] Durch den

1681 BVerfG v. 14.10.2008 – 1 BvR 2310/06, BVerfGE 122, 39 (61 ff.); v. 11.1.2005 – 2 BvR 167/02, BVerfGE 112, 164 (183).

1682 Vgl. dazu allein *Englisch*, in: Tipke/Lang, Steuerrecht, § 4 Rz. 32, m.w.N. (im Kontext der richtlinienkonformen Auslegung).

1683 BVerfG v. 4.5.2011 – 2 BvR 2333/08 u.a., EuGRZ 2011, 297 (318).

1684 BVerfG v. 4.5.2011 – 2 BvR 2333/08 u.a., EuGRZ 2011, 297 (318).

1685 S. unter Teil 4, E. IX. 3. e) ee) bbb) (1).

1686 BT-Drucks. 18/12611, S. 86.

Verweis von § 32c Abs. 1 Nr. 1 AO auf § 32b Abs. 1 AO, der seinerseits in § 32b Abs. 1 Satz 2 AO auf § 32a Abs. 2 AO verweist, schließt § 32a Abs. 2 Nr. 2 AO auch ein Auskunftsrecht des Steuerpflichtigen bezüglich jeglicher Rückschlüsse auf das RMS aus. Der in § 32a Abs. 2 Nr. 2 AO klar erkennbar geäußerte Wille des Gesetzgebers, jegliche Informations- und Auskunftsrechte des Steuerpflichtigen zu Einzelheiten des RMS auszuschließen, kann demzufolge nicht durch die Gewährung eines Auskunftsrechts im Wege einer verfassungs- und unionsrechtskonformen Auslegung übergangen werden.

6. *Plädoyer für die Schaffung einer gesetzlichen Grundlage zur Berücksichtigung des steuerlichen Vorverhaltens des Steuerpflichtigen im Rahmen des RMS*

a) *Bedürfnis nach einer gesetzlichen Grundlage*

Das automationsgestützte RMS arbeitet als solches rein objektiv.[1687] Anhand der vom Steuerpflichtigen deklarierten Angaben in seiner Steuererklärung bewertet und analysiert das RMS die Angaben, um zu bestimmen, ob ein steuerlich signifikantes Risiko besteht, das weitere Ermittlungen in dem konkreten Steuerfall erforderlich macht. Schlägt eines der Risikoparameter des RMS zu, so gibt das RMS einen dazu korrespondierenden Risikohinweis aus und steuert den Fall auf den Computer eines Finanzbeamten zur weiteren Prüfung aus. Die bis zu dieser Station erfolgende rein objektive Prüfung des Steuerfalls erhält sodann im nächsten Schritt einen subjektiven Anstrich durch den Compliance-Faktor. Im Rahmen dieses Compliance-Faktors kann der Finanzbeamte das steuerliche Vorverhalten des Steuerpflichtigen berücksichtigen. Erst der Finanzbeamte nimmt dann eine Risikoklasseneinteilung vor, die über die Intensität weiter Ermittlungen entscheidet, wobei auch der Compliance-Faktor berücksichtigt wird.[1688] Dadurch entsteht ein „Steuerprofil" des Steuerpflichtigen oder – in den Worten von *Seer* – eine Steuervita.[1689] Das ist die Praxis in der Finanzverwaltung.[1690]

1687 S. dazu unter Teil 4, E. VI. 3.

1688 Ebenfalls bereits unter Teil 4, E. VI. 3.

1689 S. schon *Seer*, Besteuerungsverfahren: Rechtsvergleich USA-Deutschland, Rz. 151; *ders.*, StuW 2003, 40 (48 ff.); aktuell *ders.*, in: Tipke/Kruse, AO/FGO, § 88 AO Rz. 70 (Stand: Januar 2017); kritisch dazu *Mellinghoff*, in: FS für den BFH, S. 421 (436); *Tipke*, Die Steuerrechtsordnung III, S. 1479. Vgl. auch schon Teil 4, E. VI. 3.

1690 Mit Blick auf den gesamten Prozess der Risikobeurteilung durch die Finanzverwaltung spricht *Drüen*, DStJG 42 (2019), 193 (211), mit Recht von einem „Mischsystem aus objektiven und subjektiven Kriterien"; so auch schon *Schmitt*, in: FS Kirchhof, S. 1743 (1752).

Im Gesetz fehlt zu dieser Vorgehensweise der Finanzbehörden jedoch jeglicher Ansatz. Auch in den Veröffentlichungen der Finanzverwaltung sind keine genauen Angaben für den Steuerpflichtigen sichtbar. Insbesondere über das relevante steuerliche Vorverhalten des Steuerpflichtigen und seine wichtige Rolle bei der Beurteilung, ob weitere Ermittlungen notwendig sind, wird keine Stimme des Gesetzgebers oder der Verwaltung öffentlichkeitswirksam laut.[1691] Dies ist vor dem Hintergrund der deutschen Finanzverwaltung als Verifikationsverwaltung, die – und dies kann nicht laut genug betont werden – maßgeblich von dem Steuerpflichtigen und seinem steuerlichen Verhalten, ja seiner Steuer-Compliance, abhängt, um ihre Aufgaben zu erfüllen, mehr als nur bedauernswert. Der Steuerpflichtige sollte im Klaren darüber sein, welches Verhalten im steuerlichen Kontext von besonderer Relevanz für die Risikobeurteilung der Finanzverwaltung ist. Eine Klarstellung im Gesetz, namentlich im § 88 Abs. 5 AO n.F. oder in einem eigenständigen Absatz danach, durch die Schaffung einer gesetzlichen Grundlage ist demzufolge längst überfällig; nicht zuletzt aus verfassungsrechtlichen Gründen.[1692]

b) Der Steuerpflichtige als steuerlich signifikantes Risiko

Die Verifikationsverwaltung im Massenverfahren gibt dem Steuerpflichtigen nicht vor, was rechtens ist, sondern der Steuerpflichtige gibt zunächst seine Auffassung (überwiegend) in der Form von Zahlen in seiner Steuererklärung wieder, die die Finanzbehörden erst im Anschluss daran verifizieren.[1693] Auch wenn in einem demokratischen Rechtsstaat im Ausgangspunkt von einem (steuer-) redlichen Bürger auszugehen ist, der seinen steuerlichen Pflichten nachkommen möchte,[1694] stellt der Steuerpflichtige selbst als Zentralfigur[1695] im Besteuerungsverfahren zugleich das zentrale steuerliche Risiko aus Sicht der Finanzverwaltung dar. Denn es ist der Steuerpflichtige, der die Grundlagen für eine gleichmäßige und gesetzmäßige Besteuerung durch seine Kooperation im Besteuerungsverfahren an die Finanzverwaltung weitergibt, ja die Einhaltung dieser Fundamentalgrundsätze des Besteuerungsverfahrens mit seiner Kooperation gerade erst

1691 *Thiemann*, StuW 2018, 304 (306).

1692 Dies fordern auch *Thiemann*, StuW 2018, 304 (309); *Müller-Franken*, StuW 2018, 113 (119) und *Baldauf*, DStR 2016, 833 (837); i.Erg. wohl auch *Braun Binder*, DStZ 2016, 526 (533).

1693 Ähnlich auch *Seer*, FR 2012, 1000 (1003).

1694 S. unter Teil 3, C. II. 3. c).

1695 Vgl. Teil 1, E. I.

ermöglicht. Für die Beurteilung, ob weitere Ermittlungen eines Steuerfalls notwendig sind, können demgemäß subjektive Kriterien bezüglich der Person des Steuerpflichtigen und sein steuerliches Verhalten nicht außen vor bleiben.

c) Aktuelle Lage defizitär

Die aktuelle Lage zeichnet sich vor allem durch Schweigen bezüglich der Berücksichtigung des steuerlichen Vorverhaltens des Steuerpflichtigen aus. Dabei lassen sich vor allem drei Defizite ausmachen:

aa) Anhaltspunkte weder im Gesetz noch in der Finanzverwaltung

Ob das steuerliche Vorverhalten zur Beurteilung der Notwendigkeit weiterer Ermittlungen im konkreten Steuerfall berücksichtigt wird, gibt das Gesetz, allen voran § 88 AO n.F., nicht vor. Erst recht enthält die AO keine Angaben dazu, wie das steuerliche Vorverhalten bei der Risikobeurteilung beachtet wird und in welchem Umfang dies geschieht. Dasselbe gilt für die Finanzverwaltung. Auch wenn mittlerweile eindeutig feststeht, dass das steuerliche Vorverhalten des Steuerpflichtigen im Rahmen des Compliance-Faktors von der Finanzverwaltung Berücksichtigung findet, wird dem Steuerpflichtigen gegenüber in keiner Weise kommuniziert, welches Verhalten steuerlich relevant ist, wie das aus Sicht der Finanzverwaltung relevante steuerliche Vorverhalten des Steuerpflichtigen bewertet wird und welche konkreten Auswirkungen das relevante steuerliche Vorverhalten auf die Prüfung eines Steuerfalls als solches sowie den Prüfungsumfang hat. Sogar den Gerichten hat die Finanzverwaltung das elektronische Datenblatt mit dem Compliance-Faktor bislang nicht vorgelegt.[1696] Transparenz auf Seiten der Finanzverwaltung sieht anders aus.

bb) Erheblichkeit des steuerlichen Vorverhaltens für die Risikobeurteilung

Ein Blick in die ergänzenden Bestimmungen der Finanzverwaltung NRW zu der FAGO macht die weitreichenden Auswirkungen des steuerlichen Vorverhaltens des Steuerpflichtigen für die Risikobeurteilung deutlich. So ordnen die aktuellen EB-FAGO NRW an, dass ein Steuerfall allein aufgrund des steuerlichen Vorverhaltens des Steuerpflichtigen der Risikoklasse 1[1697] zugeordnet werden kann.[1698]

1696 *Meinert*, in: 10. und 11. Finanzgerichtstag 2013/14, S. 265 (274).

1697 Zu den einzelnen Risikoklassen und ihre Bedeutung für den Prüfungsumfang vgl. Teil 4, E. VI. 2. a).

1698 EB-FAGO NRW v. 3.5.2019, 2.1.2.4.7, Unterpunkt 1.1.

So heißt es dort ausdrücklich: „Darüber hinaus kann auch das gesamte steuerliche Verhalten ein Anhaltspunkt für eine Eingruppierung in die RK 1 sein". Das bedeutet, dass die Finanzverwaltung (NRW) eine Einteilung in die Risikoklasse mit dem höchsten Risiko auch dann vornimmt, wenn allein das steuerliche Vorverhalten des Steuerpflichtigen dies rechtfertigen lässt. Dem steuerlichen Vorverhalten des Steuerpflichtigen wird dadurch ein erheblicher Stellenwert bei der Risikobeurteilung eines Steuerfalls eingeräumt. Es handelt sich bei dem steuerlichen Vorverhalten des Steuerpflichtigen mithin nicht nur um eine unwesentliche „Nebenkomponente" bei der Risikobeurteilung eines Steuerfalls. Vielmehr kann das steuerliche Vorverhalten in einschlägigen Steuerfällen zur Hauptkomponente der Risikobeurteilung werden.

cc) Kein unmittelbarer Bestandteil des automationsgestützten RMS

Der Compliance-Faktor der Finanzverwaltung ist nach dem aktuellen Vernehmen aus den Finanzbehörden wohl nicht unmittelbarer Bestandteil des automationsgestützten RMS.[1699] Das steuerliche Vorverhalten des Steuerpflichtigen wird erst nach der automationsgestützten Filterung des Steuerfalls durch das RMS von dem jeweiligen Finanzbeamten berücksichtigt. Das führt zwangsläufig zu einer uneinheitlichen Berücksichtigung des steuerlichen Vorverhaltens in der Praxis der Finanzverwaltung. Diese Willkür bei der Berücksichtigung des steuerlichen Vorverhaltens in der Verifikationspraxis der Finanzverwaltung gilt es zu beseitigen.

d) Gesetzliche Grundlage wegen des Rechts auf informationelle Selbstbestimmung verfassungsrechtlich geboten

Eine gesetzliche Grundlage, die eine Berücksichtigung des steuerlichen Vorverhaltens des Steuerpflichtigen im Rahmen des RMS mit klaren Regeln vorgibt, ist nicht zuletzt auch aus einem verfassungsrechtlichen Grund zwingend geboten. Der verfassungsrechtliche Grund ist in dem Grundrecht auf informationelle Selbstbestimmung aus Art. 2 Abs. 1 i.V. mit Art. 1 Abs. 1 GG zu erblicken, das auch im Besteuerungsverfahren zu beachten ist.

1699 So auch *Seer*, in: Tipke/Kruse, AO/FGO, § 88 AO Rz. 70 (Stand: Januar 2017); s. auch schon unter Teil 4, E. VI. 3.

aa) Hintergründe zum Recht auf informationelle Selbstbestimmung

Das Recht auf informationelle Selbstbestimmung wurde bekanntlich vom BVerfG im Jahr 1983 im sog. Volkszählungsurteil zum Volkszählungsgesetz entwickelt.[1700] Das Volkszählungsurteil wird als „Magna Charta des Datenschutzes" angesehen.[1701] Als besondere Ausprägung des allgemeinen Persönlichkeitsrechts sind seine verfassungsrechtlichen Grundlagen ebenfalls aus Art. 2 Abs. 1 i.V. mit Art. 1 Abs. 1 GG zu entnehmen.[1702] Das Recht auf informationelle Selbstbestimmung schützt den Einzelnen vor der „Erhebung, Speicherung, Verwendung und Weitergabe seiner persönlichen Daten".[1703] Dem Einzelnen soll die Befugnis zustehen, über die Preisgabe und Verwendung seiner personenbezogenen Daten zu bestimmen.[1704] Der Schutzbereich dieses Grundrechts umfasst alle personenbezogenen Daten.[1705] Dies hat auch das BVerfG ausdrücklich klargestellt, wenn es feststellt, dass es „unter den Bedingungen der automatischen Datenverarbeitung kein „belangloses" Datum mehr" gibt.[1706] Der Schutz ist also nicht auf Daten, die dem Persönlichkeitskern zuzuordnen sind, beschränkt.[1707] Es muss sich nicht um Informationen handeln, die bereits ihrer Art nach sensibel sind oder einen hohen Informationsgehalt haben, da auch „einfache" Informationen grundrechtserhebliche Auswirkungen auf die Verhaltensfreiheit des Einzelnen haben können.[1708] So sind insbesondere auch die Besteuerungsgrundlagen, die einem bestimmten oder bestimmbaren Steuerpflichtigen zugeordnet werden können, vom Schutzbereich umfasst.[1709] Dabei hat das BVerfG bereits im Jahr

---

1700 BVerfG v. 15.12.1983 – 1 BvR 209/83 u.a., BVerfGE 65, 1 (42 f.).

1701 *Schmidt/Schmitt*, in: FS Spindler, S. 529 (537).

1702 BVerfG v. 15.12.1983 – 1 BvR 209/83 u.a., BVerfGE 65, 1 (41); s. auch *Leeb/Liebhaber*, JuS 2018, 534 (535).

1703 BVerfG v. 15.12.1983 – 1 BvR 209/83 u.a., BVerfGE 65, 1 (43).

1704 *Carl/Klos*, DStZ 1990, 341 (342).

1705 *Seer*, DStJG 42 (2019), 247 (248); *ders.*, SteuerStud 2019, 240.

1706 BVerfG v. 15.12.1983 – 1 BvR 209/83 u.a., BVerfGE 65, 1 (45); bestätigend v. 13.6.2007 – 1 BvR 1550/03 u.a., BVerfGE 118, 168 (185) (zu dieser Entscheidung des BVerfG sogleich ausführlich); *Leeb/Liebhaber*, JuS 2018, 534 (535); *Carl/Klos*, DStZ 1990, 341 (342).

1707 *Seer*, DStJG 42 (2019), 247 (248).

1708 BVerfG v. 13.6.2007 – 1 BvR 1550/03 u.a., BVerfGE 118, 168 (185); ebenso *Seer*, in: FS Meilicke, S. 687 (689).

1709 *Seer*, DStJG 42 (2019), 247 (248); *ders.*, SteuerStud 2019, 240; s. auch *Drüen*, StuW 2003, 205 (211 f.); dafür auch schon *Puhl*, DStR 1991, 1173; a.A. aber bei *Kirchhof*, in: FS Tipke, S. 27 (33 ff.). Die Besteuerungsgrundlagen können regelmäßig anhand

1983 erkannt, dass durch die Zusammenfügung mehrerer Datensammlungen ein teilweise oder weitgehend vollständiges „Persönlichkeitsbild" des Einzelnen erstellt werden kann.[1710] Das BVerfG hat aber auch gleichzeitig betont, dass es kein uneingeschränktes Recht auf informationelle Selbstbestimmung geben kann.[1711] Vielmehr ist das Grundrecht stets gemeinschaftsbezogen und gemeinschaftsgebunden zu verstehen.[1712] Deshalb geht es bei Einschränkungen des Rechts auf informationelle Selbstbestimmung vor allem um die Grenzen der Einschränkung von Grundrechten.[1713] Das BVerfG unterstreicht in diesem Zusammenhang vor allem den Vorbehalt des Gesetzes,[1714] den Bestimmtheitsgrundsatz und den Grundsatz der Verhältnismäßigkeit.[1715] Bei der Abwägung nehmen Art, Umfang und denkbare Verwendungen der Daten sowie die Gefahr ihres Missbrauchs wichtige Rollen ein.[1716] Schon vor knapp 40 Jahren hat das BVerfG ferner u.a. auch Auskunftspflichten der verarbeitenden Stelle als wesentliche Schutzvorkehrung bei der automatischen Datenverarbeitung angesehen.[1717]

bb) Steuerspezifische Rechtsprechung des BVerfG zum Recht auf informationelle Selbstbestimmung

Das BVerfG hat sich im letzten Jahrzehnt in zwei Grundsatzentscheidungen innerhalb eines recht kurzen Zeitraums (neun Monate) zur Bedeutung und Reichweite des Rechts auf informationelle Selbstbestimmung im Steuerrecht geäußert.[1718]

---

der den Finanzbehörden vorliegenden Unterlagen einem Steuerpflichtigen zugeordnet werden, s. insoweit auch schon unter Teil 4, E. IX. 3. e) cc) bbb) (1).

1710 BVerfG v. 15.12.1983 – 1 BvR 209/83 u.a., BVerfGE 65, 1 (42); s. auch *Seer*, DStJG 42 (2019), 247 (248).

1711 BVerfG v. 15.12.1983 – 1 BvR 209/83 u.a., BVerfGE 65, 1 (43 f.).

1712 BVerfG v. 15.12.1983 – 1 BvR 209/83 u.a., BVerfGE 65, 1 (44).

1713 Dazu auch *Seer*, DStJG 42 (2019), 247 (249).

1714 „Die staatliche Erhebung, Speicherung, Verwendung und Weitergabe personenbezogener Daten bedarf stets einer gesetzlichen Grundlage", so zutreffend *Puhl*, DStR 1991, 1173; s. dazu auch *Carl/Klos*, DStZ 1990, 341 (342 f.); *Seer*, in: Tipke/Kruse, AO/FGO, § 85 AO Rz. 37 (Stand: Januar 2017).

1715 BVerfG v. 15.12.1983 – 1 BvR 209/83 u.a., BVerfGE 65, 1 (46); *Seer*, DStJG 42 (2019), 247 (248); *ders.*, SteuerStud 2019, 240 f.; *Leeb/Liebhaber*, JuS 2018, 534 (535).

1716 BVerfG v. 15.12.1983 – 1 BvR 209/83 u.a., BVerfGE 65, 1 (46).

1717 BVerfG v. 15.12.1983 – 1 BvR 209/83 u.a., BVerfGE 65, 1 (46).

1718 BVerfG v. 13.6.2007 – 1 BvR 1550/03 u.a., BVerfGE 118, 168 (Kontenabruf); v. 10.3.2008 – 1 BvR 2388/03, BVerfGE 120, 351 (IZA-Datensammlung).

Die erste Entscheidung erging zum Kontenabruf nach § 93 Abs. 7, 8 AO. Das BVerfG hat entschieden, dass § 93 Abs. 7 AO mit dem Grundgesetz vereinbar ist, aber § 93 Abs. 8 AO gegen das Gebot der Normenklarheit verstößt.[1719] Das BVerfG hat zunächst erklärt, dass die Datenabrufe in das Recht auf informationelle Selbstbestimmung des betroffenen Steuerpflichtigen eingreifen.[1720] Das Gericht betont dann, dass das Bestimmtheitsgebot im Zusammenhang mit dem Recht auf informationelle Selbstbestimmung seine Grundlage in Art. 2 Abs. 1 i.V. mit Art. 1 Abs. 1 GG selbst findet.[1721] Der betroffene Bürger soll sich auf mögliche belastende Maßnahmen einstellen können. Anlass, Zweck und Grenzen des Eingriffs müssen danach in der gesetzlichen Grundlage „bereichsspezifisch, präzise und normenklar" festgelegt werden.[1722] Zudem bezeichnet das BVerfG die steuerliche Belastungsgleichheit als „ein Allgemeingut von herausgehobener Bedeutung".[1723] Das BVerfG erstreckt den Schutz durch das Recht auf informationelle Selbstbestimmung zudem ausdrücklich auch auf juristische Personen. Die Grundlage sei dann aber Art. 19 Abs. 3 GG i.V. mit Art. 2 Abs. 1 GG ohne Art. 1 Abs. 1 GG, da die Menschenwürde „nur natürliche Personen für sich in Anspruch nehmen können".[1724] Eine besondere Gefährdung des Grundrechts auf informationelle Selbstbestimmung sieht das BVerfG, wenn die Daten für eine Vielzahl von Zwecken verarbeitet und wenn die Daten heimlich gesammelt werden.[1725]

Die zweite Entscheidung des BVerfG[1726] zum Recht auf informationelle Selbstbestimmung im Bereich des Steuerrechts erging zum sog. IZA-Erlass vom 29. April 1997[1727] und zu § 88a AO. Nach dem IZA-Erlass sollte eine zentrale Sammlung und Auswertung von Unterlagen über steuerliche Auslandsbeziehungen durch eine Informationszentrale für steuerliche Auslandsbeziehungen

---

1719 BVerfG v. 13.6.2007 – 1 BvR 1550/03 u.a., BVerfGE 118, 168 (183 ff.).

1720 BVerfG v. 13.6.2007 – 1 BvR 1550/03 u.a., BVerfGE 118, 168 (185 f.).

1721 BVerfG v. 13.6.2007 – 1 BvR 1550/03 u.a., BVerfGE 118, 168 (186).

1722 BVerfG v. 13.6.2007 – 1 BvR 1550/03 u.a., BVerfGE 118, 168 (186 f.).

1723 BVerfG v. 13.6.2007 – 1 BvR 1550/03 u.a., BVerfGE 118, 168 (196).

1724 BVerfG v. 13.6.2007 – 1 BvR 1550/03 u.a., BVerfGE 118, 168 (203); s. auch v. 17.7.1984 – 2 BvE 11 u. 15/83, BVerfGE 67, 100 (142); so auch *Seer*, DStJG 42 (2019), 247 (251 f.); *ders.*, in: FS Meilicke, S. 687 (690).

1725 BVerfG v. 13.6.2007 – 1 BvR 1550/03 u.a., BVerfGE 118, 168 (197 ff.). Zu Letzterem s. auch BVerfG v. 27.2.2008 – 1 BvR 370 u. 595/07, BVerfGE 120, 274 (323).

1726 BVerfG v. 10.3.2008 – 1 BvR 2388/03, BVerfGE 120, 351, mit Verweis auf Art. 19 Abs. 4 GG.

1727 BStBl. I 1997, 541.

(IZA) innerhalb des BZSt stattfinden. In dieser Entscheidung hat das BVerfG zusätzlich – neben den übereinstimmenden Feststellungen mit der Entscheidung des BVerfG vom 13. Juni 2007 – festgestellt, dass der durch das Grundrecht auf informationelle Selbstbestimmung vermittelte Grundrechtsschutz sich nicht in einem Abwehrrecht erschöpft,[1728] sondern dem Betroffenen ein Informationsrecht zusteht, wenn die staatliche Stelle keine Pflicht zur aktiven Benachrichtigung des Betroffenen trifft.[1729] Die Sammlung von Daten nach dem IZA-Erlass findet in der Regel von vornherein ohne Mitwirkung des betroffenen Steuerpflichtigen statt, so dass für ein behördliches Ermessen bei der Entscheidung über die Auskunftserteilung verfassungsrechtlich kein Raum ist.[1730] Der § 88a AO ist aus Sicht des BVerfG hinreichend bestimmt und klar und genügt dem Verhältnismäßigkeitsgrundsatz.[1731]

cc) Übertragung auf die Berücksichtigung des steuerlichen Vorverhaltens

Das Recht auf informationelle Selbstbestimmung kann nach dem Vorgesagten auch für das Besteuerungsverfahren nicht uneingeschränkt gelten.[1732] Es besteht gerade kein „Recht auf steuerliche [informationelle] Selbstbestimmung" des Steuerpflichtigen.[1733] Insbesondere verschafft das Recht auf informationelle Selbstbestimmung im steuerlichen Kontext „kein Recht zur ungeprüften Selbstveranlagung".[1734] Die Finanzbehörde als risikoorientierte Verifikationsverwaltung braucht für ihre – auch vom BVerfG geforderte[1735] – Verifikationstätigkeit taugliche[1736] Steuerdaten des Steuerpflichtigen.[1737] Dazu gehört auch das steuerliche Vorverhalten des Steuerpflichtigen als personenbezogenes Datum. Darin kommen die Gemeinschaftsbezogenheit und Gemeinschaftsgebundenheit des

1728 BVerfG v. 10.3.2008 – 1 BvR 2388/03, BVerfGE 120, 351 (360).

1729 BVerfG v. 10.3.2008 – 1 BvR 2388/03, BVerfGE 120, 351 (362 ff., ausdrücklich aber bei 364).

1730 BVerfG v. 10.3.2008 – 1 BvR 2388/03, BVerfGE 120, 351 (364).

1731 BVerfG v. 10.3.2008 – 1 BvR 2388/03, BVerfGE 120, 351 (366 ff.).

1732 BVerfG v. 13.6.2007 – 1 BvR 1550/03 u.a., BVerfGE 118, 168 (193 ff.).

1733 *Seer*, DStJG 42 (2019), 247 (249); *ders.*, SteuerStud 2019, 240; *ders.*, in: FS Meilicke, S. 687 (691 f.); s. auch *Mann*, DStR 2009, 506 (507 f.).

1734 *Mann*, DStR 2009, 506 (507).

1735 BVerfG (Zinsurteil) v. 27.6.1991 – 2 BvR 1493/89, BVerfGE 84, 239 (273) = BStBl. II 1991, 654 (666).

1736 S. dazu *Polka/Arnold*, DStZ 2016, 575.

1737 *Seer*, DStJG 42 (2019), 247 (248); *Drüen*, in: Zukunftsfragen des deutschen Steuerrechts, S. 1 (11); s. auch *Puhl*, DStR 1991, 1173.

Rechts auf informationelle Selbstbestimmung im Steuerrecht zum Ausdruck. Erforderlich ist aber als Mindestvoraussetzung, dass eine gesetzliche Grundlage nach dem Grundsatz des Vorbehalts des Gesetzes vorliegt, die hinreichend bestimmt bzw. klar ausgestaltet ist.[1738] Die allgemeine Vorschrift des § 29b AO, die generell die Verarbeitung von Daten des Steuerpflichtigen durch die Finanzbehörde zur Erfüllung ihrer Aufgaben für zulässig erklärt, reicht bezüglich der Verarbeitung der steuerlichen Daten des Steuerpflichtigen im Kontext der Berücksichtigung seines steuerlichen Vorverhaltens nicht aus. Der § 29b AO wurde lediglich mit Blick auf Art. 6 Abs. 1 lit. e), Abs. 2, 3 DSGVO geschaffen, um die Rechtmäßigkeit der Verarbeitung von personenbezogenen Daten des Steuerpflichtigen durch die Finanzbehörden im Einklang mit der DSGVO zu gewährleisten.[1739] Diese Vorschrift enthält zur Art und zum Umfang der Berücksichtigung des steuerlichen Vorverhaltens des Steuerpflichtigen keinerlei Angaben. Dasselbe gilt für § 88 Abs. 5 AO n.F. Dementsprechend ist eine hinreichend bestimmte gesetzliche Grundlage auch aus verfassungsrechtlichen Gründen, namentlich wegen des Grundrechts auf informationelle Selbstbestimmung aus Art. 2 Abs. 1 i.V. mit Art. 1 Abs. 1 GG, zu fordern.

e) Eckpunkte für eine verfassungskonforme gesetzliche Grundlage zur Berücksichtigung des steuerlichen Vorverhaltens im Rahmen des RMS

aa) Unmittelbarer Bestandteil des automationsgestützten RMS

Eine Berücksichtigung des steuerlichen Vorverhaltens erst durch den Finanzbeamten ist in Zeiten des unaufhaltsamen digitalen Fortschritts und der digitalen Möglichkeiten in der Finanzverwaltung nicht mehr notwendig und erst recht nicht mehr zeitgemäß. Das Steuerprofil muss gerade nicht mehr beim jeweiligen Finanzbeamten als „Risikofilter im Kopf" gespeichert sein.[1740] Für das moderne Besteuerungsverfahren müssen daher „neue Wege gefunden werden".[1741] Das steuerliche Vorverhalten sollte in der modernen Finanzverwaltung zum unmittelbaren Bestandteil des automationsgestützten RMS werden und dadurch gleichermaßen automatisch berücksichtigt werden. Dies ist schon aus Gründen der Gleichmäßigkeit der Besteuerung erforderlich, damit die Finanzverwaltung

1738 Dabei steigen die Anforderungen an die Bestimmtheit, wenn es sich um Steuerdaten handelt, die den höchstpersönlichen Lebensbereich des Steuerpflichtigen betreffen, vgl. dazu *Puhl*, DStR 1991, 1173 (1174 f.).

1739 BT-Drucks. 18/12611, S. 77.

1740 *Schmidt*, DStJG 31 (2008), 37 (44).

1741 *Schmidt*, DStJG 31 (2008), 37 (44).

dem Vorwurf der Willkür entgeht. In der gesetzlichen Grundlage sollte demnach klargestellt werden, dass die Berücksichtigung des steuerlichen Vorverhaltens bereits durch das automationsgestützte RMS erfolgt.[1742]

bb) Konkrete Benennung von Anlass und Zweck

In der gesetzlichen Grundlage müssen auch konkrete Angaben zu dem Anlass und dem Zweck der Berücksichtigung des steuerlichen Vorverhaltens als personenbezogenes Datum des Steuerpflichtigen gemacht werden. Dabei kann sich die gesetzliche Grundlage an die Formulierung in § 88 Abs. 5 Satz 1 AO n.F. orientieren, denn ebenso wie das automationsgestützte RMS selbst, dient auch die Berücksichtigung des steuerlichen Vorverhaltens des Steuerpflichtigen im Rahmen des automationsgestützten RMS der „Beurteilung der Notwendigkeit weiterer Ermittlungen und Prüfungen für eine gleichmäßige und gesetzmäßige Festsetzung von Steuern".

cc) Gesetzliche Fixierung des Umfangs des steuerlich relevanten Vorverhaltens des Steuerpflichtigen

Die gesetzliche Grundlage sollte zudem – zumindest beispielhaft – aufzählen, welches steuerliche Vorverhalten des Steuerpflichtigen in concreto für die Risikobeurteilung relevant wird. Der Compliance-Faktor der Finanzverwaltung (NRW) berücksichtigt aktuell Beanstandungsergebnisse und Prüfungspunkte in den Vorjahren, das Abgabeverhalten sowie Ergebnisse der letzten Außenprüfung des jeweiligen Steuerpflichtigen.[1743] Diese Faktoren sollten allesamt gesetzlich festgemacht werden. Bei dem Abgabeverhalten ist – nicht zwingend im Gesetz, sondern gegebenenfalls im AEAO zu § 88 AO n.F. – klarzustellen, dass die Nichtabgabe und die verspätete Abgabe von Steuererklärungen als relevantes steuerliches Vorverhalten eingestuft werden. Die Abgabe unter Ausreizung der gesetzlichen Abgabefristen darf jedoch nicht negativ zulasten des Steuerpflichtigen berücksichtigt werden. Bei dem Zahlungsverhalten sollte darauf hingewiesen werden, dass es vor allem um die Pünktlichkeit der Zahlung

---

1742 Eine technische Verknüpfung des automationsgestützten RMS mit dem Steuerprofil des jeweiligen Steuerpflichtigen ist anhand der bei der für den jeweiligen Steuerpflichtigen zuständigen Finanzbehörde geführten Steuernummer, jedenfalls aber anhand der Steuer-Identifikationsnummer möglich, die nach § 139a Abs. 1 Satz 1 AO der eindeutigen Identifizierung des Steuerpflichtigen in Besteuerungsverfahren dienen soll, s. zu Letzterem auch *Schmidt/Schmitt*, in: FS Spindler, S. 529 (536).

1743 S. ausführlich unter Teil 4, E. VI. 3.

von geschuldeten Steuern geht.[1744] Beim steuerstraf- bzw. steuerordnungswidrigkeitsrechtlichem Vorverhalten[1745] sollte im Gesetz klargestellt werden, dass für die Risikobeurteilung in den Folgejahren nach dem betroffenen Veranlagungszeitraum nicht das Prinzip „Einmal Steuerhinterzieher (Steuerverkürzer), immer Steuerhinterzieher (Steuerverkürzer)" zugrunde gelegt wird, sondern der jeweilige dolose Steuerhinterzieher oder leichtfertige Steuerverkürzer, der seinen Vertrauensvorschuss verloren hat, diesen negativen Eintrag in seinem Steuerprofil durch positives steuerliches Verhalten in zukünftigen Veranlagungszeiträumen wieder kompensieren kann. Welche Anforderungen an die Kompensation zu stellen sind, kann nicht abstrakt festgelegt werden. Dies hängt vielmehr von der Schwere der Steuerhinterziehung bzw. Steuerverkürzung im konkreten Einzelfall ab. Dabei sollte folgende Faustregel gelten: Umso höher der Steuerhinterziehungs- bzw. der Steuerverkürzungsbetrag, desto strenger die Anforderungen an die Kompensation. Schließlich sollte die gesetzliche Regelung aus Gründen der Rechtssicherheit festlegen, dass die Einlegung von Einsprüchen oder Rechtsmitteln gegen Entscheidungen der Finanzverwaltung in der Vergangenheit nicht als steuerlich relevantes Vorverhalten im Rahmen des RMS angesehen wird.[1746]

f) Vorteile einer gesetzlichen Grundlage

Wird das relevante steuerliche Vorverhalten des Steuerpflichtigen mit klaren Konturen im § 88 AO n.F. geregelt, so sind damit drei wesentliche Vorteile verbunden. Zum einen weiß der Steuerpflichtige und/oder sein Steuerberater dann genau, wie er sich steuerlich verhalten muss, um das persönliche Risiko einer intensivieren Prüfung zu minimieren, was dazu führt, dass sich der steuermündige Steuerpflichtige und/oder der steuermündige Steuerberater zielgerichtet darum bemühen wird, den steuerlichen Pflichten nachzukommen. Mit der Schaffung einer gesetzlichen Grundlage zur Berücksichtigung des steuerlichen Vorverhaltens im Rahmen des RMS geht also ein erheblicher Compliance-Effekt

---

1744 Vgl. die Aufzählung bei *Seer*, StuW 2003, 40 (49), zum Risikomanagement der Finanzverwaltung in den Niederlanden.

1745 Der Begriff „Steuerhinterziehungsvorverhalten" bei *Seer*, StuW 2003, 40 (49), greift insoweit zu kurz, da auch die (leichtfertige) Steuerverkürzung nach § 378 AO eines Steuerpflichtigen als steuerlich relevantes Vorverhalten angesehen werden muss.

1746 Dies stellt trotz kritischer Haltung zur Berücksichtigung eines steuerlichen Vorverhaltens beim RMS auch *Mellinghoff*, in: FS für den BFH, S. 421 (436), klar.

einher.[1747] Zum anderen dürfte sich ein Informationsanspruch des Steuerpflichtigen, der bei der Berücksichtigung von subjektiven Risikoparametern durch das RMS gefordert wird,[1748] in den meisten Fällen erledigen, da bei der Schaffung einer gesetzlichen Grundlage das Gesetz selbst ausdrücklich darauf hinweist, welches steuerliche Vorverhalten des Steuerpflichtigen bei der Risikobeurteilung berücksichtigt wird und der Steuerpflichtige sein eigenes steuerliches Verhalten vor diesem Hintergrund selbst beurteilen kann und kennt. Darüber hinaus wirkt eine gesetzliche Grundlage in Bezug auf den Einsatz von automationsgestützten RMS akzeptanz- und zufriedenheitsfördernd bei dem Steuerpflichtigen, denn „Durchsichtigkeitsdefizite führen allemal zur Unzufriedenheit unter den Staatsbürgern".[1749] Dadurch kann der Gesetzgeber die wegen § 88 Abs. 5 Satz 4 AO n.F. verpasste Gelegenheit, Vertrauen in den Einsatz des automationsgestützten RMS zu schaffen,[1750] an dieser Stelle durch Transparenz in Form einer gesetzlichen Grundlage zur Berücksichtigung des steuerlichen Vorverhaltens im Rahmen des automationsgestützten RMS wiedergutmachen.

1747 Der Compliance-Gedanke findet sich auch bei *Seer*, in: FS für den BFH, S. 1717 (1729); *ders.*, StbJb. 2016/17, 539 (550 f.); angedeutet auch bei *Drüen*, DStJG 42 (2019), 193 (213).

1748 Vgl. allein *Seer*, StbJb. 2016/17, 539 (550).

1749 *Achterberg*, Allgemeines Verwaltungsrecht, § 19 Rz. 40.

1750 *Braun Binder*, DStZ 2016, 526 (531).

Teil 5: Zusammenfassung der wesentlichen Ergebnisse

A. Wesentliche Ergebnisse aus Teil 1

1. Der Untersuchungsgrundsatz war seit der Geburtsstunde der AO mit der RAO vom 13. Dezember 1919 das verfahrensbestimmende Prinzip des Besteuerungsverfahrens. In der RAO ist der Untersuchungsgrundsatz in § 204 RAO noch mit zwei Sätzen ausgekommen. Seitdem wurde der § 204 RAO erheblich erweitert. Die Erweiterung des Untersuchungsgrundsatzes in der AO kann rechtshistorisch nachgezeichnet werden und hat seinen (bisherigen) Höhepunkt im § 88 AO n.F. erreicht, der nunmehr aus fünf Absätzen besteht.
2. Die Geltung des Untersuchungsgrundsatzes im Besteuerungsverfahren ist verfassungsrechtlich vorgegeben. So kann sich der Untersuchungsgrundsatz vor allem auf die Fundamentalgrundsätze der Gleichmäßigkeit (Art. 3 Abs. 1 GG) und Gesetzmäßigkeit (Art. 20 Abs. 3 GG) der Besteuerung stützen. Als weitere verfassungsrechtliche Stützen des Untersuchungsgrundsatzes im Besteuerungsverfahren sind daneben aber auch das Recht auf ein faires (Verwaltungs-)Verfahren sowie die Rechtsschutzgarantie nach Art. 19 Abs. 4 GG anzuführen. Der Art. 19 Abs. 4 GG strahlt auf das Besteuerungsverfahren aus.
3. Der Untersuchungsgrundsatz wird im Besteuerungsverfahren durch die Kooperationsmaxime ergänzt. Die Kooperationsmaxime, die ihren einfachgesetzlichen Niederschlag in den Mitwirkungspflichten der AO findet, führt dazu, dass dem Steuerpflichtigen eine Mitverantwortung an der Sachaufklärung aufgrund der Sachverhaltskonzentration beim Steuerpflichtigen zukommt. Die Letztverantwortung trägt aber die Finanzverwaltung als Letztentscheider. Kommt der Steuerpflichtige seinen Mitwirkungspflichten nicht nach, obwohl es ihm möglich und zumutbar wäre, so gilt der Untersuchungsgrundsatz zwar fort; der Steuerpflichtige muss aber mit einer Absenkung des erforderlichen Beweismaßes zu seinen Lasten rechnen.

B. Wesentliche Ergebnisse aus Teil 2

1. Der § 88 AO a.F. (in der Fassung bis zum 31.12.2016) bestand aus drei Absätzen und beinhaltete ebenso wie § 88 AO n.F. den Grundsatz, dass der

Sachverhalt von der Finanzbehörde von Amts wegen zu ermitteln ist (Untersuchungsgrundsatz). Der § 88 AO a.F. stellt jedoch keine Ermächtigungsgrundlage für konkrete Ermittlungsmaßnahmen der Finanzbehörden dar, sondern ist als Aufgabenzuweisungsnorm zu verstehen.
2. Da § 88 AO a.F. keine Angaben dazu beinhaltet, wie die Finanzbehörde den Sachverhalt ermitteln soll, stellt der Untersuchungsgrundsatz ein negatives Prinzip dar.
3. Die Finanzbehörde genießt ein doppeltes Verfahrensermessen. Sie kann Art und Umfang der Sachverhaltsermittlung in den Grenzen der Gesetzmäßigkeit und Gleichmäßigkeit der Besteuerung selbst bestimmen. Dabei ist die Finanzbehörde vor allem an den Grundsatz der Verhältnismäßigkeit gebunden. Die Finanzbehörde darf sich aber nicht einseitig auf die Erzielung von steuerlichen Mehreinnahmen konzentrieren, selbst wenn dieser Fiskalzweck ein anerkanntes Interesse des Staates darstellt.
4. Die Finanzbehörde bedarf konkreter Anhaltspunkte für den Ermittlungsbeginn. Ermittlungen „ins Blaue hinein" sind wegen Unverhältnismäßigkeit unzulässig.
5. Auch wenn die Finanzbehörde ein umfangreiches Verfahrensermessen genießt, musste sie schon nach § 88 Abs. 2 AO a.F. auch solche Tatsachen ermitteln, die zugunsten des Steuerpflichtigen zu berücksichtigen sind. Darin kommt das sog. materielle Wahrheitsprinzip zum Ausdruck, das letztlich als Subprinzip des Grundsatzes der Gesetzmäßigkeit der Besteuerung anzusehen ist.
6. Verletzt die Finanzbehörde ihre Ermittlungspflicht, so kann dies sowohl verfahrensrechtliche als auch prozessrechtliche Folgen zu Lasten der Finanzbehörde haben. Auch ein aus der Ermittlungspflichtverletzung resultierender Amtshaftungsanspruch des Steuerpflichtigen ist nicht ausgeschlossen. Die Anforderungen der höchstrichterlichen steuerlichen Rechtsprechung an eine Verletzung der Ermittlungspflicht durch die Finanzbehörde sind jedoch ausgesprochen hoch, was gleichzeitig zur Folge hat, dass die Anforderungen an die Erfüllung der Sachverhaltsermittlungspflicht durch die Finanzbehörden (eher) niedrig sind. Nach der ständigen Rechtsprechung des BFH verletzt eine Finanzbehörde seine Amtsermittlungspflicht nur, wenn es ersichtlichen Unklarheiten oder Zweifelsfragen, die sich bei einer Prüfung der Steuererklärung sowie der eingereichten Unterlagen ohne Weiteres aufdrängen mussten, nicht nachgeht. Diese Rechtsprechung führt zu einem Konflikt mit dem materiellen Wahrheitsprinzip; sie ist jedoch aufgrund der Zweistufigkeit der Prüfungstätigkeit der Finanzbehörden zumindest nachvollziehbar. Mit der Zweistufigkeit ist gemeint, dass die Finanzbehörde im Massenverfahren

zunächst prüfen muss, ob der jeweilige Steuerfall kontrollbedürftig ist (erste Stufe) und erst bei Bejahung der Kontrollbedürftigkeit in die konkrete Prüfung des kontrollbedürftigen Steuerfalls übergeht (zweite Stufe). Erst auf der zweiten Stufe kann die Finanzverwaltung eine der materiellen Wahrheit entsprechenden Besteuerung gewährleisten. Auf der ersten Stufe muss eine „formelle" Wahrheit mangels Kontrollbedürftigkeit des Steuerfalls ausreichen.

7. Aufgrund der Gesetzmäßigkeit der Besteuerung muss auch im Besteuerungsverfahren in einem sog. non-liquet-Fall eine Beweislastentscheidung getroffen werden. Wegen der Geltung des Untersuchungsgrundsatzes ist dem Besteuerungsverfahren eine subjektive Beweislast fremd. Nach den Regeln der objektiven Beweislast trägt die Finanzbehörde die Beweislast für das Vorliegen steuerbegründender Tatsachen. Demgegenüber geht das non-liquet zu Lasten des Steuerpflichtigen, wenn solche Tatsachen betroffen sind, die zu einer Steuerbefreiung oder einer Steuerermäßigung führen oder einen Steueranspruch aufheben oder einschränken. Bei realistischer und praxisnaher Betrachtung ist es der Steuerpflichtige, den die Beweislast subjektiv aufgrund seiner Beweis- und Informationsnähe trifft.
8. Im Besteuerungsverfahren als Massenverfahren sind die Anforderungen an das erforderliche Beweismaß nicht allzu hoch anzusetzen. So ist eine hohe Wahrscheinlichkeit für das Vorliegen eines Sachverhalts ausreichend. Dies steht auch im Einklang mit den verfassungsrechtlichen Vorgaben, die den Blick vor der Realität des Massenverfahrens im Besteuerungsverfahren nicht verschließen können.
9. Dem Untersuchungsgrundsatz sind indes auch Grenzen gesetzt. So stellt der aus dem Übermaßverbot abgeleitete Verhältnismäßigkeitsgrundsatz die „obere" Grenze und das Untermaßverbot die „untere" Grenze des Untersuchungsgrundsatzes dar. Auch der (ungeschriebene) Grundsatz der (Un-)Zumutbarkeit begrenzt den Untersuchungsgrundsatz. Ebenso müssen die Privat- und Intimsphäre des Steuerpflichtigen von den Finanzbehörden bei der Sachverhaltsermittlung beachtet werden. Bei einem Steuerfall mit Auslandsbezug macht der Untersuchungsgrundsatz nicht halt an der Staatsgrenze. Den deutschen Finanzbehörden sind aber aufgrund des völkerrechtlichen Grundsatzes der formellen Territorialität formell-rechtliche Grenzen gesetzt. Um diese Grenzen zu überwinden, müssen sich deutsche Finanzbehörden dem Instrument der zwischenstaatlichen Rechts- und Amtshilfe bedienen.

C. Wesentliche Ergebnisse aus Teil 3

1. Das Besteuerungsverfahren war schon immer ein Massenverfahren und ist es bis heute – in noch ausgeprägterer Form – geblieben. Mittlerweile muss die Finanzverwaltung jährlich rund 41 Mio. Steuererklärungen bearbeiten und erlässt jährlich ca. 120 Mio. Steuerbescheide. Es liegt auf der Hand, dass kein Finanzverwaltungskörper jeden einzelnen Steuerfall bis ins letzte Detail ausermitteln kann. Dadurch kommt es zu einem Spannungsverhältnis zwischen der Realität des Besteuerungsverfahrens als Massenverfahren auf der einen und dem Untersuchungsgrundsatz auf der anderen Seite.
2. Um die Gleichmäßigkeit und die Gesetzmäßigkeit als Fundamentalgrundsätze der Besteuerung auch in einem Massenverfahren einzuhalten, muss sich die Finanzverwaltung der Bewältigung des Gesamtvollzugs widmen. Dabei hat sie maßvoll vorzugehen. Ein maßvoller Gesamtvollzug zeichnet sich dadurch aus, dass (1) Ermittlungsmaßnahmen der Finanzbehörden stets verhältnismäßig erfolgen und (2) die Fundamentalgrundsätze der Besteuerung innerhalb des Gesamtvollzugs größtmöglich verwirklicht werden.
3. Der Untersuchungsgrundsatz ist vor diesem Hintergrund nicht dahingehend zu verstehen, dass in jedem einzelnen Steuerfall ermittelt werden muss. Die Forderung nach einer 100%igen Kontrolle durch die Finanzverwaltung ist ebenso unrealistisch wie verfassungswidrig. Der Untersuchungsgrundsatz verkörpert im Besteuerungsverfahren als Massenverfahren das Erfordernis nach einer strukturellen Verifikation der Masse an Steuerfällen. Demgemäß ist dem Untersuchungsgrundsatz eine strukturelle Verifikationsmaxime zu entnehmen.
4. Ein wichtiges Instrument, das die Bewältigung des steuerlichen Massenverfahrens ermöglicht, ist das Vertrauensvorschussprinzip. Ohne den Vertrauensvorschuss kommt die Finanzverwaltung im Massenverfahren nicht aus. In einem demokratischen Rechtsstaat muss solange vom steuermündigen Bürger ausgegangen werden, bis der Steuerpflichtige Anhaltspunkte für eine gegenteilige Annahme liefert. Allein das Abstellen auf den homo oeconomicus, der als Leitbild für den Steuerpflichtigen im Besteuerungsverfahren ohnehin auf wackeligen Beinen steht, kann jedenfalls den Vertrauensvorschuss nicht erschüttern. Der Vertrauensvorschuss muss dem um Kooperation bemühten Steuerpflichtigen dabei auch ohne Konsultation eines Steuerberaters zukommen. Der Grundsatz der Wirtschaftlichkeit und der Einsatz von RMS durch die Finanzverwaltung zählen ebenfalls zu den Instrumenten zur Bewältigung des steuerlichen Massenverfahrens.

5. Die Möglichkeit zum Erlass eines automatischen Steuerbescheids nach § 155 Abs. 4 AO n.F., die im Zusammenhang mit dem automationsgestützten RMS nach § 88 Abs. 5 AO n.F. zu einer vollautomatischen Besteuerung eines Steuerfalls führen kann, sind wichtige Eckpfeiler zur Bewältigung des Besteuerungsverfahrens als Massenverfahren. Hinzukommen muss aber die Einführung eines Selbstveranlagungsverfahrens für die Einkommen-, die Körperschaft- und die Gewerbesteuer für eine tatsächlich spürbare Entlastung der Finanzverwaltung. Mit diesem „Bewältigungstrias" können die freiwerdenden Ressourcen der Finanzverwaltung noch intensiver auf die prüfungsbedürftigen Steuerfälle konzentriert werden.
6. In Abgrenzung zu einer Fremdveranlagung, in der es allein der Finanzverwaltung obliegt, die gesetzlich geschuldete Steuer zu berechnen, zeichnet sich eine Selbstveranlagung dadurch aus, dass der Steuerpflichtige die gesetzlich geschuldete Steuer neben der Deklaration der steuerlich relevanten Tatsachen selbst berechnet. Charakteristisch für eine Selbstveranlagung ist daneben die Abgabe einer Steuererklärung ohne besondere Aufforderung durch die Finanzbehörden sowie die Entrichtung der gesetzlich geschuldeten (und selbstberechneten) Steuer innerhalb einer bestimmten Frist.
7. In Deutschland wird seit knapp 70 Jahren über die Einführung eines Selbstveranlagungsverfahrens im Bereich der Ertragsteuern diskutiert. Dabei fällt auf, dass die Diskussion nur punktuell und wechselhaft geführt wird; teilweise intensiv aber in der Gesamtheit doch oberflächlich.
8. Im internationalen Vergleich würde Deutschland mit der Einführung eines Selbstveranlagungsverfahrens für die Ertragsteuern einer international anerkannten und stark verbreiteten Ausgestaltung des Besteuerungsverfahrens folgen. So führen bereits viele OECD- und EU-Mitgliedstaaten eine Selbstveranlagung durch. Darüber hinaus konnten insgesamt 83 Länder (nicht abschließend) auf der Welt ausgemacht werden, die im Bereich der Ertragsteuern ebenfalls ein Selbstveranlagungsverfahren anwenden.
9. Das StModG hat kein Selbstveranlagungsverfahren eingeführt. Vielmehr bleibt es auch nach dem StModG bei der traditionellen Ausgestaltung der AO – mit Ausnahme der Steueranmeldung etwa im Bereich der Umsatzsteuer – als Fremdveranlagungsverfahren.
10. Zu beachten ist aber, dass ein wesentlicher Teil des Gesamtsteueraufkommens bereits heute im Wege der Steueranmeldung erhoben wird und sich auch sonst die Tätigkeit der Finanzverwaltung auf eine der Abgabe der Steuererklärung nachgelagerte Prüfung des Steuerfalls konzentriert. Dieser Zustand wird zutreffend als „kontrollierte Selbstregulierung" bezeichnet und als eine Art „faktische Selbstveranlagung" angesehen.

11. Auch in Deutschland kann ein Selbstveranlagungsverfahren im Bereich der Ertragsteuern eingeführt werden. Die Vereinfachung des materiellen Steuerrechts ist keine zwingende Voraussetzung. Dem Steuerpflichtigen, der im Grundsatz um die Einhaltung seiner steuerlichen Pflichten bemüht ist, kann und sollte durchaus mehr zugetraut werden. Insbesondere eine Selbstberechnungspflicht überfordert den Steuerpflichtigen nicht unzumutbar. Denn schon heute sieht ELSTER bei der elektronischen Übermittlung der Steuererklärung die Funktion einer Steuerberechnung vor. Darüber hinaus gibt es zahlreiche Programme und Apps, die die Steuer für den Steuerpflichtigen berechnen. Auch die Härtefallregelung in § 151 AO verhindert eine unzumutbare Belastung des Steuerpflichtigen, die eine Berechnung der Steuer durch die Finanzbehörden im Einzelfall ermöglicht, wenn der Steuerpflichtige dazu nicht in der Lage ist.
12. Selbstveranlagungsverfahren und Untersuchungsgrundsatz schließen sich nicht aus. Bei richtigem Verständnis von § 88 AO, der im Besteuerungsverfahren als Massenverfahren eine strukturelle Verifikation der Gesamtheit der Steuerfälle fordert, wird schnell klar, dass eine Verifikation bei einer Selbstveranlagung erst recht erforderlich ist. Eine Selbstveranlagung ist daher mit dem Untersuchungsgrundsatz vereinbar.

D. Wesentliche Ergebnisse aus Teil 4

1. Den Kern des StModG macht die Erweiterung des § 88 AO aus. Der § 88 AO n.F. besteht nunmehr aus fünf Absätzen.
2. Im Rahmen dieser Erweiterung wurden insbesondere die unbestimmten Rechtsbegriffe der „Wirtschaftlichkeit" und „Zweckmäßigkeit" in § 88 Abs. 2 Satz 2 AO n.F. eingefügt. Außerdem wurde mit § 88 Abs. 5 AO n.F. eine gesetzliche Grundlage für den Einsatz von automationsgestützten RMS geschaffen.
3. Der Grundsatz der Wirtschaftlichkeit in § 88 Abs. 2 Satz 2 AO n.F. wird in der AO nicht definiert. Der Gesetzgeber und die Finanzverwaltung wollen darunter verstehen, dass die Finanzverwaltung dem voraussichtlichen Ermittlungsaufwand das voraussichtliche steuerliche Mehrergebnis gegenüberstellen darf. Das Abstellen auf das steuerliche Mehrergebnis im Sinne eines wirtschaftlichen Maximalprinzips verstößt jedoch gegen die Fundamentalgrundsätze der Gleichmäßigkeit und Gesetzmäßigkeit der Besteuerung und muss mit Entschiedenheit abgelehnt werden. Vor dem Hintergrund dieser Fundamentalgrundsätze der Besteuerung kann Wirtschaftlichkeit der Finanzverwaltung nur bedeuten, dass die Finanzverwaltung

ihre knappen Ressourcen effizient einsetzt. Insoweit ist Wirtschaftlichkeit mit Effizienz gleichzusetzen. Das bedeutet, dass sich die Finanzverwaltung auf die tatsächlich kontrollbedürftigen Steuerfälle konzentrieren muss, um einen maßvollen Gesamtvollzug durchführen zu können. Der Grundsatz der Wirtschaftlichkeit ist demgemäß wie folgt zu definieren: Wirtschaftlichkeit im Besteuerungsverfahren bedeutet der effiziente Einsatz der sachlichen und personellen Ressourcen der Finanzverwaltung auf die kontrollbedürftigen Steuerfälle zur Gewährleistung eines Gesamtvollzugs im Besteuerungsverfahren als Massenverfahren.

4. Der Grundsatz der Wirtschaftlichkeit ist keine Erfindung des Steuerrechts, sondern entstammt dem allgemeinen Verwaltungsrecht. Bei einem verfassungskonformen Verständnis der Wirtschaftlichkeit ist der Grundsatz der Wirtschaftlichkeit eine unmittelbare Ausprägung des Grundsatzes der Gesetzmäßigkeit der Besteuerung.
5. Auch wenn der Wortlaut des § 88 Abs. 2 Satz 2 AO n.F. dies nicht klar vorgibt, ist der Grundsatz der Wirtschaftlichkeit nicht gleichrangig zu den Fundamentalgrundsätzen der Gesetz- und Gleichmäßigkeit der Besteuerung, sondern unterhalb dieser Grundsätze zu verorten.
6. Der aktuelle AEAO zu § 88 Nr. 3 Satz 3 erlaubt dem Finanzbeamten das Abstellen auf den steuerlichen Erfolg. Dadurch entsteht eine nicht unerhebliche Gefahr des Missbrauchs des Grundsatzes der Wirtschaftlichkeit zulasten des Steuerpflichtigen mit einseitigem Blick auf steuerliche Mehreinnahmen durch die Finanzverwaltung. Der AEAO zu § 88 Nr. 3 Satz 3 sollte daher um einen klarstellenden Satz 4 ergänzt werden, der ausdrücklich bestimmt, dass „steuerlicher Erfolg" nicht mit steuerlichen Mehreinnahmen gleichzusetzen ist. Ohne eine solche Klarstellung sollte der AEAO zu § 88 Nr. 3 Satz 3 ersatzlos gestrichen werden.
7. Bei richtigem Verständnis vom Grundsatz der Wirtschaftlichkeit als Ausdruck des Effizienzgedankens ist dieser Grundsatz auch mit den Grundsätzen der Gesetzmäßigkeit und Gleichmäßigkeit der Besteuerung vereinbar. Legt man hingegen ein wirtschaftliches Maximalprinzip zugrunde, ist darin eine nicht zu rechtfertigende Beeinträchtigung der Gleichmäßigkeit der Besteuerung zu erblicken.
8. Da dem Grundsatz der Wirtschaftlichkeit eine eigenständige Bedeutung für das Besteuerungsverfahren zukommt, kann der Forderung nach einer Streichung aus dem Gesetzestext des § 88 AO n.F. nicht gefolgt werden.
9. Anders verhält es sich aber bei dem Grundsatz der Zweckmäßigkeit. Der Gesetzgeber, die Finanzverwaltung und auch die Rechtsprechung ordnen diesem Grundsatz Inhalte zu, die bereits dem Grundsatz der Wirtschaftlichkeit

oder der ungeschriebenen Grenze der (Un-)Zumutbarkeit zuzuordnen sind. Auch ein Blick in das allgemeine Verwaltungsrecht, wo die Zweckmäßigkeit namentlich in § 10 Satz 2 VwVfG und in § 68 Abs. 1 Satz 1 VwGO genannt wird, hat bei der Bestimmung des Inhalts der Zweckmäßigkeit für das Besteuerungsverfahren nicht weitergeholfen. Vielmehr hat der Vergleich mit der Bedeutung im allgemeinen Verwaltungsrecht gezeigt, dass die Zweckmäßigkeit zumeist mit der Wirtschaftlichkeit bzw. der Effizienz gleichgesetzt wird.

10. Gemessen an den Anforderungen des verfassungsrechtlichen Bestimmtheitsgrundsatzes, der auch im Steuerverfahrensrecht zu beachten ist, überschreitet der Grundsatz der Zweckmäßigkeit die Grenze zur verfassungswidrigen Unbestimmtheit, da diesem Grundsatz keine eigenständige Bedeutung im Besteuerungsverfahren zukommt. Der Grundsatz der Zweckmäßigkeit ist mithin im § 88 Abs. 2 Satz 2 AO n.F. zu streichen.
11. Das Steuerverfahrensrecht wurde schon seit längerer Zeit vom digitalen Fortschritt eingeholt. Dies sollte sich auch im Gesetz widerspiegeln. In diesem Sinne bildet die Schaffung einer bundeseinheitlichen gesetzlichen Grundlage für den Einsatz von automationsgestützten RMS durch die Finanzverwaltung in § 88 Abs. 5 AO n.F. diesen Gleichschritt von Recht und Technik ab.
12. Im Einklang mit der Gesetzesbegründung ist unter einem RMS die systematische Erfassung und Bewertung von Risikopotenzialen sowie der Steuerung von Reaktionen in Abhängigkeit von den festgestellten Risikopotenzialen zu verstehen.
13. Das steuerlich signifikante Risiko stellen steuerrechtswidrige Festsetzungen durch die Finanzbehörden dar.
14. Das RMS ermöglicht im Besteuerungsverfahren als Massenverfahren eine Konzentration auf die tatsächlich risikoreichen und damit kontrollbedürftigen Steuerfälle. Im Massenverfahren ist das RMS alternativlos.
15. Das RMS fungiert daneben vor allem auch als konstitutiver Bestandteil eines (voll-)automatischen Besteuerungsverfahrens. Das Deklarationsprinzip muss durch eine effektive Verifikation flankiert werden. Im Zusammenhang mit § 155 Abs. 4 AO n.F., der eine vollautomatische Besteuerung vorsieht, dient das RMS nach § 88 Abs. 5 AO n.F. als notwendiges Kontrollsystem mit hinreichender Entdeckungswahrscheinlichkeit für risikoreiche Steuerfälle.
16. Der risikoorientierte Steuervollzug, den der § 88 Abs. 5 AO n.F. in Gesetzesform verkörpert, ist schon seit vielen Jahren das Leitbild in der deutschen Finanzverwaltung und kann bis zu 40 Jahre zurückverfolgt werden. Während das Risiko zu Beginn allein pro fiskalisch anhand der jeweiligen

Einkunftshöhe bestimmt wurde, geht die Finanzverwaltung nunmehr einer am objektiven Kontrollbedürfnis orientierten Risiko-Strategie nach.

17. Das RMS ermittelt die Prüfungsbedürftigkeit eines Steuerfalls anhand von Risikoparametern, die das gesamte Erfahrungswissen der Finanzverwaltung enthalten. Ist ein Risikoparameter erfüllt, gibt das RMS einen Risikohinweis aus und steuert den jeweiligen Steuerfall zur persönlichen Prüfung durch einen Finanzbeamten aus. Der Finanzbeamte teilt den Steuerfall sodann in eine Risikoklasse ein. Insgesamt gibt es vier Risikoklassen (Risikoklasse 1 bis 3 sowie die Risikoklasse-BP).
18. Das automationsgestützte RMS als solches arbeitet rein objektiv. Die Finanzverwaltung berücksichtigt aber auch subjektive Aspekte in Bezug auf den jeweiligen Steuerpflichtigen zur Bestimmung eines steuerlich signifikanten Risikos. Die Finanzverwaltung (NRW) berücksichtigt dabei auch das subjektive Vorverhalten des Steuerpflichtigen für die Risikobeurteilung (sog. Compliance-Faktor).
19. Das RMS wird weltweit bereits von vielen Finanzverwaltungen im Steuervollzug der jeweiligen Länder eingesetzt.
20. Das RMS sollte als selbstlernendes System ausgestaltet werden, um eine dauerhafte Funktionsfähigkeit des RMS zu gewährleisten.
21. Das RMS ersetzt die eigentliche Prüfung des Steuerfalls nicht. Es dient als Hilfsmittel für die Finanzverwaltung zur Bewältigung des Besteuerungsverfahrens als Massenverfahren. Vor diesem Hintergrund verdrängt das RMS den Untersuchungsgrundsatz in § 88 AO nicht, sondern ergänzt ihn. Insoweit verkörpert § 88 Abs. 5 AO n.F. den klassischen Untersuchungsgrundsatz im modernen Gewand.
22. Indem das RMS erst ermöglicht, dass sich die Finanzverwaltung auf die tatsächlich kontrollbedürftigen Steuerfälle konzentriert, dient das RMS ja gerade der Sicherstellung von Gleichmäßigkeit und Gesetzmäßigkeit im Gesamtvollzug. Das RMS ist mit ebendiesen Fundamentalgrundsätzen des Besteuerungsverfahrens vereinbar.
23. Die gesetzliche Ausgestaltung des RMS in § 88 Abs. 5 AO n.F. ist jedoch nicht vollends gelungen. Die Mindestanforderungen in § 88 Abs. 5 Satz 3 Nr. 1 bis 4 AO n.F. sind von Konturenlosigkeit geprägt. So trifft § 88 Abs. 5 Satz 3 Nr. 1 AO n.F. etwa keine Aussage darüber, welche Anzahl für eine Zufallsauswahl als „hinreichend" angesehen werden kann. Auch § 88 Abs. 5 Satz 3 Nr. 4 AO n.F. enthält nur allgemeine Aussagen zur Evaluierung des RMS. Um den Mindestanforderungen Konturen zu verleihen, sollte eine Mindest-Zufallsauswahlquote in § 88 Abs. 5 Satz 3 Nr. 1 AO n.F. integriert werden. Darüber hinaus sollte die Evaluierung in § 88 Abs. 5 Satz 3 Nr. 4

AO n.F. zeitlich und organisatorisch konkretisiert werden. Ein Aspekt dieser Konkretisierung könnte die Einberufung einer unabhängigen Evaluierungsinstanz bestehend aus Mitgliedern der Finanzverwaltung, der Beraterschaft, der Informationstechnologie und der Steuerrechtswissenschaft sein.

24. Nach § 88 Abs. 5 Satz 4 AO n.F. sind die Einzelheiten des RMS geheim zu halten, soweit durch eine Veröffentlichung die Gleichmäßigkeit und Gesetzmäßigkeit der Besteuerung gefährdet werden könnte. Der § 88 Abs. 5 Satz 4 AO n.F. sieht also kein absolutes, sondern ein nur eingeschränktes Veröffentlichungsverbot vor. Dadurch soll verhindert werden, dass Steuerpflichtige und ihre Steuerberater ihr Deklarationsverhalten an das RMS anpassen und das RMS so umgehen.
25. Welche Aspekte des RMS zu den „Einzelheiten" nach § 88 Abs. 5 Satz 4 AO n.F. gehören, geht aus der Vorschrift nicht hervor. Zu diesen „Einzelheiten" dürften jegliche Informationen zum RMS gemeint sein, die nicht bereits von Gesetzes wegen klargestellt oder auf anderem Wege von Seiten des Staates der Öffentlichkeit zugänglich gemacht wurden. Dazu gehören die Art der eingesetzten Risikoparameter des RMS, seine Grundausrichtung und seine Funktionsweise, die die Finanzverwaltung bis heute in keiner Weise veröffentlicht hat.
26. Zu fordern ist eine konkrete Gefahr für die Gleichmäßigkeit und Gesetzmäßigkeit der Besteuerung, die die Finanzverwaltung im konkreten Einzelfall begründen muss.
27. Eine moderne Finanzverwaltung zeichnet sich durch Transparenz aus. Vor dem Hintergrund des verfassungsrechtlich gebotenen Transparenzprinzips, das im Demokratieprinzip aus Art. 20 Abs. 1 GG wurzelt, stellt das eingeschränkte Veröffentlichungsverbot in § 88 Abs. 5 Satz 4 AO n.F. keine zeitgemäße Vorschrift dar. Jedenfalls in den Fällen, in denen keine Beeinträchtigung der Funktionsfähigkeit der Finanzverwaltung zu befürchten ist, ist die Finanzverwaltung zu transparentem Handeln angehalten. Die Umschreibung der Risikoparameter und die Beschreibung seiner generellen Ausrichtung sowie seiner grundsätzlichen Funktionsweise beeinträchtigen die Finanzbehörden nicht in ihrem Auftrag, eine gleichmäßige und gesetzmäßige Besteuerung sicherzustellen. Da § 88 Abs. 5 Satz 4 AO n.F. auch diese Einzelheiten des RMS umfasst, verstößt es gegen das verfassungsrechtliche Transparenzprinzip.
28. Auch mit Blick auf Art. 19 Abs. 4 GG hält das eingeschränkte Veröffentlichungsverbot einer verfassungsrechtlichen Prüfung nicht stand. Art. 19 Abs. 4 GG räumt dem Steuerpflichtigen ein Recht auf effektiven Rechtsschutz ein. Dies steht im Konflikt mit dem Geheimhaltungsinteresse der

Finanzverwaltung, das im § 88 Abs. 5 Satz 4 AO n.F. zum Ausdruck kommt. Diesen Konflikt hat der Gesetzgeber mit dem StModG versucht dadurch zu lösen, dass er in § 86 Abs. 2 Satz FGO n.F. eine prozessrechtliche Parallelvorschrift zum § 88 Abs. 5 Satz 4 AO n.F. eingefügt und mit Blick auf die Einzelheiten des RMS das in camera-Verfahren nach § 86 Abs. 3 FGO eröffnet hat. Da aber die Einleitung des in camera-Verfahrens von dem Antrag des Steuerpflichtigen im Finanzprozess abhängt, stellt das in camera-Verfahren solange keinen schonenden Ausgleich zur konträren Interessenlage dar, bis der Gesetzgeber im § 88 Abs. 5 AO n.F. die Art der eingesetzten Risikoparameter umschreibt sowie die grundsätzliche Ausrichtung und Funktionsweise des RMS beschreibt, so dass der Steuerpflichtige grundsätzlich selbst beurteilen kann, ob sich ein Antrag nach § 86 Abs. 3 Satz 1 FGO „lohnt".

29. Auf unionsrechtlicher Ebene stößt das eingeschränkte Veröffentlichungsverbot in § 88 Abs. 5 Satz 4 AO n.F. ebenfalls an Grenzen. Diese Grenze stellt die DSGVO dar. Die DSGVO ist bewusst weit gefasst worden und umfasst grundsätzlich jede Verarbeitung von personenbezogenen Daten. Auch staatliche Behörden sind als „Verantwortliche" i.S. der DSGVO zu qualifizieren, so dass im Kontext des Besteuerungsverfahrens die sachlich und örtlich zuständige Finanzbehörde als „Verantwortliche" anzusehen ist.
30. Wesentlicher Inhalt der DSGVO sind die Informationspflichten und Betroffenenrechte nach Art. 12 bis 22 DSGVO. Neben den Informationspflichten der Finanzbehörde nach Art. 13, 14 DSGVO stellt das Auskunftsrecht nach Art. 15 DSGVO das zentrale Recht des Steuerpflichtigen nach der DSGVO dar. Durch Art. 15 DSGVO steht dem Steuerpflichtigen nunmehr ein Akteneinsichtsrecht im Besteuerungsverfahren zu.
31. Die Informationspflichten und das Auskunftsrecht gelten aber nicht grenzenlos. Die DSGVO hat mit Art. 23 DSGVO selbst eine Öffnungsklausel geschaffen, die weitreichende nationale Beschränkungen der Informationspflichten und Betroffenenrechte aus Art. 12 bis 22 DSGVO zulässt. Insoweit wäre es verfehlt, von einer europaweiten Vollharmonisierung des Datenschutzes durch die DSGVO zu sprechen. Treffender ist die Bezeichnung einer nur „hinkenden" Harmonisierung durch die DSGVO. So hat auch der deutsche Gesetzgeber von dieser Öffnungsklausel mit den §§ 32a bis 32f AO Gebrauch gemacht.
32. Als Verordnung gilt die DSGVO unmittelbar (Art. 288 Abs. 2 AEUV) und genießt Anwendungsvorrang. Dies stellt auch § 2a Abs. 3 AO nochmals ausdrücklich für das Besteuerungsverfahren klar. Auf nationaler Ebene hat § 2a Abs. 5 AO den persönlichen Anwendungsbereich der DSGVO auf verstorbene Personen sowie Körperschaften erweitert. Die AO bleibt dadurch

ihrem traditionellen Grundsatz treu, dass steuerverfahrensrechtliche Vorschriften auf sämtliche Steuerpflichtige Anwendung finden ohne Rücksicht auf die Rechtsform.

33. In sachlicher Hinsicht ist die DSGVO nach Art. 2 Abs. 1 DSGVO auch auf den Einsatz von RMS durch die Finanzverwaltung anwendbar: Bei den Angaben zum Steuerpflichtigen, die das RMS zur Bewertung der Kontrollbedürftigkeit eines Steuerfalls nutzt, handelt es sich um personenbezogene Daten nach Art. 4 Nr. 1 DSGVO. Die Verarbeitung durch das RMS stellt je nach dem Grad der Beteiligung eines Finanzbeamten im Anschluss an das RMS eine ganz oder teilweise automatisierte Verarbeitung von personenbezogenen Daten des Steuerpflichtigen dar. Selbst für den Fall des § 88 Abs. 5 Satz 3 Nr. 3 AO n.F. ist von einer nichtautomatisierten Verarbeitung mit Dateisystem auszugehen, was für die Eröffnung des sachlichen Anwendungsbereichs nach Art. 2 Abs. 1 DSGVO ausreicht.
34. Der sachliche Anwendungsbereich ist auch nicht nach Art. 2 Abs. 2 lit. a) DSGVO in Bezug auf Besteuerungsverfahren, die nicht harmonisierte Steuern betreffen, ausgeschlossen. Die DSGVO muss steuerartenübergreifend im Besteuerungsverfahren gelten. Eine Klarstellung im § 2a AO wäre diesbezüglich wünschenswert. Bis dahin sollte mit einer analogen Anwendung des § 2a Abs. 5 AO das Defizit im sachlichen Anwendungsbereich der DSGVO überbrückt werden.
35. Das Auskunftsrecht des Steuerpflichtigen nach Art. 15 Abs. 1 DSGVO umfasst zunächst eine einfache Auskunft darüber, ob eine Finanzbehörde personenbezogene Daten des Steuerpflichtigen verarbeitet, was durch den Einsatz von RMS stets geschieht. Darüber hinaus steht dem Steuerpflichtigen nach Art. 15 Abs. 1 Halbs. 2 lit. b) DSGVO ein Auskunftsrecht darüber zu, welche Datenkategorien von dem RMS verarbeitet werden. Das bedeutet konkret, dass dem Steuerpflichtigen ein Auskunftsrecht in Bezug auf die Kategorien der eingesetzten Risikoparameter zusteht, insbesondere bezüglich der Frage, ob das automationsgestützte RMS als solches allein objektive Risikoparameter auswertet oder auch subjektive Risikoparameter verwendet. Bei dem automationsgestützten RMS handelt es sich ferner um eine Form der automatischen Entscheidungsfindung sowie Profiling i.S. des Art. 22 Abs. 1 DSGVO. Dies hat zur Folge, dass dem Steuerpflichtigen ein Recht auf Erteilung von aussagekräftigen Informationen zur involvierten Logik des RMS sowie seiner Tragweite nach Art. 15 Abs. 1 Halbs. 2 lit. h) DSGVO zusteht. Da es sich ausdrücklich um „aussagekräftige" Informationen handeln muss, ist der Umfang des Auskunftsrechts nach Art. 15 Abs. 1 Halbs. 2 lit. h) DSGVO eher extensiv auszulegen, so dass sich das

Auskunftsrecht mit Blick auf das RMS auf die Art der eingesetzten Risikoparameter sowie seine generelle Funktionsweise und Grundausrichtung bezieht. Diese Informationen sind mindestens erforderlich, um „aussagekräftige" Informationen über die involvierte Logik und die Tragweite des RMS der Finanzverwaltung annehmen zu können.

36. Der deutsche Gesetzgeber hat mit den §§ 32a bis 32c AO Beschränkungen der Pflichten und Rechte nach Art. 12 bis 22 DSGVO basierend auf Art. 23 Abs. 1 DSGVO verabschiedet. Doch auch der § 88 Abs. 5 Satz 4 AO n.F. stellt eine Gesetzgebungsmaßnahme i.S. des Art. 23 Abs. 1 DSGVO dar. Art. 23 DSGVO ist auch auf Bestandsregelungen anwendbar. Der § 88 Abs. 5 Satz 4 AO n.F. ist somit unmittelbar anhand der Voraussetzungen des Art. 23 Abs. 1 DSGVO zu prüfen.
37. Durch den Einsatz von RMS soll die Gleichmäßigkeit und Gesetzmäßigkeit der Besteuerung im Massenverfahren sichergestellt werden. Dies ist ein wichtiges öffentliches Interesse im Haushalts- und Steuerbereich und erfüllt damit einen erforderlichen Zweck gemäß Art. 23 Abs. 1 DSGVO, namentlich Art. 23 Abs. 1 lit. e) DSGVO.
38. Als weitere Voraussetzung fordert Art. 23 Abs. 1 DSGVO die Achtung des Wesensgehalts der europäischen Grundrechte und Grundfreiheiten. Entscheidend im Bereich des Datenschutzes ist Art. 8 EuGrCh.
39. Zur Bestimmung des Wesensgehalts von Grundrechten gibt es weder unions- noch verfassungsrechtlich klare Vorgaben. Dem Wesensgehalt kommt eine eigenständige, von dem Grundsatz der Verhältnismäßigkeit zu unterscheidende Bedeutung zu (absolute Theorie). Aus den zur Verfügung stehenden Stellungnahmen zur Bestimmung des Wesensgehalts von Grundrechten lässt sich ableiten, dass mit dem Wesensgehalt der inner(st)e Kreis eines Grundrechts angesprochen wird. Dieser existiert zwar bei jedem Grundrecht und muss grundrechtsspezifisch bestimmt werden; der Inhalt dieses Kreises muss aber entwickelt werden. Da die Literatur dafür keine Anhaltspunkte liefert, muss auf die Rechtsprechung zur Bestimmung des Wesensgehalts von Grundrechten zurückgegriffen werden. Im Zusammenhang mit Art. 8 EuGrCh kommt es dementsprechend maßgeblich auf die Rechtsprechung des EuGH an.
40. Aus den Grundsatzentscheidungen „Schecke GbR u. Eifert/Land Hessen", „Digital Rights Ireland u.a." und „Tele2 Sverige AB u.a." des EuGH lassen sich einzelne Merkmale zum Wesensgehalt des Art. 8 EuGrCh herleiten. Zum Wesensgehalt von Art. 8 EuGrCh lässt sich aus den Entscheidungen folgendes schließen: Das Wesen des Grundrechts aus Art. 8 EuGrCh zeichnet sich dadurch aus, dass es seine Schutzwirkung grundsätzlich akzessorisch

zu einem weiteren Grundrecht, i.d. Regel Art. 7 EuGrCh, entfaltet. Seinem Wesen nach gilt Art. 8 EuGrCh nicht uneingeschränkt, sondern muss stets anhand seiner gesellschaftlichen Funktion betrachtet werden. Aufgrund der strengen Anforderungen an die Verhältnismäßigkeit, insbesondere durch die Beschränkung von Einschränkungen des Art. 8 Abs. 1 EuGrCh auf das „absolut Notwendige", ist Art. 8 EuGrCh im digitalen Zeitalter ein „starkes" Grundrecht, was ebenfalls sein Wesen ausmacht. Zum Wesen von Art. 8 EuGrCh gehört auch, dass eine Person vor einer zufälligen Zerstörung, Änderung sowie einem Verlust seiner gespeicherten personenbezogenen Daten geschützt wird. Außerdem muss bei einer massenhaften Speicherung von personenbezogenen Daten die Möglichkeit der Kenntnisnahme des Inhalts einer Kommunikation ausgeschlossen sein. Zum Wesensgehalt von Art. 8 EuGrCh gehört schließlich auch eine aktive Seite dieses Grundrechts, die eine Informationspflicht der zuständigen Behörde zur Folge hat, sofern die Funktionsfähigkeit von staatlichen Behörden nicht beeinträchtigt wird.

41. Die Finanzbehörden werden in ihrer Verifikationstätigkeit durch eine Veröffentlichung der Grundausrichtung des RMS sowie seiner allgemeinen Funktionsweise und der Umschreibung der eingesetzten Risikoparameter nicht beeinträchtigt. Die Finanzbehörde trifft folglich eine Informationspflicht nach Art. 8 EuGrCh bezüglich dieser Aspekte des RMS. Diese Aspekte des RMS werden jedoch weder gesetzlich noch untergesetzlich gegenüber dem Steuerpflichtigen publik gemacht. Der Grund für diese Geheimhaltung ist § 88 Abs. 5 Satz 4 AO n.F. Insoweit tastet der § 88 Abs. 5 Satz 4 AO n.F. den Wesensgehalt von Art. 8 EuGrCh an und ist in der Folge nicht mit Art. 23 Abs. 1 DSGVO vereinbar.
42. Bezüglich der unter Nr. 41 genannten Aspekte des RMS ist § 88 Abs. 5 Satz 4 AO n.F. auch nicht verhältnismäßig. Auch aus diesem Grund scheitert § 88 Abs. 5 Satz 4 AO n.F. an den Voraussetzungen von Art. 23 Abs. 1 DSGVO.
43. § 88 Abs. 5 Satz 4 AO n.F. genügt damit nicht den Anforderungen aus Art. 23 Abs. 1 DSGVO und kann demnach auch nicht das Auskunftsrechts des Steuerpflichtigen aus Art. 15 Abs. 1 DSGVO einschränken. Dem Steuerpflichtigen steht daher ein Auskunftsanspruch nach Art. 15 Abs. 1 DSGVO in dem bereits beschriebenen Umfang zu (s. zum Umfang bereits unter Nr. 35).
44. Bei § 88 Abs. 5 Satz 5 AO n.F. wird der verfassungsrechtliche Grundsatz der Gewaltenteilung relevant. Die Grundausrichtung und die generelle Funktionsweise des RMS sowie die Art der eingesetzten Risikoparameter sind aufgrund der Grundrechtsrelevanz des RMS so wesentlich i.S. der Wesentlichkeitstheorie, dass sie nach dem Parlamentsvorbehalt der Legislative

vorbehalten sind. Diese Einzelheiten des RMS können nicht ohne Weiteres der Exekutive übertragen werden. Deshalb verstößt der § 88 Abs. 5 Satz 5 AO n.F. in seiner aktuellen Fassung gegen den Grundsatz der Gewaltenteilung.

45. Eine verfassungs- und unionsrechtskonforme Auslegung des § 88 Abs. 5 Satz 4 AO n.F. in der Art, dass dem Steuerpflichtigen ein Auskunftsrecht in Bezug auf die Art der eingesetzten Risikoparameter, der Grundausrichtung und der Funktionsweise des RMS eingeräumt wird, da bei einer solchen Auskunft die Gesetzmäßigkeit und Gleichmäßigkeit der Besteuerung nicht gefährdet wird, scheitert an dem eindeutigen und erkennbaren Willen des Gesetzgebers, jegliche Rückschlüsse auf das RMS durch eine Auskunft der Finanzverwaltung zu verhindern. Dieser Wille des Gesetzgebers kommt insbesondere klar im § 32a Abs. 2 Nr. 2 AO zum Ausdruck.
46. Die Finanzverwaltung greift zur Bestimmung eines steuerlichen Risikos auch auf das steuerliche Vorverhalten des Steuerpflichtigen zurück. Der Steuerpflichtige ist als Zentralfigur im Besteuerungsverfahren zugleich das zentrale Risiko für die Besteuerung. So entsteht ein Steuerprofil zu jedem Steuerpflichtigen. Das steuerliche Vorverhalten kann sogar allein eine Einteilung in die Risikoklasse 1 rechtfertigen. Anhaltspunkte für die Relevanz des steuerlichen Vorverhaltens im risikoorientierten Steuervollzug finden sich aber weder im Gesetz noch äußert sich die Finanzverwaltung öffentlich dazu. Diese Vorgehensweise bedarf einer gesetzlichen Grundlage im § 88 AO n.F. Dies ist insbesondere als Mindestvoraussetzung aufgrund der Betroffenheit des Steuerpflichtigen in seinem Recht auf informationelle Selbstbestimmung nach Art. 2 Abs. 1 i.V. mit Art. 1 Abs. 1 GG zu fordern.
47. Das steuerliche Vorverhalten des Steuerpflichtigen sollte nicht mehr manuell vom Finanzbeamten berücksichtigt, sondern als unmittelbarer Bestandteil des automationsgestützten RMS ausgestaltet werden.
48. Eine gesetzliche Grundlage zur Berücksichtigung des steuerlichen Vorverhaltens des Steuerpflichtigen löst einen Compliance-Effekt bei dem Steuerpflichtigen und seinem Steuerberater aus und macht ein Ersuchen des Steuerpflichtigen an die Finanzbehörden zur Erteilung von Informationen über die zum steuerlichen Vorverhalten des Steuerpflichtigen verarbeiteten personenbezogenen Daten überflüssig. Schließlich ist eine gesetzliche Grundlage dazu in der Lage, das Vertrauen der Steuerpflichtigen in den Einsatz von automationsgestützten RMS zu stärken.

Literaturverzeichnis

Abel, Ralf B.: Automatisierte Entscheidungen im Einzelfall gem. Art. 22 DS-GVO – Anwendungsbereich und enge Grenzen im nicht-öffentlichen Bereich, ZD 2018, S. 304–307.

Achterberg, Norbert: Allgemeines Verwaltungsrecht, 2. Auflage, Heidelberg 1986 (zit.: *Achterberg*, Allgemeines Verwaltungsrecht, § ... Rz. ...).

Addicks, Harry: Schneller, höher, weiter – bessere Verwaltungsgerichte durch abgesenkte „Standards“?, NWVBl. 2005, S. 293–296.

Ahrens, Susanne: Der Vollzug von Steuergesetzen durch den niederländischen Belastingdienst im Vergleich zur deutschen Finanzverwaltung, Dissertation, Berlin 2005 (zit.: *Ahrens*, Der Vollzug von Steuergesetzen durch den niederländischen Belastingdienst, S. ...).

Ahrens, Susanne / Nagel, Sybille: Selbstveranlagung, ein Instrument zur Verwaltungsvereinfachung und zur Steigerung der Effizienz der Steuerverwaltung?, FR 2002, S. 261–269.

Ahrendt, Christian: Alte Zöpfe neu geflochten – Das materielle Recht in der Hand von Programmierern, NJW 2017, S. 537–540.

Albrecht, Jan Philipp / Jotzo, Florian: Das neue Datenschutzrecht der EU – Grundlagen – Gesetzgebungsverfahren – Synopse, Baden-Baden 2017 (zit.: *Albrecht/Jotzo*, Das neue Datenschutzrecht der EU, S. ...).

Alencar Araripe Carneiro, Rafael de: Fehlen der Steuerakzeptanz in Deutschland – Bürgerbeteiligung im Rahmen des Finanzrechts als Weg zu einer erhöhten Steuerakzeptanz, Masterarbeit, Berlin 2017 (zit.: *Alencar Araripe Carneiro*, Fehlen der Steuerakzeptanz in Deutschland, S. ...).

Alexy, Robert: Theorie der Grundrechte, Habilitation, Baden-Baden 1985 (zit.: *Alexy*, Theorie der Grundrechte, S. ...).

Anzinger, Heribert M.: Möglichkeiten der Digitalisierung des Rechts, in: Digitalisierung im Steuerrecht, DStJG Band 42, Köln 2019, S. 15–58 (zit.: *Anzinger*, DStJG 42 (2019), ...).

Arndt, Hans-Wolfgang: Praktikabilität und Effizienz, Habilitation, Köln 1983 (zit.: *Arndt*, Praktikabilität und Effizienz, S. ...).

Ayres, Ian / Braithwaite, John: Responsive Regulation – Transcending the Deregulation Debate, New York u. Oxford 1992 (zit.: *Ayres/Braithwaite*, Responsive Regulation – Transcending the Deregulation Debate, S. ...).

Badura, Peter: Verwaltungsverantwortung und -gerichtsbarkeit – Aussprache, VVDStRL 34 (1976), S. 293–295.

Baldauf, Sina: Das Gesetz zur Modernisierung des Besteuerungsverfahrens – Kritische Betrachtung des Regierungsentwurfs, DStR 2016, S. 833–839.

Ball, Andreas / Papasikas, Thomas: Überlegungen bei Einführung eines innerbetrieblichen steuerlichen Kontrollsystems – Überwachungsaufgaben der Steuerabteilung, BB 2016, S. 1495–1498.

Balmes, Frank / Ambroziak, Agata: Steuerbürokratieabbaugesetz: Eine Mogelpackung?, StB 2009, S. 145–148.

Bareither, Marc / Großmann, Thimo / Uterhark, Jan: Akteneinsicht in Besteuerungs- und Klageverfahren – Rechtslage nach der Datenschutz-Grundverordnung, BB 2019, S. 1111–1116.

Barske, Kurt: Reichsabgabenordnung, 8. Auflage, Stuttgart 1968 (zit.: *Barske*, Reichsabgabenordnung, S. ...).

Baum, Michael: Datenschutz im Steuerverwaltungsverfahren ab dem 25.5.2018, NWB 2017, S. 3143–3149.

Baum, Michael: Modernisierung des Besteuerungsverfahrens – Teil 1: Untersuchungsgrundsatz, Risikomanagement, Steuererklärungen und „vollautomatische" Bescheide, NWB 2016, S. 2636–2645.

Baum, Michael: Kabinett beschließt den Regierungsentwurf eines Steuermodernisierungsgesetzes, NWB 2015, S. 3891–3894.

Becker, Enno: Die Reichsabgabenordnung, Erläuterte Handausgabe, Berlin 1922 (zit.: *Becker*, Die Reichsabgabenordnung, § ... Rz. ...).

Beermann, Albert / Gosch, Dietmar: Kommentar zur Abgabenordnung und Finanzgerichtsordnung, Loseblattsammlung, Stand: 148. Ergänzungslieferung, September 2019, Bonn (zit.: *Bearbeiter*, in: Beermann/Gosch, AO/FGO, § ... Rz. ...).

Benecke, Alexander / Wagner, Julian: Öffnungsklauseln in der Datenschutz-Grundverordnung und das deutsche BDSG – Grenzen und Gestaltungsspielräume für ein nationales Datenschutzrecht, DVBl. 2016, S. 600–608.

Bethge, Herbert: Grundrechtsverwirklichung und Grundrechtssicherung durch Organisation und Verfahren, NJW 1982, S. 1–7.

Beuchert, Tobias: Anzeigepflichten bei Steuergestaltungen, Dissertation, Köln 2012 (zit.: *Beuchert*, Anzeigepflichten bei Steuergestaltungen, S. ...).

Bichler, Maria: Betriebsprüfungen „senza frontiere", ISR 2019, S. 224–229.

Binnewies, Burkhard / Bertrand, Christian: Anwendbarkeit der Datenschutz-Grundverordnung auf die Aktiengesellschaft im Besteuerungsverfahren, AG 2019, S. 170–171.

Birk, Dieter: Das Gebot des gleichmäßigen Steuervollzugs und dessen Sanktionierung, StuW 2004, S. 277–282.

Birk, Dieter: Rechtsschutz in Steuersachen in den USA, StuW 1991, S. 263–269.

Birk, Dieter: Verfassungskonforme Auslegung im Steuerrecht, StuW 1990, S. 300–307.

Birk, Dieter: Gleichheit und Gesetzmäßigkeit der Besteuerung, StuW 1989, S. 212–218.

Birk, Dieter / Desens, Marc / Tappe, Henning: Steuerrecht, 22. Auflage, Heidelberg 2019 (zit.: *Birk/Desens/Tappe*, Steuerrecht, § ... Rz. ...).

Birkenfeld, Wolfram: Sachverhaltsermittlung und Rechtsanwendung bei der Lohnsteuer in- und ausländischer Arbeitnehmer, in: Grundfragen des Lohnsteuerrechts, DStJG Band 9, Köln 1986, S. 245–376 (zit.: *Birkenfeld*, DStJG 9 (1986), ...).

Bizer, Johann: Bestandsaufnahme und Perspektiven der Digitalisierung im Steuerrechtsverhältnis aus Sicht der Verwaltung, in: Digitalisierung im Steuerrecht, DStJG Band 42, Köln 2019, S. 135–144 (zit.: *Bizer*, DStJG 42 (2019), ...).

Bleschik, Sascha: Überprüfung elektronischer Daten im Besteuerungsverfahren durch den Außenprüfer, DStR 2018, S. 1050–1058.

Bos, Rolf-Wilfried: Ausgewählte Fragen zur Steuererklärung im internationalen Vergleich, StuW 1989, S. 267–279.

Boysen, Sigrid: Transparenz im europäischen Verwaltungsbund, Verw. 42 (2009), S. 215–246.

Braithwaite, Valerie: A New Approach To Tax Compliance (Chapter 1), in: Taxing Democracy, London 2003, S. 1–11 (zit.: *Braithwaite*, in: Braithwaite, Taxing Democracy, ...).

Braithwaite, Valerie: Dancing with Tax Authorities: Motivational Postures and Non-compliant Actions (Chapter 2), in: Taxing Democracy, London 2003, S. 15–39 (zit.: *Braithwaite*, in: Braithwaite, Taxing Democracy, ...).

Brandt, Edmund / Smeddinck, Ulrich: Der Gefahrenbegriff im Polizeirecht, Jura 1994, S. 225–232.

Braun, Wilfried: Offene Kompetenznormen – ein geeignetes und zulässiges Regulativ im Wirtschaftsverwaltungsrecht?, VerwArch. 76 (1985), S. 24–60.

Braun Binder, Nadja: Ausschließlich automationsgestützt erlassene Steuerbescheide und Bekanntgabe durch Bereitstellung zum Datenabruf, DStZ 2016, S. 526–535.

Braun Binder, Nadja: Vollständig automatisierter Erlass eines Verwaltungsaktes und Bekanntgabe über Behördenportale, DÖV 2016, S. 891–898.

Braun Binder, Nadja: Vollautomatisierte Verwaltungsverfahren im allgemeinen Verwaltungsverfahrensrecht? Der Gesetzesentwurf zur Modernisierung des

Besteuerungsverfahrens als Vorbild für vollautomatisierte Verwaltungsverfahren nach dem VwVfG, NVwZ 2016, S. 960–965.

Breuer, Frank: Aussichtsloser Alltag eines Finanzbeamten, FR 2017, S. 89–93.

Brockmann, Karl-Wilhelm: Lebenserfahrungssätze, Sachverhaltsvermutungen und Sachverhaltsfiktionen im Steuerrecht – Eine Studie zum Steuerermittlungsverfahren, Dissertation, Köln 1966 (zit.: *Brockmann*, Lebenserfahrungssätze, Sachverhaltsvermutungen und Sachverhaltsfiktionen im Steuerrecht, S. ...).

Bröhmer, Jürgen: Transparenz als Verfassungsprinzip – Grundgesetz und Europäische Union, Habilitation, Tübingen 2004 (zit.: *Bröhmer*, Transparenz als Verfassungsprinzip, S. ...).

Brühl, Raimund: Die Sachverhaltsermittlung im Verwaltungsverfahren und ihre Bedeutung für den Entscheidungsprozeß, JA 1992, S. 193–200.

Buchholtz, Gabriele: Grundrechte und Datenschutz im Dialog zwischen Karlsruhe und Luxemburg, DÖV 2017, S. 837–845.

Buchwald, Angelika / Bernhardt, Frank / Welsch, Viktoria: Gemeinsames Vorhaben von Bund und Ländern zur „Modernisierung des Besteuerungsverfahrens“, FR 2015, S. 1010–1014.

Buciek, Klaus: Grenzen des maßvollen Gesetzesvollzugs, DStZ 1995, S. 513–516.

Burholt, Christian: Die Auswirkungen des Informationsfreiheitsgesetzes auf das Akteneinsichtsrecht in Kartell- und Fusionskontrollverfahren, BB 2006, S. 2201–2207.

Bühler, Margit: Einschränkung von Grundrechten nach der Europäischen Grundrechtecharta, Dissertation, Berlin 2005 (zit.: *Bühler*, Einschränkung von Grundrechten nach der EUGrCh, S. ...).

Calliess, Christian / Ruffert, Matthias: Kommentar über das Verfassungsrecht der Europäischen Union mit Europäischer Grundrechtecharta, 5. Auflage, München 2016 (zit.: *Bearbeiter*, in: Calliess/Ruffert, EUV/AEUV/GRCh, Art. ... Rz. ...).

Carl, Dieter / Klos, Joachim: Die verfassungswidrige Zinsbesteuerung – BVerfG, JuS 1992, S. 292–296.

Carl, Dieter / Klos, Joachim: Das Recht auf informationelle Selbstbestimmung – Neue Herausforderungen an Besteuerungsverfahren und Steuerkontrolle?, DStZ 1990, S. 341–348.

Dahm, Georg / Delbrück, Jost / Wolfrum, Rüdiger: Völkerrecht, 2. Auflage, Band I/1, Berlin u. New York 1989 (zit.: *Dahm/Delbrück/Wolfrum*, Völkerrecht, Bd. I/1, S. ...).

Dammann, Ulrich: Erfolge und Defizite der EU-Datenschutzgrundverordnung, ZD 2016, S. 307–314.

Däubler, Wolfgang / Wedde, Peter / Weichert, Thilo / Sommer, Imke: Kommentar zur EU-Datenschutz-Grundverordnung und BDSG-neu, Frankfurt am Main 2018 (zit.: *Bearbeiter*, in: Däubler/Wedde/Weichert/Sommer, DSGVO/BDSG-neu, Art. ... Rz. ...).

Debatin, Helmut: Die Steuerverwaltung und das Besteuerungsverfahren der USA, StuW 1957, Sp. 483–498.

Dechsling, Rainer: Das Verhältnismässigkeitsgebot – eine Bestandsaufnahme der Literatur zur Verhältnismässigkeit staatlichen Handelns, Dissertation, München 1989 (zit.: *Dechsling*, Das Verhältnismässigkeitsgebot, S. ...).

Deckers, Sebastian / Fiethen, Lars: Finanzverwaltung 2.0 – Schlaglichter, Entwicklungslinien und Trends, FR 2015, S. 913–921.

Der Präsident des Bundrechnungshofes (Hrsg.): Probleme beim Vollzug der Steuergesetze, Schriftenreihe des Bundesbeauftragten für Wirtschaftlichkeit in der Verwaltung, Band 13, Stuttgart 2006 (zit.: *Der Präsident des Bundesrechnungshofes*, Probleme beim Vollzug der Steuergesetze, S. ...).

Desens, Marc: Bindung der Finanzverwaltung an die Rechtsprechung, Habilitation, Tübingen 2011 (zit.: *Desens*, Bindung der Finanzverwaltung an die Rechtsprechung, S. ...).

Detterbeck, Steffen: Allgemeines Verwaltungsrecht mit Verwaltungsprozessrecht, 17. Auflage, München 2019 (zit.: *Detterbeck*, Allgemeines Verwaltungsrecht, Rz. ...).

Di Fabio, Udo: Das Kooperationsprinzip – ein allgemeiner Rechtsgrundsatz des Umweltrechts, NVwZ 1999, S. 1153–1158.

Dolde, Klaus-Peter: Grundrechtsschutz durch einfaches Verfahrensrecht?, NVwZ 1982, S. 65 – 71.

Dörn, Harald: Übermacht der Steuerfahndung?, BB 1992, S. 2407–2412.

Dreier, Horst: Grundgesetz Kommentar, 3. Auflage, Tübingen 2018 (zit.: *Bearbeiter*, in: Dreier, GG, Art. ... Rz. ...).

Drüen, Klaus-Dieter: Digitalisierung im Steuerrecht (Eröffnung der Jahrestagung), in: Digitalisierung im Steuerrecht, DStJG Band 42, Köln 2019, S. 1–14 (zit.: *Drüen*, DStJG 42 (2019), ...).

Drüen, Klaus-Dieter: Amtsermittlungsgrundsatz und Risikomanagement, in: Digitalisierung im Steuerrecht, DStJG Band 42, Köln 2019, S. 193–222 (zit.: *Drüen*, DStJG 42 (2019), ...).

Drüen, Klaus-Dieter: Aktuelle Entwicklungen im Steuerverfahrensrecht, DB 2018, S. 11–18.

Drüen, Klaus-Dieter: Über Rechtsschutz in Steuersachen – Auftakt, StuW 2018, S. 300–303.

Drüen, Klaus-Dieter: Risikomanagement im Besteuerungsverfahren – Kostendruck und Vollzugspflicht der Steuerverwaltung, in: Europäische Perspektiven im Steuerrecht – Steuergerechtigkeit und Steuervereinfachung, 8. und 9. Finanzgerichtstag 2011/2012, Stuttgart 2013, S. 253–274 (zit.: *Drüen*, in: 8. und 9. Finanzgerichtstag 2011/12, ...).

Drüen, Klaus-Dieter: Kooperation im Besteuerungsverfahren, FR 2011, S. 101–113.

Drüen, Klaus-Dieter: Die Zukunft des Steuerverfahrens, in: Zukunftsfragen des deutschen Steuerrechts, Berlin 2009, S. 1–38 (zit.: *Drüen*, in: Zukunftsfragen des deutschen Steuerrechts, ...).

Drüen, Klaus-Dieter: Verfassungsfragen der digitalen Außenprüfung, StuW 2003, S. 205–221.

Drüen, Klaus-Dieter: Zur Rechtsnatur des Steuerrechts und ihrem Einfluß auf die Rechtsanwendung, in: Festschrift für Heinrich Wilhelm Kruse, Köln 2001, S. 191–214 (zit.: *Drüen*, in: FS Kruse, ...).

Durst, Diana: Strafrechtliche Auswirkungen steuerlicher Erklärungspflichten, kösdi 2019, S. 21202–21209.

DWS-Symposium 2014: Selbstveranlagung – Wegfall des Amtsermittlungsgrundsatzes?, DWS-Schriftenreihe Nr. 30, Berlin 2015 (zit.: *Bearbeiter*, in: Selbstveranlagung – Wegfall des Amtsermittlungsgrundsatzes?, DWS-Symposium 2014, ...).

Ebling, Iris / Ebling, Klaus: Die Quadratur des Gordischen Knotens im Steuerrecht, in: Steuerrecht im Rechtsstaat, Festschrift für Wolfgang Spindler zum 65. Geburtstag, Köln 2011, S. 51–66 (zit.: *Ebling/Ebling*, in: FS Spindler, ...).

Eckhoff, Rolf: Rechtsanwendungsgleichheit im Steuerrecht – Die Verantwortung des Gesetzgebers für einen gleichmäßigen Vollzug des Einkommensteuerrechts, Habilitation, Köln 1999 (zit.: *Eckhoff*, Rechtsanwendungsgleichheit, S. ...).

Eckhoff, Rolf: Vom konfrontativen zum kooperativen Steuerstaat, StuW 1996, S. 107–122.

Egge, Hinnerk: Lage der Steuerverwaltung und Folgerungen, StuW 1994, S. 272–277.

Ehmann, Eugen / Selmayr, Martin (Hrsg.): Kommentar zur Datenschutz – Grundverordnung, 2. Auflage, München 2018 (zit.: *Bearbeiter*, in: Ehmann/Selmayr, DS-GVO, Art. ... Rz. ...).

Ehrke-Rabel, Tina: Profiling im Steuervollzug, FR 2019, S. 45–58.

Ehrke-Rabel, Tina: Steuervollzug im Umbruch?, StuW 2015, S. 101–117.

Eimler, Jörg: Grenzüberschreitende Betriebsprüfungen, StbJb. 2015/16, S. 533–584.

Eisgruber, Thomas / Oertel, Eva: Grenzüberschreitender Steuervollzug – nationale Sicht, in: 100 Jahre Steuerrechtsprechung in Deutschland 1918-2018, Festschrift für den Bundesfinanzhof, Band I, Köln 2018, S. 1113–1126 (zit.: *Eisgruber/Oertel*, in: FS für den BFH, ...).

Englisch, Joachim: Europarechtliche Einflüsse auf den Untersuchungsgrundsatz im Steuerverfahren, IStR 2009, S. 37–43.

Engst, Kathrin: Das Widerspruchsverfahren als ein- oder zweistufiges Verwaltungsverfahren, Jura 2006, S. 166–173.

Erkis, Gülsen: Die neuen steuerlichen Datenschutzrechte im Besteuerungsverfahren, DStR 2018, S. 161–167.

Fehling, Michael / Kastner, Berthold / Störmer, Rainer: Handkommentar zum Verwaltungsrecht, 4. Auflage, Baden-Baden 2016 (zit.: *Bearbeiter*, in: Fehling/Kastner/Störmer, HK-VerwR, § ... Rz. ...).

Feik, Rudolf: Öffentliche Verwaltungskommunikation – Öffentlichkeitsarbeit, Aufklärung, Empfehlung, Warnung, Wien 2007 (zit.: *Feik*, Öffentliche Verwaltungskommunikation, S. ...).

Fezer, Karl-Heinz: Nochmals – Kritik an der ökonomischen Analyse des Rechts, JZ 1988, S. 223–228.

Fezer, Karl-Heinz: Aspekte einer Rechtskritik an der economic analysis of law und am property rights approach, JZ 1986, S. 817–824.

Foerster, German: Die Tatsachenfeststellung im Verwaltungsverfahren, VR 1989, S. 226–232.

Freedman, Judith: Tax Risk Management and Corporate Taxpayers – International Tax Administration Developments, in: Tax Risk Management – From Risk to Opportunity, Amsterdam 2010, S. 111–134 (zit.: *Freedman*, in: Tax Risk Management – From Risk to Opportunity, ...).

Friauf, Karl Heinrich: Unser Steuerstaat als Rechtsstaat, StbJb. 1977/78, S. 39–63.

Frizen, Friederike: Das Deklarationsprinzip im Einkommensteuerrecht–Steuerehrlichkeit, Sachverhaltsverantwortung und Kontrolle, Dissertation, Frankfurt am Main u.a. 2009 (zit.: *Frizen*, Das Deklarationsprinzip im Einkommensteuerrecht, S. ...).

Gaentzsch, Günter: Gesetzmäßigkeit und Wirtschaftlichkeit der Verwaltung – Beißt sich oder verträgt sich das?, DÖV 1998, S. 952–958.

Gassner, Ulrich M.: Gesetzgebung und Bestimmtheitsgrundsatz, ZG 1996, S. 37–56.

Gehm, Matthias: Das Gesetz zur Modernisierung des Besteuerungsverfahrens, StuB 2016, S. 580–585.

Geiger, Harald: Amtsermittlung und Beweiserhebung im Verwaltungsprozeß, BayVBl. 1999, S. 321–331.

Geiger, Harald / Khan, Daniel-Erasmus / Kotzur, Markus (Hrsg.): Kommentar zum Vertrag über die Europäische Union und Vertrag über die Arbeitsweise der Europäischen Union, 6. Auflage, München 2017 (zit.: *Bearbeiter*, in: Geiger/Khan/Kotzur, EUV/AEUV, Art. ... Rz. ...).

Gierschmann, Sybille / Schlender, Katharina / Stentzel, Rainer / Veil, Winfried (Hrsg.): Kommentar zur Datenschutz-Grundverordnung, Köln 2018 (zit.: *Bearbeiter*, in: Gierschmann/Schlender/Stentzel/Veil, DS-GVO, Art. ... Rz. ...).

Glaser, Verena: Die datenschutzrechtlichen Grenzen bei der internationalen Informationshilfe durch deutsche Steuerbehörden innerhalb der Europäischen Union, Dissertation, Hamburg 2014 (zit.: *Glaser*, Die datenschutzrechtlichen Grenzen bei der Informationshilfe innerhalb der EU, S. ...).

Gläser, Sven Christian / Schöllhorn, Christian: Die wesentlichen Neuerungen in der AO nach dem Gesetz zur Modernisierung des Besteuerungsverfahrens, DStR 2016, S. 1577–1583.

Goeke, Marcel: Die aufgedrängte Aussetzung der Vollziehung im Rahmen der § 361 AO, § 69 FGO, Dissertation, Berlin u. a. 2019 (zit.: *Goeke*, Die aufgedrängte Aussetzung der Vollziehung, S. ...).

Gola, Peter: Kommentar zur Datenschutz-Grundverordnung VO (EU) 2016/679, 2. Auflage, München 2018 (zit.: *Bearbeiter*, in: Gola, DS-GVO, Art. ... Rz. ...).

Gola, Peter: Beschäftigtendatenschutz und EU-Datenschutz-Grundverordnung, EuZW 2012, S. 332–336.

Götzenberger, Anton-Rudolf: Der gläserne Steuerbürger, BB 2009, Heft 13, M16.

Gräber, Fritz: Kommentar zur Finanzgerichtsordnung, 9. Auflage, München 2019 (zit.: *Bearbeiter*, in: FGO, § ... Rz. ...).

Greve, Holger: Das neue Bundesdatenschutzgesetz, NVwZ 2017, S. 737–744.

Gröpl, Christoph: Staatsrecht I, Staatsgrundlagen, Staatsorganisation, Verfassungsprozess, 11. Auflage, München 2019 (zit.: *Gröpl*, Staatsrecht I, § ... Rz. ...).

Grundmann, Karina: Das Recht auf Akteneinsicht im Besteuerungsverfahren, Dissertation, Frankfurt am Main u.a. 2008 (zit.: *Grundmann*, Akteneinsicht im Besteuerungsverfahren, S. ...).

Grupp, Klaus: Rechtsprobleme der Privatfinanzierung von Verkehrsprojekten, DVBl. 1994, S. 140–147.

Gumboldt, Nico: Zur Verfassungsmäßigkeit kreditfinanzierter Rücklagen in öffentlichen Haushalten, NVwZ 2005, S. 36–43.

Gusy, Christoph: Polizei- und Ordnungsrecht, 10. Auflage, Tübingen 2017 (zit.: *Gusy*, Polizei- und Ordnungsrecht, Rz. ...).

Günther, Karl-Heinz: Wirklich aussichtsloser Alltag eines Finanzbeamten?, FR 2017, S. 333–335.

Habammer, Christoph: Werbung für das Steuerzahlen?, Stbg 2001, S. 612–619.

Hacker, Philipp: Verhaltensökonomik und Normativität – die Grenzen des Informationsmodells im Privatrecht und seine Alternativen, Dissertation, Tübingen 2017 (zit.: *Hacker*, Verhaltensökonomik und Normativität, S. ...).

Hain, Karl-E.: Zur Frage des Zusammenhangs von Prüfungsumfang, Antragsbefugnis, Begründetheit und Kostenentscheidung im Widerspruchsverfahren, DVBl. 1999, S. 1544–1551.

Hansen, Reginald: Die praktischen Konsequenzen des Methodenstreits – Eine Aufarbeitung der Einkommensbesteuerung, Dissertation, Berlin 1996 (zit.: *Hansen,* Konsequenzen des Methodenstreits, S. ...).

Hartmann, Jürgen: Reform des Veranlagungsverfahrens durch Selbstberechnung der Steuer – Dargestellt an den Versuchen zur Selbstberechnung im Lande Niedersachsen, Dissertation, Köln 1966 (zit.: *Hartmann*, Selbstberechnung der Steuer, S. ...).

Hatje, Armin / Mankowski, Peter: „Nationale Unionsrechte“ – Sprachgrenzen, Traditionsgrenzen, Systemgrenzen, Denkgrenzen, EuR 2014, S. 155 – 169.

Haumann, Christian: Die „gewichtende Arbeitsweise“ der Finanzverwaltung – Eine Untersuchung über die Aufgabenerfüllung der Finanzverwaltung bei der Festsetzung der Veranlagungssteuern, Dissertation, Berlin 2008 (zit.: *Haumann,* Die „gewichtende Arbeitsweise“ der Finanzverwaltung, S. ...).

Haunhorst, Sabine: Risikomanagement in der Finanzverwaltung – ein Fall für die Finanzgerichte?, DStR 2010, S. 2105–2110.

Häberle, Peter: Die Wesensgehaltsgarantie des Art. 19 Abs. 2 Grundgesetz – Zugleich ein Beitrag zum institutionellen Verständnis der Grundrechte und zur Lehre vom Gesetzesvorbehalt, Dissertation, Freiburg 1962 (zit.: *Häberle*, Die Wesensgehaltsgarantie, S. ...).

Häberle, Peter: Effizienz und Verfassung, AöR 98 (1973), S. 625–635.

Hämmerlein, Hans: Öffentlichkeit und Verwaltung, Göttingen 1966 (zit.: *Hämmerlein*, Öffentlichkeit und Verwaltung, S. ...).

Härting, Niko: Datenschutz-Grundverordnung, Köln 2016 (zit.: *Härting*, DS-GVO, Rz. ...).

Härting, Niko: Starke Behörden, schwaches Recht – der neue EU-Datenschutzentwurf, BB 2012, S. 459–466.

Heblich, Julius: Rechtsfragen der „automatisierten" Ermessensausübung im Steuerrecht, DStR 2017, S. 574–579.

Heinemann, Peter: Digitale Buchführung und digitale Betriebsprüfung, in: Digitalisierung im Steuerrecht, DStJG Band 42, Köln 2019, S. 223–236 (zit.: *Heinemann*, DStJG 42 (2019), ...).

Heintzen, Markus: Das gemeinsame Konzept von Bund und Ländern zur Modernisierung des Besteuerungsverfahrens, DÖV 2015, S. 780–787.

Heller, Robert F. / Kniel, Mona: Die Organisation der Steuerverwaltung von Bund und Ländern – Neue Möglichkeiten zum arbeitsteiligen, digitalen und länderübergreifenden Vollzug der Steuergesetze nach der Föderalismusreform III, NVwZ 2019, S. 935–938.

Hendricks, Michael: Gerichtlicher Rechtsschutz im internationalen Auskunftsverkehr, StuW 2018, S. 346–358.

Hendricks, Michael: Durchsetzung deutscher Steueransprüche im Ausland, IStR 2009, S. 846–852.

Hendricks, Michael: Internationale Informationshilfe im Steuerverfahren – Grundlagen, Systematik und Grenzen der informationellen zwischenstaatlichen Rechts- und Amtshilfe, Dissertation, Köln 2004 (zit.: *Hendricks*, Internationale Informationshilfe im Steuerverfahren, S. ...).

Hermanns, Monika: Entwicklung des Steuerrechts und verfassungsrechtliche Rahmenbedingungen, in: 100 Jahre Deutsche Finanzgerichtsbarkeit – Das Steuerrecht im Spannungsverhältnis von Gesetzgebung, Verwaltung und Rechtsprechung, 15. Deutscher Finanzgerichtstag 2018, Stuttgart 2018, S. 33–49 (zit.: *Hermanns*, in: 15. Deutscher Finanzgerichtstag 2018, ...).

Hermes, Ludger: Schadensersatz bei der Amtspflichtverletzung durch den Finanzbeamten, DStZ 1996, S. 9–20.

Hesse, Konrad: Grundzüge des Verfassungsrechts der Bundesrepublik Deutschland, 20. Auflage, Heidelberg 1999 (zit.: *Hesse*, Grundzüge des Verfassungsrechts, Rz. ...).

Hey, Johanna: Zur Verfassungsmäßigkeit von Anzeigepflichten für Steuergestaltungen, FR 2018, S. 633–639.

Hey, Johanna: Entwicklungslinien und Zukunftsfragen des Steuerverfassungsrechts, in: 100 Jahre Steuerrechtsprechung in Deutschland 1918-2018, Festschrift für den Bundesfinanzhof, Band I, Köln 2018, S. 451– 500 (zit.: *Hey*, in: FS für den BFH, ...).

Hildebrandt, Bernd: Steuerliche und strafrechtliche Folgen unzureichender Mitwirkung des Steuerpflichtigen bei der Sachverhaltsaufklärung, StBp 1991, S. 108–111.

Hill, Hermann: Verfahrensermessen der Verwaltung, NVwZ 1985, S. 449–456.

Hofmann, Hasso: Das Widerspruchsverfahren als Sachentscheidungsvoraussetzung und als Verwaltungsverfahren, in: System des verwaltungsgerichtlichen Rechtsschutzes, Festschrift für Christian-Friedrich Menger zum 70. Geburtstag, Köln u. a. 1985, S. 605–620 (zit.: *Hofmann*, in: FS Menger, ...).

Hoffmann, Jürgen: Der maßvolle Gesetzesvollzug im Steuerrecht, Dissertation, Lohmar u. Köln 1999 (zit.: *Hoffmann*, Der maßvolle Gesetzesvollzug, S. ...).

Hoffmann, Ralph: Neue Grundsätze für die Arbeitsweise in den Veranlagungsstellen der Finanzämter (GNOFÄ 1997), DStR 1997, S. 1189–1195.

Hoffmann-Riem, Wolfgang: Steuerermittlung und Bankgeheimnis, StuW 1972, S. 127–139.

Hoffmann-Riem, Wolfgang / Schmidt-Aßmann, Eberhard (Hrsg.): Effizienz als Herausforderung an das Verwaltungsrecht, Baden-Baden 1998 (zit.: *Bearbeiter*, in: Hoffmann-Riem/Schmidt-Aßmann, Effizienz als Herausforderung, ...).

Hoppe, Werner: Durch Soll-Vorschriften „intendierte" Ziele der Raumordnung und ihre Bezüge zu „intendiertem Ermessen", in: Staat, Kirche, Verwaltung, Festschrift für Hartmut Maurer zum 70. Geburtstag, München 2001, S. 625–640 (zit.: *Hoppe*, in: FS Maurer, ...).

Höreth, Ulrike / Stelzer, Brigitte: Gesetz zur Modernisierung des Besteuerungsverfahrens, DStZ 2016, S. 520–526.

Huber, Erich / Seer, Roman: Steuerverwaltung im 21. Jahrhundert: Risikomanagement und Compliance, StuW 2007, S. 355–371.

Huch, Burkhard / Tecklenburg, Thilo: Risikomanagement in der Bauwirtschaft, in: Risikomanagement, Heidelberg 2001, S. 299–325 (zit.: *Huch/Tecklenburg*, in: Risikomanagement, ...).

Hufen, Friedhelm: Verwaltungsprozessrecht, 11. Auflage, München 2019 (zit.: *Hufen*, Verwaltungsprozessrecht, § ... Rz. ...).

Hummel, David: Vertrauensschutz aufgrund von Verwaltungsvorschriften im Steuerrecht – 100 Jahre Umsatzsteuer und immer noch kein Vertrauensschutz bei rechtswidrigen Verwaltungsvorschriften?, MwStR 2016, S. 4–14.

Huster, Stefan: Rechte und Ziele – Zur Dogmatik des allgemeinen Gleichheitssatzes, Dissertation, Berlin 1993 (zit.: *Huster*, Rechte und Ziele, S. ...).

Hübschmann, Walter / Hepp, Ernst / Spitaler, Armin: Kommentar zur Abgabenordnung und Finanzgerichtsordnung, Loseblattsammlung, Stand: 254. Ergänzungslieferung, August 2019, Köln (zit.: *Bearbeiter*, in: Hübschmann/Hepp/Spitaler, AO/FGO, § ... Rz. ...).

Hüttl, Adolf: Wirtschaftlichkeit, in: Verwaltung: Eine einführende Darstellung, Berlin 1965, S. 282–296 (zit.: *Hüttl*, in: Verwaltung, ...).

Ipsen, Knut: Völkerrecht, 7. Auflage, München 2018 (zit.: *Bearbeiter*, in: Ipsen, Völkerrecht, § ... Rz. ...).

Isensee, Josef: Subsidiaritätsprinzip und Verfassungsrecht – Eine Studie über das Regulativ des Verhältnisses von Staat und Gesellschaft, Dissertation, Berlin 1968 (zit.: *Isensee*, Subsidiaritätsprinzip und Verfassungsrecht, S. ...).

Isensee, Josef: Vom Beruf unserer Zeit für Steuervereinfachung, StuW 1994, S. 3–14.

Isensee, Josef: Das Billigkeitskorrektiv des Steuergesetzes – Rechtfertigung und Reichweite des Steuererlasses im Rechtssystem des Grundgesetzes, in: Festschrift für Werner Flume zum 70. Geburtstag, Band II, Köln 1978, S. 129–147 (zit.: *Isensee*, in: FS Flume, ...).

Isensee, Josef: Die typisierende Verwaltung – Gesetzesvollzug im Massenverfahren am Beispiel der typisierenden Betrachtungsweise des Steuerrechts, Habilitation, Berlin 1976 (zit.: *Isensee*, Die typisierende Verwaltung, S. ...).

Isensee, Josef: Verwaltungsraison gegen Verwaltungsrecht – Antinomien der Massenverwaltung in der typisierenden Betrachtungsweise des Steuerrechts, StuW 1973, S. 199–206.

Isensee, Josef / Kirchhof, Paul (Hrsg.): Handbuch des Staatsrechts der Bundesrepublik Deutschland, Band V, 3. Auflage, Heidelberg 2007 (zit.: *Bearbeiter*, in: Handbuch des Staatsrechts, Bd. V, § ... Rz. ...).

Isensee, Josef / Kirchhof, Paul (Hrsg.): Handbuch des Staatsrechts der Bundesrepublik Deutschland, Band II, 3. Auflage, Heidelberg 2004 (zit.: *Bearbeiter*, in: Handbuch des Staatsrechts, Bd. II, § ... Rz. ...).

Isensee, Josef / Kirchhof, Paul (Hrsg.): Handbuch des Staatsrechts der Bundesrepublik Deutschland, Band I, 3. Auflage, Heidelberg 2003 (zit.: *Bearbeiter*, in: Handbuch des Staatsrechts, Bd. I, § ... Rz. ...).

Jachmann-Michel, Monika: Der Schutz des Steuerpflichtigen durch Freiheitsrechte und Gleichheitssatz, StuW 2018, S. 6–8.

Jachmann-Michel, Monika: Die Freiheit vor dem Steuergesetz im Rechtsstaat, StuW 2017, S. 209–216.

Jaeschke, Lars: Das Kooperationsprinzip im (Umwelt-)Recht – Abschied von einem Trugbild!, NVwZ 2003, S. 563–566.

Jansen, Lothar: Das Steuerverfahren im Spannungsfeld von Europa- und Verfassungsrecht – Eine Untersuchung unter besonderer Berücksichtigung des Spendenrechts, Dissertation, Baden-Baden 2012 (zit.: *Jansen*, Das Steuerverfahren im Spannungsfeld von Europa- und Verfassungsrecht, S. ...).

Jarass, Hans D. (Hrsg.): Kommentar zur Charta der Grundrechte der europäischen Union, 3. Auflage, München 2016 (zit.: *Jarass*, GRCh, Art. ... Rz. ...).

Jarass, Hans D.: Bindungswirkung von Verwaltungsvorschriften, JuS 1999, S. 105–112.

Jarass, Hans D.: Grundfragen der innerstaatlichen Bedeutung des EG-Rechts, Völkerrecht, Europarecht, Staatsrecht, Band 14, Köln u.a. 1994 (zit.: *Jarass*, Grundfragen der innerstaatlichen Bedeutung des EG-Rechts, S. ...).

Jarass, Hans D. / Pieroth, Bodo: Kommentar zum Grundgesetz, 15. Auflage, München 2018 (zit.: *Bearbeiter*, in: Jarass/Pieroth, GG, Art. ... Rz. ...).

Jäckel, Hartmut: Grundrechtsgeltung und Grundrechtssicherung – Eine rechtsdogmatische Studie zu Artikel 19 Abs. 2 GG, Dissertation, Berlin 1967 (zit.: *Jäckel*, Grundrechtsgeltung, S. ...).

Jehke, Christian: Bestimmtheit und Klarheit im Steuerrecht, Dissertation, Berlin 2005 (zit.: *Jehke*, Bestimmtheit und Klarheit, S. ...).

Jellinek, Walter: Gesetz, Gesetzesanwendung und Zweckmässigkeitserwägung – Zugleich ein System der Ungültigkeitsgründe von Polizeiverordnungen und -verfügungen, Eine staats- und verwaltungsrechtliche Untersuchung, Tübingen 1913 (zit.: *Jellinek*, Gesetz, Gesetzesanwendung und Zweckmässigkeitserwägung, S. ...).

Jenetzky, Johannes: Die Misere der Steuerverwaltung – Über die Wirklichkeit der Steuerrechtsanwendung durch die Steuerbehörden, StuW 1982, S. 273–285.

Jung, Aeryung: Grundrechtsschutz auf europäischer Ebene – am Beispiel des personenbezogenen Datenschutzes, Dissertation, Hamburg 2016 (zit.: *Jung*, Grundrechtsschutz auf europäischer Ebene, S. ...).

Kaiser, Andreas: Zur Terminologie „Risikomanagement" aus Sicht der Finanzverwaltungen, Ubg 2012, S. 631–634.

Karl, Roland: Rechtsanwendungsgleichheit und Verwaltungsanweisungen zur Begrenzung der Sachverhaltsermittlung, DStZ 2002, S. 598–606.

Kaufmann, Marcel: Untersuchungsgrundsatz und Verwaltungsgerichtsbarkeit, Habilitation, Tübingen 2002 (zit.: *Kaufmann*, Untersuchungsgrundsatz, S. ...).

Keller, Florian: Das Finanzamt als Partner des Steuerpflichtigen, Dissertation, München 2017 (zit.: *Keller*, Das Finanzamt als Partner des Steuerpflichtigen, S. ...).

Kempermann, Michael: Amtsermittlung, Mitwirkungspflichten und Beweislast bei Auslandssachverhalten, FR 1990, S. 437–442.

Kibler, Cornelia / Sandhu, Aqilah: Zur Vorwirkung von EU-Verordnungen am Beispiel der Datenschutz-Grundverordnung, NVwZ 2018, S. 528–533.

Kirchhof, Gregor: Einzelfallgerechtigkeit und Maßstabbildung im digitalisierten Massenfallrecht, in: 100 Jahre Steuerrechtsprechung in Deutschland

1918-2018, Festschrift für den Bundesfinanzhof, Band I, Köln 2018, S. 361–384 (zit.: *Kirchhof*, in: FS für den BFH, ...).

Kirchhof, Gregor: Rechtsetzung und Rechtsanwendung im steuerlichen Massenfallrecht, in: Besteuerung von Arbeitnehmern, DStJG Band 40, Köln 2017, S. 47–87 (zit.: *Kirchhof*, DStJG 40 (2017), ...).

Kirchhof, Paul: Die steuerliche Bedeutung der Digitalisierung für Unternehmen und Unternehmensberater, DStR 2018, S. 497–504.

Kirchhof, Paul: Der Schutz des Steuerpflichtigen durch Freiheitsrechte und Gleichheitssatz, StuW 2018, S. 1–5.

Kirchhof, Paul: Die Gleichheit vor dem Steuergesetz–Maßstab und Missverständnisse, StuW 2017, S. 3–16.

Kirchhof, Paul: Erläuterungen zum Karlsruher Entwurf zur Reform des Einkommensteuergesetzes, DStR 2001, S. 913–920.

Kirchhof, Paul: Rechtsstaatliche Anforderungen an den Rechtsschutz in Steuersachen, in: Der Rechtsschutz in Steuersachen, DStJG Band 18, Köln 1995, S. 17–46 (zit.: *Kirchhof*, DStJG 18 (1995), ...).

Kirchhof, Paul: Steueranspruch und Informationseingriff, in: Die Steuerrechtsordnung in der Diskussion, Festschrift für Klaus Tipke zum 70. Geburtstag, Köln 1995, S. 27–46 (zit.: *Kirchhof*, in: FS Tipke, ...).

Kirchhof, Paul: Die Steuerung des Verwaltungshandelns durch Haushaltsrecht und Haushaltskontrolle, NVwZ 1983, S. 505–515.

Kirchler, Erich: Steuern und Psychologie, Überlegungen zur Wirkung von Steuern auf Steuerzahler, in: Steuerstrafrecht an der Schnittstelle zum Steuerrecht, DStJG Band 38, Köln 2015, S. 7–28 (zit.: *Kirchler*, DStJG 38 (2015), ...).

Klar, Manuel: Künstliche Intelligenz und Big Data – algorithmenbasierte Systeme und Datenschutz im Geschäft mit Kunden, BB 2019, S. 2243–2252.

Klein, Franz: Kommentar zur Abgabenordnung, 14. Auflage, München 2018 (zit.: *Bearbeiter*, in: Klein, AO, § ... Rz. ...).

Klein, Friedrich: Tragweite der Generalklausel im Art. 19 Abs. 4 des Bonner Grundgesetzes, VVDStRL 8 (1950), S. 67–125.

Klotz, Werner: Über den Verfall von guten Sitten im Steuerrecht, in: Steuerrecht, Verfassungsrecht, Finanzpolitik, Festschrift für Franz Klein, Köln 1994, S. 289–308 (zit.: *Klotz*, in: FS Klein, ...).

Kloepfer, Michael: Die öffentliche Verwaltung in der Informationsgesellschaft, in: Die transparente Verwaltung – Zugangsfreiheit zu öffentlichen Informationen, Berlin 2003 (zit.: *Kloepfer*, Die transparente Verwaltung, ...).

Klüsener, Robert: Die Bedeutung der Zweckmäßigkeit neben der Rechtmäßigkeit in § 68 I 1 VwGO, NVwZ 2002, S. 816–821.

Kment, Martin / Vorwalter, Sebastian: Beurteilungsspielraum und Ermessen, JuS 2015, S. 193–201.

Kobor, Hagen: Kooperative Amtsermittlung im Verwaltungsrecht, Habilitation, Baden-Baden 2009 (zit.: *Kobor*, Kooperative Amtsermittlung, S. ...).

Koch, Karl: Die EG-Richtlinie zur internationalen Rechts- und Amtshilfe und ihre Auswirkungen im internationalen Recht, DStZ 1979, S. 4–9.

Koenig, Ulrich: Kommentar zur Abgabenordnung, 3. Auflage, München 2014 (zit.: *Bearbeiter*, in: Koenig, AO, § ... R. ...).

Kokott, Juliane: Bedeutung der EuGH-Rechtsprechung für das nationale Steuerrecht der Mitgliedstaaten, in: 100 Jahre Deutsche Finanzgerichtsbarkeit – Das Steuerrecht im Spannungsverhältnis von Gesetzgebung, Verwaltung und Rechtsprechung, 15. Deutscher Finanzgerichtstag 2018, Stuttgart 2018, S. 51–68 (zit.: *Kokott*, in: 15. Deutscher Finanzgerichtstag 2018, ...).

Kopp, Ferdinand: Die Rechtsschutzfunktion des Widerspruchsverfahrens nach §§ 68 ff. VwGO, in: Rechtsstaat zwischen Sozialgestaltung und Rechtsschutz, Festschrift für Konrad Redeker zum 70. Geburtstag, München 1993, S. 543–558 (zit.: *Kopp*, in: FS Redeker, ...).

Kopp, Ferdinand / Ramsauer, Ulrich: Kommentar zum Verwaltungsverfahrensgesetz, 20. Auflage, München 2019 (zit.: *Bearbeiter*, in: Kopp/Ramsauer, VwVfG, § ... Rz. ...).

Kopp, Ferdinand / Schenke, Wolf-Rüdiger: Kommentar zur Verwaltungsgerichtsordnung, 25. Auflage, München 2019 (zit.: *Bearbeiter*, in: Kopp/Schenke, VwGO, § ... Rz. ...).

Korts, Sebastian: Die Auskunft nach der DSGVO und Akteneinsicht in die Steuerakte, SAM 2019, S. 123–131.

Kowallik, Andreas / Bongaerts, Dirk: E-Bilanz: Status aus der Sicht der Unternehmen, DB Beilage 2016, Nr. 4, S. 8–12.

Krain, Thorsten: Das Gesetz zur Modernisierung und Entbürokratisierung des Besteuerungsverfahrens, AO-StB 2009, S. 75–78.

Krawietz, Werner (Hrsg.): Theorie und Technik der Begriffsjurisprudenz, Darmstadt 1976 (zit.: *Krawietz,* Theorie und Technik der Begriffsjurisprudenz, S. ...).

Kremer, Sascha: Das Auskunftsrecht der betroffenen Person in der DSGVO, CR 2018, S. 560–569.

Krömker, Ulrich / Nöcker, Gregor: Modernisierung des Besteuerungsverfahrens, AO-StB 2017, S. 305–309.

Kruhl, Alfred: Der Koalitionsvertrag für die 18. Legislaturperiode, StBW 2014, S. 25–34.

Krumm, Marcel: Grundfragen des steuerlichen Datenverarbeitungsrechts, DB 2017, S. 2182–2195.

Krumm, Marcel: Steuervollzug und formelle Insolvenz, Dissertation, Frankfurt am Main u.a. 2009 (zit.: *Krumm*, Steuervollzug und formelle Insolvenz, S. ...).

Krüger, Elmar: Beweiswürdigung, Beweislast und Beweismaß im Rahmen von Amtsermittlung und Mitwirkungspflicht, DStZ 2017, S. 761–768.

Kühling, Jürgen / Buchner, Benedikt (Hrsg.): Kommentar zur Datenschutz-Grundverordnung und zum Bundesdatenschutzgesetz, 2. Auflage, München 2018 (zit.: *Bearbeiter*, in: Kühling/Buchner, DS-GVO/BDSG, Art. ... Rz. ...).

Kühling, Jürgen / Martini, Marco: Die Datenschutz-Grundverordnung: Revolution oder Evolution im europäischen und deutschen Datenschutzrecht?, EuZW 2016, S. 448–454.

Kühling, Jürgen / Sackmann, Florian: Datenschutzordnung 2018 – nach der Reform ist vor der Reform?!, NVwZ 2018, S. 681–686.

Kühling, Jürgen / Martini, Mario / Heberlein, Johanna / Kühl, Benjamin / Nink, David / Weinzierl, Quirin / Wenzel, Michael: Die Datenschutz-Grundverordnung und das nationale Recht – Erste Überlegungen zum innerstaatlichen Regelungsbedarf, Münster 2016 (zit.: *Kühling et al.*, Die Datenschutz-Grundverordnung und das nationale Recht, S. ...).

Kühn, Martin: Stand und Perspektiven der Einkommensteuer-Vereinfachung, FR 2012, S. 543–550.

Kühn, Rolf / v. Wedelstädt, Alexander: Kommentar zur Abgabenordnung und Finanzgerichtsordnung, 22. Auflage, Stuttgart 2018 (zit.: *Bearbeiter*, in: Kühn/v. Wedelstädt, AO/FGO, § ... Rz. ...).

Lambrecht, Claus: Normative Bindung und Sachverhaltserfassung, in: Steuerrecht und Verfassungsrecht, DStJG Band 12, Köln 1989, S. 79–122 (zit.: *Lambrecht*, DStJG 12 (1989), ...).

Lang, Arno: Untersuchungs- und Verhandlungsmaxime im Verwaltungsprozeß, VerwArch. 52 (1961), S. 60–91.

Lang, Joachim: Über die Unfähigkeit deutscher Politik zur Steuervereinfachung, in: Steuerrecht im Rechtsstaat, Festschrift für Wolfgang Spindler zum 65. Geburtstag, Köln 2011, S. 139–152 (zit.: *Lang*, in: FS Spindler, ...).

Lang, Joachim / Englisch, Joachim / Keß, Thomas: Grundzüge des Kölner Entwurfs eines Einkommensteuergesetzes, DStR 2005, Beihefter S. 1–12.

Lanwehr, Christine: Faktische Selbstveranlagung und Fehlerkorrektur im Besteuerungsverfahren von Arbeitnehmern, Dissertation, München 2016 (zit.: *Lanwehr*, Faktische Selbstveranlagung und Fehlerkorrektur, S. ...).

Larenz, Karl: Methodenlehre der Rechtswissenschaft, 6. Auflage, Berlin u. Heidelberg 1991 (zit.: *Larenz*, Methodenlehre, S. ...).

Laubinger, Hans-Werner: Grundrechtsschutz durch Gestaltung des Verwaltungsverfahrens, VerwArch. 73 (1982), S. 60–85.

Leeb, Christina-Maria / Liebhaber, Johannes: Grundlagen des Datenschutzrechts, JuS 2018, S. 534–538.

Leopold, Anders: Die Kartellbehörden im Angesicht der Informationsfreiheit, WuW 2006, S. 592–601.

Lerche, Peter: Übermaß und Verfassungsrecht – Zur Bindung des Gesetzgebers an die Grundsätze der Verhältnismässigkeit und der Erforderlichkeit, Habilitation, Köln u.a. 1961 (zit.: *Lerche*, Übermaß und Verfassungsrecht, S. ...).

Lipniewicz, Rafal: Tax Administration and Risk Management in the Digital Age, in: Information Systems in Management (2017), Vol. 6 (1), S. 26–37 (zit.: *Lipniewicz*, Information Systems in Management (2017), Vol. 6 (1), ...).

Lisken, Hans: „Verdachts- und ereignisunabhängige Personenkontrollen zur Bekämpfung grenzüberschreitender Kriminalität"?, NVwZ 1998, S. 22–26.

Lohmann, Hans Henning: Die Praktikabilität des Gesetzesvollzugs als Auslegungstopos im Verwaltungsrecht, AöR 100 (1975), S. 415–441.

Lohmann, Hans Henning: Die Zweckmäßigkeit der Ermessensausübung als verwaltungsrechtliches Rechtsprinzip, Dissertation, Berlin 1972 (zit.: *Lohmann*, Zweckmäßigkeit der Ermessensausübung, S. ...).

Loose, Matthias: Geänderter Amtsermittlungsgrundsatz und Korrekturvorschriften, in: 100 Jahre Deutsche Finanzgerichtsbarkeit – Das Steuerrecht im Spannungsverhältnis von Gesetzgebung, Verwaltung und Rechtsprechung, 15. Deutscher Finanzgerichtstag 2018, Stuttgart 2018, S. 87–93 (zit.: *Loose*, in: 15. Deutscher Finanzgerichtstag 2018, ...).

Loose, Matthias: Funktion der steuerlichen Nebenleistungen für den Steuervollzug, in: Steuervollzug im Rechtsstaat, DStJG Band 31, Köln 2008, S. 203–218 (zit.: *Loose*, DStJG 31 (2008), ...).

Lorenz, Dieter: Der Rechtsschutz des Bürgers und die Rechtsweggarantie, Habilitation, München 1973 (zit.: *Lorenz*, Der Rechtsschutz des Bürgers und die Rechtsweggarantie, S. ...).

Lorenz, Dieter: Grundrechte und Verfahrensordnungen, NJW 1977, S. 865–872.

Loschelder, Friedrich: Die Beweislast im finanzgerichtlichen Verfahren, AO-StB 2003, S. 25–28.

Luhmann, Niklas: Kann die Verwaltung wirtschaftlich handeln?, VerwArch. 51 (1960), S. 97–115.

Luttermann, Claus: Normenklarheit im Steuerrecht und „unbestimmte" Rechtsbegriffe?, FR 2007, S. 18–23.

Lübbe-Wolff, Gertrude: Die Grundrechte als Eingriffsabwehrrechte – Struktur und Reichweite der Eingriffsdogmatik im Bereich staatlicher Leistungen, Habilitation, Baden-Baden 1988 (zit.: *Lübbe-Wolff*, Grundrechte, S. ...).

Macho, Roland / Oertel, Eva: Tax Compliance Ansätze im Vergleich: Die österr. begleitende Kontrolle und der deutsche Status quo, ISR 2019, S. 232–239.

Maier, Moritz: Verfassungsrechtliche Aspekte der Digitalisierung des Besteuerungsverfahrens, JZ 2017, S. 614–619.

Mann, Thomas: Der Steuerberater als Compliance-Faktor?, DStR 2009, S. 506–508.

Martens, Joachim: Die eigenartige Beweislast im Steuerrecht, StuW 1981, S. 322–332.

Martens, Joachim: Verwaltungsvorschriften zur Beschränkung der Sachverhaltsermittlung, Köln 1980 (zit.: *Martens*, Verwaltungsvorschriften zur Beschränkung der Sachverhaltsermittlung, S. ...).

Martens, Joachim: Einführung in die Praxis des Verwaltungsverfahrens, JuS 1978, S. 99–104.

Martin, Suse: Wechselwirkungen zwischen Mitwirkungspflichten und Untersuchungspflicht im finanzgerichtlichen Verfahren, BB 1986, S. 1021–1030.

Martini, Mario / Nink, David: Wenn Maschinen entscheiden ... – Persönlichkeitsschutz in vollautomatisierten Verwaltungsverfahren, NVwZ 2017, S. 681–682.

Marx, Franz Jürgen: Ökonomische Analyse des Grundsteuer-Reformgesetzentwurfs, DStZ 2019, S. 372–379.

Marx, Franz Jürgen: Grundsteuerreform: Gesetzentwurf ohne tragfähiges Fundament und mit vielen Konstruktionsmängeln, DStZ 2017, S. 19–25.

Marx, Franz Jürgen: Der Einsatz von Risikomanagementsystemen nach § 88 Abs. 5 AO als Kernelement der Modernisierung des Besteuerungsverfahrens, Ubg 2016, S. 358–363.

Mathis, Klaus: Effizienz statt Gerechtigkeit? – Auf der Suche nach den philosophischen Grundlagen der Ökonomischen Analyse des Rechts, Dissertation, Berlin 2004 (zit.: *Mathis*, Effizienz statt Gerechtigkeit?, S. ...).

Matsubara, Yuri: National Report Japan, in: Tax Transparency, EATLP Volume 17, Amsterdam 2019, S. 683–711 (zit.: *Matsubara*, in: EATLP 17 (2019), National Report Japan, ...).

Maunz, Theodor / Dürig, Dieter: Grundgesetz Kommentar, Loseblattsammlung, Stand: 88 Ergänzungslieferung, August 2019, München (zit.: *Bearbeiter*, in: Maunz/Dürig, GG-Kommentar, Art. ... Rz. ...).

Mayer, Otto: Deutsches Verwaltungsrecht, Band 1, 3. Auflage, München u. Leipzig 1924 (zit.: *Mayer*, Deutsches Verwaltungsrecht, S. ...).

Meickmann, Till: Verfahrensrechtliche Probleme bei der Besteuerung grenzüberschreitender Sachverhalte – Gemeinsame Betriebsprüfungen als Lösungsmodell, IStR 2014, S. 591–596.

Meinert, Carsten: Gerichtlicher Rechtsschutz bei EDV-gestützter Veranlagung, in: 10 Jahre Deutscher Finanzgerichtstag – Für ein besseres Steuerrecht, Steuergerechtigkeit und Effektivität, 10. und 11. Deutscher Finanzgerichtstag 2013/2014, Stuttgart 2014, S. 265–278 (zit.: *Meinert*, in: 10. und 11. Deutscher Finanzgerichtstag 2013/14, ...).

Meinzenbach, Nico: Die Steueranmeldung, Dissertation, Hamburg 2006 (zit.: *Meinzenbach*, Die Steueranmeldung, S. ...).

Melchior, Jürgen: Das Steuerbürokratieabbaugesetz, DStR 2008, S. 2441–2443.

Mellinghoff, Rudolf: Auswirkungen der Digitalisierung im Steuerrecht, in: 100 Jahre Steuerrechtsprechung in Deutschland 1918-2018, Festschrift für den Bundesfinanzhof, Band I, Köln 2018, S. 421–447 (zit.: *Mellinghoff*, in: FS für den BFH, ...).

Mellinghoff, Rudolf: Anforderungen an ein modernes Besteuerungsverfahren, Stbg 2015, Heft 2, M1–M3.

Mellinghoff, Rudolf: Anforderungen an ein zukunftsfähiges Steuerrecht, Stbg 2007, S. 549–559.

Merker, Christian: Steuerbürokratieabbaugesetz verabschiedet, StuB 2008, S. 944–947.

Merker, Christian: Bundeskabinett verabschiedet Maßnahmen zum Bürokratieabbau, StuB 2008, S. 599–604.

Mertel, Stefanie / Scherr, Elisabeth: Ansätze einer risikoorientierten Fallauswahl für die steuerliche Betriebsprüfung – Ein Diskussionsbeitrag vor dem Hintergrund internationaler Erfahrungen, Ubg 2016, S. 542–548.

Meussen, Gerard: Horizontaal toezicht, eine neue Kooperationsform im Besteuerungsverfahren in den Niederlanden, FR 2011, S. 114–117.

Miller, Robin: Aktuelles zum Thema Grundrechtsschutz von Steuerpflichtigen – zugleich Konferenzbericht zum Seminar der ILA Study Group on International Tax Law zu „Public international law and taxation" am 11.10.2019 in Luxemburg, ISR 2019, S. 434–436.

Modlinger, Florian: Das Risikomanagement der Finanzämter, Stbg 2011, S. 515–516.

Möller, Christina: Die Verfahrensgrundsätze des Zivilverfahrens, JA 2010, S. 47–52.

Mössner, Jörg Manfred: Gerechtigkeit und Moral im Steuerrecht, DStZ 1990, S. 132–138.

Musielak, Hans-Joachim / Voit, Wolfgang: Kommentar zur Zivilprozessordnung, 16. Auflage, München 2019 (zit.: *Bearbeiter*, in: Musielak/Voit, ZPO, § ... Rz. ...).

Mußgnug, Reinhard: Sachverhaltsaufklärung und Beweiserhebung im Besteuerungsverfahren, JuS 1993, S. 48–55.

Müller, Arnold: Mitverschulden des Finanzamts?, AO-StB 2007, S. 19–23.

Müller-Franken, Sebastian: Grundfragen des Besteuerungsverfahrens – Anforderungen des Rechts an die Digitalisierung der Gewinnung und Verarbeitung von Informationen im Steuerrecht, StuW 2018, S. 113–122.

Müller-Franken, Sebastian: Maßvolles Verwalten, Habilitation, Tübingen 2004 (zit.: *Müller-Franken*, Maßvolles Verwalten, S. ...).

Münch, Lukas: Außergerichtlicher Rechtsschutz bei Korrekturen gemäß § 129 AO und § 173 AO nach faktischer Selbstveranlagung, DStR 2013, S. 2150–2156.

Münch, Lukas: Finanzbehördliches Risikomanagement im Rahmen der Einkommensteuerveranlagung, DStR 2013, S. 212–215.

Münch, Lukas / Sendke, Thomas: Geplante Modernisierung der verfahrensrechtlichen Korrekturvorschriften, DStZ 2015, S. 487–496.

Münsterer, Frank: Risikomanagement und Controlling im Gesundheitswesen, Konstanz 2020 (zit.: *Münsterer*, Risikomanagement und Controlling im Gesundheitswesen).

Myßen, Michael / Kraus, Fabian: Der Datenschutz in der Finanzverwaltung, FR 2019, S. 58–67.

Myßen, Michael / Kraus, Fabian: Steuerliches Datenschutzrecht: Verfahrensrechtsanpassung an die Datenschutz-Grundverordnung, DB 2017, S. 1860–1871.

Nacke, Aloys: Amtshaftung bei fehlerhaften Verhalten von Finanzbeamten, DStZ 1996, S. 20–25.

Nagel, Sybille: Selbstveranlagung im britischen und amerikanischen Steuerrecht, Dissertation, Frankfurt am Main u. a. 2003 (zit.: *Nagel*, Selbstveranlagung, S. ...).

Nagel, Sybille / Waza, Thomas: Risikomanagement beim Steuervollzug – ein Weg aus der Krise!, DStZ 2008, S. 321–326.

Neckels, Peter: Über die Mitverantwortung der Exekutive – Eine unkonventionelle Betrachtung zur Misere des deutschen Steuerwesens und zu Möglichkeiten ihrer Überwindung, StWa. 1993, S. 61–74.

Nehls, Daniela / Scheffler, Wolfram: Anwendungsbereich der rheinland-pfälzischen Modellüberlegungen zur Selbstveranlagung bei der Einkommensteuer, DStR 2015, S. 910–915.

Neupert, Michael: Rechtmäßigkeit und Zweckmäßigkeit, Dissertation, Tübingen 2011 (zit.: *Neupert*, Rechtmäßigkeit und Zweckmäßigkeit, S. ...).

Nierhaus, Michael: Beweismaß und Beweislast – Untersuchungsgrundsatz und Beteiligtenmitwirkung im Verwaltungsprozess, Habilitation, München 1989 (zit.: *Nierhaus*, Beweismaß und Beweislast, S. ...).

Nöcker, Gregor: Das In-camera-Verfahren im Finanzgerichtsprozess, AO-StB 2009, S. 214–216.

Nussbaum, Ulrich: Keine „Große (Einkommen-)Steuerreform" ohne gleichzeitige Verfahrensvereinfachung denkbar, in: Internationale Gemeinschaft und Menschenrechte, Festschrift für Georg Ress zum 70. Geburtstag am 21. Januar 2005, Köln u.a. 2005, S. 1251–1258 (zit.: *Nussbaum*, in: FS Ress, ...).

Obermayer, Klaus / Funke-Kaiser, Michael (Hrsg.): Kommentar zum Verwaltungsverfahrensgesetz, 5. Auflage, Köln 2018 (zit.: *Bearbeiter*, in: Obermayer/Funke-Kaiser, VwVfG, § ... Rz. ...).

Oertel, Eva: Bestimmtheit im Europäischen und internationalen Steuerrecht, StuW 2019, S. 303–310.

Oppermann, Thomas / Classen, Claus Dieter / Nettesheim, Martin: Europarecht, 8. Auflage, München 2018 (zit.: *Oppermann/Classen/Nettesheim*, Europarecht, § ... Rz. ...).

Ortmann-Babel, Martina / Franke, Verona: Gesetz zur Modernisierung des Besteuerungsverfahrens, DB 2016, S. 1521–1526.

Ossenbühl, Fritz: Verwaltungsverfahren zwischen Verwaltungseffizienz und Rechtsschutzauftrag, NVwZ 1982, S. 465–472.

Osterloh, Lerke: Der verfassungsrechtliche Gleichheitssatz – Entwicklungslinien der Rechtsprechung des Bundesverfassungsgerichts, EuGRZ 2002, S. 309–313.

Osterloh, Lerke: Aktuelle Fragen zur „offensichtlich unzutreffenden Besteuerung" durch typisierende Verwaltung und Gesetzgebung, StuW 1993, S. 342–353.

Osterloh, Lerke: Gesetzesbindung und Typisierungsspielräume bei der Anwendung der Steuergesetze, Habilitation, Baden-Baden 1992 (zit.: *Osterloh*, Gesetzesbindung und Typisierungsspielräume, S. ...).

Paal, Boris P. / Pauly, Daniel A. (Hrsg.): Kommentar zur Datenschutz-Grundverordnung und zum Bundesdatenschutzgesetz, 2. Auflage, München 2018 (zit.: *Bearbeiter*, in: Paal/Pauly, DS-GVO/BDSG, Art. ... Rz. ...).

Papier, Hans-Jürgen: Der Bestimmtheitsgrundsatz, in: Steuerrecht und Verfassungsrecht, DStJG Band 12, Köln 1989, S. 61–78 (zit.: *Papier*, DStJG 12 (1989), ...).

Papier, Hans-Jürgen / Möller, Johannes: Das Bestimmtheitsgebot und seine Durchsetzung, AöR 122 (1997), S. 177–211.

Paulick, Heinz: Der Grundsatz der Gleichmäßigkeit der Besteuerung – sein Inhalt und seine Grenzen, in: Probleme des Finanz- und Steuerrechts, Festschrift für Ottmar Bühler, Köln 1954, S. 121–184 (zit.: *Paulick*, in: FS Bühler, ...).

Pautsch, Arne / Hoffmann, Lutz (Hrsg.): Kommentar zum Verwaltungsverfahrensgesetz, Berlin 2016 (zit.: *Bearbeiter*, in: Pautsch/Hoffmann, VwVfG, § ... Rz. ...).

Pelka, Jürgen: Zum maßvollen Gesetzesvollzug, DB 1996, S. 699–702.

Pestalozza, Christian: Der Untersuchungsgrundsatz, in: Festschrift zum 50-jährigen Bestehen des Richard Boorberg Verlages, Stuttgart 1977, S. 185–204 (zit.: *Pestalozza*, in: FS zum 50-jährigen Bestehen des Richard Boorberg Verlages, ...).

Peters, Heinz-Joachim: Die Sachverhaltsermittlung im Verwaltungsverfahren, JuS 1991, S. 54–59.

Pezzer, Heinz-Jürgen: Gleichmäßiger Gesetzesvollzug in der Steuerrechtsordnung, StuW 2007, S. 101–111.

Pezzer, Heinz-Jürgen: Mitverantwortung von Gesetzgebung, Verwaltung, Rechtsprechung und Bürger für ein handhabbares Steuerrecht, in: Mitverantwortung von Bürger und Staat für ein gerechtes Steuerrecht, 4. Deutscher Finanzgerichtstag 2007, Stuttgart 2007, S. 67–85 (zit.: *Pezzer*, in: 4. Deutscher Finanzgerichtstag 2007, ...).

Pfeifer, Michael: Der Untersuchungsgrundsatz und die Offizialmaxime im Verwaltungsverfahren, Dissertation, Basel u.a. 1980 (zit.: *Pfeifer*, Untersuchungsgrundsatz und Offizialmaxime im Verwaltungsverfahren, S. ...).

Plath, Kai-Uwe (Hrsg.): Kommentar zu DSGVO, BDSG und den Datenschutzbestimmungen von TMG und TKG, 3. Auflage, Köln 2018 (zit.: *Bearbeiter*, in: Plath, DSGVO/BDSG, Art. ... Rz. ...).

Polka, Tobias / Arnold, Andreas: Elektronische Übermittlung von Bilanzdaten im Jahr 2016–Bestandsaufnahme und Ausblick auf die zukünftige Taxonomie 6.0, DStZ 2016, S. 575–582.

Poschenrieder, Anna Sophie: Ein Recht auf Auskunft begründet kein Recht auf Akteneinsicht - Grenzen von Art. 15 DSGVO im Besteuerungsverfahren, DStR 2020, S. 21–24.

Puhl, Thomas: Besteuerungsverfahren und Verfassung (Teil II), DStR 1991, S. 1173–1178.

Redeker, Konrad: Untersuchungsgrundsatz und Mitwirkung der Beteiligten im Verwaltungsprozeß, DVBl. 1981, S. 83–87.

Redeker, Martin / Kothe, Peter: Die Neuregelung zur Überprüfung verweigerter Aktenvorlage im Verwaltungsprozess, NVwZ 2002, S. 313–315.

Reich, Manfred: ErbStR-E 2019: Verfassungswidrigkeit des Unternehmenserbschaftsteuerrechts bzw. verfassungskonforme Auslegung durch die Finanzverwaltung?, DStR 2019, S. 145–149.

Reimer, Ekkehart: Kann eine Vereinfachung der Einkommensbesteuerung gelingen?, in: Erneuerung des Steuerrechts, DStJG Band 37, Köln 2014, S. 293–320 (zit.: *Reimer*, DStJG 37 (2014), …).

Reinhardt, Jörn: Konturen des europäischen Datenschutzgrundrechts – Zu Gehalt und horizontaler Wirkung von Art. 8 GRCh, AöR 142 (2017), S. 528–565.

Rengeling, Hans-Werner: Grundrechtsschutz in der Europäischen Gemeinschaft – Bestandsaufnahme und Analyse der Rechtsprechung des Europäischen Gerichtshofs zum Schutz der Grundrechte als allgemeine Rechtsgrundsätze, München 1993 (zit.: *Rengeling*, Grundrechtsschutz in der Europäischen Gemeinschaft, S. ...).

Rheindorf, Beate: Änderung der Abgabenordnung fördert Verwaltungsmodernisierung, DVP 2016, S. 509–514.

Richter, Hanns-Uwe: Die Mitwirkung der Beteiligten bei der Sachverhaltsaufklärung im Verwaltungsrecht, in: Geprägte Freiheit in Forschung und Lehre, Heidelberger Beiträge zum Finanz- und Steuerrecht, Band 4, Heidelberg 2016, S. 261–265 (zit.: *Richter*, in: HFSt 4 (2016), ...).

Richter, Andreas / Welling, Berthold: Diskussionsbericht zum 69. Berliner Steuergespräch „Die Datenschutz-Grundverordnung im Steuerrecht", FR 2019, S. 67–70.

Richter, Andreas / Welling, Berthold: Tagungs- und Diskussionsbericht zum 66. Berliner Steuergespräch „Steuerpolitische Perspektiven der neuen Legislaturperiode aus dem Blickwinkel von Steuergerechtigkeit und Steuermoral", FR 2018, S. 414–420.

Richter, Andreas / Welling, Berthold: Tagungs- und Diskussionsbericht zum 56. Berliner Steuergespräch „Die Reform der Abgabenordnung" am 21.9.2015, FR 2015, S. 1014–1020.

Risse, Robert: Tax Compliance und Tax Risk Management – Eine rechtsvergleichende Analyse und Umsetzung in einem internationalen Konzern, Dissertation, Lohmar u. Köln 2015 (zit.: *Risse*, Tax Compliance und Tax Risk Management, S. ...).

Risse, Robert: Tax Compliance und steuerliches Risikomanagement in der aktuellen Diskussion, Ubg 2015, S. 9–13.

Risse, Robert: Steuerliches Risikomanagement, Ubg 2012, S. 169–176.

Rittler, Thomas: Die Sachverhaltsermittlung im System der Besteuerungsgrundsätze – Stellungnahme zur neuen Verwaltungsanweisung zu § 88 AO, DB 1987, S. 2331–2333.

Romeike, Frank / Hager, Peter: Erfolgsfaktor Risiko-Management 3.0 – Methoden, Beispiele, Checklisten, Praxishandbuch für Industrie und Handel, 3. Auflage, Wiesbaden 2013 (zit.: *Romeike/Hager*, Erfolgsfaktor Risiko-Management 3.0).

Rosenberg, Leo: Die Beweislast, 3. Auflage, München 1953 (zit.: *Rosenberg*, Die Beweislast, S. ...).

Rosenberger, Stefan: Geheimnisschutz und Öffentlichkeit in Verwaltungsverfahren und -prozeß, Dissertation, Bayreuth 1998 (zit.: *Rosenberger*, Geheimnisschutz und Öffentlichkeit, S. ...).

Rossi, Matthias: Informationszugangsfreiheit und Verfassungsrecht – Zu den Wechselwirkungen zwischen Informationsfreiheitsgrenzen und der Verfassungsordnung in Deutschland, Habilitation, Berlin 2004 (zit.: *Rossi*, Informationszugangsfreiheit und Verfassungsrecht, S. ...).

Roßnagel, Alexander: Möglichkeiten für Transparenz und Öffentlichkeit im Verwaltungshandeln – unter besonderer Berücksichtigung des Internet als Instrument der Staatskommunikation, in: Verwaltungsrecht in der Informationsgesellschaft, Baden-Baden 2000, S. 257–332 (zit.: *Roßnagel*, in: Verwaltungsrecht in der Informationsgesellschaft, ...).

Roßnagel, Alexander / Nebel, Maxi / Richter, Philipp: Was bleibt vom Europäischen Datenschutzrecht?, ZD 2015, S. 455–460.

Roth, Hans-Peter: Der Regierungsentwurf zur Modernisierung des Besteuerungsverfahrens, SteuK 2016, S. 78–81.

Ruppel, Alfred: Beweismaß bei Schätzung aufgrund der Verletzung von Mitwirkungspflichten (Beweislast und Beweismaß – blutsfreundliche oder feindselige Brüder?), BB 1995, S. 750–753.

Ruppert, Stefan: Bundesweites Steuerberaterverezichnis und Verzeichnis der Personen nach § 3a StBerG – ein Beitrag für Transparenz und Verbraucherschutz in der Steuerberatung, DStR 2016, S. 2924–2927.

Sachs, Michael (Hrsg.): Kommentar zum Grundgesetz, 8. Auflage, München 2018 (zit.: *Bearbeiter*, in: Sachs, GG, Art. ... Rz. ...).

Sachs, Michael: Die Maßstäbe des allgemeinen Gleichheitssatzes – Willkürverbot und sogenannte neue Formel, JuS 1997, S. 124–130.

Schaumburg, Harald: Internationales Steuerrecht, 4. Auflage, Köln 2017 (zit.: *Bearbeiter*, in: Schaumburg, Internationales Steuerrecht, S. ...).

Schäfer, Peter: Neue Haftungsrisiken für Steuerberater bei Anlagen in Investmentfonds im Zuge der Investmentsteuerreform 2018 (Teil I), BB 2019, S. 1879–1885.

Schepers, Vanessa: Der Umgang mit einem Auskunftsersuchen nach der DSGVO, DStR 2019, S. 1109–1111.

Scherzberg, Arno: Die Öffentlichkeit der Verwaltung, Habilitation, Baden-Baden 2000 (zit.: *Scherzberg*, Die Öffentlichkeit der Verwaltung, S. ...).

Scheuner, Ulrich: Pressefreiheit, VVDStRL 22 (1965), S. 1–91.

Scheuner, Ulrich: Prinzipien der Verfassungsinterpretation – Aussprache, VVDStRL 20 (1963), S. 125–126.

Schick, Walter: Die Steuererklärung, StuW 1988, S. 301–334.

Schlagheck, Bernhard Stephan: Sachverhaltsermittlung bei internationalen Besteuerungssachverhalten, Dissertation, Passau 1993 (zit.: *Schlagheck*, Sachverhaltsermittlung bei internationalen Besteuerungssachverhalten, S. ...).

Schleicher, Klaus: Die Kontrolle des Steuervollzugs durch die Rechnungshöfe, in: Steuervollzug im Rechtsstaat, DStJG Band 31, Köln 2008, S. 59–82 (zit.: *Schleicher*, DStJG 31 (2008), ...).

Schmalz, Dieter: Allgemeines Verwaltungsrecht und Grundlagen des Verwaltungsrechtsschutzes, 3. Auflage, Baden-Baden 1998 (zit.: *Schmalz*, Allgemeines Verwaltungsrecht, Rz. ...).

Schmid, Arnulf: Rechtsschutz gegen „GNOFÄ" und deren Folgen für den Steuerbürger, DB 1978, S. 174–180.

Schmidt, Eckehard: Anwendung von Vereinfachungszwecknormen und Vereinfachung als Auslegungstopos – Aus Sicht der Verwaltung, in: 100 Jahre Steuerrechtsprechung in Deutschland 1918-2018, Festschrift für den Bundesfinanzhof, Band I, Köln 2018, S. 321–340 (zit.: *Schmidt*, in: FS für den BFH, …).

Schmidt, Eckehard: Moderne Steuerungssysteme im Steuervollzug, in: Steuervollzug im Rechtsstaat, DStJG Band 31, Köln 2008, S. 37–57 (zit.: *Schmidt*, DStJG 31 (2008), ...).

Schmidt, Ludwig: Kommentar zum Einkommensteuergesetz, 38. Auflage, München 2019 (zit.: *Bearbeiter*, in: Schmidt, EStG, § ... Rz. ...).

Schmidt-Assmann, Eberhard: Die Umsetzung der EG-Richtlinie über die Umweltverträglichkeitsprüfung (UVP-RL) vom 27. Juni 1985 in das nationale Recht, in: Staat und Völkerrechtsordnung, Festschrift für Karl Doehring, Berlin u.a. 1989, S. 889–902 (zit.: *Schmidt-Assmann*, in: FS Doehring, ...).

Schmidt, Eckehard / Schmitt, Michael: Risikomanagement – Zaubermittel oder Bankrotterklärung der Verwaltung?, in: Steuerrecht im Rechtsstaat, Festschrift für Wolfgang Spindler zum 65. Geburtstag, Köln 2011, S. 529–547 (zit.: *Schmidt/Schmitt*, in: FS Spindler, ...).

Schmitt, Michael: Steuerverwaltung, in: Leitgedanken des Rechts, Festschrift zum 70. Geburtstag von Paul Kirchhof, Heidelberg 2013, S. 1743–1753 (zit.: *Schmitt*, in: FS Kirchhof, ...).

Schmitt, Michael: Steuervollzug im föderalen Staat, in: Steuervollzug im Rechtsstaat, DStJG Band 31, Köln 2008, S. 99–133 (zit.: *Schmitt*, DStJG 31 (2008), ...).

Schmittmann, Jens M.: Der gläserne Steuerpflichtige?, WPg 2001, S. 1050–1057.

Schmitz, Heribert / Prell, Lorenz: Neues zum E-Government – Rechtsstaatliche Standards für E-Verwaltungsakt und E-Bekanntgabe im VwVfG, NVwZ 2016, S. 1273–1280.

Schneider, Ludwig: Der Schutz des Wesensgehalts von Grundrechten nach Art. 19 Abs. 2 GG, Dissertation, Berlin 1983 (zit.: *Schneider*, Der Schutz des Wesensgehalts, S. ...).

Schoch, Friedrich: Kommentar zum Informationsfreiheitsgesetz, 2. Auflage, München 2016 (zit.: *Schoch*, Kommentar zum IFG, § ... Rz. ...).

Schoch, Friedrich: Das Recht auf Zugang zu staatlichen Informationen, DÖV 2006, S. 1–10.

Schoch, Friedrich: Das Widerspruchsverfahren nach §§ 68 ff. VwGO, Jura 2003, S. 752–761.

Schoch, Friedrich: Die „Gefahr" im Polizei- und Ordnungsrecht, Jura 2003, S. 472–476.

Schoch, Friedrich: Die Schutzgüter der polizei- und ordnungsrechtlichen Generalklausel, Jura 2003, S. 177–181.

Schön, Wolfgang: Gemeinschaftskonforme Auslegung und Fortbildung des nationalen Steuerrechts – unter Einschluß des Vorlageverfahrens nach Art. 177 EGV –, in: Steuerrecht im Europäischen Binnenmarkt, DStJG Band 19, Köln 1996, S. 167–200 (zit.: *Schön*, DStJG 19 (1996), ...).

Schönenbroicher, Klaus: Verwaltungshandeln im Spannungsfeld von Informationsfreiheit und Datenschutz – Gründe für die Ablehnung von Informationsansprüchen unter besonderer Berücksichtigung des Datenschutzes, NWVBl. 2014, S. 405–412.

Schreiber, Rolf / Schäffkes, Susanne / Fechner, Stefan: Neue Urteile zur koordinierten Betriebsprüfung im Ausland, DB 2018, S. 1624–1630.

Schromek, Klaus-Dieter: Die Mitwirkungspflichten der am Verwaltungsverfahren Beteiligten – eine Grenze des Untersuchungsgrundsatzes?, Dissertation, Frankfurt am Main u.a. 1989 (zit.: *Schromek*, Die Mitwirkungspflichten der am Verwaltungsverfahren Beteiligten, S. ...).

Schüly, Sven: Das „in-camera"-Verfahren der Verwaltungsgerichtsordnung – Unter besonderer Berücksichtigung des Spannungsfeldes zwischen effektivem Rechtsschutz und Geheimhaltung, Dissertation, Baden-Baden 2006 (zit.: *Schüly*, Das „in-camera"-Verfahren, S. ...).

Schwab, Hartmut: Bestandsaufnahme und Perspektiven der Digitalisierung im Steuerrechtsverhältnis aus Sicht der Berater, in: Digitalisierung im Steuerrecht, DStJG Band 42, Köln 2019, S. 157–176 (zit.: *Schwab*, DStJG 42 (2019), ...).

Schwab, Joachim: Die Umweltverträglichkeitsprüfung in der behördlichen Praxis, NVwZ 1997, S. 428–435.

Schwartmann, Rolf / Jaspers, Andreas / Thüsing, Gregor / Kugelmann, Dieter (Hrsg.): Kommentar zur Datenschutz-Grundverordnung mit Bundesdatenschutzgesetz, Heidelberg 2018 (zit.: *Bearbeiter*, in: Schwartmann/Jaspers/Thüsing/Kugelmann, DS-GVO/BDSG, Art. ... Rz. ...).

Schwarz, Bernhard / Pahlke, Armin: Kommentar zur Abgabenordnung und Finanzgerichtsordnung, Loseblattsammlung, Stand: 190. Ergänzungslieferung, Dezember 2019 (zit.: *Bearbeiter*, in: Schwarz/Pahlke, AO/FGO, § ... Rz. ...).

Schwarze, Jürgen: Administrative Leistungsfähigkeit als verwaltungsrechtliches Problem, DÖV 1980, S. 581–594.

Schwarze, Jürgen / Becker, Ulrich / Hatje, Armin / Schoo, Johann (Hrsg.): EU-Kommentar, 4. Auflage, Baden-Baden 2019 (zit.: *Bearbeiter*, in Schwarze, EU-Kommentar, Art. ... Rz. ...).

Schwenker, Jörg: Das Gesetz zur Modernisierung des Besteuerungsverfahrens – ein Meilenstein auf dem Weg der weiteren Digitalisierung im Steuerrecht, DB 2016, S. 375–382.

Seer, Roman: Datenschutz und Datenaustausch, in: Digitalisierung im Steuerrecht, DStJG Band 42, Köln 2019, S. 247–286 (zit.: *Seer*, DStJG 42 (2019), ...).

Seer, Roman: Datenschutz und Besteuerungsverfahren, SteuerStud 2019, S. 240–248.

Seer, Roman: Vereinfachung des Steuerrechts – Postulat des Rechts oder nur steuerpolitisches Lippenbekenntnis?, in: Festschrift für Bogumilowi Brzezinskiemu, Warschau 2019, S. 456–474 (zit.: *Seer*, in: FS Brzezinskiemu, ...).

Seer, Roman: Entwicklungslinien und Zukunftsfragen des deutschen Steuerverfahrensrechts, in: 100 Jahre Steuerrechtsprechung in Deutschland 1918-2018, Festschrift für den Bundesfinanzhof, Band II, Köln 2018, S. 1717–1745 (zit.: *Seer*, in: FS für den BFH, ...).

Seer, Roman: Das Gesetz zur Modernisierung des Besteuerungsverfahrens, StbJb. 2016/17, S. 539–571.

Seer, Roman: Reformentwurf der Bundesregierung zur Modernisierung des Besteuerungsverfahrens, DStZ 2016, S. 605–612.

Seer, Roman: Modernisierung des Besteuerungsverfahrens aus Sicht der Steuerberater und Steuerabteilungen, in: Jahrbuch des Bundesverbands der Steuerberater 2016, Herne 2016, S. 55–78 (zit.: *Seer*, JBVStB 2016, ...).

Seer, Roman: Modernisierung des Besteuerungsverfahrens–Gedanken zum Referentenentwurf zur Modernisierung des Besteuerungsverfahrens, StuW 2015, S. 315–330.

Seer, Roman: Besteuerungsverfahren, in: Leitgedanken des Rechts, Festschrift für Paul Kirchhof zum 70. Geburtstag, Band II, Heidelberg 2013, S. 1765–1777 (zit.: *Seer*, in: FS Kirchhof, ...).

Seer, Roman: Besteuerungsverfahren im 21. Jahrhundert, FR 2012, S. 1000–1008.

Seer, Roman: Vollstreckungsamtshilfe in Steuersachen in Europa, in: Holoubek/Lang, Verfahren der Zusammenarbeit von Verwaltungsbehörden in Europa, Wien 2012, S. 85–100 (zit.: *Seer*, in: Holoubek/Lang, Verfahren der Zusammenarbeit von Verwaltungsbehörden in Europa, ...).

Seer, Roman: Der Untersuchungsgrundsatz im heutigen Besteuerungsverfahren, SteuerStud 2010, S. 369–374.

Seer, Roman: Datenschutz im Besteuerungsverfahren, in: Festschrift für Wienand Meilicke, Baden-Baden 2010, S. 687–696 (zit.: *Seer*, in: FS Meilicke, ...).

Seer, Roman: Die Rolle des Steuerberaters im kooperativen Steuerstaat, in: Steuerberatung und Rechtsstaat, Symposium für Jürgen Pelka zum 65. Geburtstag, München 2010, S. 33–49 (zit.: *Seer*, in: Steuerberatung und Rechtsstaat, ...).

Seer, Roman: Steuerverfahrensrechtliche Bewältigung grenzüberschreitender Sachverhalte, in: Steuerzentrierte Rechtsberatung, Festschrift für Harald Schaumburg zum 65. Geburtstag, Köln 2009, S. 151–168 (zit.: *Seer*, in: FS Schaumburg, ...).

Seer, Roman: Die Rolle des Steuerberaters in einer elektronischen Finanzverwaltung, DStR 2008, S. 1553–1560.

Seer, Roman: Der Vollzug von Steuergesetzen unter den Bedingungen einer Massenverwaltung, in: Steuervollzug im Rechtsstaat, DStJG Band 31, Köln 2008, S. 7–36 (zit.: *Seer*, DStJG 31 (2008), ...).

Seer, Roman: Selbstveranlagung, Risikomanagement und andere Maßnahmen gegen Vollzugsdefizite im Steuerrecht, in: Mitverantwortung von Bürger und Staat für ein gerechtes Steuerrecht, 4. Deutscher Finanzgerichtstag 2007, Stuttgart 2007, S. 99–116 (zit.: *Seer*, in: 4. Deutscher Finanzgerichtstag 2007, ...).

Seer, Roman: Steueramnestie und Idee einer Entpönalisierung des Steuerrechts, in: Gedächtnisschrift für Christoph Trzaskalik, Köln 2005, S. 457–472 (zit.: *Seer*, in: GS Trzaskalik, ...).

Seer, Roman: Reform der Steuerveranlagung, StbJb. 2004/05, S. 53–78.

Seer, Roman: Reform des Veranlagungsverfahrens, StuW 2003, S. 40–59.

Seer, Roman: Besteuerungsverfahren: Rechtsvergleich USA-Deutschland, Heidelberg 2002 (zit.: *Seer*, Besteuerungsverfahren: Rechtsvergleich USA-Deutschland, Rz. ...).

Seer, Roman: Defizite im finanzgerichtlichen Rechtsschutz, StuW 2001, S. 3–18.

Seer, Roman: Möglichkeit und Grenzen eines „maßvollen" Gesetzesvollzugs durch die Finanzverwaltung, FR 1997, S. 553–562.

Seer, Roman: Verständigungen in Steuerverfahren, Habilitation, Köln 1996 (zit.: *Seer*, Verständigungen in Steuerverfahren, S. ...).

Seer, Roman: Der Einsatz von Prüfungsbeamten durch das Finanzgericht – Zulässigkeit und Grenzen der Delegation richterlicher Sachaufklärung auf nichtrichterliche Personen, Dissertation, Berlin 1993 (zit.: *Seer*, Der Einsatz von Prüfungsbeamten, S. ...).

Seer, Roman / Gabert, Isabel: Der internationale Auskunftsverkehr in Steuersachen, StuW 2010, S. 3–23.

Seer, Roman / Unger, Sebastian / Sediqi, Emran / Wagner, Philipp: National Report Germany, in: Tax Transparency, EATLP Volume 17, Amsterdam 2019, S. 549–573 (zit.: *Seer/Unger/Sediqi/Wagner*, in: EATLP 17 (2019), National Report Germany, ...).

Seer, Roman / Wilms, Anna Lena: Der automatische Informationsaustausch als neuer OECD-Standard zur steuerlichen Erfassung des Finanzkapitals im Spannungsverhältnis zu Maßnahmen der Geldwäschebekämpfung?, StuW 2015, S. 118–133.

Seiler, Christian: Indienstnahme Privater im Besteuerungsverfahren, in: 100 Jahre Steuerrechtsprechung in Deutschland 1918-2018, Festschrift für den Bundesfinanzhof, Band II, Köln 2018, S. 1761–1780 (zit.: *Seiler*, in: FS für den BFH, ...).

Seiler, Christian: Der einheitliche Parlamentsvorbehalt, Dissertation, Berlin 2000 (zit.: *Seiler*, Parlamentsvorbehalt, S. ...).

Siedentopf, Heinrich: Wirtschaftlichkeit in der öffentlichen Verwaltung – Institutionen zur Wirtschaftlichkeitsprüfung, Baden-Baden 1969 (zit.: *Siedentopf*, Wirtschaftlichkeit in der öffentlichen Verwaltung, S. ...).

Siegel, Thorsten: Automatisierung des Verwaltungsverfahrens – zugleich eine Anmerkung zu §§ 35a, 24 I 3, 41 IIa VwVfG –, DVBl. 2017, S. 24–28.

Siemen, Birte: Datenschutz als europäisches Grundrecht, Dissertation, Berlin 2006 (zit.: *Siemen*, Datenschutz als europäisches Grundrecht, S. ...).

Smend, Rudolf: Zum Problem des Öffentlichen und der Öffentlichkeit, in: Forschungen und Berichte aus dem öffentlichen Recht, Gedächtnisschrift für Walter Jellinek, München 1955, S. 11–20 (zit.: *Smend*, in: GS Jellinek, ...).

Sommerfeld, Dirk: Die Sachverhaltsermittlung im Besteuerungsverfahren, Dissertation, Sinzheim 1997 (zit.: *Sommerfeld*, Die Sachverhaltsermittlung im Besteuerungsverfahren, S. ...).

Söhn, Hartmut: Der neue Bankenerlaß, NJW 1980, S. 1430–1435.

Spengel, Christoph / Ortmann-Babel, Martina / Matenaer, Sebastian: Tax Risk Management der Finanzverwaltung – Hat Deutschland den Anschluss an die internationale Entwicklung verpasst?, Ubg 2012, S. 466–475.

Spilker, Bettina: Behördliche Amtsermittlung, Habilitation, Tübingen 2015 (zit.: *Spilker*, Behördliche Amtsermittlung, S. ...).

Spindler, Wolfgang: Kooperation im Besteuerungsverfahren, FR 2011, S. 122–123.

Spitaler, Armin: Der maßvolle Gesetzesvollzug im Steuerrecht, StbJb. 1961/62, S. 461–479.

Stankiewicz, Lukasz: National Report France, in: Tax Transparency, EATLP Volume 17, Amsterdam 2019, S. 511–548 (zit.: *Stankiewicz*, in: EATLP 17 (2019), National Report France, ...).

Staringer, Claus: Grenzüberschreitender Steuervollzug – nachbarschaftliche Außensicht, in: 100 Jahre Steuerrechtsprechung in Deutschland 1918-2018, Festschrift für den Bundesfinanzhof, Band I, Köln 2018, S. 1127–1142 (zit.: *Staringer*, in: FS für den BFH, ...).

Staringer, Claus: Steuervollzug bei grenzüberschreitenden Sachverhalten, in: Steuervollzug im Rechtsstaat, DStJG Band 31, Köln 2008, S. 135–157 (zit.: *Staringer*, DStJG 31 (2008), ...).

Staupe, Jürgen: Parlamentsvorbehalt und Delegationsbefugnis – Zur „Wesentlichkeitstheorie“ und zur Reichweite legislativer Regelungskompetenz, insbesondere im Schulrecht, Dissertation, Berlin 1986 (zit.: *Staupe*, Parlamentsvorbehalt und Delegationsbefugnis, S. ...).

Stelkens, Paul: Verwaltungsgerichtsbarkeit – Gerichtsbarkeit ohne Verwaltung?, NVwZ 1982, S. 81–84.

Stelkens, Paul / Bonk, Heinz-Joachim / Sachs, Michael (Hrsg.): Kommentar zum Verwaltungsverfahrensgesetz, 9. Auflage, München 2018 (zit.: *Bearbeiter*, in: Stelkens/Bonk/Sachs, VwVfG, § ... Rz. ...).

Stern, Klaus (Hrsg.): Das Staatsrecht der Bundesrepublik Deutschland, Band IV/2, Die einzelnen Grundrechte, München 2011 (zit.: *Bearbeiter*, in: Stern, Staatsrecht, Bd. IV/2, S. ...).

Stern, Klaus (Hrsg.): Das Staatsrecht der Bundesrepublik Deutschland, Band III/2, Allgemeine Lehren der Grundrechte, München 1994 (zit.: *Bearbeiter*, in: Stern, Staatsrecht, Bd. III/2, S. ...).

Stern, Klaus (Hrsg.): Das Staatsrecht der Bundesrepublik Deutschland, Band III/1, Allgemeine Lehren der Grundrechte, München 1988 (zit.: *Bearbeiter*, in: Stern, Staatsrecht, Bd. III/1, S. ...).

Stober, Rolf: Für ein aufgabenadäquates Sicherheitsvergaberecht, NJW 2007, S. 2008–2014.

Stolterfoht, Joachim N.: Vereinfachender Gesetzesvollzug durch die Verwaltung, in: Steuervereinfachung, DStJG Band 21, Köln 1998, S. 233–257 (zit.: *Stolterfoht*, DStJG 21 (1998), ...).

Streck, Michael: Der Steuerhinterzieher als Mandant, BB 1984, S. 2205–2210.

Streinz, Rudolf: Europarecht, 11. Auflage, Heidelberg 2019 (zit.: *Streinz*, Europarecht, S. ...).

Suck, Jendrik: Die Anlage EÜR: Zwischen Risikomanagement und Rechtswidrigkeit, DStZ 2010, S. 606–612.

Taeger, Jürgen / Gabel, Detlev (Hrsg.): Kommentar zur EU-Datenschutzgrundverordnung und zum Bundesdatenschutzgesetz, 3. Auflage, Frankfurt am Main 2019 (zit.: *Bearbeiter*, in: Taeger/Gabel, DSGVO/BDSG, Art. ... Rz. ...).

Tenbrock, Franck: Die Verteilung der objektiven Beweislast im Steuerrecht – Rechtsprechung, Rechtsprechungskritik und Vorschlag einer neuen Beweislastgrundregel, Dissertation, Frankfurt am Main u.a. 1997 (zit.: *Tenbrock*, Die Verteilung der objektiven Beweislast im Steuerrecht, S. ...).

Theocharopoulou, Eleni: National Report Greece, in: Tax Transparency, EATLP Volume 17, Amsterdam 2019, S. 575–595 (zit.: *Theocharopoulou*, in: EATLP 17 (2019), National Report Greece, ...).

Thiemann, Christian: Rechtssichere Anwendung des Steuerrechts – Verfassungsrechtliche Anforderungen und verfassungsrechtliche Optionen, StuW 2019, S. 295–302.

Thiemann, Christian: Rechtsschutz im modernisierten Besteuerungsverfahren, StuW 2018, S. 304–313.

Tipke, Klaus: Die Steuerrechtsordnung, Band III, 2. Auflage, Köln 2012 (zit.: *Tipke*, Die Steuerrechtsordnung III, S. ...).

Tipke, Klaus: Steuerberatung tut not – auch verfassungsrechtlich, BB 2009, S. 636–641.

Tipke, Klaus: (Steuer-)Gerechtigkeit in der Mitverantwortung von Staat und Bürger, in: Mitverantwortung von Bürger und Staat für ein gerechtes Steuerrecht, 4. Deutscher Finanzgerichtstag 2007, Stuttgart 2007, S. 21–48 (zit.: *Tipke*, in: 4. Deutscher Finanzgerichtstag 2007, ...).

Tipke, Klaus: Besteuerungsmoral und Steuermoral, Wiesbaden 2000 (zit.: *Tipke*, Besteuerungsmoral und Steuermoral, S. ...).

Tipke, Klaus: Die Steuerrechtsordnung, Band I, 2. Auflage, Köln 2000 (zit.: *Tipke*, Die Steuerrechtsordnung I, S. ...).

Tipke, Klaus: Das Dilemma der Finanzverwaltung – Zeitnahe oder gesetzmäßig-gleichmäßige Besteuerung, StWa. 1994, S. 221–226.

Tipke, Klaus: Gleichmäßigkeit der Steuerrechtsanwendung. Ein Postulat im Interesse der Solidargemeinschaft der Steuerzahler, in: Perspektiven der Finanzverwaltung, Analysen und Prognosen im Spiegel von Wissenschaft und Praxis, Köln 1992, S. 95–131 (zit.: *Tipke*, in: Perspektiven der Finanzverwaltung, ...).

Tipke, Klaus / Kruse, Heinrich Wilhelm: Kommentar zur Abgabenordnung und Finanzgerichtsordnung, Loseblattsammlung, Stand: 158. Ergänzungslieferung, November 2019, Köln (zit.: *Bearbeiter*, in: Tipke/Kruse, AO/FGO, § ... Rz. ...).

Tipke, Klaus / Lang, Joachim: Steuerrecht, 23. Auflage, Köln 2018 (zit.: *Bearbeiter*, in: Tipke/Lang, Steuerrecht, § ... Rz. ...).

Tormöhlen, Helmut: Die Datenschutz-Grundverordnung – Datenschutzrecht in der Abgabenordnung, AO-StB 2019, S. 248–252.

Trips, Marco: Risikomanagement in der öffentlichen Verwaltung, NVwZ 2003, S. 804–811.

Trossen, Nils: Die Auswirkungen der Modernisierung des steuerlichen Verfahrensrechts auf den gerichtlichen Rechtsschutz, FR 2015, S. 1021–1025.

Trzaskalik, Christoph: Über die Vorbehaltsfestsetzung und die Steueranmeldung, StuW 1993, S. 371–379.

Ule, Carl Hermann: Verwaltungsverfahren und Verwaltungsprozeß – Zur Vereinheitlichung des Verwaltungsverfahrens- und Verwaltungsprozeßrechts, VerwArch. 62 (1971), S. 114–134.

Veil, Winfried: Die Datenschutz-Grundverordnung: des Kaisers neue Kleider, NVwZ 2018, S. 686–696.

Vinken, Horst: Risikomanagement der Finanzverwaltung – Herausforderung für den Berufsstand, DStR 2008, Heft 49, I.

Vogel, Klaus: Der Verlust des Rechtsgedankens im Steuerrecht als Herausforderung an das Verfassungsrecht, in: Steuerrecht und Verfassungsrecht, DStJG Band 12, Köln 1989, S. 123–144 (zit.: *Vogel*, DStJG 12 (1989), ...).

Vogel, Klaus: Vergleich und Gesetzmäßigkeit der Verwaltung im Steuerrecht, in: Handelsrecht und Steuerrecht, Festschrift für Dr. Dr. h.c. Georg Döllerer, Düsseldorf 1988, S. 677–692 (zit.: *Vogel*, in: FS Döllerer, ...).

V. Arnim, Hans Herbert: Ist „der rationale Staat" möglich?, in: Wirtschaftlichkeit in Staat und Verwaltung, Berlin 1993, S. 67–80 (zit.: *v. Arnim*, in: Wirtschaftlichkeit in Staat und Verwaltung, ...).

V. Arnim, Hans Herbert: Wirtschaftlichkeit als Rechtsprinzip, Schriften zum öffentlichen Recht, Berlin 1988 (zit.: *v. Arnim,* Wirtschaftlichkeit als Rechtsprinzip, S. ...).

V. Arnim, Hans Herbert: Gemeinwohl und Gruppeninteressen–die Durchsetzungsschwäche allgemeiner Interessen in der pluralistischen Demokratie, Habilitation, Frankfurt am Main 1977 (zit.: *v. Arnim*, Gemeinwohl und Gruppeninteressen, S. ...).

V. Hippel, Eike: Grenzen und Wesensgehalt der Grundrechte, Dissertation, Berlin 1965 (zit.: *v. Hippel*, Wesensgehalt, S. ...).

V. Mangoldt, Hermann: Das Bonner Grundgesetz, Kommentar, Berlin u. Frankfurt am Main 1953 (zit.: *v. Mangoldt*, Das Bonner Grundgesetz, Art. ... Rz. ...).

V. Mangoldt, Hermann / Klein, Friedrich / Starck, Christian (Hrsg.): Kommentar zum Grundgesetz, 7. Auflage, München 2018 (zit.: *Bearbeiter*, in: v. Mangoldt/Klein/Starck, GG, Art. ... Rz. ...).

V. Mutius, Albert: Das Widerspruchsverfahren der VwGO als Verwaltungsverfahren und Prozessvoraussetzung, Dissertation, Kiel 1969 (zit.: *v. Mutius*, Das Widerspruchsverfahren der VwGO, S. ...).

V. Wedelstädt, Alexander: Das Gesetz zur Modernisierung des Besteuerungsverfahrens, AO-StB 2016, S. 196–201.

Wagner, Franz W.: Der Homo Oeconomicus als Menschenbild des Steuerrechts, DStR 2014, S. 1133–1143.

Wagner, Franz W.: Steuerreformen: Warum der „Große Wurf" weder möglich noch nötig ist, FR 2012, S. 653–667.

Wahl, Rainer: Verwaltungsverfahren zwischen Verwaltungseffizienz und Rechtsschutzauftrag, VVDStRL 41 (1983), S. 151–186.

Waldhoff, Christian: Herausforderungen des Verfassungsstaats durch die Digitalisierung am Beispiel des Steuerrechts, in: Digitalisierung im Steuerrecht, DStJG Band 42, Köln 2019, S. 59–85 (zit.: *Waldhoff*, DStJG 42 (2019), ...).

Waldhoff, Christian: Die „andere Seite" des Steuerverfassungsrechts, in: Zukunftsfragen des deutschen Steuerrechts, Berlin 2009, S. 125–160 (zit.: *Waldhoff*, in: Zukunftsfragen des deutschen Steuerrechts, ...).

Waldhoff, Christian / Grefrath, Holger: Normenklarheit und Bestimmtheit der Vorschriften über die Hinzurechnungsbesteuerung als Problem des Steuervollzugs, IStR 2013, S. 477–484.

Walker, Michael: Abstrakte und konkrete Gefahr – Entwicklung und Abgrenzung der polizeilichen Gefahrenarten, Dissertation, Tübingen 1994 (zit.: *Walker*, Abstrakte und konkrete Gefahr, S. ...).

Waterkamp, Afra: Datenschutz bei Finanzgerichten – Statement, FR 2019, S. 72–74.

Weber, Sebastian: Die Mitwirkungspflichten nach der Abgabenordnung und die Verantwortung des Steuerpflichtigen für die Sachaufklärung, Dissertation, Dortmund 1992 (zit.: *Weber*, Mitwirkungspflichten nach der AO, S. ...).

Weber, Till: Der EuGH modifiziert den deutschen Untersuchungsgrundsatz des § 88 AO, Stbg 2013, S. 49–53.

Weber, Till: USt-Karusselle, § 88 AO (als „Untergrenze" der Finanzamtssorgfalt) und Art. 34 GG, BB 2010, S. 2538–2543.

Weber-Grellet, Heinrich: Recht und Staat im Wandel – Vom Steuerstaat zur Steuer in der demokratischen Gesellschaft, in: Steuerrecht im Rechtsstaat, Festschrift für Wolfgang Spindler zum 65. Geburtstag, Köln 2011, S. 231–242 (zit.: *Weber-Grellet*, in: FS Spindler, ...).

Weber-Grellet, Heinrich: Strukturwandel des Steuerstaats, DB 2007, S. 1717–1720.

Weber-Grellet, Heinrich: Fairneß, Aufklärung und Transparenz, StuW 1999, S. 311–320.

Weber, Albrecht / Hellmann, Ulrich: Das Gesetz über die Umweltverträglichkeitsprüfung (UVP-Gesetz), NJW 1990, S. 1625–1633.

Wedel, Dominik: Rechtsschutz bei überlangen steuerprozessualen Verfahren, Dissertation, Berlin u.a. 2018 (zit.: *Wedel*, Rechtsschutz bei überlangen steuerprozessualen Verfahren, S. ...).

Weiß, Wolfgang: Beteiligung Privater an der Wahrnehmung öffentlicher Aufgaben und staatliche Verantwortung, DVBl. 2002, S. 1167–1182.

Welling, Berthold: Steuerpolitik der kleinen Schritte, Ubg 2013, S. 737–742.

Wendt, Rudolf / Elicker, Michael: Staatskredit und Rücklagen, VerwArch. 95 (2004), S. 471–497.

Wengert, Georg / Widmann, Andreas: Ist die Kontrollmitteilungspraxis im Rahmen einer steuerlichen Außenprüfung noch von rechtsstaatlichen Grundsätzen gedeckt?, BB 1998, S. 724–727.

Wenzel, Benedikt: Horizontal Monitoring in Österreich – ein Wegweiser für die Zukunft der deutschen Großbetriebsprüfung?, ISR 2018, S. 378–380.

Wernthaler, Johanna: Die Korrektur von offenbaren Unrichtigkeiten im digitalisierten Besteuerungsverfahren, Dissertation, Berlin 2019 (zit.: *Wernthaler*, Die Korrektur von offenbaren Unrichtigkeiten im digitalisierten Besteuerungsverfahren, S. ...).

Widmann, Werner: Resümee, in: Steuervollzug im Rechtsstaat, DStJG Band 31, Köln 2008, S. 295–310 (zit.: *Widmann*, DStJG 31 (2008), ...).

Wild, Katharina: Risikomanagement im digitalisierten Besteuerungsverfahren, SAM 2019, S. 3–10.

Willerscheid, Katharina: Regierungsentwurf eines Gesetzes zur Modernisierung des Besteuerungsverfahrens – Keine Ausweitung der Zurückweisungsmöglichkeiten gem. § 80 AO bei Ungeeignetheit, NWB 2016, S. 661–662.

Wimmer, Norbert: Das Recht auf eine gute Verwaltung im Steuer und Verwaltungsrecht, in: Die allgemeinen Bestimmungen der BAO, Wien 2012, S. 471–487 (zit.: *Wimmer*, in: Die allgemeinen Bestimmungen der BAO, ...).

Wittmann, Rolf: Mitwirkungspflicht und Aufklärungspflicht in der AO, StuW 1987, S. 35–50.

Wolff, Milena: Der Dokumentenzugang bei legislativen Entscheidungsprozessen im europäischen, deutschen und französischen Recht, DVBl. 2013, S. 1502–1506.

Wolffgang, Hans-Michael / Hendricks, Michael / Merz, Matthias: Polizei- und Ordnungsrecht in Nordrhein-Westfalen – Studienbuch mit Fällen, 3. Auflage, München 2011 (zit.: *Wolffgang/Hendricks/Merz*, Polizei- und Ordnungsrecht in NRW, Rz. ...).

Wolfshohl, Philipp Leander: Das „in camera"-Verfahren nach § 99 Abs. 2 VwGO – effektiver Rechtsschutz contra Geheimnisschutz, Dissertation, Bonn 2011 (zit.: *Wolfshohl*, Das „in camera"-Verfahren nach § 99 Abs. 2 VwGO, S. ...).

Wolke, Thomas: Risikomanagement, 3. Auflage, Berlin 2016 (zit.: *Wolke*, Risikomanagement, S. ...).

Wollweber, Markus: Die zivilrechtliche Haftung des Beraters in Selbstanzeigemandaten, FR 2014, S. 631–644.

Zaumseil, Peter: Die Modernisierung des Besteuerungsverfahrens, NJW 2016, S. 2769–2774.

Zaumseil, Peter: Das Spannungsverhältnis zwischen Amtsermittlungsgrundsatz und Mitwirkungspflichten, StBW 2012, S. 507–509.

Zaumseil, Peter: Der Untersuchungsgrundsatz im Verwaltungsverfahren, VR 2012, S. 325–327.

Zaumseil, Peter: Umfang und Grenzen des Amtsermittlungsgrundsatzes im Besteuerungsverfahren der Finanzbehörde, StBW 2010, S. 420–425.

Zweifel, Martin: Das gemischte (ordentliche) Steuerveranlagungsverfahren im Spannungsfeld von Untersuchungs- und Mitwirkungsgrundsatz, in: Steuerrecht: Ausgewählte Probleme am Ende des 20. Jahrhunderts, Festschrift zum

65. Geburtstag von Ernst Höhn, Bern u.a. 1995, S. 501–516 (zit.: *Zweifel*, in: FS Höhn, ...).

Zweifel, Martin: Die Sachverhaltsermittlung im Steuerveranlagungsverfahren, Habilitation, Zürich 1989 (zit.: *Zweifel*, Die Sachverhaltsermittlung im Steuerveranlagungsverfahren, S. ...).

Anlage: Geschäftsordnung der Finanzämter (FAGO) und Ergänzende Bestimmungen (EB), Ministerium der Finanzen NRW (Ausschnitt), Stand: Mai 2019

FINANZVERWALTUNG für Nordrhein-Westfalen

Auszug aus dem Informationssystem der Finanzverwaltung Nordrhein-Westfalen

Fundstelle: Startseite / Verwaltung / Organisation & IT / Geschäftsordnungen / EB-FAGO / Geschäftsordnung der Finanzämter (FAGO) und Ergänzende Bestimmungen (EB) - Stand 05/2019

Ministerium der Finanzen NRW **03.05.2019**
Erlass

Geschäftsordnung der Finanzämter (FAGO) und Ergänzende Bestimmungen (EB)

Stand 05/2019

Vorbemerkungen zu EB

1 Abkürzungen

Zur Unterscheidung von den auf dem Gebiet des Steuerrechts üblichen Abkürzungen, werden hier für Kurzbezeichnungen ausschließlich Großbuchstaben verwandt, soweit es sich nicht um Kurzbezeichnungen für Funktionsgruppen handelt.

2 Stellenbezeichnungen

Soweit die Stellenbezeichnungen in Nordrhein-Westfalen von den Bezeichnungen in der FAGO abweichen, gilt die FAGO sinngemäß.

3 Lese- und Navigationshilfe

Es wurde eine Lese- und Navigationshilfe für die EB-FAGO erstellt.

	Inhaltsübersicht	**Neu seit**
1	Abschnitt 1 FAGO - Allgemeines	15.02.11
1.1	Abschnitt 1.1 FAGO - Zweck der Geschäftsordnung	15.02.11
1.1.1	EB zu Abschn. 1.1 FAGO - Anwendungsbereich	15.02.11
1.2	Abschnitt 1.2 FAGO - Verhältnis Bürgerinnen und Bürger - Verwaltung	15.02.11
1.2.1	EB zu Abschn. 1.2 FAGO - 1. Sprechstunden	15.02.11
1.2.2	EB zu Abschn. 1.2 FAGO - 2. Türschilder	15.02.11
2	Abschnitt 2 FAGO - Aufbauorganisation	15.02.11
2.1	Abschnitt 2.1 FAGO - Organisatorische Gliederung	15.02.11
2.1.1	EB zu Abschn. 2.1 FAGO - 1. Organisatorische Gliederung	15.02.11
2.1.1.1	- Arbeitskräfte, Funktionsgruppen	15.02.11
2.1.1.2	- Arbeitsgebiete	15.02.11
2.1.1.3	- Stellen	02.06.15
2.1.1.4	- Struktureller Aufbau	08.12.11
2.1.1.5	- Listenführung	02.06.15
2.1.2	EB zu Abschn. 2.1 FAGO - 2. Organisationseinheiten	15.02.11
2.1.2.1	- Geschäftsstelle	04.10.17
2.1.2.2	- Stelle für Informationstechnik (ITST)	15.02.11
2.1.2.3	- Neuaufnahmestelle (NAST)	03.03.17
2.1.2.4	- Veranlagungsstelle (VST)	15.02.11

	Inhaltsübersicht	Neu seit
2.1.2.4.1	Struktureller Aufbau	15.02.11
2.1.2.4.2	Zusammenfassung mehrerer Arbeitsgebiete zu einem Veranlagungsbezirk	15.02.11
2.1.2.4.3	Zuständigkeit	15.02.11
2.1.2.4.4	Steuerfestsetzungsaufgaben	15.02.11
2.1.2.4.5	Veranlagungsbegleitung	15.02.11
2.1.2.4.6	Allgemeine Grundsätze für die Bearbeitung aller Steuerfälle	02.06.15
2.1.2.4.7	Bearbeitung der Steuerfälle im Einzelnen	24.01.13
2.1.2.4.8	Zusammenarbeit mit der Betriebsprüfungsstelle	08.12.11
2.1.2.4.9	Bearbeitung im Rechtsbehelfsverfahren	15.02.11
2.1.2.4.10	Aufgaben der Sachgebietsleitung	15.02.11
2.1.2.5	- Qualitätssicherungsstelle (QSST)	08.12.11
2.1.2.6	- Service- und Informationsstelle (SIST)	15.02.11
2.1.2.7	- Rechtsbehelfsstelle (RBST)	15.02.11
2.1.2.7.1	Zuständigkeit	15.02.11
2.1.2.7.2	Übernahme	15.02.11
2.1.2.7.3	Bearbeitung im Rechtsbehelfsverfahren	15.02.11
2.1.2.7.4	Beendigung des Rechtsbehelfsverfahrens	15.02.11
2.1.2.7.5	Aufgaben der Sachgebietsleitung	15.02.11
2.1.2.8	- Umsatzsteuer-Voranmeldungsstelle (UVST)	15.02.11
2.1.2.9	- Lohnsteuer-Anmeldungsstelle (LAST)	15.02.11
2.1.2.10	- Arbeitgeberstelle (AGST) / Lohnsteueraußenprüfung	15.02.11
2.1.2.11	- Erbschaft- und Schenkungsteuerstelle (ESST) incl. Qualitätssicherung (QS)	15.02.11
2.1.2.11.1	Zuständigkeit	15.02.11
2.1.2.11.2	Aufgabenerledigung	15.02.11
2.1.2.11.3	Grundsätze für die Bearbeitung	15.02.11
2.1.2.11.4	Zusammenarbeit mit der Betriebsprüfungsstelle	15.02.11
2.1.2.11.5	Qualitätssicherung (QS)	02.06.15
2.1.2.12	- Grundstücksstelle (GÜST)	15.02.11
2.1.2.12.1	Zuständigkeit	02.06.15
2.1.2.12.2	Aufgabenerledigung	03.03.17
2.1.2.12.3	Grundsätze der Bearbeitung	03.03.17
2.1.2.12.4	Aufgaben der Sachgebietsleitung	02.06.15
2.1.2.13	- Grunderwerbsteuerstelle (GRST)	15.02.11
2.1.2.13.1	Zuständigkeit	02.06.15
2.1.2.13.2	Aufgabenerledigung	02.06.15
2.1.2.13.3	Grundsätze der Bearbeitung	02.06.15
2.1.2.13.4	Aufgaben der Sachgebietsleitung	15.02.11
2.1.2.14	- Bewertungsstelle (BWST)	15.02.11
2.1.2.14.1	Zuständigkeit	15.02.11
2.1.2.14.2	Aufgabenerledigung	15.02.11
2.1.2.14.3	Grundsätze der Bearbeitung	15.02.11
2.1.2.14.4	Aufgaben der Sachgebietsleitung	15.02.11
2.1.2.15	- Spielbankabgabestelle (SPST)	15.02.11

	Inhaltsübersicht	Neu seit
2.1.2.16	- Stelle für sonstige Verkehrsteuern (VKST)	02.06.15
2.1.2.16.1	Zuständigkeit	15.02.11
2.1.2.16.2	Aufgabenerledigung	15.02.11
2.1.2.16.3	Grundsätze der Bearbeitung	15.02.11
2.1.2.17	- Erhebungsstelle (EHST)	02.06.15
2.1.2.17.1	Zuständigkeit und Aufgaben	02.06.15
2.1.2.17.2	Aufgabenerledigung	03.03.17
2.1.2.17.3	Grundsätze der Bearbeitung	15.02.11
2.1.2.18	- Betriebsprüfungsstelle (BPST)	15.02.11
2.1.2.18.1	Finanzamt für Steuerfestsetzung (F-FA)	15.02.11
2.1.2.18.1.1	Auswahl der zu prüfenden Betriebe, Prüfungsanordnung	15.02.11
2.1.2.18.1.2	Prüfungsumfang	15.02.11
2.1.2.18.1.3	Ablauf der Betriebsprüfung	15.02.11
2.1.2.18.1.4	Veranlagende Betriebsprüfung	15.02.11
2.1.2.18.1.5	Bearbeitung im Rechtsbehelfsverfahren	15.02.11
2.1.2.18.1.6	Aufgaben der Sachgebietsleitung	15.02.11
2.1.2.18.2	Finanzamt für Betriebsprüfung (BP-FA)	15.02.11
2.1.2.18.2.1	Auswahl der zu prüfenden Betriebe, Prüfungsanordnung	03.03.17
2.1.2.18.2.2	Prüfungsumfang	15.02.11
2.1.2.18.2.3	Aufgaben der Sachgebietsleitung	15.02.11
2.1.2.18.2.4	Auswertung der Prüfungsfeststellungen	15.02.11
2.1.2.19	- Umsatzsteuer-Sonderprüfungsstelle (USST)	03.03.17
2.1.2.20	- Zentrale Außenprüfung Lohnsteuer (ZALST)	03.03.17
2.1.2.21	- Straf- und Bußgeldsachenstelle (STRABUST)	15.02.11
2.1.2.22	- Steuerfahndungsstelle (STEUFAST)	15.02.11
2.2	Abschnitt 2.2 FAGO - Amtsleitung (Vorsteherin oder Vorsteher)	15.02.11
2.2.1	EB zu Abschn. 2.2 FAGO - Amtsleitung (Vorsteherin oder Vorsteher)	03.03.17
2.3	Abschnitt 2.3 FAGO - Sachgebietsleiterin / Sachgebietsleiter	15.02.11
2.3.1	EB zu Abschn. 2.3 FAGO - Sachgebietsleiterin / Sachgebietsleiter	03.03.17
2.4	Abschnitt 2.4 FAGO - Hauptsachgebiete	15.02.11
2.4.1	EB zu Abschn. 2.4 FAGO - Hauptsachgebiete	15.02.11
2.5	Abschnitt 2.5 FAGO - Arbeitsgebiete	15.02.11
2.5.1	EB zu Abschn. 2.5 FAGO - Arbeitsgebiete	15.02.11
2.6	Abschnitt 2.6 FAGO - Geschäftsverteilung	15.02.11
2.6.1	EB zu Abschn. 2.6 FAGO - Geschäftsverteilung	15.02.11
2.6.1.1	- Allgemeines	03.05.19
2.6.1.2	- Geschäftsverteilungsplan des Finanzamts	03.05.19
2.7	Abschnitt 2.7 FAGO - Vertretung	15.02.11
2.7.1	EB zu Abschn. 2.7 FAGO - Vertretung	15.02.11
3	Abschnitt 3 FAGO - Ablauforganisation	15.02.11
3.1	Abschnitt 3.1 FAGO - Behandlung von Eingängen	15.02.11
3.1.1	EB zu Abschn. 3.1 FAGO - Behandlung von Eingängen	24.01.13
3.2	Abschn. 3.2 FAGO - Geschäftsgang	03.03.17

	Inhaltsübersicht	Neu seit
3.3	Abschnitt 3.3 FAGO - Geschäftsgangsvermerke	15.02.11
3.3.1	EB zu Abschn. 3.3 FAGO - Geschäftsgangvermerke	15.02.11
3.4	Abschnitt 3.4 FAGO - Bearbeitung der Vorgänge	15.02.11
3.4.1	Abschnitt 3.4.1 - Förmliche Bearbeitung der Vorgänge	15.02.11
3.4.2	Abschnitt 3.4.2 - Auskünfte, Aktenvermerke	15.02.11
3.4.3	Abschnitt 3.4.3 - Erledigung der Vorgänge	15.02.11
3.4.3.1	EB zu Abschn. 3.4.3 FAGO - Erledigung der Vorgänge	09.04.14
3.4.4	Abschnitt 3.4.4 - Form und Inhalt von Schreiben	15.02.11
3.4.4.1	EB zu Abschn. 3.4.4 FAGO - Form und Inhalt von Schreiben	02.06.15
3.4.5	Abschnitt 3.4.5 - Elektronische Signatur, Unterschrift, Beglaubigung	15.02.11
3.4.5.1	EB zu Abschn. 3.4.5 FAGO - Elektronische Signatur, Unterschrift,	15.02.11
3.4.6	Abschnitt 3.4.6 FAGO - Kommunikation mit Behörden	15.02.11
3.4.7	Abschnitt 3.4.7 FAGO - Aktenverwaltung	15.02.11
3.4.7.1	EB zu Abschn. 3.4.7 FAGO - Aktenverwaltung	15.02.11
3.4.7.1.1	EB zu Abschn. 3.4.7 FAGO - 1. Allgemeines	03.05.19
3.4.7.1.2	EB zu Abschn. 3.4.7 FAGO - 2. Aktenverwaltung in den Stellen	15.02.11
3.4.7.1.2.1	- Geschäftsstelle (GST)	02.06.15
3.4.7.1.2.2	- Stelle für Informationstechnik (ITST)	15.02.11
3.4.7.1.2.3	- Neuaufnahmestelle (NAST)	03.03.17
3.4.7.1.2.4	- Veranlagungsstelle (VST)	03.03.17
3.4.7.1.2.5	- Qualitätssicherungsstelle (QSST)	15.02.11
3.4.7.1.2.6	- Service- und Informationsstelle (SIST)	09.12.11
3.4.7.1.2.7	- Rechtsbehelfsstelle (RBST)	15.02.11
3.4.7.1.2.8	- Umsatzsteuer-Voranmeldungsstelle (UVST)	24.01.13
3.4.7.1.2.9	- Lohnsteuer-Anmeldungsstelle (LAST)	24.01.13
3.4.7.1.2.10	- Arbeitgeberstelle (AGST)	15.02.11
3.4.7.1.2.11	- Erbschaft- und Schenkungsteuerstelle (ESST)	15.02.11
3.4.7.1.2.12	- Grundstücksstelle (GÜST)	15.02.11
3.4.7.1.2.13	- Grunderwerbsteuerstelle (GRST)	15.02.11
3.4.7.1.2.14	- Bewertungsstelle (BWST)	15.02.11
3.4.7.1.2.15	- Spielbankabgabestelle (SPST)	15.02.11
3.4.7.1.2.16	- Stelle für sonstige Verkehrsteuern (VKST)	08.12.11
3.4.7.1.2.17	- Erhebungsstelle (EHST)	02.06.15
3.4.7.1.2.18	- Betriebsprüfungsstelle (BPST)	15.02.11
3.4.7.1.2.19	- Umsatzsteuer-Sonderprüfungsstelle (USST)	15.02.11
3.4.7.1.2.20	- Lohnsteueraußenprüfung (ZALST und AGST)	15.02.11
3.4.7.1.2.21	- Straf- und Bußgeldsachenstelle (STRABUST)	03.03.17
3.4.7.1.2.22	- Steuerfahndungsstelle (STEUFAST)	03.03.17
4	Abschnitt 4 FAGO - Zeichnung, Zeichnungsrecht	15.02.11
4.1	Abschnitt 4.1 FAGO - Zeichnung	15.02.11
4.1.1	EB zu Abschn. 4.1 FAGO - Zeichnung	15.02.11
4.2	Abschnitt 4.2 FAGO - Beteiligung	15.02.11
4.2.1	EB zu Abschn. 4.2 FAGO - Beteiligung	15.02.11

	Inhaltsübersicht	Neu seit
4.3	Abschnitt 4.3 FAGO - Zeichnungsrecht	15.02.11
4.3.3	EB zu Abschn. 4.3 FAGO - Zeichnungsrecht	15.02.11
4.3.3.1	EB zu Abschn. 4.3 FAGO - 1. Öffnungsklausel	15.02.11
4.3.3.2	EB zu Abschn. 4.3 FAGO - 2. Zeichnungsrecht der Bearbeiterin oder des Bearbeiters	15.02.11
4.3.3.2.1	- Allgemeines	15.02.11
4.3.3.2.2	- Geschäftsstelle (GST)	02.06.15
4.3.3.2.3	- Veranlagungsstelle (VST)	15.02.11
4.3.3.2.4	- Erbschaft- und Schenkungsteuerstelle (ESST)	15.02.11
4.3.3.2.5	- Grundstücksstelle (GÜST)	15.02.11
4.3.3.2.6	- Grunderwerbsteuerstelle (GRST)	02.06.15
4.3.3.2.7	- Bewertungsstelle (BWST)	15.02.11
4.3.3.2.8	- Erhebungsstelle (EHST)	02.06.15
4.3.3.2.9	- Andere Stellen	15.02.11
4.3.3.3	EB zu Abschn. 4.3 FAGO - 3. Zeichnungsvorbehalte der Sachgebietsleiterin oder des Sachgebietsleiters	15.02.11
4.3.3.3.1	- Allgemeine Zeichnungsvorbehalte	10.03.16
4.3.3.3.2	- Veranlagung	08.12.11
4.3.3.3.3	- Lohnsteuer (Arbeitgeber) und Lohnsteueraußenprüfung	15.02.11
4.3.3.3.4	- Erbschaft- und Schenkungsteuer	15.02.11
4.3.3.3.5	- Grunderwerbsteuer / Bewertung (innerhalb GÜST)	02.06.15
4.3.3.3.6	- Grunderwerbsteuer	02.06.15
4.3.3.3.7	- Bewertung	15.02.11
4.3.3.3.8	- Rennwett-, Lotterie- und Sportwettensteuersteuer	08.12.11
4.3.3.3.9	- Erhebung	08.12.11
4.3.3.3.10	- Prüfungsdienste einschließlich Steuerfahndung	08.12.11
4.3.3.3.11	- Straf- und Bußgeldsachen	08.12.11
4.3.3.4	EB zu Abschn. 4.3 FAGO - 4. Zeichnungsvorbehalte der Vorsteherin oder des Vorstehers	15.02.11
5	Abschnitt 5 FAGO - Sonstige Bestimmungen	15.02.11
5.1	Abschnitt 5.1 FAGO - Dienstsiegel und Dienststempel	15.02.11
5.2	Abschnitt 5.2 FAGO - Haus-, Unfall- und Feuerlöschordnung	15.02.11
5.2.1	EB zu Abschn. 5.2 FAGO - Haus-, Unfall- und Feuerlöschordnung	15.02.11
5.3	Abschnitt 5.3 FAGO - Ergänzende Bestimmungen	15.02.11
5.4	Abschnitt 5.4 FAGO - Inkrafttreten	15.02.11

Datum	Anlagen	
03.05.19	EB-FAGO: Vergleich alt und neu Verwaltung / Organisation & IT / Geschäftsordnungen / EB-FAGO /	FM

1 Abschnitt 1 FAGO - Allgemeines

1.1 Abschnitt 1.1 FAGO - Zweck der Geschäftsordnung

Die Geschäftsordnung für die Finanzämter regelt Grundsätze der Organisation bei den Finanzämtern im Anschluss an das Gesetz über die Finanzverwaltung.

Sachgebietsübergreifende Zuständigkeitsänderungen sind der Amtsleitung vorbehalten. Mehrere Arbeitsgebiete derselben Stelle können zur koordinierten Aufgabenerfüllung (vgl. Nr. 2 EB zu Abschnitt 2.5) gebündelt werden.

3. Soweit in Satz 2 nichts anderes bestimmt ist, werden die Arbeitsgebiete der unter Nr. 1.3 Buchst. a), c) bis h), l) und u) aufgeführten Stellen als Bezirke bezeichnet; dieser Bezeichnung ist der aufgabenbeschreibende Zusatz der Stelle, zu der sie gehören, voranzustellen, z. B. VBZ, BWBZ. Werden mehrere Arbeitsgebiete gebündelt (vgl. Nr. 1.2.2 Satz 4), so erhält nur der Zusammenschluss, nicht aber das einzelne in ihm enthaltene Arbeitsgebiet die vorstehende Bezeichnung.

2.1.1.3 - Stellen

Jedes FA hat für die Organisations-, Personal- und Haushaltsangelegenheiten eine Geschäftsstelle (GST - vgl. Nr. 2.1 -) und daneben für die Aufgaben, für die es nach § 16 AO in Verbindung mit § 17 FVG sachlich zuständig ist, weitere Stellen einzurichten. In Betracht kommen folgende Stellen:

a. Arbeitgeberstelle (AGST) (vgl. Nr. 2.10),
b. Betriebsprüfungsstelle (BPST) (vgl. Nr. 2.18),
c. Bewertungsstelle (BWST) (vgl. Nr. 2.14),
d. Erbschaft- und Schenkungsteuerstelle (ESST) (vgl. Nr. 2.11),
e. Erhebungsstelle (EHST) (vgl. Nr. 2.17),
f. Grunderwerbsteuerstelle (GRST) (vgl. Nr. 2.13),
g. Grundstückstelle (GÜST) (vgl. Nr. 2.12),
h. Lohnsteuer-Anmeldungsstelle (LAST) (vgl. Nr. 2.9),
i. Neuaufnahmestelle (NAST) (vgl. Nr. 2.3)
j. Qualitätssicherungsstelle (QSST) (vgl. Nr. 2.5),
k. Rechtsbehelfsstelle (RBST) (vgl. Nr. 2.7),
l. Service- und Informationsstelle (SIST) (vgl. Nr. 2.6),
m. Spielbankabgabestelle (SPST) (vgl. Nr. 2.15),
n. Stelle für Informationstechnik (ITST) (vgl. Nr. 2.2),
o. Stelle für sonstige Verkehrsteuern (VKST) (vgl. Nr. 2.16),
p. Steuerfahndungsstelle (STEUFAST) (vgl. Nr. 2.22),
q. Straf- und Bußgeldsachenstelle (STRABUST) (vgl. Nr. 2.21),
r. Umsatzsteuer-Sonderprüfungsstelle (USST) (vgl. Nr. 2.19),
s. Umsatzsteuer-Voranmeldungsstelle (UVST) (vgl. Nr. 2.8),
t. Veranlagungsstelle (VST) (vgl. Nr. 2.4),
u. Zentrale Außenprüfung Lohnsteuer (ZALST) (vgl. Nr. 2.20).

2.1.1.4 - Struktureller Aufbau

1. **Unterteilung in Steuerbezirke (z.B. des Veranlagungsbezirks in Steuerbezirke)**
   1 Für die Geschäftsverteilung werden bestimmte Gruppen von Steuerpflichtigen in Steuerbezirken (STBZ) zusammengefasst. Es ist darauf zu achten, dass nicht zu große STBZ gebildet werden. Ihre Größe sollte so bemessen sein, dass sie bei einer späteren Änderung der Geschäftsverteilung geschlossen einem anderen Veranlagungsbezirk zugeordnet werden können (Bausteinprinzip).

   2 Die STBZ werden durch Steuerbezirksnummern, die in den STBZ zusammen gefassten Steuerpflichtigen durch Unterscheidungsnummern gekennzeichnet. Finanzamtsnummer, Steuerbezirksnummer und Unterscheidungsnummer bilden - getrennt durch jeweils einen Schrägstrich - die Steuernummer.
2. **Zentralisierung von Aufgaben**
   1 Die praktische Ausbildung der Finanz- und Steueranwärterinnen und -anwärter kann bestimmten Veranlagungsbezirken (Lehrbezirken) zugewiesen werden. Der Anteil der Ausbildungsaufgaben an dem gesamten Aufgabenbestand eines Lehrbezirkes soll 50 v.H.

w. Pfortendienst
x. Material- und Vordruckverwaltung
y. Altaktenverwaltung
z. Verwaltung der Bücherei und Registratur

Die unter t) bis z) genannten Aufgaben können zu einem einheitlichen "Büroservice" zusammengefasst werden.

2. Aufgabenerledigung

1. Die Geschäftsstelle ist dem Sachgebiet der Amtsleitung zuzuordnen (siehe auch Abschnitt 2.2 Absatz 4 FAGO).
2. Eine Bearbeitering oder ein Bearbeiter der Geschäftsstelle ist als Koordinatorin oder Koordinator (Leiterin oder Leiter) einzusetzen (siehe EB Nr. 2 zu Abschnitt 2.5 FAGO).
3. Die Geschäftsstellenleiterin oder der Geschäftsstellenleiter unterstützt - ggf. in Arbeitsteilung mit einer anderen Bearbeiterin oder einem anderen Bearbeiter (i.d.R. die Vertretung) - die Amtsleitung in vertrauensvoller Zusammenarbeit vor allem bei der Geschäftsverteilung, der Personaleinsatzplanung, der Festlegung der Arbeitsabläufe sowie in sämtlichen Personalangelegenheiten der Beschäftigten.
4. Nicht als Koordinatorin oder Koordinator eingesetzte Bearbeiterinnen oder Bearbeiter arbeiten im Rahmen der ihnen übertragenen Aufgaben selbständig.
5. Für die Steuerung der im Büroservice gebündelten Aufgaben kann eine Bearbeiterin oder ein Bearbeiter als "Leiterin oder Leiter des Büroservices" eingesetzt werden.
6. Im Finanzamt ist eine Gleichstellungsbeauftragte einzusetzen. Sie ist mit ihren Aufgaben Teil der Verwaltung und unterstützt die Dienststelle bei der Ausführung des Landesgleichstellungsgesetzes NRW sowie aller Vorschriften und Maßnahmen, die Auswirkungen auf die Gleichstellung von Frau und Mann haben oder haben können. Zu ihrer Aufgabe gehört auch die Beratung und Unterstützung der Beschäftigten in Fragen der Gleichstellung.

3. Zusammenarbeit mit der Stelle für Informationstechnik (ITST)

Für den reibungslosen Ablauf des Geschäftsbetriebs in der Dienststelle ist die Zusammenarbeit zwischen der GST und der ITST von besonderer Bedeutung. Soweit organisatorische Maßnahmen der GST Auswirkungen auf die Arbeitsabläufe der ITST haben, ist deren frühzeitige Information sicher zu stellen.

2.1.2.2 - Stelle für Informationstechnik (ITST)

Die ITST ist verantwortlich für den IT-Einsatz im Finanzamt.
Dazu gehören insbesondere:

a. Koordination der IT-Verfahren
b. Anwenderbetreuung
c. Verfahrensbetreuung (incl. Ablauforganisation, Statistiken und Auswertungen)
d. Fortbildung und Schulung auf dem Gebiet der IT
e. IT-spezifische Kommunikation mit anderen Dienststellen
f. Qualitätssicherung in der Anwendung von IT-Verfahren
g. Administration lokaler Intranet-Seiten
h. Bestimmungsgemäßer Einsatz von Hard- und Software
i. Sicherstellen der Betriebsbereitschaft der Hard- und Software
j. Bedienung der IT-Geräte (Server) in der ITST
k. Mitwirkung bei Test und Erprobung von Hard- und Software
l. Bestandsverwaltung für die IT-Komponenten
m. Betreuung der lokalen Netzwerke (LAN)

n. Zentrale Datenübernahme
o. Sachbearbeiterin oder Sachbearbeiter für Textverarbeitung (SfT)
p. Sonderaufgaben auf Zuweisung durch die OFD

Hinweis auf Fach 300 DA-ADV.

2.1.2.3 - Neuaufnahmestelle (NAST)

Die NAST ist eine eigenständige Organisationseinheit, in der Aufgaben der Umsatzsteuerbetrugsbekämpfung und der Veranlagungsstelle zentralisiert werden.

Die Aufgaben der NAST sollen möglichst Beschäftigte des gehobenen Dienstes, mit Erfahrungen aus der Betriebs- oder der Umsatzsteuersonderprüfung, übertragen werden.

Für Teilbereiche können Beschäftigte des mittleren Dienstes eingesetzt werden.

1. Zuständigkeit

Die NAST ist für alle bei Neugründungen und Aktenübernahmen anfallenden Aufgaben hinsichtlich der Erteilung einer 5000er Steuernummer im Zusammenhang mit der Vergabe eines Grundkennbuchstabens der Gruppe "U" zuständig.

Darüber hinaus sollte grundsätzlich in der NAST die technische Neuaufnahme und die Betreuung von Existenzgründern zentralisiert werden.

2. Aufgaben

Zu den Aufgaben der zentralen Bearbeitung gehören insbesondere folgende Maßnahmen, die vor der Vergabe einer Steuernummer und eines Grundkennbuchstabens der Gruppe "U" durchzuführen sind:

a. Prüfung und Auswertung der Fragebögen zur steuerlichen Erfassung unter Verwendung des Programms RMS-FB bzw.
b. Überprüfung von Aktenübernahmen mit umsatzsteuerlichem Bezug unter Bearbeitung der bundeseinheitlichen Checklisten zur umsatzsteuerlichen Erfassung unter Verwendung der zur Verfügung stehenden Hilfsmittel
c. In Verdachtsfällen ist eine unmittelbare Zusammenarbeit mit der ZEUS aufzunehmen.
d. Einstellung in ZAUBER soweit erforderlich

Im Bedarfsfall ist die Durchführung folgender weiterer Maßnahmen erforderlich:

a. Durchführung von Umsatzsteuer- Nachschauen (§ 27b UStG / Abschnitt 27b.1 UStAE)
b. Anregung von Umsatzsteuer-Sonderprüfungen
c. Begleitung / Überwachung des Anmelde-, Erklärungs- und Zahlungsverhalten über einen bestimmten Zeitraum
d. Betreuung von Existenzgründern
e. Technische Neuaufnahme (Veranlagungsbegleitende Tätigkeit - EB Nr. 2.4.5 zu Abschnitt 2.1 FAGO) einschließlich der ggf. erforderlichen Vergabe und Überprüfung der Gewerbekennzahl

2.1.2.4 - Veranlagungsstelle (VST)

2.1.2.4.1 Struktureller Aufbau

Für die Einteilung in STBZ sind die Anfangsbuchstaben der Zunamen/Firmenbezeichnungen der Steuerpflichtigen maßgebend (Alphabetisierung). Besondere Steuerbezirke (Sonderbezirke) sind einzurichten für

a. Körperschaften;
b. Handelsgesellschaften und Personengesellschaften des BGB mit überwiegend Einkünften aus Gewerbebetrieb;
c. Steuerpflichtige mit Einkünften aus Land- und Forstwirtschaft, (s. hierzu den Erlass vom 12.08.2009 O 2115 - 34 - II C 3)

2.1.2.4.5 Veranlagungsbegleitung

Veranlagungsbegleitende Aufgaben sind insbesondere

a. die Aufnahme, die Entscheidung über die Nichtaufnahme, die Übernahme und die Abgabe von Steuerfällen, die Zuteilung und Terminierung von Kennbuchstaben, die Vergabe der Gewerbekennzahl und die Einordnung in eine Betriebsgrößenklasse bei der Aufnahme von Steuerfällen;
b. sonstige Anweisungen zur Grunddatei;
c. die Versendung von Steuererklärungsvordrucken und die Überwachung des Eingangs der Steuererklärungen, soweit diese Aufgaben nicht maschinell durchgeführt werden;
d. das Schreiben von Bescheiden und Mitteilungen, soweit diese nicht im maschinellen Verfahren ausgedruckt werden;
e. die Sichtung des Kontrollmaterials (z.B. der Lohnzettel, Veräußerungsmitteilungen);
f. die Erteilung formularmäßiger Bescheinigungen;
g. die Verwaltung von Steuerakten einschließlich der Führung von Sammelablagen.

2.1.2.4.6 Allgemeine Grundsätze für die Bearbeitung aller Steuerfälle

1. Die VST ermittelt den für die Steuerfestsetzung (vgl. Nr. 2.4.4) erheblichen Sachverhalt nach pflichtgemäßem Ermessen. Sie bestimmt Art und Umfang der Ermittlungen nach den Umständen des Einzelfalles (§ 88 AO).
2. Die Steuern sind nach Maßgabe der Steuergesetze gleichmäßig festzusetzen und zu erheben (§ 85 AO). Um diesen gesetzlichen Auftrag möglichst effizient und mit hoher Qualität zu erfüllen, wird im Bereich der Veranlagung ein maschinelles Risikomanagementsystem (RMS) eingesetzt. Risikomanagement verfolgt das Ziel, die einem Steuerfall zu widmende Bearbeitungsintensität am jeweiligen steuerlichen Risiko, also an der Gefahr einer unrichtigen Steuerfestsetzung, auszurichten.
   Wesentliche Bestandteile des RMS sind die dem jeweiligen Steuerfall zuzuordnende Risikoklasse und das regelbasierte maschinelle Filtersystem:

   a) Die Risikoklasse spiegelt die Höhe des steuerlichen Risikos und die erforderliche zukünftige Bearbeitungsintensität wider. Sie wird grundsätzlich personell im Wege einer Prognose mit Wirkung für die folgenden Veranlagungszeiträume vergeben und bestimmt Bearbeitungsumfang und tiefe des Falles (vgl. 2.1.2.4.7).
   b) Durch das maschinelle Filtersystem werden die Daten der aktuellen Steuererklärung auf Auffälligkeiten und Unschlüssigkeiten überprüft. Auf Sachverhalte, die einer personellen Prüfung bedürfen, wird durch Hinweise aufmerksam gemacht.

   Das RMS umfasst neben einzelfallbezogenen Komponenten auch Maßnahmen zur systematischen Erkennung von Risiken, deren Analyse und die Entscheidung über den Umgang mit den erkannten Risiken. Im Rahmen von Systemüberprüfungen sind Effektivität und Angemessenheit der Vorgaben zu überwachen.
3. Der Einsatz des RMS soll bei der Bearbeitung - auch zur Gewährleistung einer einheitlichen Besteuerung - in möglichst großem Umfang von der personellen Suche der zu prüfenden Sachverhalte entlasten. Folgende Arbeitsabläufe sind daher zu beachten:

   a) Die eingehende Steuererklärung ist zunächst einer formalen Prüfung sowie der Eingangsbearbeitung zu unterziehen (z. B. Prüfung von Zuständigkeit, Unterschrift und Grunddaten, Speicherung des Erklärungseingangs sowie Prüfung des Vorhandensein gesetzlich vorgeschriebener Belege).
   b) Soweit Steuererklärungen nicht bereits elektronisch übermittelt wurden, sind die Erklärungsdaten zu erfassen oder zu scannen; elektronisch vorliegende Datensätze sind

abzurufen. Eine inhaltliche Prüfung des Falles erfolgt noch nicht.
c) Es wird eine Prüfberechnung der Daten unter Anwendung des maschinellen Filtersystems veranlasst. Sofern dabei Abbruchhinweise auftreten, ist nach deren Bearbeitung eine erneute Prüfberechnung erforderlich.
d) Die personelle Bearbeitung der Fälle erfolgt entsprechend der Risikoklasse und der gegebenenfalls ausgegebenen Hinweise (vgl. 2.1.2.4.7). Hierbei sind Belege nur insoweit anzufordern, als diese zur Bearbeitung der Hinweise erforderlich sind.
e) Abschließend ist eine Überprüfung der Risikoprognose vorzunehmen, soweit dies durch das maschinelle Verfahren vorgegeben ist.

4. Prüfungen über die ausgegebenen Hinweise hinaus sind im Rahmen der Erstveranlagung grundsätzlich nicht erforderlich. Jedoch sind Fehler, die bei der Bearbeitung der Steuererklärung ohne weitere Sachverhaltsermittlung und bei eindeutiger Rechtslage ins Auge fallen (offensichtliche Fehler), auch dann zu korrigieren, wenn kein entsprechender Hinweis ausgegeben worden ist; offensichtlich unterbliebene Anträge sind anzuregen. Kontrollmaterial ist grundsätzlich zeitnah auszuwerten.
5. Die Steuerfälle sind nach Möglichkeit in einem Arbeitsgang abschließend zu bearbeiten. Kann die Bearbeitung nicht zeitnah abgeschlossen werden, ist die Steuer zunächst unter dem Vorbehalt der Nachprüfung festzusetzen, wenn dies erkennbar erhebliche steuerliche Auswirkungen hätte (z. B. hohe Abschlusszahlungen bzw. Heraufsetzung laufender Vorauszahlungen). Bei Steuerpflichtigen, die regelmäßigen Betriebsprüfungen unterliegen oder bei denen eine Außenprüfung bevorsteht, ist die Steuer ebenfalls unter dem Vorbehalt der Nachprüfung festzusetzen.
6. Ist - insbesondere in Steuerfällen, die mit dem Fallmerker "hohe Einkünfte" gekennzeichnet sind - mit erheblichen steuerlichen Auswirkungen zu rechnen, sind Vorauszahlungen zeitnah festzusetzen oder anzupassen; Anträge auf Herabsetzung laufender Vorauszahlungen bedürften einer sorgfältigen Prüfung. In begründeten Fällen sind Steuererklärungen vorzeitig anzufordern.

2.1.2.4.7 Bearbeitung der Steuerfälle im Einzelnen

Die Bearbeitungsweise des jeweiligen Steuerfalls wird durch die Risikoklasse (RK) bestimmt. Diese spiegelt das zukünftig zu erwartende steuerliche Risiko des Falles wieder (Risikoprognose) und definiert Bearbeitungsumfang und -tiefe. Risikoklassen werden grundsätzlich personell anhand von möglichst objektiven Kriterien vergeben. Die Risikoprognose baut auf den Erfahrungen, Kenntnissen und Daten auf, die zum jeweiligen Steuerfall gewonnen wurden. Einzelheiten für die Vergabe von Risikoklassen sind auf Finanzamtsebene festzulegen. Dabei sind die regionalen Risikostrukturen zu berücksichtigen.

Die Bearbeitungsstandards richten sich nach den folgenden Fallgestaltungen:

a) Fälle der RK 1 (vgl. 2.4.7.1)

b) Fälle der RK 2 und 3 (vgl. 2.4.7.2)

c) Fälle der RMS-Zufallsauswahl (vgl. 2.4.7.3)

d) Fälle mit Turnusprüfungen (vgl. 2.4.7.4)

e) Fälle mit Prüffeldern (vgl. 2.4.7.5)

f) Fälle der RK BP (vgl. 2.4.7.6)

Sofern die VST die gebotene Sachverhaltsaufklärung an Amtsstelle nicht oder nur mit unverhältnismäßigem Arbeitsaufwand vornehmen kann, hat sie den Fall der BPST (vgl. Nr. 2.4.8.1) oder dem sonst zuständigen Außendienst zu melden.

1 Fälle der Risikoklasse 1 (hohes Risiko)

1.1 Für die RK 1 kommen Fälle in Betracht, in denen z. B. auf Grund der Anzahl der vorkommenden Einkunftsarten und der Bezüge zwischen den Einkunftsarten, auf Grund der Branche oder der Höhe der Einkünfte bzw. Umsätze vielfältige rechtliche und/oder tatsächliche Gestaltungsmöglichkeiten vorhanden sind. Darüber hinaus kann auch das gesamte steuerliche Verhalten ein Anhaltspunkt für eine Eingruppierung in die RK 1 sein.

1.2 Handelt es sich um Sachverhalte von nicht lediglich geringem steuerlichem Gewicht, so sind - im Vergleich zu Fällen der RK 2 und RK 3 (siehe Nr. 2.4.7.2.3) - an die Glaubhaftigkeit, Schlüssigkeit und Vollständigkeit des Sachvortrags des Stpfl. erhöhte Anforderungen zu stellen. Dies bedingt einen höheren Prüfungsbedarf. Fälle der RK 1 sind daher hinsichtlich aller in Betracht kommenden Steuerarten vollumfänglich und intensiv unter Einbeziehung der ausgegeben Hinweise zu prüfen. Unverzichtbar ist das Verschaffen eines Überblicks (z. B. Studium und Aufarbeitung der Akte, Internetrecherche) über die tatsächlichen Gegebenheiten des Betriebs (Betriebsart, Branche, Lage, Größe). Als weitere Maßnahmen kommen z. B. in Betracht:

- Gewinn- und Vorsteuerverprobungen
- Datenbankabfragen
- Abstimmung/Austausch mit anderen Arbeitsgebieten
- Sachverhaltsermittlung vor Ort
- Anforderung von Belegen / Vertragsunterlagen insbesondere in Zweifelsfällen
- Nutzung von Prüfungs-Checklisten

1.3 Ein Teilsegment der Fälle der RK 1 wird zur Nachprüfung durch die QSST oder den zuständigen Sachgebietsleiter ausgewählt. Die Fallauswahl wird maschinell getroffen.

1.4 Von einer Überprüfung des vorgetragenen Sachverhalts kann auch in den Fällen der RK 1 abgesehen werden, wenn der voraussichtliche Arbeitsaufwand nicht in angemessenem Verhältnis zu den möglichen steuerlichen Auswirkungen steht und Präventionsgesichtspunkte nicht entgegenstehen. Kommt eine intensive Bearbeitung in der RK 1 im Einzelfall nicht in Betracht, so ist diese Entscheidung mit dem zuständigen Sachgebietsleiter abzustimmen und die Gründe hierfür (ggf. stichwortartig) aktenkundig zu machen.

2 Fälle der Risikoklassen 2 und 3

2.1 Zuordnung von Fällen zur Risikoklasse 2 (mittleres Risiko)

Fälle, für die kein Bedarf für eine vollumfängliche intensive Prüfung gesehen wird, die jedoch nicht als risikoarm eingeschätzt werden, sind der RK 2 zuzuordnen.

Zur Risikoklasse 2 gehören auch Fälle, bei denen einzelne prüfungsbedürftige Sachverhalte vorliegen, die vom maschinellen Filtersystem - z. B. weil die entsprechenden Daten nicht in elektronisch auswertbarer Form gespeichert sind - nicht erkannt werden können. Die betroffenen Sachverhalte sind im IT-System zu vermerken, um in Folgejahren eine personelle Prüfung sicherzustellen.

2.2 Zuordnung von Fällen zur Risikoklasse 3 (risikoarme und risikolose Fälle)

Risikoarme und risikolose Steuerfälle werden in die RK 3 eingestuft. Dies sind Steuerfälle, bei denen die maßgeblichen Sachverhalte stets vollständig und zutreffend erklärt wurden und nach den bisherigen Erkenntnissen, wie Beanstandungsergebnisse und Prüfungspunkte in den Vorjahren, Abgabeverhalten und Ergebnisse der letzten Außenprüfung sowie Zuverlässigkeit des Stpfl. keine nennenswerten Risiken zu erwarten sind.

2.3 Prüfung der Hinweise

Alle bei der Prüfberechnung ausgegebenen Hinweise - einschließlich der Hinweise, die aus der Speicherung von Risikobereichen resultieren - sind grundsätzlich überschlägig zu prüfen.

Hierzu sind die entsprechenden Sachverhalte auf ihre Vollständigkeit, Schlüssigkeit und Glaubhaftigkeit zu untersuchen. Die Angaben des Steuerpflichtigen sind schlüssig, wenn die von ihm vorgetragenen Tatsachen die begehrte Rechtsfolge eintreten lassen. Die Angaben des Steuerpflichtigen sind glaubhaft, wenn - z. B. aufgrund von Einzelaufstellungen, sonstigen Angaben in der Steuererklärung oder aufgrund von Feststellungen für vorangegangene Veranlagungszeiträume - die überwiegende Wahrscheinlichkeit für das Vorliegen des Sachverhalts spricht.

An den Tatsachenvortrag des Steuerpflichtigen können geringere Anforderungen gestellt werden, wenn gleichartige Sachverhalte bei vergleichbaren Steuerpflichtigen regelmäßig vorliegen.

Von einer Überprüfung des vorgetragenen Sachverhalts kann auch in diesen Fällen ausnahmsweise abgesehen werden, wenn der voraussichtliche Arbeitsaufwand nicht in angemessenem Verhältnis zu den möglichen steuerlichen Auswirkungen steht und Präventionsgesichtspunkte nicht entgegenstehen; dies ist entsprechend zu dokumentieren.

Bei Zweifelsfragen von erheblicher steuerlicher Bedeutung ist zu einer intensiven Prüfung überzugehen. Soweit der Hinweistext konkrete Handlungen einfordert, sind die entsprechenden Arbeitsschritte durchzuführen.

2.4 Grundsatz der punktuellen Prüfung

In den Fällen der RK 2 und 3 reicht es - vorbehaltlich der Regelung in 2.4.6.4 - aus, die Prüfung auf die durch die ausgegebenen Hinweise bezeichneten Bereiche zu beschränken. Soweit zu einem Sachverhalt kein Risikohinweis ausgegeben wird, gilt dieser als durch das maschinelle Filtersystem abschließend geprüft. Das gleiche gilt für einen gesamten Steuerfall, wenn keine Hinweise ausgegeben werden.

3 Fälle der RMS-Zufallsauswahl

3.1 Die RMS-Zufallsauswahl wird maschinell bestimmt. Sie soll einerseits die Risikoregeln für Dritte unberechenbar machen und dient damit der Prävention gegen ein bewusstes Ausnutzen des Systems. Andererseits dient sie der Evaluation der Risikoregeln und der Risikoklassenprognose. Mit ihrer Hilfe sollen Erkenntnisse über die Genauigkeit der RK-Prognose und über Ansätze zur Verbesserung des Systems gewonnen werden.

3.2 Die Intensität der Bearbeitung der Zufallsauswahl (Bearbeitungstiefe) richtet sich nach der jeweiligen Risikoklasse, wobei in Fällen der RK 2 und RK 3 an Vollständigkeit, Glaubhaftigkeit und Schlüssigkeit erhöhte Anforderungen zu stellen sind. Die Bearbeitung der Fälle der RMS-Zufallsauswahl erfolgt unabhängig von der Risikoklasse vollumfänglich (Prüfungsbreite), d.h. die Prüfung des Falles geht über die Bearbeitung der ausgegebenen Hinweise hinaus, da sie auch dem Erkennen derzeit nicht im Regelwerk erfasster, aber dennoch risikorelevanter Sachverhalte dient.

4 Turnusprüfungen

Diejenigen Bereiche, für die ein maschinelles Filtersystem eingesetzt wird, gelten als durch die Risikoregeln abschließend geprüft. Für Dauersachverhalte, die Anlage EÜR sowie für Fälle der RK 3 sind jedoch zur Absicherung des Systems zusätzlich Turnusprüfungen vorgesehen.

Die jeweilige Turnusprüfung wird durch einen Risikohinweis angezeigt. Sie erstreckt sich auf den aktuellen Veranlagungszeitraum.

Soweit im Rahmen der Turnusprüfung Anhaltspunkte dafür entdeckt werden, dass ein Dauersachverhalt von erheblichem steuerlichem Gewicht nicht zutreffend behandelt worden ist, so ist der Sachverhalt unter Berücksichtigung der Korrekturvorschriften ausnahmsweise auch für die Vergangenheit aufzugreifen.

4.1 Turnusprüfung des gesamten Falles

Steuerfälle, die in der RK 3 ohne personelle Prüfung veranlagt werden, werden in regelmäßigen Abständen einer Turnusprüfung unterzogen. Dabei sind im Rahmen einer überschlägigen Prüfung sowohl die Risikoprognose als auch die Besteuerungsgrundlagen zu überprüfen.

4.2 Turnusprüfung von Dauersachverhalten oder Gewinnermittlungen auf der Anlage EÜR

Für Dauersachverhalte erfolgen im verkennzifferten Bereich individuelle Turnusprüfungen. Um darüber hinaus den besonderen Gestaltungsmöglichkeiten in Fällen mit Gewinneinkünften Rechnung zu tragen, ist für Fälle der RK 2 eine Turnusprüfung für die Anlage EÜR vorgesehen. In diesen Fällen ist eine überschlägige Prüfung des betroffenen Sachverhalts bzw. der Anlage EÜR vorzunehmen.

5 Fälle mit Prüffeldern

Auf Amts- oder Oberfinanzbezirksebene sollen wechselnde Prüffelder festgelegt werden. Die konkrete Ausgestaltung des jeweiligen Prüffeldes ist durch ein Prüffeldkonzept zu dokumentieren, aus dem u. a. das Ziel des Prüffelds, die Bearbeitungsregeln sowie geeignete Schulungs-, Mitwirkungs- und Nachbereitungsmaßnahmen durch die QSST (vgl. 2.5) hervorgehen.

5.1 Der dem Prüffeld zugrunde liegende Sachverhalt ist grundsätzlich unter Beteiligung der QSST intensiv zu prüfen, sofern nicht im Prüffeldkonzept eine andere Bearbeitungsweise festgelegt wird.

5.2 Bei Prüffeldern in nicht verkennzifferten Bereichen beschränkt sich die Prüffeldarbeit auf Steuerfälle, in denen aufgrund anderweitig ausgegebener Hinweise eine personelle Bearbeitung erforderlich ist. Fälle, die ohne personelle Prüfung freigegeben werden können, müssen nicht auf das Vorliegen des Prüffeldes hin untersucht werden.

6 Fälle der Risikoklasse BP

Fälle der RK BP sind bis zur Durchführung der Betriebsprüfung unter dem Vorbehalt der Nachprüfung zu veranlagen. Die Prüfung der ausgegebenen Hinweise erfolgt durch die BP, soweit nicht für einzelne Hinweise eine überschlägige Prüfung durch den VBZ vorgesehen ist.

Eine arbeitsaufwändige Sachverhaltsermittlung soll zur Vermeidung von Doppelarbeit der nachfolgenden Betriebsprüfung überlassen bleiben; das gilt auch für die unter Nr. 2.4.7.5 bezeichneten Prüffelder. Bei Ehegatten ist jedoch zu beachten, dass die durch die Prüfungsanordnung nach § 171 Abs. 4 AO bewirkte Ablaufhemmung nur gegen den Unternehmer-Ehegatten bzw. das Prüfungssubjekt wirkt.

Bei der Erstveranlagung vorliegende ESt-4-B-Mitteilungen sind auszuwerten.

Bei nach der Erstveranlagung eingehenden ESt-4-B-Mitteilungen kann eine Auswertung durch die VST auf Fälle beschränkt werden, in denen sich erhebliche Auswirkungen auf die Besteuerungsgrundlagen ergeben (Summe der Abweichung > 50.000 €) und ein Abschluss der Betriebsprüfung nicht innerhalb der nächsten sechs Monate zu erwarten ist. Das Vorgehen (Berichtigungsveranlagung) ist mit der BPST abzustimmen (vgl. Nr. 2.4.8.1.4).

Kontrollmitteilungen von Außenprüfungsdiensten und der Steuerfahndung sind zur Vermeidung von Doppelarbeit von der Betriebsprüfung auszuwerten. In Fällen, für deren Prüfung die GKBP zuständig ist, soll der Hauptsachgebietsleiter der BPST eine Kontaktaufnahme sicherstellen.

Bei einem Aufgriff durch die VST ist darauf hinzuwirken, dass der Steuerpflichtige fehlende Angaben vervollständigt, erläutert und ggf. belegt. Offensichtlich fehlende Vertragsunterlagen sollen vorab vom VBZ angefordert werden. Erscheint allerdings der Ermittlungsaufwand im Verhältnis zu den steuerlichen Auswirkungen unverhältnismäßig hoch, so kann die weitere Sachverhaltsaufklärung bis zur nächsten Betriebsprüfung zurückgestellt werden, sofern diese in absehbarer Zeit zu erwarten ist. In diesem Fall sind die prüfungsbedürftigen Sachverhalte und die Gründe für die Zurückstellung der weiteren Sachverhaltsaufklärung aktenkundig zu machen; ggf. ist eine zeitnahe (vorgezogene) Durchführung der Betriebsprüfung anzuregen.

Wegen der Zusammenarbeit mit der BPST wird auf Nr. 2.4.8 verwiesen.

7 Verdacht auf eine Steuerstraftat

Ergibt sich bei der Bearbeitung des Steuerfalls der Verdacht auf eine Steuerstraftat oder Ordnungswidrigkeit, ist das zuständige STRAFA-FA einzuschalten. Die Zusammenarbeit richtet sich nach den Regeln der Anweisung für das Straf- und Bußgeldverfahren (Steuer), vgl. insbesondere Nr. 113 AStBV (St).

2.1.2.4.8 Zusammenarbeit mit der Betriebsprüfungsstelle

Die allgemeinen Grundsätze, die für die Bearbeitung aller Steuerfälle gelten (vgl. Nr. 2.4.6) sind auch bei Fällen, die für eine Betriebsprüfung vorgesehen sind, anzuwenden.

1. Vorausgegangene Betriebsprüfungen, Auswahl der Prüfungsfälle

1. Die VST hat bei der Steuerfestsetzung die Erkenntnisse aus einer vorausgegangenen Betriebsprüfung zu berücksichtigen. Die BPST teilt der VST daher die zukünftig zu beachtenden Punkte mit, z.B. indem sie Vorschläge für zu speichernde Risikobereiche macht. Sie macht ebenfalls einen Vorschlag für die zukünftige Risikoklasse, sofern der Fall nicht in der Risikoklasse BP verbleibt.
2. Die VST hat Meldungen über Steuerpflichtige, deren steuerliche Verhältnisse geprüft werden sollen, der BPST zuzuleiten. Die VST hat ihre Vorschläge auf dem dafür vorgesehenen Vordruck zu begründen.
3. Soweit die VST prüfungswürdige Sachverhalte erkennt, hat sie die BPST des zuständigen Finanzamts darauf hinzuweisen. Dies gilt auch für die Einkunftsarten nach § 2 Abs. 1 Nrn. 4 bis 7 EStG sowie bei Sonderausgaben und außergewöhnlichen Belastungen.

www.ingramcontent.com/pod-product-compliance
Ingram Content Group UK Ltd.
Pitfield, Milton Keynes, MK11 3LW, UK
UKHW022105051026
15623UKWH00003B/693

9 783631 857199